■■ 民国·比较法文丛

比较劳动政策

马超俊　余长河　著

商务印书馆
创于1897　The Commercial Press

2013 年·北京

华东政法大学法律史研究中心
勘校整理
主持人　何勤华
勘校　何佳馨　杨艳

国家重点学科华东政法大学法律史
学科建设项目资助

中国政法大学图书馆提供版本

马 超 俊

(1886—1977)

总　序

比较法(法文 droit comparé,英文 comparative law,德文 rechts-vergleichung),有时也称"比较法学",是指对不同国家或不同地区的法律理念、制度、原则乃至法律用语等进行比较研究,发现蕴含在其中的一些共同性要素,以实现各国、各地区之间法律的沟通、交流和融合,使其获得更好地适用的一门学问。它既是一种法学研究的方法,也是一个法学学科,是近代西方社会进步、文化发达、法律昌盛的产物。

近代比较法诞生于法国。1869 年,法国创办了世界上第一个比较立法学会,试图通过比较各国的立法经验,来完善本国的法律制度。1900 年 7 月 31 日至 8 月 4 日,在法国举行的第一届比较法国际大会上,与会代表提交了 70 余篇学术论文,会议的召开宣告了比较法这一学科的诞生。1901 年,刑部大臣沈家本(1840—1913)奉命修律变法,主持修订法律馆,参照外国的经验建立和完善中国的法制,许多外国的法典和著作被引入中国,比较法开始了其在中国的旅程。

1912 年,中华民国政府建立后,对比较法的研究十分重视,出版了王宠惠的《比较民法概要》(1916 年)、王家驹的《比较商法论》(1917 年)、董康的《比较刑法学》(1933 年)和王世杰、钱端升的《比较宪法》(1936 年)等作品。与此同时,日文汉字"比较法"(比较法学)一词也被学界引入中国。除了专著以外,一些比较法译著也得以出版,如意大利学者密拉格利亚(Luigi Miraglia,1846—1903)的《比较法律哲学》(1940年)等。在此基础上,中国近代的比较法学科开始形成。

在此过程中,有几件事情对中国近代比较法的发展和定型意义特别重大。一是该时期出版了一批比较法的著作,发表了一批比较法的论文①。二是比较立法的事业有了进一步发展,从1912年至1949年,在比较各国立法得失的基础上,中华民国各届政府先后制定了《中华民国临时约法》,以及宪法、民法、刑法、刑事诉讼法、民事诉讼法、土地法、银行法等主要的法律。三是比较法教育有了显著发展,各公立、私立的法政专门学校和法学院,扩大了外国法律课程范围,并将比较法制史、比较法学概论,比较民法,比较刑法,比较司法制度等都定为选修课。四是创办了比较法学会与比较法研究的杂志。

正是在上述基础上,中国近代的比较法研究开始走向繁荣。这当中,有几部作品所起的作用特别巨大。比如,攻法子所著《世界五大法系比较论》(《政法学报》1903年第2期)和张鼎昌的《比较法之研究》(《中华法学杂志》新编第1卷第9号,1937年),对比较法的基本问题进行了阐述,因而奠定了比较法总论的框架体系,历史与理论基础;又如,李祖荫(民法)、王世杰(宪法)、许鹏飞(刑法)等人的研究成果,属于比较法各论的代表作品,它们的出版,构成了中国近代比较法各论的主要内容;此外,龚钺所著《比较法学概要》②一书,虽然与当时出版的法学通论的内容大同小异,但它是

---

① 根据笔者的统计,该阶段我国共发表比较法的论文约有150余篇。

② 商务印书馆1946年。本书简化字版也由商务印书馆纳入《民国·比较法文丛》,2012年出版。

中国近代唯一的一本以"比较法学"命名的著作,开了比较法总论专著之先河。

　　总体而言,民国时期的比较法研究,呈现出如下几个特点:第一,传统的法律比较与现代的比较法研究互相交叉;第二,比较法的发展与近代中国学习西方、模范列强的大背景息息相关;第三,受日本影响比较深,并在日本的引导下形成了中国近代的比较法(比较法学)学科;第四,比较宪法、比较刑法和比较民法等部门法的研究比较多,比较法总论性质的研究比较少;第五,比较法理论研究厥如,缺少比较法研究之概论性、总括性作品。在民国时期出版的40余部比较法著作中,总论性质的比较法著作只有上述龚钺所著的一部;第六,没有专门搞比较法的法学家,当时写有比较法的论著、对比较法研究作出贡献者基本上都是法理学、法史学或部门法学的学者,如梁启超、董康、程树德、杨鸿烈、吴经熊、王世杰、钱端升、王家驹、李祖荫、王宠惠、黄右昌、吴传颐、乐伟俊、朱志奋、许鹏飞、杨兆龙、白鹏飞和丘汉平等,没有一个纯粹搞比较法研究的学者;第七,对先进法律理念的崇尚和对先进法律制度的追求,成为贯穿于中国近代比较法研究中的一根主线。

　　1949年新中国建立以后,由于种种原因,比较法学一直不被重视,成为几乎被忘记的学科,20世纪50年代中国的法学杂志,如《政法研究》、《法学》、《政法译丛》等,极少刊登比较法方面的文章,即便是几篇刊登出来的文章,也往往以批判为主。这种局面持续了30年,直至1978年改革开放以后,比较法学才受到重视,获得了发展。1985年推出了龚祥瑞的《比较宪法与行政法》①,1986年,

---

　　①　法律出版社。

面世了上海市社会科学院法学研究所翻译的《各国宪政及民商法概要》(全6册)①,1987年又出版了沈宗灵的力作《比较法总论》②等。

20世纪80年代后期以来,在学界的努力下,我国的比较法学开始了较为迅速的发展。1988年,中国社会科学院法学研究所成立了比较法研究室,同年中国政法大学也成立了比较法研究所。之后,北京大学、华东政法学院、苏州大学、西南政法学院等,也都成立了比较法研究机构。1990年10月,中国法学会成立了比较法研究分会,沈宗灵、江平和刘兆兴依次出任了会长。自1979年北京大学创办《国外法学》之后,1987年中国政法大学创办了《比较法研究》,进一步推动了比较法研究的发展。比较法研究的著作和论文不断面世,优秀学者辈出,比较法学成为了我国法学领域中的一个重要学科。

改革开放30多年来,我国的比较法学虽然取得了长足的进步,但还存在着一些不足,除了高水平的作品还不多,研究队伍还比较弱小,政府和学界对它还没有足够重视之外,我们对历史上尤其是民国时期比较法研究成果的梳理、分析、继承和发扬光大方面,还做得非常不够,这不能不说是一个重要的遗憾。为此,在商务印书馆领导于殿利和政法室主任王兰萍,以及中国政法大学图书馆馆长曾尔恕的策划和鼓励下,我们从民国时期出版的40余种比较法著作中,精心挑选了一部分,陆续整理、勘校、解读后,予以重新出版。

在《民国·比较法文丛》整理、勘校和出版过程中,除了商务印

---

① 法律出版社。
② 北京大学出版社。

书馆的全力支持之外，国家重点学科华东政法大学法律史研究中心、上海市社科重点研究基地华东政法大学外国法与比较法研究院对本丛书给予了项目经费资助，中国政法大学图书馆则为本丛书提供了原始版本。此外，我们还得到了各位勘校者以及相关专家的支持和帮助，对此，均表示我们诚挚的谢意。当然，对于丛书中出现的各种问题或缺陷，则完全由我们承担责任，也希望广大读者谅解，并批评、指正。

何勤华

于华东政法大学

外国法与比较法研究院

2012 年 10 月 1 日

凡　例

一、"民国比较法文丛"收录 1949 年以前法律学术体系中比较法研究的重点著作,尤以部门比较法居多。入选著作以名著为主,亦酌量选录名篇合集。

二、入选著作内容、编次一仍其旧,唯各书卷首冠以作者照片、手迹等。卷末附作者学术年表和题解文章,诚邀专家学者撰写而成,意在介绍作者学术成就,著作成书背景、学术价值及版本流变等情况。

三、入选著作率以原刊或作者修订、校阅本为底本,参校他本,正其讹误。前人引书,时有省略更改,倘不失原意,则不以原书文字改动引文;如确需校改,则出脚注说明版本依据,以"编者注"或"校者注"形式说明。

四、作者自有其文字风格,各时代均有其语言习惯,故不按现行用法、写法及表现手法改动原文;原书专名(人名、地名、术语)及译名与今不统一者,亦不作改动。如确系作者笔误、排印舛误、数据计算与外文拼写错误等,则予径改。

五、原书为直排繁体,除个别特殊情况,均改作横排简体。其中原书无标点或仅有简单断句者,一律改为新式标点,专名号从略。

六、原书篇后注原则上移作脚注,双行夹注改为单行夹注。文献著录则从其原貌,稍加统一。

七、原书因年代久远而字迹模糊或纸页残缺者，据所缺字数用"□"表示；字数难以确定者，则用"（下缺）"表示。

八、入选著作外国人名保持原译名，唯便今天读者，在正文后酌附新旧译名对照表。

目　　次

第六编　劳工生活保障策

第九编　结论

附 图 目 次

附 表 目 次

缩　略　语

I. L. O.　　International Labour Office　　国际劳工办公室

I. L. O.　　International Labour Organization　　国际劳工组织

I. L. R.　　International Labour Review　　国际劳工评论

I. L. I.　　Industrial and Labour Information　　劳资关系通讯

自　序

　　劳动政策学是一门新兴的科学,从它的兴起到现在还不到50年,在以前多附于经济政策学或社会政策学内,至于将其独立的成为一种学科,则为近30年来的事。它的历史虽短,但由于劳动问题的日趋重要复杂,和需要的日益迫切,这方面的著述,却有"汗牛充栋"之感。1939年欧战发生后,关于劳动问题的著作仍盛行不衰,各国对此问题的重视,于此可见。

　　本来,劳动政策学是德国独有的一门学问,日本负贩过去后颇为流行,在英,美各国则恒少人研究。英,美首先应用此名词者为高恒(J. Gohen)之《美国之劳动政策》(Labor Policy of America)及蒙地哥孟(B. G. D. Montgomery)之《英国及大陆国家之劳动政策》(Labor Policy of England and Continent)。前书在1920年出版,后书在1923年出版。近10年来虽有人研究,但仍以研究"劳动问题"为主流。劳动政策和劳动问题之研究程度和研究方法都不同的。前者是站在政府立场研究应该如何(ought to be);而后者是站在学者的立场研究是如何(to be);前者有一种价值判断(Value Judgement)而后者是没有的。同时英,美两国学者恒喜将劳动问题划分为失业问题,工资问题,童工女工保护,工会,罢工,社会保险,工人健康及安全等若干小问题,个别的加以研究,很少将整个问题综合的研究。劳动政策的研究,则将劳动问题,在一个系统下加以综合的阐述。我们试翻阅德,日两国劳动政策的著作,便可知道。

　　德,日,英,美的劳动政策著作都偏重其本国政策的叙述,很少涉及其他国家,有时虽有涉及者,但均语焉不详,迄少作比较的研究者。有的人虽标出比较劳动政策的名称,但都以国家为主体,将各该国政策分别叙述,并没有将各国政策在一个体系下加以分析。国际劳工局(International Labor Office)出版的研究报告(Studies and Reports)大都以一个问题为中心,将各国设施排比论列;但它多为各个小问题的研究,未将整个问题加以比较;同时只敷陈事实,并未评衡长短,使读者不能得到一个简单明确的概念。忆民国 12 年(1923 年)我在广州时,奉国父孙先生之命,协助邵元冲同志,搜集有关劳工资料,编订工会条例,国父谆谆指示,亟须研究各国劳工政策,以兴三民主义的劳工政策,加以比较,俾得敷证详明。又民18 年(1929 年),又在立法院,参加劳动法委员会,讨论劳动法规,亦曾悉心研究各国劳工政策,藉供借镜,故我在《中国劳工运动史》上册完稿后,就想写一本比较完备劳动政策。该书的体制拟以问题为经,以各国设施为纬,将世界上主要政策,加以分析衡量。但因人事鞅掌,材料搜集困难,倏忽数年,未能完稿。

　　余君长河是一个青年学者,在武汉大学法科研究所专攻劳动政策,研究所毕业后,又从事这方面工作,所著有关劳动政策的著述颇丰。他听说我有这个计划,甚为欣喜,并愿协助我完成这个宏愿。在我的指导和他的努力之下,经过 3 年的写作和整理,本书初稿始告完成,全书共 70 余万言,内分九编。第一编为总论,阐明劳动政策之本质,内容,范围和史的发展,使读者对劳动政策的本体有整个的概念,第二至第八编则可视为本论,将各国劳动设施归纳

在七个政策比较论列。本书比较的方法系将全世界的劳动政策分
为个人主义国家，国家主义国家，及社会主义国家三大体系，以英，
美，德，苏，意五国设施为主去分别比较。至于我国劳动政策，则因
材料的关系，并未另立系统，但三民主义劳动政策，系有其独立的
精神和优点，与上述三大体系均不相同，因此在结论中，作者将三
民主义劳动政策的轮廓特别写出，以供友邦和国人的参考。第九
编为结论，在结论中，一方面指出战后劳动政策的新趋势和三民
主义劳动政策的精神；一方面则说明作者对中国及世界劳动问题
解决的新希望。我因为事情较忙，大部分撰写的工作，由余君负
责，一至八编是余君的手笔，结论则系我执笔，不便掠美，特志于
此。

　　本书系以平时劳动政策范围，战时部分，不在其列。主要原
因，系由两者的基本精神并不相同，在德，意等穷兵黩武国家，其整
个政策，系以准备战争为主，所以其平时劳动政策带有浓厚的战时
色彩，但两者仍有区别。至于英，美等民主国家，其战时劳动政策
和平时劳动政策，不仅内容迥然不同，即其基本精神和本质，也有
显著的差异，如将两者混为一谈，不仅叙述时甚感困难，同时也破
坏了全书的体系。因此本书的内容，以此次大战发生前为范围，材
料之搜集亦以此为准。英，德截至1939年9月止，苏联截至1941
年7月止，美国截至1942年12月止，中国和日本者截至"七七事
变"止。

　　本书的体裁及写作方法，不仅在国内，在世界劳动问题的著作
中，亦可认为一种尝试。以现行各国出版的劳动问题著作中，甚少
范围有如此广大者。战时材料搜集既感困难，而人事又多变迁，匆
匆写成，错误自多不免，希望国内贤达有所指正。本书写作时蒙武

汉大学图书馆,中山文化教育馆,美国大使馆,国际劳工局中国分局及中央图书馆供给材料,使本书能顺利完成,特书于此,以志谢忱。

马超俊序

第一编　总论

第一章 劳动政策之本质意义
及其范围

劳动政策(Labour Policy, Arbeitspolitik)一名词,最初见于 19 世纪中华德国旧历史学派经济学者的著作中。19 世纪 80 年代以后,德国《社会政策学派》(Sozialpolitik Schule)兴起,劳动政策为社会政策(Social Policy, Sozialpolitik)之主要课题,此名词之应用在德国益为流行。但英美两国甚少沿用。[①] 我国学者应用此名词者亦少。普通对此名词之含义本质及范围甚少明确之说明。为使对此名词有比较深切了解计,故有首先阐明的必要。

第一节 劳动政策之本质

一班学者对于劳动政策之本质意见纷歧,迄无定论。有人以

---

① 经济政策学(Wissenschaft der Wirtschaftspolitik)和社会政策学(Wissenschaft der Sozialpolitik)本来是德国所独有的一门学问,在英美甚少有人作理论上的研究,因此对于此类名词甚少应用。同样的,劳动政策一名词,在英美流行不广。在英美所用的 Labour Problem 与劳动政策一名词颇相当,但有程度上的区别。Labour Problem 所包括的范围甚广,举凡一切与劳动有关的问题均包括在内。据作者所知英美最早正式应用劳动政策一名词者有下列两书:J. H. Cobun, *Labour Policy of America*, (1920, N. Y.)B. G. D. Montgowery, *Labour Policy of England and Continent.* (1923)

为劳动政策的性质为社会政策,有人以为劳动政策为经济政策,更有人以为劳动政策兼有社会政策及经济政策之性质。在后说之中,关于两种政策所占之成分,亦多争执。有人以为经济政策的性质多于社会政策,有人以为社会政策的成分多于经济政策。众说纷纭,莫衷一是。

本来,劳动政策之内容与一国社会,政治及经济之诸关系的发展相适应。故劳动政策之本质系随各国国民经济之发展,社会制度的组织及政府参加经济活动程度而异。要以动态的观点,才能把握其本质,否则无法说明。上列各派之说法,系以某特定时期某特定国家为对象。因其所研究的国家不同,故其说法各异。就某特定时期某特定国家之劳动政策而论,各派说法,均为的论,各能把握当时劳动政策的本质。但就其性质之整体而论,各派说法只看到问题之一方面,有"见木不见林"的毛病。

自作者看来,劳动政策之本质不是一成不变的,系随各国经济组织、社会机构及政治制度的进展而蜕变。就空间而论,在同一时间内,各国劳动政策的性质绝不一律。其嬗变的过程,最初为社会政策的性质,再进而兼有社会政策及经济政策的意义,最后脱离社会政策范围而完全为经济政策。促进此种变迁之主要动力为国家参加经济活动范围之扩大。换言之,在自由主义国家,人民经济活动由人民自己主持,不受国家干涉,其劳动政策为社会政策。在统制经济国家,政府参加经济活动的范围扩大,劳动政策兼有社会政策及经济政策的意义,两者成分的比重,视政府干涉经济活动之程度而异。到社会主义国家,生产手段国有,劳资阶级对立的现象消灭,全部国民经济活动在政府计划下活动,此时劳动政策的性质退除社会政策的色彩,而为经济政策。以图表之如次。

劳 动 政 策 本 质

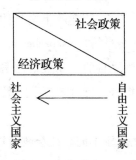

为充分说明其本质计，第一步拟分析经济政策和社会政策的意义，及两者的区别。第二步则说明劳动政策由社会政策蜕变到经济政策的过程。第三步举出实例证明之。

社会政策之意义虽有种种不同的说法，但一般通说则认为：社会政策之对象，为阶级对立及阶级斗争；其目的则在如何调和并防止此种对立。[1] 经济政策则以财货的生产分配及消费为对象，以发展国民生产力及增进国民经济幸福为其终局目的。[2] 故两者间的

---

[1]　社会政策之目的为缓和阶级对立的现象，此为现行通说。如 Van der Borght, L. von Wiese, A. Amonn, A. Günther, L. Heyde, W. Voss 及 K. von Bales 诸氏均作如此主张。其他如 Adolf Wagner 谓，社会政策之对象为寻求分配过程领域之缺陷。Ereiherr von Heathing 谓，社会政策之目的为求全体福利之增进。其对象则为社会各部分之进步与调和。Otto von Zwiedineck Südenhost 谓，"社会政策之目的为确保社会目的(Gesellschaftszweck)之永续完成及社会统一之维持"。日本河合荣治郎谓，"当现实社会组织与理想社会所生矛盾时，所发生之问题，为社会问题。社会问题为社会政策之对象。"详见《河合荣治郎社会政策原理》第2—4页(日本评论社版)。及波多野鼎，《社会政策原理》第76—99页。(日本改造社版)

[2]　经济政策为政府增进全体人民经济幸福及发挥国民生产力之设施，此定义为一班人所接受。在德国如 E. von Philippovich, L. H. Jacob, K. H. Rau, E. Conred, 日本关一那须皓、河津暹均如此主张，美国 M. Julius Bonn 亦谓"经济政策广义的说法包括政府在经济方面所有的活动——即政府对于生产分配，消费的一切干涉。"详见 *Encyclopedia of the Social Science*, Vol. V. p ,333. 1934 Edition.

区别甚为明显。

第一，就两者的目的言，社会政策之目的为社会组织之完成，社会统一之维持，及社会目的(Gesellschaftszweck)之永续及社会福利之追求。而经济政策之目的则于经济本身中求之，主要的为求国民生产力之最高发挥，国民经济幸福之增进及国民物质财富之增加。

第二，两者认识之对象不同。社会政策以解决社会问题为目的，故各个国家之社会组织及社会秩序为其认识之对象。换言之，在资本主义社会中劳资阶级对立之现象为其认识对象。经济政策之目的为发挥国民最高生产力，故其认识对象为物质财货的生产，分配及消费。

第三，两者的手段不同。社会政策之目的既为缓和阶级对立，故其所采方策多为间接的，以租税，财政及其他社会福利政策以影响人民分配，以完成其缓和阶级斗争的使命。经济政策为求国民生产力之发展，故多采用直接方法干涉财货之生产、分配及消费。

第四，社会政策含有伦理观念，其本身有伦理的目的。经济政策与国民道德生活无直接关系，其本身无伦理的目的。

综而观之，凡以社会组织为对象，以间接干涉人民经济生活为手段，以完成其缓和阶级对立为使命的一切政府设施为社会政策。反之，凡以财货之生产分配，消费过程为对象，以直接干涉人民经济生活为手段，以发展国民生产力为目的的一切政府设施为经济政策。两者的区别既明，试进一步研究劳动政策之本质。

在资本主义社会初期，全部经济组织立脚于私有财产制度及自由竞争制度之上。经济社会与政治社会独立，经济自由主义(Economic Liberalism)和经济的自己责任(Wirtschaftliche Selbstverant-wortlichkeit）为资本主义经济秩序的主要特色。在此种制度下，因劳动者讲价能力（Bargaining Power）薄弱，成为资本家榨取对象。资本家以削减工资，增加工作时间，增强工作集约度（Intensity）及改变劳力与资本之配合率等方法以增加剩余价值。劳动政策即为反对资本家榨取剩余价值之新兴运动。换言之，在自由主义社会，劳动问题为当前最严重之社会问题，劳动政策为解决当时资产阶级与劳动者阶级对立之社会问题。故劳动政策在当时即为社会政策，社会政策与劳动政策混为一体①

　　经济自由主义既为当时经济政策之指导原则，则政府对于国民经济活动系采取不干涉主义。上述性质之劳动政策虽在若干场合下，直接的或间接的影响了国民经济生活，但其主要目的系在调和阶级对立的冲突，并非作为发展劳动生产力的手段。同时其干涉的方法多采间接的手段，甚少直接指挥劳力的生产，分配和消费。所以严格地说来，当时劳动政策甚少含有经济政策的意义。大体说来，上次大战（1914—1918 年）以前，各国劳动政策的本质，大都如此。

　　大战以后，经济恐慌问题日益严重，自由放任制度的流弊日益显著，政府参与经济活动成为一致要求。随着政府权力在经济活动方面的扩大，劳动政策，除保留原有的社会政策的性质外，慢慢

_____

　　①　现代社会政策就是劳动政策，几成为学者间一致公认的事实。Otto von Zwiedineck-Südenhorst 在其 *Sozialpolitik* 上说：“广义的社会政策为缓和阶级对立的政策。狭义的社会政策为劳动政策。”（S. T.）Van der Borght 也认为广义的社会政策为协助劣弱阶级地位向上之政策，而狭义的社会政策为工业劳动者之福利政策（*Grundzüge der Sozialpolitik*, I. Aufl. S. 22.）。河合荣治郎说：“现代社会问题为资本家阶级与劳动者所发生的问题，即劳动者问题。……”（《社会政策原论》第 78 页）。日本《经济学大辞典》分社会问题为广义狭义两种。广义的社会问题为大资本家与小资本家，资本家与劳动者间的问题，而狭义的社会问题为资本家与劳动者间的问题。

的染上了经济政策的色彩。因为政府自身既参加经济活动,对于生产三大要素之一的劳动者自不像以前一样让其自由活动,对于劳动力的生产,分配和训练,政府自然要积极的指导和干涉,以符合国家的要求。政府直接干涉了劳力的活动,同时其干涉之目的不仅在保障劳工福利,缓和劳动冲突;并且包含发展劳动最高生产力的意义,则劳动政策的性质含有经济政策的色彩,自不待言。在另一方面,政府既亲身参加指导经济诸活动,自不得仿照资本家的方法,以增加剩余价值。资本家的权力渐受政府其他一般政策之限制而渐渐减少,劳资对立的现象慢慢冲淡,劳动政策之社会政策性质,自然亦渐渐减蚀。这种蜕变的程度将随政府干涉经济活动之程度的扩大而加深。到社会主义国家。私有财产制度废除,生产手段收归国有,劳资阶级的对立现象消减,当时社会问题已不是劳动问题,社会政策的对象已不是劳资冲突的现象,社会政策之课题已不是缓和劳资阶级的斗争。劳动政策之社会政策意义完全消减。在社会主义国度里,行计划经济财富的生产分配和消费都在政府预定计划下执行。劳动政策的主题是如何有计划的增加劳动生产力,使至发挥在最高限度。劳工福利保障政策,成为经济政策一部分,为发展劳动生产的手段。故劳动政策的性质完全为经济政策。五年计划实行后的苏联,其劳动政策的本质,与此类型相似。

这种蜕变的过程,我们可以在德,意,苏联各国找到许多例证。如工资统制(即政府对工资之干涉)和社会保险制度,在英,美,法等自由主义国家,完全为保障劳工最低生活的手段,属于社会政策的领域,其性质完全为社会政策的性质。但在苏联及德国则以之为分配劳动力及发展劳动生产力的工具,含有很浓厚的经济政策色彩。这种趋势,在苏联尤为明显。又如劳工教育及劳工介绍政策在德、意、苏各国为合理分配劳动力及动员劳动储量（Mobilization of Labour Reserve）的主要武器，系属于经济政策的范畴，而在英美等自由主义国家，则为救济失业，减少失业的方法，为社会政策性质。[①] 其他如团体协约（Collective Agreements）在各自由主义国家为劳动者改善劳动条件的主要工具，为缓和资劳阶级利益冲突的方法，而在意大利，苏联等国，则以之为统制劳工待遇，实行统制经济或计划经济的手段。[②] 其他类似之例证，不胜枚举。[③]

由上所述，我们可以得一结论。劳动政策的本质不是固定的，系随各国经济之发展及政府参加经济活动之程度而异。要从政府参加经济活动范围及程度着眼，才能正确地把握其本质，否则只看到问题的一面而已。

第二节　劳动政策之意义

根据上述劳动政策的本质，我们可以推论劳动政策之定义。凡政府为着国民经济之圆满发展及社会全体福利之增进，对劳动阶级所行之一切设施谓之劳动政策。劳动政策之直接目的系发挥

[①] 劳动职业介绍制度之起源，主要为减少失业者的一种手段，在各国均可找到例证。如德国最初之介绍所不特为介绍失业者之机关，并且为主持贫民赈济事业。英国亦然。我们看各国失业保险大都由职业介绍所主持，即可知其为社会政策。至于劳工职业教育之兴起，亦为减少失业之手段，以经过训练之劳工，可以减少失业危险，故当初各国均列及减少失业方法之一。一直至现在，英，美，法诸国仍多以之为减少失业工具。

[②] 详见本书第二编第三，第四编各章。

[③] 见河津暹:《经济政策概论》第7页至第8页（《经济学全集》第15卷，改造社版）。Philippovick 之《经济政策》我国有全译本，系马君武所译，中华书局出版。

最大及最可能的劳动生产力及保障劳工福利;其最终目的,则为促进国民经济之发达及确保全体人民福利之增进。根据此定义,分析其内容于次。

第一,劳动政策之主体为政府机关。菲里波维克(E. von Philippovick)于其《政治经济学大纲》第二部(*Grundriss der Politischen Ökonomie Zweiter Band*,《经济政策》第一版)内认为经济政策为个人及团体有意识的促进国民经济之发达之所有施设之总称。根据此定义,则经济政策之主体为国家,公私团体及个人。但渠旋于第八版修正,放弃以前意见,认为经济政策系国家所实施之方案。[①]因为政策一名词系导源自政治。而政治一词之涵义为国家要确实达到其预定目的之有效行为,其动机系基于权力之发动及权力之防卫。故政策本身即含有政府为主动者的意义。其实施之主体自应为政府机关。[②] 准此,劳动政策之主体自然亦为政府机关。政府机关之涵义,除指中央政府地方政府及其所属各机关外,尚包括直接受政府管理、指挥之公共团体。政府为促进劳动生产力的发展及保障劳工利益,除直接制定各项方策施行外,在若干场合下,政府只颁制大纲,细目的执行由相关公共团体酌量各地情形自动调制,以适应当时当地的需要。此类公共团体为间接执行国家法令机关,其所代表之意思为国家意思,故得为劳动政策主体。如苏联

① 关于政策两字之含义及其本质,德国社会政策学学者 Leopold von Wiese 分析最为精到。其社会政策之定义则系,根据"社会""政策"两词之意义推论者。见其原著 *Einführung in die Sozialpolitik*, S. S. 6—10。波多野鼎在其《社会政策原理》第82—84 页,有详细介绍。

② 1906 年《工人赔偿法》规定每年所得在 250 镑以下者一律包括在内,不论其为精神劳动者抑为体力劳动者。1911 年《国营保险法》规定每年所得在 160 镑者,均强迫保险。详见 Frank Tillyard, *Industrial Law 2nd Edition*(1923),p. 6.

的工会,意大利的业团(Corperation)德国的德国劳动阵线(Deutsche Arbeitsfront)及西班牙的雇主团体及工人团体,名义上为工人,雇主或劳资双方自动的组织,但实际上其行动受政府的直接管理,为政府机关之一部。其所代表之意思为国家的意思,其所实施之方策自然为劳动政策之一部。相反的,英美及各自由主义国家,雇主,雇主团体及劳工团体的设施方策则不得视为国家政策。因为此类团体为组织者各自谋自己利益的机关,其自主性甚浓厚,不受政府的直接指挥与干涉。其所代表的意思非国家的意思,其所施设自不得列入劳动政策之范畴。

第二,劳动政策之对象为劳动者。劳动者一名词,有广狭两义的说法。广义的说法是指凡提供劳动力者均谓之劳动者。在此定义之下,劳动者一辞包括甚广,凡体力劳动者,精神劳动者,自由劳动者,不自由劳动者,工业劳动者,非工业劳动者,自由职业者,公务员,及其他一切提供劳力人员均包括在内。狭义的劳动者则指资本主义社会某种特定形态之劳力供给者而言。其主要特征有三:第一,劳动者本人没有生产手段。第二,除出卖自己劳力外,没其别的生活方法。第三,在自由缔结劳动契约形式下,提供劳动力。凡具备上列三项特征之劳力提供者,即谓之劳动者(Labour or Proletarier);共同具备上列特征之人口集团谓之劳动阶级(Proletariat)。

为劳动政策对象之劳动者,系指狭义的劳动者,亦指广义的劳动者,原无定论,要视各国所实施的劳动政策之性质而定。在自由主义国家,劳动政策之性质为社会政策,劳动政策的目的为保障劳工,以免资本家的剥削,则劳动政策的对象,系指狭义的劳动者而言。在统制经济及社会主义国家,劳动政策实有社会政策及经济政策的性质,为劳动政策对象之劳动者则与广义的劳动者相当。因为在自由主义国家,劳动政策的主要任务是反对资本家榨取劳动者的剩余价值。为资本家榨取的对象是狭义的劳动者,所以当时劳动政策的对象是指狭义的劳动者而言。不过在开始,其范围甚狭,以后随着劳动立法的发达慢慢扩展到整个狭义的劳动者的范围。如以英国而论,在 19 世纪中叶,劳动政策的对象仅限于体力劳动者,如 1875 年《雇主及工人法》(The Employers and Workmen Act,1875),1880 年《雇主责任法》(Employer's Liability Act,1880) 及 1831 年至 1887 年《实物工资制禁止法》(Truek Act)均指明以体力劳动者为限。至 1896 年《实物工资制禁止法》始扩充至商店助手(Shop-Assist),1906 年《工人赔偿法》(Workmen's Compensation Act)及 1911 年《国营保险法》(National Insurance Act,1911)始正式废止体力劳动者的限制,一定限度所得以内之精神劳动者亦在管辖范围之内。[①]

在统制经济国家,劳动政策兼有社会政策及经济政策的意义。劳动政策的任务除保障劳工福利,限制雇主对被雇者的剥削外,尚有发展劳动最高生产力的使命。因之,劳动政策的客体也由狭义的劳动者范围扩展到广义劳动者范围。我们看德,意各国的劳动立法,均有此种趋势。如德国 1935 年 2 月所颁布之《工作证法》(Gesetz über die Einführung eines Arbeitsbuches),其对象即超过狭义劳动者范围之外。最显著的为德,意及其他独裁国家所实行之强迫劳役制(Compulsory Labour System),其对象即与广义的劳动者范

① 详见 International Labour Office(以下简称 I. L. O.),Legislative Series 1935,Germany 6. 及本书第三编第一章。

16

围相当,包括一切劳力提供者。①

在社会主义国家,生产手段国有,劳动政策的性质为经济政策,其对象自然也脱离狭义的劳动者的领域而进入广义劳动者的范围。因为上述狭义劳动者为一与资本家对立之名词,为资本主义社会特殊现象,在社会主义国家,劳资阶级对立的现象既已消灭,这种说法,当然也失却了意义。

第三,劳动政策之最终目的为求国民经济之圆满发展及全体社会福利之增进。在第一节我们讨论劳动政策的本质时,已经详细说明,劳动政策的目的之变迁。在自由主义国家,劳动政策之目的为缓和劳资阶级的冲突和干涉资本家对劳动者之榨取。到统制经济国家,劳动政策兼有保障劳工福利及发展劳动生产力的任务。到社会主义国家,则其主要使命为求劳动生产力之最高发挥。不管各个国家劳动政策之直接目的为何,其最终目的则均以国民经济之圆满发展及社会全体福利之增进为依归,劳动福利的保障不过为其标准之一。因为劳动政策不过为整个国家政策之一部分,劳动政策之圆满实施,要与国家整个政策协调,方能收到预期的效果。专注劳动者利益而忽略国家一般利益之劳动政策,不仅不能收到预期的效果,而事实上亦属不可能。同时国家为不同个人,集团和阶级所组成,各个份子间时常发生意见的龃龉和利益的冲突,国家为拘束并组合此不同性质之成员的组织。国家所代表的利益并非某一阶级或某一集团之特殊利益,而为超越各个阶级各个集团之综合利益。政策为国家维持此种综合利益之具体方案。故劳动政策亦应以整个国家之福利为依归,而不应专注劳动阶级之特

---

① 详见本书第四编。

殊利益及部分利益,因而损及全体成员的利益。不仅如此,自全体主义者观之,国家有其独立的生命和人格,国家除代表各个组成员之综合利益外,有其自身之利益。国家自身利益之增进与维护亦为国家政策主要目标之一。劳动阶级的利益,为劳动者的利益,并非国家自身之利益,故劳动政策的目的不应只注重劳动阶级利益的增进。

在各国现行政策中,可以看到此种趋势,自由主义国家的英,美,及集权国家的德,意其劳动政策之最终为求全体社会成员福利的增加,甚为明显;即劳动阶级专政之苏联,亦以国家全体福利为前提,在国家需要场合下,常常牺牲劳动者的特殊利益。1940年6月苏联下令恢复8小时工作制,及七日工作周制,即为一例。①

第三节 劳动政策之范围及内容

劳动政策之本质及意义既如上述。然则概括言之,劳动政策究应有何范围? 分析言之,劳动政策的内容究竟如何分类?

劳动政策的范围,和其本质一样,并无固定之界限。就各国的情形而论,因各国国民经济之发展阶段,经济制度及社会机构之不同而异。就其发展过程而论,各国劳动政策之范围随其社会问题

---

① 见 I. L. O. 出版之 *International Labour Review*(以下简称 I. L. R.) August-September. 1910. p. 120. 苏联自 1929 年 1 月起实行 7 小时工作日制及六日工作周制。至 1940 年由 Prezidium of Supreme Council of U. S. S. R. 下令恢复 8 小时工作日制,及七日工作周制。

之严重性及国家参与经济活动之扩大而扩展。大体说来,自由主义国家,以社会政策之领域为其范围;在统制经济国家,以社会政策及经济政策之领域为其范围;在社会主义国家,则以经济政策为其范围。其理由甚明,不拟多赘。至于就纵的方面来看,则各国劳动政策有日渐扩大的趋势。如英国 1802 年所颁布之《学徒的健康及道德法》(The Health and Morals of Apprentices Act),其对象仅为棉织业及羊毛业工厂之学徒,其注意事项仅为学徒最长工作时间,学徒宗教教育及世俗教育之规定,范围之狭,于此可知。以后随着劳动者痛苦的深刻化和劳资阶级对立的尖锐化,政府对于劳动者福利保障之设施,日益增加,于是劳动政策的领域渐渐扩大。但此时仅以社会政策之领域为其活动之最大界限。到本世纪以后,各国政府都多多少少直接参与了经济方面的活动,劳动政策由社会政策的范畴踏入经济政策的范畴,劳动政策有了新的活动领域,其范围因之更为扩大。下面将从企业种类,劳动者种类,及劳动者生活之统制三方面去说明其范围之扩大。

第一,企业种类之扩大。劳动政策企业范围方面之扩展过程以英国最为明显。在 19 世纪初,英国劳动政策之范围仅以纺织业工厂为限。1845 年至 1861 年之劳动立法始渐次扩展至与纺织业类似之企业。1864 年《工厂法》(Factory〔Dangerous Trades〕Act)开始扩张至非纺织工厂。1867 年《工厂法》(Factory〔Extension〕Act)将其范围包括所有制造行程之工业。1867 年以后至 1937 年《工厂合并法》(Consolidating Factories Act of 1937)颁布为止,将其范围扩充至非制造过程之工业。于是工业性质之企业无不包括。1842 年之《亚胥黎矿业法》(Lord Ashley's Act),禁止女工及妇工在煤坑工作,劳动政策之范围开始扩充至矿业方向。1862 年《矿业法》

（Mines Act）又扩张至其他矿业及采石业。商业方面之扩张始于1896 年之《实物工资制禁止法》。至本世纪后则交通业，农业，航海业，空运业，自由职业，无不次第成为劳动政策活动之领域。其他各国之发展过程，大体与此相似。

第二，劳动者种类之增加。在劳动政策黎明时期，其对象仅以童工为限，稍后乃扩充至妇工。英国 1802 年《健康及卫生法》，仅以 9 岁以下之学徒为限。1833 年《工厂法》（Factory Act）亦仅以 9 岁至 13 岁之童工，13 岁至 18 岁之未成年工人及成年妇工为限。1844 年《工厂法》虽开始注意成年男工的雇佣，但主要仍以女工及未成年工人为主。至 19 世纪 60 年代以后，成年男工始正式成为劳动政策之对象，各国劳动立法均注意之。自社会保险及家族津贴制度（Family Allowance System）盛行后，劳动政策之范围不仅包括所有工人，且包括了工人的父母，配偶，子女，及靠其赡养之亲属。

第三，劳动者生活之统制。在 19 世纪中，劳动政策之活动范围以社会政策领域为限。完成劳动契约制度及确保劳力之公平交易为其主要范围。故其注意力集中于劳动契约之缔结及劳动契约之履行，至于工人缔结劳动契约以前及劳动契约终止以后及非履行劳动契约时间之工人生活，不在政府注意之列。社会保险制度的推广，养老年金制（Old Age Pension System）之设立，使工人在契约终止后生活亦引入劳动政策范围之内。自政府积极参加经济活动后，劳动政策之范围更为扩大。就业训导制的盛行，劳工教育的强制，使劳动者在就业以前行动，要受政府的限制；业余生活的干涉，劳工社会生活的注意，使工人业余生活要受政府的管理；劳工思想之纠正，政治训导之注重，使劳工其他方面生活要受政府的指导。在计划经济国家，其趋势更为明显。以在计划经济国家，国民全部经济生活均在预定计划下活动，劳工在工作期内之生活不过为其生活之一部分，其他部分之生活自然也要受政府的管制。

关于劳动政策之内容的分析，学者间著述，颇多出入。如德国菲里波维克在其大著《政治经济学大纲》第二部《经济政策》中将工业政策分为两部分。一部分为工业经营政策，一部分为劳动政策，其劳动政策中所分析之内容仅以劳动组织，团体协约，劳工保护，及其他社会政策性质之劳动政策为对象。[①] 日本气贺勘重将劳动政策分为劳动者地位改善策，劳动所得改善策两部。在两者之中又分为劳动者自卫策，劳动协调策，劳动福利改进策，劳动者保护策四种；在后者之中分为：劳动所得确保策，货银支付改善策，实际货银增进策三种。[②] 关于将劳动问题分为八部分去研究：第一为雇佣关系，第二为职工组合，第三为劳动者斗争之手段，第四为雇主社会的设施及雇主组合，第五为社会的平和之方法，第六为劳工保护法，第七为劳动保护，第八为失业。在各个问题之中再讨论其政策。[③]

上列诸氏的分析，均以社会政策性质之劳动政策为对象，故其所规定之内容，自今日看来，未免有过狭之感。现代劳动政策既以社会政策及经济政策领域为其活动范围，则其内容自应包括两者。故作者认为劳动政策应分为两大部分：第一部分为社会政策性质的劳动政策，第二部分为经济政策性质之劳动政策。前者以保障

---

① 《工业政策》，马君武译，中华书局出版。
② 见气贺勘重：《工业政策》，改造社版，《经济学全集》第十五卷。
③ 见关一：《工业政策》下卷。

劳工福利及限制雇主剥削劳动者为目的;后者则以发挥劳动最高生产力为目的。在社会政策意义之劳动政策中又可分为自动性的劳动政策及他动性劳动政策两部分。自动性劳动政策为以阶级意义为基础之劳动者自我奋斗政策,其主要目的为扶植劳动阶级使其以集体力量自动的与资本家及资本家阶级斗争,以达到改良生活保障劳工福利的目的。其主要内容又可分为劳动者自卫策及劳资协调策。前者以劳工团体之扶植与奖励及团体协约之推广为其主要内容,后者则以劳工企业参与策及劳资争议解决策为其主要内容。他动性之劳动政策为国家权力自上发动的一种保护政策,其保护之形式有二。第一为劳动者的直接保护,即为劳动力本身之保护。国家对劳动力一方面应消极的使免于雇主之榨取(Nichtausbeutung der Arbeitskraft),一方面应积极的谋维持劳力的手段(Erhaltung der Arbeitskraft)。前者为劳动契约之监督,劳动时间之限制,男工、女工之保护,危险的预防。后者为宿舍及卫生之改善及补习教育之供给。第二为劳动者的间接保护,此项又可分为劳工生活保障策及劳力生活改进策。在前者之中又可分为工资支付改善策,最低工资策,社会保险,家族津贴,失业扫除策五种。

经济政策意义之劳动政策主要的可以分为七种。第一为劳动组织统制策,第二为劳力管理策,第三为劳力训练策,第四为劳动所得调整策,第五为劳动者生活管理策,第六为劳动条件控制策,第七为劳工工作鼓舞策。在每项政策之中又可分为若干小的项目。其主要目的为调整劳动者生活,发展劳动最高生产力。其内容则为有计划的训练,分配,利用并发展劳动力以适合国家的要求。

关于劳动政策内容之分类,以图表之于次(见表一)

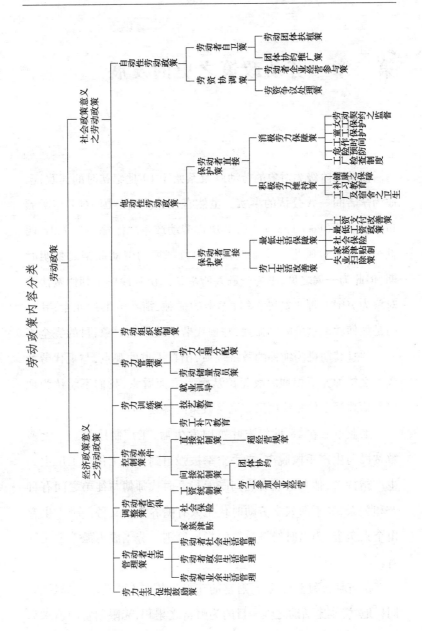

第二章　劳动政策之史的发展

　　以劳动阶级为对象的劳动政策系始于 19 世纪初时的西欧,已成为学者间一致公认的事实。虽然有人追溯到英国 1601 年所颁布的恤贫法(Poor Laws)认为是现代劳动政策之滥觞,将 17,18 两世纪内英国对孤儿弃儿贫民孤寡的救济视为劳动政策之黎明时期,但此为一偏之见,不为一班人所承认。伊利沙白王朝恤贫法的对象为穷困无告的贫民,举目无亲的孤独,街头流浪的儿童;其目的是如何救济这班鳏寡孤独,与现代劳动政策之对象,目的完全不同。并且其动机为纯粹的救济性质,出自人道的观点,与现代劳动政策之精神亦不相似。故无论从哪一方面看来,我们不能认为现代劳动政策是伊利沙白王朝恤贫政策的继续。

　　工业革命在 18 世纪末叶英国发生后,工厂制度兴起。大多数贫民与生产手段脱离,赤手空拳被强迫到工厂工作。工厂主为生产指挥者,他和被雇者之间既无行会时代师傅与徒弟之间有种亲和关系,又不像奴隶劳动时代主人有赡养劳工义务。个人生存由个人负责,为当时经济政策的指导原则。劳工成为孤零零无助者。

　　在当时功利主义风行,财富的获得为各个人活动之终局目的。同样地,资本家活动之惟一目的为财富之累积,无限制富的追求为其行动之唯一动机。① 资本家要达到财富累积的目的，一方面在生产行程榨取劳动者的剩余价值，一方面在交换行程榨取消费者。劳动者无论在生产行程或交换行程均为资本家榨取的对象。尤其在生产行程方面，资本家用种种方法去榨取劳动者。或者以延长工作时间、减少工资等方法去直接增加剩余价值；或者以增加工作集约度及变更不变资本的比例等方法减少投入生产物之劳动量，间接的增加剩余价值，劳动者自己既无生产手段，除出卖劳力又无其他生活方法，于是只好俯首帖耳听从资本家的宰割。而当时机械进步，工作程序变为简单，工资低廉之女工童工亦可引用，使劳动求业者增加，供过于求，劳动条件益为苛酷。减低工资，延长工作时间，酷使童工、女工，工厂设备的简陋和不卫生，成为各新兴工业城市最普通之现象。至 19 世纪初，此种情形更为严重，于是有良心的慈善家，宗教家，企业家和政治家，纷纷讨论，并要求国家以立法的手段去防止此种现象的发生。1802 年英国所颁布的《学徒健康及道德条例》，即为现代劳动政策的开始。

劳动政策自 1802 年在英国开始后，各工业国家均纷纷仿效。证诸各国对劳动立法的注意，即可知其需要之急迫。但劳动政策之史的发展是与一国国民经济之发展，经济政策指导理论的变迁，社会思潮的演进，政治制度的更替相适应的。从 1802 年到现在虽只有 140 年历史，但由于各国政府一般政策的转变，劳动政策的内容和精神也起了许多变化，尤其自 1918 年以后，理论分歧，系统不一，各国间形成许多不同的系统，各循照其途径发展。为求明白其

---

① 普通资本家（Capitalist, Kapitalist）一习语，有三种意义。第一系指与劳动者对立之名词，包括地主，生产资本家，商业资本家，金融资本家；第二种意义较狭，即除开地主外，其他均包括在内；第三种意义之资本家则指狭义的生产资本家而言，即只包括直接从事工业，矿业及农业生产之资本家而言。本处所指系用第一种意义。

发展过程计,兹分为下列三个时期来说明。

（一）自由主义时期,1802 年至 1883 年。

（二）社会主义运动时期,1883 年至 1918 年。

（三）战后发展新趋势,1918 年至现在。

第一节 自由主义时期

18 世纪末叶至 19 世纪 80 年代为个人主义及自由放任主义盛行时代,法国大革命时代所揭示的自由平等思想和边沁(J. Bentham)的功利主义支配着整个西欧。当时经济制度建筑在私有财产和自由放任两大基础之上。本来,私有财产制度及自由放任制度为个人主义社会哲学之产物。自个人主义观点看来,个人有其个人的宇宙(Cosmos),自身为一圆满充足的整体,社会和国家不过是多数个人机械的集合,社会存在的目的为个人存在的手段。个人存在的意义,为某个人人格的发展和个人最高的成就,社会存在的意义无非扩张充实个人生活的价值,保障并完成个人最高的成就。而当时的伦理观,是功利主义的物质观。"富"为个人活动之最后目的,为个人生存终局理想,富之获得,本身即有肯定的价值。各个人最大量富之获得,为当时社会理想,私有财产制和自由放任制度即为达到此理想之手段。[①] 这种思想当然也深深地反映在劳动政策内。就当时经济环境来看,此时正是资本主义壮年时期。产

---

① 关于资本主义伦理观及社会哲学之分析,德国W. Sombart 在其大著 *Der Moderne Kapitalismus*, L. Poble 于其 *Kapitalismus und Sozialismus*, 日本田边忠勇在其《资本主义の观念》及河合荣治郎在其《社会政策原理》第三章资本主义之解剖中,有详细之分析。作者系综合 W. Sombart 及河合荣治郎两氏意见。

业无限制扩充,国民一般生活大都安定,生活水准亦逐渐提高。自由放任制度在实际上有了有力的护符。故当劳动政策亦完全建筑在自由放任基础之上。劳动关系纯为私法上契约关系,不受任何公法上的束缚。劳动者的经济生活系由劳动者自己负责。劳动政策的内容是资本主义机械无限制发挥自由竞争后对于劣败者的一种救济手段。其基本精神是带有很浓厚的个人主义和人道主义的色彩,故作者称此时期为个人主义时期,在此时期劳动政策有下列三点特色。

第一,劳动政策的对象是势力孤弱的妇女,童工及未成年工人,成年的劳动者不包括在内。基于当时的经济指导原则,劳工契约的缔结,劳动条件的决定应由雇主和劳动者立于平等的地位,以自由竞争的形式去解决。成年男工在当时认为为一健全的份子,可以与雇主对抗,为自由竞争之有力成员。故成年男工的劳动条件应由其个人与雇主交涉,国家不必加以干涉。至于未成年人,童工,妇女,或由于身体之赢弱,或由于经济地位之低落,或由于能力之不足,在自由竞争时,常常处于劣势的地位,成为资本家榨取的对象,政府对于此种现象自不能袖手旁观。我们看英国 1802 年《健康及道德条例》的对象是棉织业工厂 9 岁以下的童工,1819 年《工厂取缔条例》(The Factories Regulation)的对象也是棉花工厂的童工,1833 年的《工厂法》及 1844 年的《工厂法》其对象也是 8 岁至 13 岁的童工,13 岁至 18 岁的未成年人及成年的妇工。美国第一件劳动法为 1842 年马萨诸塞斯州(Massachusetts)《童工工作时间法》。自 1842 年至 1890 年止,各州所颁布的《劳动法规》均以自卫力薄弱的女工,童工为限。又以法国而论,1841 年的《儿童劳动法》和 1874 年的《工厂法》,其保护的对象仍着重于童工、妇工。

第二,劳动政策的精神是立于人道的立场,对于自卫力薄弱者一种救济,其动机是起于消极的慈悲救济心理。工业革命后,英法

27

两国劳动界呈现一种惨酷的现象,童工的虐待,女工的酷使,工厂的不卫生和不安全引起了一班有良心的企业家,宗教家,学者和政治家的注意。他们本人道立场奔走呼喊,要求政府立法给予保障。皮尔公爵的努力,奥文(Robert Owen)、沙得鲁(Michael Sadler)、阿斯勒(Richard Oastler)、柯贝特(Cobleet)、亚胥黎公爵(Sir Asheley)的呼喊奋斗是促现英国劳动立法的动力。至于法国劳动立法之颁布,我们不能不归功于米尔浩仁工业社(Société Industrielle de Mülhause)、科学研究社(The Academy of Science)和斯特拉斯堡学院(The Academy of Strassburg)各位学者的努力。①

不过其救济精神和动机与伊利沙白王朝时代恤贫政策的精神不同。恤贫政策的精神认为贫困的现象是由于其本人的过失,其救济的方法亦以事后补救为限。而现在则渐渐修改,女工、童工的贫苦一部分固由于自由竞争机构运行后的结果,但雇主的不人道要负大部分责任。故对于劳资双方缔结契约时要加以干涉。

第三,劳动政策的本质是纯粹的社会政策。劳动政策在当时主要作用为对劳动阶级的救济,其内容亦限以劳工之保护,故纯为社会政策,无经济政策的意义。(关于此点在上面"劳动政策本质"一节中有比较详细的说明,在此不赘)

第二节　社会主义运动时期

在 1883 年至 1914 年,各国劳动立法和劳动政策有飞跃的进

---

① 关于英国初期立法条文。详见 Bland, Brown and Towney, *English Economic History*, *Selected Document* 关于 Owen 及其他人的活动, F. Podmore, Robert Owen, p. 184—211。

展。劳动立法的精神和内容也有若干变迁。促使此种变动的主要动力为社会主义运动,所以我们称此时期为社会主义运动时期。

19世纪中叶以后,资本主义的弊病日益曝露,劳动阶级的痛苦日益加深,在英法及其他各资本主义国家虽有上述运动要求国家以立法和社会政策的手段去改良劳动阶级的待遇,但有一部分性情激烈的思想家,要想在寻常立法范围之外,寻求社会的及经济的改革方法。社会主义于是在各国兴起。法国的圣西蒙(Claude Henri de Saint-Simon)、傅利叶(Françiis Marie Charles Fourier)、蒲鲁东(Pierre Joseph Proudhon)、布朗(Louis Blanc),英国的奥文(Robert Owen),德国的罗贝尔图(Karl Johann Rodbertus)、马克思(Karl Marx)和恩格思(Friedrich Engels),他们各自树立各人的思想系统,建立个人的理论。他们的主要思想都是反对自由竞争制度和私有财产制。他们都主张推翻资本主义社会的经济制度和社会秩序。他们都想在立法手段之外,以另一种激烈迅速的方法去完满解决资本主义经济制度先天禀赋的各种问题。在他们鼓吹之下,自由主义黯淡了,自由放任政策成为一般人士攻击目标。同时社会主义行动家在各国作种种实际活动,1848年前英国的普选运动(Chartist Movement)和法国布朗所领导的运动,是社会主义运动的开始。1848年后,社会主义运动的大舞台移到德国。1848年《共产党宣言》的颁布,1864年国际劳动协会(Internationale Arbeiterassociation)的设立,拉萨尔(Ferdinand Lasselle)的活动都直接间接给予各国统治阶级莫大刺激。尤其自第一国际成立后,社会主义运动弥漫于英、法、德、意、奥、俄诸国,其势力侵入政治范围内。各国议会内急进社会党,社会民主党,社会党,及其他信仰社会主义者党派的席次日增,即为各国社会主义势力抬头的证明。社会主义势力的抬头,自然影响了实际政治,为社会主义者密切注意的中心问题——劳动问题,自然也受了他们的影响。

从实际方面来看,此时为资本主义的老年时期。生产方面已不能如壮年时期的无限制扩充,经济恐慌的现象时时在各国发生,生产水准的提高甚缓。在分配方面弊害更深。股份公司的盛行。虽有一部分缓和分配不均的力量,但财富的集中,金融资本家的兴起,使分配不均的现象更加严重。资本家为求减少企业间自由竞争的损失计,常采取托辣斯(Trust)及卡提尔(Cartel)等联合形式,形成独占局面。单独的劳动者要和有独占力量的联合企业去竞争,显然为一不平等现象。虽抱残守阙、醉心自由竞争的保守分子亦不能不放弃成见,另谋善策。

社会改良主义之兴起亦为影响当时劳动政策主要力量之一。社会改良主义为社会主义及自由放任主义之折中派,他们一方面反对自由放任主义,主张积极的保护劳动者;一方面又反对社会主义,主张防止劳资的冲突。该派在德英两国甚为盛行。在德国系以社会政策学会(Der Verein für Sozialpolitik)为中心。该会成立于1872年10月,主持人为华格尔(Adolf Wagner)、席摩勒(Schomoller)及阿朋海(H. B. Oppenheim),德国各大学经济学教授及新经济学者大半参加,每年举行大会一次,讨论各项劳动问题,协助政府社会立法工作,出版调查报告,为德国劳动立法之推动者。① 在英国改良主义

---

① 德国社会政策学会为改抗自由主义者的经济会议(Volkswirtschaftlicher Kongress)的团体。最初为 Adolf Wagner 所发起,至 1872 年 10 月 6 日开第一次大会,至1873 年发表《成立宣言》。关于其详情可参阅《日本经济大辞书》第一卷。《社会政治学会条》。关于其成立之经过可参阅 Elsa Comed, *Der Verein für Sozialpolitik.* (1906)

者则以米尔(J. S. Mill)及亨利乔治(Henry George)的思想为依据。他们主张以言论自由及议会主义为维持社会和平,改革社会的手段。在他们影响之下,各国劳动立法大有进步。

1883 年德国颁布的《疾病保险法》(Gesetz über die Krankener-sichernng)为第二时期划时代的界石。该法第一次引进了与个人责任原则(Individual Responsibility)相反的集体责任说(Collective Responsibility)的观念。这种新兴思想的引用,变更了各国劳动政策的内容。随后各国在劳动政策中又引进了劳动者自我奋斗的思想,及劳工集体竞争的思想,旧日个人主义和自由放任发生新的解释。综观第二时期内劳动政策的特色有三。

第一,劳动政策的客体已由童工、妇工、未成年劳动者转移到整个劳动阶级。在上面我们已经看到在 1880 年以前劳动政策的客体主要为童工妇工及未成年工人。1880 年前后,劳动政策的客体已经扩大,包括了劳动阶级全体。未成年工人,成年工人,男工,女工,学徒,技师均为保护的对象。如英国 1878 年《合并工厂法》(Factory and Workshops Consolidation Act)规定,机器的危险部分应装置安全设备以保障成年男工及未成年工人。1891 年《工厂及工场法》(Factory and Workshop Act)授权政府机关颁布规章以预防失虞及火灾。其他如 1908 年《煤矿业限制法》(Coal Mine Regulation Act)规定,全体工人在矿坑中的工作时间不得超过八小时,均为例证。法国 1910 年的《劳动法》禁止所有工人每日工作不得超过十二小时,澳洲 1894 年《最低工资法》的颁布,八小时工作制的建立,美国 1890 年各州交通业、矿业《工作时间限制法》的颁布均以劳工阶级全体为对象。其他如各国社会保险法规的对象亦为全体劳工,旧日狭隘的思想至此时完全唾弃。

第二，劳动政策的精神已由慈惠的救济的观点转移到"社会共同责任"的观点。在以前个人的生存，由个人负责；最好的经济政策是充分发挥自由竞争机构的运行的政策。由于社会制度发挥自由竞争的结果，优胜劣败。国家对于劣败者立于人道的理性，予以救济。劳动政策就是此种救济手段之一。到现在则不然。现代社会组织复杂，为一互相影响、相互关怀之浑然一体，一部分成员之痛苦与快乐恒影响其他部分之成员。劳动者的痛苦和贫穷不仅为劳动者本身问题，并且影响其他成员之生活与整个社会的安宁。为求整个社会福利的保全，必以社会内各部分生活安定为条件，政府对于占现代人口比例甚大之劳动者的生活自不能漠不关怀。且劳动者的贫困现象不是由于劳动者自身的过失，而是由于资本主义社会组织和经济制度的缺点。对于劳动者的保护是整个社会的责任，企业家，雇主，政府都有连带的关系。尤其国家系代表国民全体意志的机关，对于劳动者生活的痛苦，尤其有改良和拯救的义务。这点俾斯麦（Otto v. Bismarck）说得很清楚。他说：

> "现代国家应当比从前更关切国内急待援助的人民一事，不但是举国涵濡仁爱之理和基督教所表彰的一种义务，并且是培养人民爱国爱群之念的永保国基政策所必备的一种义务。兼之，对于现今占人口最多数而受教育最少的无产阶级，国家不仅是一种不可少的组织，而且是一种最能造福的组织。"① 当失虞保险法案在国会通过时，他说：

---

① Frederie Aurtin Ogg, *Economic Development of Modern Europe.* 韦光忠中译本，pp. 654-655. 该文系引自 Dawson, *Bismarck and State Socialism.*

"这一宗事体的焦点,就是这个问题:'为无助的国民防患于未然,是不是国家的义务?'我主张这是国家的义务,这不但是我从前谈到实用的基督教时所称的基督教国家应有的义务,凡是国家都有这种义务。"①

这种观念的具体表现,就是国营的强迫劳动保险政策。自德国在1883年起至1889年完成其劳动保险制度后,国营强迫保险制在各国风行。英国于1906年通过《工人补偿法》(Workman's Compensation Act, 1906),1908年通过《老年年金法》(Old age Pensions Act, 1908),1911年通过《国营保险法》(National Insurance Act),便完成了严密的保险制度。法国于1898年《雇主责任及工人补偿法》(Employer's Liability and Workmen's Compensation Act)通过后,于1910年又设立养老年金制,劳动保险,渐趋完整。其他如奥国的1888年的《保险法》,比利时1894年的《工人保险法》,荷兰1904年的《疾病保险法》,1901年的《失虞保险法》,斯坎地里维亚各国社会保险制的兴起,都是这种思潮下的产物。这种思想的流传,在以前是没有的。

第三,劳动者自我奋斗政策之抬头。在19世纪末叶以前,一般人士都认为劳动政策,是政府自上而下对劳动者的一种保护,劳动者本身却没有置喙的余地。劳工组织被认为非法团体,时时有被解散封闭的危险;怠工,罢工,拒货同盟等行为均被禁止;劳动者的行动不能直接要求劳动条件的改进。我们看在19世纪上半期在

---

① Frederie Aurtin Ogg, *Economic Development of Modern Europe*. 韦光忠中译本, p. 659. 该文系引自 Dawson, *Bismarck and State Socialism*.

西欧没有一国家允许劳工团结权,有罢工权,就可知道当时劳动政策,是一种被动的劳动政策。换言之,当时劳动政策是国家权力自上发动的一种祖母政策(Grandmotherly policy)或父权政策(Paternalism),而不是由劳工阶级以阶级意识为基础的自我奋斗政策。自 19 世纪 80 年代以后,劳动者的自我奋斗劳动政策,方逐渐抬头。

劳动者自我奋斗政策的内容为劳动者自觉意识之树立,《团体交涉》(Collective Bargaining)与《团体协约》(Collective Agreements, Tarifvertrag)之推广,劳动者自立、自主、自治精神的发扬及劳动者反抗资本家活动之承认,这四者又以劳工团体之承认为前提。劳动者要有坚强的组织才能发挥自主自救的力量,才能使用各种武器和资本家斗争。我们看 19 世纪末叶以来,各国工会之承认及工会权力职能之扩张,就可知道这种政策的抬头。

英国为首先承认工会的国家。1824 年,1825 年撤消了 1801 年的《预防工人不法联合法》(An Act to Prevent Unlawful Combination of Workmen),允许工人结社,但不承认其为合法的组织,工人因要求改革劳动条件的结合和集会不为法律所承认。至 1871 年《工会法》(The Trade Union Act of 1871)及 1876 年《工会修正法》(The Trade Union Amendment Act of 1876)通过后,才得到合法的地位。至 1906 年《工会及职业争议法》(The Trade Unions and Trade Disputes Act)通过明文承认工会有和平的纠察权(Peaceful Picketing)并禁止任何法院受理控告工会,工会职员或会员因工会而侵犯他人行为的诉讼后,工会才有广泛的活动权。德国 1878 年颁布《禁止社会民主党危害公共行为法》,对于工会的组织和行动限制甚严。至 1890 年始放弃压倒政策,政府承认工会之合法地位,并承认一切劳动者有以取得较有利的工资及工作条件为目的的团结权。法国在 1864 年虽曾批准承认工友以罢工为目的的联合行动之法律,但旋即放弃。至 1868 年政府重新允许工人的组织,但不予以合法的承认。至 1884 年《瓦尔德克·卢索法令》(Waldeck-Rousseau Act)公布后始正式承认工会有完全合法的性质,并且允许其组织联合会。其他如瑞士,意大利,比利时,俄国,及其他西欧各国大都公开承认工会为合法的组织,并允其为着劳工本身利益与企业家作合法的斗争。

在此种场合下,团体交涉团体协约被积极的鼓励,劳动者可以以集体的力量和雇主斗争,要求工作条件的改善。

不过第二时期的劳动政策并没有质的变更,只有范围的推广。社会保险制度的确立,劳工自我奋斗政策之承认,不过是社会政策意义的劳动政策之进一步发展。换言之,在此时期内,劳动政策之活动范围仍为社会政策之领域,并没有进入经济政策的范围;劳动政策的目标,仍为劳工福利之保障,并非劳动生产力的最高发展。其所不同者只是方法不同而已。以前为被动的保护政策,现在为自动的集体奋斗政策;以前由各个劳工个人负责,现在由整个劳动者阶级负责;以前立脚于纯粹个人主义观点,现在立脚于改良社会主义观点;以前保护的范围是局部的,现在保护的范围是全面的。两个时期的差异,如此而已。

第三节 战后新发展

从 1802 年至 1914 年大战发生以前,全世界各国劳动政策都沿着同一路线发展。它们彼此之间,固然也有差异,但只都程度上的区别,却没有根本上的分歧。由于各国经济发展有快慢,劳动问题严重性有缓急,体现在劳动政策上有若干程度上的差异,但其基本精神都是自由主义色彩。大战以后这种统一趋势便不能维持。各个国家都根据其特有的经济制度和政治机构规划其劳动政策。所以这个时期不仅是各国劳动立法的洪水时期,而且也是各国劳动政策变动比较激烈的一个时间。或则根本破坏旧的体系,另制新法;或则另颁新法,修改旧的体系;或则逐渐改革,接受新的理论。变动最激烈的有苏联,德国,意大利和美国。其他各国或则率由旧章,略有改革;或则追随上述各国之后,有所变动。其重要性远在上述各国之下。因此在本节中分别叙述各主要国家劳动政策的变动情形,以明战后发展之趋势。(至于其变动的内容及各个国家之特有精神,将在第三章中加以说明)

苏联为首先破坏原有体系的国家。1917 年 10 月革命成功,波尔什维克(Bolshevik)当政后,无论政治,经济,社会各方面,都有根本改革,其劳动政策自不能例外。1917 年 11 月 1 日的《工人统制令》(Workmen's Control Order),1918 年 9 月 2 日的《强迫劳动令》(Compulsory Labour Order),1918 年 10 月 5 日的《劳动义务令》,1917 年 10 月 29 日的《劳动时间及休息条例》,1918 年的《劳动法典》,为苏联战时共产主义时期(The Period of War Communism)的主要劳动立法,但战时共产主义时期甚短,且收效不大,故无详述的价值。1921 年 3 月后,苏联采取妥协性的新经济政策。其主要特色,一方面容许资本主义存在,一方面以劳工阶级掌握经济命脉,为资本主义社会到计划经济的桥梁。[①] 1922 年 11 月 15 日所颁布

---

① 见列宁在十四次共产党代表大会报告辞。沈志远、张仲实编:《二十年来的苏联》,第 56 页。

的新《劳动法典》，即充分代表此种精神。

新《劳动法典》为新经济政策时期内苏联劳动政策的大宪章。共分十七章，180条。其特色有二：第一，原则上承认劳力雇佣自由，但以周密详尽的保护法规，限制雇主权力的扩大。第二，充实工会力量，以保障劳工利益。工会不仅有缔结团体协约的全权，并且负责监视劳动法及团体协约之执行。

1929年以后苏联走上社会主义之路，实行计划经济。其劳动政策的内容也随之而不同。在此时期中，并未改颁《劳动法典》，不过随时由共产党中央执行委员会（Central Executive Committee of Communist Party），全俄苏维埃中央执行委员会（The Central Executive Committee of the All-Union Congress of Soviet）及苏联人民委员会等机关颁布法令修改之。（其详细情形散见本书各章，兹不多赘）

战后德国劳动政策之发展，最呈奇观。它经过两个截然不同的时期。自1918年至1932年为社会民主党当政时期，自1933年起至现在为国社党当政时期。在前一时期内，以自由主义为其劳动政策之基础，在后一时期则以集体主义为其主要精神。

《威玛宪法》时代劳动政策为劳动者自我奋斗的劳动政策。即以政府的力量扶植劳动阶级使其与雇主阶级斗争以达到劳动条件改善的目的。该时期主要的法令，有1918年11月12日的《工人保护令》，11月13日的《失业救济令》，11月23日的《劳动时间法》，12月23日的《团体协约法》，《工人委员会，使用人委员会，及仲裁委员法令》，1919年3月18日的《社会化法》，1920年1月26日的《工厂会议法》，1922年1月14日的《工业法院法》，7月22日的《工作介绍法》，及同月30日的《家庭劳动法》。其中以《团体协约法》，《工人委员会，使用人委员会，仲裁委员会法》，《社会化法》及

《工厂会议法》最为重要。自 1923 年起至 1932 年虽曾颁布法令甚多,但就其精神言,则已走上衰落时期,不足代表其整个精神。此时期主要立法有 1923 年 10 月的《经营停闭和劳动扩张法》,《仲裁组织法》,1924 年 2 月的《失业救济法》,1926 年《劳动法院法》,1929 年的《职业介绍及失业保险法》,1930 年 5 月 7 日的《经济代表组织法》。[①]

集体主义劳动政策之圆满实施要以劳资阶级间保持某种程度上的均势为前提。它的基本原则以劳资双方互相斗争彼此抗衡为主,如有一方完全失却斗争能力时,则此种政策无法执行。德国在战后经济枯竭,失业倍增,产业萧条,劳资间均势无法维持。尤其自 1929 年后,失业人数成直线式的增加,劳动力斗争能力减低,总罢工,罢工,怠工等斗争武器,已失却作用,集体主义劳动政策的基本前提已经破坏。立脚于此种前提上之劳动政策自然也走上崩溃之途。希特勒 1933 年 3 月掌握政策后,德国的劳动政策走上一新的途径。

国社党当政初期为破坏时期,在 1933 年 3 月起至 1934 年 1 月止颁布了若干法令,破坏《威玛宪法》时代之劳动政策,其中最重要的为 1933 年 4 月 4 日颁布之《工厂委员会及经济团体法》,(Gesetz über Betriebsvetretungen und Wirtschaftlische Vereinigungen) 及 1933 年 5 月 20 日的《劳动专员法》(Gesetz über Treuhänder der Arbeit),1933 年 7 月 20 日《仲裁官残余任务让与法》(Gesetz über die Übertragung der Restaufgaben der Schlichter auf die Treuhänder der Ar-

---

① 关于德国社会民主党劳动立法的情形可参阅陈戚鹠:《德国社会民主党劳动立法的研究》,《建设研究》第三卷第五期,第47—57 页。

beit)。自 1934 年 1 月 22 日公布《国民劳动秩序法》(Gesetz zur Ordnung der Nationalen Arbeit)后,始踏入建设阶段。

《国民劳动秩序法》为新劳动政策之基石,德国劳动政策之新精神全部体现于此法之中。该法全文共分七部,73 条(全文见本书附录)。德国以后劳动法令之颁布,均以此法为依据。1934 年以后德国劳动政策之发展,详见以下各章,殊无分别追述之必要。

意大利自墨索里尼进兵罗马以后,其劳动政策亦与 1922 年以前,迥然不同。法西斯经济政策主张由政府领导全国的经济活动。财货的生产和交换,劳动条件的高下均由政府全权决定,因此其劳动政策不能不脱离自由主义而另辟途径。1924 年法西斯最高委员会(Grand Council of Fascist)任命宪政改革委员会改革意大利的宪法及其他基本政策。该会于 8 月提出关于劳动组织及劳动政策之改革报告。该项报告于 1926 年 4 月 3 日于议会通过定名为《集体劳动关系法》(Juridical Discipline of Collective Labour Relations Law),至 7 月 1 日颁布详细的施行法,于是法西斯的新劳动政策基础始告奠定。①

《集体劳动关系法》颁布后,至 1927 年 4 月 21 日又颁布《劳动宪章》(Labour Charter)。《劳动宪章》虽未经议会通过,不是法律,

---

① 《集体劳动关系法》共分三章,23 条。第一章为工团及团体协约之规定;第二章为劳动法庭之组织,第三章为罢工与停业之废止。全文详见 Alberto Permachio, *The Corporative State*: *Appendix A*, pp. 89-102.《集体劳动关系法施行法》共分七章,103 条。第一章为关于工团法律地位之承认,工团之组织,工团之监督。第二章为规定全国协会及全国联合会之组织。第三章为中央业部及劳动介绍所之组织。第四章为团体讯问及团体规章。第五章为集体劳动争议之解决及劳动法庭之组织。第六章为罢工及停业之处罚。第七章为最后判决书。全文见同书 Appendix B, pp. 103-142。

但该年 6 月 16 日由墨索里尼通令全国施行，与法律有同等效力。就其内容而言，其重要性在集体劳动关系法之上，为法西斯主义的结晶。它代表了法西斯政制和劳动政策的整个精神，同时也是自1929 年以后一直至现在意大利劳动政策的基石。[①] 自法西斯思想家看来《劳动宪章》包含了墨索里尼的经济哲学，是法西斯政治制度新的基础，它给予以墨索里尼革命新的内容，其重要性于此可见。[②] 不过，事实上的设施和其条文内容几乎完全相反，只是欺骗劳工的幌子而已。

《劳动宪章》颁布后随后又颁布了许多法令，以补充，推行《劳动宪章》所订下的原则。关于业团组织的有 1930 年 3 月 20 日《业团全国评议会组织法》(Act of National Council of Corporation)，1934年 2 月 5 日的《业团组织及职务法》(The Act Concerning the Consitition and Function of the Corporations) 及 1938 年 12 月 19 的《法西斯及业团议会组织法》。关于劳动保护的有 1934 年 4 月的《妇工及儿童雇用保护法》(Act No. 635 to Safeguard the Employment of Women and Children)，1934 年 2 月的《星期日及每周休息日法》(Act No. 370 Respecting the Sunday and Weekly Rest)，1934 年 3 月的《女工母性保护法》(Legislative Pearce No. 654 Respecting the Safe-

---

① 《劳动宪章》全文就作者所知，英译本有两种。第一为 A. Permichic, *The Corporative State*；*Appendix E*, pp. 150-157. 及 F. Pitigliani, *The Italian Corporative State*：Appendix, pp. 245-250. 中译全文有邱昌渭在《国立武汉大学社会科学季刊》第三卷第三期所译者。

② 上列评语系引自 Gaetano Salvemini, *Under the Axe of Fascism*, p. 19。关于《劳动宪章》之评语甚多，兹录一二于次以明其重要性。Rocco 谓，《劳动大宪章》足与英国的《权利议案》(Bill of Rights) 比美。Signor Bottai 谓，《劳动宪章》不仅是种技术的法律的规章，而是法西斯革命所产生之新机体意识之表现；不仅是法律新趋势的基础，也是整个政治机体的新生命基础。

guard of Maternity among Working Women)等法令。关于社会保险的有 1935 年《失虞及职业病保险敕令》,1939 年的《废痼及老年保险条例》,1928 年的《肺痨保险法》,1939 年的《新失业保险法》。其他法令尚多,其内容详见本书各章中。

在 1933 年以前,美国联邦政府对于劳动政策并无重要的设施,仅由各州州政府颁行若干劳动立法以保护劳动者。在 1918 年至 1933 年各州劳动立法比较有成绩者,仅限于女工、童工之保护,直接养老年金制(Straight Pension System),强迫老年及废痼保险(Complusory Old-age Pension System)之推行,劳动行政(Labour administrations)之改革,及最低工资运动之盛行。至 1933 年罗斯福总统当政后,美国劳动政策踏上了崭新的阶段。罗斯福总统不仅有远大的眼光,明确的计划,并且他的政策是一贯的,足以代表自由主义国家劳动政策的精神。就数量上说,此时期为美国劳动立法的洪水时间。关于工会,团体协约,工人保护,最低工资,社会保护,职业介绍所都颁布了有历史性的法令。这样惊人的举动,在美国劳动立法史上是空前的。

美国新劳动政策的开始为 1933 年《产业复兴法》(National Industrial Recovery Act)第七条第 a 款。该条条文为新劳动政策实施先声。[①]《国民产业复兴法》在 1935 年被判违宪后,国会旋即通过《国民劳动关系法》(National Labour Relations Act)。该法为此时期最基本立法,为美国新劳动政策之基础,全文共分八部 16 条,该

---

① 关于《产业复兴法》中所规定关于劳动方面之条款的研究,可详见 L. S. Lyon and Others, *The National Recovery Adminstration*; I. L. O. *National Recovery Measures in the United States* (Geneva, 1935); *Social Reconstruction in the United States* (Geneva, 1935)。

法主要内容为限制雇主的权力,扶植劳工组织,保障团体协约权,及规定国民劳动关系局(National Labour Relations Board)的组织与职权。①

除《国民劳动关系法》外,在此时间之主要立法颇多。关于职业介绍所的有 1933 年的《联邦职业介绍法》(Federal Employment Service Act),关于社会保险的有 1935 年的《社会安定法》(Federal Social Security Act),及 1939 年的《联邦社会安定修正法》(Federal Social Security Amendment Act of 1039);关于工作时间及最低工资的有 1938 年通过的《公平劳动标准法》(Fair Labour Standard Act)。② 在联邦政府有计划的提倡及鼓励之下,各州颁布之劳动法令甚多;同时其精神都受了联邦政府的影响。

英国为比较偏重保守的国家,其劳动政策的精神和体系大体上仍是继续战前的色彩,不过随时加以补充而已。它不像德,意,苏,美等国颁布有划时代的法令。在此时期中其所颁布的法令甚多。最重要的关于工会的有 1927 年的《工会及职业争议法》(Trade Disputes and Trade Union Act);关于最低工资的有 1918 年《职业局法》(Trade Board Act),1924 年《农业工资法》(Agricultural

---

① 关于《劳动关系法》全文本书译本,系根据 I. L. O. Legislative Series 1935, U. S. A. I.。分析该法者甚多,但作者认为以 P. H. Douglas 的分析最好。详见 P. H. Douglas, *American Labour Relations*, American Economic Review.(以后简称 A. E. R. De. 1937, pp. 735-761)

② 关于《联邦职业介绍法》,《联邦社会安定法》及《公平劳动标准法》全文可见 I. L. O. 出版之 1933,1936 及 1938 年 Legislative Series p. 2. 批评 1939 年《社会安定修正法》者,可参阅 Edwin E. Witte, *What's Ahead in Social Security*, Harward Business Review Vol, XIX, No. 3., pp. 311-325。关于《公平劳动标准法》,可参阅 P. H. Douglas and Joseph Hookman, *The Fair Labour Standard*, *Act of 1938*, Political Science Quarterly Vol LIX. No. 4., pp. 491-515;Vol LIII. No. I., pp. 29-58.

Wages〔Regulation〕Act），及 1938 年的《陆运业工资法》（Road Han-lage Wages Act）；关于劳动争议的有《工业法庭法》（Industrial Court Act）；关于劳动保护的有 1925 年的《工人补偿法》（Workmen's Compensations Act），1938 年的《青年雇佣法》（Young men Employment Act），1938 年的《休假给薪法》（Holiday With Pay Act）；关于社会保险的法令甚多，主要的有 1924 年《国营健康保险法》（National Health Insurance Act），1925 年的《孤儿寡妇及老年法》（Widow's, orphan's and old age Contribution Act）及 1929 年修正法，及 1920 年的《失业保险法》（Unemployment Insurance Act of 1920）。此外 1937 年 7 月 30 日批准之《合并工厂法》（Factories Consolidation Act）。该法合并并修正 1901 年至 1929 年之《工厂及作坊法》及其他有关工厂之条例。全法共分十四部，160 条。第一部为健康设备，第二部为安全，第三部为工人福利，第四部健康安全及工人福利之特殊规定，第五部失虞及工业病之报告与调查，第六部为女工及未成年工人之雇用，第七部为特殊适用及扩充，第八部为家内工作，第九部为计件工作与工资，第十部为杂项，第十一部为行政，第十二部为补充，第十三部为执行，第十四部为解释及其他。[①]

　　我国劳动法规之制定在欧战之后，至国民政府成立后始趋完备。在开始时，劳工立法运动系基督教会所推动。在民国 10 年（1921 年）及 12 年中基督教组织教会与工业关系委员会研究并鼓吹劳动立法。政府颁布之劳动法规为 12 年 3 月 29 日，农商部

　　① 五卅惨案发生后，各界要求订定工会法。民国 14 年（1925 年）农商部会拟定工会条例草案，于 7 月 28 日阁议通过，但为各界反对而罢。15 年春又有修正工会法之议，但政局已变，未能公布。其他如工厂条例及检查工厂规则，虽经通过，并未实行。

制订之暂行工厂通则 28 条。其适用工厂为平时使用工人在百人以上者,其内容包括颇广,举凡童工、女工工作之禁止,工作时间之规定,休息时间之规定,工资及员工福利,补习教育等包括在内。此法系以部令公布,未经国会通过。嗣后北京政府又草拟工会法,工厂条例,工厂检查规则等法规,但或因各界反对,或因政局变迁,终未实行。①

中国国民党对于劳动立法极为注意。民国 11 年时,广东军政府明令废止民国 3 年(1914 年)3 月 2 日之治安警察条例第一条及第 22 条,随后又废止暂行新刑律第 224 条以保障劳工运动,给予劳工较大自由。② 至 13 年 11 月以大元帅名义颁布工会条例 21 条,是为本党颁布劳工法之始。该法系立脚于劳工团结权之上,其要点有八。(一)承认工会与雇主立于对方地位,(二)工会有团体协约权,(三)工会有罢工权,(四)工会对雇主规定工作时及改良工作状况及工厂卫生时,有参与之权,(五)予工会以公共财产保障权,(六)承认工会以言论出版及办理教育事业之自由,(七)承认工会之仲裁权,(八)刑律及违警律中禁止聚众集会条文不适用于工会。至民国 15 年(1926 年)第二次全国代表大会又通过关于改良劳工待遇之决定十一项。其内容为:

一、制定劳工法;

二、实行八小时工作制,禁止十小时以上工作;

---

① 治安警察条例第一条及第 22 之规定为:"劳动工人之聚集行政官署得行使治安警察权,警察官吏并得加以禁止。"暂行新刑律第 224 条规定:"从事同一业务之工人同盟罢工者,首谋处四等以下有期徒刑,拘役或三百元以下罚金。余人处拘役或三十元以下罚金。聚众为强暴胁迫或将为首者依第 164 条至 167 条之例处断。"

② 关于 1914 年前国际劳动立法情形,详见 Boutelle E. Lowe, *The International Protection of Labor*, 1935 Edition, pp. 3-31.

三、最低工资之制定；

四、保护童工、女工，禁止十四岁以下儿童工作，颁定学徒制，女工在生育内应休息六十日，并照给工资；

五、改良工厂卫生，设置劳动保险；

六、在法律上，工人有集会，结社，言论，出版，罢工之绝对自由；

七、主张不以资产及智识为限之普遍选举；

八、历行工人教育，补助工人文化设置；

九、切实赞助工人生产的，消费的合作事业；

十、取消包工制；

十一、例假、休息照给工资。

15 年(1926 年)出师北伐，随军事的底定，在湖北，上海，陕，甘，广东等地均颁布有临时性的规章或法令。国民政府奠都南京后，设立劳工法起草委员法，著者亦为委员之一。该会成立于 16 年 7 月 9 日，至 9 月 11 日劳工局成立后，并入该局。至 17 年劳工局取消，委员会并入法制局。该委员会对于我国劳工立法及劳工政策之决定颇有贡献。17 年中央曾颁有工会组织暂行条例 30 种，及特种工会组织条例 15 条。18 年起中国亦踏入劳动立法之完成时期，重要劳动法规几均于此时制定。主要的有 17 年 6 月 7 日公布之《劳资争议处理法》，18 年 10 月 21 日公布之《工会法》，18 年 12 月 30 日公布之《工厂法》，19 年 6 月 6 日之《工会法施行法》，19 年 10 月 28 日公布之《团体协约法》，19 年 12 月 16 日公布之《工厂法施行条例》，及 20 年 2 月 10 日公布之《工厂检查法》。其中各法历年均有修正，如《工会法》曾经过四次修正，《劳资争议处理法》曾经过三次修正，工厂法曾经过一次修正。各特种工会法规亦于

21 年陆续完成,21 年 10 月 5 日公布《中华海员工会组织规则》,21 年 8 月通过《铁路工会组织规则》,《邮务工会组织规则》,《电务工会组织规则》,至 28 年(1939 年)6 月又通过《公路工会组织暂行办法》,中国劳工立法体系粗告完成。

中国劳动政策系以三民主义为最高准绳,其主要任务系建立民生主义之社会经济体制之建立,以求国民生计之均足。民生主义之目的,既系求均足社会之实现,故对于阶级利益重协调而不重斗争。换言之,中国的劳动政策系有其独到之特色与精神。其主要原则有三:第一为劳工应参加全民革命及全民建设以谋国家民族之独立平等,国家的利益超过个人利益;第二为站在阶级协调的基础上发展国民经济以提高全民生活水准,全民利益超过阶级利益;第三为从健全劳工团体、扶植劳工运动、培养劳工自动自发精神着手,以求民权主义之实现。本党根据此种原则规划劳工政策,故其重心置于工会法之上。所惜者上列各法规或因不平等条约之拘束,或因国人之未能切实实施,故未能完全实现。良法洪规,废弃未用,良可浩叹。

抗战军兴后,所颁劳工法甚多,以其性质多属战时劳动政策范围,其精神亦有变迁,故本书中不拟详细分析。至于我国劳动政策虽独具特色,但因中国工业化之程度不深,劳动问题方露端倪,且在形式上法令颁布虽不少,而实行者实属有限,故在本书中未将其独立体系加以分析,而仅附于自由主义国家劳动政策体系中分析之。

除上述各国情形外,其他各国亦无不大量制定劳动法规以树立其劳动政策体系。

大战以后,国际劳工立法运动亦为影响各国劳动政策因素之一。国际劳动立法运动始于 19 世纪。欧文威乐梅(Lows Villerme)、里格郎(Daniel Legrand)为最有力的鼓吹者。至于正式主张正式国际劳工立法者为瑞士之格那斯郡(Canton of Glaris)及比国之互助团体大会(Congress of Mutual Benefit Societies)。前者于1855年向楚利须议会(Cantonal Council of Zurich)提出报告,建议成立限制劳动条件之国际合同,后者于1886年在不鲁塞尔(Brussels)举行大会时,决议赞成颁布国际法限制劳动条件。随后国际工人联合会(International Workingmen's Association),里昂社会主义者大会(Socialists Congress of Lyons),瑞士联邦议会均提出同样主张。但正式议订国际建议规则劳动条件者为1890年之柏林会议。该会开始系瑞士所召集,而德国突起干涉,故改由德国主持。3月15日在柏林举行,到会者有法,英,奥匈帝国,德,荷兰,西班牙,瑞士,挪威,瑞典,葡萄牙,丹麦,比利时,意大利,卢森堡等14国代表。在此次会议中对矿工限制,童工,未成年工人及女工工作,休息时间各项均有规定。此次会议虽无具体成绩,各国政府亦无诚意接受任何条约上的拘束,但因此而能引起国际上之注意,日后发展基础亦于此时奠定。嗣后有瑞士工人会(Swiss Workingmen's Society)1897年在楚利须召集之第一次国际劳工大会,到会代表有英,美,瑞士,瑞典,荷兰,西班牙,俄国,波兰,卢森堡,比利时,法国,意大利,奥匈帝国,同年又在比国不鲁塞尔召开国际劳动立法大会(Congress for International Labour Legislation)。至1900年7月又举行劳工立法大会(Congress for Labour Legislation),到会代表有俄国,荷兰,美国,奥国,比利时,墨西哥等国政府代表及其他各国非官方代表。在此次会议中设立劳工法律保障国际联合会(International Association for the Legal Protection of Labor)。联合会公布其宗旨如次:

（一）本会为相信劳工立法为必要者之联络机构；

（二）组织国际劳工机构；

（三）赞助各国研究劳动立法及传播关于劳工立法之情报；

（四）提倡关于劳工条件问题之国际公约；

（五）成立劳工立法国际大会。

联合会总会设于瑞士，在各国设有分会。如在德国分会名称为社会改革社（Society for Social Reform），该社除在柏林设有总社外，在里比锡（Leipzig）、汉堡（Hamburg）均设有分社。在美国分会名称为美国劳工立法联合会（The American Association for Labor Legislation），至1912年成立分会之国家达15个。

由于国际法律保障国际联合会之倡导，法，意两国于1904年签订条约规定工人保险，未成年工人保障，工厂检查及工人储金自由汇寄等项。自后有12个国家步法，意后尘，在其商约中加入保障工人条款。现将国名及订约年代表列于次：

商约中有保障个人条款的国名及订约年代表

1904 年	法国—意大利
1904 年	德国—意大利
1904 年	瑞士—意大利
1905 年	德国—奥地利
1905 年	卢森堡—比利时
1905 年	德国—卢森堡
1906 年	法国—意大利
1906 年	法国—卢森堡
1907 年	德国—荷兰
1907 年	德国—瑞典
1909 年	法国—英国
1909 年	匈牙利—意大利

续表

1910 年	法国—意大利
1911 年	德国—瑞典
1911 年	法国—丹麦
1912 年	德国—西班牙
1912 年	德国—意大利
1913 年	美国—意大利
1913 年	法国—瑞士

在上次大战以前，国际劳动立法运动系由社会主义者，国际工会运动者，社会改革家，私人及半公共性质团体，与各国政府间四方面鼓吹进行。其中以第二，第四两方面势力最大、成效较著。劳工法律保障国际联合会在 1905，1906 及 1913 年在班尔尼（Berne）举行会议之成就，即其显例。但就其总成绩言之，参加国家多偏于欧洲一隅，所牵涉之范围甚狭，其所讨论有结果者甚少，距理想之程度过远。至 1919 年国际劳动规约成立后，国际劳动立法运动，始进入新的阶段。[1]

欧战爆发后，国际劳动立法运动暂告中止，但在欧战中期各国劳工代表均纷纷活动要求各国政府在战后应订立国际协定，保障劳工利益。美国劳动联合公（American Federation of Labour）发动最早，至和约签订前夕，各国工会均有所表示。1916 年之里子大会（Congress of Leeds），1918 年 6 月之比国基督教职业工会大会（Congress of the Christian Professional Union of Belgium），1919 年 1 月之班尔尼工联国际大会（International Congress of Trade-Union of Berne），1919 年 3 月基督教工团（Christian Syndicates）在巴黎举行之国际大

---

[1]　见 *The Times*，The I. L. O. At Work. Dec. 18. 1943.

会均主张成立国际性组织，推动国际劳动立法工作。由于各国工会之活动及舆论之督促，1919 年 1 月巴黎和会举行第一次预备会议时，即成立国际劳动立法委员会，从国际立场调查雇工状况，并研究必需的国际方法以影响关于雇工之工作状况。自 1919 年 2 月 1 日至 2 月 24 日，委员会开会 35 次。所得结论有二。第一为设立关于国际劳工立法之永久机关；第二为颁布关于保护劳工之基本原则，和会接受委员会建议，将其载入《凡尔赛和约》第十三章，成为国际劳工组织宪章。

根据《凡尔赛和约》之规定，国际劳工组织虽为国际联盟之一部分，但非其附属机关，国联之会员国依约固须加入国际劳工组织，但国际劳工组织之会员国可不加入国联。国际劳工组织机构计分三部分：一为国际劳工大会（The Conference），二为理事院（Governing Body），三为国际劳工局（International Labor Office）。大会为立法机关，每年举行一次，必要时得随时召集之。凡属会员国均有派遣代表四人出席之义务，二人代表政府，二人分别代表雇主与劳工。劳资代表由各该国政府于征求国内最能代表雇主或劳工团体同意后指派之。此外为适应特殊工人之需要计，有特别会议之召集，如海事会议是为解决地域性劳工问题计；有地域性会议之召集，如美洲劳工会议是。理事院为大会闭幕后之最高权力机关。理事人数为 32 人，亦根据政府劳资三方合作之政府，以 16 席属于政府，余则劳资双方各占半数。政府代表中，八席属于主要工业国，余八席由出席大会之政府代表选出之。理事任期为三年。理事院之任务为督导国际劳工局之工作，选任该局局长，审核该局预算，规定劳工大会议程及处理会员国不遵守已批准公约等事件。国际劳工局为国际劳工组织之执行机关，内设局长及副局长各一

人。内分 18 处,此次大战发生后,经费紧缩,机构较前简单。其主要任务有五:

（一）准备理事院及大会议事日程,并执行其决议案;

（二）从事有关经济、社会、工业问题之研究,并接受各国对于劳动问题之咨询;

（三）维持与有关工业及社会事业团体、机关间之联络、搜集及供给有关劳工之资料;

（四）增进与各国有关劳工问题之技术合作;

（五）出版各种定期与不定期刊物。

国际劳工局在英,美,法,德,意,日本,印度及我国设立分局,德,意,日之分局因该国退出国际劳工组织而被撤销。于其他各国则设置通讯员,以推动其工作。

国际劳工组织之宗旨在提高工人地位改善工人生活,因此而求社会正义之实现及世界和平之维护。其具体方策为制定国际劳动公约及协定书。前者之制定于每年举行之国际劳工大会时讨论通过之,其程序分单级讨论制及两级讨论制二种。大会制定后即送达各会员国,会员国应于一年内（至多不得超过 18 个月）将该项公约送达各该国之立法机关,加以批准或采取其他决定。各会员国对公约之批准与否,有最后之自由。但既经批准后,该国即须切实遵守,并颁布国内法以实施之。国际劳动公约所规定之标准系最低标准,如该国现行法之标准超过其所规定时,不得因批准公约而降低之。建议书在制定后仅送各会员国参考采用,不必经过批准手续。如会员国不实施已批准的公约时,任何会员有权向国际劳工局控诉不遵守公约之会员。主管机关得将该文通知被控诉之政府,或将该案立即交付审查委员会（Commission of Inquiry）,由该会调查后报告结果,并得建议处理方法或经济性质的强迫手段,对付违约政府。违约政府得上诉于国际联盟永久法庭。该法庭系最高法院,其判决为最终的。违约国如不违其判决时,原告国得采用委员会报告书或法庭判决书指定之方法抵抗之。凡在会员国经过相当手续组织的工会或雇主协会均得直接向国际劳工局抗议关于任何国不履行其责任的事件。

自 1919 年华盛顿会议起至 1942 年第 25 次会议止。共通过制定之国际劳动公约计 67 个,建议书 66 个。1929 年十二届大会时,著者代表中国劳工出席,曾提议主张"侨外之有色工人应与所在国之工人受平等待遇",即被通过,制为国际劳工公约。

国际劳工局的立法工作,大体上说来是失败的,但它对于各国劳动政策的拟订和执行不无影响。无疑义的,大多数国家,尤其是强国,不愿受国际劳工公约的拘束,它们或者不批准公约,或者批准后不付诸实施。如以每日八小时工作公约而论,通过三年后,只有法国,捷克,布国批准,希腊,罗马尼亚,印度是在特别条件下批准,奥地利和意大利是有条件的批准。其他各种公约的批准情形亦不甚佳。不过其活动的功能是不容厚非的。由于国际劳工局的活动,有许多重要问题提出讨论,使各国政府对此问题加以重视。同时由其国际劳工大会的讨论,唤起了各国社会的同情,社会舆论的力量也促进了有利劳工法规的制定。它虽没有直接影响了各国劳动政策的内容,但其间接力量是不容忽略。尤其国际劳动组织的研究工作对于各国的劳动政策影响更大。它收集关于各国劳动运动和工业运动的消息,供给各国政府或公私团体所需要的报告,答复各国的咨询,调查各国劳工生活状况及劳工立法的情形,出版各种有关劳动问题的定期或不定期的刊物。这种种刊物或报告都着重比较各国制度,给予各国政府及立法者的影响甚大。这虽是一种无形的工作,但有一种无穷的力量。所以我们可以说国际劳动大会或国际劳工局对于各国劳动政策的影响是一个间接的道德的力量,它暗中引动了改革的新力量,使各国都注意其他各国的设施而促进了劳工立法的进步,他们受了它的诱导和启发而更重视劳工立法的改进。它是国际的言论机关,呼吁劳工的痛苦,代劳工提出要求,左右诱导各该国的舆论,因此引起新法的拟定。更重要的,它是一个教育机关,使劳工、雇主及政府彼此认识,公共合作去研究问题,去解决问题。所以英国《泰晤士报》(The Times)说:"国际劳工局是1919年和约产生之国际组织中的最成功最有成绩的一个。"①

此次大战发生后,国际劳工局的负责人曾再三商讨克服将来的困难,推动新的工作。贝文(Bevin)曾一再声明:国劳局要成为协助各国实现《大西洋宪章》第五条的机构。此次战争及战后虽然加重了国际劳工局的任务和工作,但同时也增加了它的困难。它要推进国际劳工立法,领导或影响各国劳动政策的工作,需要不断的改革和进步。或许在将来这个机构在形式上和实质上都要发生变化。不过,不管国际劳工局的前途如何,以将来国际接触的频仍和国与国的距离缩短而论,国际劳动立法将有新的发展,这种发展无疑的要影响各国劳动政策的内容和实质。

由上以观,可知大战以后为劳动政策发展最迅速,变动最激烈

---

① 关于工团主义之参考书本,主要者有 W. Sombart, *Sozialisms und Soziale Bewegung*(有 A. P. Attorbury 英译本); L. L. Lorwin, *Syndicalism in France*; Pavid J. Saposs, *Labour Movement in Post-War France*; James A. Estoy, *Revolunary Syndicalism*; G. D. H. Cole, *World of Labour*; Lewis L. Lorwin, *Labour and Internationalism*.

的一个时期,证诸各国间及国际间劳动法规数量之增加,即可知之。综观此时期内劳动政策之特色有三:

第一,劳动政策体系之纷歧。前屡言及,在第一、第二两时期内,各国劳动政策之有一致之趋势。就其体系言,大都立脚于自由主义之上;就其内容言,只有范围广狭之别,没有本质上的差异。大战以后,此种一致趋势,不能维持。各国皆因其经济,政治及社会组织的不同,而采取不同体系的劳动政策。分析言之,一国有一国的特色,一国有一国的系统,即综括言之,现今劳动政策亦可划分三个显然不同的体系。第一派为战前劳动政策的继续,其主要色彩为个人主义,代表国家为英,美,法(1939年以后,又当别论),比利时,及其他民治主义国家。第二派为统制经济国家,其基础系立脚于国家主义之上,对于人民的经济活动,采取严格的干涉主义。代表国家为意大利,德国,西班牙,罗马尼亚等国。第三为社会主义国家的劳动政策。实行计划经济,消灭劳资阶级的对立。实行国家只有苏联一国。这三个体系,各有各的指导原则,各有各的理论基础,各有其特殊的体制,各有其代表的特色。这种分歧鼎力的现象与战前各国有一致倾向的情形不同。

第二,劳动者参加企业经营思想之抬头。在以前一班劳动立法均视劳动力为一与其他商品相同之交易的对象,劳动者是一种性质比较特殊的商品,故劳动政策之最大目的为确保劳力交易的合理及公平。企业家为企业的主体,事业的经营完全由其负责,被雇者没有置喙的余地。大战以后此种思想完全打破。被雇者已脱离商品的地位,有其独立的人格;劳动关系已不是商品关系,而是身份的,人格的关系。劳动者与雇主,同是生产的主体,企业的主体,其所不同者只是所担任的职务不同,前者为劳力的供给者,后者为资本的供给者。劳动者和雇主既皆为企业的主体,对于事业的经营自然应由双方共同决定。因此,被雇者应该具有与雇主对等的共助权或共同决定权(Mitwirkungsoder Mitbestimmungsrecht)。此种趋势谓之产业民主主义(Industrious Democracy)或经济的立宪主义(Wirtschaftlicher Konstitutionalismus),而推动此种趋势之原动力为拉丁民族的工团主义(Syndicates),英国的基尔特社会主义(Guild Socialism)及韦伯夫妇(Sidney and Beatrice Webb)、格鲁(G. D. H. Cole)所主张的产业民主主义。

　　工团主义者认为工人团体不仅是工人改进生活的重要工具,推进社会革命的主要机构,而且是将来理想社会的基本单位。他们的理想社会是由各个生产单位组织而成的一个柔性同盟。每种工业由其智力工人及体力工人组织的工团(Syndicates)管理,财产为全部工人所共有,企业经营全部由工人负责。[①] 基尔特主义为工团主义及国家社会主义之调和派。他们认为国家为社会消费者所组织,而基尔特(Guild)为社会生产者所组织。每个工厂由全厂工人组织的基尔特去经营,同一产业之工厂联合成一全国基尔特(National Guild)去经营该业全部事宜。所有全国基尔特联合成立基尔特议会管理全国生产事宜。[②] 韦伯夫妇及格鲁的思想与基尔特社会主义思想接近,不过比较更趋实际。这三派思想的共同之点都是主张由工人自己管理企业。

　　在此种思潮影响之下,各国的劳动政策不能不采纳之。苏联

---

① 关于基尔特社会主义思想。可参考 A. R. Orage, National Guilds,1914 出版。G. D. H. Cole, *World of Labour Self Government Industry*；Reckitt and Bechhofer, *The Meaning of National Guild* 及 *National Guild*, League 所出版之小册子。

②

为劳工阶级专政国家,生产手段收归国有,雇主阶级消灭,企业的经营由工厂的管理人员与工人共同决定。工会虽不能直接指挥,管理工厂的经营,但政府仍承认其有建议权与监视权。在德国,意大利等国家主义为着欺骗劳工起见也认为雇主和被雇者都变为政府的雇员。政府虽不允许工人直接管理企业,但表面上仍承认被雇者与雇主有对等的共同决定权。我们看意大利的业团组织系由被雇者团体及雇主团体代表所组成,德国的互信委员会(Vertrauensräte)的设立都可表示此种趋势。在个人主义国家则多采用经营委员会及经营参议会(或称工厂委员会,工厂会议,Fabrikausschuss,Betriebsräte,Workers' Councils,Shop Committees)等形式赋与被雇者以共同决定权。英国的(Whitley Committee),工厂委员会(Works Councils),联合产业评议会(Joint Industry Councils),及工厂职员运动(Shop steward movement),《威玛宪法》时代德国之工厂会议(Betriebsräte),我国工厂法所规定之工厂会议,均属此类。

第三,劳动政策本质之蜕变与其范围之扩大。劳动政策之本质和劳动政策的范围是互相表里的。劳动政策本质的蜕变,扩大了劳动政策的范围;政策范围的扩充,改变了劳动政策的本质。在大战以前,劳动政策以社会政策领域为其范围,故其本质大体说是社会政策性质。大战以后,情形丕变。政府参加经济活动后,劳动政策的领域扩展到经济政策的范围,其本质亦由纯社会政策也染上了经济政策的色彩。此种情形在苏联,德,意等国家,甚为明显。即自由主义国家自1929年以后亦正在向这方面转变。

第三章　现行劳动政策体系

现代劳动政策之体系的分类,亦与其他事物分类一样,有种种分类的标准。如以劳动政策之哲学基础为分类标准,则可分为自然主义(Naturalism)的劳动政策与理想主义的劳动政策(Idealism)。英,美及苏联的劳动政策属于前者,德,意的劳动政策属于后者。如以劳动政策之社会哲学为分类标准,则可分为个人主义的劳动政策与全体主义的劳动政策。属于前者的国家甚多,如英,美,比利时等国之劳动政策属之;属于后者的国家,主要的为苏联,德,意等国家。如以对现在资本主义秩序之立场为分类标准,则可分为个人主义的劳动政策,国家主义的劳动政策及社会主义的劳动政策。个人主义的劳动政策在承认资本主义经济秩序前提下,反对并限制资本家对劳动者之榨取,但其基础仍为私有财产制及自由放任制。主要实行的国家为英,美,法,比及其他民治主义国家。国家主义的劳动政策破坏了一部分资本主义的经济制度,但仍保留一部分,换言之,即为放弃自由放任主义,承认私有财产制前提下之劳动政策。属于此类型之国家为德,意及其他国家主义国家。社会主义的劳动政策完全破坏了资本主义的经济秩序,它是反对自由放任主义与私有财产制前提下的劳动政策。实行此制的只有苏联一国。最后的分类标准,一方面简单明了,便于比较;一方面与劳动政策本质蜕变的阶段相当,有互相表里之妙。故此本书采取此标准分类。将各国劳动政策内容依此三大系统比较之。在分别比较其内容之先,在本章中拟说明三大系统之特色与精神。

第一节 个人主义劳动政策

个人主义的劳动政策为自由放任主义实行后的结果,而自由放任主义为资本主义经济秩序特色之一。故欲明了个人主义劳动政策之精神,必先分析资本主义经济秩序。

资本主义的经济秩序为经济的自己责任(Wirtschaftliche Selbstverantwortlichkeit),其基础为私有财产制与自由放任制。个人生存既由个人负责,则势必要求私有财产与自由放任。私有财产制,为保障个人生存由个人负责的必要条件;而自由放任制为达到个人生存个人负责的必要手段。两者缺一,将使经济的自己责任原则失却意义。私有财产制之意义甚为明显,无详细解释之必要。现仅将自由放任制度之意义解释之。

概括言之,自由放任制度为国家干涉经济社会至最小限度之制度;分析言之,其主要内容可分为营业的自由,劳动的自由,契约的自由,消费的自由及关于经济方面之团结自由等五种。此五种自由构成自由放任制度。但随"自由"本身意义解释之不同,自由放任制度之意义亦有不同之解释。在十七八世纪时,一般人士认为自由为人权,为一种自然权利(natural rights),即人类与生俱生的权利,即构成人格的要素。故个人自由为绝对的,非任何法律所能毁灭。基于此种解释之自由放任制度,亦含有绝对的意义在内,即关于个人的经济活动政府不得干涉。19世纪初叶以前之劳动政策即基于此种概念之上。随后自由的意义发生新的解释,自由放任制度也有了新的含义。自晚近学者看来,自由并非与生俱来的自然权利,而是由于自由为个人发展人格所必需。自由本身不是目的,而是达到个人人格发展的手段。因此,自由不是绝对的,个人自由的范围要受两种限制:第一不防害他人自由,第二不违反国家承认个人自由的目的。① 自由放任制度也随之有了新限制。现代经济自由主义系立脚于此种概念之上,现代自由主义劳动政策亦立脚于此种概念之上。

根据晚近一般学者及立法家的意见,自由放任制度也有两种限制:第一为不妨害他人自由,第二为不违反国家承认自由的目的。基于此种概念之劳动政策有下列三大特色。

第一,劳动政策之目标为求劳动者个人人格圆满之发展及劳动者个人福利之保障。两者均为资本主义经济制度及个人主义精神所派生。现代个人主义国家既原则上承认私有财产制及自由放任制,即国内劳资阶级之对立,为不可避免之现象。劳资阶级的对立,劳动者处于经济弱者的地位,讲价能力薄弱,无法与资本家抗衡,劳动者是资本家榨取的对象,任其宰割,劳动者的生活陷于极端悲苦的境界。劳动政策的使命,为以政府的力量反抗资本家的剥削,以保障劳动者的福利。但其目标仅在求劳动者个人福利之保障及人格的圆满发展,和国家主义在求国家人格的发展及国家意志的表现不同。这种观点是由于个人主义精神而来。自个人主义者看来,个人生存的意义是谋个人人格的发展和个人最高的成就,国家存在的意义是在保障个人人格的最高的发展和个人最高

---

① 参阅王世杰,钱端升:《比较宪法》,民国25年(1936年)增订版,第99—102页,及河合荣治郎:《社会政策原论》,第337—338页。

的成就。在资本主义社会中劳动者处于极端痛苦的地位,生活尚无着落,自然谈不上个人人格的圆满发展,及个人最高的成就。这种现象不仅是劳动者的损失,而且也违反了自由主义的精神。因为国家承认个人自由之目的在使各个人能够发展之人格,以达到理想社会的目标(他们所谓理想社会即为各个成员人格成长之社会)。资本家滥用自由的结果,使劳动者无法发展其人格,这不仅违反了国家承认自由之目的,而且也侵犯了第三者的自由,故有限制的必要。

第二,劳动政策的基础立脚于阶级斗争观念之上。这是个人主义劳动政策极重要的特色。其理论亦根据个人主义而来。劳动政策既在谋劳动者个人人格的发展及劳动者个人福利之保障;而个人之需要及个人之利害,以个人体念至深,知之最明,则劳动者福利之追求应由劳动者本身自己负责,无需国家代庖。换言之,劳动者福利之追求及人格发展之保障,应由劳动者与资本家立于平等的立场以自由竞争的方式解决之,国家仅立于第三者的地位,从旁监视。国家政策的着眼只在阻止并排斥阻碍自由竞争因素之发生,使自由竞争能尽其节调的使命;而不在直接干涉之。但自19世纪末叶以来,各种企业皆趋于集中组织,形成巨大的联合组织,资本家以集体的姿态出现。在此种场合之下,单独的劳动者自然更无法与资本家斗争,自由契约,劳动自由成为资本家剥削劳动者的护符,而无法行使。于是以阶级斗争为基础的集体主义劳动政策兴起。集体主义劳动政策的基本概念认为劳动者福利之保障与劳动者人格之发展应由全体劳动者以集体的力量和资本家自由竞争。在阶级斗争中,劳动阶级的团体力量强迫资本家退步,以达到其预定目的。故集体主义劳动政策没有放弃自由竞争的原则,只改变了自由竞争的方式；为自由主义的自身修正，亦为自由主义进一步的结果，其基本精神还是一贯。此种基本精神不仅决定了自由主义劳动政策的内容，并且决定了它的体系。

第三，劳动政策的体系以扶植劳工组织及鼓励劳动者团体交涉（Collective Bargaining）为中心。换言之，个人主义国家的劳动政策以自动的劳动政策为主，他动的劳动政策仅立于补助的地位。要使劳动者能够以集体的力量和雇主立于平等地位去争取劳动条件的改善，其必需条件有二。其一，劳工团体势力雄厚，能够真正代表劳动阶级的意见，和雇主或雇主阶级作有效的斗争；其二，劳工团体和雇主斗争而得来的成果，要和法定的最低劳动条件有同等效力。前者为劳动组织扶植策的范畴，后者属于团体协约奖励策的领域。英，美，法，《威玛宪法》时代德国，及其他自由主义国家的劳动政策，尽管其内容各有不同，但其重心系置于此两大政策之上。

要扩张加强并充实工会的组织和势力，消极的要解除雇主或雇主阶级对于工会的阻挠和压制；积极的要给予工会以若干权限，使其能够运用罢工，怠工，拒货同盟（Boycott）等武器和雇主抗衡。关于前者的设施甚多，如黄色工会（Yellow Unions）之取缔，黄狗契约（Yellow-dog Contract）之限制，差别待遇及无理由解雇工人之禁止，黑表法（Black-list Method）之处罚等等。后者可以分为两部分：第一为劳动组织之扶植，第二为劳动组织活动之保障。劳工团结权之保护（Koalitionsrecht），劳工团体之鼓励，及雇主破坏的限制等属于第一项；罢工，怠工，拒货同盟之承认，工会政治活动之允许，及工会职权之扩大等属于第二项。劳工团体的本身力量充实后，政府进一步要鼓励劳工团体与雇主进行团体交涉，缔结团体协约。团体协约的规定为最低的劳动条件，它不仅有拘束工会会员效力，对于非工会会员亦有同样的拘束力。私人间个别劳动契约不得作违反协约的规定,凡与协约抵触之部分无效,无效的部分以协约上相当的条项代之。

对于团体协约之解释及修改发生争执,以和平手段解决无效时,劳动者可以诉诸罢工,同盟罢工等直接行动,政府对于集体劳动争议(Collective Labour Disputes)只能立于调停者的地位去调解(Conciliation),或自动仲裁(Voluntary Arbitration),不得直接干涉之。故其解决集体劳动争议之手段以不侵害劳动者的自由意见为范围。因为劳动争议发生后,如劳工团体没有直接行动权,或政府强其接受不愿接受之条件,则自由竞争制度失却了保障,劳动者的自由意志无从表示。这种行动,显然违反了自由主义精神。

总之,劳动者自我奋斗政策,在自由主义者看来不仅是保护劳工福利最有效的政策,同时也是表现劳动者自由意志,发展劳动者个人人格最好的方法。至于其他他动政策,其目的仅在保障工会势力不强的劳动者,使其免于资本家的压迫。我们看德国《威玛宪法》时代及1933年以后美国的劳动政策之内容便可知道。

综上以观,个人主义劳动政策,系以私有财产制及自由放任制为基础,以劳动阶级集体斗争为手段,去达到劳动者个人福利之保障及劳动者个人人格发展的目的。其性质为纯社会政策性质,其范围亦以社会政策的领域为限。

第二节 国家主义劳动政策

自由放任制度系以"自由竞争能尽其调节使命"为前提,1918

年以后,此种前提已渐失其地位,在若干国家相继放弃此种制度,而采取与此制度相反的统制经济制度。劳动政策也随之变质。因为此类国家主要精神为国家主义,故称其劳动政策为国家主义劳动政策。要明了国家主义劳动政策的精神,必须明了此类国家之经济制度。

国家主义的经济制度只破坏了资本主义制度的自由放任制,却接受了私人财产和私人企业制度。一切生产事业,仍由私人经营,但由国家加以严格的统制。关于生产事业规模的扩充和紧缩,私人投资之动向,劳动条件及工资之决定均由政府全盘统制。私人自由竞争已完全停止。在此种情形下,劳动政策自然也要变更。综观国家主义劳动政策的特色有五:

第一,劳动政策之使命在谋国家战斗力的发展和国防的确保。这和自由主义劳动政策在谋劳动者个人福利的保障完全不同。国家主义者为着强制劳工在政府之下努力,他们强调国家为自然之有机体,有真正之人格,意志,且能表现完全之理智。个人因国家而存在,而不是国家因个人而存在。故国家之存在为第一位而个人之存在为第二位。在国家最高福利前提下,私人利益和私人团体利益是可以牺牲的。意大利《劳动宪章》第一条即特别重视此点,故再三说明政府之重要,以压抑劳工。

> "意大利政府是具有目的,有生命,有行动的有机体,是高于构成此有机体之个人或私人团体的目的,生命和行动。国家是一个道德,政治与经济的整体,完全体现于法西斯政府之内。"

墨索里尼在1923年曾对热那亚(Genoa)的工人说:"政府就是统

制,统制一切,在一切之上,于必要时,可以反对一切。因为它要顾虑到国家利益,所以它可以统制一切。如果任何团体,不论布尔乔亚阶级或普罗阶级所组织,如与国家利益相违反时,政府可以取缔。"①

劳动政策之目的在求全国国民生产力之发展与国防之确保一原则为整个劳动政策之指导原则。基于此项原则使国家主义的劳动政策和自由主义的劳动政策完全不同。因为一个政策的目标为决定达到此目标之手段的前提,两者的目标不同,其手段自异。

第二,政府统制之强化。个人主义劳动政策之目标在谋劳动者个人的经济幸福和人格发展;而个人利害,以个人知之至明,故反对国家干涉,而采用劳动者自我奋斗的政策。相反的,国家主义劳动政策之目标在谋国力的巩固与扩张和国防生产力的发展,而国家利益以政府知之至明,故反对私人自由活动,采取强烈的统制政策。政府统制的目的,在求达到上述劳动政策的目标。两者为不可分的概念,前者为达到后者的手段,后者因前者而存在。故政府统制政策在国家主义劳动政策中占一极重要地方。分析言之,其主要内容如次:

(A)改组劳动组织,使其成为执行国家政策的机关。在以前劳动组织为劳动者谋个人利益及阶级利益的机关,其主要使命在团结劳动者和资本家斗争。此种组织显然与国家主义精神不合。故德意各国均改组劳工组织,使其成为政府机关之一部,受政府之直接管辖。自由团结权被剥夺,工会的自由活动权亦被排斥。工人团体已不是劳动者改善其经济地位之组合,而为推行国家劳动政策之机关。德国的劳动阵线及意大利的业团组织均已消灭自由工会的色彩,完全在政府下指挥活动,即为明例。

---

① Carmon Haider, *Capital and Labour under Fascism*, p. 59.

（B）劳动条件不由劳资阶级以自由斗争的方式去决定，而由政府直接强制规定之。在个人主义国家劳动条件系由劳资阶级以自由斗争之方式决定，其流弊甚大，不仅当事者不利，即国民经济亦将蒙巨大损失。因为劳资阶级斗争之前提为两者要保持某种程度之均势，如劳动者占经济优势地位时，将增重雇主的负担，因而影响国民经济生产；如雇主占优势地位时，劳动者的目的不能达到，不仅为劳动者本身的损失，且将间接影响社会的秩序。且劳资阶级自由斗争往往不惜采用罢工，怠工，停业等激烈手段，其影响国家之利益更巨。故国家主义国家恒采用直接强制的方法以代替之。

德国劳动条件之规制由劳动专员（Treuhänder der Arbeit）负责。劳动专员为中央政府官吏，受劳动部长之节制，可以制定劳动指令，最低劳动条件规则（Tarifordnung）及超经营规则（über betriebliche Ordnung）。劳动指令为统一其所属区域内同种类企业之经营规则（一称就业规则，betriebliche Ordnung）之原则；最低劳动条件规则可以直接的无条件的规定各个劳动契约之内容；超经营规则系规定其区域内一群工厂之最低工作条件。就业规则及私人契约与劳动专员所颁布之指令相违背者无效，无效的部分，以规则中相当的条款代替之。意大利对于劳动条件之统制，虽无德国之严密，但业团可以颁制集体规则，以统制劳动条件。集体规则分为三种：一为关于集体产业关系及生产调整之规则（binding rules concerning the regulation of collective industrial relations and the co-ordination of production），第二为经济协定，第三为价格表。业团所颁布的规章的效力在团体协约效力之上。①

---

① 详见本书第三编。

（C）劳动市场的直接管理。在自由经济国家,劳动者的就业和转业完全根据劳动者劳动自由原则决定之。相对工资是诱致并分配全国可用劳动力于各职业间的枢纽。而相对工资大体上系根据企业家投资的动向而变化。企业家生产以获得利润为唯一目的,其投资不以国家需要为依据而以个人私益为转移,产业的发展成一种畸形的,不规则的现象。于是在劳动方面也发生劳力分配不合理及劳力浪费的现象。国家主义国家要求全国劳动量与劳动分配与全国资源,生产,经济结构有合理的联系,自不能不放弃自由雇佣的原则,而由国家管理之。其管理之步骤:第一步成立劳力统制机关,为统制劳动者分配的机构;第二步禁止雇主自由雇用劳动者,并颁发工作证,以便管理;第三步动员全国劳动储量,以增加劳动者的数量;第四步合理的分配劳动力,以发挥最高生产力;第五步发展劳工教育及职业教育以提高劳动力的效率。德,意各国所实行的劳力安置政策(Arbeitseinsatzpolitik),即依此步骤实行。

（D）劳动者生活的训导。个人主义国家劳动政策的目的在谋求劳动者个人福利的保障及个人人格之发展,故关于劳动者的社会生活和业余生活,政府采取放任态度,由劳动者个人自由活动。在国家主义国家,其劳动政策为其一般政策之一部分,其目的除发展劳动生产力外,且为达到其国家最高理想之手段;故其意义除纯经济的意义外,尚有政治社会道德的意义;因此政府除干涉劳动者的经济生活外,尚干涉了劳动者的社会生活和政治生活。政府常大规模的利用各种活动去干涉,指导劳动者的生活,使他们的思想单纯,行动划一。德国健乐委员会(Kraft Durch Freude)和意大利的业余俱乐社(Do Polavoro)即为指导劳工业余生活的机关。德国劳动阵线的政治训练部(Schulungsamt)即为主持劳工思想训练之机关。其他各国家主义国家均有此种类似机关的存在，以管理劳动者生活。

(E)罢工及停业之严格禁止。罢工，怠工，总罢工，停业等激烈手段之使用，不但使生产机构停顿，当事者和个人，两蒙损失；并且使社会秩序陷于紊乱，足以影响国家的前途。故国家主义国家无不严厉禁止罢工与停业，以避免生产中断的损失。

第三，劳资协调的原则。国家主义者所以采取劳资协调理论，实有其不得已的苦衷。国家主义国家既承认私有财产及私人企业，则劳资阶级的对立为不可否认的事实。如何破坏劳资阶级斗争的理论使两者在国家大前提下合作，为阶级协调论的使命。这种理论的产生，也是由于现实需要而来。意大利为首先实行此种理论之国家。[①] 由于社会主义派，共产党，工团主义者的宣传和活动，意大利在 1919 年至 1922 年之间曾深受罢工与停业的痛苦。1919 年中停业及罢工次数共达 1871 次，1920 年达 2071 次；影响人数 1919 年共达 155 万人，1920 年共达 230 万人。生产停顿，社会秩序混乱。墨索里尼即从此种环境中产生者，故不能不放弃阶级斗争的理论。

根据他的理论，国家生产力之发达，以劳资阶级之协调为条件，就国家整个前途言，两者为互相补益不可分离之因素。劳资因生产而协调，生产因国家而努力。在《劳动宪章》中对于此点有详细的说明：

---

① 阶级协调论的创始者，据作者看来，是我国孙中山先生。他在民国 13 年（1924 年）即创此种学说，认为社会之进化不在阶级利益相冲突，而在阶级利益相调和。他反对马克思的阶级斗争，认为他是社会病理家，而不是社会生理家（详见《民生主义》第四讲）。至于意大利倡导此种学说，还在 1926 年以后，在 1926 年以前还是以民族的工团主义为其理论基础。

"业团政府认为生产事业的私人自动经营,对于发展国家利益为最有用最有效的方法。私人企业对于国家甚为重要,其经营应对国家一般生产政策负责。在一般企业中,生产因素(劳力与资本)是合作的,其权利与义务是互惠的。被雇者,不论其为粗工,雇员,及精工,均为经济之积极合作者。企业的经营权则属于雇主,他对企业负有此种义务。"(第七条)

1933 年以后,德国的理论更进一层。其劳动政策立脚于国民协同体理论之上。他们认为国家为一有机体,由三种基本细胞组织而成。家庭为构成国家之种族细胞,社会为构成国家之政治细胞,企业为构成国家之经济细胞。企业为企业家及被雇者共同生活、共同利益之单位(Betriebsgemeinschaft)。在企业内,企业家及劳动者的利益为共通的,其命运为同一的。国家的前途,决定了企业的命运,企业的命运,决定了雇主和劳动者的前途,三者是互相关连的。因此资本与劳动必需因生产而协同,生产必需因国家利益而服务。[1]

如何实现阶级协调之理想,为国家主义劳动政策最注意之课题。解决此问题之方法普通多采下列三策。其一,以不歧视的态度去组织雇主和被雇主的团体,给予他们平等的权利和待遇;更彻底的是将两者纳于一个团体之下。实行前一个方法的有意大利,西班牙,葡萄牙;实行后一个方法的有德国。其二,劳动条件的决定,除由政府直接规制外,并尽量容纳劳资双方的意见,在决定企业经营及其他有关劳动活动之场合下,使劳资双方有同等的机会

---

[1]　见 Taylor Cole, *The Evolution of the German Labor Front*, Potilical Science Quarterly, Dec. 1937.

参加。其三,劳资间的争执,由政府全权解决。

我们进一步考察,就可知道阶级协调理论,为国家主义劳动政策自然归宿,同时亦有其不得已的苦衷存在。他们强调国家和国防的重要,因而要求工人为国家牺牲,以"劳资协调"的口号为诱劝工人的工具。这点和总理所主张的"阶级协调"论不同。因为总理的阶级协调论,是以全民福利为依据的。"劳动协调"是在求双方福利的增进。这和国家主义国家之着重国防而忽略人民幸福者,实有本质上的不同。关于这点作者将在《中国劳动政策》一书中详述之。

第四,企业家指导原则。此种精神在德国甚为显著,在意大利及其他国家主义国家,事实上虽亦存在,但未明白倡导。现以德国为例说明之。

指导原则之广泛应用,为国社党之基本精神。其主要目的在压抑劳工,使其服从资本家的命令。哥培尔(Goebbels)谓:"我们的社会主义,是普鲁士军人的遗产。……这种主义使菲希烈大帝(Frederick the Great)作战 7 年之久"①所谓普鲁士军人的遗产就是服从,就是指导原则。其劳动政策,自不能例外。

国社党认为:企业的公共利益团体为企业的领导者(Führer)及随从者(Gefolgschaft)组织而成。企业的领导者包括雇主及企业各部分经理,高级职员;随从者包括劳动者及雇员。在企业中,领导者有权决定企业内一切事件,领导者的行动对国家负责;劳工及雇员对企业主负有忠实(Treue)的义务。互信委员会(Vertrauensräte)的职责仅为领导者的顾问机关,代表候选人由雇主推荐,对于领导者的行动不得干涉或停止之。故德国劳动部长沙鲁第(Franz Selette)在《国民劳动秩序法》颁布时谓:"此法系以企业家为领导者,

---

①　后藤青:《国社党的劳动法制》。

劳动者为随从者的观念而成立的。全体工人应以企业及国家之目的为前提。……全体职工对于雇主应尽忠实诚恳的义务。"①于此可知其指导原则,完全是强制工人服从资本家指挥的借口。

第五,国家主义劳动政策兼有社会政策和经济政策的性质。在国家主义国家承认私人企业和私有阶级制,劳资阶级的区别仍然存在,故其劳动政策仍未脱离社会政策的性质。但在另一方面,国民的经济生活受政府的严格统制,劳动条件及劳动生活不由劳动者以斗争的方式去决定,而由政府统制;则其劳动政策又带有很浓厚的经济政策色彩。劳动政策的两元性,为国家主义劳动政策独有的特色。它这种特色扩大了劳动政策的领域,使劳动政策从社会政策的范围扩大到经济政策的范围,其详已见"劳动政策的本质"一节,兹不重赘。

总之,在国社党及法西斯之下其经济目标已不是谋人民的经济幸福,而是膨胀国力,以与外国作战。战争是他们一切活动的目标,巩固国力是他们一切政策的最后根据。因此其所实行的政策只是以作战胜利为惟一考虑条件,其他一切可以不顾。为着胜利,为着政权,任何统制,均可实行,任何阶级利益可以牺牲。所以佛兰芒克(Frank Munk)说:"纳粹主义和法西斯主义的内心是非经济的(Non-economic),甚或可以说是反经济的(Anti-economic)。纳粹和法西斯政治家决策的时候,常置经济的考虑于次要;而且他们必须要牺牲经济的和实业的利益,以取得征服或威信的更大权力。"②

---

① Frank Munk 著:《武力经济学》徐宗士译,第 10 页。
② 苏联虽自称为共产主义国家,但其距共产主义的理想仍远。据马克思(Karl Marx)的意见,共产主义社会是"各尽所能,各取所需"的社会。在现苏联社会只作到"各尽所能,各取所值"的标准,故作者不称为共产主义的劳动政策,而称为社会主义劳动政策。实行社会主义的国家在现阶段只有苏联一国。

因此其劳动政策虽也标出种种好听的名词,但实际上只是驱使劳工及雇主从事准备战争的借口,政府统制的强化和劳资协调的倡导都是压迫劳工的手段。劳动政策的内容和劳动者生活的保障也是根据发展国力准备战争为标准。所以他们的劳动政策也不是单独的劳工保障政策,也不是无条件的压迫政策,凡能发展武力巩固武力的措施均实行之,凡能发展武力的人民均保护之;相反的,凡阻碍武力的发展和党权的巩固的都禁止之。这是国家主义国家劳动政策的基本原则,其一切设施均以此为依据。我们要研究国家主义国家劳动政策必须从此着眼,否则将会走入歧途的。

第三节　社会主义劳动政策①

苏联从1917年至现在,其经济发展曾经过三个显然不同的阶段。第一为战时共产主义时期(War Communism Period),自1917年至1922年;第二为新经济政策时期(The Period of New Economic

---

① 在这里作者说明战时共产主义时期及新经济政策时期经济制度和劳动政策的特征。所谓战时共产主义是一方面推翻旧的经济制度和社会制度,以激烈的手段没收资产阶级的私产,以达到共产主义的目的;一方面为着国防的需要,行一种统制的生产政策和分配政策。其工业政策的主要内容为集中全部工业管理权于中央政府之集中全部工业生产品于政府机关,集中生产品分配权于国家,以保障国防力量的充实。因此其劳动政策特征有三:第一,实行强迫劳动制,第二,废除工资制度,实行定量实物分配制,第三,实行工人统制制(Worker's Control System)。

新经济政策是比较保守的政策。它的特征是允许资本主义的存在,但以劳工阶级掌握经济命脉为前提。换言之,允许有限制的私有财产制,私人可以雇用劳力,开设工厂。其劳动政策之特色有三。第一,原则上承认劳力雇佣自由,但以周密的保护劳动的法律限制雇主,使其自由行动权限制于最小限度。第二,扩大充实工会的权力,使其监视其雇主的行动,劳动条件由工会与国家托辣斯(Trust),企业家订立团体协约决定之。劳动法规的执行由工会监察之。第三,恢复工资制度。

Policy），自 1923 年至 1929 年；第三为计划经济时期（Period of Economic Planning），自 1929 年至现在。在各个时期，其经济政策的指导原则不同。因之，其劳动政策在每个时期亦显然有别。但在战时共产主义时期的劳动政策是一种已经宣告失败的尝试，其不足代表社会主义劳动政策固甚明显；即新经济政策的劳动政策，不过是一种过渡性质，亦不足代表社会主义精神。故本节所论列的，仅以计划经济时期的劳动政策为限。①

苏联的劳动政策为其特有的经济制度、社会制度下的产物，要明了其劳动政策之特色，必先解剖其经济社会制度。

1936 年 12 月 5 日第八届全国苏维埃非常代表大会所通过的新《宪法》为苏联现行的根本法，其规定国家的根本组织如次：

　　"苏联的经济基础为社会主义的经济制度及生产工具和资料的社会公有制。……"（第四条）又

　　"苏联经济生活，受国家国民经济计划所规定与指导，以期增进公共财富，不断提高劳动者的物质文化水准，巩固苏联的独立并加强其国防能力。"（第十一条）

从上面宪法条文的规定可知苏联经济社会的特色。其一，苏

---

① "社会基金"（Social Funds）一名词，为苏联学者所创制。其意义系指全体劳动量所生产的财富，除开劳动者的报酬后所剩下的部分。此部分通常作为发展并维持国家之用。直接工资及社会工资也是苏联首创的名词，现渐流行于各国。直接工资系指劳力的直接拿钱工资而言，社会工资则系指义务教育，社会保险，失业及疾病预防，工人居宅的供给，工人文化的培养，工人业余娱乐的享受及其他一切物质保障的设施而言。详细情形可参阅：J. Freemen, *Soviet Worker*, pp. 201—203 and L. E. Hubbard, *Soviet Trade and Distribution*（1937）, pp. 259—262.

联是生产工具和资料社会公有制的社会主义国家,私有财产已经废除,企业完全由国家经营。这和自由主义国家及国家主义国家不同。在自由主义国家,生产工具及资料归私人所有,企业由私人经营,私有财产制未受破坏。在国家主义国家,私有财产权的意义虽有新的解释,但原则上仍承认私有财产制,企业在原则上亦由私人经营。其二,苏联为工农的社会主义国家,政权为无产阶级所有,国内没有资产阶级的存在,劳资阶级对立的现象消灭。这也是苏联独有的现象。个人主义国家,劳资对立是很普遍很显著的现象,在国家主义国家虽倡导劳资合作、阶级协调理论,但劳资阶级的界限仍然存在,劳资利益冲突仍不能完全扫除。其三,苏联是实行计划经济的国家,国民经济生活受国家预定计划的规划与指导。国家主义国家对于国民经济生活虽采行严格的干涉主义,但在程度上有区别。苏联是全面的,有计划的;而在德,意等国家则系片面的,没有明确的计划;苏联的企业系由国家直接经营,在德,意则大都采私人经营,由国家管理指导之。至于个人主义国家的经济活动是一种无组织,无计划,无政府的现象,和苏联的计划经济不可同日而语。基于其经济社会制度的特色,其劳动政策的主要特征有四。

第一,劳动政策的目标在扩大生产。在社会主义国家,劳资阶级的对立已经消灭,劳动阶级掌握政权,其对自己利益的维护自不遗余力,故劳动者的消极保护政策在劳动政策已不占地位,而其目标在发展国民最大生产力。根据苏联共产党徒的理论,工农阶级物质生活及文化水准的提高,以全国经济生产力的大小为准;全国生产力愈膨胀,物资财货的生产愈丰富,社会基金(social fund)的累积愈加多,则劳动者的直接工资(direct wages)及社会工资(social wages）可以增加，工农阶级的生活水准自然可以提高。[①] 欲求生产力的膨胀，只有全国劳工一致"面向生产"，发挥全国劳动生产力至最高限度。劳动政策就是达到此种目的之手段。"发达最高劳动生产力"及"面对生产"为社会主义国家劳动政策的最高指导原则，其一切设施以此为中心。

这种特色是苏联独有的特征。国家主义的劳动政策虽亦有此种倾向，但其国内劳资阶级仍然存在，对于劳动者之保护仍为其目的之一，故不如苏联之单纯。

劳动政策既以发展生产力为目标，故其一切施设均以增加生产为主。我们看苏联的工会的活动，团体协约的主要内容，工资政策，社会保险及劳工教育无不朝着此目标进行。至于社会主义竞赛（Socialist Emulation or Socialist Competition）的提倡，斯泰哈诺夫运动（Stakhanov Movement）的鼓励，无限制计件制（Unlimited Piece System）的实行，劳动纪律的颁布为显而易见的生产鼓励策，其目的在求国民生产力的发挥，更不待言。

第二，劳动政策的计划性。苏联全国的生产和分配系按照中央政府国家计划委员会（Gosplan）的预定计划实施。劳动为生产极重要因素之一，故劳力的利用，劳力的分配，劳动者的征调，劳动者的报酬，劳动条件均由政府按照预定的计划加以管理。这点和国家主义的统制原则相同，其不同者，只是程序上的差异。大体说来，国家主义国家企业仍由私人经营，故其管理为间接的；同时就其实质而言，也没有苏联的彻底。

在苏联劳动市场（Labour Market）已不存在，工业劳动者的来源

---

① Walter Citrine, *I Search for Truth in Russia*, p. 129.

系由劳力征调委员会（Committee for Regulating Organized Recruitment of Workers）向国营农场及集体农场征调，就业劳动者的分配则由各人民委员会负责；高级技师及高等学校毕业学生之职业分派，亦由各人民委员会负责统筹。故劳力之征调与分配均照预定计划作合理调度，与个人主义国家纯凭劳动市场的供需关系来决定的现象完全不同。就劳动者的报酬而言，亦由政府按预定计划逐步提高。如其工资政策系采用工资基金制（Wage Fund System），工资的提高以生产力的增加为条件，其提高程度不得超过政府所定的范围，提高工资所需的资金由经济院（Economic Council）及工会中央评议会（The Central Council of Track Union）协定之，并编入一般经济计划之中。其他如社会保险的费用、劳工医药的补助、疗养院休息室的添建，工人住宅的增加，政府均有一定的计划。

第三，劳动阶级的自主性。在个人主义国家，劳资阶级对立，劳动政策的最大任务是鼓励并扶植劳动者以集体力量立于平等的地位去和雇主斗争，政府立于第三者地位，承认其斗争得来的成果。劳动者对于劳动条件的决定，劳动福利的追求，只有自动性而没有自主性。在国家主义国家，认为雇主和劳动者只是国家的雇员，他们的地位要在国家大前提下方能存在。国家的利益是第一位，劳动者和雇主的个人利益是第二位。因此其劳动政策为严格的统制主义，雇主和劳动者的行动要在国家强烈统制下活动，政府不是立于第三者的地位，而是立于上级的地位。劳动者对于劳动条件的决定，劳动福利的增进不仅没有自主性，而且没有自动性。苏联的情形则与此不同。

在苏联无产阶级掌握政权，劳动者成为国家的主人，工会成为训练自己管理自己的机关。劳动者既不是另一阶级的榨取对象，也不是某一团体的统制对象。举凡劳动法规的执行,劳动事务的管理,均由劳动者自己负责。此种特征至1933年6月以后更为清楚。1933年6月23日共产党中央执行委员会(Central Executive Committee of the Communist Party)、全俄苏维埃中央执行委员会及工会中央评议会下令取消劳工人民委员部(People's Commissariat of Labour),将其职务一律移交工会中央评议会及工会各级机关执行。以后所有关于工厂检查,劳工法的执行,社会保险之管理,工资及劳动条件之协商,工人之保护,劳动规则及劳动命令的颁布,企业经营的检讨均由劳动者自己负责。所以英国席初林爵士(Sir Walter Citrine)说:"苏联的工会不能和世界上任何其他工会相比,依我所看到,苏联工会所有的职权,在别的国家里,是由国家自身执行的。"劳动阶级的自主性于此可见。

第四,劳动政策本质的特异性。在上面屡次提到,社会国家资产消灭,劳资对立的现象已不存在,当时的社会问题已不是劳动问题,因此劳动政策已完全脱离社会政策色彩,而成为经济政策。关于此点在上面已反复论及,兹不重赘。不过特为提出,以明其本质之特异性而已。

根据共产党的理论劳动是一切价值的创造者,社会内一切产品的价值等于该社会内所费去全部社会所必需劳动量的总和。换言之,世界上一切财货之能有价值均系劳动者的力量,劳动者是人类世界的功臣。要求国家经济力量的发展,必需积极的保障劳工,利用劳工,务使全体劳工能合理的发挥其力量,其力量发出后又要合理的利用,使其生产量能达到最高的程度。其劳动政策的基本出发点是如此的。要达到这个目的,政府必需有计划的培养,扶植,分配和利用。这是苏联所以采取计划性政策的原因。政府对于劳工的行动即要有计划的安排,自然不能不采取干涉和统制。计划是统制的另一面,两者是一件事物的两面。不能分开。所以苏联的劳动政策也带有很强烈的统制性。其与国家主义国家的德,意不同的地方有二。第一,就目的言,国家主义国家是求武力的扩张,和党权的巩固,为着国家权力的膨胀,劳工的利益可以牺牲的。而苏联则在谋人民经济幸福的增加,其经济目标是一种全民的福利经济。第二,就手段言,德,意是劳资对立的国家,在本质上就注定了政府要扶助资本阶级来压迫劳工。其手段为他动的强制性的。而苏联则为无产阶级专政的国家,其统制手段虽含有浓厚的强制性,但同时给予劳工以最大限度的自动权。劳工对于自己的事务有广大的自治权,这和法西斯国家劳工阶级之事事须仰鼻息的情形完全不同。

第二编　劳动组织①

---

① 关于英国工会之起源,学者之间颇多争议,有谓源于中古时代之行会者 (Guild),有谓源于 Journeymen's Societies 者,有谓源于 17 世纪后半期之特业产业之 Journeymen's Association 者,韦伯夫妇即主此说。至于第一个工会成立于何时亦多争 执。G. Unwin 谓在 1667 年即有常设的帽业工人工会。韦伯夫妇谓始于 18 世纪初。 详见 S. and B. Webb, *History of Trade Unionism*, p. I. (1920 Ed)

第一章　劳动组织的性质及其演进

现代意义的劳动组织之兴起虽不到 100 年历史,但其地位则甚重要。它不仅是现代经济社会组织中的主要因素,并且由于劳动组织之发展,使经济社会结构发生变动。一个国家工业化程度愈深,则其重要性愈增。在西欧各工业国家此种趋势尤为明显。要对此种组织有比较明确的了解,自不能不对此种组织的发展及性质先有简明的概念。

第一节　劳动组织的发展

现代劳动组织最初以职业工会(Trade Union or Craft Union)的形态出现于英国。18 世纪初,工业革命在英国发生,工人之组织以公会(Company)、俱乐会(Club)、互助会(Mutual Protection Association)等名称亦随之在各地产生。① 到 19 世纪工会组织遍于西欧,

---

① 关于各国工会运动之参考书略举数种于次,英国;S. and B. Webb, *The History of Trade Unionism*,我国有陈健民氏译本,商务出版。G. D. H. Cole, A short History of British Working Class Movement; Milne-Bailey, *Trade Union Documents*. 德国;W. S. Sander, *Trade Unionism in Germany*; Seidel, *Trade Union Movement of Germany*;比较详细者有: S. Nestripke, *Die Gewerkschafsbewegung*, 此书有日译本,《独逸劳动组合运动史》。法国:L. Levine, *Syndicalism in France*; G. D. H. Cole, *The World of Labour*,

美国、日本及其他工业国家。至本世纪后世界各文明国家无不有劳动组织存在。各国劳动组织之发展因各国环境不同而异,其地位及其势力亦不一律,欲详细按国别说明各国发展过程,事实上既甚困难,且亦非本书讨论范围之内。① 故本节仅以政府对劳动组织的态度去说明其发展过程。

大体说来,各国劳动组织的发展都经过了下列三个阶段:第一为禁止时期,第二为承认时期,第三为积极保护时期。现逐项说明于次。

第一,禁止时期。劳动组织之发生为工业革命的结果。工业革命,机械的大量应用,使劳工与生产手段脱离所有关系,劳动者成为雇主榨取对象。在另一方面,由于工厂制度的兴起,工人群聚一厂,关系较前密切,阶级意识发生。于是以维持或改良劳动条件为目的的劳动组织兴起。但在其初期不为政府所承认,各国均采取严格的禁止态度,以刑法或特别法取缔之。当时人士之所以采取此种态度者,其原因似有三层。第一,18世纪经济学者、政治学者在

---

p. III. IV. 有简明的介绍(1919 Edition)。美国最有权威之著作为 J. R. Commons, *History of Labour in the United States*(全书共分三卷,第三卷在 1918 年出版,第一、二卷于 1935 年出版)。简明者有:George Goham Groct, *An Introduction to the Study of Organized Labour in America*, Second Ed. 1923;A. Bimba, History of American Working Class。俄国:S. P. Turin, *From Peter the Great to Lenin*。苏联:I. L. O., The Trade Union Movement in Soviet Russia。比利时:C. Mertens, *Trade Union Movement of Belgium*;关于国际工会运动:J. Sarrenbath, *Twenty-five Years of International Unionism*.

① 劳动组织一习语,普通多包括两种劳动组织。第一,为劳工的职业的组织(Berufsorganisation),第二,为劳工的经营组织(Betriebsorganisation)。前者为工会(Trade Union, Gewerkschaft),后者为工厂委员会(Betriebsräte, Works Committee)或工厂会议(Work Councils)。作者在此系指第一种意义的劳动组织而言。而作者所以不直接应用"工会"一名词者。因工会一名词系指劳动者所组织之团体而言,而现在有许多组织不仅包括劳工雇员,而且包括雇主在内。如德国劳动阵线即包括雇主,雇员及劳工。意大利的业团,亦由雇主及雇工团体组织而成。如葡萄牙的业团制度亦如意大利相似,如用工会一名词者即不能包括此类组织。

理论上反对工会运动。当时为政治上及经济上的大解放时期,政治上的民治主义和经济上的自由放任为当时最流行思想。工会运动的发展,自当时观之,与上述原则均相违反。自政治方面观之,工会运动有形成新阶级的可能,与当时摧残阶级的思想不合;自经济方面观之,劳动团体的组织显然妨害自由放任、自由竞争的运行,故有禁止的必要。第二,欧洲中世纪遗留下来的基尔特(Guild)组织,当为法国大革命时代人士所深恶痛绝。基尔特本为从事工商业者所结合的团体,其会员有垄断本业的权力,非会员无经营该业的自由;大革命起后,基尔特被认为自由之敌,而被禁止。新兴的工会组织,在当时人士观之,与基尔特的性质相同,故亦应禁止之。第三,劳工结社可使怠工,罢工之事较容易发生,亦为当时禁止工会原因之一。[①]

　　法国及大陆国家均规定:凡任何劳工组合,其目的在煽动怠工,罢工,阻止他人至工厂工作,压迫工人迟到早退及其他一切阻碍生产或增加生产成本者,均予以刑事上的处分。[②] 在英国及其他

---

　　① 例如《普鲁士产业法典》序文谓:"工资劳动者之团结,危害工厂之存在,容易引起紊乱,威胁公安,有足威惧之理由。"可为例证。其他禁止劳工组织之动机及理由,以 1849 年法国立法会议(French Legislative Assembly)反对工会组织者的意见为最具体。他们说:"刑法中关于禁止工人团结及罢工条款之撤废将使社会失去抵抗某种威胁的武器。这种威胁将破坏社会秩序,使产业陷于危险的地步。工会组织,纵使不采用威胁及强暴的手段,也会破坏或变更竞争的影响,扰乱供需的平衡。所以我们反对产业,职业及劳动的自由团结权。"见:I. L. O. , *Methods of Collaboration Between the Public Authorities*, Workers Organization and Employers Organization, p. 6.

　　② 法国于 1791 年颁布禁止同业公会令,严禁一切结社。1810 年刑法第 414,415 两条中严禁职业的团结。此项条款至 1834 年复以法律厉行之,禁止 20 人以上之结社。1848 年之革命虽有承认团结自由之意,但至 1849 年法律又禁止之。加入工会者处以六日以上三月以下苦工,或 1000 法郎以上罚金,主谋者处二年以上五年以下之苦工。

盎格卢·萨克逊国家则规定:凡要求改进劳动条件之任何协议（Argeement）均视为碍害产业的发展,一律处以共谋罪（Conspiracy）。① 如比利时,丹麦,在其宪法中早已承认自由结社权,但对劳工团体采禁止态度。又如瑞典,挪威,美国传统的承认公民自由结社权,但对工人组织则视为例外。此种思想流传之广,于此可见。

第二,承认时期。到 19 世纪后半期后,自由放任制度流弊日甚,工人要求以团体行动改良劳动条件之需要愈切,工人的团结力愈坚,劳动团体之活动极为激烈。禁止工会运动的法律不仅不足阻止劳动者团结运动之发展,反足激动其反抗心,使其行动愈趋激烈。于是各国政府的态度渐渐改变,由禁止团结而承认其存在。

英国为首先承认劳工团体的国家,1799—1800 年所通过的《预防工人不法联合法》（An Act to prevent unlawfal combination of workmen）,在柏来斯（Francis Place）、休谟（Joseph Hume）等人努力之下,于 1824 年撤消,1824 的《结合法》及 1825 年《结合法》（The Combination Act）中承认工人团结权。但普通法（Common Law）中尚有限制劳工组织之规定。一直至 1871 年《工会法》（Trade Union Act of 1871）②

① 在整个 18 世纪中,在英国工会被认为违法团体。自其普通法（Common Law）观之,劳动组织为妨害产业之共谋行为,凡工人二人或二人以上联合要挟雇主改良工作条件,不论其所采手段如何,一律予以徒刑或罚金的处分。同时自 Edward I. (1272—1307) 至（George IV 1820—1830）国会前后制定法律 35 种禁止劳工组织及防止劳动者以团体力量要挟雇主改良劳动条件。美国虽无特殊结社法禁止工人结合,但在 18 世纪及 19 世纪初大多数法院引用英国共谋罪法以禁止之。如 1806 年 Philadelphia 费城制靴业工人案件,1823 年纽约州帽工案件均引用共谋罪法以禁止之。其判决书云:"工人组织团体拒绝工作显然为共谋行为,不仅拒绝工作为非法行为,即共谋亦为非法行为,不论其目的是否合法,"其态度可知。

② 英国 Trade Union Act 在我国均译为"工会法",此译名不甚妥当。以英国 Trade Union Act 中系将雇主协会及工会两者合并规定之。故日本多译为"职业组合法"。今从我国习惯,故沿用旧名。

及 1875 年《共谋罪及财产保护法》(Conspiracy and Protection of Property Act of 1875),1876 年《工会修正法》(Trade Union Amendment Act)制定后,团结权始得确立,劳动者之团结始脱离刑事法之范围,而成为民事法领域之问题。由于英国各项法律条文之明显意义之确定,所有英属殖民地及自治领均先后颁布与其相似之法律。

继英国而起承认工人团结权者为丹麦,该国于 1857 年颁布法令,承认工会地位。随后法国于 1864 年,比利时于 1866 年,德国于 1869 年,奥国于 1870 年,荷兰于 1872 年,意大利于 1890 年均先后承认之。[1] 我国民国元年(1912 年)《临时约法》虽有"人民有集会结社之自由"(第六条第四款),但同年颁布之《新刑律》中对劳动团结限制甚严。至 10 年(1921 年)1 月广东军政府以命令废止《治安警察法》,于 13 年 11 月公布《工会条例》,对劳动组织有极进步之规定。[2] 国民政府成立后,于 18 年制定《工会法》,于 10 月 21 日公布,11 月 1 日起施行。后经 20 年 10 月,21 年 9 月,22 年 7 月 3 次修正。在《工会法》中正式承认工人团结权。[3]

---

① 关于各国劳动结社之承认可参阅:I. L. O. 出版之 *Freedom of Association* (Studies and Report, Series A; Nos. 23, 29, 30, 31 and 32),共分五卷,第一卷为总论,其余四卷分论各国情形,但其资料仅以 1930 年以前为限。1930 年以后情形可参阅 I. L. O. 每年出版之 Year Book。

② 民国 13 年 1 月 19 日之《工会条例》为我国最进步之工会法。其第一条云: "凡年龄在 16 岁以上,同一职业之脑力或体力之男女劳动者,家庭及公共机关之受雇人,学校教师职员,政府机关事务员,集合同一业务之人数在 50 人以上者,得组织工会。"第二条:"工会为法人,工会会员私人对外行为,工会不负连带责任。"以当时立法者受苏联之影响甚深,故其立法采取宽大原则。

③ 民国 20 年《工会法》对于工人结社自由限制甚严。较民国 13 年 1 月《工会条例》大有逊色。如第一条规定:"集合 16 岁以上现在从事业务之产业工人人数在 100 人以上,或同一职业工人,人数在 50 人以上时,方得组织工会。"其他如 22 条及 27 条对于工会之活动限制极严。

第三,积极保护时期。自本世纪后,大多数产业先进国均采以劳动者自我奋斗政策为其劳动政策之中心,而自动性劳动政策之采用,又以工会势力之发展为前提。如何充实工会力量,及增强工会势力,使其能与雇主斗争,成为当时劳动政策之主要课题。故劳动组织由承认时期进而为积极保护时期。

劳动组织的扶植和保护普通多采消极和积极两种方法。消极的方法是保障团结权(Koalitionsfreiheit)。积极的方法是允许工会采用集体方法与雇主斗争以改进其生活,如团体交涉,团体协约之鼓励,罢工,怠工之承认等。关于后者将在本书第二编第八编中分别讨论。现仅将消极的方法分析之。

团结权自学者看来,仅为有消极的内容之权利,而非为有积极内容者。换言之,非以"积极的非团结不可"为其内容,不过消极的欲团结时,国家及地方团体不得滥加限制及禁止。这是个人主义国家必然的趋势。故在1914年以前大多数国家,1918年以后个人主义国家的立法都禁止阻挠并限制劳动者团结,但在另一方面又禁止强迫工人加入某特种工会。①

---

① 德国《威玛宪法》第159条规定:"对于任何人及任何职业者因为劳动条件及经济条件之维持及改良的团结自由均保证之。倘对此种结社自由,有出于协调或计谋的行为而加以限制或妨害者,国家即须施以制裁。"比利时1921年5月24日法律亦规定:凡对防碍组织工会,所加之一切强制及压迫均为违法行为。美国1935年之 National Labour Relation Act 第八条对于工会之保障不遗余力。我国工会法对工会之保护条款如下:

(一)工会不得拒绝法律章程上认为合格之人入会,亦不得许法律上认为不合格之人入会(《工会法》第20条第2项)。

(二)雇主或代理人,不得因工人为工会会员或职员而拒绝雇用或解雇或为其他不利益之待遇(第31条)。

(三)雇主或代理人,对于工人不得以不理工会会务,不入工会或退会为雇用条件(32条)。如违反之,得处以300元以下之罚金(第42条)。

1918 年大战以后,世界各国劳动政策的一致倾向破坏,社会主义的苏联,国家主义的德,意因其所采政策不同,对于工会的态度亦异。工会不是劳动者改进劳动条件的团体,而成为国家组织的一部;工会不是由劳动者自动组织,而改由国家负责组织;工会的行动,不是劳动者自己指导而改由国家管理。在此种情形下,劳动组织的发展又进入新的阶段。

无论在法西斯的德,意,共产的苏联劳动者并没有自由结社权。政府所组织的劳动组织为唯一的合法团体,劳动者有被强迫参加的义务。相反的,除政府所指定的劳动组织外,劳动者不得组织,参加或协助其他任何劳动团体。劳动团体既是国家组织的一部,为推行国家政策的机关,则对其保护自应不遗余力。[1] 所以仍归纳于积极保护时期中论述,其所不同者,个人主义国家是积极保护个人自由团结权,而德,意,苏各国系保护劳动组织本身。

苏联为首先破坏旧的体制的国家。在 1918 年 1 月第一次全俄工会大会(First Trade Union Congress)中决定一厂一会原则,并改组工会使其为劳动者训练自己管理自己的机关。自后工会的组织工会的职权虽有变动,但其基本原则,始终是一贯的。墨索里尼当政后,意大利劳动组织的发展亦走上新的途径。第一步他颁布许多法令破坏旧的劳动团体。[2] 第二步扩张法西斯工团联盟会(Fascist

---

[1]　意苏德三国对劳动组织的保护甚为积极,如意大利 1926 年集体劳动关系组织法认为,法律承认之工会为一切工人法律上的代表,凡妨害工人结社之行为均认为非法行为而取缔之。苏联刑法第 134 条,严格禁止妨害工会之行为,凡妨害工会行为及蹂躏其权利之行为均处罚之。

[2]　在 1922 年以前意大利主要的劳动组织有三种。第一,为社会党主持的意大利劳动总联合会(Confederazione Generale del Lavoro),第二,为天主教系的意大利劳动者联合会(Confederazion Italiana de's Lavorator's),第三,为意大利工团组合(Unione Sindicale Italiana),其中以第一种势力为最大。法西斯当政后,下令各省省长监视并检查各种劳工团体,省长有权在劳工组织内设立监督员,修改其决议,解散其机关及

Syndicate Corporation)的势力使其成为事实上独占的团体。[①]第三步于1926年颁布《集体劳动关系法》,使法西斯工会组织不仅为事实上的独占团体,并且为法定的唯一团体。在表面上虽容许事实上的团体存在(de facto organization),但实际上此类团体在意大利无立足的余地。[②]

在国社党当政前,德国工会除雇主操纵的和平工会(Wirtschafts-friedliche Vereine)外,尚有社会民主党操纵的自由工会(Freie Gewerkschaften oder Sozialdemokratische Gewerkschaften),基督教徒主持的基督教工会(Christliche Gewerkschaften)及Hirsck-Duncker工会。三者之中以自由工会势力最大,在1932年自由工会人数达四百万人,占全国所有工会会员人数80%以上。希特勒上台后,一方面组织德国劳动保护自动委员会,破坏上述三大工会;一方面以国社

自由处分各工会基金。第二步颁布新保安法(Legge di Publica sicurezza),授权省长解散含有政治色彩之团体。1926年11月又颁布新法严禁非法西斯团体之活动。在此种压迫下,上述工会自无法活动。至1926年年底意大利劳动联合会宣言合并于法西斯工团组织内。意大利劳动总联合会迭遭法西斯党徒破坏,并于1927年解散。其他团体亦纷纷解散。于是法西斯工团组织成为唯一劳动团体。详见Villari:The Fascist Experiment pp. 53-100及pp. 136-161;The Fascist Dictatorship in Italy, Chaps. IV-V.

① 法西斯工会组织之首次出现于1921年,其名称为经济工团(Economic Syndi-cate),领导人Edmondo Rossoni至1922年成立全国工团联盟会从事活动。至1923年改名为法西斯工团联盟会。1925年12月法西斯劳动组织与工业家代表在Polozzo Vidoni举行会议,并订立Polozzo Vidoni协定,由意大利工业雇主联合会正式承认其为劳工之唯一代表,其地位愈为确定。至1926年4月3日集体劳动关系法颁布后,法西斯工团成为唯一合法组织。该组织于该年举行全国代表大会,讨论各项问题。详见:Gaetomo Saivemini, *Under the Axe of Fascism*, pp. 19-25;German Haider, *Capital and Labour Under Fascism*, pp. 55-60.

② 1926年4月3日的集体劳动关系法虽规定劳动组织可以分为两种。一种为法律承认的团体,一业只有一个;一为事实上承认的团体,可由人民自由组织,但事实上后者并不存在。所以Signer Villari在1929年说:"事实上此种团体并不存在,即有亦绝不重要。"

党工业细胞组织（Nationale Sozialistishe Betriebszellen Organization）为活动中心，从事积极组织工作。[①] 至 1933 年 5 月 10 日成立德国劳动阵线（Deutsche Arbeitsfront）合并以前工会，于是劳动阵线成为德国唯一事实上的劳动组织。至 1934 年 10 月 24 日希特勒颁布《德国劳动阵线令》（Verordnung über die Deutsche Arbeitsfront），劳动阵线由事实上承认的团体进一步为法律上承认的唯一团体矣。

第二节　劳动组织之本质

劳动组织的本质因各国所采劳动政策的性质不同而异。在个人主义国家劳动政策的目的是谋劳动者个人最高之成就及其人格的发展，劳动组织是劳动者为对抗雇主改善劳动条件的团体，故劳动组织为人民自动组织之不以营利为目的的结社。在苏联及德，意等国家，劳动政策的目的在谋国民经济的发展，劳动生产力的发挥，劳动组织为达到此目的的重要机构，故它不是人民自由组织的一种团体，而是推行国家政策的机关。当然就其功用和组织言，苏联和德，意的劳工组织有许多地方不同。前者是劳工自己谋福利的机关，而后者却是强制劳动的工具。但就其组织本质言，两者都是政府的机构，是完成政府目的的手段。他们虽不公开承认是政府组织的一部分，但本质上是如此的。基于这点基本差异，试比较

①　国社党当政后，对于各工会组织之破坏不余遗力。在 Robert Lay 德国国社党政治组织部部长，后为劳动阵线的领袖（Stabsleiter）指导下组织“德国劳动保护行动委员会”在 1933 年 5 月 2 日有计划的在全国同时占领自由工会的本部与支部，工会财产全部没收。稍后对于其他二种工会亦予以同样待遇。详见 Calvin B. Hoover, *Germany Enters the Third Reich* 关于劳动阵线之历史可参阅 Taylor Cole, *The Evolution of the German Labour Front*, Political Science Quarterly, Dec. 1937。

个人主义国家与集权国家劳动组织本质的区别。①

第一,个人主义国家的工会是被雇者组织的团体,而集权国家的劳动组织是从事劳动者所组织的团体,不以被雇者为限。个人主义国家的工会是劳动者和雇主或雇主阶级对立的团体,所以其分子以被雇者为限。以由被雇者、雇主或其代表者,及其他第三者混合组成时,无法行使其与雇主争取劳动条件改善的权力。故个人主义国家除明白规定工会系由被雇者组织外,对于为雇主操纵之工会亦否认其工会地位,并设法限制其活动。② 集权主义则不然,其劳动组织成员不以被雇者为限。最明白的为德国劳动阵线组织,其会员包括雇主,被雇者,及雇员。凡企业内有雇者一人及被雇者十人即可组织经营协同体,为劳动阵线基本单位。意大利的雇主协会及工会虽分别组织,但在其业团组织内系由双方组织而成。故其劳动组织亦可视为由雇主及被雇者合组而成。在苏联工会虽不包括经理及企业管理部人员,但其划分的原因系因于职务行使的方便,与个人主义国家划分的意义不同。

第二,个人主义国家的工会为被雇者以改进或维持劳动条件为目的的团体,而集权主义国家则为促进全国生产发挥劳动生产力的团体。考个人主义国家工会之诞生及其发达完全基于欲与雇主斗争以达到生活改善的目的,自各国采用集体劳动政策后,此项

---

① 苏联和德意的劳动组织自作者看来,其性质相同,因此将其合并,以集权主义国家(Totalitarian régimes)包括之与自由主义国家比较。

② 我国工会法第二条规定工会为被雇者所组织的团体,雇主或其代理人,不得为工会会员。

非为雇主操纵之公司在德国多称为和平工会,美国称为公司工会(Company Union),普通称为黄色工会(Yellow Union)。各国立法大都禁止此种工会活动。如德国以前最高法院否认黄色工会有团体协约权(Tariffähigkeit)。美国 1926 年之 Railway Labour Act of 1923 开始禁止公司工会活动。1930 年 Tarnd New Arleans Railroad 判案对公司工会之打击尤重。National Labor Relation Act 公布后公司工会之活动更受限制。

趋势,尤为显著。故韦伯夫妇谓:"就我们所知,工会是工资劳动者以求改进其工作生活之条件为目的的永久团体。"[1]各国立法例亦大都将此列为目的之一,我国工会法即如此规定。[2]

在集权国家则不然,他们认为整个国家的利益为第一位,私人和私人团体是国家用来改进国家地位,达到更高利益的工具,劳动组织的目的也是如此。意大利《劳动宪章》第六条规定:

> "凡经法律承认之职业团体(Trade Association)须保证劳工和雇主的法律平等,他们对于劳动与生产须予以训练,并实行提高双方效率的方法。业团为生产因素(资本与劳力)一致的组织并代表双方的公共利益。因为生产利益是国家利益,业团是代表的资格,是法律认定的政府机关。"

苏联对于工会的目的在 1928 年曾发生极严重的争执。在1928 年 12 月举行的第八次工会大会中,工会派主张苏联工会的使命和资本主义国家一样是改良并争求会员的利益,增加工资并改进会员的物质生活。共产党方面则主张工会的使命是增进生产而不是保护劳工。因为苏联的基础是立脚于全国生产力之上,生产力愈膨胀,苏联的国基愈稳固。即以改良劳工的待遇而言,亦以产业的发展为前提。结果工会派失败。1929 年 4 月第六次中央会议决议改组工会中央评议会,工会派首领汤姆斯基(Tomsky)及其他工会重要职员均被免职。以共产党助理书记长卡几诺微(L. W. Kaganovich)为工会中央评议会主席。工会中央评议会改组后对各

---

① *History of Trade Unionism*,1920 Ed. , p. 1.

② 我国《工会法》第一条规定:"工会者由同一产业或同一职业的男女工人,以增进知识技能,发达生产,维持改善劳动条件及生活为目的所组织之人格团体。"

级工会发表训令,申明工会之主要工作为努力促进生产,督率工人工作,严格训练工人,及促进劳动效率而非要求改进待遇或增加工资。以后在 1932 年第九次工会大会中屡次申明工人及各级工会组织的主要工作是动员所有劳动阶级的力量,增加劳动生产,发展社会建设,完成 5 年计划。从此,以前争执,完全解决,整个工会组织都在"面向生产"大前提下努力。①

德国劳动阵线在其组织中即已决定其主要使命为发展生产而非促进被雇者的利益;因为它是由雇主和被雇者组织而成,就这一点看就可知道其非为被雇者改良或维持劳动条件为目的的团体。在劳动阵线成立后劳动部长、元首、经济代表及劳动阵线领袖联合发表声明书谓:

> "德国劳动阵线是德国所有劳动者的团体,其经济地位及社会地位均无轩轾。在此,劳动者与雇主将密切合作,而不能划分为无数团体,使其各为其经济利益及阶级利益而斗争。……根据领袖希特勒意见,劳动阵线并非物质生活改进之机关。"②

---

① 关于工会派与党部的争执可参阅,Joseph Freeman, *The Soviet Worker*, pp. 127-140.关于第九次工会大会议决案,同书 Appendix III, pp. 376-390,有比较详细的摘要。

② 《劳动阵线条例》第一条规定,劳动阵线之使命如次:

(一)促进劳动阵线全体会员的国社主义世界观的教育;

(二)实行国民劳动秩序法所规定的使命;

(三)督促全体会员严守劳动法规与社会法规;

(四)实施职业教育;

(五)创立并管理会员的救济制度;

(六)维持国民经济协同体与劳动专员所努力的经济和平;

(七)发扬精诚团结精神,履行为国服务的天职;

(八)执行希特勒领袖所给予劳动阵线的政治使命。

由上列八项使命可以看出劳动阵线的性质是国社党主义信仰变写所,是纳粹德国团员的推行人,□□□□是劳动者增进利益的机关。

第三,个人主义国家工会为劳动者谋其个人利益之机关,与政府无直接关系;而集权主义国家工会则为执行国家劳动政策、经济政策的机构,其本身有很浓厚的政治色彩。在个人主义国家工会为劳动者谋个人或其阶级利益的团体,不主张与实际政治发生直接关系,或与政府密切合作。因为他们认为政府虽可给予工会以权利,但同时可以收回权利,有时反得不偿失。与政府密切合作的结果,有使工会变成政府之一部分,失却行动的自由权;或者竟变成仰政府鼻息,向政府乞怜的无灵魂团体。他们反对政府强迫工会接受某一种思想,某一派主张;反对政府对工会实行强制登记制;反对政府强制仲裁;反对政府干涉其行动。其所要求于政府者,为撤除不平等法律限制,使工会能够真正自主的和雇主斗争。

反之,在集权主义国家,劳动组织为执行国家政策的机构,为政府组织的一部分。故工会与政府发生直接关系,纵使不由政府直接管理和指挥,至少是由政府官吏间接予以统制。劳动组织有很浓厚的政治色彩。现代集权主义国家都是一党专政,对于异党分子的活动采仇视态度,故劳动组织不仅是政府的组织之一部分,而且是某一党的辅助机关。环观德,意,苏对劳动组织的规定,就可明白。

德国于 1933 年 10 月 27 日所发表的劳动阵线成立申明书中明白规定:"劳动阵线的最高目的是使全国劳动者信仰国社党主义及效忠国社党德国"。1934 年《劳动阵线条例》规定其使命有八,其第一项即为劳动阵线全体会员的国社主义世界观的教育,第八项为执行希特勒领袖所给予劳动阵线的使命。① 苏联亦认为工会为

---

① 以普通法及宪法规定,劳工自由结社权者有芬兰,捷克,瑞士,立陶宛,荷兰,□□,罗马尼亚,西班牙,保加利亚,古巴,墨西哥等国;以特设工会法规定者有英,法,丹麦,加拿大,瑞典等国。

执行其政治使命与共产主义的机关。列宁说：

> "工会应随时扩大社会主义建设者人数。它的责任是一个新生活的建立者，是成千成万群众的教育者。……工会应该变成政府最接近和不可分离的合作者，工会的首领是共产党，他指导工人阶级整个政治与经济工作。一般说来工会是共产主义学校，尤其要变成管理社会主义工业和农业的学校。"

这一段话，为苏联工会活动之指导原则，自1928年起一直支配到现在。故苏联在1927年以后在法令上虽未规定完成政治使命为工会目的之一，但在历届工会大会议决案中反复声明："凡以无产阶级专政之手段，以实现社会主义为目的之团结方认为，工会凡反对或对政府及党部政策持异议者一律解散。"至于意大利则于《集体劳动关系法》中规定："由国民的见地为良善之政治行动者，方得为工会会员。"

第四，个人主义国家的工会为基于自由团结权的一种人民团体，劳动者可以自由创立，参加，援助或退出工会；在集权主义国家劳动团体为推行国家政策的机关，劳动者不能随个人意志创立，参加或退出之。个人主义国家之工会既为基于自由结社权之组织，则劳动者有参加或退出工会之完全自由权。换言之，劳动者不论其个人思想，信仰，主义，目的之异同，均可自由组织工会，参加工会；如认为对工会无兴趣时，可以自由退出。政府在消极方面既不能禁止劳动者组织或参加工会，或阻其退出工会；在积极方面亦不得强迫劳动者组织或参加某特定工会，或强其退出某特定工会。此为自由工会之两大特色，各个人主义国家无不在宪法中或工会法中规定之。① 1929 年以后有若干个人主义国家对于自由结社权加有种种限制，或给予势力宏大，组织严密的工会以某种特权，或拒绝登记人数过少之工会，或强迫工人加入工会，或限制工人退会。② 但此种行为并未违反自由团结的原则，以其目的观之，上述种种限制为保护劳动者利益的手段，而不是限制劳动者行动自由的方法。因为劳动者自我奋斗政策之实施，以劳工团体力量之雄厚为前提，而劳工团体势力之雄厚，又以工会组织能包括大部分劳工为条件。否则工会所要求确定之劳动条件，将因未加入工会之工人承认低劣条件而被破坏。故代表性最大之工会的培植为保障

---

①　以某种特权给予代表性最大之工会（Most Representative Unions）以加强其力量之国家有墨西哥，美国，法国。墨西哥于 1931 年联邦劳动法典（Federal Labour Code of 1931）规定雇主须与其企业中代表最大多数之工会订立团体协约。美国在国民劳动关系法第九条中亦规定，为大多数工人任命或选举之代表可以代表该业所有工人缔结团体协约。加拿大亦有同样规定。法国 1936 年 6 月 24 日法律上亦规定代表性最大之工会可从代表该业或该区全体工人订立团体协约。其调停与仲裁法亦规定代表性最大之工会有选派代表出席高级调停及仲裁机关之特权。

拒绝登记人数较少之工会有澳洲联邦及各州，墨西哥，新西兰及南非联邦。在上列各国均规定凡工会申请登记时，如该业已有组织完善之工会存在足以保障该业利益，且加入工会甚为方便时，得拒绝之。

强迫工人加入工会之国家仅有新西兰。在 1936 年工会仲裁及调解修正法（Industrial Conciliation and Arbitration Amendment Act of 1933）中规定，任何调解协定或仲裁判决书中需规定如雇主雇用非工会会员之成年工人即为违法行为。同时任何工会不得拒绝法律上认为合格之人入会。

限制工人退会之国家有比利时，希腊，罗马尼亚等国家。此数国家均规定工人退会须经过预告手续。即工人在退会以前须通知工会，经若干时间后方允退会。预告期间不一。我国工会法第 21 条规定得随时退会，其章程定有退会预告期间时，不得超过一个月。

②　这点以法国 1936 年内阁总理说得很明白。他在讨论 1936 年 6 月 24 日的团体协约法（Collective Agreement Act of 1936）时说："我们不是跟着集权主义国家的样子走。我们不准备依照政府的意志组织工会使其在政府命令与监视下活动。我们愿意慢慢的建立一种制度。但此种制度如任一群雇主组织及劳工团体参与争论竞争时，则无可疑义的一定会失败。"

该业全体工人利益之最好方法亦即为自动性劳动政策之必要条件。上述各种方法即为扶植代表性最大工会之手段，与集权主义国家之目的完全不同。自其实质观之，上述种种限制方法只是最大多数原则（Majority principle）的特殊应用，而没有破坏自由结社权的精神。因为上述方法既没有强制劳动者加入特定组织也没有压迫劳动者退出某种工会，政府更没有以强暴方法解散工会或强迫工会接受政府管理。政府不过给予代表性最大之工会以若干特权及方便，以担负保障该业劳动者的利益。而不是依据政府的意志和命令去组织工会。

在集权主义国家则不然，全国各业只有一个劳动团体，全国只有一种劳动组织。此种劳动组织完全依照政府的意志而组成，其活动完全由政府命令及管理。劳动者既不能自由创设工会又不能自由退出政府组织的劳工团体。劳动者的自由结社权完全剥夺。

第二章 劳动组织的诸形态

从上节中我们可以看到,个人主义国家的工会和集权主义国家的劳动组织无论从形式上或本质上都有显然不同的区别。这种区别决定了劳动组织的形态。劳动组织形态的分类根据其性质亦可以分为两种。一为自由工会,一为官方主持的劳动组织。在后之中又可分为两种。一为国家主义的劳动组织,一为社会主义国家的劳动组织。在各个系统中,其基本原则既不一致,在组织机构方面也各有特色。在下面将分别举出代表国家而分析之。

第一节 自由工会

自由工会是个人主义国家劳动组织的主要形态。因为这种组织是被雇者根据自由结社权组合的团体,所以称之为自由工会。自由工会是历史最悠久势力最大的一种劳动组织,第一次大战以前所有文明国家的劳工团体都采这种形态,大战以后除少数集权国家外,大部分国家仍然如此。其本质在上节已反复说明,兹不重赘,现以英,美两国工会组织为例说明其组织与机构。

第一目　自由工会之类别

自由工会既系由劳动者基于自由结社权的一种自由组合,则每一个国家工会之种类不一,将视组合者之意向而别。有的依职业为中心而团结,有的依产业为中心而团结,有的依企业为中心而团结。普通对于工会之分类方法不一,有分为职业工会(Craft Union or Trade Union),产业工会(Industrial Union),材料工会(Material Union),佣雇工会(Employment Union),性别工会(Sexal Union)及一般劳动者工会(General Labour Union)六种者。[①] 有分为职业工会,产业工会,业态工会(Occupational Union)及雇佣工会四种者。[②] 有分为阶级工会(Class Union),产业工会,业态工会,职业工会及联合工会五种者,[③]但一般通说则分为职业工会,产业工会,雇佣工会及一般劳动者工会四种。在个人主义国家此四种工会同时存在,与集权主义国家只有一种存在的现象不同。现试举其主要意义于次:

第一,职业工会。以同一或类似之职业或技能之被雇人为单位所组织的工会谓之职业工会。如印刷工业之排字工,印刷工,铅版工,装订工,各自组织的团体即谓之职业工会。此种工会为工会组织之最初形态,其主要目的在维持组织者职业的共通利害。在

---

① 日本山川均即如此划分。见《劳动组合》,第 438—449。《经济学全集》第 18 卷(改造社版)。

② 英国 1927 年总工会最高委员会报告书中即如此划分。

职业工会与产态工会之划分,据日本田边忠男氏意见最好用技能工会及职业工会两名词代之,以免混淆。前者为纯粹的职业工会,后者系包含类似职业的组合。见田边忠男氏《劳动组合运动》。

③ W. M. Citrine 在英国 1925 年工会年会报告书,即如此划分。

最初为纯粹职业别的工会,例如机构业的锻冶工人工会,模型工人工会各自分别组织。稍后由纯粹职业工会进而包括类似之职业,如机械工人工会包括盘旋工,机械工,锻冶工,模型工,铇工,穿孔工,电业助手等工人,而不由各类工人单独组织工会。英国在19世纪,美国在1933年以前均行此种工会。

第二,产业工会。以同一或类似之产业为本位,凡从事于该业或类似该类之一切被雇者所组织的团体谓之产业工会。其加入之资格不同,职业或技术之差异,不分熟练与不熟练,只要从事该业之被雇者均可加入。① 换言之,职业工会系以生产程序(Process)为组织基础,而产业工会则以生产品为组织基础。如织维业,机械工业,煤矿业等各以其产业为组织基础,凡从事该业之一切被雇者均参加之。此种组织方法有以一企业为单位者,有以一地方为单位者,有以一国为单位者。产业工会为各国最有势力最盛行之组织形态。如英国自1924年以后产业工会占绝对优势地位,1933年以前德国,产业工会之势力极大。美国自1933年以后产业工会运动亦告抬头,产业工会联合会(The Congress of Industrial Organization)势力之膨胀即可证明。

第三,雇佣工会。此系以同一雇主之被雇者所组织之工会。此类组织常常易与产业工会混合。如政府铁路公司及某大矿业公司之工会则常常为雇佣工会,但同时又为产业工会。此类工会不甚发达,无前两者之盛行。

第四,一般劳动者工会。此种工会为熟练程度甚低及非熟练

---

① 英国建筑工人产业工会(Building Worker's Industrial Union)出版之《产业工会主义》(Industrial Unionism)认为,所谓产业工会:第一,所有从事该业之工人不论精神劳动者及体力劳动者均一律加入;第二,所有该业工人不论其等级,职业,信仰,政治意识及性别均包括之。

劳动者组织之通称。工业革命的结果,一方面固引起职业之分化及熟练程度之加深;而另一方面,非熟练劳动者之地位日益重要。此种组织通常依地域结合,其发展较迟,但其地位则极重要。组织此种形态工会者多为码头运输工人,铁路及河川运输业工人等。

第二目 自由工会之内部组织

欲研究自由工会之内部组织为一极困难工作。以自由工会既由劳动者自由组合而成,政府无干涉或规划权力,则职业或产业的性质,地理和经济的环境,过去的历史经验,主持人的性格均足影响其活动和机构。从数量而言,各国工会数目甚多,如英国约 150 所,美国约 200 所上下,欲一一叙述自不可能。从其规模而言,有些工会为全国性组织,组织严密,机构灵活;有些工会仅为一地方的工人俱乐部,活动范围既狭,势力亦小。从其结构而言则更复杂,各有各的组织形态,各有各的系统,各有各的简章。欲扼要说明其内容殊不容易。在本段中仅将英,美两国最流行组织之主要特色分析之。

英美工会普通大部分为三级。第一级为中央团体,有的称为总工会(General Union)或总会(Grand Lodge)或总部(Grand Division)等名称。第二级为分部(Division)有时称为州支会(District Lodge)等名称,由同一区域内之地方工会(Local)或支部(Branches)组织而成。地方工会或支部为工会的基本单位。规模较小的工会则只有两级,由地方工会及中央工会组织而成。有的则为四级。[①]

---

① 如美国矿工联合会(United Mine Workers)则分为国际工会(International),州工会,州区分会及地方工会四级。(美国工会如包括加拿大的工会则称为国际工会)。如英国 Transport and General Workers Union 亦分为总会,区会,县支会及支部四级。

大体说来,地方工会或支部为工会基本单位。为工会组织基础。总会为工会最高权力机关,对内管理各级工会行政,对外为工会之代表。地方委员会或分部,分会则为中间组织,实际上权力不大。

(甲)总工会。几乎所有工会简章均承认总工会为各该工会之最高权力机关。总工会之代表机关为全国代表大会(The Convention,Delegate Conference, Amenal General Meeting),代表大会由地方工会或支部选派代表组成之。地方工会代表之选举由各工会章程决定之,各会不一。但每个地方工会必派代表一人。每个地方工会或支部代表人数普通多设有最高限制。

会期亦恒不一致。有为年会者,有为两年开会一次者,有为三年开会一次者,亦有不固定开会时期,由工会负责人决定或由各地方支部投票决定。在美国有数十年未举行大会的先例。[①] 全体大会之职权亦由章程中规定之。普通多为选举职员,修改章程,听取上届职员报告,及决定其他会务。

在大会休会期中最高权力机关为行政局(Executive Board)或全国执行委员会(General Executive Council)。行政局的组织和人数各工会不一。在英国有为 24 人者,有为 30 人者,有为 10 人者;在美国有为三人者,有为八人者,有为 12 人者。工会会长,副会长,秘书及财政管理员均多为行政局委员。行政局委员之选举有由代表大会选举者,有由各区工会选举者,有由全体投票选举者。行政局普通分为两种。一为实际上负行政上的责任,一种则仅为

---

① 如美国石匠工人工会(Granite Cutters Union)在 1880 年举行大会后到 1912 年方举行第二次大会。又如(Cigar Maker's Union)第一次大会与第二次大会时间相距五年。

顾问性质及赋有调解职责之机关。但近年内趋势,有使行政局成为工会权力中心之概,故各工会之行政局权力极大。① 行政局会期各工会亦不一致,有一年开会一次者,有两月开会一次者,有一月开会一次者。

总会之实际负责者为工会职员,在各职员之中,以主席之地位,尤为重要。职员之选举,各工会所采方法不一。普通多由代表大会或全体投票选举之。职员任期多为一年或两年,连选得连任。在以前工会规模不大,事务简略,职员连选连任者甚少,且多采轮任制。到本世纪后工会运动发展,工会所应付之问题亦益复杂,为健全其组织计,不能不采取有继续性之政策,同时更需要精明有为的领导人物主持会内大计,故工会会长多连选连任,任期有达二三十年者。②

在美国有许多大工会会长职务异常繁重,一人精力殊难应付

---

① 英国 Transport and General Workers Union,规定执行委员会之职权如次:

(一)审核各级工会之决算预算及考核各级工会之财政状况;

(二)监视各级工会会务之履行,并解决各级工会间之争执;

(三)设立新的支部及县委员会,并核定新设工会之会费及救济费;

(四)对于各级工会之议决案及上诉有核驳之权;对会员对支部之控告及支部对区委员会之控告有受理并解决之义务;

(五)可以委任工会各级职员,但会长,总秘书长,财政管理员及信托人(Trustee)在外,职员之委任以得其所属工会之同意为条件;

(六)可以处理工会基金及以基金抵押,但须得信托人之副署;

(七)决定工会之一般政策及决定罢工,复工,及罢工救济费。

又如英国 The National Union of Railwaymen 规定执行委员会可以主持工会一切事务及活动,可以向会员及支会征收会费,可以解释会章,可以决定支会及会员之上诉,可以指导工会之行动,可以决定罢工及复工。

② 如美国印刷工人工会在 1850 至 1890 年之间担任会长者共达 30 人。自 1890 年至 1910 年 20 年间担任会长者只有两人,一人任职 6 年,一人任职 14 年。又如美国矿工协会在 John Mitchell 担任会长以前只有一人连选一次,而 Mitchell 任职达 10 年之久后因病退休。其他如土木工人协会会长任职 20 年,石匠工会会长任职 28 年,纺织工会会长任职 18 年。车头机械人员兄弟会有任职 30 年者。

裕如,故设副会长若干人协助之。副会长人数不一,视工会之情形而定。① 工会职员除会长,副会长外,尚有书记长,副书记长,财政管理员,信托员等。

(乙)州工会,分部或地方委员会(Local Committee)。分部或地方委员会为全国总工会及地方支部之中间组织,对于总工会既无独立性,对于地方支部又无统制权,完全是大工会发展后之一种承上启下的机关,协助全国工会主持一部分政权及司法权。该会仅由某特定区域内之地方支部推派代表组织而成,其职权大小各工会并不一致。普通多视为中级机关,凡比较重大事件地方支部不能解决时,可由其处理,但全国工会有最后决定权。其所属地区内之工资表通常由其决定。地方工会与雇主发生争执时,在采取最后行动之先亦由该会调解。有些工会且赋与以罢工决定权。有许多工会则以其为会员及地方工会之上诉机关,如该会不能解决时,再由该会提出上诉于总工会。

(丙)地方工会或地方支部。地方支部为工会之基本单位,为总工会之基础。普通地方支部多先于总工会而存在,总工会多由地方工会联合组合而来,但亦有在总工会成立后方成立者。地方工会合并为全国工会系渐次蜕变而来,与集权主义国家由上而下的发展不同。由于企业之发展及雇主之榨取常使性质相似之地方工会有利害一致之感觉,故常举行会议讨论公共问题,此为合并之第一步。随后由于工人之流动,于是各地方工会缔结协约,交换会员,此为合并之第二步。在稍后邻近之地方工会由于利益之共通

---

① 　副会长数目不一。如 Boiler Maker's Union 设副会长九人,制模工人工会设副会长四人。其他有设二人者,有设十人者。

利害之一致,乃合并成为一大的工会,此为合并之第三步。最后此种合并运动渐展扩于全国,于是全国总工会成立,此为合并之第四步。

地方工会合并于总工会或联合成立总工会后,其独立性当大为减少。其行动须受全国代表大会及总会章程之约束,听从上级工会之指挥。至于由总工会成立之新地方工会则无此种感觉,很自然的成为总工会之一部。

支会设立特许状(Charters)之颁发,为地方支部合并于全国工会或设立新地方支部之第一步。特许状由全国工会之执行委员会或行政局颁发于诸求者。新地方工会会员最少限度有定为七人者,有定为十人者,有定为 50 人者。在特许状中详细规定组织形态,新工会与全国工会,分部及各地方支部之关系。地方支部领到特许状后,方正式成立,以后可以吸收新会员及从事活动。会员之资格以前需要一定之技术及能力,现只有年龄之限制,其他如性别,种族,宗教,信仰之限制渐次取消。年龄之限制,英国 1871 年《工会法》及 1876 年《工会修正法》均规定为 16 岁以上。各工会间不一,有定为年满 18 岁者,有为 17 岁者,最低者为 15 岁。工人申请入会时首先填具入会申请书,由会员二人介绍,经执行委员会或特设之会员审查委员会(Committee on Membership)审核合格后,方允其入会。会员会费分为两种,一为入会费,一为常年会费。其数目不一,由工会自由决定。有由章程规定一固定数目者,有由会章规定最高最低数目再以工人收入为标准,决定其应出会费者。入会费不完全由地方工会保存,须缴纳一部分于总工会,分配比例由总工会决定之。地方支部在若干情形下可以征取临时费,其情形由会章订明之。

关于一般性质之事务,由全国工会之行政职员及行政委员会

处理;关于地方性质之事务则由地方支会自动处理。地方支部之
职员由全体会员选举。地方支部按时举行种种会议讨论地方性质
之问题,处理地方性质之事务。会费之收缴,罚金,临时会费均由
地方支部决定,会员之训练亦由其主持。支部常会或一周,两周,
一月举行一次,按当地情形而定。常会主要任务为纳缴会费,核准
津贴及救济费,听取上级工会之报告,介绍新会员,及各会员报告
各厂各地情形,及与雇主交涉经过。地方支会可以设立各种常设
委员会,如争议委员会(Committee on Grievance),工资委员会,调解
委员会(Committee on Conciliation),及共济事业委员会。地方支部
职员每半年或一季须向全国工会报告支部情形,会员增减及对全
国工会之希望。报告书由总工会规定其格式或由总会印发各支
部,由支部按期填呈。地方支部之组织,英国较美国为简单,普通
多由会长一人,秘书一人或二人,财务管理员,收费员(Collectors),
信托人组织之。美国标准地方工会之组织则为会长一人,副会长
二人或三人,记录秘书(Recording Secretary),财政秘书各一人,财
务管理员(Sentinel)一人,指导员一人,信托员三人,行政局(普通
多为五人),审核委员会(普通多为三人),工会标记委员会(Babel
Committee)三人,调解委员会三人,及其他特种委员会。职员及各
种委员会,委员任期多为一年,得连选连任。

第三目　自由工会之联合组织

　　各自由主义国家之工会有倾向统一之趋势。自同种类同性质
之工会言,由各个独立之地方工会,合并而为全国工会而同盟会最
后成立合并会。自整个工会世界(The World of Trade Union)而言,

由各区之各业评议会（Trade Council）或州联合会（State Federation of Labour）而有全国之统一组织。如英国之总工会（Trade Union Congress），美国之美国劳动联合会（American Federation of Labour）及产业工会联合会（Congress of Industrial Organization）；1933 年前德国之德国工会总联合会（Allgemeiner Deutscher Gewerkschaftsbund），基督教工会总同盟（Gesamtverband der Christlichen Gewerkschaften）及德意志工会同盟（Verband der Deutschen Gewerkvereine），其势力之大，包括人数之多，实足惊人。但此种联合组织与集权主义国家不同。以此种联合运动系由各个工会基于共同需要而自动组合者，其加入与退出每个工会有绝对自由，加入联合组织后各个工会之特性与习惯仍保留。联合组织不能违反各个工会意志而强迫其行动。换言之，在个人主义国家，工会的联合运动是工会自动的由下而上的运动；在集权主义国家则为被动的自上而下的一种运动，政府拟具全国组织计划后，全国劳工组织均按此计划组织，劳动者无选择自由。现以英美为例说明自由工会之联合组织。

（甲）合并会与同盟会（Amalgamation and Federation）。英国 1917 年《工会法》规定两个或两个以上工会欲合并时须由全体会员之半数投票，经 20% 赞成方可举行合并，此法较 1876 年《工会修正法》之规定，甚有进步。[1] 合并之手续颇为简单，经双方表决赞成后，即可进行合并。[2]

---

[1]　1876 年工会调整法规定，工会之合并须由全体会员三分之二以上投票，经投票者大多数赞成，方允合并。

[2]　英国总工会最高委员会之政策鼓励工会合并。该委员会曾建议各工会采用公共行动协议制（Joint Working Arrangement），以为合并之初步。所谓公共行动协议制即性质相同之工会为减少不必要摩擦及竞争计，可以互相约定对于会费，工资政策及其他事项作一致之决定。

同盟会与合并会性质不同。两个或两个以上工会合并后，成立新团体，旧团体即可消灭。同盟会则系两个或两个以上工会基于利害一致及行动之便利乃成立一密切之同盟，旧工会并不消灭，仅于旧工会之上成立一同盟机关负责办理同盟工会之公共事务。其组织颇为复杂，而每个同盟会之组织又不一致。现以大不列颠钢铁业及同类产业同盟会（British Iron, Steel and Kindred Trades Association）及全国建筑业同盟会（National Federation of Building Trades Operatives）为例说明之，以两者为英国模范的同盟会，其机构为一般同盟会所仿效。

大不列颠钢铁业及同类产业同盟会有一中央机关代表各个加盟工会。中央执行会（Central Executive）为同盟会最高权力机关，由各加盟工会推派代表组织而成。各个加盟工会至少推派代表一人，在一万人以上每增一万人得加派代表一人。中央机关可以征收基金，基金数目由各个加盟工会按照会员人数缴纳，每人缴纳五先令，基金由中央执行会管理。除执行会外，尚有咨议委员会（Consultative Committee）为中央机关之顾问机关。咨议委员会由各加盟工会之书记长组织而成，每季开会一次，于必要时可以举行特别会议。咨议委员会委员为中央执行会之当然委员，但无表决权。

全国建筑业同盟会之最高机关为执行会（Executive Council），执行会委员由加盟工会选举代表组织之，加盟工会人数在二万人以下者推选两人，以每增两万人，加选代表一人。在执行会中又选举代表八人组织紧急委员会（Emergency Committee），每个加盟工会至多以一人为限。委员会内设主席及副主席各一人。紧急委员会可以任用一顾问委员会（Advisory Committee）以供咨询。

在全国中央机关之下有各区委员会（Regional Council），由各地同盟会支部组织而成,现分为十区。在各指定区域内各工会支部选派代表一人为区委员会委员候选人,再以公开投票方式选举数人为区委员会委员。区委员会之职责为管理本区内有关同盟会事宜。区委员会之下有同盟会地方支部(Local Branches of The Federation),由各加盟工会推派代表组织之。凡县工会人数在1000以下者推派代表2人,以后每增1000人加选代表1人。每个加盟工会以7人为限。

(乙)工会之地方联合组织。工会之地方联合组织在英国为产业评议会(Trades Council),在美国为州联合会(State Federation)及市中央工会(City Central Bodies),现分别说明之。

子　英国之各业评议会。在特定区域内所有工会支会互相联合组织一种同盟团体,此种团体即为各业评议会。各业评议会成立甚早,在英国工会世界中占有重要地位。现根据1926年各业评议会标准组织规章分析其组织于次,以大多数评议会均照此规章组织,故有分析价值。

评议会之目的有五。第一,维护加盟工会之公共利益,并保证有关公共利益问题发生后之联合行动。第二,给予成年工人以适当教育,及其他社会利益。第三,建立加盟工会间之密切关系,及与工会年会间之关系。第四,一般的改进工人之经济的及社会的地位。第五,维持并努力实行产业工人大宪章(Industrial Workers' Charter)。

评议会由参加工会或工会支部之代表组织而成,代表人数按工会会员人数而定。100人以下,代表1人;101人至250人代表2人,251人至500人代表3人,以后每增250人,增加代表1人。每个评议会依产业性质分为六组。第一组为采矿业,采石业,运输业及铁道业;第二组为造船业,机械业,钢铁业及建筑业;第三组为棉织业,其他纺织业,成农业,皮革业;第四组为玻璃业,陶器业,农业及普通工人;第五组为印刷业,造纸业,公共雇员,非体力劳动者;第六组为女工。评议会之最高权力机关为年代表大会。代表大会休会期中由产业执行委员会(Industrial Executive)执行职权。执行委员会人选由年代表大会选举之,凡参加之工会均可推选候选人1人,代表该组参加执行委员会,凡被推选之候选人均为评议会代表,在年会中再投票选举之。凡各组候选人得票最多者当选为执行委员会委员。

各业评议会之常任职员有四,即主席,副主席,书记长及财务员。书记长如能克尽职守,无过失情事发生时,得永久连任,其余三人则于每年年会中选举之。评议会之活动甚广,一方面为增加各地方工会之团结,尤其在罢工时为各工会之联络机关,如1926年大罢工,罢工活动之中心即为评议会;一方面在政治活动方面占有重要地位。如指派劳动者代表加入地方评议会及地方议会为工人与地方行政之联络机关,同时又与工党地方支部联合成一政治性组织以吸收各选举区之工党赞助人。①此外更有与合作运动者举行连席会议,以加强合作运动与工会之关系。

丑 美国州联合会。美国各州现均已成立州联合会,州联合会为各州工会之联合组织。普通多视为美国劳动联合会之一部而于美国劳动联合会组织中讨论之。以在1935年以前劳动联合会之势力甚大,几完全可操纵各州之州联合会,且各州联合会亦多

---

① 1926年工会法对各业评议会之政治活动打击颇大。第一,该法规定工会为独立的组织,应与政党脱离关系。换言之,即强迫各业评议会与工党脱离关系。第二该法禁止同情罢工(Sympathetic Strikes)及总罢工(General Strikes),使评议会失掉一种有效的团结武器。

加入美国劳动联合会,故两者混为一体。实则州联合会不可视为纯粹的劳动联合会之组织,以未参加联合会之工会亦多派代表参加。

各州联合会之最高权力机关为州代表大会,每年举行一次,由各地方工会推派代表组织之。各地方工会可以直接参加该会不必经过全国工会及国际工会,但经全国工会及国际工会开除之地方工会则不得参加。在州代表大会中选举职员由职员组织行政会为大会休会期中之执行机关。主要职员为主席,副主席,秘书及财政管理员。其主要任务为订立团体协约,解决工会间的争议及鼓励各地方工会之设立,拟定工资率表等。

寅　美国市中央工会。市中央工会成立之目的与其活动与州联合会相同,所不同者,前者以一市为其活动范围,后者以一州为其活动范围。市中央工会之历史甚早,在 1830 年即有成立者,至 1866 年成立者达 30 州以上。其与美国劳动联合会之关系与州联合会与劳动联合会之关系相同。以 19 世纪末期美国劳动联合会之势力日益膨胀,于是已成立之市中央工会多参加联合会,同时联合会亦在未成立各城市成立新的中央工会以扩张其势力,故现在全美之市中央工会有 80% 已加入联合会。

市中央工会之最高权力机关为市代表大会,由参加之地方工会选派代表组织之,其会期比较短促,有半年一次者,有 3 月一次者,以□□一市召集比较容易。主要职员为主席、副主席、秘书及财政管理员,每周举行例会一次,讨论有关该会问题。

(丙)全国性的联合组织。全国性的联合组织在英国为总工会(Trade Union Congress),该会为英国唯一之全国性统一组织,自 1869 年以后为英国工会世界中之最高权威。美国全国性的联合组

织则有两个。一为美国劳动联合会,该会自 19 世纪 90 年代起至
1935 年止为美国唯一之全国性组织,有领导全国劳动运动的力量,
至 1935 年产业工会委员会(Committee of Industrial Organization)兴
起后,统一的局面打破,但其势力仍大。第二个为产业工会联合
会(Congress of Industrial Organization),该会之前身为产业工会委
员会,至 1938 年 11 月始改今名,正式成立。其势力发展甚速,有
将美国工会运动分为两个壁垒之趋势。现分别将三种组织叙述
之。

　　子　英国的总工会。总工会始于 1868 年曼彻斯特各业评议
会召集的各业工会会议,该会于 1869 年在伯明罕举行,从自以后
成为英国工会世界中最大同盟团体。自本世纪以来,其地位更为
稳固,势力益为雄厚,1940 年间第 72 次大会时加入该会人数达
4,867,000 人,势力之大,于此可见。[①]总工会每年举行一次,必要
时得由最高委员会召集特别会议,在年会闭会期中,最高委员会为
最高权力机关。

　　总工会之主要任务为促进及指导英国工会之统一运动,使英
国工会运动的步伐齐一,力量集中以改进劳动阶级之劳动条件及
生活。以工会运动不是一种片断的机械的发展,而应该一致的有
机体的蜕变,要达到此种目的,必须有一高级组织为工会运动之指
导,并决定工会的一般政策。总工会的目标就是如此。

　　凡忠实的工会愿意参加总工会时,可以呈具该会章程,细则,
规律及其他文件向最高委员会申请加入,最高委员会将申请书汇
集后在年会中提出,由年会决定是否接受,年会通过后,即得为年

---

　　① 《劳动年鉴》:昭和十六年版,第 468—469 页。

会会员,故其入会为任意的,而不是强制的。工会入会后须照章缴纳各种会费并听从年会的指导。①

年会每年开会一次,开会时期约七日至十日。各参加工会均可派代表出席,代表人数依各该工会会员人数多少而定。但每一工会不论其代表人数多寡只有一表决权;使少数人意见亦可发表。在开会时每一工会代表可以举行小组会议,决定如何投票。年会为一发表并交换意见及决定最根本政策之机关。实际业务之执行,完全由最高委员会(General Council)负责。

最高委员会之前身为国会委员会(Parliamentary Committee)。国会委员会成立之期颇早,但以其职权不确定,组织不严密,不能肩任指导全国运动之责任。故其每年工作仅派选代表与政府交涉,发通知书数件与参加工会,有时与政客略事商谈及编制一精密之报告书于工会年会。该会之有名无实深为一般人士所诟病。至1919年整个工会对其均表不满,同时国会委员会亦自知本身之缺点,不能长此继续。乃于1919年12月特别年会中提出报告,主张设立一比较有权力机关指导全国工会运动。报告书在年会中通过,决议设立最高委员会代替国会委员会,委员会人选由年会逐年选举。其权力集中使其能执行工会世界之事务。至1922年最高委员会正式成立。

最高委员会委员共32人代表下列18个产业组织,由年会票选

---

① 会员费共分为三种:

(一)会费,每人每年三辨士,分四季缴纳,每季每人缴纳四分之三辨士。

(二)工会国际联合会(International Federation of Trade Unions)维持费,每年每千人一镑。

(三)参加年会代表费,每个代表纳缴十先令。

之。采矿业及采石业3人,铁路业3人,交通业(铁路业除外)2人,造船业1人,机械工业3人,钢铁业及金属工业2人,建筑业1人,印刷及造纸业1人,棉织业2人,纺织业(棉织业除外)1人,成衣业1人,皮革及制靴业1人,杂货及食料业1人,农业1人,公共雇员1人,非体力劳动者1人,普通工人4人,女工2人。凡参加年会之工会由最高委员会决定其所归属之一组。当选之委员以参加年会之代表为限。每个参加工会均可推荐一候选人于其所属之一组,由各组汇集其所属各工会之候选人名单于年会开会前两周提交最高委员会,最高委员会汇集各组名单后制成候选人名单,在年会中以公开投票式选举。凡每组得票最多之候选人当选为委员。

新委员会产生后于其第一次会议中,成立六个小组委员会,各组之人数及其分配情形如下:

第一组8人;采矿及采石业3人,铁路业3人,运输业2人。

第二组8人;机械业3人,钢铁业2人,造船业1人,建筑业2人。

第三组5人;棉织业2人,纺织业1人,成衣业1人,皮革业1人。

第四组6人;杂货及食料业1人,农业1人,普通工人4人。

第五组3人;印刷业1人,公共雇员1人,非体力劳动者1人。

第六组5人;女工2人,及由最高委员会决定有女工之工会代表3人。

各组委员会应与该组之工会联合会取得密切之连系,并随时报告其所属工会之活动情形。每个小组委员会各选举主席一人主持会务。小组委员会之活动,完全受最高委员会之节制。如有特殊问题发生时,最高委员会得成立特别委员会。

最高委员会之职权如下:

(一)提高委员会为年会休会期中之最高权力机关,有权执行有关工会之事务及监督工会之行动；

（二）该会应随时注意劳动法规之颁制及执行；

（三）调解所属工会间之争执，及工会与雇主间之争执；

（四）鼓励工会对一般问题之公共行动。如对于工资及工作时间之决定，及其他工会与工会间，工会与雇主间，工会与政府间所发生之种种问题工会应以共同行动解决之。对于任何工会，如其被攻击系违反工会原则时，应鼓励各工会以共同行动维护之；

（五）协助工会加强组织工作并努力宣传以加强工会运动之势力，以达到上述目的；

（六）与其他国家工会及劳动运动求得密切联络，以期作一致行动；

（七）当年会所提出之法律改革案件通过后，委员会应极力在下议院活动，使其通过；为求达到此目的，委员会可向参加工会征收特别会费以支付必需支出。任何工会拒绝时，向下届年会报告之；

（八）为防止将来战争之爆发计，当战争危险爆发前夕，委员会得召集特别年会决定工会之行动；

（九）当委员会认为有必要时可以召开特别年会以讨论将来可能发生之事故；

（十）在年会举行时，委员会应草拟详细报告，说明工作情形，在报告书中须附带有年会程序表，与会代表姓名单，年会及委员会之组织规则（Standing Orders）。①

丑　美国劳动联合会。美国劳动联合会为美国职业工会及半产业性质工会之联合组织。自 1890 年劳动武士团（knights of Labour）势

---

① 关于工会年会之情形，作者系根据 1928 年 Standing Orders of the Trade Union Congress. 详见 W. Milen-Bailey, *Trade Union Documents*, pp. 189-200.

力衰微后,该会即起而代之,握美国工会世界牛耳。① 其前身为工会合并会(Amalgamated Labour Union),至 1886 年始正式命名为美国劳动联合会。② 该会系由各个工会组织而成,并非由各个工会会员组织而成。其基本单位为全国总工会,国际工会,市中央工会,州联合会,地方分部委员会(Local Department Councils),地方分会,及联邦工会(Federal Labour Union)。③ 其组织系统以图表之于次。

---

① 劳动武士团为美国 19 世纪 90 年代之重要联合组织。该团为 U. S. Stevens 所创,于 1869 年成立,至 1871 年正式命名为劳动武士荣誉团(Noble Order of Knights of Labour)。初为秘密团体,以其徽章为五个星标,外人多呼为五星社(Society Five Stars)。在 1878 年以前,该团为一分权组织,地方支会势力甚大,至 1878 年始改组。其基本单位为地方支会(Locals),会员不以工资劳动者为限。五个及五个以上支会得组织县支会(District Assembly),县支会之上为州支会(State Assembly),州支会之上为总会(General Assembly),总会及其最高权力机关,此外尚有直属地方支会。

武士团之盛衰均为直线式。开始时仅有会员 11 人,1879 年只有 20,150 人,至 1880 年增为 52,000 人,1885 年达 104,000 人,1886 年竟达 703,000 人,1885—1886 年 1 年内参加者达 600,000 人。不意自 1886 年以后人数急剧下落,1887 年只有 500,000 人,1888 年为 260,000 人,1890 年只有 100,000 人,到 1891 年以后竟退出劳动舞台而为一寞寞无闻团体。

② 工会合并会成立于 1881 年,在第一次大会中成立一常设机关命名为 Federation of Organization Trade and Labour Union of the United States of America and Canada,并决定以后每年举行年会一次。至 1886 年有数个全国工会在 Columbus 召开代表大会,合会领袖深知此会之重要,乃于同时同地召开年会以资抵抗。结果经过多方谈判,两个团体合并成立美国劳动联合会。

③ 劳动联合会的组织单位除全国工会,国际工会,州联合会,市中央工会已在上节说明外,现分别将分部及地方分部委员会,联邦工会之组织分明于下:

分部(Department)为联合会内部之小组织,一称 Trade Assembly,分部之设立须由代表大会或行政会通过。分部设立后同性质之全国工会及国际工会应参加之。分部设立后可以自行处理其事务,各分部亦有其代表大会,由参加工会派代表组织之。分部职员有主席,副主席,秘书及财政员。分部每季及每年须草拟报告书于联合会行政会。联合会行政会开会时各部之主席及秘书均可出席讨论其相关事务。现在已成立四个分部,即 Building Trade Department, Railroad Employees Department, Union Label Trade Deperтment 及 Metal Workers Department。在各州及某业繁盛之都市可以成立某分部之地方分部委员会,由所属地方工会组织之。其地位不重要,成立者不多。

美国劳动联合会组织系统图

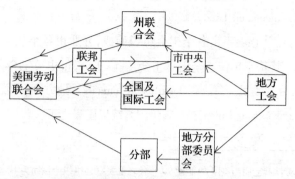

　　劳动联合会之最高权力机关为全体代表大会,由参加工会各派代表出席组织之。大会每年举行一次。出席代表由参加工会自动选派。代表人数之分配标准有二。第一为全国工会及国际工会,其标准依各该工会人数多寡而定。全国工会及国际工会人数在 4000 人以下者,推选代表 1 人;4000 人以上 8000 人以下者,代表 2 人;8000 人以上,16000 人以下者,代表 3 人;16000 人以上,32000 人以下者,代表 4 人;32000 人以上,64000 人以下者,代表 5 人;以后类推。全国工会及国际工会以外之参加工会不论人数多少,各派代表 1 人。代表之表决权除市中央工会,州工会联合会每个代表一票外,其他团体即依人数多少决定之。

　　联邦工会为直属于劳动联合会之独立的地方工会。凡品行优良同一职业之工资劳动者七人或七人以上,对于工会甚感兴趣(该业尚未成立工会,同时其中任何一人并未参加联合会之任何工会)即可呈请组织联邦工会。第一步举行筹备会,草拟会章,其会章不得与联合会会章冲突。会章通过后乃呈请联合会主席颁发设立特许状。一个城市以成立三个联邦工会为限,已成立三个时,则不得成立。
　　联邦工会组织大体与普通工会之地方工会相同,但联合会对其统制比较严密。联合会主席可以遣派参加工会之任何会员审查其财政状况,联邦工会应随时将其账目交付审核,不得拒绝。

开会程序单由大会小组委员会决定,每个委员会人数 15 人,委员会之名称如下:会章及规章委员会,行政会报告委员会,提议委员会,立法委员会,组织委员会,标记委员会(Labels Committee),争议解决委员会,地方及联合团体委员会,教育委员会,建筑委员会及法律委员会。所有提议先由各相关委员会审核,委员会不得无故打消提案。修改会章之提案须在开会两日后,方允提出。未参加联合会之工会代表及其他团体之代表可以出席旁听;在未得全体代表三分之二以上同意时,则不得在会场发言及宣读报告书或其他任何文件。各政党人员不得出席大会。

行政会(Executive Council)为大会休会期中最重要的执行机关,由联合会职员 11 人组织之,其权力甚大。平时经常注意劳动立法之创制,及鼓吹有利劳工之立法。地方工会之成立,全国工会之组织,各工会及联合会之联络均由行政会指导。在全国工会及国际工会成立后,该会可命令该业所有地方工会参加之,如地方工会三个月内不加入时,该会即取消其参加特许状。行政会在大会时须提出报告书说明本年内由该会核准及否决之罢工及拒货同盟。未经该会核许之罢工及拒货同盟,各会员不得赞助之。该会可以制定联合会会章及与参加工会会章不发生抵触之规则及章程以调整各工会之活动,规章颁制后,应在大会中报告。该会委员缺席时,由该会以大多数票选一人补充,主席除外。此外其重要工作为准备年报告书。报告书之内容为一年来工作之检讨,及请求大会讨论问题之备忘录。①

联合会职员为主席一人,副主席八人,秘书长一人,财政管理

---

① 详见联合会会章第九条,该条共分十二款,规定行政会之职务甚详。

员一人,在大会最末一日选举。任期为一年,自每年1月1日起任职。职员以参加联合会之工会会员为限。主席之任务为主席大会监察各参加工会行政,及在各地巡视。副主席协助主席工作。秘书长之权力极大,任务亦繁。当主席缺席时,秘书长代行主席职务并召集行政委员会(Executive Committee),推选继任主席。联合会所有簿册,记录,信托,公文,账簿及其他一切文件均由其保管,所有会费均由其收集转交财政管理员,但可保留2000元以下之日用金。秘书长之开支须经主席批准。联合会所有支出由其草拟详细报告书在年会中提出审核。各参加工会之报告书及表册亦由其保管。财政管理员之地位不甚重要,其主要职责为自秘书长处接受各项基金。联合会经费之支付命令,须由主席、秘书长及财政管理员三人签字。职员得连选连任。[①]

各工会请求参加联合会时,须先呈明其职业之管辖范围,及其他文件以便颁发特许状。如其范围与已参加之某工会之管辖范围冲突时,非得该工会之书面同意,不得颁发特许状。已参加之各工会及联邦工会非得代表大会批准,不得擅自更换名称,会员之改籍亦然。各参加工会及联邦工会特许状非经全体代表大会三分之二以上代表同意不得撤消之。组织尚在进行及人数不足之工会不得申请颁发特许状。地方工会合并于全国工会及国际工会后,其特许状无条件的撤消。

经费之来源,由会章规定。常年会费按下列规定向参加团体

---

① 职员之连任为联合会之特色。如 Gompers 在 1881—1886 年时即任立法委员会(该会为行政会之前身)主席,1886 年改组后,即任联合会主席,一直至 1924 年身故为止,任主席达 40 年之久。又如 1926 之主席在 1914 年起即当选为副主席,秘书长自 1896 年起即任斯职,八个副主席其中有六个自 1903 年起连任。

核收。国际工会及全国工会每人每月美金 1 分。地方工会及联邦工会每人每月 2 角 5 分,地方工会会员有大半在 18 岁以下时则每人每月美金 8 分,州联合会及市中央工会每年缴纳 10 美元。各工会会员入会费 25% 应缴纳于联合会。凡未缴齐会费之工会开代表大会时,其代表不得出席。会费停缴 3 个月及 3 个月以上即自动的停止该工会之参加权,俟会费补足经代表大会议决后方允恢复其会员资格。

劳动联合会之目的及任务据其会章第二条所定有五:

第一,鼓励并组织地方工会,联合各地方工会成立市中央工会,州联合会及全国联合会以促进劳动者之利益;

第二,成立全国工会或国际工会,承认各业工会之自主权,并保证其改进及发展;

第三,在美国劳动联合会内成立分部(Departments),分部由参加联合会之同一产业之国际工会及全国工会组织之。分部之组织及行动须与联合会会章符合;

第四,劳动联合会负责协助各个全国工会及国际工会,奖励工会货物之出售,保证有利劳动阶级法律之实施,以和平及合法手段影响公共舆论,使其有利于有组织之劳动者;

第五,资助并鼓励劳动报章刊物之发行。

联合会在开始时即标明其主要政策有二:第一该会为一职业工会,由各工会自动组织之;第二该会绝对不参加任何政治活动。在其 1887 年会章中申明该会为一彻底的联合组织,为各职业工会之联合会,其目的在团结全美职业工会及劳动团体,于职业组织系统之下。此两项原则一直继续至现在。最能表明其精神者为其成立宣言,兹节录于后,以明自由主义国家联合劳动组织的基本精神。

　　"我们所以采取联合组织,因为这是团结职业团体及劳工团体最自然最易于同化的形态。它保留了产业的自主性,及各个团体的特殊个性。它将所有团体在整个联合会之下组织起来,但不伤害各个团体的信仰及传统思想。它视劳动阶级为'工人'而将其组织,而不视他们是'战斗员'或'政治人员'。因此,其加入之资格为'工人',并没有其他任何宗教或政治的条件。它要求全国劳动者行动一致化,但它不用分化的方法强制的手段去强迫他们统一;它也不设立一个统一的组织,不顾各个工会的经验和利益,强制他们接受;它更不仇视或破坏现存组织。它要在保存各个工会的优点及特性的前提下,慢慢扩大其范围,使全国工会在不破坏其个性之下统一起来。因此,全国各个工人团体如果愿意在一个组织之下团结的话,我们希望全国公开的及秘密的劳工团体都派代表参加这个劳动联合会。"①

　　寅　美国产业工会联合会(Congress of Industrial Organization)。该会之兴起代表美国产业工会运动之抬头,为职业工会组织之反动。以自1887年以后,美国劳动联合会为美国工会之权威,而联合会为职业工会之联合组织。产业发达后,职业工会之缺点曝露。联合会负责人亦知之甚稔,并谋改进之策。其补救的方法有三。其一,合并性质相同之职业工会,冲淡职业工会色彩。其二,放宽加入联合会的条件,以扩大职业工会的基础,增加联业工会的势力。其三,在联合会内设立分部,使职业性质相同的工会合作,使

---

　　①　Carroll D. Wright 称,此宣言为最值得保留之劳动史料。此话确有见地。因此宣言可以完全代表自由主义国家联合工会组织之精神。

职业工会以产业为中心而团结，以对抗产业工会的兴起。1914 年后新兴工业之兴起上述方法更难应付经济环境的变迁。[1] 至 1935 年联合会内八个国际工会的负责人联合组织产业工会委员会（Committee for Industrial Organizations），随后又有参加联合会的全国工会四个及未参加联合会的全国工会两个参加，此即为产业工会联合会之前身。[2] 委员会成立后，联合会主席格林（William Green）认为其有破坏联合会统一的趋势，因起而干涉之。委员会拒绝其警告继续活动。联合会又命令委员会负责人听候行政局判决，委员会又拒绝出席并发表《产业工会委员会何以继续行动》（Why the Committee of Industrial Organization Will Carry on）一书申辩。行政局又组织一委员会与其交涉并暂时停止其活动，但委员会又拒绝接受，并申言非行政局取消其停止产业工会委员会命令，该会拒绝一切谈判。在 1936 年联合会全体大会中虽赞成行政局处置，但两者间之斗争日烈，无复妥协之余地。[3]

---

[1]　关于上述三个方法的缺点及其困难情形可参阅：Philip Taft, *Problem of Structure in American Labour*, American Economic Review XX VII. No. 1. March. 1937, pp. 4—8.

[2]　组织产业工会委员会的原始工会名称如下。The United Mine Workers；The Amalgameted Clothing Workers of America. The International Ladie；Garment Worker's Union；The United Textile Workers of America；The Oil Fied, Gas Well and Refinary Workers of America；The International Union of Mine, Mill, and Smelter Worker's；The International Typegraphical Union；and the Cap and Millinery Department of United Hatters, Cap and Millinery Workers International Union。随后参加者 Federation of the Flat Grass Workers of America；The Analgamated Association of Iron, Steel, and Tin Workers；The United Automobile Workers of America；The United Rubber Workers of America；The United Electrical and Radio Workers and the Industrial Union of Marins and Shipyard Workers。后两者非联合会会员。

[3]　关于联合会及委员会之争执，可详见委员会所发表之 *An Answer to Presidant Green*：*Industrial Unions Means Unity* 及 *Why the Committee for Industrial Organization Will Carry on.*

1938 年 4 月 13 日参加产业工会委员会的全国工会及国际工会之行政人员在华盛顿举行会议,决议下次代表大会在 1938 年 11 月举行,并建议设立独立的团体。[①] 至该年 11 月在彼第堡(Pittsburgh)举行代表大会,到会代表有 519 人,代表 32 个全国及国际工会,9 个全国组织委员会(National Organizing Committee),23 个州产业工会评议会(State Industrial Union Council),124 个市产业工会评议会(City and County Industrial Union Council),及 161 个地方产业工会。代表工人人数约 400 万。[②] 会中决议改组产业工会委员会为产业工会联合会,并规定会章。

根据其会章规定,其目的有四:

第一,完成全美男女工人之有力组织,不论工人之种族,信仰,肤色及国籍,使全国工人在工会组织下一致行动以争取公共利益及保护;

第二,扩大团体交涉之范围,保障工人与其雇主建立和平关系之方法的运用,使工会能与现代大规模产业组织及金融组织谈判;

第三,维护团体协约及工资协约所规定之权利与义务;

第四,促进有关美国工人经济安全及社会福利法律之颁制,保障并扩张民主制度及公民之权利与义务,俾使可宝贵之民主制度永垂不朽。

产业工会联合会之机构与劳动联合会相似。其组织单位为全国工会,国际工会,全国组织委员会,直属评议会之地方工会(与联合会之联邦工会相似),及市,州产业工会评议会(与联合会之州联合会,市中央工会相似)。参加工会与联合会之关系亦与联合会及

---

① 见 International Labour Office 出版之 *Industrial and Labour Information*(以下简称 I. L. I.)6. June 1938, p. 298.

② I. L. I. 30. January 1939, pp. 144-146.

其参加工会之关系相似。

联合会之最高权力机关为全体代表大会,由参加工会及州市评议会派代表组织之。代表大会每年举行一次,于必要时得由行政局(Executive Board)或参加工会之请求召开临时大会。在大会休会期中,行政局为最高行政机关。该局人选在代表大会选任之。各全国工会,国际工会及全国委员会各任命委员一人,其他参加联合会团体得在其负责人中推荐候选人一人,联合会主席,副主席及秘书长因其职务关系为当然委员。行政局之权力极大,可以设立办事处,分会及各种委员会以处理联合会各项事议。如发现或认为参加工会有违反会章或违反大会议决案时,行政局可以举行调查,根据调查结果,一方面草拟备忘录于违反会章团体,一方面在代表大会提出报告。

行政局每年至少开会两次,于必要时主席或经大多数委员请求可以召开临时会议。在行政局全体会议休会期中由主席执行各项事务。主席权力极大,可以解释会章,可以任命调动、停职及开除其所属工会组织员,代表及雇员,但以得行政局批准为条件。

会费之征收由行政局负责。全国工会及国际工会及全国组织委员会以其会员人数为标准,每人每月缴纳会费美金5分。直属地方工会每人每月常年费5角,其入会费之一半亦须缴纳于联合会。州市产业评议会每年会费一律100美金。如所属全国工会,国际工会,组织委员会,直属地方工会,其会员有一部分因罢工,停业及其他非自动的原因未从事工作而失业时,其失业之一月之会费可以由行政局豁免,其豁免数目以失业者人数为限,未失业者仍须照章缴纳。[1]

---

[1]　I. L. I. 18. Dec. 1938, pp. 328-321.

第二节　官方主持劳动团体

在集权主义国家,劳动团体之设立,组织及活动均按照政府预定计划执行,劳动者无自由活动的余地;同时就其任务而言,主要的为实行国家政策机关,故普通多称为官方主持劳动团体。苏联的工会,意大利的劳工协会,德国的劳动阵线及西班牙、葡萄牙的工会均属于此种类型。故国际劳工局所出版之出版物,即如此分类。

官方主持劳动团体的目的和性质既然与自由工会不同,则自有其特定的组织形态以期达到其预定目的。本节的主要任务就是分别叙述苏联,意大利和德国劳动团体的组织形态,去说明官方主持劳动团体的组织和机构。在分别叙述之先,拟分析此类团体在组织方面的特色。

概括言之,官方主持劳动团体在组织和机构方面有下列五大特色。

第一,组织的一元化。这是官方劳动团体和自由工会在组织方面最明显的区别。自由主义国家工会是基于自由结社权的一种结社,其目的又在各个劳动者的利益,故一国之内组织分歧。从其一业而言,成立多种工会,彼此组织不同,性质不一,从一国而言,则更为复杂。甚至彼此仇视,互相竞争。这种庞杂重复的组织在集权主义国家自然无法存在。因为集权主义国家之劳动团体是执行国家政策的机关,而国家政策之执行以组织严密为前提。故集权主义国家的劳动团体均采行单一制度,一业一个团体,一国一个组织。全国整个组织均由政府设计,劳动者依政府计划按级组织,无自由选择余地。政府组织外之一切团体均不得存在。

第二,权力集中化。自由主义国家劳动团体为劳动者谋个人利益之机关,故采分权制度。在联合组织中,各个工会的权力甚大,可以左右联合组织的意志。联合组织不过为一柔性同盟,各个加盟工会有广泛的自主权。就一个工会而言,地方支部不仅为组织基础,且为权力中心,其自由活动的范围甚大。反之,在集权主义国家为求效率迅速指挥统一计,互采中央集权制。中央组织的权力甚大,可以指挥监视下级劳动团体行动。下级劳动团体是服从命令,执行命令的机关,其行动受上级机关指令和规章的支配,无自主自由余地。在此种层层节制的制度下,劳动团体的组织,方能灵活,其行动方能一致,有如身之使臂,如臂使指之效。

第三,政府统制严密化。劳动团体在集权主义国家既是执行政府政策完成政府目的的工具,自不能像自由工会一样任其自由活动,政府统制之加强,为其自然结果。政府不仅在形式上统制管理工人团体,使其依照政府意志行动;同时在实质上以政党分子实际加以控制。在劳工团体中上级机关职员完全由政府任命,自不待言;即下层组织政府亦有计划的将政党分子打入基层,使其在实质上变为政府机关。这点在下面将随时提及。

第四,政府关系密切化。在上节我们随时可以看到自由工会是如何不愿意与政府发生关系,因为避免与政府接触为不受政府管制的最好方法,而政府干涉之减少为自由发展之前提。在集权主义国家则恰恰与此相反。劳动团体本身变为国家组织之一部,其与政府各部关系之密切自不待言。

第五,自由工会之发展由下而上,而官方主持团体则由上而下。自由工会之发展从上面英美两国看来都是由下而上,从一业而言,先有单独工会,而后有同盟会,而后有合并会。从联合组织而言先有各个工会,而后有省联合会,而后有全国联合会。从一个工会而言,先有地方工会,而后有县工会,而后有省工会,而后有全国总工会。官方主持团体则反此。其发展先有全国中央机关,然后按照中央机关计划或改组旧的团体,使其适合新的系统;或在各地成立新的团体。先有计划,然后有中央组织,然后有地方组织。换言之,自由工会是自动发展的团体,而官方主持团体为政府强制的组织。两者的精神既明,试以德国,意大利及苏联三国的制度为例说明之。

第一目　德国劳动阵线

德国劳动阵线之发展可分为三个时期:第一为草创时期,自1933 年 5 月 10 日至 1934 年 1 月 25 日;第二自 1934 年 1 月至 1934 年 10 月 24 日为改组时期;第三为发展时期,自 1934 年 11 月至现在。

自 1933 年 5 月 2 日德国劳动保护行动会占领自由工会之本支部后,旋即公布六项命令,规划将来劳动组织。5 月 10 日召集国社党工业细胞组织负责人开第一次大会成立德国劳动阵线,并组织劳动阵线组织局改组以前工会,使用人工会及雇主协会。此项工作在年底完成并在劳动阵线内设立工会联合会,使用人联合会,手工业零售商人联合会,雇主联合会,及自由职业者联合会。① 至1934 年 1 月 25 日重新改组。五个联合会全部撤消,劳动阵线以企业为单位,每一企业为一经营协同体(Betriebsgemeinschaft) ,凡同一企业之雇主使用人及工人均为会员。劳动阵线之地域组织为本部,省,县,乡四级,其经济部门则分为 18 个全国经营协同体(Reichsbe-

---

① 其合并之步骤,第一步于 6 月 28 日协会。10 月德国私立银行协会,德国银行业中央联合会,运输业雇主协会,造纸业雇主协会,及中等商人联合会均相继加入。10 月 27 日联合宣言发表后,全国雇主联合会宣言解散并加入劳动阵线。自由职业者亦于 11 月中加之。在劳动阵线内成立五个联合会。

triebsgemeinschaft）。但其地位未经法律承认。至 1934 年 10 月 24 日希特勒颁布行政命令，确立其法定地位后，劳动阵线开始步入发展阶段。[①]

劳动阵线隶属于国社党（Nationalsozialistische Deutsche Arbeiterpartei），为国社党附属机关，其指导者为国社党政治组织部部长。最上级组织为总部，为全国劳动阵线之指导机关。全国政治区域分为 32 省劳动阵线（Gauwaltung），841 县劳动阵线（Kreise）及 14,744 乡劳动阵线支部（Ortswaltungen），其区划与国社党党部各级组织的区分相符。乡由其区域内之细胞（Cells）及班（Blocks）组织而成。除地域的各级组织外，尚有依经济部门分野的组织，其区分标准与以前德国工会相似。分为食品业，织维业，被服业，建筑业，木材业，金属工业，化学工业，印刷业，造纸业，运输及公用事业，矿业，银行及保险业，自由职业，皮革业，石工业，商业及手工业 18 部门。其组织亦为全国的，分为国家经营协同体，省经营协同体，县经营协同体及乡经营协同体。其范围之划分完全依照与地域组织相同。地域组织为同区域内各经营协同体之联合组织。劳动阵线之基本组织经营协同体。凡企业有领导者一人及随从者十人时即可组织其单位为班。大企业可以组织细胞，每一细胞至少包括两班。会员分为两种：一为个人会员，一为团体会员。现将其组织系统图表于次：

总部设于柏林。总部由国社党政治组织部及最高干部指挥。

---

① 10 月 24 日命令颁布后，劳动阵线将其内部机构大加调整。1935 年 1 月 1 日将硕果仅存之九个使用人工会解散，10 月 1 日取消与经营协同体冲突之中央职业部门（共分 16 部门设于劳动阵线总部内），其职务完全移转于全国经营协同体。同时，将以前与以前分区制度取消（以前将全国分为 13 区，其管辖范围与劳动专员之区域相同）。

政治组织部长伊莱(Robert Ley)为劳动阵线指导者(Stabsleiter)。最高干部共五人,由指导者,指导代理人及本部负责人三人合组而成。指导者权力极大,可以任免劳动阵线各级大小职员。1935年总部共分下列15部。

(一)出版部(Pressamt)

(二)政治训练部(Schulungsamt)

(三)社会服务部(Sozialamt)

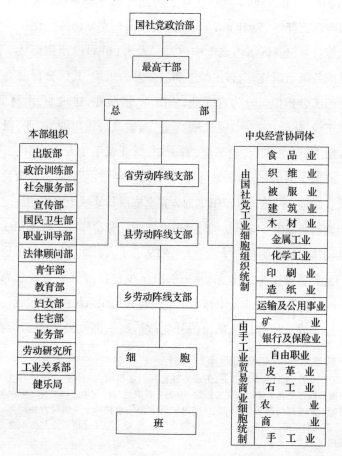

（四）国民卫生部（Amt für Volksgesundheit）

（五）职业训导部（Amt für Arbeitsführung und Berufserziehung）

（六）宣传部（Propagandaamt）

（七）法律顾问部（Amt für Rechtsberatungetellen）

（八）青年部（Jugendamt）

（九）教育部（Amt für Ausbildungswesen）

（十）妇女部（Frauenamt）

（十一）住宅部（Heimstättenamt）

（十二）业务部（Wirtschafteamt）

（十三）劳动研究所（Arbeitswissenschaftliches Institut）

（十四）工业关系部（Amt für Selbstverantwortung）

（十五）健乐局（Kraft durch Freude）

各部之职务大都一望可知。仅业务部及健乐局需要解释。业务部系继承以前工会所有产业及营业而经营之。健乐局之组织甚大，其组织与劳动阵线组织相等，亦分四级。其主要目的在改进会员之生活，以增加其生活兴趣，详情将于"劳动者生活改进策"一编中详述之，劳动阵线之财政亦由国社党财政部长统制及监督。

全国经营协同体共18个，每个由一指导者管理与指挥，每个指导者设有一个顾问委员会以供咨询。省，县，镇协同体均设有指导者一人。省县乡劳动阵线支部均设有指导者一人。指导者之下设有各部如组织部，宣传部，业务部，妇女部，青年部等。

劳动阵线全部组织均由国社党之工业细胞组织（简称 N. S. B. O.），及手工业商业及贸易细胞组织（简称 NSHago）统制。18 个全国经营协同体，第 1 到第 16（自由职业协同体除外）由工业细胞组织统制；后二者由 NSHago 统制。经营协同体的指导者（Betriebswalter)必定多国社党党员,通常由国社党细胞组织的主席(Zellen-wart)兼任。其他各级组织之情形均然,故国社党的组织负责人(Gauleiter)多兼任劳动阵线的指导者(Gauwalter),同时又为健乐局的指导者(Gauwart)。1934 年 10 月 24 日希特勒所颁布的法令明白规定工业细胞组织和手工业商业细胞组织的特殊地位,及冲锋队(Sturmabteilung)、挺进队(Schutztaffel)在选择劳动阵线负责人时有优先权。

经营协同体为劳动阵线之基本组织,以企业为单位。每一企业为一经营协同体。凡企业内有雇主一人及被雇者十人方得组织之,不满十人者则与其他不在企业内活动之会员合组为一协同体。协同体之单位为班,班以上为细胞,每一细胞至少包括两班。在企业中无论雇主,使用人,经理技师及劳工均一律参加,雇主为领导者(Führer),被雇者为随从者(Gefolgschaft)。20 人以下十人以上之小企业为班,20 人以上之企业为细胞,每一经营协同体设指导人一人,由国社党党员充任,普通多由企业内国社党细胞组织之主席充当之。

在经营协同体内除经营协同体的指导人指导劳动者的活动外,企业的领导者(即雇主)对于随从者及企业内的事务有决定力量。领导者对于随从者的福利有顾全的责任而随从者对于领导者应有服从忠诚的义务。企业为公司时由理事会执行领导者的职权,于必要时,企业主可以指定在企业内有相当地位者为代表负指导之责,分厂或分公司如与本公司相距较远时,则视为一独立单位。每一企业如有 20 个被雇者时,领导者须拟定一经营规章(Betriebsordnung),使随从者明了其工作条件。其详情将在下编详述。在经营协同体内设有互信委员会(Vertrauensrat)以代替从前的工厂会议,以其不属劳动阵线组织之内,亦将在本书第八编中叙述。

　　劳动阵线之会员分为个人会员及团体会员两种。凡以前工会会员及劳动阵线成立后以个人资格加入之会员均为个人会员。团体会员是指以团体资格参加劳动阵线之个人而言。首先参加之团体会员为德国食品团体(Reichsnahrungsstand),随后参加者德国文化院及工业,手工业,商业,银行业,保险业及动力等经济组织。个人会员及团体会员之待遇及地位除健乐局免费待遇方面略有差异外,其他均为一致。

　　劳动阵线既包括各个企业之雇主,使用人,被雇者及其他从事生产的成员,而产业组织之统制又分为工业,手工业,商业,银行业,保险业,动力及交通工业七大部门由经济部长管理。① 此种产业组织与劳动组织之合作及其职权之划分实为一重要问题。至

----

　　① 作者在这里打算很简略说明德国产业的统制机构。

　　根据1934年2月27日的德国经济制度法及1934年11月27日行政命令,德国产业组织分为工业(下分七个小部门)手工业,商业,银行业,保险业,动力业,交通业七大部门,每一部门设有一个全国组织。全国分为18个区域,在每个区域中又分为省,县等地方组织,每个地方组织各派代表出席全国经济评议会,全国经济评议会为产业组织之中央机关。在各区又设有经济评议院,经济评议院内分为工业院,商业院及手工业院。全部组织系由经济部长管理与指挥。至1936年10月18日颁布行政命令授权国会会长为四年计划总裁,四年计划总裁之命令有马上执行的效力。于是全国产业活动均在中央政府及其行政机关之管理下矣。

　　全国Cartels组织亦在各经济组织统制之下,根据1936年法令,Cartels须在经济组织处登记,其签订之工业协定亦需向其报告。

　　为监督每个企业之生产行程及使其产品合理化、标准化计,又于1936年7月7日及11月12日颁布两道行政命令,以改进各企业之生产技术使其合理化。在每个经济组织由政府设立若干机关解决原料及其他生产方面问题。根据研究机关研究结果订立关于成本,会计及其他方面之原则。各项原则经经济部长核准后旋即颁布详细训练及改进办法通令各企业实施,以求出品标准化。

1935 年 3 月 21 日劳动部长,经济部长及劳动阵线指导者举行联席会议讨论,商量结果,成立《来俾基克协定》(Leipzig agreement),主张组织劳动评议会(Arbeitsgeminschaft)以商讨双方合作及工作联系问题。①

1935 年 6 月 13 日劳动阵线指导者颁布命令按照国民经济评议会(Reichswirtschaftsräte)的区域成立 18 所劳动评议会,评议会的评议员由会长推荐后再由劳动阵线指导者任命。劳动评议会的中央机关为全国劳动评议会(Reichsarbeitsgemeinschaft),设于劳动阵线内以统制所有产业组织及劳动组织。② 劳动评议会成立后,再由全国劳动评议会的"顾问委员会"(Beirat)与全国经济评议会的"顾问委员会"联合组织全国劳动经济评议会(Reichsarbeits-und Reichswirtschaftsräte)为产业组业与劳动组织的中央合作机关。在 18 个指定区域中,每个地方经济评议会与地方劳动评议会同组组织地方劳动经济评议会(Bezirksarbeits-und Wirtschaftsräte)为双方合作之中级机关。劳动组织与产业组织合作的下层机关为劳动委员会(Arbeitsausschüsse),委员会设于劳动阵线的地方支部中,由企业领导者及企业随从者相等人数组织之,委员人选以劳动阵线会员为限。根据 1935 年 6 月 19 日行政命令,劳动经济评议会、地方劳动经济评议会及劳动委员会之主要职责为讨论劳动组织及产业组织之合作,研究很重要的社会问题及经济问题以供相关政府机关之采纳,探讨政府,劳动阵线及全国经济评议会所提交之问题。其任务为顾问性质,不得直接干涉劳动及产业行政。

---

① V. Trivanovitch, *Economic Development of Germany under National Socialism*.
② 同上书。

第二目　意大利的业团制度

意大利是个业团国家（Corporative State），其经济组织是由劳资双方各组平行的联合会（Federation），在联合会之上再以业团组织调整双方关系。劳动组织是业团组织之一部分，业团组织系由劳动组织所组成，两者系不可分割的团体。因此要明了现代意大利劳动组织必须在业团制度中分析。

业团制度之基本单位为各业之法西斯雇主协会及法西斯劳工协会，两者各自成一梯形全国组织，分市，县，省，特别区，连合区及全国协会数级。1934 年 3 月 5 日新法规定各业之雇主全国协会及劳工全国协会方为法律所承认之团体，全国协会以下之组织为事实上承认之团体，并非法定组织。各业雇主及劳工全国协会依其性质合组九个全国联合会（Confederation），属于雇主者四，属于劳工者四，属于自由职业及艺术家者一。雇主团体及劳工团体又合作组织业团。全国共有业团 22 个，每个业团有业团评议会（Corporative Council），在其上有中央业团委员会（Central Corporative Committee）为业团中心。全国业团评议会（The National Council Corporations）其主要任务为立法工作为业团之立法及顾问机关。业团制度之最高会议为业团全体大会（General Assembly of Corporations）。整个业团在业团部指挥下活动，而行政首长又为业团制度之原动力。此外尚有法西斯及业团议院（The Chamber of Fascist and Corporations）为业团组织参加国家立法工作机关。现以其图表示其组织系统于次：

意大利业团组织系统

意大利业团组织系统

—— 表示直接关系 ┈┈┈ 表示间接关系

业团制度的组织系统既明,试分论其各个团体之组织。

(甲)劳工团体。业团系以劳工团体及雇主团体为其基本单位。关于雇主团体的内部组织,本书不拟讨论,仅分析劳工团体组织。

根据1926年4月3日集体劳动关系法,劳动组织分为两种:一为合法组织,一为事实上存在的组织。法律上承认组织,其承认条件有三。第一,劳工团体所包括的劳工人数在同一区域内至少须占同业工人总数10%。第二,团体设立之目的为保障会员之经济的及道德的利益并教育会员,训练会员。第三,团体负责人对于国家及法西斯主义须有信仰及忠实之义务。法律承认的团体有权代表所属劳工全体,有权和雇主协会或其他组织订立团体协约,有权征收会费,捐款及执行有关公共利益之职务。事实上承认的组织则无上述特权。实际上,1927 年后事实上存在之劳动组织已不存在,法西斯工团成为唯一合法亦为唯一存在之劳动团体。一业一个团体的理想完全实现。

1934 年 2 月 5 日颁布新法改组雇主团体及劳工团体。一方面减少雇主全国联合会的数目以便统制,一方面减少雇主协会及劳工协会数目并提高法定组织之标准以调整机构。[①] 在此次改革之下,全国劳工联合会数目减为四个,即全国工业劳工联合会(包括全国海陆空运输业劳工)(Confederation of Industrious Workers),全国农业劳工联合会(Confederation of Agricultural Workers),全国商业劳工联合会(Confederation of Commercial Workers)及全国银行业劳工联合会(Confederation of Credit and Insurance Workers)。各业全国劳工协会亦大为减少,全国只有 33 个。[②] 同时新法只承认各业劳工全国协会及全国各业联合会为法律承认之组织,全国协会以下之各级劳工团体只为事实上的组织,没有上述各种特权。劳工团体的组织系统依其权力关系以图表之于次:

事实上承认之组织不过取消其特权,使其不能订立团体协约,及代表全体工人与其他经济团体交涉,实际上仍继续执行其业务,为业团制度的基本单位。如认为地方团体协约(如一省的,一县

---

① 1926 年法律规定全国劳工团体及雇主团体之联合会共为 12 个,至 1934 年将海空及陆运两业雇主联合会合并于工业雇主联合会;将海空及陆运两劳工联合会合并于工业劳工全国劳工联合会。于是只有八个全国联合会。外加自由职业及技术人员联合会共为九个联合会。

② 1933 年底全国雇主协会及全国劳工协会共达 650 个,至 1934 年减为 153 个,减少 497 个,计减少 75% 以上。改组后全国劳工协会共计 33 个,工业工人协会共 20 个,全国农业工人协会共四个,全国商业工人协会共五个,全国银行业协会共四个。各会之名称详见:Anselmo Anselmi, *Trade Associations and Corporation in Italy after the Recent Reforms Apprendis* I. L. O. 出版 I. L. R. Vol 31. No. I. , pp. 23—27.

的,一个工厂的团体协约)为必要的,为经济时间计,全国协会可委托地方工会缔结之。此次改组的原因完全为求整个制度之灵活健全及减少下级团体之经济负担,与 1926 年法律规定之意义不同。

意大利劳工团体组织系统

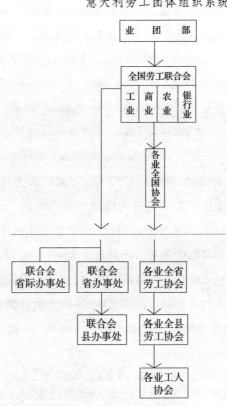

虚线以下为事实上承认的组织,并非法定组织。

　　意大利的劳工团体完全在政府和党的统制下活动,自其组织开始至其解散无不由政府监视。1926 年 4 月 3 日法律规定工会会员之参加以其政治行为正确为条件(第四条),各劳工团体会章须规定设立一机关,此机关有训练会员之权同时可以开除道德及政治行为不正当的会员(第七条)。劳工团体如不得政府同意擅自与国际性质之团体订立协约服从其管理与指挥时政府得拒绝承认。劳工团体被承认后其内部事务,财政收支,及其他种种活动政府均有权干涉。其权力自上而下的,上级团体对于下级团体可以指挥,命令,下级团体只有服从,不得违反。各地方,县,省及全国劳工协会执行委员,名义上由各会员自由选举,但实际上在选举时,由党部派人出席指导选举,选举结果要经过上级机关核准,其核准之根据系依该地法西斯党部代表之报告。并于必要由法西斯党指定之人。如选举结果不如意时,可以强迫举行第二次或第三次选举。至于各业联合会之执行委员则由政府直接委任。最可笑的,工会的实际负责人为书记,书记全由法西斯党派定,并不经过任何选举手续,以便控制。

(乙)业团。业团为意大利经济政策及劳动政策的执行机关。在劳动宪章第六条明白规定业团为生产因素之一致组织,并代表双方公共利益,由法律认定是政府机关。1926 年集体劳动关系法及施行法上虽已规定其组织,但迄未设立。① 1934 年 2 月新法颁布后始正式成立。

在新法颁布前,业团之组织成为聚讼纷纭的问题。归纳可分为两派意见。一派主张以职业类别(Occupational Categories) 为组

---

① 1926 年 4 月 3 日国民劳动关系法规定,在雇主劳工两方全国联合会之上设立六个平行的业团,即工业业团,农业业团,商业业团,海空运输业业团,陆运业业团,银行业业团及自由职业艺术家业团。在各业团之上有业团部。但此为一种计划,业团并未实际成立。至 1934 年 2 月 5 日 The Act of 20 March Concerning the Constitution and Function of the Corporations 公布后,业团始按照新计划成立。

织标准,一派主张以整个生产循环(Complete Cycle of Production)为组织标准。结果后一派意见胜利。根据 1934 年 5 月 29 日,6 月 9 日及 6 月 23 日命令设立 22 个业团,分为三类。第一为具有农业、工业、商业生产循环者,计分为谷类业团,蔬菜,花卉及水果业团;葡萄种植及酿酒业团;油类业团;甜菜及糖业业团;渔业及家禽业团;木材业团;及纺织业团。第二为具有工业,商业生产循环之业团,计分为建筑业团;金工及机械业团;成衣业团;玻璃及陶器业团;化学工业业团;造纸及印刷业团;矿业及采石业团;水力、煤气及发电业团。第三类为供给劳务的企业,计分为自由职业及艺术家业团;内地交通业团;海运航空业团;旅馆及饭店业团;信用及保险业团;及娱乐业团。

各个业团之成立由业团部长推荐,经中央业团委员会通过后呈请行政首长下令设立之。其所包括协会名称,数目及组织业团评议会人数均由政府以命令规定。每个业团之主席为行政首长,实际上由法西斯党部负责人代行职务。

每个业团中之重要机构为业团评议会。评议会评议员人数及其所属各个协会应出席人数由政府命令个别规定,人数并不一律。[1] 人选首由所属各协会推荐再由政府固定。评议员分为两种。一种为有效评议员(effective number)即法西斯党部代表,各业协会

---

① 1934 年决定各业业团评议会评议员人数如下:谷物业团 36 人,蔬菜,花卉,水果业团 32 人,葡萄及酿酒业团 32 人,油业业团 25 人,甜菜及糖业业团 15 人,家禽及肉类业团 43 人,木材业团 33 人,纺织业团 58 人,建筑业团 32 人,金工及机械业团 67 人,成衣业团 49 人,玻璃及陶器业团 32 人,化学工业业团 68 人,造纸及印刷业团 30 人,开矿及采石业团 26 人,水力煤气及发电业团 25 人,自由职业及艺术家业团 40 人,内地交通业团 50 人,空航及海运业团 24 人,旅馆及饭店业团 20 人,保险及信用业团 52 人,娱乐业团 34 人。

代表,及合作社代表,他们同时为全国业团评议会评议员,及法西斯业团议院议员。第二种为认可评议员(Approved numbers)系由协会及其他法律承认团体请求任命之评议员,他们只参加业团评议会,不出席全国业团评议会及法西斯业团议院。

如业团具有多数经济部门之活动时,可于业团内设立特殊产业小组,如内地交通业业团分为三组,银行业团分为三组,自由职业及艺术家业团分为四组,如讨论各业团间一般活动时可命令相关业团同时举行会议讨论。如关于某特种生产品之经济活动时可由行政首长下令组织业团委员会(Corporative Committee),如在纺织业业团中即成立丝业委员会(Silk Committee)。此外尚有调解委员会的组织,将在第八编中详述。每个业团评议会均设于罗马业团部内。评议员人选由业团部任命。会议程序单由业团主席得全国业团评议会秘书长及有关各部部长之同意后决定之,但行政首长为最后裁决者。会议由主席得政府有关各部部长及其他相关机关之许可召集之。

(丙)各省业团评议会(The Provincial Councils of Corporations)。各省业团评议会由各县代表组织而成,全国共有93个,其活动范围在1934年11月20日省业团评议会法及1937年4月28日的修正令中有明白规定。其主要职权有四。第一,规定并统制省内物价,以符合中央业团部之规定。第二,与各业协会合作订立适用于省区内之团体协约。第三,裁决劳工解雇问题。第四,考察并研究该省区内与经济生活有关之问题。各省业团评议会组织与业团评议会相同。每次开会时由一主席委员会(Presidental Committee)主持,委员会主席为省长,副主席为法西斯省党部书记长,其他任命雇主协会及劳工协会相等人数组织之。

（丁）中央业团委员会。该会为业团制度中最重要组织,为意大利经济政策之执行机关。其人选由业团部部长,及其他政府各部部长及秘书长,包括在各部内之法西斯党部总秘书长(即无职务部长 Minister Without Porffolio);法西斯中央党部助理书记长及行政书记长,各个业团之副主席(为法西斯中央党部代表),各劳工,雇工,自由职业者联合会主席及全国法西斯合作社(National Fascist Co-operative Institute)主席。其主要职务为辅助全国业团评议会的活动,掌理业团的一切实际事务;在全国业团评议会闭幕期中代行评议会职权并处理一切紧急问题;及对于国家生产,业团组织,政策决定等问题均有备咨询之权。

（戊）全国业团评议会。全国业团评议会虽在 1926 年 7 月 2 日法令中即已规定设立,但未正式成立。至 1930 年 3 月 20 日颁布全国业团评议会组织法(Act of National Council of Corporations),5 月 30 日颁布业团评议会行政实施法后,始正式成立,以后虽颇有修改,但其组织并未变更。该会主要任务为顾问及立法工作,以关于经济的及社会的事务之处理已由各个业团负责;关于业团制度之运行及监督,已由中央业团委员会负责;所剩下之工作仅为顾问及立法工作而已。根据 1930 年 3 月 20 日法律第十条规定,全国业团评议会对下列各事有备咨询的权利。

（1）关于劳动宪章中所规定原则之施行;

（2）依照 1926 年 1 月 30 日法律关于劳动者管理规章之制度;

（3）保障协会利益及实行国家所委托协会的公共利益等事项;

（4）关于 1926 年 4 月 3 日法律及劳动宪章第八条所规定扶助协会组织之活动;

（5）关于执行上述事务时,各团体间之关系;

（6）关于国家救济机关事业；

（7）关于职业协会的组织；

（8）关于协会之承认，撤消及上级对下级之监督与保护；

（9）关于联合会制定预算之原则；

（10）业团未成立前全国工人工作之介绍事务；

（11）发扬业团原则之科学基础；

（12）关于会费之订定；

（13）关于国家整个生产问题。

全国业团评议会，根据其组织法第 12 条规定，对下列各事有立法权。（1）关于法律承认协会及关于业团的社会福利活动规章之制定；（2）关于团体协约所发生的劳动关系及其他一切关于业团活动之规章；（3）关于法律承认协会所代表的生产部门间之集体经济关系而成立之施行规章。全国业团评议会人选由中央业团委员会全体委员及各个业团评议会中之"有效"评议员组织而成。

（己）业团全体大会。业团全体大会为业团制度之最高会议，由行政首长召集之，报告协会及业团活动之主要情形。人选为中央业团委员会之全体委员及各个业团评议会所有评议员（包括"有效"会员及认可会员）。

（庚）法西斯及业团议院。该议院为业团组织直接参加国家立法工作的机关。在以前国家虽给予业团在其所属各业中立法权，但不能直接参加国家一般立法，1938 年 11 月 7 日颁发法西斯及业团议院组织法，业团制度始趋完整。

该法规定下议院在 1939 年 3 月第 29 次会议后停止活动，由法西斯及业团议院代替。该院组织人选为行政首长，法西斯最高委员会委员，法西斯党全国评议会会员，及全国业团评议会评议员。该院议员非由选举而来，而因其在政治上或经济上有地位而来，但亦非当然议员,其地位仍然要经过行政首长任命。主席及副主席由意皇下谕任命,会期则由行政首长下令决定。该院任务除从事普通立法工作外,并按期召集,听取政府之报告。该院任务之执行经过两个机关。第一为全体大会(The Plenary Meeting)讨论有宪法性质之法案,一般法典及一般性质之法案,并审查预算。第二为立法委员会(Legislative Committee)讨论有关劳动及经济之立法及法案。如有特殊需要,可成立特别委员会。立法委员会人选由主席任命,主席及副主席参加立法委员会并为当然主席。

议案经立法委员会或全体大会通过后,呈送行政首长决定,经其核准后,即可施行,否则打消。如在战争期中或紧急财政法案该院可不经法定程序草拟法令。在平时委员会在一个月内不能通过法案时,亦可按照上列规定通过,但经行政首长下令延期者则为例外。[①]

总之,整个业团制度在行政首长一人统制下活动。他不仅为一切事务之决定者,且为整个机构之原动力。他为所有各业团及业团高级组织之法定主席,协会联合会主席亦由其任命,所有议案及决定必须经其核准方可执行。[②]

第三目 苏联工会

我们知道,苏联工会和法西斯的劳动组织是不同的,不过就其

---

① I. L. I. 12. Dec. 1938, pp. 369-370.

② 以上所述系从法令分析业团之组织及职能。至其实际上活动情形则比较复杂,不能在此详述。读者可参阅:Odon Por, *The Italian Corporations at Work*, I. L. R. Vol. 35. No. 5. May 1937, pp. 643-678. 他以甜菜及制糖业业团及银行业团为例去说明业团实际运用情形。

组织类型而论,也是属于官方主持团体之内。因此,将其合并在一节中讨论。为了避免误会起见,特将苏联的工会政策简述之。

苏联是一个劳工专政国家,故在开国之始即主张扶植劳工团体而反对个人主义国家的压抑政策。旧宪法第16条和1936年宪法第136条对于工人的团体即极端予以保障。事实上政府对于工会之发展亦尽奖掖扶助之能事。故劳工组织在苏联普遍发展,成为社会上最有力的基层组织。不过苏联的劳动运动也带有严密统制的意义。政府在扶植援助中含有指导和统制的意义,以免工会误入歧途,而不能发挥其力量。因此,苏联对于劳工团结权虽加以保障,但工会的组织和形态要合乎政府的规定。要接受政府的指导,以促其纳入正轨为经济建设而努力。其与法西斯及纳粹劳动组织不同的地方,是在统制的方法。德意所采取的压抑的手段,劳动阵线或法西斯工会只是政府的工具,其一切活动无自主性;其统制为直接的,为由上而下的。而在苏联则采劝导说服的柔性方法。工会的组织和活动虽要符合党的规定和指示,但它仍有广泛的自动权。两者的基本政策既明,现试分析苏联工会的组织原则。

1919年第三届全苏工会代表大会,决定苏联工会采取产业工会形态,并决议其组织基本原则于次:[①]

(一)工会为一切劳动者及使用人的团结团体,不论其技能,性别,智识与职业;

(二)工会握有集中之基金;

(三)工会管理机关须以民主集权制为基础;

(四)由单一的中央机关规定所属产业各种类劳动者之工资率及劳动条件;

---

① 山川均:《劳动组合》,第532—533页。《经济学全集》第18卷,改造社版。

（五）工会组织自基层至最上级由一贯的同一组织构成；

（六）工会之各支部仅执行技术上的补助职分；

（七）工会的中央机关为代表所属劳动者及使用人全体利益之唯一对外代表；

（八）工会不直接管理生产，仅协助工厂之经营。

上列八项原则，除极少部分外，仍为苏联工会组织之最高指导原则；现今工会机构虽经若干改革，但其精神则为一贯。综括言之，其主要特色有三。

第一，苏联工会为共产党党部控制之机关。在苏联《宪法》上虽规定工会为苏联公民基于自由结社权的一种社会组织，但事实上并不如此。工会活动完全由共产党控制，工会组织成为国家组织之一部，用来执行国家政策。这点在上面已说明，现仅说明其控制的方法。苏联对于工会的管理与德意不同。德意系用直接的管理方法，政府或党部以训令指令直接规制其行动；而苏联则用间接的方法。苏联共产党一方面打入工会基层，争取指导支配地位；一方面以教育宣传等方法间接给予其精神以重大影响，极力避免采用机械的强制的形式，在历届共产党代表大会中对此点极为注意。但政府及党部对工会行动有极大干涉权力，必要时得解散及改组工会，1929 年改组工会中央评议会即为一例。

第二，一厂一会一业一会的原则。此为集权主义国家劳动组织的共同色彩。在苏联，全国工会只有一个系统，每门产业，只有一种组织；每个工厂只有一个工会。工会以工厂为基本单位，所有在该厂工作人员除经理外，不论其地位，职务，等级，性别，学识及其他一切条件，均为同一工会会员。在工会内，虽亦有职业小组，但只附属于工会内，而非独立的团体。

第三，民主集权制。此为苏联工会组织独有的特色。在个人主义国家工会组织以各个地方工会为中心，其组织由下而上，上级工会负责人的产生由下级工会选举；其权力亦集中于各个工会，工会的联合组织，往往要受组成工会及下级工会的影响，上级工会无指挥支配下级工会的权力。德意等国情形，恰恰如此相反。无论从组织的程序，权力的控制看都集中于上级机关。各级劳动团体负责人的任免，劳动组织的活动均由上级负责，下级组织无置喙余地。苏联则为两者的折衷。工会的组织工会负责人的产生均由下级决定，逐层而上，上级工会不能干涉；而权力则集中于上级机关，下级工会的活动由上级工会决定，上级工会的决议案，下级工会有遵受的义务，从其组织言，为民主制度，从其权力言，则又为集权制度，故谓之民主集权制（Demostratic Centralisation）。最能代表此种精神者，为其选举制度。关于此点在下面有详细的介绍。

苏联工会的基本单位为工厂委员会（Work Committee），由在同一工厂中工作之薪俸人员及工资人员组织之，工厂委员会之下设有各种委员会处理其日常事务。工会组织之第二级为地方工会（Regional Trade Union），由同一区域内之同一产业之工厂委员会组织之。其第三级为全国工会，由全国同一产业部门之地方委员会组织之，全国工会数目在 1919 年为 23 个，1930 年为 27 个，1931 年为 47 个，1934 年全部改组改为 154 个，1939 年年底增为 193 个。工会之联合组织在 1937 年以前分为三级，最高级为全苏工会大会，第二级为全省工会联合会，第三级为地方工会联合会。1937 年取消各省县联合工会组织，于是全苏工会大会成为全国唯一之联合组织，亦为全国工会之最高级组织。全国工会大会休会期中，一切职务由工会中央评议会执行。其组织系统以图表之于次：

（甲）工会会员。自 1922 年以后，工会之入会由强迫改为自动，凡在企业，工厂，学校及机关工作之薪俸工资人员均可加入。

1931 年 9 月全苏工人大会议决:工会会员之资格规定于次。

"所有长期薪俸人员及工资人员在就业之第一日,即可加入工会;季节工作者如已继续工作两月时,即可加入工会。上期已从事季节工作之劳动者,此项时间限制可以取消。集体农业人员如从事工业,运输及建筑工作,在第一日即可加入工会。"①

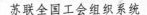

苏联全国工会组织系统

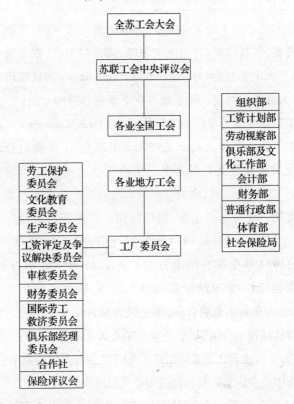

---

① S. & B. Webb, *Soviet Communism*, p. 175 附注中。

工会会员之入会虽为自动,但会员享有种种特权,故入会者占极大多数。未加入工会者大都为下列六类工资劳动者。(一)新离开农场参加工业界之工人;(二)季节工人按期回到农场者;(三)在非工业城市成立之新厂工作者,该处尚无工会组织;(四)在农场及Kuster Artels 工作之独立工资劳动者;(五)16 岁以下之男女工人;(六)被工会开除会籍之工人。根据 1936 年年底统计,工会会员共计 2400 万人,占全体薪资人员 80% 以上。①

会员入会后须缴纳会费。以前由工厂经理处按会员人数向工厂委员会集合缴纳,视为工厂用费。1927 年改由各个会员分别向自动收费员(Volunteer dues Collectors)缴纳。自动收费员由热心会务之会员自动参加,掌理收费事宜。会费数目由各个工会之全国大会决定。1933 年工会中央评议会议决会费为工资 1%。

(乙)工厂委员会。工厂委员会(Fabkom)及机关委员会(Mestkom)为工会之基本单位。前者为工厂,工业组织之组织,后者为政府机关,公益机关,商业团体及其他非工业组织之团体。两者性质,职务及活动均同,两者均由会员大会选举,惟以所属组织之性质不同,故名称互异。工厂委员会以一厂一会为原则,机关委员会则有由同一地区内性质相同之团体合组一个委员会者。工厂规模甚大,工作场所或分厂分布各处者,工厂委员会仍为一个,但各个分厂或分所可以举行分厂全体大会,成立分厂委员会。

工厂委员会人数视工厂人数而定,工人人数在 25 人至 300 人者,设委员 3 人;300 至 1000 者,设委员 5 人;1000 至 5000 者,设委员 7 人;5000 人以上者,设委员 9 人。委员会又自推常务委员若干

---

① I. L. I. , March 1940.

人,以全部时间担任会务,在其在职期间工资照付。委员任期为一年,但遇工人要求得于六个月终了时改选。如有三分之二以上工人要求得随时改选或改选其一部。

工厂委员会之下,设有各种委员会,处理工会事务。委员会多寡视工厂规模大小及会员人数多少而定。普通设有下列各种委员会。

(1)劳工保护委员会(The Protection Committee)。其主要任务为工人健康及卫生的保护,危险失虞之预防,休养室及医药室之设置及经营。

(2)文化委员会(Cultural-educational Matters Committee)。其主要活动范围为文化及教育方面,如改进工人教育程度,提高工人知识水准,开办训练班,补习班,出版壁报及经理图书馆。

(3)生产委员会(Production Committee)。该会由工厂委员会代表,技术人员代表及经理部代表组织之。其主要任务为促进生产,讨论及研究生产方面之重要问题,如劳动生产力之发挥,机械装置之改善,生产品之标准化,技术的专门化及管理的合理化等问题。但该会为一顾问性质,不能干涉行政。

(4)工资评定及争议解决委员会(Wages Assessments and Disputes Committee)。该会由工厂内智识较高之工人2人或3人组织之,其主要工作为解决工人及经理间所发生关于计件工资之个人争议及团体争议。

(5)审核委员会(Auditing Committee)。其主要工作为审核工会经费之收支及各项开支。

(6)财务委员会(Finance Committee)。

(7)国际劳工救济委员会(Internation Worker's Relief Committee)。

（8）俱乐部经理委员会（Club Mangement Committee）。

（9）合作社（Co-operation Seciety）。

（10）保险评议会（Insurance Councils）。该会系根据1937年5月所举行之工会中央评议会第六次全体大会之议决案所设立者。其主要任务为决定临时伤害给付之数目,护送受伤及有病工人至疗养室及休息室,分送工人子女至托儿所,幼稚园及儿童先锋营（Pioner Comps）检验疾病证明书,核定医药给付等事务。

上列委员会人选除少数由工厂委员会任命或由全体大会选举外,大多数由工人自动担任。苏联工会近年来鼓励会员参加工会的活动,使其会员积极的自动的从事工会工作。[1] 据工会中央评议会主席秘书长在第七次全体大会报告全国154个工会中自动参加工会工作者达450万人,工会职员因之大为减少。1936年共56,300人,1938年竟减至28,300人,计减少一半。[2]

工厂全体大会为全厂之最高能力机关,其任务除选举工厂委员会委员外,并检讨批评及报告工会工作。在大会中,首由工会负责人详细报告工会之活动及上届大会议决案及工厂委员会决议案执行情形;继而由全体会员提出质问及批评;最后讨论今后会务之进行。工厂全体大会以前不常举行,1937年第六次工会中央评议会决议每月应举行一次以讨论会务并监督工厂委员会工作。[3]

（丙）地方工会（The Regional Trade Union）。1919年第二次工

---

① 在苏联称此类工作为社会工作（Social Work）,工人之社会工作为自动参加工会活动及担任志愿职员,及替工厂委员会主持某一方面事务。此类工作并无报酬。因为所谓社会工作就是除从事其有报酬的工作外还须利用余暇从事对全体有利的工作。

② I. L. I. 24. Oct. 1938, pp. 128—129.

③ I. L. I. 7. June 1937, p. 450.

会大会议决工会之中间组织为县工会[County（or district）Union]及省工会（Provincial Union），两者均设委员会以管理其行政，省，县工会区域之划分由工会中央评议会决定，但尽可能依政治区域划分之。[①] 至1933年取消县工会及省工会而以地方工会代之。于是工会组织由四级变为三级。

　　地方工会之负责机关为地方工会委员会，委员会由地方工会代表大会选举之。地方工会区域之划分，多以苏联之选举区（Area of oblast）为标准，但亦有以工厂之地理分配而划分之者。现全国约有900个地方工会。地方工会之最高权力机关为地方工会全体代表大会，由该区内该业之工厂委员会选派代表组织之。代表人数之分配以各工厂委员会之人数而定。大会每两年举行一次，其主要任务为选举地方工会委员会，及检讨会务。地方工会委员会共为8人，主席1人，书记1人，及常务委员6人。其经常工作为代表其工会与该区内其他工会发生横的关系，并监督其所属各工厂委员会之活动。

　　在六个加盟共和国中，各个工会之最高组织为共和国工会委员会，由共和国工会代表大会选举委员组织之。共和国代表大会代表之选举，有地方工会之区域则由地方工会委员会选出代表，无地方工会之区域则由工厂委员会选举之。共和国工会委员会之组织与职权大体与地方工会委员会相同。

　　（丁）全国工会。全国工会为工会纵的组织最高级。全国工会之负责行政机关为常设中央委员会，该会由各个工会之全国大会（The All-Union Congress of Each Trade Union）选举委员组织之。

---

① I. L. O. *The Trade Union Movement in Russia*, p. 57.

全国代表大会由各地方工会选举代表组织,代表人数视各地方工会人数多少而定。大会每两年举行一次。全国大会为各个工会之最高权力机关,开会期中除讨论该工会之一般问题外,并选举常设中央委员会委员。

常设中央委员会为大会休会期中之最高权力机关。由主席一人书记一人及常务委员若干人组织之。其职权据1932年第九次全苏工会代表大会决议如下:

> "各个工会之常设中央委员会应集中精力于工资,工资率及工资类别之决定,劳工及生产组织之鼓励,工人住宅之修理及会员工作及生活环境之改善。"[1]

此外并须与政府,其他经济团体,企业的经理部订立团体协约以保障会员利益。[2]

(戊)全苏工会大会(The All-Union Congress of Trade Unions)。全苏工会大会为苏联所有工会之最高机关,亦为苏联各个工会惟一联合组织。1936年以前,工会联合组织分为三级:第一级为全苏工会大会,第二级为各省工会联合会,第三级为地方工会联合会。

---

[1]　苏联全国工会数目在1933年只有47个,每个工会所包括人数太多,为作事方便计,内部有分化趋势。于是政府于1934年9月下令改组全国工会,将以前47个改为154个,每个工会人数自50,000人至500,000人不等。至1939年年底增为193个。

[2]　撤消省工会联合会和地方工会联合会的原因,据工会中央评议会首席秘书长报告有二。第一,省联合会和地方联合会的工作减少甚多。以关于社会保险基金之保管改由社会救济人民委员部负责,该区内工会活动之监督改由各个工会之中央委员会负责,其工作仅限于经营工人休息室及疗养院,故无设立之必要。第二,为省节行政费用。

至1937年5月第六届工会中央评议会全体大会议决取消各省工会联合会及各工会地方联合会以节省行政费用。[①] 于是工会之联合组织仅余全苏工会大会一级。

全苏工会大会由全国各个总工会各地方工会按照各该工会人数选举代表组织之。代表人数约为2000人，每两年举行一次，决定工会运动之一般方针。并选举执行委员若干人组织苏联工会中央评议会（Central Trade Union Council of the Soviet Union），工会中央评议会复推举常务委员15人组织常务委员会，执行工会全国大会及中央评议会全体大会之决议案。

工会中央评议会人数各时期不一。1934年以前约为500人上下，1934年减为338人，近数年来人数益少。如1937年出席中央评议会评议员及候补委员只有106人。其会期亦不一致。1928年至1931年共举行六次全体大会，近数年来则约一年一次。[②]

常务委员共15人，首席秘书长1人，秘书4人及常务委员10人，常务委员全部时间在会工作。除委员外，尚可雇用职员办理公务。中央评议会职员之工作在1934年颇有改革。在以前该会职员每人担任该会之某部分之特定工作，为该部分工作之专家，其管辖范围仅以其所担任之工作为限。换言之，职员为某一部分之指导者，在其所管理之工作内有纠正及指导权力。自1934年以后中央评议会职员只负视察责任，为中央评议会及各工会各工厂间之沟通机关。其责任一方面传达中央评议会之意见，指令，及批评；一方面视察并监督各工会及地方工会之工作。在10,000人以上

---

① I. L. I. 7. July 1937.
② 近数年来工会中央评议会全体大会会期如下：1937年4月举行第六次全体大会，1938年9月举行第七次全体大会，1939年4月举行第八次全体大会。

之工厂委员会内该会派有常驻视察员,常川监察并统制工厂委员会之活动。

工会中央评议会分为九部,即组织部(Department of Responsible Instructors or Organizers),工资计划部(Department of Planning of Wages),社会保险局(Bureau of Social Insurance),劳动视察部(Department of Labour Inspection),俱乐部及文化工作部(Clubs and Cultural Work Department),会计部(Accountry Department),财务部(Finance Department),普通行政部(Department of General Adminstration)及体育部(Physical Culture Department)。

评议会的权力极大,可以否决或变更下级工会的决议案,有时可以解散,改组下级会之中央委员会或其他行政机关。对于思想不正确及不负责任之工会负责人可以随时检举并撤换。如1932年,工会中央评议会因糖业工人工会中央委员会不能防止苏卓□克赫国营农场(State farms of Soyuzrossakhar)虐害在农场工作之工会会员而将其改组,其权力之大,于此可见。[①]

第九次全苏工会大会对于工会中央评议会之任务规定于次:

"全国工会中央评议会之工作系以各个工会之中央委员会为基础。其主要任务为随时给予各个工会中央委员会以具体援助,并不断监视其活动而为各个工会活动的领导者。"[②]

分析言之,其主要工作有三方面。其一,为执行全苏工会代表

---

① *Report of Nineth All-Union Congress of Trade Union*, p. 27.

② J. Grabe, *New Method of Work*, *New Method of Leadership*, p. 38.

大会之决议案及政府交付之计划与指定之工作；其二，联络，监视并指导所属各总工会及地方工会之工作及活动；其三，代表各工会与国家计划机关，托辣斯(Trust)及各工厂经理处订立团体协约，规划工人之工作条件。如 1931 年该会与最高经济院订立团体协约规定煤业、钢铁业工资表之基本标准，即为一例。①

（己）工会内之职业组合。苏联工会组织系以产业为标准，凡在生产同样物品工厂工作之劳动者，不论其职业与技能均为同一工会会员。但在工会内仍有以职业为组织中心的组合。凡从事同一职业或相似职业之劳动者，不论其属于何种产业，联合组织一种职业协会，其组合标准完全与自由主义国家的职业工会相似，其不同者，此为附属组织无独立性，为工会之一小组组织而已。最有名的职业协会为医药业协会，机械师及技术人员联合局(Inter-Union Bureau of Engineers and Technicians)，科学院(Academy of Science)唯物论文化历史研究会(Academy of the History of Meterial Culture)，苏维埃建筑家协会(Soviet Architects Society)，中央教师协会(Central Association Teachers)，及印刷工会内的新闻记者小组(Section of Press Writers)，商业工人工会内的统计会计人员小组(Section of Statisticians and Accountants)。

职业协会及小组虽非独立性团体，但可向会员征收会费，按时举行全国代表大会，全省代表大会，在代表大会中选出执行委员组织行政机关在各省可设立分局处理其事务，有时并可出版刊物或报纸。其主要任务为团结同职业者的感情，共同研究其所学习的学科，或从事某种特殊文化运动。1926 年第七届全苏工会大会规

---

① J. Grabe, *New Method of Work*, *New Method of Leadership*, p. 38.

定其任务如次：

　　"工会内部小组任务为提高其特殊文化运动。但同时亦可从事提高会员薪金，改良住宅设备及设立特殊年金制度的工作。"[1]

　　职业协会与工会之关系1926年工会中央评议会所出版之工会公报（Trade Union Bullen）曾规定之。

　　"工会内各种小组组织既不能视为工会分化之第一步，亦不得视为小组变为独立团体之第一步。小组须在工会内成立，为工会之辅助机关用以考查会员的特殊职业及生活条件，使会员生活得到更大满足。"[2]

　　根据上述规定机械师及技术人员协会曾下令，凡协会所属各级机关之决议须经所属工会承认并核准，方为有效。[3]　其他职业协会及小组均有类似规定。

　　（庚）红色国际工会（Profinterns），英译名为（International Council of Red Trade Union）。在1921年成立于莫斯科，为共产党工会之国际组织，苏联工会名义上亦属于此会，故亦简述其组织。

　　红色国际工会之最高权力机关为代表大会，每年举行一次。参加代表不以工会代表为限，各国之非法组织秘密团体均可派代

---

[1]　Robert W. Dunn, *Soviet Trade Union*, p. 69.
[2]　同上书。
[3]　Soviet Communism.

表参加。① 苏联则由工会中央评议会指派代表出席。大会除讨论红色工会运动之一般方针外,并选举中央委员会;及行政局委员,主席及秘书执行大会议决案。红色国际工会中央委员会(Central Council of the Profitern)由 6 人组织之,4 人为苏联共产党领袖,2 人为其他大工业国家领首。实际执行事务者为行政局(Executive Bureau),行政局共为 7 人,其中 2 人为苏联代表。此外尚有秘书处,以参加国家数目而分部,为各国共产党之连络机关。惟 1943 年第三国际取消后,红色国际工会亦随而停止活动。

红色工会之主要工作为连络各国共产党工会组织,宣传共产主义及援助各国之罢工运动。

(辛)工会之选举。最能表现苏联工会民主集权原则者为其选举制度。工会中央评议会对此极为重视,除颁布详尽之选举程序书外,并在每届评议会全体大会中随时讨论并改革之。

1937 年第六届工会中央评议会全体大会议决,所有各级工会负责人之选举均须个别选举,不得用名单选举。各级工会中央委员会——自工厂委员会至每个总工会之中央委员会——各级工会大会代表,各级工会审核委员会均用不记名投票;各级工会常务委员会之主席,副主席,秘书,及其他常务委员则在全体大会中以记名投票法选举之。②

在选举会议之先,由工厂举行多次预备会议。预备会议中,一方面由竞选人向会员及非会员报告其个人履历,经验及过去一年

---

① 1930 年国际代表大会主席说:"在红色国际工会团结下之工会运动,就其组织的机构言实为复杂,独立的组织非法的组织,半合法的团体,甚至工会运动的反对者,以及工会内部小组均属于红色工会。"于此可见其内部之复杂。

② I. L. I. 7. June 1937.

来之活动与成绩；一方面由会员推荐候选人，每个会员推荐一个，可以重复。如无人反对时，即列入候选人名单；如有人反对，在大会中公开投票决定之。如工厂范围太大，或实行轮班工作制，不能举行全体大会时，每个分厂或分班可以各别举行大会，由大会票选选举代表（约 25 人至 50 人推选代表一人），由代表推荐候选人。由代表推荐之候选人名单须经各分厂或各分班全体大会通过方为有效。预备会议中决定候选人名单。工厂委员会根据预备会议候选人名单拟定最后候选人名单。候选人名单须在工作场所，工厂各部，俱乐部，宿舍及其他公共场所公布，并录列候选人履历，其社会工作成绩，学历，工作经验，以及推荐者之姓名。

选举大会到会人数须在全厂人数三分之二以上方可举行。到会会员可以提议取消候选人名单中之一人或数人，可以提出新的候选人。此类提议由全体会员举行表决。候选人名单确定后，方开始选举。选举用不记名投票法，候选人须有到会人数二分之一以上票数方可当选。改选结果，由大会推举之特别委员会负责公布之。

自筹备预备会议至选举会议结束一切布置均由会员大会推选之"选举筹备委员会"负责筹备。该委员会应先决定选举竞赛程序，预备会议日期以及选举大会日期。预备会议结果应随时在壁报公布。在竞选期中委员会应尽量利用壁报，报纸，广播，电影，朝会，晚会，座谈会以及其他一切机会宣传选举之重要，动员全体会员使其参加选举。

第三章　劳动组织的职能

各国劳动组织的职能虽因各国所采劳动政策之不同而极不一致,然皆要享有下列六种职权,即(一)命令职能,(二)政治职能,(三)经济职能,(四)共济职能,(五)教育职能,(六)调解职能。①兹逐节分述于次:

第一节　命令职能

所谓命令职能(Ordiance-Making Function)即劳动组织在一定范围内得以命令自行制定,并颁布各种规则以拘束其所属成员的职能。普通亦有称之为立法职能(Legislative Function)者。但就劳动组织所颁布的规则,章程而论,在形式及实质上都与国家一般

---

①　关于工会之任务最有名之划分方法为韦伯夫妇在其大著《产业民主主义》中所划分者。在该书中分为互助保险,团体协约,仲裁,立法职能,标准工资之规定,工作时间之规定,卫生与安全,对机械之态度,雇佣之继续等九项。详见该书第二部。

日本河田嗣郎之划分方法与其相似。河田氏分为开放主义与非开放主义,标准资金之设定,劳动时间之限定,生产量之限定,对机械之态度,保险的救济设施及同盟罢工等七节去说明工会之政略与任务。详见《社会问题体系》第2卷201页至260页。

"法"或"法律"不同,故称为立法职能殊为不当。故本书称之为命令职能。命令职能的范围,在各国极不一致。在个人主义的国家,劳动组织的命令职能的范围甚狭;在国家主义国家,其职能的范围较大;在社会主义国家劳动组织的命令职能之范围则更大。

在个人主义国家,工会为人民基于自由结社权的一种自由组合,故其命令权范围甚狭,以关于工会本身事务为限。主要的项目如工会章程之制定与修改,工会各项附属事业章程之拟制,会员守则之规划,及办事细则之颁制。至于有关劳动法规、保险法规各项规则之拟制,则政府机关如劳动部,社会部,工业委员会等部会负责,工会不得自由制定之。在国家主义国家,虽有国家行政机关负责颁布规章以补充法律条文之不足,但往往委与劳动组织以一部分命令职能,使其自动制定执行劳动法规的细则与规章以补充政府行政命令之条款。故国家主义国家劳动组织除有颁制关于本身活动的规则和章程外,并兼有制定一部分执行劳动法规的职能。如意大利业团得制定一般适用的经济规程,全国业团评议会依其组织法第12条规定得制定关于劳动协会及关于业团社会福利活动的规章及其他性质之章程。① 德国劳动阵线亦得拟制有关劳动法规的细则,建议各工厂实行,其所拟定的规程和细则虽无法定的强制性,但事实上各工厂无不照章遵行。如1938年劳动阵线社会服务部所拟定《妇工健康保护细则》,及1937年劳动阵线妇女部所拟制的《妇工母性保护细则》,及1938年青年部所制定的《未成年工人保护细则》,均为大部分工厂采纳执行。② 在国家主义国家劳动组织既为

---

① 见第二章第二节。
② 见 I. L. I. 11. July 1938;3. April 1939.

国家组织的一部分,其具有一般性质的命令权,自无足怪。

　　1933 年 6 月以后苏联工会的命令职能之范围大为扩充。1933 年 6 月 23 日共产党中央执行委员会,全俄苏维埃中央执行委员会及工会中央评议会下令取消劳动人民委员部(People's Commissariat of Labour),将劳动人民委员部所有职能交归工会中央评议会及其各级工会处理。因之工会即保有广泛的命令权。根据上项行政命令规定,工会中央评议会得共产党中央委员会及人民委员会同意后可以颁布关于劳动法规及社会保险的命令,规章和章程。① 其权力之大于此可见。

第二节　政治职能

　　政治职能一名词包含有两种概念,第一为劳动组织的政治活动,第二为劳动组织参加国家立法与行政。自由工会的政治职能主要是指前者而言,而集权主义国家劳动组织的政治职能主要是指后者而言。自由工会反对政府直接干涉其行动,反对政府以渐进方法使其成为政府组织之一部,故亦反对工会参与行政。集权主义国家一党专政,政府权力扩大,故反对劳动者从事政治活动。

　　自由工会的政治活动就其范围言可以分为特殊的政治活动和一般的政治活动两种。前者系指劳动者要求国家制定与劳动阶级

---

　　①　美国常引用反工团主义法(Anti-Syndicalism Act)以禁止革命性质工会之活动。代表案件如下:State v. Kassay 126 Ohio St. 177,184,N. E. 521(1932);Gitlow v. People of New State(1925);Whitney v. Galifornia(1929);State v. Hennessy(1921);People v. Steelik(1921)。

有利的法律和修改或撤废与劳动者有害的法律之运动；其范围以与劳动者有直接关系之范围为限。后者则实际参加政治活动要求修改或推翻全部经济制度和政治组织，其活动不限于与劳动者有直接利害之范围，其行动比较激烈。对于一般的政治活动大多数均采禁止态度。如美国即禁止共产主义性质工会及世界工业工人协会（Industrial Workers of the World）的活动。[①]如巴西，智利，法国，罗马尼亚即以法律禁止工会之政治活动，其他各个人主义国家法律上虽无明白限定，但有被列入政治结社随时遭取缔的危险。

特殊的政治活动就其内容言又可分为两种。第一为影响立法者选任（Composition of the Legislation）的活动，第二为影响法律内容之活动。

自由工会恒采下列三种方法影响立法者的选任。

第一，威胁政党或议员候选人，使其接受工会之意见因而使工会之观点与利益得表现于法律之内。于英国1871年《工会法》之通过一部分由于1868年之普选运动时工会活动之结果。最明显之例为美国劳动联合会之活动。当各政党举行大会推选总统候选人及讨论党纲时，联合会派代表出席大会之党纲委员会（Platform Committee），说明其态度并对劳动立法之主张，以供各政党之采纳。

第二，工会常自己援助某政党从事竞选，其代表当选后不仅直接代表选民及政党并且代表工会的意见。有时工会与政党间公开的发生财政上的密切关系，如英国，丹麦及澳洲的情形即是如此；有时政党与工会间仅互派代表或举行连席会议以资连络，代表的

---

① 在个人主义国家舆论与法律之关系极为密切。在个人主义国家中，尤以英国最为代表。近代劳动立法之兴起几完全可视为舆论推动之结果。关于此点可详细参阅：A. V. Dicey, *Lectures on the Relation Between Law and Public Opinion in England*, 1923。

国家如比利时,荷兰,瑞典,瑞士及南非联邦;有时工会与任何政党未发生连系,但常用种种方法以援助与其有利的政党,代表的国家为美国。不论工会与政党间的关系是正式的抑为非正式的,但工会恒能使其代表当选以达增加立法者的目的。

第三,当选举时,工会积极参加活动援助与其有利之竞选人并打击与其意见相反之竞选人。代表的国家为美国。美国劳动联合会自 1906 年起即公开申明执行"报答朋友,打击敌人"政策(a policy of rewarding its friends and penrishing its enemies)。工会严密注意政党代表之言论,当选举时,工会对于与其意见相合的候选人予以种种援助,对于与其意见相反的候选人予以种种破坏,不论候选人属于何党。

影响立法内容之主要方法亦有下列四种。

第一,制造舆论。个人主义国家法律与舆论有极密切的关系,舆论往往为立法的先驱,立法者立法时以当时舆论为依托。[①] 故制造舆论极为工会运动者所注意。在各自由主义国家工会常以举行演讲,刊行刊物,利用广播及其他种种宣传方法制造舆论,领导舆论使政府通过与其有利之劳动立法。八小时工作制在各国通过,舆论之力量甚大。

第二,选派代表向政府或负责当局个人陈述意见。此为最流行之方法,在欧洲各国,美国,日本,印度及南美各国均盛行之。我国《工会法》第15条亦特别规定:"关于劳动法规之规定、改废事项,得陈述其意见于行政机关,法院及立法机关。"

---

① 参阅:I. L. O. 出版之 *Collboration Between the Public Authorities Worker's Organization and Employer's Organization.*

第三,在议院中提出质问。工会常使代表其意见之议员或与其意见相同之议员在议会中公开提出质问以影响法律之修改与颁制。但工会无直接派遣代表出席提开质问之权。即工会有陈述意见权亦不得派遣代表提出质问。

第四,由议会组织调查委员会(Investigation Committee)。由工会陈述意见并提出证件,此类意见及证件在报告书中刊出,以影响立法者的意见。此为美国独有之方法,在其他各国并不盛行。

在集权主义国家及一部分自由主义国家使劳动组织直接参与国家的立法工作及行政工作,此种职能谓之直接参加政治的职能。其主要内容为立法工作的参与和行政工作的参与。

立法工作的参与为集权主义及自由主义国家共有的现象,其所不同者,自由主义国家为间接的参加,工会与雇主协会各派代表成立顾问性质的团体以供政府机关及立法机关的咨询;后者则由劳动组织直接参加国家立法机关,从事立法工作。

间接的参与立法工作通常采下列三种形式。

第一,直接咨询制(Direct Consulation)。此为各国最流行之一种方法。当政府部会及立法机关制定法规时,恒请工会派遣代表以专家资格出席,以供政府咨询;或由政府机关以书面向工会咨询意见,再由工会以书而答复之。我国《工会法》第15条即规定工会有答复行政机关,法院,及立法机关之咨询之义务。

第二,临时机关制。此种制度盛行于欧战以后。当立法机关制定劳动法规时,成立临时性质之顾问委员会,委员会人选除包括政府人员及专家外,并有雇主协会及工会之代表。如日本1929年修改《海员法》时即组织顾问委员会由交通部长为主席,海员工会亦派代表4人出席。美国1935年《社会安定法》及1938年《社会安定修正法》制定时曾成立顾问委员会，由雇主及工会各派代表参加。其他如英国之皇家海员会（Royal Commissions），各部委员会（Departmental Committee）大都有工会代表参加。

第三，常设机关制。关于劳动立法之颁制现代各国多设立常设的顾问机关由工会及雇主协会各派代表参加以供政府咨询，其主要形态又可分为下列三种。

（A）一般性质之机关。此类机关盛行于西欧各国，其主要职能为在讨论并拟制有关劳动立法时，为政府之顾问机关，以备政府咨询。如法国之全国经济评议会（National Economic Council），希腊之全国经济评议会，罗马尼亚之最高经济评议会（Superior Economic Council），其他如南斯拉夫，巴西均有类似之组织。亦有在劳动部或社会部内成立劳动评议会（Labour Council）者，如法国，比利时之最高劳动评议会，保加利亚，智利，荷兰，希腊，瑞典（在1938年废除），南非联邦，巴西等国之劳动评议会均由劳资双方派遣代表组织之。美国各州之劳动部或工业委员会大都有专家委员会，或代表委员会组织，代表劳工之意见。

（B）特殊问题之常设委员会。有许多国家成立特殊的常设委员会以讨论某种特殊问题为限。主要的如英国之失业保险法规委员会（Unemployment Insurance Statutory Committee），法国之全国工业安全委员会（National Industrial Safety Committee），工业卫生委员会（Commission on Industrial Hygine），职业病最高委员会（Syperior Commission on Occupational Disease），家族津贴最高委员会（Superior Commission on Family Allowance），比利时之移民及失业委员会（General Council of the National Office for Placing and Unemployment），罗马尼亚之中央社会保险基金局（Board of the Central Social

Insurance Fund),瑞士之联邦工厂委员会(Federal Factory Committee),全国失虞保险基金局(Board of the National Accident Insurance Fund),均有工会代表参加,讨论此方面之立法问题。

(C)特殊产业之常设委员会。此类委员会之职能以讨论某种特殊产业之立法问题为限。主要的代表如比利时之矿业条例修改委员会(Committee on the Revision of Mining Regulations),丹麦之学徒委员会(Apprenticeship Committee),法国之矿业顾问委员会(Consulative Committee on Mines),英国之煤业联合常设顾问会(Joint Standing Consulative Committee for the Coal Mining Industry),瑞士之家庭工作委员会(Committee on home work)。[①]

劳动组织有选派代表直接参加国家立法机关者主要代表国家为意大利及苏联。意大利之法西斯及业团议院代替以前下议院主持经济立法及劳动立法工作,工会可以派代表参加。其组织及职权已见前章,兹不重赘。现仅说明苏联情形于次。

苏联工会可以选派代表参加各级立法机关。根据 1936 年《新宪法》第 141 条规定工会可以提出候选人为苏联最高会议(Supreme Council of the U. S. S. K.)各加盟共和国最高会议(Supreme Council of the Federated Republics),各自治共和国最高会议(Sur-

---

① 关于苏联工会的职权以 Robert W. Dam 说得最好,他说:"工会是苏联正在成长中的一种力量。它不仅组织工人,使工人有一致的团结,并且使工人参加了全国整个经济活动。它是国家内工人自主的重要机关,而为工人所有,谋工人福利的制度。没有别的国家的工会有这样大的权力,别的国家的工会也没有这样重要而且复杂的职能。没有一国的工会会员比苏联工会会员有更多的自由和责任。这是一种重要机构,由于它,工人人人参加了工厂和社会生活,参与了国家建设的活动,并且运用了工人之社会地位的权利。"见 Soviet Trade Union, p. 451,苏联有位作家也说:"工会虽然不是政府机关之一部,但它已经行几种政府职能,如社会保险之经营,工人之保护,企业工厂环境之监督等。"

preme Council of the Autonomous Republics），代表及各级劳动代表会议（Councils of worker's deputes）代表，以参与全国立法的创制。

国家行政工作的参与亦可分为两部分：第一为劳动行政的参与，第二为一般行政的参与。这是集权主义国家独有的制度。

1934 年德国《国民劳动秩序法》规定：劳动专员之专家委员会之委员有四分之三由劳动阵线推荐；社会荣誉法庭（Soziale Ehrengerichtsbarteit）及劳动法院（Arbeitsgericht）的陪审员均由劳动阵线推荐，企业内互信委员会委员必须为劳动阵线之会员。工厂检查员的任免劳动阵线有被咨询的权利。意大利劳工协会及业团各级制度均可间接的参加劳动行政之管理，在上章中均已言及，而最明显之国家则为苏联。

1933 年劳动人民委员部取消后，全部劳动法及社会保险立法的执行均由工会中央评议会及工会各级机关负责。社会保险之经营，工人之保护，工厂检查员之委任无不由工人自动负责。其详情在本书下列各编中将随时道及之。①

劳动组织参加国家之一般行政为社会主义国家所独有的特色。

第三节　经济职能

经济职能一曰产业职能，即劳动组织为改善其所属成员之劳动条件之职能。此种职能为自由工会最重要的职能，其他职能仅处附属的和次要的地位。国家主义国家由政府统制劳动条件，劳

---

① W. Milne-Balley, *Trade Union Documents*, p. 211.

动组织不能自动的以集团力量要求劳动生活的改善,故此项职能仅占一极不重要的地位,即表面上承认此种职能的存在,但实际上不能行使。在社会主义国家,行计划经济,劳动者生活的改善由政府按照整个计划逐年提高,劳动组织自无置喙余地;且在社会主义国家劳资阶级的界限消灭,无产阶级专政,劳动者也失掉斗争的对象,故此种职能虽亦存在,但其活动范围甚狭,劳动者只能在政府所定计划内各别的要求改善,而不能作团体的行动。故本节仅以个人主义国家为对象而说明之。

行使经济职能之最重要方法为团体交涉及团体协约。团体交涉为缔结团体协约的手段,团体协约为团体交涉的目的,两者是一件事物的两面;故有人以团体交涉包括这两个名词,有人以团体协约说明这种概念。团体协约的职能为自由工会最重要的职能,自由工会之兴起及发达,主要的要视此种职能是否能自由行使而定;其他职能只是工会发达后一种附属行动,并不占一重要地位。故有人谓"工会运动的发展史,就是团体协约权之承认及获得演进史。"①其重要性于此可知。关于团体交涉的机关,团体协约缔结的手续和内容及其执行,将在下节详细分析。

团体协约权之能真正行使其要件有二。第一为劳动团体确能代表大多数劳动者的真正意见及能获得大多数劳动者的拥护,这点在上面已略为提及,在此节中则拟详述之。第二为罢工权,同盟拒货及怠工之承认。因为怠业,同盟拒货及罢工与团体交涉是不能分离的,前者是使后者成功的要件,后者是前者以承认后者为条件。如果工会单有团体交涉权而无罢工权及同盟拒货权,则劳动

---

① 详见本书第八编第二章。

者所提出之条件雇主可置之不理;结果所谓团体交涉权已失却其真正意义,工会的经济职能亦无法行使。关于此点现分析于次。

在原则上各个人主义国家均承认罢工权,怠工权及同盟拒货权。但在特殊场合下得暂时禁止之。如美,加拿大,比利时,澳洲及其他个人主义国家均禁止劳工在争议交付调解及仲裁后举行罢工。① 同时各国对于罢工性质之不同而分别处理。

普通各国法律均认为罢工之主要目的为损害雇主或非工会会员工人时,此种罢工视为非法罢工,至于要求增加工资,减少工作时间及改良雇佣的罢工均视为合法行为。至于锁厂罢工(Closed-Shop Strikes)、同情罢工(Sympathetic Strikes)则各国之处置不同。

所谓锁厂罢工,即被雇者要求雇主仅能雇用工会会员工人,否则全体工人举行罢工以要挟之。工会工人主张此种罢工之理由有二。第一,认为工会之能否健全发展全视会员之增加及会员对工会之热心程度而定。如政府承认锁厂罢工为合法行为时有发展工会及巩固工会的功效。第二,可以避免雇主以不平等态度对待工会会员,使雇主无法结识非工会会员工人以阻碍工会发展。各国对于锁厂罢工之态度不一。有的完全禁止此种罢工,认为有防碍自由契约的原则。有的在原则上承认其合法性,但以不要求解雇非工会会员工人为条件。如罢工之目的仅在要求工会会员有优先雇用权时,则为合法;如要求独占或解雇已雇用工人则为非法行为。有的则限制更严,如锁厂罢工之目的在要求增强工会势力时,

---

① 关于罢工问题之研究可参阅下列各书。E. E. Witte, *The Government in Labour Disputes*(N. Y. 1932);Paul H. Dougles, *Analysis of Strike Statistic*;Jounral of American Statistical Association,Vol. XVIII. pp. 866—877;E. T. Hiller, *The Strike*(Chicago,1928); S. K. Salekmen, *Rebellion in Labour Disputes*;W. Z. Foster, *Strike Strategy* (Chicago, 1926).

则为非法行为,如出于防御性质时则承认之。

同情罢工者,同一雇主或同一职业之工人为援助同业工业工人之罢工行为,有时此种罢工可以扩大为全国总罢工。同情罢工之合法性各国立法者之意见极有分歧。有的认为为非法行为而禁止之者。其主要理由认为罢工之目的在保障劳工利益,避免雇主的剥削,今因他人之原因而举行罢工,实为一种越权行为,且同情罢工扩张的结果,对于社会实为一种损失。在另一方面,有一部分国家则认为合法行为。以在个人主义国家劳动者工作条件之改善,在乎劳动者自身之奋斗;而劳动者之奋斗,又贵能团结一致,以阶级的力量与雇主抗争,同情罢工之承认,即为保证劳工团体行动之要件。今如禁止同情罢工,结果使劳工阶级势力分散,无法与雇主斗争。一般说来,认为同情罢工为非法行为之国家较多。

攻势罢工(Angriffstreik, Offensive Strike)与防御罢工(Defensive, Strike, Abwehrstreik)之合法性,亦不可一概而论。所谓攻势罢工系指劳动者积极的要求改进劳动条件的罢工,其精神为攻击的。而防御罢工系指劳动者为要求现存劳动条件之维持的罢工,其精神为防止的。此两种罢工普通多认为合法行为。至于强迫雇主缴纳罚金的罢工,破坏私人契约或团体协约之罢工,及请求一种不定的私人要求之罢工,均视为非法罢工。①

① 兹将第15条关于共济事业者的条款列后。(下面数字系指条文款目次第而言)

(二)为会员介绍职业,并筹设职业介绍所;

(三)举办储蓄机关,劳动保险,医院,诊疗所及托儿所等;

(四)组织生产消费购买住宅信用等合作社;

(八)设备会员恳亲会,俱乐部,及其他各项娱乐;

(十三)举办其他有关于改良工作状况增进会员利益之事业。

　　合法罢工进行时,进行罢工之手段亦有若干限制。普通仅允用诱劝的方法鼓动工人参加罢工,不得使用强暴的威胁的及强迫的手段。至于罢工纠察员的设置,各国法令之规定不同。有的认为罢工纠察的设置,其本身则含有威胁性质,"和平"纠察员根本不能存在,故罢工纠察员之设置为非法行为。有的认为只要纠察员不用强暴威胁的手段强制劳工的行动,纠察员确有维持和平的功用,故其设置并非违法。有的认为工会派一人于工厂入口劝阻工人工作为合法行为,有的认为大量的设置纠察员方为非法行为。

　　自上次大战以后,工会的罢工权渐受限制。在各个人主义国家均曾颁布法令限制之。

　　同盟拒货(Boycott)亦为自由工会行使经济职能之主要手段之一。但此种手段以美国工会使用较为广泛,在欧洲各国则甚少使用。同盟拒货之意义,甚为广泛。Boycott 本为爱尔兰一地主姓名,其行动为当地人民所不满,1880 年激起公愤,大家与之断绝业务关系。此后凡同盟绝交及断绝经济关系等行动均谓之 Boycott。凡工会集体的拒绝购买某种商品或强迫第三者拒绝购买工人拒买之货物之行为谓之拒买同盟。

　　拒货同盟依其范围可以分为第一次拒货同盟(Primeny Boycott),第二次拒货同盟(Secondery Boycott)及复合拒货同盟(Compound Boycott)。第一次拒货同盟系指参加拒买者以工会会员为限;第二次拒货同盟则除工会会员参加外并强制第三者参加,此第三者或为商人,或为制造家;复合拒货同盟则其强制参加者之范围更广。就其性质言可以分为消极拒货同盟(Negative Boycott)及积极拒货同盟(Positive Boycott)两种。前者之目的在奖励公平的雇主使其货物畅销,间接的打击不公平雇主。其主要方法在公平雇主货物上贴以工会标记(Union Label)，证明制造该货之厂主系工会之同情者，鼓励工会会员及大众购买其货物。后者的目的则在积极打击待遇工会不公之雇主。其主要方法为由工会颁布不公平企业单(Unfair List)，"不光顾名单"(We Don't Patronize List)及拒购(Boycott Proper)。拒货之具体行动可以为在商店前设置纠察员，威胁批发商人制造家不允其供给原料，及威胁顾主购买拒买货物。政府之态度在原则上禁止之，但和平的拒买及散发拒买传单则承认之。

第四节　共济职能

自由工会之初期以共济职能为其主要活动之一，工会运动愈发达，此项职能之重要性逐渐减低。以劳动者自我奋斗政策在各自由主义国家实行后，工会组织的目的在以集体的力量与雇主奋斗争取劳动条件的改善，劳动者的共济活动处于次要的地位，但要不失为其主要职能之一。我国《工会法》第15条规定工会之职务有13款，其中有5款即属于共济职能的范围。[1] 其他各自由主义国家亦有类似之规定。

国家主义国家，劳动组织的经济职能大受限制，共济职能之地位较自由工会为重要。如意大利规定劳工协会及劳工联合会的任务时，列举劳工协会有给予会员以救济及援助，举办会员共济事业，组织有关经济援助团体，为其主要任务之一。[2] 我们看意大利

---

[1]　I. L. R. Vol. 31. No. I. , pp. 13-14.

[2]　本文数字均系从 I. L. O. 出版之 *Labour Courts：Studies and Reports Series A. No. 40* 而来。

法西斯工团全国同盟所属各种共济事业机关之活动，即可知其对于此方面之注意。^① 德国劳动阵线组织法第一条第五款亦规定创立并管理会员之救济制度为其任务之一。在苏联工会在此方面之活动亦为活跃。

国家主义国家之所以重视共济职能，主要的他们认为工会是政府统制工人的机构，由工人自动举办共济事业可以减少国库支出，在另一方面又可以示惠于工人。这完全是"羊毛出在羊身上"的惠而不费的行为。据专家估计在德国劳动阵线所征收的款项和捐款，平均为工人工资五分之一。

共济事业之主要内容可以分为四方面。第一，为职业介绍事业。此种职能仅个人主义国家有之，在国家主义国家及社会主义国家则工会只能从旁协助，而不能主持职业介绍事业。以在个人主义国家劳动市场为自由的，公营的或国营的职业介绍所并未独占劳动市场，工会尚可以自己设立劳动介绍所或由工会直接介绍劳动者。第二，为举办储蓄，社会保险，医院，诊疗所，托儿所，各种合作社以增进会员的利益。此种共济职能极为发达。在各国均采互助方式。各项基金多由会员按工资多少缴纳，主持机关或由工会职员管理，或由工会推选委员会独立管理，会员待遇一律平等并无歧异。第三，为工会设立俱乐部，举行恳亲会，及提倡各种业余娱乐运动，以调剂工人生活。最有名之意大利业余娱乐社，德国之健乐局及苏联之波尔塞维克工人俱乐部即由其劳动组织为组织中心，至于各个人主义国家工会在此方面之活动亦极积极。第四，主

① 关于英国工会之调解职能可参阅：Sidney and Beatrice Webb, *Industrial Democracy*, 1920, pp. 222-240.

持各种救济制度,如失业救济,育儿津贴,埋葬费之给付等等,在自由工会罢工津贴亦为其主要项目之一。

第五节　教育职能

劳动教育之勃兴发展及进步与劳动组织之勃兴发展几成同一步调。劳动组织势力之扩大不仅推动了劳动教育的进步,并且改变了劳动教育的内容。我们看各国劳动组织在教育方面之活动便可知其重要性。

德国劳动阵线的职业训导部,它不仅随时与各工业机关合作以改进工业教育,同时自己举办了各种训练班以供市场的需要。劳动阵线自 1934 年起所成立之职业训练班,学徒学校,非熟练工人训练所共达 15,000 所以上,其在各厂成立之民众学校亦在数千上下。意大利的各业劳工、协会及劳工联合会不仅对于劳动教育,技艺教育的设施有建设权及监察权,并且可以自己设立训练班及民众学校。如意大利的业余娱乐社在 1934 年即曾举办民众学校 6,400 所,职业学校 500 所以上。苏联之劳工补习教育几完全由工会主持。在个人主义国家自由工会对于教育方面之活动亦极为积极。法国劳工总联合会对于教育方面的活动为一般人所称赞。自 1932 年以来,它在劳动教育方面的活动几变成法国工业教育的主潮。它在巴黎设有劳工研究院(Workers Institute)为劳工教育研究中心。在各地方工会,总工会,联合工会所在地,亦设有各种劳工学校(Workers Education Centers)以推广并发展劳工教育。在英国劳工教育之发展,工会的活动亦为主要原因之一。工会对于政府主办的职业教育有参加意见的权利,同时它自己主办了各种训练班,民众学校,讲习所以训练教育其会员。至于美国的劳动教育得力于美国劳动联合会之推动,更为一般人所承认。所以罗马举行之国际技艺教育会议(International Conference on Technical Education)之议决案说:"工会为关于生产,贸易,及劳动之最适当观察者,故对于技艺教育问题之研究须请其与政府机关及私人团体合作。"

由劳动组织设立之补习学校,补习班,演讲会,讨论会之种类甚多,大体可以分为五种。(一)为全日常设学校,(二)为假期学校,(三)为夜间补习学校,(四)为特别训练班,(五)为演习会。其课程内容视其性质而异,有为一般性质者,有为偏重技术方面者。此外工会常主持演讲会,座谈会,辩论会,聘请名人演讲以增进会员知识。

第六节　调解职能

劳动组织之另一种任务为担任劳动争议之调解者或仲裁者。劳动争议之性质可以分为权利的争议及利益的争议两种。前者为关于既存权利之执行,解释及被侵犯时所引起之争执而言,后者为新权利之要求及既存权利之修改及维持所引起之争议而言。无论何种性质之争议,劳动组织均负有调解的任务。

就权利争议言之,各国均规定首由劳动组织从中调解,调解无效后,始得向司法机关提出诉讼。在个人主义国家在法律上虽未以明文规定,而习惯上均为如此。在集权主义国家则在法律上有严格规定。如意大利 1934 年《个别争议法》(Individual Disputes Act)规定所有个别争议非经法律承认团体调解无效后,不得提交法院解决。德国亦规定在企业内劳资间之个别利益争议须先由劳动阵线之法律顾问部调解,调解失效后方得提交劳动法院(Arbeitsgericht)解决。苏联亦规定所有利益争议均先由工厂委员会争议评定委员会调解。从下表中我们可以看到工会在这方面的工作成绩。

各国个别劳动争议解决方法分析

国　　名	时　　期	争议总数	由工会调解而解决者	
			数　额	比　例
意 大 利	1934 年 9 月 1 日至 1935 年 2 月底	88,563	62,082	70∶90
德　　国	1935 年	88,783	62,278	70∶80
苏　　联	1934 年	——	74,000	——
瑞　　士	1934 年	6,568	5,258	80∶50

自集体利益争议观之,则工会之责任尤大。在个人主义国家关于团体协约之解释及执行所引起之争议及因团体协约改订时所引起之争议大多由工会及雇主设立调解委员会解决,调解无效时,方交付仲裁。仲裁之组织与推动,工会亦为其主要原动力。如美国关于团体协约之争议均先由缔约工会会同雇主经过一定手续从事磋商,如双方意见难于接近时,再由高级工会及雇主从事磋商。俟高级工会及雇主代表仍无法解决时,乃由双方组织仲裁委员会举行仲裁。有些职业如建筑业则由该市之市工会负责调停。有一部份职业如陶器业,煤矿业,及玻璃业等均已成立常设联合委员会以负调解之责。英国工会之调解及仲裁机构更为完备,其活动更为广泛。

苏联自 1933 年以后废除调解委员会及仲裁裁判所的组织，所有关于劳动利益争议均由工会负责解决，工会中央评议会为利益争议处理之最高机关，其决定为最后的决定。德国及意大利亦无不加强劳动组织之调解权，以减少劳动争议。

第三编 团体协约①

---

① 团体协约与团体交涉这两个名词有不可分离的关系,前者是后者的结果,后者是前者的手段。故有人以团体协约包括这两种概念,有人以团体交涉包括这两种概念。作者同意前者意见,故在本编中以团体协约包括团体交涉及团体协约。

第一章　团体协约之意义及其史的发展

团体协约(Tarifvertrag, Kollektiver Arbeitsvertrag, Collective Agreement)的兴起是工会兴起后的事实,团体协约的缔结是工会最主要职能之一,两者的发展是平行的。本来工会的主要使命是以团体的力量谋劳动者劳动条件和生活的改进。要达到此目的,工会的活动可分政治和经济两方面。所谓政治方面的活动,即工会会员以公民的地位,利用工会的群众,组织和基金或自己组织政党或以选举,投票等方法去求劳动法规的改善。但最重要的还是经济方面的活动。所谓经济方面的活动即工会有利用其群众和组织的力量与雇主,企业家或雇主协会讨价还价,以要求劳动条件的改良,及表现劳动者的公共意志。这种讨价还价的工作谓之团体交涉(Collective Bargaining);团体交涉的结果就是团体协约。

团体协约的起源有人追溯到英国中古时代的城市特许令(Town Charters)和基尔特特许令(Guild Charters)。中古封建时代城市居民为求获得若干方面的自由起见,常与君主订立一种团体协约,由城市居民缴纳某定额租税以换取自由。此种团体协约就是城市特许令。中古时期基尔特为求获得团体行动的特许权亦常以上述方式要求君主给予特许状,以为团体行动的护符。这是最早形式的团体协约。商业革命后海外开拓公司及国际贸易商人均要求此种性质之特许状;工业革命后资本方面的团体交涉更为普遍,如银行,铁路公司,运河公司,及其他股份有限公司均要求给予特许状,使其会社有团体行动的自由。[①]　至于劳动者的团体交涉和团体协约则在 19 世纪以后。

劳动者团体协约的最初形态为雇主和工人在工厂俱乐部(Shop Club)所订立的一种协定。在俱乐部中雇主和工人互相议订在特殊情形或紧急情形下的工作条件及雇主对工人的要求。这种协定的适用范围,以一厂为限;其规定对象是特殊情形而不是正常状态。到后来渐次扩充到以一个城市的同业者为范围,其对象也由特殊情形的工作条件仲裁展开到正常状态劳动条件的规定。我们所说的团体协约是指此种性质的团体协约而言。

团体协约之史的发展也和工会之史的发展一样可以分为禁止,承认及保护三个时期。在最初自由主义盛行,自由放任主义为经济政策之指导原则。当时政府之主要任务为保障个人自由,团体交涉被认为妨害自由竞争而被禁止,故团体协约之缔结亦为法律所不许。19 世纪中叶以后,工会势力愈膨胀,要求以团体力量获得有利的劳动条件的希望愈切,同时雇主亦认为团体协约对其有利。其一,可以避免协约期中罢工及其他劳动争议所发生的损害。其二,团体协约订定后,劳动条件有一般预定的原则,企业的经营有一定的计划。其三,因团体协约可以网罗大部分同业的雇主,可以防止不正当及无益的竞争。因之团体协约渐渐发达,不仅数量上有长足的进展,即其范围亦由一厂扩充至一县或一省。政府对此新兴之势力无法遏止,只好承认其存在,此为劳动协约之承认时

---

① 详见 John R. Commons and John B. Andrews, *Principles of Labour Legislation* 4th edition (1936), pp. 379—381.

期。在此时期内团体协约主要是劳资双方互订的一种君子协定（gentleman agreements），是双方一种谅解，在法律上并没有强制执行的效力，同时也不是有法效的法律行为。

本世纪后各文明国家均采用劳动者自我奋斗的劳动政策，而自动劳动政策之使用又以团体协约之推广为前提，于是团体协约由承认时期进入保护时期。政府不仅承认团体协约之缔结，同时并制定法律保护及鼓励团体协约之缔结。如德国 1918 年《团体协约、劳动者及俸给被雇者委员会并劳动争议调停令》（Verordnung über Tarifverträge, Arbeiter-und Angestelltenausschüsse und Schlichtung von Arbeitsstreitigkeiten）规定：（一）雇佣契约之标准条件可由雇主团体与劳动团体以文书约定，违背此条件之雇佣契约无效。（二）政府如得协约当事人之申请时，得将关于此种职业或产业之团体协约宣告施行某一定区域内该业之全体成员。（三）政府宣告后，团体协约有一般的拘束力，协约当事人以外之雇主及被雇者均有遵守之义务。法国 1919 年之《劳动法》亦规定：（一）同一职业或同一地区之雇主或雇主团体与被雇者团体间可以缔结关于雇佣关系之协约。（二）此协约之当事人如为团体加入者时，须脱离团体后，方可免除协约之拘束。（三）受协约拘束者如违背协约规定缔结之契约无效。（四）违背协约者有赔偿对方损害之义务。芬兰 1924 年之《团体协约法》亦规定：（一）雇主或雇主团体与工会间可以以文书缔结团体协约，协约缔结后应于一周内向社会部登记。（二）雇佣契约中与团体协约相抵触之部分无效，无效之部分，以协约中相当之部分代之。（三）协约当事人故意违反协约时，对雇主处以 5000 马克以下之罚金，对被雇者处以 500 马克以下之罚金。（四）受协约拘束之雇主亦不得违背协约所定劳动条件雇用不属于缔约工会之工人。其他如新西兰,澳洲,瑞士,奥国,无不有类似之规定以鼓励团体协约之缔结。

由于政府的鼓励,团体协约的范围和数量都有惊人发展。团体协约之范围由一省,一地方扩充至全国。如19世纪末年英国棉织业全国工会合并书(Nation Amalgamated Unional of Cotton Spinners)与棉织业雇主协会(Master Cotton-Spinner's Association)即订立全国协定,规定全国棉织业工人工资无论任何雇主或雇主团体不得在协定规定工资数额下给付工资。此种全国性质协定之缔结实为本时期特色。

上次大战后,一部分国家放弃自动的劳动政策,团体协约的发展受了阻碍。有的国家完全排斥团体干涉团体协约方法的使用,劳动条件的决定不由劳动者以团体力量和雇主或雇主团体讨价还价,改由政府或雇主直接决定。代表国家为1933年后之德国。在德国劳动组织没有协约权,劳动条件由雇主订立工厂规章及劳动专员以劳动指令单方决定,劳动者无干涉余地。有的国家,表面上虽承认劳动团体有团体协约权,并且也承认劳动条件由劳动协约决定;而实际上,其团体协约的意义与个人主义国家的团体协约完全不同,它是一种变相的劳动规章,由政府假手劳动组织去决定劳动条件。代表国家为意大利,苏联,葡萄牙,希腊及保加利亚等国。在这些国家劳动组织为政府组织之一部,团体协约的缔结,内容和执行均由政府决定,劳动者不能自由变动。但形式上仍采劳资双方磋商交涉的方式,与德国直接由政府决定者不同。故本书均将其归纳于团体协约中讨论之。

自由主义国家的团体协约和集权主义国家的团体协约在本质上虽有不同之处,但其基本的意义则相同。现分别将其意义分析于次。

第一，团体协约是团体与团体间或个人与团体间所缔结的协定，而不是个人与个人间所缔结的契约（Contract）。这是团体协约的基本概念。无论是自由主义国家抑或集权主义国家，团体协约的当事人总有一方是代表劳动团体。或者一方是代表劳工团体，一方代表雇主；或者一方代表劳动团体，一方代表雇主团体，或者一方代表劳工团体，一方代表国营机关，国营托辣斯，或工厂的经理部；自由主义国家第一第二两个情形都有，国家主义国家属于第二种情形，苏联属于第三种情形。无论哪一种情形都与私人间契约不同。英国产业评议会（Industrial Council）所发表的团体协约报告书说："团体协约虽是一群劳动者和雇主间缔结的契约，但与个人间或公司间所订立之普通商业契约不同。普通商业契约之订约者为有直接关系之当事人，或者至少是由当事人全权委任的代理人。团体协约的缔结常由其代表去订立，劳动者方面尤其是如此。由于其所代表的人数太多，同时职业运动的环境不同，故很难得到全权的代理人，担任此种任务；即或能够得到此种代表，也很难说明其所代表者的确切希望。"[1]

第二，团体协约是决定一般劳动条件的协定，与劳动契约创造各个劳动者的权利与义务关系不同。从法律的观点看来，团体协约是被雇者团体与雇主，雇主团体或国营企业机关间为作各个劳动契约的基础或标准起见所决定之劳动条件之一般协定，和劳动契约不同。在劳动契约被雇者有提供劳动的义务，雇主有给付报酬的义务；而团体协约不为任何人创造劳动关系，此种义务，无从发生。同时团体协约是规定劳动条件的最低限度，是个人劳动契

---

[1]　见 *Report of the Industrial Council on Industrial Agreements 1913*, p. 4.

约的基础,无论何人不因团体协约之成立,而负缔结劳动契约之义务;不过其后有人缔结劳动契约时,团体协约始发生拘束力。

第三,团体协约有拘束该业所有成员之效力,即非缔约团体之会员亦有遵守的义务。这是团体协约发展后的结果,在开始并没有这种特性。在19世纪时,团体协约只对缔约团体之会员有拘束力,未参加缔约团体之雇主或被雇者无遵从义务。结果发生种种流弊。在劳动者方面,有组织劳动者所订立的团体协约往往有被未参加工会的工人因接受较低的劳动条件而致破坏的危险,同时未参加工会的劳动者之竞争亦足以减低有组织工人的讲价能力。雇主方面的情形亦然,未缔约的雇主也常常破坏团体协约的规定因而引起不公平和无益的竞争。维持劳动一般条件及保持产业和平的目的不能达到。于是政府以种种方法使团体协约有拘束该业所有成员之效力,以达到团体协约预算的目的。新西兰为首先引用此种方法之国家。该国19世纪90年代之法律规定:仲裁法庭(Court of Arbitration)的判决书有拘束该业全体成员之效力,随后将此规款又应用到团体协约方面。① 继新西兰而起者为澳洲,新南威尔斯(New South Wales)1901年《产业仲裁法》(Industrial Arbitration Act of 1901)第37条有类似之规定允许产业法庭可以宣告任何习惯,规则,规章,习俗及协约条文为该业之公共规则(Common Rule),所有该业成员均有遵守义务。新南威尔斯实行此制后澳洲联邦(Common Wealth)南澳,西澳,琼士兰得(Queensland)

① 新西兰 Industrial Conciliation and Arbitration Act of 1910 第86条第3款及87条第2款正式规定仲裁法庭之仲裁判决书有拘束该业全体成员之效力。随后于 Industrial Conciliation and Arbitration Amendment Act of 1908(section 67)及 Conciliation and Arbitration Act of 1925(section 32)将其扩展至团体协约方面。

均仿效之。①

　　欧洲实行此制者开始仅瑞士一国,随后德国,奥国继之。1929年以后此制推行益广,美国,墨西哥,秘鲁,加拿大,法国,捷克,比利时,英国,荷兰均纷纷仿效。② 虽其方法有直接间接之别,手续有繁简之别,但团体协约有拘束全体成员之概念无可否认的为各个人主义国家所承认。③

---

　　①　兹将澳洲各邦规定团体协约一般拘束力之法律条款列后,以供参考:

　　Australian Commonwealth: The Commonwealth Conciliation and Arbitration Act of 1904(section 38, F & G.).

　　South Australia: Industrial Arbitration Act of 1912, Industrial Code of 1937, Section 98.

　　Western Australia: Industrial Arbitration Act of 1912; Sections, 40 and 78. Industrial Arbitration (Consolidated) Act of 1938. Sections 40 and 83.

　　Queensland: Queensland Industrial Arbitration Act of 1916 (Sec. 56); Industrial Conciliation and Arbitration Act of 1932.

　　②　Switzerland: Code of Obligations of 1911.

　　Germany: Verordnung über Tarifverträge, Arbeiter-und Angestellten-Ausschüsse und Schlichtung von Arbeitsstreitigkeiten 1918.

　　Austria: Act of 18 December 1919.

　　Mexico: Federal Labour Act (Sections 42—67) (1931).

　　Brazil: Decree of 23 August 1932.

　　Netherland: Industrial Councils Act of 1933 (Section 19).

　　U. S. A.: National Industrial Recovery Act of 1933, National Labour Relation Act of 1935; Bituminaus Coal Conservation Act of 1935.

　　Canada: the Province of Alberta; Deportment of Trade and Industry Act of 1934, Part Ⅱ.

　　Province of Saskatcherwan: Coal Mine Industry Act of 1935.

　　Great British: Cotton Manufacturing (Wageregulation) Act of 1934, Read Haulage Wages Act of 1938.

　　Czechoslovakia: Order No. 102 of 29 April 1935.

　　Greece: Collective Agreement Act of 1935.

　　France: Act of 25. June 1936; Legislative Decrees of 2. May and 12. November 1938 (Part Ⅲ, Sect. 19).

　　③　关于团体协约之拘束力如何扩展至非缔约团体之会员之方法,详见本编第六章。

　　在集权主义国家此种趋势尤为显著。因为在集权主义国家团体协约是制定全国该业工作条件之手段，严格说来它不是协约而是团体规则（Collective Rules or Regulations），所以有拘束全体成员的效力。如苏联 1922 年《劳动法典》第 16 条（该法典曾于 1936 年修正）规定团体协约的条款对于工厂企业内所有被雇者均有拘束力，不论其为工会会员或非工会会员。意大利 1926 年 4 月 3 日的《集体劳动关系法》和 1927 年 4 月 27 日的《劳动宪章》均规定团体协约有拘束该业所有雇主及被雇者的效力。其他如葡萄牙 1933 年 9 月 23 日之《国民劳动法典》（National Labour Code）第 33 条及保加利亚 1936 年 9 月 22 日立法令第七条，均规定团体协约有拘束所有被雇者及雇主的效力。

第二章　团体协约之种类

团体协约之分类,可有种种不同之分类标准。分类的标准不同,分类的结果自异。如以团体协约适用范围为标准,则有工厂协约(Shop Agreement)、地方协约(Local Agreement)和全国协约(National Agreement)的区别。如以团体协约规定内容为标准则有完全协约(Complete Agreements)与不完全协约(Uncomplete Agreement)的区别。如以团体协约内容之简略为分类标准则可分为立法协约(Legislative Agreements)和行政协约(Administrative Agreements)两种。如以团体协约的性质为分类标准则可分为模范协约(Model Agreement)及普通协约。如以政府对于团体协约干涉的程度为分类标准则可分为政府不参加之协约(Collective Agreements in Which the Authorities Have no Part)、政府承认协约(Recognized Collective Agreements)、有法律效力之协约(Collective Agreements with Force of Law)及官定协约(Official Collective Agreements)四种。现逐项说明之。

(一)工厂协约,地方协约及全国协约。以团体协约之适用范围为标准来区分协约的种类为最普通的一种分类方法。凡协约适用一个工厂,或一个企业之所属各厂者谓之工厂协约;其协约之适用范围如以某特定区域为限者,谓之地方协约;以全国某特定产业为范围时,则谓之全国协约。

工厂协约多以企业为单位。此制盛行于个人主义国家,尤以美国为甚。美国受团体协约拘束之工人几有一半系受此种协定所支配。在苏联虽亦盛行此制,但其各个工厂之工厂协约系模范协约之补充,其主要内容仍根据政府指定之模范协约,与个人主义国家之工厂协约略有不同。在意大利则限制工厂协约之缔结。①

工厂协约又可分为两种:一为单独工厂协约(Single Work Agreement),一为公司协约(Corporation-Wide Agreement)。单独工厂协约系由一个工厂或一个企业的雇主与其所雇用工人订立者。其有效区域,仅以该工厂为限;受其拘束者,以在该厂工作者为限。其规定不得影响其他工厂。公司协约盛行于产业合并运动风行的国家,尤其大规模生产工业更为流行。该种协约系以托拉斯,卡提尔,大规模公司为单位与工会间所订立的协定,不论其所属工厂之位置与工厂之多少均受该协约之拘束。如美国通用电力公司(General Electric Company)、美国钢铁公司(United States Steel Corporation)、通用汽车公司(General Motors Company)及雪兰勒公司(The Chrysler Corporation)与工会间所订立的协约,即为明例。普通各个工厂多根据公司协约缔结单独工厂协约者,亦有不缔结单独工厂协约者。

凡一个城市或一省或某特定地区内之某种企业之雇主或雇主协会与该业之工会订立团体协约以规范该区域内该业劳动条件者谓之地方协约。地方协约有以政治区域为范围者,有以自然区域为范围者。前者以一特定县,省,州为其适用范围,此种协约盛行于普通产业间;后者以地理分布区域为适用范围,此类协约盛行于

---

① 见本编第三章。

特种产业间,如航海业工人工会与雇主协会订约常以航线或海岸为其范围;又如美国纸浆业及造纸业之团体协约其管辖范围为太平洋西北区。普通亦有以生产中心为其适用范围者,如美国成衣业,男帽制造业,女帽制造业,皮革业,多以该业生产中心为其团体协约适用之范围。地方协约盛行于个人主义国家,集权主义国家甚少缔结。

全国某业之总工会与该业之全国雇主协约订立团体协约规范该业之劳动条件者谓之全国协约;全国协约之拘束力甚强,全国该业之雇主及劳动者均受其拘束。全国协约又可分为两种:一种为可以有缔结各别协约之全国协约,一种为不能缔结各别协约之全国协约。前者盛行于个人主义国家,后者盛行于集权主义国家。可以缔结各别协约之全国协约即全国该业虽受全国协约之拘束,但各个工会及雇主协会可以根据全国协约之原则,另订各别协约。如美国泥煤业(Bituminous Coal Mining)首由各区雇主协会代表,全国总工会代表,各区工会代表举行全国代表联席会订立全国协约,再由各区雇主协会代表及区工会代表分订各区协约。又如美国铁路业自1932年起每年由全国铁路协会(Association of American Railroads)及全国铁路工人行政会(Railway Labour Executive Association,该会系由美国20个铁路工人工会主席组织而成)订立全国协约;然后各个工会与各个铁路公司根据全国协约,订立各别的团体协约。不能缔结各别协约之全国协约为刚性的,全国该业之雇主及被雇者均受其拘束,不得各别另订团体协约。集权主义国家之全国协约均采此种形式,自由主义国家亦有采此种形式者。如英国1926年建筑业之全国协约,及煤矿业、棉织业之全国协约,均系不能缔结各别协约之全国协约。

（二）完全协约与不完全协约。完全协约与不完全协约亦有人谓之为一般协约（General Agreement）及特殊协约（Specialized Agreement）者。前者内容包括一般工作条件，举凡工资，工作时间，解雇及劳动争议之解决均分别列举，以其内容完全，故谓之完全协约。凡团体协约之内容不就劳动条件全体作一般规定，而只规定劳动条件之某特殊项目为其内容者谓之不完全协约。

集权主义国家之团体协约几全部为完全协约，自由主义国家亦极为流行。如苏联之团体协约及意大利团体协约对于劳动者的工作条件，劳动者训练，劳动教育，个别劳动争议之解决，解雇及开除均有详细规定。美国之团体协约大都包括协约之有效期限，相互的权利与义务，基本的劳动条件，私人权利之保障及缔约之机构与程序。又如英国染业，漂白业，油漆业及同类产业合并会（Amalgamated Society of Dyes, Blacken Finishers and Kindred Trades），大不列颠及爱尔兰煤气业工人及普通工人全国工会所订立的团体协约关于劳工之雇用，劳动条件，标准工资及混合计件工资之计算，非计件工资率之计算，调解机关之组织与职权，协约之修改均有详细之规定。

不完全协约在集权主义国家甚少应用，仅自由主义国家有之。如1921年大不列颠煤业工会与大不列颠煤矿矿主联合会曾订立团体协约，其内容仅以规定煤业劳动争议之解决程序为限。1922年英国机械业停业风潮解决后，机械业雇主协会与机械业工人工会曾订立关于雇主经营权及工会之一般职权及监督权之全国协约以确定两者在工厂内地位，职权，关系及争议发生后之解决方法。又如黄铜业雇主协会（The Brass Founder's Employer's Association）与黄铜及金属机械业全国工人协会（The National Society of Brass and

Metal Machenics)，于 1910 年曾订立关于工人工资计算之协定。此协定于 1913,1920,1926 年曾加以修改，其主要内容以工资方面之问题为限，如工资等级之划分，标准工资之规定，计件工资率之计算，及加工之条件与报酬等项。

（三）立法协约与行政协约。美人斯奈首特(S. H. Slichter)首创立法协约与行政协约的分别。① 德国学者所倡大氅协约(Manteltar-ifvertrag)或轮廓协约(Rahmentarifvertrag)与特别协约(Certs, Bezirks-und Reichstarifvertrag)的分类大体与其相似。所谓行政协约，即在协约中只规定劳资双方关系的一般原则，极力避免细枝末节的规定，其细目则由各个小协约补充之，以其只规定团体协约的大纲，故亦称之大氅协约或轮廓协约。立法协约，其内容为刚性的，由双方当事人就工资，工作时间，工作条件及其他条款，一一详加规定，其内容不嫌其烦，其条款不厌其细，举凡一切尽订事项及例外情形无不详载。协约订定后非经双方同意或改订协约时不得变动之。以其内容详尽条款细密，故亦谓之特别协约。立法协约亦可分为两种：一为原始的立法协约(Original Legislative Agreement)；一为补充的立法协约(Complemental Legislative Agreements)，原始的立法协约系指该协约为原始的，并非其他协约之补充，其本身为独立的；补充的立法协约则指此种协约之缔结系补充其他协约者，其基本原则依其母约而定，其内容不过比较详尽而已，与各别协约之意义相当。故凡订立行政协约者必有补充的立法协约以补足之，补充的立法协约之内容根据行政协约而定。原始的立法协约则其内容

---

① S. H. Slichter, *The Contents of Collective Agreements Society for the Advancement of Management*, Journal Jan. 1933, p. 16.

之规定为原始的非根据行政协约而来。

就产业而言,立法协约盛行于组织简单制造方法安定的工业,而行政协约则通用于组织复杂的大规模生产企业。在制造程序简单,规模不大之企业中,生产行程,不常变更;且企业组织简单,各厂内容相似,用立法协约可使工作条件安定,工人利益易于保障。大规模生产工业,生产行程异常复杂,制造方法时常变更,各厂与各厂之情形不一,此时与彼时之情形又相悬殊。如此类工业应用立法性协约则将凿枘不入不能普遍应用,故其协约应以长于适应富有弹性为主,不宜详细厘定各项不变条款,仅可规定一般原则,其细目由各别协约规定,因之行政协约甚为流行。在美国钢铁业,汽车业,橡皮业,造船业及其他大规模生产工业均缔结行政协约。

(四)模范协约与普通协约。这是苏联独有的分类方法。在1930年以前关于团体协约的缔结在苏联原有争执。工业经理部方面主张行中央集权制,团体协约以全国协约为主,全国协约订定后,则不得缔结地方协约或工厂协约;在特别情形下,虽允其订立,但仅可规定全国协约中未协定之条款。因为政府既实行统制经济,自非集中协约权不可,否则地方工会所提出的条款,不能与实际相符,实有碍产业的发展。故1927年最高经济院明令禁止缔结地方协约。工会方面则认为不缔结地方协约则一方面不能适应各地的环境,一方面工人物质的福利无法维持;且进一步言之,现在经济发展,既按照全国经济计划进行,由中央统制,则地方工会自无法违反中央的政策可故当可缔结地方协约以为全国协约之补充。故1928年12月所举行的工会大会反对最高经济院的命令。①

---

① 详见:*Wages and Regulation of Condition of Labour in O. S. S. R.* , pp. 68-69.

为解决这种争执由工会中央评议会及最高经济评议院指定模范团体协约为全国各个工厂协约之标准,各个工厂所缔结协约须根据模范协约,模范协约所未规定之事项得由各个工厂协约补充之,以适应各厂之特殊环境。如1938年史达林汽车厂团体协约经最高经济院及工会中央评议会审核后由人民委员会指定为全国工业模范团体协约,其他各厂应根据其标准缔结团体协约。[1] 由政府指定模范之工厂协约为模范协约,其他工厂协约则为普通协约。

自表面观之,模范协约与行政协约相似,两者均为其他协约之标准,实则不然。第一,行政协约系由最高级工会及雇主协会间所缔结之协约,其目的在规范该业之一般劳动条件,在缔结时,即已决定其为各个各别协约之基础;而模范协约系工厂协约,不过由政府指定其为模范协约,其他工厂协约有遵照的义务。第二,自内容方面观之,行政协约只规定原则,极力避免细枝末节之规定;而模范协约为原始的立法协约,内容详尽,条款繁多,如1938年史达林汽车厂之协约除序言外,内共分四部,达数十条之多。[2]

(五)政府不参加之协约,政府承认协约,有法律效力之协约及官定协约。此种分类方法系根据国际劳工局的划分,其分类标准为政府对团体协约干涉之程度。[3] 现分明其意义于次:

所谓政府不参加之协约即团体协约之缔结,劳动条件之决定,协约之执行,协约之修改均由劳动团体及雇主团体自由决定,政府

---

① I. l. I. , 24 Oct. 1938, p. 129.

② I. L. R. , *Proposed Model Collective Agreement for Soviet Industry*, Feb. 1939, pp. 234—238.

③ I. L. O. 1940 年出版之 *Methods of Collaboration Between the Public Authorities, Worker's Organization and Employer's Organization*, Part Ⅱ. Chap Ⅰ. 即如此划分。

不加以干涉,政府只是消极的不碍害团体协约之缔结。故亦可谓之自由协约(Free Agreement)。① 此种协约盛行于上次欧战以前。大战前各国协约几均属此种形态。现在仍行之者有比利时,丹麦,英国及美国。

严格说来,在现代并无完全自由之团体协约,我们所以称之为政府不参加协约者,政府不直接加以干涉,但协约之内容仍须受一般劳动法规之拘束;同时政府亦可以以种种方法间接影响团体协约之缔结与执行。在另一方面政府尚可以限制工会活动,指导工会政策等方法去间接干涉团体协约。自由协约之最重要特色,它未经政府承认,政府更没有给予法律上的效力,它不过是雇主或雇主团体与劳工团体间一种君子协定。

政府承认协约为政府干预政府团体协约之第一步。工会与雇主团体缔结团体协约后,政府予以承认,但政府只承认其为双方自由缔结的结果,政府不直接干涉协约之缔结与内容。换言之,政府只承认团体协约之团体性与协约性,其内容与执行由双方自行决定,政府不直接干涉之。实行此制者有芬兰,挪威,瑞典,瑞士及我国。如我国《团体协约法》第四条规定:"团体协约之缔结,变更或废止,均应由当事人双方或一方呈请主管官署认可。自认可之翌日起,方发生效力。"

政府既承认团体协约,则对于协约之缔结者自有若干消极的限制,如芬兰规定缔约者一方必为工会,我国亦规定雇主,有法人

---

① 此处所谓自由协约,与法律上所谓自由协约与强制协约之自由协约不同。法律上所谓自由契约,系指基于当事人自由意志而成立之团体协约,而强制协约系指基于仲裁裁决而成立之团体协约。两者缔约的动机来区别,不以政府干涉与否为分类标准,与此处所谓自由协约,意义完全不同。

资格之雇主团体及有法人资格之工人团体,方有团体协约之当事人能力(团体协约法第一条)。其他团体协约之内容,效力及执行均有较为积极之规定,与自由团体协约完全为一君子协定之性质者不同。不过其干涉之程度以不破坏团体协约之契约性为限,团体协约仍然为雇主团体与劳工团体间之事体,政府不直接干涉之,同时亦不将其扩展至第三者。

有法律效力之协约者政府不仅承认团体协约为合法的制度,同时赋与某种权力使其对某特定企业有法律上的效力,凡该业所有雇主或被雇者不论其是否为缔约团体会员均有遵从缔约团体所承认之劳动条件的义务。此为团体协约发展至相当阶段后之现象,尤其自 1929 年经济恐慌后此种协约更为盛行。

此种协约之内容极不一致。有的国家只在某特定区域之某特定工业实行,其有效期间亦有限制,代表国家为英国之《棉制造工业法》(The Cotton Manufacturing Industry Act),有的国家则视为一种普遍的制度,代表的国家如新西兰,法国,墨西哥,加拿大,澳洲联邦等国。此种制度只能视为自由协约发展至最后阶段之形态与集权主义国家之官定协约不同。因为有法律效力之协约主要的还是由有代表性之团体自由订定,政府不过使其条款适用于该业全体成员。故此种协约系代表劳动者最大多数意见,同时其缔约手续亦系由劳资双方自由协定,故自由主义国家采用此制者极多。

在集权主义国家雇主和劳动团体成为国家组织之一部,以此种团体订立之团体协约与自由主义国家完全不同,学者多称之官方团体协约。代表的国家为意大利,苏联,葡萄牙,保加利亚,希腊。

概括言之,官定团体协约与其谓之"协约"无宁谓之团体规定

（Collective Rules）或团体规章（Collective Regulations），这点日内瓦大学教授海本格（L. H. Hamburger），日本末弘严太郎，意大利格理格教授（Professor, Paolo Greco）均已言及之。① 自其目的言之，亦与自由主义国家之团体协约大异其趣。以前者之目的在发展生产，统制全国劳动条件，而后者则为劳动者以团体力量与雇主讨价还价之重要方法，其主要目的在改善劳工的劳动条件，而非增进国家之一般利益。

---

① L. Hamburger，在 *The Extension of Collective Agreements to Coder Entire Trade and Industries* 一文说："它们大多半变成了法定规章，严格说来与其谓之团体协约无宁谓之团体规则或规章，其主要目的在推行国家之工资政策。"见 I. L. R. , August 1939, p. 168.

末弘严太郎说："在此主义（统制主义）之下劳动者团体及雇主团体大半已国家机关化，从而彼等相互间协约，与其谓为自治的，无宁谓之公法的性质。所谓自治团体之立法协约已失其本来面目矣。"见《法律学辞典》第四卷，2772 页。

Paolo Greco 说："所谓团体协约并非指其当事人双方或一方所代表的人数甚多，而是指此种协约系保护整个国体的一般利益，非保护各个私人的利益。其所代表的不是当事人一方或双方意见总和，而是代表两个缔约团体的公共意志。"见 Italian Corporative State, p. 43. 该书引自 Paolo Greco, II Contratto Collettivo Di Lavoro, p. 77.

第三章　团体协约之当事人

团体协约之当事人（Tarifpartei，Parties）者指有协约能力（Tariffähigkeit）的缔约者而言。协约者资格之取得普通多由政府以法律规定之。在雇主方面，有的国家指定个人或其团体有此能力；有的国家，则仅雇主团体有此能力。在被雇者方面，只限于其团体有之，个人则无充当协约当事人的资格。在自由主义国家，雇主个人及其团体有协约能力，在集权主义国家则仅雇主或国营机关有此能力。现根据上述第五种分类方法将其详情说明之。

自由团体协约及政府承认协约的缔结之当事人，一方面是雇主或雇主团体，一方面是工会。缔结团体协约之工会只要经政府承认并无其他方面之限制。如英国规定只要已经注册，并经法律承认之工会即可缔结团体协约。有的国家规定只要事实上存在之团体（De Facto Existence）即可缔结团体协约。其代表者之选举方法亦由各工会自由决定，政府并无限制。

在实行此制国家，每业之工会甚多，各工会之间常发生竞争现象，雇主或雇主团体往往同时遇到二个或二个以上工会要求缔结团体协约，于是发生种种困难问题。普通对此问题之解决常采下列各种方法。

工会间之竞争系由于各个团体地理的区域和职业的意义界限不清时，则由各个工会订立协定决定之；如各该工会已加入同一联合会时,则由联合会以会章规定之。如该国工会系统分歧,意见不一(如 1933 年以前德国全国三大工会系统对立,1935 年后之美国,劳动联合会与产业工会联合会之互相水火),则极易因竞争,发生争议。协约当事人之决定比较困难。其解决之法有由工会间自动订立协定以规定者,如德国三大工会于 1920 年 6 月 6 日签订协定解决此问题;亦有政府干涉之者。政府干涉的方法有消极积极两种。消极的方法由政府设一机关由各雇主团体及劳动团体派代表出席,共同解决此类问题,比利时的联合委员会为其一例。积极的方法由政府自动的决定各个团体之代表性,如美国《国民劳动关系法》第九条规定,当发生代表团体之争执时,由国民劳动关系局决定何者为缔约团体。

有法律效力团体协约之缔约当事人之限制较严。因为此种协约既有拘束该业全体成员之效力,则其缔约当事人应足以代表该业全体成员,至少亦要能代表大多数成员,方称公允。故实行此制之各国对于缔约团体有若干限制。有的国家认为只有经产业团体法正式承认之工会方有订立适用于该业全体成员之协约,代表的国家为澳洲,墨西哥,新西兰。有的国家认为最有代表性之团体方为合格,代表国家为法国。有的国家规定要真正的(Really)或充分的(Sufficiently)代表该业方能缔结此类协约,代表国家为爱尔兰及南非联邦。有的国家则就每个特定情形由政府直接规定何者能真正代表该业,如英国 1934 年《棉织业法》规定团体协约能包括大多数被雇者及保有大多数织机之雇主方为有效。其他如荷兰规定团体协约须适用于最大多数的被雇者,南斯拉夫之规定亦然。

在自由主义国家,除英国及若干国家外,大多数国家均由雇主或雇主团体及工会各派代表缔结团体协约,双方代表之选举均由其自己决定,对方不能影响之。同时其所派出之代表应有缔约全权。此为自由主义国家最主要特色。现根据美国《国民劳动关系法》的规定将其归纳于次,以说明自由主义国家团体协约缔约代表之主要条件。

第一,被雇者与雇主有自由选择其代表之权,任何一方不得干涉,限制并威胁对方。如任何一方干涉对方代表之选举时,所缔结之团体协约无效,雇主对于被雇者之干涉尤为注意。故无论经理,职员及工头均不得向劳工集体的或各别的谈话,请其选举某人为代表;亦不得张贴公文,传单或宣传品以影响工人代表之选举;雇主更不得以金钱津贴某一部分工人或工会使其选举其所指定之代表。工人代表之选举由国民劳动局监视,采用秘密投票选举法。凡违反上述规定所选举代表缔结之协约无效。

第二,双方代表须赋有缔结协约之全权,无此种权力者,不得从事缔结协约。

第三,雇主及被雇者代表有明白宣示其缔约之真正目的之必要,以为交涉之基础。①

第四,当事人双方或任何一方仅有缔约之动机及决心仍为不足;双方应尽力利用一切合理方法,以达到缔结协约之目的。此点国民劳动关系局言之甚详:

"团体交涉仅仅举行会议或交换意见,犹为不足。团体交

---

① 国民劳动关系局在 National Lock Company v. Federal Labour Union 1883 案件中曾宣称:"团体协约之缔结有两种义务。在被雇者方面应有将其不平,痛苦,及对雇主之要求说出的义务;而雇主则有与被雇者讨论,并以合理方法达到完全解决争执的义务。"

涉之目的,并非解决某种特殊问题,工作时间,工资,及劳动条件均为团体交涉及团体协约之正常目的。法律虽不强迫双方订立团体协约,但双方应以坦白及公正的态度利用一切合理方法,以达到缔结协约的目的。在磋商期中,任何一方如宣告不愿意缔结成文协约时,其团体协约权即被剥夺。"[1]

国民劳动局对于中途变议之一方(即拒绝缔结团体协约之一方)可以处罚之。[2]

官定协约之当事人为法律承认之团体,现以意大利及苏联两国情形说明于次:

意大利1926年7月1日《集体劳动关系施行法》第47条规定法律承认之工团组织可以订立团体协约,事实上承认团体无缔约权。团体协约订立后由缔约团体合法代表签字,否则无效。雇主及劳工团体之上级团体,如全国联合会及全国协会对于所属各级团体缔结团体协约时,可以命其事先经其批准;在此情形下,上级团体批准所缔结之协约无效。如该业无法律承认团体存在时,由劳动法庭用特别命令指定一信托人(Trustee)代表该业订立协约。由此可知意大利团体协约当事人仅为法律承认之雇主团体及劳工团体之上级组织,法律承认团体之下级组织之协约权为不完全的,

① E. C. Robbins, *Collective Bargaining under the Wagner Labour Act*, Harvard Business Review Vol. XV No. 4. Summer Member 1937, p. 395.

② 最有名之案件为 St. Joseph Stock Yard Company 与 Local 159 Amalgamated Meet Cutters & Butcher Workman of North America 所发生之争执。上述公司与工会双方进行团体交涉甚久,但该公司最后拒绝签订成文协约,国民劳动关系局认为该公司已违反《不公平劳动习惯》之条款而处罚之。其他如 Connectieut Coke Company V. Gas Workers Union 1829 案件,亦为一例。

要受上级组织之限制。至 1934 年更进一步取消劳工团体及雇主团体地方组织之合法地位,只有全国协会及全国联合会为合法团体有团体协约缔约权,为缔约当事人。劳工团体及雇主团体之下级组织原则上无缔约权,如因特别原因由全国联合会或全国协会特许后方可订立,协约订立后,经上级组织批准后方为有效。①

苏联 1922 年劳动法典规定缔结协约的当事人,一方面为雇人者(国家,合作社,公共团体,私人),一方面为代表工人及使用人之工会。要遵照工会组织章程从事组织,并在工会联合会(Inter-Trade Union Federation)登记的工会方能代表其所属员工缔结协约。低级工会组织如薪俸人员委员会,工厂委员会下所属各种小组委员会,分厂及分班委员会,工会代表,联合委员会工人代表虽可参加协约之谈判,但无签字协约之权。各工会之中央委员会及地方工会委员会可以代表工会签字,各县工会委员会得地方工会委员会授权后方可签字。缔结协约的雇人者或为团体或为个人均无不可。自 1929 年以后取消私营企业,故无私人雇主存在。国家工业托辣斯可以签订协约,最高经济院及地方经济院不能代表工业团体或国营工业签订协约,但可颁布指导原则拘束协约内容。工厂团体协约由工厂委员会及该厂经理部协订之。②

---

① 参阅 Trade Association and Corporation in Italy After Recent Reforms, I. L. R. Vol. 31. No. I. , pp. 3-5.

所以 Gaetano Salvemini 说:关于工资,工作时间,训练科目及损害赔偿协定之订立由每个经济团体内之官方组织订定。换言之,在雇主方面由雇主代表决定,在劳工团体方面由政府指派之官吏决定。协约不能由地方团体订结,普通由各省之雇主代表及劳工团体书记决定。地方工会书记除接受已订好之协约及传知其会员外,不能有所建议。*Under the Axes of Fascism*, pp. 81-82.

② 《劳动法典》第 15 条。

第四章　缔约之机构及手续

团体交涉之机构一问题在集权主义国家并不发生,是自由主义国家的问题。因为在集权主义国家,劳动团体已国家机关化;团体协约是国家统制劳动条件的手段;从而团体协约的商磋与缔结由劳动团体之负责人,按照政府意思与对方交涉,劳动者无干涉余地,故此问题并不发生。苏联虽极力鼓励工人参加团体协约的讨论,但协约之缔结仍由工会负责人主持,工人的意见只能影响其内容并不影响协约之成立,其主要目的仅使劳工明了团体协约的意义及协约中所规定的事项。在自由主义国家则不然。一方面团体协约是劳动者与雇主讨价还价改善劳动条件的手段,如何使其所希望条件能恰如其分的提出,不至使对方难于接受,亦不至使自己吃亏,确为一困难问题。在另一方面,团体协约是劳动者公共意志的表现,如何使劳动者的意见能充分的表现,亦极不容易。要求这两个问题的圆满解决,自然要牵涉到交涉机关一问题。现将英,美两国去说明其机构与缔约手续。

在英国,工会缔结团体协约之机构随协约之扩展而蜕变。在一个组织简单只有一个支会的工会(Single-branched Union)大都由工会主席及书记负责商榷。如都伯林地方会社,桶匠工会,帆船制造业工人工会就是如此,但亦有例外,如铅匠联合会(United Operative Plumbers Association)组织宏大,而协约之商榷与缔结仍由工会支会职员负责。此为团体交涉机关之最初形态。稍后，规模较大之工会改由工会中级机关及上级机关主持，不由工会支会之行政职员担任。如机械工人合并会一直至1892年其团体协约之谈判与缔结均由该会之县委员会负责。此类委员，如支会行政职员然，系本业工作者，当团体交涉发生时始担任此种职务。在19世纪末20世纪初英国工会世界有三分之一采用此种形式，并无特设的机构担任团体协约之磋商与缔结。

由工会职员担任团体协约之磋商颇有流弊。第一，工会职员商洽条件时，未免杂有阶级意识及个人好恶的感情，一个思想激进性情暴躁的代表，往往提出使对方难于接受的条款，使谈判陷于僵局。第二，团体协约之商判与缔约为一技术工作，普通工会职员难于胜任，有使富于经验的雇主或雇主代表得到很大便宜而工人不能得到应得的利益之危险。因为工会雇员事务繁脞，对于企业的经济情形，现行劳动法规内容，本业的现状，劳动市场的变化，以及本业各工业内部状况很难有正确之认识，贸贸然要其负责谈判，对雇主所提出之条件既难批评，自己也难提出一种合理而正当的要求。其三，团体协约之缔结是一种技术，单单有这一方面的知识犹为不足，必须加上经验和不断的实际运用，就这一点说工会职员也不如雇主团体或雇主之代表。因为工会职员常常变更，其继任与否，由劳工选举决定；而雇主或雇主协会可以雇用专门人员长期担任谈判工作。因此，在本世纪后，英国工会世界中，团体交涉的人员已由有薪俸的专门技术人员代替了没有报酬的工会职员，计件工资企业尤甚，因为计件工作工资率之决定及计算极为麻烦，要有专门知识及经验丰富之人员方能胜任。

团体协约之缔结与团体协约之解释其注意点与争执点均不相

同,故应由两个机关分别负责。但在开始时,系由一个机关主持。最普遍形态系由劳资双方推选相等代表组织联合委员会(Joint Committee)商讨一切劳动争议,团体协约之缔结与解释不过为其任务之一。如制靴业之联合局(Joint Boards)之组织即为如此。

制靴业之团体交涉机构由协约之缔结与解释未能分开,于1894年失败。继之而起者为诺森伯南及都伯林煤矿工人之调解局及联合委员会(The Conciliation Boards and Joint Committee of the Northumbertand and Dublar Coalminers)。其主要特色为协约之缔结与解释由两个机关主持。关于团体协约之缔结统由调解局负责,其会期甚长,由煤矿矿主及工会各派相等代表出席作私人间讨论,当双方意见一致后,方公布其为双方遵守之协约。关于团体协约之解释则由联合委员会负责。

上述机构虽已进一步,但仍有缺点,比较更完备而合理之机构应推郎卡郡(Lancashire)棉织业之机构。其主要特色不仅将协约缔结与协约解释机关截然分开,同时进一步将两个机关之人员亦截然分开。团体协约解释机关之代表人员是一班专门以解释团体协约为职业的技术人员,他们是中立者,有一定的薪俸,代表劳资双方解决协约实行时所发生的种种争执和困难问题。缔结协约机关由劳资双方推选相等代表组织联合委员会互相磋商协约的订立和修改。在联合委员会中解释团体协约之专门人员可以出席参加讨论,但他们仅为顾问性质,其主体还是工会及雇主协会之代表。他们代表双方决定协约的内容。

自郎卡郡棉织业实行此制后,计件工作制之职业咸起仿效。缔约机关与协约解释机关截然分开,前者由雇主或雇主协会和工会推派代表组织联合委员会谈判商磋;后者由与雇主及工人无直接利害关系之技术专家担任协约之解释。计时制之企业则仍墨守成规，协约之解释与缔结均由一个机关担任，其人选由工会及雇主协会推出代表组织之。如机械业，建筑业，铁路工人之机构均为如此。

美国团体协约之历史既不如英国悠久，团体协约亦不如英国之盛行，自 1933 年后始有长足之进展，然较之英国则相差甚远，故团体交涉机构不如英国完整。团体协约之缔结与解释机恒不截然分开，更无专门技术人员担任协约解释工作。其机构亦由各业历史，习惯之不同而异，迄无定型，现以大规模工业谈判机构主要形态为例说明之。

大规模企业团体交涉之机构，大别可以分为三种类型。第一种系由该厂或该地工人选举代表组织争议解决委员会（Union Grievance Committee）主持团体协约之缔结与解释。第二种由工厂各部推选代表一人组织争议解决委员会，在争议委员会中再选举少数人之谈判委员会（Union Bargaining Committee），前者主持协约之解释，后者主持协约之缔结。第三种系由各县工人在工会职员中选举争议解决委员会及协约谈判委员会。

第一种类型组织盛行于钢铁业，机械业及其他金属工业中，其组织大都以一个工厂为单位。在每厂成立一个不满 10 人之争议解决委员会，为全厂被雇者之代表机关。有时在委员会中推选二三人为主任委员接受全厂之争议处理事宜，委员会同时负团体协约谈判之责，但以解释团体协约及处理当团体协约实行时所发生之争议为主。当工厂被雇者认为雇主违反团体协约使其权利或利益受损害时，可向工头及各部监督申诉，由工头及各部监督作初步解决，如调解无效即交付争议委员会处理，委员会会同经理解决之。如争议委员会不能解决时可以上诉于上级工会，由上级工会处理,上级工会不能解决时即举行仲裁。[1]

第二类型之机构盛行于橡皮业及电气业。其组织各厂不一,不如前者之标准化,谈判委员会及争议委员会人选均由工人职员担任,普通有由谈判委员会主持团体协约之磋商及团体协约争议之解决,亦有将其分开者,以谈判委员会主持协约之缔结,以争议委员会主持协约之解释,前者人数少于后者。有的工厂由厂内各部每班推选代表一人组织争议委员会,再由争议委员会推选数人,或由各部主席组织立法委员会(Plant Legislative Commitee)。前者主持解决各项劳动争议,后者除担任重大争议之处决外,并负责谈判缔结团体协约。[2] 第三类型之组织盛行于汽车制造业中。普通由各厂工人在县工会职员中选举争议处理委员会及谈判委员会,前者负责处理一切劳动争议及团体协约之解释,后者则主持协约之商判与磋商,谈判委员会人数较少,至多不过10人。

谈判委员会进行商谈团体协约时,以得大多数工人同意为条件。取得劳动者同意之方法,有采事前咨询者,有采事后追认者。前者在谈判进行时谈判委员会应随时将磋商结果及进行现状报告于被雇者之前,咨询全体会员意见。以全体会员之意见及决议进行谈判。后者则事后不征询会员意见,在决定时将其条件及内容报告由全体会员作最后之决定。未经全体会员大会批准的协约无效,代表不能擅自签字。[3]

---

① 详见 Steel Workers Organization Committee, *Handling Grievance: A Handbook for Committee Man of Local Lodge of S. W. O. C.* (1937).

F. H. Harbison, *Collective Bargaining in the Steel Industry*, 1937.

② 详见 A. F. Hinricks, *Summary of Report on Question of Fact Reised by United Rubber Workers*, A. Kron Beacon Journal May 14. 1938, p. 12.

Emily Clark Brown, *Collective Bargaining and Mass Production*, pp. 54-58.

③ 详见 Blorance Peterson, *Collective Bargaining in the United States of America*, I. L. R., May 1940.

团体协约订立后,其进一步之手续为团体协约之认可。各国之规定亦不一致。有的国家政府采取不干涉主义,双方代表签字后,即为有效,并无其他法定认可手续,自由协约制之国家大都如此,如英国即为其代表。有的国家则只要向法院或其他机关登记,如法国《劳动法》第31条第C项规定只须由任何一方向该区劳动法院书记课或治安法院书记课备案;英国《国民劳动关系法》规定团体协约订立后应将各项文件呈存一份于劳动关系局并登记。有的国家须经主管官署认可,主管官署并得删改之。如我国《工会法》第15条第一款协定:"团体协约之缔结,变更或废止,均应由当事人双方或一方呈请主管认可,自认可之翌日起,方发生效力。主管官署发现团体协约条款中有违背法令,或与雇主之事业进行不相容,或与工人从来生活标准之维持不相容者,应删除或修改之,但仍须得当事人之同意。"苏联劳动法典第21条,规定协定,团体协约签字后须向劳动人民委员部登记,劳动人员委员部对规定不利于劳动者及用人劳动条件之协约,得删除该条项之权限。如经当事人同意,得就其余之部分登记。劳动人民委员部取消后改由工会中央评议会登记,并送最高经济院审查批准后方为有效。

意大利团体协约认可之手续须经正式提存(Formal Deposit)及公布(Publication)手续。集体劳动关系法协定,凡协约订定后于订定之日起30日内,须将协约提交政府机关保存。如为一乡,一县,一郡或一省之协约则提交该区省政府保存;如为区,区际间及全国性协约则提交业团部保存。法律上亦有特别规定可于30日后呈送保存者,但至迟须于60日内完成之。协约中亦应规定订定协约之何方有送交保存之义务;如无规定时,则缔约双方负有相等之义务及相等之连带义务。

接受提存之机关同意公布后该协约对其所适用之区域方有法律上的效力。团体协约公布之内容为协约内容之提要,其应包括之要点如次:

(1)缔约时间及地点;

(2)缔约团体之名称,及缔约代表姓名;

(3)该协约适用之工厂及工人;

(4)协约适用之区域及期限;

(5)协约内容之要点;

(6)承认机关,许可机关及核准机关。

如该种协约需要其上级组织批准方允签订时,在提要中须申明已经批准。

一乡,一县,一省之协会所订立之协约应在省府公报上公布,各区,区际间及全国协会所订立之协约应在中央公报上公布。如形式及内容不符时,可拒绝公布,未经公布之协约无效。凡发生关于公布问题之争执可向劳动法院起诉,争执之最后决定者为业团部。

第五章　团体协约之内容

团体协约的内容可分两方面来研究:第一,各国政府对于团体协约的内容的规定有没有限制? 如有限制,各国的程度如何? 第二,团体协约包括什么条款? 规定什么主要项目? 各国的内容是否一致? 前者是政府对于团体协约内容之规划问题,后者是团体协约实质内容问题。

政府对于协约内容之干涉因各国所采团体协约之种类不同而异。采行自由协约及法律承认协约之国家对于协约内容并不直接干涉,但以不违反国家法律及劳动法规之条款为原则。在国家法律许可范围内,双方当事人可以自由协定其内容政府不加以干涉,但与现行法律抵触之条款无效。如我国《工会法》第15条规定主管官署发现团体协约条款中有违背法令,或与雇主之事业进行不相容,或与工人从来生活标准之维持不相容者,应删除或修改之。有些国家则以法律规定若干最低限度之劳动条件,团体协约之条款不得低于法定的最低劳动条件,如美国《公平劳动标准法》规定最低工资率及最长工作时间,团体协约之条款不得低于法定最低条件。有些国家则规定组织或薄弱或无工会组织之企业之最低条件,使有工会组织之企业在缔结团体协约时有竞争之标准;如英国职业局(Trade Boards)规定无工会组织企业被雇者之工资及其他工作条件,即为一例。

采用有法律效力协约之国家对协约之内容虽不直接干涉,但其态度比较积极,不似自由协约国家完全采取不干涉主义。有的国家虽不指定某特定标准或条款为协约之基础,但对其内容有若干限制。如澳洲联邦规定协约条款不得违反宪法规定,《墨西哥法典》中亦认为凡协约条款违反公共利益法律之条款者无效。有的国家则规定政府机关可以直接修改协约条款。有的国家则以法律列举若干项目为团体协约之主要内容。如法国列举若干项目为协约之必须订立条款,如英国法律指定工资为有法律效力协约所必需包括之项目。① 有作相反的规定者,即若干问题协约不能讨论,如荷兰规定锁厂(Closed Shop)条款,团体协约不能包括之。

集权主义国家则采取严格的干涉主义,使协约内容趋于一致。政府不仅有全权在协约缔结时干涉其条款之规定,同时可颁布若干基本条件强迫缔约团体接受;或指定特定协约为模范协约,其他协约,应以模范协约为标准,否则无效。如意大利《劳动宪章》规定:

"各业协会须以团体协约规定其所代表之雇主及劳动者间之劳动关系。团体协约之订立,在中央组织,监督及批准之下,由第一级协会订立,于必要时,其上级组织可为代理人。所有团体协约内,关于劳工训练事项,劳工试用时间,工资支

---

① 法国 1936 年 6 月 24 日法律规定团体协约对于下列法律未规定事项须订定之。(一)结社自由;(二)工人代表之选举,任期及职权;(三)工人之移动,雇用及解雇;(四)工人之复雇(Re-engagement After Absence);(五)解雇通知;(六)学徒之报酬及训练;(七)最低工资率;(八)家族津贴;(九)疾病津贴;及(十)休假给付。详见:*Collective Labour Agreements in France by Pierre Poullot*, I. L. R. Vol. XXXVII. No. 1. Jan 1938, pp. 11-22.

付数目及形式,劳动时间须明晰规定,否则无效。"(第十一条)

意大利虽未具体的规定各个协约之最低标准及其内容,但事实上协约内容纯由政府意志规定,缔约团体不能自由变动,协约团体之上级组织对其内容有审核及批驳全权。苏联亦然,在1930年以前,苏联工会中央评议会及最高经济院于每年团体协约修改前联合颁布协约指导原则,原则中规定一般劳动条件之标准,除特殊工业之特殊情形外,不得变更此项原则。关于工资率,各个工人之标准生产额,工作时间,工人生活之改善,生产力增加方法,在原则中均明确规定。原则未颁布前,企业经理部及工会不得进行缔约谈判。此项原则苏联于1927年11月,1928年11月,1929年10月曾颁布之。[①]

1930年以后改用模范协约代替指导原则。每年或数年内由工会中央评议会及最高经济院指定某业或某厂之团体协约为模范协约,其他各厂之协约缔结时,应以此约为基础,非特殊情形不得修改之。1939年之模范协约为莫斯科史达林汽车厂之团体协约。

政府对于协约之内容尤其工资率问题常于协约修改时以种种方法规定之。现以1938年苏联团体协约修改程序说明其统制内容方法如次。

1937年工会中央评议会第六次全体大会决议,当1938年经济计划核准后,应进行修改团体协约。至1938年4月11日工会中央评议会设立两小组委员会专门研究工资问题。一组研究工业,交

---

① *The Verbation Report of the Seventh Congres of Trade Union*, S. Zagorsky, Wages and Regulation of Condition of Labour in U. S. S. R., pp. 50-52.

通业,邮政,电报,电话业,农业工人,机械师及技术人员之工资问题;一组研究公共团体,国营商店,合作业及工业机关使用人之薪给问题。在各个全国工会之中央委员会亦设有上述小组,研究工资问题。1938 年 6 月 23 日又下令于各工厂委员会内设立工资委员会,委员人数自 3 人至 21 人不等,视工厂人数而定。由斯泰哈诺夫工人(Stakhanovists)、突击工人(Shock Workers)、机械师,技术人员及使用人组织之。应用于各业之工资率表由各该工会拟好后呈送工会中央评议会及人民委员会研究,研究结果如认为不良时得直接修改之,其修改之工资率表为该业协约之根据。如应用于汽车业及棉织业之工资表即由人民委员会加以修改并改颁新工资表。史达林汽车厂所缔团体协约即以人民委员会所修改之新工资表为根据。工会中央评议会及最高经济院于 1938 年 11 月指定史达林汽车厂团体协约为模范协约,为全国各厂协约之标准,各厂协约应以该协约为基础而另缔新约。①

集权主义国家之采用严格统制主义为一种自然结果。因为在集权主义国家,团体协约之目的在统制全国劳动条件,倘使不严格干涉其内容,则统制目的自不能达到。尤其苏联系实行计划经济,工资的支付,薪金的多寡,生产的标准,工人生活改良的程度,政府有其整个计划,如果各厂之协约由工会及工厂经理部以竞争方式自由决定其内容,则实难与企业情形国家政策相符合,因而有破坏整个经济计划的危险,故不能不采取统制主义。在自由主义国家,团体协约是劳动者达到改善劳动条件的手段,倘使严格统制其内容,则劳动者的集体力量无从发挥,劳动者的公共意志无从表现,

---

① I. L. I. 24 Oct. 1938, p. 129 及 L. L. R. Feb. 1939, pp. 234-235.

完全失却团体协约制度的本意,故此类国家大都采取不干涉主义,即使干涉,亦以提高劳动者的竞争能力及限制雇主的剥削为限。

团体协约之实质内容亦因各国所采用之团体协约而异。在自由主义国家,团体协约为劳动者改良其劳动条件之手段,故其主要为工作条件之规定,工资率,及工人之权利与义务,及协约之修改等项,甚少牵涉到生产之扩张与劳工之训练,在集权主义国家则双方并重。现以美,英,苏,意四国实例说明其内容于后。

美国协约之内容大体说来可以分为五大项目。第一,为协约之有效期限;第二,为相互的权利与义务;第三,为基本的劳动标准;第四,为私人权利之保障;第五,为协约解释修改之机构与程序。普通多注重第三第五两项,此两项有时占一半至四分之三的篇幅。

第一,协约的有效期限。协约之有效期限由缔约双方当事人自定之,法律并无规定。普通规定期限之方法有两种。一种由协约上明定有效期间,在此期间内,缔约双方均不得变更或违反协约规定。有效期间大都定为一年,亦有定为半年者。据全国工业局(National Industrial Conference Board)统计,在 1938 年内明白规定有效时间为一年者约三分之二,规定为半年者约三分之一,六个月以下者则尚未发现。一种则不规定固定的有效期间,凡缔约之任何一方认为环境变迁协约条款不能满足现状时,可以向对方提出修改或停止履行协约之通知,通知提出若干期限后,旧协约即告无效。修改或停止履行之通知提出后,双方即可按照协约规定重新商谈成立新协约,在新协约未成立前,旧约满期后仍无效。普通多能于旧约满期前缔结新约。

第二,相互的权利与义务。在此项中多规定工会与雇主间相

互之权利与义务,内容繁简不一,视各业及各厂之情形而定,但普通多规定下列各点:

(A)雇主或雇主协会承认缔约工会为订立团体协约之唯一代表,或承认其为代表其工人缔结团体协约之合法机关;

(B)雇主不得无故停业或进行反对及压抑工会之活动;

(C)工人不得无故罢工怠工及强迫被雇者参加,或引诱被雇者进行各项活动,足以妨害雇主之财产及事业之进行;

(D)工人经营权之规定,工厂代表之组织,工人代表之选举,及其职权之限制,但以该厂有此制度者为限;

(E)协约条款实行之先应使全体工人有讨论及修正机会,要经全体工人大多数同意后方得实施。

第三,基本的劳动条件。普通在各别工厂协约或立法协约上规定甚详,在公司协约或行政协约中仅揭举数原则,细微末节,不详列之。此项包括之条款甚多,为协约之主要部分,如最低工资率,工资率之计算及等级,工作时间,加工之条件,限制及其报酬,夜工之报酬及条件,童工及妇工之雇用,休息时间,每周休息日及每年休假日,安全及健康设备之最低条件,工作速度,人力使用之限制及标准,均有详细规定。团体协约所订之最低工作条件应至少与劳动法之规定相等,低于劳动法之规定者无效。

第四,私人权利之保障。所谓私人权利之保障系指工人个人职业之安全权及升迁权而言。以近代失业现象之频繁及雇主对工人之差别待遇(如雇主常因工人之年龄及在工会活动等原因而予工人以较低待遇),故在协约中恒规定此项。规定内容繁简不一。有仅规定数原则者。如1936年9月Illinois钢铁业所订之团体协约即规定工人之雇用,解雇及升迁应以下列因素决定之。(一)继续服务时间长短;(二)工人之知识,训练,能力,技艺及工作效率;(三)体格之健康及是否合宜;(四)家庭状况,收入,需要赡养人数及其他;(五)居住远近。二,三,四,五条件相等时以第一项为决定标准。亦有在协约中详列雇用及解雇条件者。如 1937 年汽车制造业及橡皮业严格列举雇用及解雇条款,并列有特别能力表(Special Ability List)以为升迁之标准。大多数协约规定继续服务时间甚久工人之优待条件,如规定继续服务满一定年限之工人因能力及年龄关系不能担任过重工作时,得减少其工作时间至 32 小时或32 小时以下。非法解雇及差别待遇争议之解决及上诉程序及机关在协约中多规定之。工人因参加工会活动得向雇主请假,请假条例亦在协约中规定,按照条例请假,雇主不得减扣其工资。对于参加工会活动之工人其解雇有特别保护,雇主不得因其参加工会活动而解雇之。条款内容不一,大体规定工会负责人或工会委员会之委员之解雇应有特别理由,并须经过一定之手续。①

第五,交涉之机构及争议解决之手续。普通协约中对于团体交涉之机构,程序;团体协约之解释及劳动争议发生后之调解及仲裁均有详细之规定,其所占篇幅往往甚大,于此不拟详述其内容,在第八编中有比较详细的分析。

英国团体协约之内容虽不如美国之比较划一,但其主要内容大部与美国相似。如大不列颠及爱兰尔煤气业工人及普通工人全国工会所订立之团体协约关于劳动者之雇用及雇佣条件,劳动时间,标准工资及混合计件制工资之计算,非计件工资率,仲裁部之

---

① 详见 E. Clark Brown, *The New Collective Bargaining in Mass Production*, The Journal of Political Economy Vol. XI VIL. No. 1. Feb. 1939, pp. 36-37.

组织与职权均有详细规定。①

苏联团体协约之内容甚为繁博,规定亦极綦详,条款之多及内容之详细为其他国家所少有。如高尔基锤镰工厂(Gorky Training-Lathe Work)1933—1934年之团体协约,全文共分十一部,81条,第一部为完成工业及财政计划的共同义务;在此项目内对于工厂委员会,企业经理部在本年度所应负的职责与工作,分别加以详细规定。第二部为劳动训练。第三部为劳工之雇用,转厂及解雇。第四部为使用人之训练及技艺教育。第五部为工资及工资率。第六部为生产分配表。第七部为劳动者健康及安全设备之改善。第八部为企业经理部之文化工作及工会组织之责任及职务。第九部为机械师及技术人员之工作设备。第十部为机械师及技术人员之责任。第十一部为工人统制委员会(Workers Control Commission)之工作及团体协约之执行。②

1938年史达林汽车工厂之团体协约除序言(Draft Preamble)外,内分工作及工作条件,经营及训练,工人之保护,与工人物质生活及文化生活五部,现逐项略述其内容。

(一)序言。在序言中揭言团体协约之目的在动员全厂工人完成党部及政府所指示之加强社会主义制度及增进国家共同福利之目标。缔约双方当事人均同意实行工厂之预定计划,改良生产技术,减少生产成本,增加生产及改进工人及使用人员之物质幸福。

---

① 关于英国团体协约之内容可详细参阅:英国劳动部出版之《团体协约集》(*Ministry of Labour's Volume of Collective Agreement*)。在《团体协约集》对于各业之重要团体协约,均有详尽的分析。此为极有价值之参考资料。此外在 W. Milne Balley 所辑之《工会资料》(*Trade Union Documents*)中亦举出数件最有名之团体协约。

② B. and S. Webb, *Soviet Communism*, Appendix XI., pp.505-525.

为求达到上述目的,缔约双方当事人在社会主义原则下,改良工资表,使工作之质与量得到平衡之发展;改进企业经营并发展社会主义竞赛及斯泰哈诺夫运动;再后加强工厂内之训练,逐步改善工作环境之安全及增进对劳动者之文化的及物质的援助。

（二）工资率及工作条件。在此项目内主要规定工人之工资率表。工资表之种类,等极,标准生产量之规定,改订手续及条件;累进工资率之计算,及其等级;计时制之条件;集体计件之计算,以及学徒之工资率表均分别规定之。

（三）经营及训练。在此节内规定工厂经理部及工厂委员会之权利与义务。经理部之主要责任为筹设布置各项必要设备及设施务使生产计划无论质的方面或量的方面均能如期完成,必要时,要超过原订计划。因之,经理部之主要任务为合理的组织生产程序,分配工人工作,使其"用得其当",与其能力与职业相称;随时改进机械之装置与配合;按照使用时间长短修理厂内机械,工具及各项设备。此外要指导斯泰哈诺夫运动,鼓励普通工人与斯泰哈诺夫工作者学习,成立各种训练班并设法改进体力劳动者及非体力劳动者之技艺与能力。

工厂委员会之主要任务为增加生产。除组织生产会议(Production Conferences)防止生产与训练脱节外,并在各个工人之间,各部工人之间及工厂与工厂间组织社会主义竞赛以增加劳动生产力,改进生产品的品质及减少原料的浪费。生产会议由工厂委员会按期召集,研究如何改良生产程序。工厂委员会同时有监视生产会议决议案之执行及监视工作时间之利用。

（四）工人之保护。协约中详列经理部该年危险预防计划及实行日期。安全规则及工厂规章应张贴于工作场所。其他如育儿室之添设及管理,安全服(Safety Clothes)之发给,社会保险费之缴纳以及特种工人之特殊待遇,均于协约中分别详列。

(五)工人物资,文化生活之改进。在此项目中,明白规定改良工人物质生活及文化生活之费用总额。对于工人住宅费之分配,住宅之地址及形式,住宅之分配由工厂委员会会同经理部决定。医院及儿童住宅之修筑亦在协约中规定。经理部须津贴工厂委员会之文化活动费,津贴额为工资总额1%。工厂委员会负责提倡运动,旅行及各种业余娱乐之活动;工人俱乐部亦由其主持。

在该项中,对于团体协约之实施亦有规定。其他如协约之有效时期及补充协约之签订均规定之。

意大利及葡萄牙等国之团体协约其内容大体相似。现以意大利的团体协约为代表说明此类型协约之内容。

1926年《集体劳动关系法》及《劳动宪章》中对团体协约之内容有具体的规定。最重要项目为劳动者训练,工资率及工作条件及社会保险三项。①

法西斯劳动政策之主要目的为求生产因素之协调及生产力之最高发挥。故在团体协约中特别注重劳动者训练,详列各项训练科目,计划及违反时之罚责。一方面使劳动者与企业家协调在工厂内成一积极的合作者;一方面严格训练劳工,改进其工作技能,以提高劳动生产力。如违反规定者处以罚金或其他罚则。对于工厂工作时间表之举行更为注意,在协约中均郑重提及。

工资为劳工之最重要所得来源,给付工资为雇主主要义务。因之在协约中对于工资之形式,工资之支付方式,夜工及加工工资

---

① 阅《集体劳动关系法》及《劳动宪章》第五条。

均分别规定。其他如每日工作时数,每周工作日,年休息日,加工之条件,无故解雇之赔偿,解雇之条件,安全及健康之最低设备,亦均详列。此外法律规定协约上须订立设置互助疾病保险基金,以补偿工人因病不能工作时之损失。保险费由双方缴纳,行政事务由双方管理。其他社会保险之设置亦应在协约中订明。

除上述三项重要事宜为意大利团体协约之主要内容外,尚有由各业自行决定之条款,各业不一,于此不赘。

第六章　团体协约之效力

团体协约之效力可从协约效力之范围及协约效力之内容分析，前者为适用范围之问题，后者为效力之拘束力问题，而前者又可分为人的适用范围，职业的适用范围，地域的适用范围及时的适用范围四种。除人的适用范围一问题各国所采态度不同外，其他各项大都相同。现将其相同部分略加说明后，再比较"人的适用范围"一问题。

团体协约之职业的适用范围及地域的适用范围以协约所定之职业及地区为范围，不属于此特定区域内之特定职业者无遵守的义务，此点各国劳动法均如此规定，我国亦然。[①] 协约之时的效力，原则上限于其存续期间有效力，有效期间有以法律规定其最高期限者，有由法律规定其最高期限及最低期限者，有政府不规定期限完全由协约中规定者。[②] 我国规定最长定期为三年（《团体协约

---

① 照我国《团体协约法》规定："劳动关系有二个以上之团体协约可以适用时，其效力发生在前之团体协约无特别规定者，先适用职业范围较小之团体协约。团体协约不属于职业性质者，先适用地域或人数适用范围较大之团体协约。"第五条。

② 团体协约之时的效力各国规定不一。法国1919年《劳动法》31条G项规定为五年。德国《团体协约法草案》第九条第二项规定为三年。苏联《劳动法典》第18条由劳动人民委员部会同工会中央评议会协订之，普通多为一年。但亦有二年或三年者。英美各国则法律上并无规定，由协约团体协定之。如美国团体协约之期限有协约明定期限者，有不规定固定期效由协约之当事人提出修改或停止履行之通告者。明定期限者多为一年。

法》第26条）。协约上无定期者原则上当事者于协约订立一年后，得随时为协约之终止通知。通知期限如无约定者，应于三个月前，以书面行之（《团体协约法》第24条）。约定定期者以三年内为伸缩时间，全部协约不必为同一之约定定期。

协约效力之内容由各国团体协约之规定可以归纳为补充性的效力及代替性效力。所谓补充性的效力，即不问当事人之意思如何，团体协约所订的劳动条件，当然的为该协约所属雇主及工人间所订劳动契约之内容。所谓代替性者即劳动契约如有异于该团体协约所订之劳动条件者，其相异之部分无效，无效之部分以团体协约中相当之规定代之。此两种特性合称之为协约之规范不可变性（Unabdingbarkeit）。但其不可变性仅指协约条款高于劳动契约而言，如劳动契约上所订之劳动条件高于协约之条款时，则契约之条款继续有效。如我国《团体协约法》规定，如劳动契约上所变更之协约条款系为团体协约原则上所允许，或为工人利益变更劳动条件，而该团体协约并无明文禁止者，则其契约应为有效（《团体协约法》第16条）。以团体协约之发展，本基于保护被雇者之利益，高于协约所定之劳动条件自然有效。

协约之人的适用范围则因协约之性质不同而异。自由协约及政府承认协约之范围甚狭，有法律效力之协约较广，官定协约则更广，凡该业该区之一切成员均包括之。

自由团体协约及政府承认协约之人的适用范围，以协约之关系人（Tarifbeteiligte）为限，与协约无关之第三者不包括之。换言之，凡缔约当事人或属于缔约团体之会员始受其拘束之义务，非缔约人或缔约团体之会员则无遵守义务。如法国1919年3月25日法律规定受协约拘束者以下列两类人为限。（一）签订协约之雇主及工人或以书面承认签字于协约之个人；（二）缔约团体所属之会员，如缔约团体会员不欲履行协约义务时，须退出其所属团体，并通过其所属劳动法院书记课，方为有效。我国《团体协约法》第14条亦规定，如无特别限制，下列各款之雇主及工人均为协约关系人。

（一）为协约当事人之雇主。

（二）属于团体协约当事团体之雇主及工人，或于协约订立时或订立后加入该团体之雇主及工人。

有法律效力协约之情形则比较复杂。凡经政府机关宣告某特定协约应适用于该业全体成员时，则非协约关系人之第三者亦受其拘束。其适用之职业与区域以协约所定范围为限。有一般拘束力协约宣告权力之机关各国不同，有由行政机关宣告者，有由司法机关宣告者。如法国，英国，荷兰，南非联邦规定由相关部长宣告，墨西哥规定由行政机关宣告，卢森堡规定由内阁宣告，澳洲各邦及新西兰规定由仲裁法庭宣告，秘鲁规定由全国劳动评议会或县劳动评议会宣告。请求宣告有一般拘束力者各国之规定亦异，如英国规定应由当事人双方联合请求；卢森堡及南非联邦由劳资团体代表合组之特设团体请求；秘鲁，荷兰，及新西兰规定缔约当事人之一方请求时，即可宣告；法国及南斯拉夫则由政府直接宣告，不必由缔约当事人请求。缔约当事人请求后或政府自动发生后，再由一特定机关审核，审核合格，然后由政府决定是否宣告该协约有一般拘束力，经政府规定有宣告权力机关宣告后，该协约始对其该业有一般拘束力。审核机关之组织各国之规定亦极不一致。如英国由一独立的机关（即与劳资团体有直接关系之机关）审核，法国由经济评议院及劳资团体双方会同审核，荷兰则由最高劳动评议院审核之,瑞士则规定须向独立的专家咨询。[1]

总之,凡实行宣告一般拘束力制之国家,如团体协约经国家宣告其有一般拘束力后,该协约对于该业之所有雇主及被雇主,不论其加入缔约团体与否,均有遵守之义务,虽亦有例外,但大体上是如此的。[2]

集权主义国家则规定所有团体协约对于其所属企业工厂之被雇者及雇主均有拘束力。意大利《集体劳动关系法》规定凡该业之合法团体订立团体协约后,对于从事该业之被雇者及雇主均有拘束力,不论其是否为缔约团体会员。在意大利从事该业之外国人,不论其为雇主或被雇者均有遵从协约规定之义务。苏联1922年《劳动法典》第16条规定团体协约之条款对于该企业或营造物内之所有人员均有拘束力,不论其为工会会员或非工会会员,但有任免他人权力之经理部职员不适用之。其他如葡萄牙,保加利亚之法律均如此规定。以集权主义国家团体协约缔结之目的在统制雇主及被雇者间之一般劳动关系,故其效力应有普通性,非缔约团体之会员亦应有遵守之义务。

---

① 详见:L. Hamburger, *The Extension of Collective Agreements to Cover Entire Trades and Industries*, I. L. R. Vol. XI. No. 2. August 1939, pp. 188-189.

② 同上注,pp. 180-185.

第七章　团体协约之执行

团体协约之执行方法虽各国不一，但大体亦可按协约种类分为四类，即自由协约，政府承认协约，有法律效力协约，及官定协约，以政府干涉协约之程度不同，其执行之方法自异，两者实为一个问题之两面，有不可分割的关系。

自由协约既由缔约双方当事人自己负责，政府采不干涉态度，故其执行政府亦极力避免直接干预，纯由缔约团体自己负责，于必要时，政府以间接方法影响之。以团体协约为缔约双方当事人间之君子协定，其执行完全基于相互间之诚意与谅解，故法律上并无强制执行的条款。普通缔约当事人以下列两方法影响协约之执行。第一，在协约中设立解决劳动争议之机构；第二，如争议和平解决无效时，允许双方当事人举行停业或罢工以执行其所冀之条款。

协约中所规定之解决争议机构，或为双方代表组织之联合局或联合委员会，当协约解释或改订新约发生争议时负调解及仲裁之责，其组织及程序将在第八编中详述，于此不赘。此种机构之有效运行完全视缔结团体之力量，及调解及商谈之技术及方法而定，政府并无条款强其执行。至于停业与罢工，严格言之，非协约之执行而为协约之停止，不过使双方互相警戒不敢轻易破坏协约，故亦可视为协约执行之最后武器。

协约团体亦有规定设立保证金制度（Guarantee Fund System）以保证协约之执行者。如英国鞋靴制造业雇主联合会（Federated Association of Boot and Shoe Manufacturers）与全国鞋靴工人工会（National Union of Boot and Shoe Operative）曾订立调解协定，规定该业所有争议在未交付仲裁由仲裁人公断以前，不得举行罢工或停业，违反此规定者处以罚金，并由双方各缴保证金 1,000 镑以为保证基金。仲裁人可以决定协约是否被违反，并有决定违反协约一方之罚金数目之权。

政府虽不直接干涉团体协约之执行，但亦运用种种间接方法以影响之，在英国因在法律上不承认协约地位，故以行政方面之方法以影响之，在大陆各国及美国虽不正式承认其合法地位，但普通多视为应该履行之契约，故恒用司法方面之方法影响之；如政府之间接方法失效后则由协约团体以罢工或停业相威胁而使其实行。[①]

英国政府间接督促团体协约之方法有三：

第一，由下议院通过议案规定所有政府契约须订定公平工资条款。1909 年 3 月 10 日下议院决议："凡与政府签订合同者其所给付之工资及工作时间不得劣于工作地该业雇主及工会所公认之条件，如该处无公认之工资率及工作时间时，则以'优良雇主'（good employers）间所实际流行之标准为准。"随后地方政府之合同亦有同样规定。劳动部并任命一委员会监视公平工资法案之运

---

① 关于英国团体协约之执行可参阅：F. Tillyard and W. A. Robson, *The Enforcement of the Collective Bargaining in the United Kingdom*, Economic Journal Vol. XLVIII. No. 189. March, 1938, pp. 15-25. 关于法国者可参阅：Conseil National Economique Les Conventious Collectives de Travail, Report Submitted by Pierre Laroque, 194□, pp. 68-80.

行,委员人选为政府各部代表,雇主协会及工会代表,以一无直接利害关系之第三者为主席。1935 年《伦敦交通运输法》[London Passenger Transport (Agreement) Act]为此方面规定之进一步发展。在该法中不仅将上列公平工资包括在内,并规定铁路所雇用之直接劳动者其工作条件及工资亦应遵照公平工资法案,以保障工会协约所订之条款。

第二,公用事业须应用公平工资议案条款。1930 年《陆运法》(The Road Traffic Act)规定陆运业被雇者工资及工作条件不得低于现行下议院决议案所规定与政府各部订立之合同之劳动条件;同时授权运输业工会遣派代表出席运输委员会(Traffic Commissioners)以监视此项条款之执行,如运输委员不能解决时,劳动部长将其交付工业法院(Industrial Court)解决。1932 年《道路及铁路运输法》(The Road and Rail Traffic Act of 1932)又将此条款修正并补充。第一步规定工业法院在决定此类争议时,应注意与该案工作能力相等者之其他工人之工资及工作条件,并应注意联合工业调解局(Joint Industrial Conciliation Board)或与此相似机关之决定,及雇主团体与劳工团体代表所缔结之团体协约。第二步将此规定适用于运输货物车辆之驾驶人及运输者。至 1936 年又将此项原则应用于糖业及空运业。1936 年《糖业法》(Sugar Industry Act)规定凡炼糖业雇用工人时,其工资及工作条件须依下列任何一项而定:(一)团体协约所规定者;(二)联合工业调解局所规定者;(三)与下议院议决案相符者。如发生工资争议时,由劳动部长提交工业法院判决,其判决应根据与本案关系人能力相等之劳动者在团体协约,工业调解局及其他类似机关所规定之多少而定。1936 年《空运法》(The Air Navigation Act of 1936)之规定大体相同。

第三,成立职业局以规定工会组织不发达企业之工资及工作条件,在工会组织健全之企业成立联合工业调解局由双方代表决定劳动条件以间接督促团体协约之执行。此点将分别在第六编,第八编中说明,兹不详述,不过在此指出此亦为团体协约执行之间接方法而已。

美国系采用司法方面之方法以间接执行团体协约者。美国虽无法律明文承认协约之合法,但大多数法院认为协约为应该执行之契约。尤其在最近数年内,法院恒用种种方法以防止协约之破坏。如在许多案件中法院强制雇主接受增加工资之仲裁,如雇主在团体协约中已承认锁厂条款时,法院亦强其只准雇用工会会员;如雇主或被雇者不依协约规定进行仲裁而进行罢工时,法院认为其违背协约而处罚之。

协约被破坏后,被雇者之最后手段为进行罢工,而雇主则恒向法院要求颁发禁止令(injunction)以中止罢工,或向法院起诉要求损害赔偿。故普通学者将美国团体协约之执行分为依法检举(Prosecution)、损害赔偿(Damage Suits)及颁布禁令三种,以后者之使用甚为普遍。[①]

依法检举为不常使用之方法。当团体协约破坏后,被雇者惟一武器为举行罢工,于是政府以破坏秩序,触犯刑章等名义将其逮捕,以维持团体协约之实施。如1917年芝加哥服装工人罢工时,被逮捕者1,480,达罢工总人数一半以上。1929年依利萨伯屯(El-

---

① John R. Commons, John B. Andrews, *Principles of Labour Legislative*, 4th Edition, pp. 411-417.

Florence Peterson, *Collective Bargaining in the United States*, I. L. R. Vol. XLI. No. 5. May 1940, pp. 498-508.

izabathon)纺织业工人罢工,一日被捕者达 300 人。自 1933 年以后此法甚少应用。

损害赔偿在 1908 年以前甚少应用,1908 年以后,尤其 1922 年以后,联邦法院均承认之,但有一部分州法院未遵行之。最有名之判决案为 1908 年联邦最高法院之 Danbury Hatters 案件及 1922 年 Coronado 判案。在前案中联邦最高法院判决 197 个帽业工会会员因发起对 Danbury 制帽公司拒货同盟,工会应负损害赔偿之责,赔偿金为 240,000 美金;后者判决工会为非法人团体,如其职员或会员所为之非法行为,所有会员有无限制的连带责任,故美国联合煤业工人工会应负损害赔偿之责。①

所谓颁布禁令即由法院颁布命令,指令当事人作为或不作为某种行为,被指令当事人,如违反法院所指定之事项时,即处以罚金及徒刑,普通禁令多命令不作为某种行为。自本世纪以来法院常广泛应用以禁止罢工及维护协约之执行。雇主甚为欢迎以此为结束罢工及拒货同盟之最有效方法,而被雇者则甚苦之。

禁令共分三种:一为临时约束令(Temporary Restraining),由法官在开审前根据当事人一方片面之请求而颁布之;二为临时禁令(Temporary Injunction),法官根据当事人一方之宣誓陈述书(Offidavits)而颁禁之,不必经过公开审判之程序;三为永久禁令。在 1930 年以前法院常根据雇主片面请求颁布禁令禁止工人罢工,怠工及拒货同盟等活动。1930 年 Norris-La Guardia Act 通过后对于颁布禁令有若干新的限制。各州继之而起者有 1931 年彭西维尼亚(Penn-

---

① Loewe v. Lawlor, 208 U. S. 274, 28 Sup. Ct 301 (1908), United Mine Workers of America v. Corondo Coal Co. , 295 U. S. 344, 42 Sup. Ct 570 (1922).

sylvania）及威士康辛（Wisconsin）两州法律,至 1935 年年底通过此种法律者达 16 州之多。①

在新法之下,由单方请求颁布之临时约束令禁止颁布,在特殊情形下可以颁布,但以五日为限。否则须通知对方使其有呈述理由机会。临时禁令及永久禁令之颁布须在正式开庭审问之后,其颁布须具有下列条件。

> "如起诉人未完全依照劳动争议法之条款所规定之义务履行,或起诉人未利用一切合理手段如调解,及政府所设立之调解,及自动仲裁之机构以解决其劳动争议时,不得颁布禁令或禁止救济（Injunctive Relief）。"（Norris-La Guardia Act 第八条）

自是以后,法院对于关于劳动争议之禁令甚为严格,有许多法院曾对于许多案件拒绝颁布禁令,即颁布时,其手续及条件甚为严格。②

政府既承认协约之合法地位,则自有若干法律的结果,此为政府承认协约与自由协约最基本之区别,故政府对于此类协约之执行,恒采干预态度。其干预之方式有由法院全权决定者,有由法律明订缔约团体之权利与义务以保障协约之执行者,以后者方法比

---

① Pennsylvania (1931); Wisconsin (1831); Colorado (1933); Idaho (1933); Indiana, (1933); Louisiana (1933); Maryland (1935); Maine (1935); Massachusetts (1935); Minnesota (1935); New York (1935); North Dakota (1935); Oregon (1933); Utah (1933); Washington (1933, 1935); Wyoming (1933).

② 联邦法院及各州法院(已通过此类法律者)禁止颁布禁令干涉劳动争议,如工人罢工,工人组织工会,工人实行罢工纠察权,宣传工人参加罢工等行动,法院均不得禁止之。

较普遍,我国即采此法。现分为缔约团体之权利与缔约团体之义务说明于次:

(一)缔约团体之权利。缔约团体之权利大体分之有二:第一,缔约团体之损害赔偿。凡团体协约当事团体对于违反协约规定者,无论其为个人或团体,为团体之团员或他团体之团员,均得以团体名义请求损害赔偿,法国1919年《劳动法》第31条第Ⅴ款,我国《团体协约法》第21条均如此规定;丹麦,芬兰,挪威,得以罚金代赔偿。第二,为法定诉讼代理权及参加权。凡团体协约当事团体无须特别之委任,得为其团员提出团体协约上一切之诉讼,但以先通知其本人,本人不表示反对者为限。又关于团体协约上之诉讼,协约当事团体之团员为被告人时,其团体亦得随时参加诉讼。前者为诉讼代理权,后者为诉讼参加权。我国《团体协约法》第22条,1919年《法国劳动法》第31条第Ⅶ款,其他如智利,芬兰均如此规定。

(二)缔约团体之义务。缔约当事团体之义务亦可分为协约团体本身之义务及协约团体对于其所属团员履行协约之义务。法国,丹麦,智利及我国均认为缔约团体既代表其团员缔结协约,则有监督其团员履行协约条款之义务,我国《团体协约法》第20条第二项即如此规定。芬兰及瑞典法规则仅规定缔约团体应采取必要手段以防止其团员违反协约之规定,但无法定的积极义务。立陶宛及挪威则认为团体协约与普通劳动契约不同,故缔约团体无强制其团员履行之义务,如挪威法律规定只要缔约团体能证明其已令其团员履行协约时,团员如不履行,缔约团体对于团员所为之行为不负任何责任。至于缔约团体本身则有履行协约义务。如不履行时,对于他方有给付损害赔偿之义务。各国法规均如此规定,并无例外,所不同者有的国家对于赔偿金有数目上的限制,有的国家则无限制,我国《团体协约法》第 20 条第二项规定,协约当事人得约定当事人一方不履行义务时,对于他方应给付代替损害赔偿之一定偿金。第 21 条规定协约团体有要求损害补偿之权利。[①]

有法律效力协约(即经主管机关宣告有一般拘束力之协约),对于其企业之所有成员均有拘束力,不论其为缔约团体之团员与否,故对于此类协约之执行,通常由政府直接负责,但缔约团体对于其所属团员有监督的义务。政府监视协约执行之机构为劳动检查员(Labour Inspectors)或工厂检查员(Factory Inspectors)。澳洲各邦及新西兰授权工厂检查员允其监视有一般拘束力之协约之执行,法国在 1936 年新法中亦规定有一般拘束力协约由劳动检查员监视其实施。至于由特设的检查员监视抑由普通检查员监视则各国规定不一,工厂检查员在监视协约之执行时,应与各工会及雇主团体取得密切之连系。

有一般拘束力之协约之条款为最低之工作条件,该业之雇主及被雇者,不得无故违反协约规定或抛弃(Renunciation)之。雇主如违反协约规定时,缔约团体会员可以团体力量请求赔偿,未加入工会之工人则政府恒立机关代为请求履行,同时政府对于不履行协约之雇主予以刑事上的处分,或处以罚金,或处以徒刑。南非联邦之处罚尤为严格,凡雇主给付工人工资低于协约之规定两次者,禁止其以后雇用劳工。有许多情形,工人愿意抛弃其权利,与雇主协议接受较协约条款之规定为低之劳动条件,此种现象之发

---

① 参阅 I. L. O., *Method of Collaburation Between the Public Authorities*, Worker's Organizations and Employer's Organization, pp. 208-211.

生不仅失却宣告协约有一般拘束力制度之意义,同时使此种协约之执行发生困难,故各国恒禁止之。如阿塔阿(Ontario,现译安大略)、亚路贝塔(Alberta,现译阿尔伯达)、沙克琪汶(Saskatchewan,现译萨斯喀彻温)、琼士兰得(Queensland)法律均规定如工人接受劣于协约规定之工资及工作时间时,予以罚金及徒刑之处分,南非联邦之规定亦然。

有法律效力协约之解释或改订如发生劳动争议时,政府恒禁止罢工或停业。如一部分国家规定如工人因协约所发生之争议而举行罢工时,雇主或雇主团体得要求工会强制工人复工,如工会不能应其要求,则视为违反协约之规定而要求损害赔偿或要求政府处罚;雇主停业时情形亦然。如未加入缔约团体之雇主或工人举行停业或罢工时,则缔约团体不负责任。以缔约团体与该业未加入当事团体之个人之关系仅令其在接受协约所定之劳动条件,其他并无关系。换言之,有一般拘束力协约仅规范该业之劳动条件,其他并无任何责任。故缔约团体对于非该团体团员所为之行为不负责任,而由政府以法律规范其行动。如新西兰及澳洲均规定非缔约团体团员如举行罢工或停业时由政府处罚,罚则与缔约团体团员相等。[1]

实行官定协约制国家,协约之执行由政府或政府御用之团体直接负责,严格禁止罢工与停业,雇主或被雇者如违反协约规定时,恒由政府行政机关或司法机关按照刑章处罚,无论是否为缔结团体团员均受其拘束。保加利亚制度比较和缓,仅由协约中自定

---

　　[1]　见:L. Hamburger, *The Extension of Collective Agreements to Cover Entire Trades Industries*, pp. 185-190.

违反协约条款之罚款,但此为例外情形,其他各国如意大利,苏联,葡萄牙,希腊各国之规定均甚积极,但以意,苏两国为例说明之。

意大利团体协约之执行,主要由政府及缔约团体负责。政府订立法规严格禁止雇主或被雇者违反协约规定,如有违反者按照刑法处以罚金,苦役或徒刑。在平时协约之实施由缔约团体之联合会及全国协会负责,全国协会,联合会及其下级团体不仅对于会员有推行协约条款及防止协约被违背的义务;对于非团体团员亦有监视协约执行及防止协约破坏的责任。会员不履行时,该团体可以直接行动加以干涉,于必要时,得开除其会籍;如非会员不履行时,则缔约团体在其权力范围内行使种种方法促其履守,普通最常用的方法为劝告,友谊的干涉及警戒等。各业团体间为互相保证协约之履行计,设有团体协约履行保证基金,以资信任。①

在苏联开始规定团体协约之执行由评价及争议解决委员会(Assessment and Disputes Committee)负责监视,1922 年《劳动法典》第 26 条,工会不得干涉协约之违反事宜(第 20 条)。企业经理部如不履行协约之条款时,可向民事法庭起诉;如故意违反或有计划的破坏时,则可按刑法第 134 条之规定予以罚金,苦役及徒刑的处分。至 1926 年第七次工会大会认为,为加强协约之有效性计,工会应握有监视及干涉协约执行之权,由其随时严密监视其实施并防止其被破坏。工会虽如此主张,而企业经理部仍不断破坏协约条款,至 1928 年第八次工会大会重新提出此问题,主张工会应采

---

　　①　保证基金的用途是保证各业协会间团体协约之履行,而非保证私人对团体协约之履行。此点 P. Georo 在 *Il Contratto Collettivo di Lavoro*, p. 259 上说得很明白。保证基金有两种。一为一般基金,其数目由协会自定;一为特殊基金,每年从会费中抽百分之三。

种种必要步骤以监视工人及企业经理部履行协约之条款。会中并决议请求政府订定法律以防止经理部违反或搁置协约。至 1929 年 9 月 28 日工会中央评议会与最高经济院联合下令,禁止缔约当事人违反或搁置团体协约规定之条款,如有违背者,按现行法规严厉处罚。10 月 3 日司法人民委员部下令严格执行对于团体协约之监督,并采用法律手段以执行协约条款;同时又令公共保安代表(Representatives of Public Prosecutor)与劳动人民委员部人员及工会代表密切合作以监视协约之执行。①

　　1930 年以后,工厂委员会与工厂经理部负责执行团体协约。每三个月工厂委员会须向工会会员保证协约内条款已付诸实行,每半年经理部及工厂委员会应向工厂全体大会报告协约实施情形。如经理部人员违反协约规定时,按刑法第 134 条之规定处罚之;如被雇者违反时,则按协约规定处以罚金或在同志法庭(Comrades Courts)审判议处。②

---

① *Wages and Regulation of Conditions of Labour in the U. S. S. R.*, pp. 75—77.
② 见:Soviet Workers, p. 368,同志法庭为苏联审判违反劳动纪律工人之机关,在各大工厂均已成立。详见本书第四编。

第八章 团体规章(Collective Rules)

在集权主义国家,为使全国劳动条件之调整能与国民经济生产力的发展及国家最高利益之追求相适应时,恒由国家机关颁布团体规章直接规定某业之劳动条件,而不假手劳资团体以团体协约方式决定。此为国家直接统制劳动条件之进一步表现,以其亦为规划劳动条件之一种方法,故于团体协约一编中讨论。

现代各国实行团体规章制度者仅德、意两国,以德国为最彻底。1933 年以后德国将以前工会,使用人工会及雇主协会完全解散,改设劳动阵线为雇主及被雇者之公同组织,劳资双方团体既被破坏,团体协约自无法缔结。劳动条件由企业领导者颁制经营规则(Betriebsordnung)及劳动专员颁制最低劳动条件规则(Tarifordnung)以统制之,关于前者在第五编中讨论,在此章中仅分析后者。意国未废除团体协约,但业团可以颁制各种团体规章以统制所属各企业之劳动条件,其效力在团体协约之上,团体协约条款与其抵触者无效。

1933 年 5 月 17 日,德国劳动阵线的指导者伊莱与国家经济总监(Economic Commissar)华格勒(Dr. Wagener)代表雇主及被雇者协定八星期之"休战",在此时间内相约停止一切斗争手段,并任命经济及劳动总监(Bezirksleiter der Wirtschaft und der Arbeit)维持产业和平,规划劳动条件,此为国社党破坏团体协约之第一步。至 5

月 22 日又公布《劳动专员法》(Gesetz über Treuhänder der Arbeit von 19 Mai 1933)将全国分为 13 劳动专员区,每区设劳动专员一人,劳动专员除秉承政府意志维持产业和平外,并可代表劳动者团体及雇主团体订立团体协约,及代表各个雇主规制劳动契约内容。但专员之权力极大,名义上虽为团体协约当事人之代理人,实际上可不顾协约当事人意见,强制规定工资及其他劳动条件,其规定与团体协约有同等效力。同时并可自己发动代理雇主及工会订立协约,不必经关系人之请求。此为团体协约破坏之第二步,及团体规章颁制之初步。至 1934 年 1 月 20 日国民劳动秩序法颁布后,团体协约制度完全废除,团体规章得到合法之地位。

劳动专员区由劳动部长会同经济部长内政部长划分之,据 1934 年 3 月 1 日第一次施行令规定全国分为 13 区,与 1933 年 6 月施行令相同。每区设劳动专员一人,由劳动部长及经济部长任命之。但区域较大或其他原因得由劳动部长设置代理人(Beauftragte),代理人任务由劳动部长及劳动专员授与之,其行动受劳动部长及专员指令之拘束。劳动专员之职能有八,其主要者为颁发劳动指令及最低劳动条件规则以规划全国劳动条件。①

---

①　劳动专员之职权据国民劳动秩序法第 19 条至 25 条之规定如下:

(一)监督互信委员会之成立,行动并解决其所发生之争议;

(二)互信委员之选任与解任;

(三)互信委员会抗告之受理及裁决,有权废止企业领导者之决定,并颁发劳动指令;

(四)企业领导者解雇劳动者时,须经其批准;

(五)布制最低劳动条件规则,及工资协定于其所管辖区域内之经营及企业;

(六)监督经营规则之实施;

(七)与社会荣誉法院合作;

(八)当经济部长及劳动部长以训令垂询时,应随时将社会状况报告于政府。

根据《国民劳动秩序法》第 32 条第一款规定劳动专员在专家委员会（Sachverständigenbeirat）中讨论后得颁布劳动指令以为经营规则及劳动契约内容之一般原则。[1] 在同条第二项又规定当劳动专员认为其所管辖区域内之一群工厂之被雇者，有规定其最低劳动条件之急切需要时，在专家委员会中讨论后得制定超经营规则（Überbetriebliche Ordnung）或最低劳动条件规则。超经营规则之规定为适用各厂之最低工作条件，经营规则与超经营规则抵触者无效。如欲在劳动专员法律管辖区域之外，颁布劳动指令或超经营规则时，可由劳动部长指令派定劳动专员颁制之。劳动专员对于特定劳动专员所颁布之规则及指令有监察其实行之义务，如劳动部长指定特定劳动专员负责者除外（第 33 条第一款，第三款）。

由上条文规定，可知劳动专员可以颁制劳动指令及最低劳动条件规则以规范劳动者之工作条件。前者为统一同种类企业经营规则之内容，而经营规则之内容有规定各个劳动契约之效力，故劳动指令无异直接规定劳动契约之内容。后者为规律一群工厂的劳动关系之最低条件，其与劳动指令不同者，不能直接的无条件的规定各个劳动契约之内容而已。

---

① 专家委员会为劳动专员之顾问机关，每个专员，设有一委员会，其人选四分之三由劳动阵线于该区域内选荐数目相等之企业领导者及企业随从者之推荐名单中选任；其余四分之一则由劳动专员于其管辖区域内选任之。根据第二次施行法，专家委员会各为 16 人，专家就职时须宣誓为全体社会谋利益，不追求私人福利。除专家委员会外，尚有专家会议（Sachverständigenausschuss），此亦为劳动专员之顾问机构，非常设组织，在必要场合下可以召集之以咨询其意见。根据第二次施行法规定专家会议委员是劳动专员在其所管辖区域内自由选聘，人数不得超过 8 人，其半数须为企业领导者及互信委员。

劳动指令及最低劳动条件规则之法律上的性质在此不拟详述。① 在此不过指出劳动专员所颁布之劳动指令及最低劳动条件规则为决定该业劳动条件之最基本原则,凡经营规则及劳动契约与其违反者无效。劳动专员有官吏法第 25 条之警察员权限,凡违反劳动专员之成文规定者处以罚金及徒刑,有时可以逮捕之。经劳动专员之请求后可以提出刑事诉讼。

1938 年以后劳动专员之权力更增。1938 年 6 月 23 日,根据 1936 年 10 月 18 日之《四年计划实施令》颁制条例,授权劳动专员允其控制所有劳动条件,在得到劳动部长之同意后不仅可以规定最低劳动条件,并可规定最高工资率及违反劳动契约之罚则。如战争发生后劳动专员可不得专家委员会之同意自由制定单独工厂或企业之劳动指令,以规定其经营规则之内容。如违反其规定时得处以徒刑及罚金。新法实施后,劳动专员权力之大,洵为惊人。故德国劳动部长谓:"在新法之下,劳动专员有全权决定劳动条件,可以采纳任何认为必需的方案。"②

意大利虽有团体协约规制劳动关系,但业团亦可颁制团体规章规制劳动条件及其他劳动关系。自 1934 年起其应用日广,为决定意大利一般经济关系及劳动关系之主要工具。1926 年《集体劳动关系法》第十条及《施行法》第 56,57,58 各条及《劳动宪章》第 11 条中对于团体规章虽有详细规定,但在 1934 年以前,业团迄未

---

① 关于劳动指令及最低劳动规则之法律性质,德国柏林大学教授 Hermann Dersch; Herschel; Bergemann 诸氏有详细之说明,以其属于劳动法范围之内,故本书中不拟介绍,详见津曲藏之介《国民劳动秩序法ロ于ける Tarifordnung》,见《法律时报》第八卷第七号,第 32 页至 34 页。

② I. L. I. 8. May 1930.

成立,故上述条款为一纸空文,并未实施。为权宜方便计,在 1930 年 3 月 20 日法令中允许全国业团评议会颁制团体规章,但以得有关各全国协会同意及行政首长之批准为条件。[①] 全国业团评议会既不常举行会议,所颁团体规章并不多。至 1934 年 2 月 5 日业团法规颁布,业团正式成立后,团体规章之应用始为普遍。

业团颁布之团体规章可分两类。第一,为统制集体经济关系及调整生产之规则;第二,为规定该业团利润,劳务报酬及生产品价格表。

规则及价格表订立之手续,据 1934 年 2 月 5 日新法规定,凡属于业团内之协会之请求经行政首长同意后即可颁制。换言之,凡业团内之雇主协会或劳工协会之任何一方均可发动请求颁制。制订规章之请求发动后,得行政首长同意,即可在业团内草立初步规章,送中央业团委员会修正批准,再送行政首长批准施行。行政首长可以指令业团草立某方面之团体规章。规章正式颁制后对于其所属各联合会及协会均有拘束力,团体协约条款与其相抵触者无效,无效之部分以规章之相当部分代之。不切实履行团体规章之处罚方法与不履行团体协约者相同。[②]

---

① 见该法第 12 条规定。

② Anselmo Ansalim, *Trade Corporation and Associations in Italy After the Recent Reforms*, I. L. R. January Corporation Record 1935, pp. 15-17.

第四编　劳动调整策

劳动调整策一名词有广狭两义。狭义的劳动调整策系指失业发生后,政府消极的或积极的调整劳动供求关系,尽可能的给予失业者以劳动机会并防止新的失业者发生之政策而言。其对象是失业问题,其目标是解决失业问题,或减少失业问题之严重性,是政府在经济恐慌劳动供需不平衡时之救济手段。换言之,它是社会政策性质之劳动政策,是个人主义经济政策发生流弊后的救济政策,而不是国家正常的经济政策之一部。广义的劳动调整策则指政府对于劳动者的雇用,分配,训练及利用的一切设施而言,其和狭义劳动调整策的区别,不仅范围广狭之不同,在其本质上亦有显著的差异。

　　第一,广义的劳动调整策之目标是合理的分配,训练及利用全国劳动力使全国劳动者分配适宜,用得其当,并尽可能的求劳动生产力的最高发展;而狭义的劳动调整策则仅以缓和或解决失业问题为目的。

　　第二,狭义的劳动调整政策是自由主义经济政策及劳动政策发生流弊后之救济手段;而广义的劳动调整策却是国家正常的经济政策之一部;是雇用,训练,并利用劳力之正常设施,而不是国家劳动政策或经济政策发生流弊后之救济手段。

　　第三,狭义的劳动调整策之主要内容为劳动制约,劳动缩短(Kurzarbeit),劳动维持(Arbeitserhaltung)及劳动增加(Arbeitsvermehrung)等方法,它或为消极的调剂劳动力与劳动机会,使求职者之劳动机会均等,以减少失业的严重性,或为积极的举办公共工程(Public works),以增加劳动机会而扫除失业,无论其为消极的手段或积极的手段,其对象为失业问题,其性质为社会政策性质。而广义的劳动调整策则以劳动生产力之发挥与提高为对象,其性质纯为经济政策性质。

第四,就范围而言,广义的劳动调整策范围极广,主要可以分为劳动雇佣策,劳动训练策,劳动生产力奖励策及失业扫除政策四大部门;而狭义的劳动调整策只是失业扫除政策之一部分。

大体言之,广义的劳动调整策的发展,始于上次欧战以后。在大战期中,交战国为求劳力之分配与利用能与战争需要相适应计,曾实行若干设施,奠下广义劳动调整策之基础。大战结束后,多数国家虽已放弃此种战时设置,但经济恐慌之发生,广义的劳动调整策又为各国所注意。各国深知失业问题不是单纯救济问题,而是整个经济机构问题,要改造经济机构,劳力的分配训练和利用自不能盲目的由各个劳动者以自由竞争之方式去决定,广义的劳动调整策之重新提出是所必然。在国家主义国家及社会主义国家劳动政策与政府一般政策及经济政策连为一体,劳力的佣雇,分配,训练,及利用均由政府有计划的加以管制,失业现象消减,其劳动调整策无疑的是指广义的劳动调整策而言。在本编所讨论的对象是广义的劳动调整策,因为此类政策之主要目标为合理的调整全国资源与劳动量的关系,因此广泛的称为劳动调整策,而不标出"广义的"名称。

第一章　劳动雇佣策

所谓劳动雇佣政策就其内容言之可分三部分。第一部分为劳动者之雇用策,第二部分为已就职者之劳动分配策,第三部分为劳动储量动员策。现逐项比较各国制度于次:

第一节　劳动者之雇用策

未就业者之雇用策因各国所采劳动政策性质之不同而不一致。在个人主义国家,行工作自由制。劳动者可以随其性之所好,选择这一种或那一种职业,除对于若干特种事业因关系劳动者本身的利益,限制劳动者选择的自由外,并无其他限制。因之未就业者可以随其个人好恶,根据工作自由原则,与雇主缔结劳动契约,提供劳动,政府并没有积极的干涉。但为使求职者与求人者之间能迅速且容易觅得对方缔结劳动契约起见,政府往往设立劳动介绍所或由政府监督私营介绍所以为求职人与雇主之媒介。此为个人主义国家劳动市场政策的主要特色。在国家主义国家行劳动安置政策(Arbeitseinsatzpolitik),劳动者的雇用不仅在求个人的满足而且要顾及国家的整个利益。故劳动市场虽仍然存在,但求职者不能依个人性之所好选择职业,政府的意旨,为其择业之重要因素。在苏联行计划经济,劳力的雇用由政府按照预定计划向国营农场及集体农场征调(Recurit),劳动市场完全消灭。三个类型国家劳动雇用政策的主要原则既截然不同,在制度及组织上自然也不一致。现根据其主要原则比较其精神如次:

第一,在个人主义国家劳动市场完全自由,雇主和劳动者可以自由选择其对方,缔结劳动契约;在国家主义国家,劳动市场受政府的严格管制,雇主和求职者的"雇人"和"择业"自由被限制;在社会主义国家,劳动市场消灭,雇人者和择业者的自由完全剥夺。这是三者的基本区别,其劳动雇用政策根据此种区别而完全不同。

第二,个人主义国家劳动市场既完全自由,故政府对于雇主的雇用劳动者和劳动者择业不加以干涉,仅设置完备的职业介绍制度为雇主及被雇者间之媒介,使劳动者的雇佣,迅速完成。雇主和求职者是否应用,听其自由。在国家主义国家的劳动雇用政策之主要内容为加强劳动市场的控制,其目的使劳动者的雇用能完全按照政府的意志进行。故其劳动市场不仅完整一致,并且所有劳动者的雇用,要听其分配。社会主义劳动市场消灭,工业劳动者的雇佣由征调机关按全国预定计划向农场征调,全国劳动者的雇用受政府预定计划的支配。

第三,个人主义国家职业介绍制度原始之目的在减少失业问题之严重性,进而满足私人的需要,其功能是一方面供给各个雇主,工厂以适当劳动者,一方面是使各个求业者迅速的得到适当的职业。雇主和个人需要的满足为其最高理想。在国家主义及社会主义国家,劳动雇佣政策与国民经济连为一体,是国家经济建设之重要工具,其目的是使全国劳动量得到合理的分配与发挥。换言之,它是国民经济发展的枢纽,使全国劳动量与全国资源,生产品,经济结构之间有圆满合理的连系。从而未就业者之雇用策之目的也是求国家生产之发展与国家利益之满足,而不是求各人利益的获得。

各国的基本精神既明，试分析各国之组织于次：

第一目　个人主义国家之劳动介绍制度

劳动介绍（Arbeitsvermittlung, Labour Exchange Service）或职业介绍（Stellenvermittlung, Employment Exchange Service）者，乃介绍雇主及求职者使双方需要迅速满足的一种行为；对于雇主，使其容易迅速得到劳动者，对于劳动者，使其得到适当的职业。以劳动介绍或职业介绍为其主要职务之机关谓之职业介绍所（Arbeitsnachweise, Employment Agency）。职业介绍所之起源甚早，其先驱可以追溯到中古时代之基尔特制度。当基尔特制度在欧洲盛行时，基尔特负责人常主持交换职业情报，登记工匠求职希望等事务，但当时并无独立的组织存在。基尔特制度衰微后，手工业工匠深感求职困难，尤其家事工人对于职业介绍之需要尤迫，于是西欧各国渐有营利的职业介绍所（gewerbsmässige Arbeitsvermittlung, Fee-charging agencies）发生，如德国最早之营利介绍所即在 1422 年成立于明俾克（Nürnberg）。至其非营利的职业介绍所（nichtgewerbsmässige Arbeitsvermittlung）则在 19 世纪中叶以后。①

职业介绍所为个人主义国家未就业者求职之主要机关，就其性质言可以分为两类。第一类为私人或团体以营利为目的而设立的营利的职业介绍所；第二类为公益团体及国家主办以营利为目的而设立的非营利介绍所，在后者之中又可分为合作的职业介绍所（Arbeitsvermittlung durch berufliche Organisation）及公营的介绍所（Öffentliche Arbeitsnachweise）。其中以公营职业介绍所为最重要。

---

① O. Wright, *Administration of Placement and Unemployment Insurance in Germany*, p. 1.

　　（甲）营利的职业介绍所。营利的职业介绍所在各国颇为盛行，如美国以纽约一市而论，在 1930 年共达 1,036 所。[1] 英国伦敦区登记之营利介绍所 1931 年为 1,057 所，1932 年为 1,137 所；1933 年为 1,162 所；[2]德国在 1930 年年底共有营利介绍所 1,473 所。[3] 但其范围甚小，不足与非营利介绍所竞争。同时各国政府无不颁制法规加以限制，其势力益为减少，故其将来并无发展希望。

　　营利介绍所既以营利为目的，则其一切活动均以多得介绍费为主，鲜顾工人之福利。或者挟持求职者的弱点恣意榨取；或者以欺骗重复介绍等方法赚取佣金；或者唆使劳动者废弃劳动契约，增加多次介绍之机会；甚至有欺诈拐骗，买卖人口者。[4] 故各文明国家恒颁布法规以限制其行动，或取缔之。

　　以法律取缔营利介绍所之国家甚多，如德国 1922 年《职业介绍及失业保险法》中规定：凡营利性质之介绍所一律于 1930 年年底结束，在 1910 年 6 月 2 日以前即已成立者，停业时政府予以救济费。结束时期，后又展至 1931 年 6 月 30 日。加拿大禁止营利介绍所者有沙克琪汶（Saskatchewan，1919），孟里托贝（Manitoba，1919），大不列颠哥伦比亚（British Columbia，1919），亚路贝塔（Alberta，1920），罗维·斯科的亚（Nova scotia，1920），琼俾克（Quebec，1932）各州。其他如保加利亚，智利，芬兰，罗马尼亚，南斯拉夫或全部的禁止之或一部的勒令停业。荷兰及波兰均拒绝新的营利介绍所之

---

[1]　*Principles of Labour Legislation*, p. 6.

[2]　Cornelia M. Anderson, *A View of British Employment Exchange*, Harvard Business Review, Vol. XVI. No. 1, p. 95.

[3]　O. Waigert, *Administration of Placement and Unemployment Insurance in Germany*, 1931, pp. 131-132.

[4]　如以美国而论，纽约市在 1934 年所发生控告营利介绍所之案件在 2000 以上，其无信用及流弊之大于此可见。

登记。① 国际劳动大会对此亦极为努力曾数次决议取缔收费的职业介绍所。②

有许多国家虽不完全取缔营利性质之介绍所,但对其限制甚严,以防止剥削欺骗求业者。实行此制之国家甚多,如英,美,法,我国等。现以我国及美国为例说明其统制方法于次:

20 年(1931 年)12 月 3 日实业部分布之《职业介绍所暂行办法》为我国最初颁布之职业介绍所法规。在《暂行办法》中规定营利介绍所之设立应向所在地主管官署登记,其歇业时亦然。其介绍费由主管官署按当地情形核定,介绍费须于介绍所明白提示,介绍费之收缴须于劳动契约订立后由雇劳双方平均负担。商营介绍所如有欺诈诱惑胁迫行为使求职人遭受重大损失;或有紊乱风纪妨害秩序之目的或行动时,应不予以登记,已设立者,得撤消之。此类介绍所除须备置请求职业登记簿,请求佣雇登记簿,介绍日记簿,介绍费收入簿以供官署核查外,每月并须将其介绍事业状况呈报于主管官署。商业介绍所不得兼营、旅馆、饮食、娱乐及其他类似之职业。

美国原则上承认营利介绍所,华盛顿州于 1914 年曾企图以禁止介绍所征收介绍费的方法取缔营利介绍所,但于 1917 年被判违宪。③至于以法令统制私立介绍所,则无论其条例如何苛刻,法院从未否决。如佐治亚(Georgia)州法律规定登记费每年每一介绍所为 500 美金;威斯康辛(Wisconsin)授权州工业委员会,允其限制私营介绍所数

---

① 关于营利介绍所之取缔详情可参看:I. L. O. *Abolition of Fee-charging Employ-ment Pgencies*, 1932.

② 国际劳动代表大会第一次大会(1919 年)即成立劝告案建议各会员国采取废除以营利为目的之职业介绍所。在 1920 年第二次大会中又成立劝告案希望各会员国采行一切有效方法立即废除以营利为目的之介绍海员之职业介绍所。最后于1933 年第十七届会议中成立条约案,主张各国一律废除收取费用之职业介绍机关。

③ Adams v. Tanner, 244. U. S. 590. 37. Sup. Ct 662(1917).

目,如该会认为该州之介绍所足供当地之需要时,可以拒绝新的介绍所登记。此种处置均未被法院判为违宪。^① 各州的统制方法并不一致,但其主要方法不出 1937 年 4 月美国联邦劳动即特设委员会拟具的《私立职业介绍法统制法草案》之外。该法规定要点如下。^②

(一)介绍所要向主管官署登记后方能成立。登记时除缴纳登记费外,并须缴纳相当数目之保证金;

(二)介绍所所雇佣职员须向州劳动部领取执照,无执照者不得雇用;

(三)介绍费表应呈州劳动部批准,并须在介绍所门前揭示;

(四)介绍所所用一切表格簿册应先向州劳动部登记,经州劳动部核准后,方允使用;

(五)严禁介绍所张贴虚伪及不确之广告,报道不正确之职业消息,及遣送求职者至劳动争议尚未解决之区域及工厂;

(六)介绍所不得设立于旅馆,饭店,酒室及茶社;

(七)严禁介绍妇工及童工从事与劳动法抵触之工作。

(乙)公营职业介绍所。公营职业介绍所之兴起,一方面系鉴于私营介绍所之弊害,故由政府设立组织完备之介绍所以代替之;一方面则因失业问题发生,故设立介绍所协助失业者寻找工作,以缓和失业问题之严重性。公营介绍所有由国家直接经营之者,如英国,葡萄牙,西班牙,美国等属之;有由地方自治团体经营维系,而由国家补助之者,如法国,德国,荷兰,丹麦等国属之。现以英,美,德(1933 年以前)为例,分述职业介绍所之组织,职业介绍之原则及职业介绍之程序说明公营介绍所之详情。

---

① Williams v. Fears. 110. Georgia, 584. 35. S. E. 609(1900).
Williams v. Fears. 179. U. S. 270. 21. Sup. Ct 128(1900).
② I. L. I. 21. June 1937, p.525.

子　公营职业介绍所之组织。英国为首先创设全国性职业介绍所制度之国家，在 1909 年《劳动介绍所法》（Labour Exchange Act of 1909）中，设立国营的职业介绍所，由商业局（Board of Trade）管理。全国分为十区，每区有区管理员一人及协理管理员一人。至 1916 年，根据《新部会组织法》（The New Ministries and Secretaries），添设劳动部，将职业介绍所划诸该部管理。全国组织分为四级：第一级隶属于劳动部，为中央管理机构；第二级为各区管理机构；第三级为介绍所；第四级为介绍所分办事处。1917 年又成立地方雇佣委员会（Local employment Committee），协助介绍所工作及监督其活动。1920 年以后，其行政机构又有变动。爱尔兰介绍所从英国划出，改归爱尔兰政府管理。未成年者之职业介绍由劳动部及地方教育机关，组织全国未成年人雇佣指导委员会（National advisory Council for Juvenile Employment）担任指导。

其中央机关亦被改组，在 1929 年以前，由劳动部之职业介绍及失业保险司（Employment and Insurance Department）管理，至 1929 年，将该司改为雇佣及训练司（Employment and Training Department）及失业保险司（Unemployment Insurance Department）。[1] 其组织现状以图表之于后：[2]

---

[1] 　关于英国职业介绍所之历史，可参看 John B. Seymour, *The British Employment exchanges Part I*, *The History of Employment Exchange*, pp. 3-63（1928 年版）；T. S. Chegwidden and G. Myrddin-Evans, *The Employment Exchange Service of Great Britain* (1934), pp. 67-78。1909 年 Labour Exchange Act 及 General Regulations 全文均载 T. S. Chegwidden 及 G. Myrddin Evans 所著书附录（二），pp. 251-260.

[2] 　见 T. S. Chegwidden 所著书 p. 80.
关于英国未成年工人之雇佣及技艺教育之详情，可参看 John Barton Seymour, *The British Employment Exchange*, Chap II Juvenile work, pp. 127-144 及 T. S. Chegwidden and G. Myrddin-Evans：Chap. VIII, pp. 127-135。关于 Juvenile Committee 及 Local Technical Advisory Committee,可参看本编第三章。

英国公营职业介绍所组织系统图

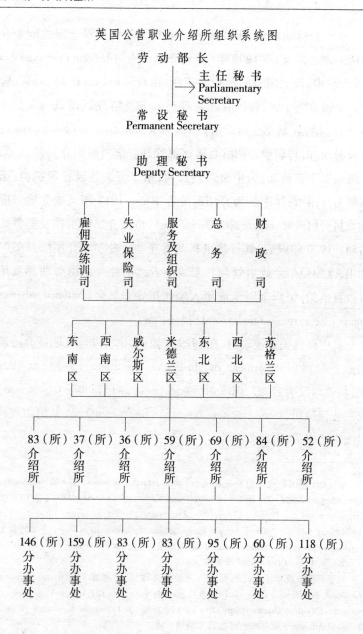

（一）总局（Headquarters）。设于伦敦，由主任秘书一人及副秘书各一人主持，其下分为雇佣及训练司，失业保险司，服务及组织司，总务司，财政司，每司设主任助理秘书长（Principle Assistant secretary）一人。其他尚有助理员，检查员及其他行政人员若干人。其主要工作为监视，指导并管理所有介绍所工作；颁发训令及颁制办事细则于各区及各介绍所；任免介绍所人员；成立，合并或撤消介绍所；同时为全国劳动清算中心，指导全国劳力之分配。

（二）分区。全国分为七区，名称见上图，每个分区由分区管理员及其他职员组织之。分区管理员在总局指导之下，管理所属介绍所之行政，并为该区劳动清算之中心。分局内设有检查员，检查各介绍所之工作。

（三）职业介绍所。介绍所为实际执行职业介绍及失业保险之机关，在全国各大城市中均已设立。1933 年末全国共达 419 所。每所设有经理一人及职员若干人。有一部分介绍所仅主持特种工人之职业介绍，如塔维托克街介绍所（Tavistock Street Exchange）仅主持伦敦建筑业工人之介绍，又如大玛保街介绍所（Great Marlborough Street Exchange）则仅主持伦敦女工之职业介绍。但普通多为一般性质者。

（四）分办事处。分办事处多设立于小城市及乡镇。每处设经理一人，普通多为半日工作，由该区内之中央介绍所管理之，其经费及预算则由各区分局直接审核，其工作与介绍所相似，全国共有700 所上下。

（五）各种委员会。最重要之委员会为地方雇佣委员会（Local Employment Committee），由雇主及被雇者相等代表及中立人士代表组织之，每一介绍所设有一个委员会。主席一人由劳动部任命，介绍所经理为委员会当然书记。其主要职务为讨论因职业介绍而发生之一切问题,为雇主及被雇者之联络机关。

在地方雇佣委员会之外设有其他特种委员会,委员会之设立及人选由劳动部批准,其主要组织原则为劳资双方代表人数相等。委员会之设立视当地之需要而定,各地并不一致。主要的委员会有未成年人雇佣委员会(Juvenile Committee)及地方技艺教育顾问委员会(Local Technical Advisory Committee),由雇主被雇者教育机关及其他有关团体推选代表组织之。① 其主要任务为讨论有关未成年工人雇佣及技艺教育问题。

德国在上次大战时期中,设立全国性之介绍所工作已略见端倪。1914 年 8 月 6 日设立中央劳工分配局(Reichszentrale für Arbeitsnachweise)联络全国各介绍所之工作。1915 年又成立中央情报局(Zentralauskunftsstelle)集中熟练工人之介绍,并为全国公立介绍所情报之清算中心。1916 年 6 月 14 日又颁布命令分期增加介绍所数目,并授权各市政府允其参与介绍所之管理。战后复员工作繁重,乃组织复员委员会并申令各公立介绍所归劳动部管理。至1920 年设立联邦劳工分配局(Reichsamt für Arbeitsvermittlung),该局于六个月内草拟一改组全国介绍所计划,至 1922 年该计划成为法律。

根据 1922 年 7 月 22 日法令,设立全国有系统的职业介绍所。在中央设立联邦介绍所,为全国各介绍所之联络中心,在德国各省及普鲁士省设立省介绍所,为中级机关,在各大城市,设立介绍所

---

① 关法德国劳动介绍局详情可参看:O. Wrigert, *Administration of Placement and Unemploy Insurance in Germany.*

或市际介绍所(Öffentliche Arbeitsnachweise),在市介绍所之下可以设立分所,由雇主及工人组织联合委员会监督之。该法为《威玛宪法》时代德国介绍所之主要立法。1927年7月16日又颁布新法改组公立介绍所,该法自同年10月1日起实施,全国性的介绍所组织因之愈趋完善。该法包括1922年法令所有条款,但未设立新的行政机关。

英国之全国性职业介绍所,系由国家直接经营,人员之任免,介绍所之设废均由劳动部官吏决定。而《威玛宪法》时代德国之公立介绍所系由各自治团体经营,由国家予以津贴,其人员之任免,内部之行政,均由各自治团体自己决定,政府立于监督地位。故德国公立介绍所之机构与英国不同,两者均可为各个类型之代表。①

德国联邦职业介绍及失业保险局(Reichsanstalt für Arbeitsver-mittlung und Arbeitslosenversicherung)共分三级,以前联邦介绍所改为职业介绍及失业保险总局(Hauptsätte),为第一级;以前22个省介绍所改组为13个省劳动局(Landesarbeitsämter)为其第二级;以前市介绍所则改组为地方劳动局(Arbeitsämter)为其第三级。省劳动局及地方劳动局之数目,各局管辖之区域及省,市分局内部组织与行政均由总局内之自治机关(Selbstverwaltung)决定。劳动部对于该局之管辖仅以有关公共利益之行政组织及核准其预算决算为限。自1927年起全国共有省劳动局13所,地方劳动局363所。②

(一)总局。总局设局长,副局长各一人,总掌全国介绍所事

---

① 至1933年地方劳动局减为360所。

② 1907年联邦移民局开始主持农场移民工作,至1915年移民计划不仅以农民为限,扩充至各种职业之各级工人。1917年该局设立分局90所,分布35所,主持劳动者之移动。有许多地方分局与州立介绍所取得密切之连络。

宜,内设行政,介绍及失业保险三部。行政部主持监督省劳动局及地方劳动局之行政;介绍部由连络专员一人,职业介绍指导员三人,职业训导专员一人,及技术工人三人组织之;失业保险部则主持失业保险事宜。

总局行政组织除负责执行理事会(Verwaltungsrat)及行政委员会(Vorstand)之议决案与命令外,其主要职权如次:

第一,监视各级联邦劳动局之一般活动,可以任免各级劳动局职员,但法律规定由总统任命者除外;

第二,草拟每年预算,经理事会及联邦政府核准后由该局会同联邦审计部执行。全国劳动局之财政权集中于总局,省及地方劳动局之每月现金支票由其核准,各分局房屋之添购,修理,迁移均由其统筹;

第三,管理并干预省劳动局之一切活动,监督省劳动局对于地方劳动局之统制;

第四,主持出版及研究事宜。

(二)省劳动局。各个省劳动局所管辖之区域大小不一,但其内部组织则完全相同。内部共分行政,职业介绍及失业保险三部,各局职员人数不一,视其所管辖地方劳动局多少而定。其主要职能为监视地方分局之行政,考核所辖分局职员之才能,督察地方劳动局基金之使用,主持分局房屋之修筑。省劳动局无独立预算,但在总局预算中可以设立行政基金,地方劳动局之用费每月须呈送该局,由其核消,但赈济费用除外。

(三)地方劳动局。地方劳动局设经理及副经理各1人,内设行政,职业介绍及失业保险三部。如该局之管辖区域过广,一个地方劳动局不能顾及时,总局可在其区域内设立补助局(Aussen-stellen),补助局之设立视该地劳动市场之组织,工厂之分布,被雇者之人数,失业者之多寡,及该地交通情况而定。补助局共分三种,一为支局(Nebenstellen),二为管理局(Meldestellen),三为临时局(Hilfsstellen)。支局有固定职员,每局至少1人,由总局任命;在1933年6月1日全国支局共达985所。管理局责任有限,多由该地之邮政局长或乡镇长兼任。临时局纯为临时性质,该地需要时方设立之,如不需要时,则撤消之,职员由支局派出,无常任职员。

地方劳动局为直接与工人接触之机关,故其业务甚繁,如求职者之登记,职业之介绍,学徒工作之分配,非熟练工人之训导以及失业保险等事宜均由其负责。分局主持此类业务时须根据行政委员会所颁布之细则及办事规程。

地方劳动局与补助局职权划分之原则为补助局之工作仅以分局不能执行者为限,行政权则集中分局。临时局无常任职员,由分局或支局派人轮值,其工作以职业介绍为限。管理局并不主持职业介绍事宜,其主要任务为申请失业保险费者之登记,及主持支付保险给付;在非常时期经上级机关之特许方可办理职业介绍事务。支局则有常任职员,每局至少有介绍员(Vermittler)1人,主持职业介绍。

(四)联邦职业介绍及失业保险局之自治机构。该局之自治机构亦分为三级,在地方劳动局为地方执行委员会(Verwaltungsausschüsse),在省劳动局为省执行委员会,在总局为理事会(Verwaltungsrat)及行政委员会(Vorstand)。1927年法律不仅予以法规创制之权,并允其对于各别事务有决定权,劳动局内部组织及日常事务均可管理。

理事会为最高级之自治机关。行政委员会则由理事会理事中选出行政委员组织之,其主要任务为执行理事会之议决案。理事会中又设有职业介绍及就业训导委员会与失业保险委员会。理事会由雇主,被雇者及公共团体代表各 13 人组织之,行政委员会共15 人,三方面代表各为 5 人,每个代表有代理人一人,总局局长为理事会,行政委员会及小组委员会之当然主席。代表中须有农业被雇者,薪俸使用人及妇女代表。在每个省劳动局及地方劳动局内设有省执行委员会及地方执行委员会,由执行委员会委员选举经理委员会(Geschäftsführender Ausschuss),实际负责各种业务。省局及地方局负责人为执行委员会主席,有表决权。省执行委员会之三方代表每方最多不得超过 7 人,地方劳动局执行委员会每方代表则最多不得超过 5 人,每个代表有代理人一人,任期 5 年。

地方执行委员会公共团体代表为其区域内镇县官厅代表,省执行委员会则为所属各省官厅代表,理事会公共团体代表则由劳动部长根据联邦参政会(Reichsrat)名单任命。联邦政府并无代表出席理事会。被雇者及雇主代表由相关雇主联合会及工会选举,凡德国人民,无论男女,年满 24 岁,在该劳动局管辖区域内居留在半年以上,有正当职业,未受刑事处分者,均有充当代表资格。不过资方代表必须为企业雇主——至少是雇用一个劳动者的雇主——或是雇主协会的代表;劳方代表必须是工资劳动者,或为工会代表。各级劳动局的职员,雇员及工人不得当选为代表。

除上述组织外,各级劳动局尚有特殊职业委员会(Fachausschüsse),管理特种职业的介绍事宜。委员会由该业雇主及被雇者代表各 5 人及劳动局局长副局长组成之。地方劳动局职业委员会甚多,主要有旅馆业,建筑业,金属工业及音乐人员委员会,省劳动局成立农林业委员会者有 10 个,建筑业者有 5 个,旅馆业者有 2个,矿业者有 3 个,成立泥炭业者有 1 个。在总局则有农林业委员会及旅馆业委员会。工资使用人委员会亦为最普通之组织。

在 1932 年 3 月 21 日行政命令中,对各自治机关之职权规定颇详。理事会主要职务为规章,修例及办事细则之颁布,预算之编制及账目之审核。行政委员会管理总局一切行政事宜,在法律上有代表总局资格,对于省,地方劳动局有监督指挥之权,可以颁布行政命令于所属各级劳动局。各级劳动局职员除法律规定由总统根据劳动部长之推荐直接任命者外,其他一切人员均由行政委员会任命。其他如省,地方劳动局之设立,合并与撤消及其管辖区域之划分亦由其决定。省执行委员会及地方执行委员会则总管各该局行政事宜,权力极大。

美国联邦职业介绍所之组织与英国及 1933 年前德国之介绍所不同,其主要特色为联邦职业介绍局自己并不设立永久性质之介绍所,仅津贴州立介绍所并与之订立合并协定,使其为联邦职业介绍制度之一部;联邦职业介绍局之职权仅限于主持州际间劳动者之分配,交换及监督各市立介绍所之工作。

美国联邦职业介绍所之设立可以追溯到 1907 年联邦移民局(Federal Board of Immigration)之草拟农场移民计划,但其正式成立则在 1917 年美国参战以后。1918 年 1 月联邦职业介绍所正式在劳动部成立,至 10 月全国共设立介绍所 832 所,分布于各州,以供战时劳工介绍之需。① 大战结束后,该所主持复员及转移战时工业工人至平时工业之责,与商业院(Chambers of Commerce)国防委员

---

① 联邦职业介绍所总所内分统制,组织,交换,人事及情报五部。在各所由指导员负责,指导员由总所委派。各州有顾问局,由雇主及被雇者代表各 2 人组织之,后又增加女顾问 2 人,被雇者及雇主代表各 1 人。联邦介绍所之业务发展甚速。从 1918 年 1 月至 1919 年 3 月间,申请介绍者达 10,000,000 人,登记者 5,300,000 人,申请介绍工人者 5,000,000 人,由该所介绍得职之工人达 3,800,000 人。

会(Councils of defence)成立复员所 1,580 所,办理海陆军人之复员事宜。联邦介绍所之设立,完全为适应战时需要,其根据系由于总统之战时权力,其经费亦由战费中拨付,故战事结束后其命运亦告终止。至 1919 年 10 月联邦介绍所所有分所完全撤消仅余总所为报告及情报机关。1920 年后其经费每年约为二三十万美金,其主要工作仅为市,州介绍所之连络机关并每月刊行职业介绍公报以报道各介绍所之消息而已。

当大战结束后,即有人建议改组联邦介绍所为永久性组织,1919年劳动总长在华盛顿曾召开会议讨论此事。会中决议由该会另组委员会草拟联邦介绍所法草案提交议会讨论,该项草案于 1919 年,1925 年,1928 年曾三度提出,均被国会否决。1930 年经济恐慌发生后,该提议又重新提出,结果于 1931 年 2 月通过,由国会通过增加预算 500,000 以扩充联邦介绍所。该法主要内容为各州至少成立联邦介绍所一所,由总统所任命之州指导员主持,内分七部,每部设监督一人。此改组计划为劳动总长多克(Doak)所主张,故亦名《多克改组计划》。此制实行后为各界所不满,以各州多已成立州立介绍所,今又于各州成立联邦介绍所殊有叠床架屋之弊。至 1933 年俾根斯(Frances Perkins)就任劳动总长后将其停止活动。至 1933年 6 月《华格勒法案》(Wagner's Measure)通过,《联邦职业介绍法》(Federal Employment Service Act 一称 Wagner-Peyser Act)正式成立。

根据该法,联邦职业介绍所总局并不设立永久性的介绍所,由该局津贴各州州立介绍所,使之成为联邦介绍所组织之一部。凡未设立州立介绍所之各州则由总局设立临时介绍所,主持劳工职业介绍事宜,俟该州正式成立州立介绍所后即行撤消,所有文件,记录,表册,资料,所址一并移交于州立介绍所,如需要职员时原来职员亦可移转。

各州州立介绍所领取津贴之条件如下：

（一）各州介绍所所用之表册，文件，电话册，术语须依照联邦介绍所之规定；

（二）各州州介绍所须由州政府主办，并设立顾问委员会，委员会由雇主，被雇者及公共团体代表组织之；

（三）介绍所职员之聘任，须根据文官聘任法，以考试甄别之，如该州无文官聘任法时，在联邦介绍所监视下举行考试以甄别之；

（四）除哥伦比亚特区外，州介绍所须兼营农业劳动者之介绍及退伍军人之复员事宜，并与联邦介绍所密切合作；

（五）各种必要之登记簿册及表格由联邦介绍所供给，各州立介绍所应按期呈报其业务于联邦介绍所；

（六）各州介绍所达到上述标准后，即由州介绍所与联邦介绍所订立合并协定，承认州介绍所为联邦介绍所不可分离之一部，联邦政府即按法律规定，给予津贴，津贴额为各州州介绍所全部费用之一半。

1933 年该法颁布后，第一年年底订立合并协定者达 18 州，至 1936 年 7 月 1 日达 35 州。至 1937 年 6 月 30 日全国各州均通过法律接受该法，订立合并协定者达 42 州。[①] 至 1938 年 6 月 30 日全国各州及亚拉斯加（Alaska）、夏威夷（Hawaii）均已成立州立介绍所并接受该法与联邦介绍所订立合并协定。[②] 州立介绍所数目在 1937 年 6 月 30 日共达 1,412 所，内计县介绍所 591 所，地方介绍所 811 所，至 1938 年 6 月 30 日共达 1,006 所。[③]

---

① I. L. I. 14. March 1936, pp. 292-293.

② I. L. I. 22. May 1939, pp. 677-678.

③ I. L. I. 14. March, p. 292, 22. May 1936, p. 677.

联邦临时介绍所在 1936 年年底共达 3,271 所,职员共达 18,000 人;至 1936 年 6 月 30 日减至 1,015 所,至 1938 年 6 月 30 日数目更为减少,在 1,000 以下,有 24 州及哥伦比亚特区联邦临时职业介绍所已完全由州立介绍所接受。①

丑　职业介绍之原则。在个人主义国家虽有全国性的职业介绍所之组织,但其使命仅在谋求职者与雇人者之便利,为两者之媒介;消极的既不禁止雇主或被雇主在国营介绍所之外雇人或求职;积极的亦不干涉雇主及被雇者之工作自由及契约自由。职业介绍之原则有四:

第一,国营职业介绍所并无介绍职业之独占权,此为个人主义国家最重要之原则。如德国 1927 年法令虽限期结束营利介绍所,但对于私人及私人团体组织之非营利职业介绍所仍允其执行职务,此类介绍所在 1931 年共达 869 所,其中有 342 所由慈善机关主持;有 294 所由工会主办,有 80 所由手工业行会主持,其余由雇主主办。② 英国职业之介绍除由国营介绍所主持外,尚有工会自己主办之介绍所(如印刷工会,建筑业工会,及纺织业工会均有此类组织),雇主主持之介绍所,慈善机关设立之介绍所及商业性质之介绍所。③ 美国之情形亦然,除州立介绍所及联邦职业介绍所外,尚

---

① I. L. L. 22 May 1939, p. 679.

② 德国 1927 年《职业介绍及失业保险法》规定,禁止由政党或有政治性质之团体所经营之职业介绍所。

③ 关于个人主义国家国营介绍所之非独占性,以 1933 年英国劳动部报告书说得好:"It may be observed that there are various methods of engaging labour which if regard is paid to the primary function of exchanges in securing a more efficient organization of the labour market, they cannot be expected; and of in fact, are not designed to replace in certain industries, for example, an alternative place organization in provided by the trade union, which in many labour engagements the personal acquaintance of employer and employee is an important factor. In some trade large number of worker, keep in touch with their farmer employers and return to them again when work teanuls availancey"(p. 13).

有由慈善机关，半慈善机关，工会及雇主团体所主办者，如印刷工会之雇佣所（Day Rooma）、全国金属业协会（National Metal Trade Association）之职业局（Employment Bureau）等，此外营利性质之介绍所更为普遍。故国营职业介绍所并无职业介绍的独占权。

第二，雇佣自由原则，雇主和雇工不一定要经过国营介绍所，方能雇佣。在个人主义国家，雇主及被雇者是否使用职业介绍所有完全自由。美国在1918年8月1日虽由总统下令凡战时工业工厂雇主雇用工人在100人以上时须经过联邦职业介绍所之介绍，但此为战时措置，大战结束后，此项限制即告撤消。英国亦仅规定领取失业津贴之失业工人必须在国营介绍所登记，听候其介绍职业，但失业者能自行找到工作时，介绍所并不阻止之，至于其他工人则无强制其使用国营介绍所之规定。在德国虽有若干强制规定，但并未违反工作自由原则。《联邦职业介绍及失业保险法》规定失业工人一定要至联邦介绍所登记，听候介绍所介绍职业，方能领取失业保险结付及失业津贴；如能自动找到工作时，工作找到后可至介绍所撤消登记。联邦政府及其所属机关雇员，书记及工人之雇佣必须经过联邦介绍所。1929年6月10日联邦财政部下令联邦政府及其所属机关，雇用雇员，书记及工人时须先向联邦介绍所申请，介绍所在8日之内不能介绍相当之人员时，方可自由雇用。德国工会及雇主协会所订立之团体协约往往亦规定雇主雇用工人必须经过联邦职业介绍所。[①] 但此种规定系由雇主及被雇者双方议定而并非政府强制的结果。故个人主义国家国营介绍所恒以种种诱导方法鼓励劝导雇主及求职者利用介绍所，与集权主义

---

① 受此种团体协约影响之工人，在1926年达3,000,000人。

国家强制雇主及求雇主必须由国营职业局介绍者不同。其主要方法如派人至久不至介绍所雇人之雇主处接谈，与对于介绍所不了解或发生误会之雇主谈话；有时以信件及宣传品寄至雇主及工会使其对介绍所工作发生兴趣；有时注意报纸上之雇人广告，以明了各业雇佣情况等等。

第三，求职者之职业及雇人者之雇人均由求职者及雇人者自己决定，介绍所不能违反个人意见。个人主义国家职业介绍所对于求职者之职业及雇人者之雇人虽亦有若干限制，但以不违反个人自由为原则。德国规定雇主请求雇人时，其所开列之工作条件不得低于法律规定，如该业订有团体协约时，低于协约条款之劳动条件亦不得接受；如该业未订团体协约，其工资不得低于该地该业之最低工资率。英国之规定亦然。① 但各国对于合法之雇人申请单不得拒绝；雇主在未得到工人以前亦有撤回申请单之自由，介绍所不得干涉。② 雇主所雇用之人数，性别，职业及技术程度均由雇主自定，介绍所不得变更或批驳之。求职者之职业选择亦不得干涉。有职业者亦可登记要求介绍新的职业，介绍所可将各业之情形向其说明，以供参考，但不得拒绝登记。如求职者显系无工作能

---

① 英国《介绍所法》规定：（一）求业者得因工资低于该县该业之流行工资率而拒绝接受介绍所介绍之职业；（二）介绍所不得接受与国会法令接触之劳动条件之雇人者；（三）求职者如拒绝接受低于该地该业团体协约所订之工资或拒绝接受该地该业优良雇主所承认之工资之职业时，介绍所不得认为其违反法令而停止其失业津贴或失业给付。由上述规定可知其规定与德国相似。其他如美，法诸国规定均同。

② 德国法令规定职业介绍范围以被雇者空职（Arbeitnehmerstellen）为限，独立工作者（Selbstständige）不在其列。独立工作之定义在原来法律上即乏明确之说明，故常引起争论。1929 年 10 月 12 日重颁法令说明之，但其界说仍乏明确。《介绍原则》第 142 条有比较定义，但亦可多方解释。普通所谓独立工作，如房主或地主欲雇用铅匠或油漆匠时，不直接向油漆店或铅业店雇用，而向介绍所雇用，此类性质之雇佣谓之独立工作者雇佣。

力时,介绍所可拒绝登记,并指导其至相当的公共福利机关要求救济。对于不遵守介绍所规则及条例之求职者亦可拒绝。至于合法之求职者应不分轩轾一律接受。

第四,介绍所介绍职业时以公正及满足雇人者及求职者之需要为主。职业介绍所之目的既在媒介被雇者及雇人者,故应采公正态度,不应有所偏袒。同时职业之介绍不仅只是单纯的职业介绍,而是要使雇主得到满意之被雇者,求职者得到满意的职业。故如何选择求业者,如何决定就业先后,实为介绍所最重要工作,同时亦最能代表其精神。

德国联邦介绍所于 1932 年所出版之《职业介绍原则》(Richtlinien für die Durchführung der Arbeitsvermittlung in den Arbeitsämtern) 第 192 条明白指出:"求业者就业先后要看其个人之经济状况,其配偶之经济状况(夫妇两人是否均失业),家庭不能独立者人数,求业者年龄,国籍,家中有无病人,家庭环境等因素决定。失业给付之种类,数目虽不足影响其就业之先后,但亦可为其家庭环境及其需要工作情形之参考资料。"英国决定就业先后之原则有四:第一,为以最合宜之工人担任最适合其能力之工作;第二,为严格执行公平原则;第三,如其他条件均相同时,失业者在有职业者之前介绍;第四,其他条件均相同时,复职者(ex-service man)在初次雇用者之前介绍。[①] 除上述条件外,其他尚有登记之先后,失业者之保险给付是否停止,求职者与工作地点之远近等等,均为介绍所考虑之条件。总之其所考虑各点均以被雇者及雇人者之个人利益

---

① T. S. Chegwidden and G. Myrddin-Evans, *The Employment Exchange Service of Great Britain*, pp. 112-113.

为主,恒鲜顾及国家之一般利益及政府之需要。

寅 职业介绍之程序。个人主义国家职业介绍所职业介绍之程序虽技术上各有不同,但主要系经过下列步骤:(一)雇人申请单(Soliciting order)及求职者之登记;(二)求职者介绍先后之决定;(三)职业之正式介绍;(四)清算工作之进行。

雇人申请单及求职者之登记为第一步工作。雇主欲雇用工人时,必先至介绍所填具申请单,申请单有一定之格式,由介绍所具备。求职者亦必先至介绍所登记并填具求职申请单,介绍所收到申请单后将其分类,普通分类多第一步依性别分类,第二步依其职业分类,第三步依其熟练程度分类。分类完毕后即根据各项材料决定就业者之先后,决定之标准已见前节,兹不重赘。就业次序决定后,即正式介绍求职者至雇人者工厂或商店工作。普通多由求职者亲揣介绍所之证明书至雇主处接洽,如雇主需要求职者介绍说明书时,介绍所于决定就业者后即通知雇主,说明书中详细陈述被介绍者姓名,年龄,居址,性别,技能,经验及知识程度,以备雇主参考,雇主决定试用时,再通知求职者揣带介绍所证明书至雇主处接洽。雇主决定接受介绍所之被介绍者后,其工作告一段落。介绍所在介绍成功后最初数月常以函件询问双方是否满意,有无困难问题,以供其将来工作时参考。

清算工作为国营介绍事业最主要之一部分,其成功与否不仅足以检验介绍所之工作效率及合作程度,且为"用得其当"之主要关键,普通多由总局主持之。

在德国清算方法多采下列两种制度。第一为雪球制(snow-ball system),所谓雪球制即当地方劳动局不能满足雇主之雇人申请单时,每个地方劳动局以电话通知其邻近两个地方劳动局,此两个接到通知后又通知其邻近两个,依此以往,由最后两个通知省劳动局,故至上午八时省劳动局即已完全明了该区内未能满足之雇人申请单。第二为直接通知制(Direct Method System),由各个地方劳动局直接呈报其不能满足之雇人申请单于省劳动局清算科。德国清算制度虽以省劳动局为单位,但若干省劳动邻近之地方劳动局亦可成立一清算单位,以增加效率。总局为一般雇佣之清算中心。

英国之清算多采下列四种方法:(一)以电话通知其邻近介绍所不能满足之雇人申请单,嘱其介绍适当人选;(二)在集中清算区(Intensive Clearing Areas)中,由清算所(Clearing House)以电话或印好之未能满足之雇人单通知该区内所有劳动介绍所;(三)在一区内以印好之未能满足之雇人单通知各介绍所;(四)以全国清算所公报(National Clearing House Gazette)通知全国各介绍所。①

第二目　国家主义国家之雇用政策

在国家主义国家虽有劳动市场存在。但未就业者之雇佣不能由雇主与求业者自由决定,政府对于劳动者的就业采行严格的管理政策。因为国家主义国家劳工雇佣政策之目的为合理的有组织的利用其国家所有劳动力以完成国家经济政策及一般政策。而国家之需要与国家之利益以政府知之最明,故劳动者之雇用不能由

---

① Intensive Clearing Area 设立于工厂甚多业务繁忙之区,以便清算工作易于进行。在 1936 年全英已设立 Intensive Clearing Area 者有下列各处:London, Birmingham, Manchester, Merseyside, Tyneside 及 Clydeside.

各个雇主或劳动者自由决定，应由国家指导。其指导之原则为国家利益为第一位，私人利益为第二位，与个人主义国家以满足私人利益为目的者不同。其主要统制方法如次：

（甲）改组职业介绍所，使其成为全国劳工雇佣之独占机关。劳动者之雇用，既应由国家根据其经济政策及一般政策有计划的予以指导，则组织严密之劳动市场为其成功之先决条件。故国家主义国家一方面取缔私营及私人团体经营之职业介绍所，以整理劳动市场；一方面则设立组织严密之劳工雇佣机关，以控制劳动者之分配。政府设立之劳动雇佣机关不仅为法律上承认之组织，亦为事实上唯一之组织，有雇佣劳工及分配劳工之独占权。

意大利之劳动雇用机关为雇佣局（Employment Bureau）雇佣局之前身为劳动介绍所（Labour Exchanges）。介绍所成立于 1919 年，至 1923 年 12 月政府取消介绍所之补助费，于是各城市之介绍所纷纷倒闭，至 1927 年《劳动宪章》颁布后，雇佣局在各大城市设立，为政府介绍及分配劳工之机关。雇佣局系由各地之劳工协会设立，其经营亦由各协会供给，不过其行政受政府之统制。雇佣局数目在 1930 年初共设立 1,400 所，1935 年增至 2,000 所，1938 年尚不到 3,000 所，其费用在 1933—1934 年会计年度共达 17,000,000 里拉。[①] 至 1938 年 12 月 21 日意皇谕旨设立一中央组织以监督并统制各地之地方雇佣局。

根据该项谕旨，劳工协会所设立之雇佣局有介绍，分配全国劳工之独占权，其他公私团体及私人不得组织介绍所。同时又取消一切雇主及被雇者间之一切中间组织，并设立中央分配委员会

---

① *Under the Axes of Fascism*, p. 267.

（Central Placing Committee）为全国劳工介绍分配之中央机关。

中央分配委员会设立于业团部内，其主要任务为监视各地方雇佣局之行政，经济及技术，并为各雇佣局之连络及指挥机关。对于意大利国境内，意大利本国与殖民地间，及意大利与其他各国间之劳动移动及移民亦有监督之责。委员会主席为业团部部长，副主席为业团部秘书长，委员则包括雇主联合会，劳工全国联合会代表，殖民部，及与劳动殖民有关之政府机关代表，及殖民与开垦委员会（Commissariat for Migration and Settlement）代表。此为意大利劳工雇佣介绍之最高级机关。其中级机关为各省业团评议会。评议会有权监督其区域内雇佣局之活动，并可根据中央分配委员会命令，在该区域内采行有关劳工介绍分配之方案及行动。[1] 其下级机关为劳动协会所设立之雇佣局实际推行各项活动。雇佣局费用由特别基金开支，基金来源由劳工全国联合会，雇主全国联合会，及法西斯社会福利局（National Fascist Institute of Social Welfare）负担，基金之经营由业团部及中央分配委员会负责。

1933 年国社党当政后利用联邦职业介绍及失业保险局各级组织为其分配并雇佣劳动者之机关。但一方面颁布许多法令剥削其自治性，使其成为政府机关之一部分，其行政完全由政府控制。[2] 至 1938 年 12 月 21 日为使其机构更趋灵活计，由希特勒下令彻底

---

① I. L. I. I. May 1639, p.563.

② 希特勒上台后，对于联邦介绍及失业保险局之自治性，首先予以破坏。根据 1933 年 3 月 18 日紧急命令由劳动部长授权职业介绍局局长，允其主持预算之编制及人员之任命，而将各自治团体在此方面之权力加以限制。至 1933 年 11 月 10 日，将自治团体之权力完全剥夺，使其成为一单纯的咨询机关。至 1934 年 7 月 5 日颁布社会保险组织法根本取消地方执行委员会，省执行委员会，理事会及行政委员会等组织，而代以咨询局（Beirat）。咨询局人员由劳动阵线推荐，其主要任务完全为局长之顾问机关。

改组职业介绍及失业保险局。至 1939 年 3 月 25 日劳动部长秉命下令正式改组该局,该局所有权职一律移转劳动部,其自治性完全消灭,纯粹成为国家的行政机关。[1] 根据该令,职业介绍总局改名为全国雇佣局(National Employment Bureau),由劳动部长直接管理。省劳动局自 1939 年 8 月 1 日改由劳动专员管辖,一切行政均听其指挥,名称亦改为省雇佣局,至于各个地方雇佣局亦由各区劳动专员直接管理。实际上各省雇佣局为劳动专员之行政机关,劳动专员及雇佣局职员可以管理劳工之雇佣,分配,失业保险及劳工之职业训练,互信委员会委员之任免及其工作之进行,均由其监督;其他如劳动条件之控制,解雇单之检查及社会荣誉法院之诉讼均可干涉。[2] 由此以观,德国之雇佣局不仅为分配介绍劳工之独占团体,且为管理一般劳动行政之机关。

(乙)实行工作证(Work Books, Arbeitsbuches)制,以控制劳动市场。在德,意各国虽有完整的劳动雇佣机关以介绍分配劳动者,但求确切明了并控制劳动市场计,对于劳动者的分布及劳动者之就业情形不能不有完全之了解。工作证实行之目的即在乎此。

意大利为首先实行工作证制之国家,1935 年 1 月 10 日颁布《工作证法》(An Act to Institute Work Books),该法规定除少数例外,凡出卖劳力于他人者均需备具工作证。[3] 工作证由业团部制好

---

① Reichsgesetzblatt 1938 I., p. 1892 and 1939 I., p. 575.

② I. L. R. vol XLI No. 4: *Regulation of Employment in Germany*, p. 389.

③ 其例外情形如下:

(一)雇主之妻,或依靠雇主生活之三等以内之血亲及姻亲;

(二)负工厂经理责任之被雇者;

(三)第一级海员需要特别工作证者;

(四)参加分红制度之被雇者;

(五)中央政府及各级地方政府之官吏及慈善机关之职员;

(六)受政府监视及管理之公共机关及团体之职员(自治团体亦包括在内)。

后交给各市市长,由市长分发于所属区域内之被雇者。外国人之工作证由其雇主向所在地业团检查员事务所(The Offices of the Corporative Inspectorate)申请发给。工作证中应载明:(一)持证人姓名,出生年月日,婚姻及子女情形,是否已入党,及服兵役情形;(二)持证人之教育程度;(三)雇主姓名,工厂名称及所在地,持证人报酬,加入工会名称,就业及离职时日;(四)如为妇工及童工时应有医生之体格证明书;(五)是否曾患职业病及工业伤害;(六)是否曾患重病,如患过时,其休假日数;(七)老年残废保险证之号码。凡无工作证者雇主不得雇用,雇工在工作期中应将工作证缴呈雇主保存。工作期满时至迟于满期前一日将工作证交还被雇者。如雇用无工作证工人或工作满期后不能交还工作证时,处以20以上50以下里拉之罚金。[①]

德国于1935年2月26日亦颁布《工作证法》(Gesetz über die Einführung eines Arbeitsbuches vom 26. Februar 1935)推行工作证制度。所有工资劳动者均须向雇佣局领取工作证,无工作证者不得雇用。工作证由雇佣局颁发,其他任何机关不得颁制此类性质之证明书或工作证,但经特别法允许者除外。工作证之内容与意大利者相似。任何人如雇用无工作证之劳工时予以150马克以下之罚金或禁锢之;任何人如擅自颁发与工作证性质相同之证明书时,则处以徒刑,罚金或其他处罚。[②]

(丙)劳动者之雇佣一律须经过雇佣局,雇主及求职者不得擅自订立及停止雇佣契约。此为国家主义国家最重要之特色。以国

---

① 该法全文见:I. L. O. *Legislative Series 1935*, Italy 1.

② I. L. O. *Legislative Series 1935*, Germany 6.

家如允许雇主自由雇用工人,劳动者自由寻找职业,不强制双方经过国营雇佣机关时,则政府自无法控制劳动市场使劳工之分配适合国家需要。故德,意,西,葡各国无不规定劳工之雇用一律应由国营雇佣机关介绍,并禁止雇主及劳动者不得雇佣机关许可擅自订立或停止劳动契约。

意国《劳动宪章》第23条,虽规定雇主有向雇佣局雇用劳工之义务,但同时允许对登记者之雇用有选择之权利,故其统制并不彻底。至1938年12月始作进一步之控制。其1938年12月21日法令,重行规划雇用政策。在1939年以前雇主之雇人及劳工之求业虽必经过雇佣局,但雇主及被雇者可自由选择对象;在若干特殊情形下,雇主尚可直接雇用工人,于雇用后三日内向雇佣局呈报。新法则完全废除种种例外,工人之雇用必须经过雇佣局之介绍,雇主不得自动直接雇用工人,未就业者亦不得自动直接寻找工作。雇主需要工人时,可向雇佣局申请,申请时不得指定工人之品级及指定某特殊个人,仅能将所需工人数目及条件列上,由雇佣局按照申请人数及登记失业人数指派工作。雇佣局指派之工人雇主不得拒绝;在职工人不得要求另派工作。如失业工人条件相同时,仅先以居于城市之工人,有家庭负担或家庭人数甚多之工人或失业最久之工人得到工作。[①] 其他如为法西斯党员,服兵役及参加革命有成

---

① 失业工人之工作介绍先后不仅要注意失业者本人之能力并应注意工人之家庭环境及家庭负担,意大利 Turin 省各城市早已注意之。在1936年该省雇佣局曾规定失业工人就业之先后须以其失业时期,家庭收入及靠其生活之人数为决定标准。并应用一种计分制(Point System)计算之。每个失业工人按照其情形分别计上正负分数。家庭负担,失业长短,及其他不利情形为正分数,家庭收入则为负分数。正负相加,分数愈高者尽先介绍。后此制推行于全意各省。详见:I. L. I. 12. April 1937, p. 64.

绩者均有优先雇用权。除特殊情形外,工人解雇时,雇主及被解雇人应于解雇后五日内向雇佣局登记。[1]

德国自 1934 年重整军备以后,军需工业之生产力大形扩充,军需工业工人首感缺乏,于是政府对于金属业及建筑业工人之雇佣首先予以统制。随后因实际上之要求增加,于是逐渐推广其统制对象至整个工业,其统制方法亦逐渐加强。现分为下列数项说明之。

子 雇主雇用被雇者及解雇被雇者时应得雇佣局之同意。此种规定最初应用于农业,其后应用于金属工业及建筑业,最后扩充至全部工业。1934 年 5 月 15 日之《职业分派法》(Gesetz zur Regelung des Arbeitseinsatzes)为强制分配劳动政策之先声,在该法中授权联邦职业介绍及失业保险总局局长允其禁止农业熟练工人从事非农业性质之职业。不得劳动局之同意时不得雇用农业劳动者。[2]至 1936 年 11 月 7 日四年计划总裁颁布《四年计划实施令第二号》中将此规定适用于金属业。该令规定:"自 1936 年 12 月 1 日起金属业之任何公私企业在每季之中所雇用之铜铁及其金属业工人若较该季第一日增加 10 人时,须得该区劳动局之允许。"至 1937 年 2 月 11 日职业介绍总局又颁布《金属工人雇用令》,严格规定任何公私企业(包括金属工业企业及非金属工业企业)欲雇用金属业工人时必先得工厂所在地之劳动局之允许,但失业金属工人及在担任他种职业之金属工人除外。[3] 在职业介绍总局 1936 年 6 月 26 日之命令及 1936 年 11 月 7 日《四年计划实施令第二号》,1937 年 7

---

① I. L. I. 1. May 1939, pp. 563-564.

② I. L. O. *Legislative Series 1934*, Germany 7.

③ I. L. I. 10. May 1937, p. 215.

月23日《补充令》及1938年5月30日命令中将此项规定扩展至建筑业。①

1938年以后，德国深感重工业劳动者分配不均之痛苦，为求全国劳动量之合理分配计，乃将以前在金属业，建筑业，应用之方案扩大至全国工业，以统制劳动者之雇佣。1939年2月13日颁布《劳动征调令》(Verordnung zur Sicherstellung des Kräftebedarfs für Aufgaben vor besonderer Staatspolitischer Regelung)其中有一部分条款限制工人之自由。劳动部于同年3月10日公布详细办法，代替以前法令。其主要内容如次：②

(一)此法适用之范围包括所有领有工作证之工人，各公私企业之厂主及家内工业之雇主；

(二)农业，森林业，矿业，化学工业，建筑原料业，钢铁及金属工业之劳动契约不得雇佣局之同意时，不得废止；

(三)下列各类工人之雇佣须得介绍所之许可：(A)年在25岁以下之工人；(B)金属业工人；(C)以前从事农业，森林业，矿业，化学工业，建筑原料业，钢铁业及其他金属工业工人。

(四)各省雇佣局局长于必要时得将上列规定应用于不在规定

---

①　劳动介绍局于1936年6月26日上令规定凡公共建筑之工资费用在25,000马克以上时，建筑机关及承包人在订立合同时应报告所在地劳动局，以便雇佣工人。1936年11月7日四年计划实施令第四号及1937年7月23日补充令将其应用于私人建筑。该法规定：凡建筑工程无论为公共建筑或私人建筑在开始进行前三个月(在特殊情况下，可于四个星期前)建筑主应将其建筑计划通知其所在地之劳动局。5,000马克费用以下之私人建筑及25,000马克费用以下之公共建筑不在此例。至1937年10月劳动总局又公布命令限制建筑工人转地工作，其行动须得当地劳动局之同意。1938年5月30日法令更为彻底，建筑业企业在未得劳动局之书面同意时，不得雇用建筑业工人，无论其为精工或粗工。见 I. L. I. 17. Oct 1938.

②　详见：I. L. I. 8. May 1939.

范围内之企业。

上项法令公布不久,欧洲风云,日益紧急,大战爆发,迫在眉睫。德国乃于 1939 年 9 月 1 日又颁布《雇佣变动限制令》(Verordnung über die Beschränkung des Arbeitsplatzwechsels vom I. September, 1939)以代替二月之规定,9 月 6 日劳动部颁布详细之《施行细则》,以控制劳动者之雇佣。其要点如次:[1]

(一)除农业,矿业及有 14 岁以下之儿童的家庭外,任何公私企业,公私团体及家庭在未得到雇佣局之同意时,不得雇用工人,工资使用人,学徒,见习生及自愿工作者。

(二)任何企业雇主或工人,工资使用人,学徒,见习生及自愿工作者在未得到雇佣局之同意前不得擅自停止劳动契约或学徒契约;除非被雇者接到服兵役通知,或双方当事人同意解除契约,或因工厂停闭,或因见习生契约在最近一个月内满期,或因工人之服务为临时的,其所得甚少,并不在疾病保险范围内,则允其解决契约。

(三)工人解除劳动契约后应立至雇佣局登记;此项规定包括在其亲戚,父母,祖父母,兄弟,姊妹家庭内服务之劳动者。

(四)雇佣局在决定雇主请求雇人或开除被雇者时,应以下列原则为根据:(A)一般政策及社会政策之原则;(B)劳动分配,职业训导及工资政策之一般指导原则;(C)工人及薪俸使用人改进其职业之机会。

(五)劳动部长及各区雇佣局局长可将上述规定不应用于某特

---

[1] I. L. R. vol. XLI No. 4 April 1940, pp. 390-391,条文详见 I. L. O. *Legislative Series 1939*, Germany.

定经济部门,某特定企业,家庭及个人。

由上述规定观之,可知劳动者之佣用,雇主及被雇者均无自由选择之余地。

丑 雇佣局可指令被雇者从事其以前之工作。此种规定亦开始实行于农业劳动者。1935 年 5 月 26 日《农业劳动者供给法》规定:"职业介绍及失业保险总局局长有权干涉现存之雇佣关系,可以要求雇主开除以前从事农业劳动之劳动者,并强其重新从事农业劳动。"其后又将其应用于建筑业及金属工业。1936 年 11 月 7 日《四年计划第三号实施令》规定:"凡企业家雇用金属业工人从事他种工作达二星期以上时,须报告劳动局。劳动局接到此项报告后,即与雇主雇工磋商将该工人改调,使其担任金属业工作,如该企业无此类工作时,则调往他处。如有本行工作可调,则劳动局可不得企业的同意,允许该工人抛弃其未满期之工作。"①其对于建筑业工人之规定亦相似。

寅 未成年工人及学徒佣用之管理。国社党对未成年人之雇佣异常注意,以成年工人多已从事某项职业,其工作兴趣与工作种类早已决定,对此类工人雇用之统制,殊有事倍功半之弊,不如对未成年工人加以限制。其对未成年工人及学徒雇用之控制主要方法有四:第一,于 1936 年 12 月 1 日下令禁止 25 岁以下之青年男女在未得劳动局同意前从事工人及薪俸使用人工作,以防止青年在政府认为不重要之企业内工作。第二,于 1938 年 3 月 1 日下令,凡学徒,见习生,自愿工作者契约之订立须得劳动局之同意。第三,

---

① Helmut Vollweiler, *The Mobilisation of Labour Reserves in Germany*, II. I. L. R. vol. XXXVIII. No. 5 Nov. 1938, pp. 595-596 及 I. L. I. 15. Feb. 1937.

职业介绍局总局局长于同日颁布命令,规定凡学龄期满之儿童在小学毕业时,应以一定格式之报告单报告其附近之劳动局,使劳动局明了每年离校及尚未从事工业之儿童数目。第四,1936 年 11 月 7 日《四年计划第一号实施令》规定:金属业及建筑业须以其全体熟练工人人数的多寡为比例雇用一定数目之学徒。各企业须于 1937 年 1 月 15 日以前,将其本年春季所希望雇用之工人及学徒配合数报告于该管劳动局。以此报告为根据,并参酌各该企业之特殊情形由总局局长决定各该企业强制雇用学徒人数。如雇主因其个人地位及企业关系不能雇用指定之学徒人数时,须向劳动局纳缴罚款,每缺一个学徒,每月缴纳 50 马克以为提倡及改进学徒训练之用。① 前三项方法为消极限制青年工人之雇用,后一项则在间接的强制未成年人从事政府指定工作。至于以就业训导及工业教育等方法影响未成年人择业之方法在本编第二章中将有详细的分析。

综上以观,可知国家主义国家之雇用政策与个人主义国家之职业介绍政策完全不同。后者完全由雇主及被雇者自己决定,政府不过从中媒介,职业介绍所仅为一触媒剂,而前者则被雇者之雇用几完全由政府根据国家一般政策加以管理,政府为一积极的指导者;而其指导原则,以国家之利益为中心,与个人主义国家之满足私人利益者不同。

第三目　苏联之计划征调策

苏联未就业者之雇用政策因其经济之发展阶段不同而异。在

---

① I. L. I. 10. May 1937, p. 215.

战时共产主义时期行强制劳动策,在新经济政策时期行国家管理政策,其主要精神与现代德,意两国所行制度相似;五年计划以后行计划征调策。① 前两个时期均不足以代表社会主义国家之精神,故本节所讨论者仅以计划经济时期之设施为限。

在第一次五年计划时期内,失业现象未完全消灭,劳动市场仍然存在,故劳动者之雇用在各工业城市由劳动干部局(Directorates of Labour Cardes)负责,如各经济团体,工厂,企业在劳动干部局不能得到所需要之劳动时,可向农场征调农业劳动者。至 1933 年以后,全部劳工均已就业,劳动干部局已失其存在价值;同时劳动人民委员部取消,劳力的征调机构改组,故其劳动雇用机关发生极大变动。在本节中亦拟分为前后两期说明之。

(甲)1933 年以前之劳动佣用策。在第一次五年计划初期,失业人数尚多,其劳动分配政策仍为新经济政策时代之延续。1929年下期起,熟练工人被产业吸收殆尽;劳动供给渐趋紧缩。故至1930 年夏季后曾以种种方法严禁工人转职强迫失业者就业。② 但此为改革前夕之序幕,至 1930 年 11 月起至 1931 年颁布许多法规

---

① 在战时共产主义时期系实行劳动强制(Compulsory Labour)及劳动动员制度(Labour mobilization policy)。所谓劳动强制系指政府颁布法令强迫所有企业之经理人员、技术人员及其他工作人员应继续工作不得逃避。同时未就业者已经职业介绍所介绍工作后,不论其所介绍之工作是否与其能力相当,均有就业的义务。如被介绍工人拒绝工作满两次时,则通告全体企业禁止雇用。凡年满 16 岁以上之公民未从事工作时,不得领取劳动证明书,无劳动证明书者不得领取□包券及其他社会工资。此制之主要目的在动员一切劳动者为全社会工作,以达到"人人劳动"及"不工作者不得食"的原则。劳动动员政策的目的则在求劳动分配的合理化。劳动动员分为两种:一为部分动员,即某特定工业所需要之技术人员之动员;一为一般动员,即不熟练工人之动员。在新经济政策时期则恢复劳动市场,工人可以自动改业或离厂,企业亦可自由聘免工人,但由劳动部设立职业介绍所管理劳工之雇佣。

② 关于五年计划初期之劳动雇佣政策可参阅:*The Five-year Plan and the Regulation of the Labour market in U. S. S. R.*,I. L. R. March 1933,pp. 357-366. 及陶因:《苏联的劳动政策》,《武汉大学社会科学季刊》第六卷第三期。

及命令始彻底推翻以往劳动分配之原则,并奠立计划雇用政策之基础。

（子）劳动者雇用之控制。1930 年 11 月 3 日苏联劳动人民部决议改组劳动市场,设立劳动干部局以代替昔日之职业介绍所。上列决议原则为中央执行委员会及人民委员会所接受,乃于 12 月 15 日根据劳动部决议案颁布《劳动使用分配及禁止工人去职令》。随后劳动人民委员部于 1930 年 12 月 23 日颁布《求业工人登记及指派工作条例》,12 月 28 日颁布《劳动干部局组织法》,以补充之。其重要之点如次：①

第一,改组职业介绍所为劳动干部局。干部局不仅为登记失业合理的供给劳力之机关,且有监视各企业使用劳力之权。故所有全国机关,企业,工厂,及个人欲雇用劳动者及薪俸使用人时必须由该机关指派。但下列人选除外：（一）行政技术人员及专家；（二）得其所管工厂或机关之主管人员同意离开原工作地点至他处工作者；（三）手工业工人之学徒及雇用工人不到 2 人之工厂之学徒；（四）个人农场之贫农及农场之畜牧者；（五）家事劳动者,及（六）与干部局订立个别协约之工人。

第二,所有劳动人员应向干部局登记。所有工会会员,非工会会员而享有苏维埃选举权之公民,工人及使用人之配偶,子女；职业学校及普通学校学生,现役军人之子女,以前从事劳动之工人,使用人及其家属（不论间歇时间长短）,退伍军人,以前红军之军士军官,赤色自卫军及其子女；工业合作社人员及手工业工人及其子

---

① 详见 *His majesty's Stationery office*：*A selection of Documents relative to the Labour Legislation in force in the U. S. S. R.*，pp.176-184.

女;乡村农人无论自耕农,集体农场农人及其子女均须登记。在干部局登记后并无任何特权。干部局按照工人之学识能力及技术分别登记。如某业或某种职业缺人时,登记者可请求登入该业。如遇与登记者资格相符之职业空缺时,干部局可令其转职。

第三,所有在干部局登记之工人应于登记后3日内指派工作,退伍红军于1日内指派工作;干部局指派之工作,登记人不得拒绝。分派工作之性质以工业制造业,交通业及建筑业为主。指派之工作登记人不得拒绝,但干部局在指派工作时要特别注意企业之需要与登记人之技能。如某种职业人员需要甚殷而无人登记时,干部局可与工厂企业订立合同开办训练班,指派登记者参加。因裁减冗员而被辞退之工人仍可登记,但不指派其至原来工作部门工作。

因病经干部局医务局证明之登记人,新工作地点无适当之居宿设备时,及女工要离开其丈夫之住所时,可以拒绝干部局指派之工作;其他理由一概不许。登记者拒绝从事所指派之工作,或拒绝指派至训练班受训时,停止其登记权6个月,在此时期中强其加入劳动服务营从事伐木,运木,挑运,掘煤等苦工。

(丑)工资劳动者之征调。1931年以后劳动者供不应求,各企业及各工厂往往在干部局得到所需要之劳力,于是劳动国防局于1931年3月3日下令各企业及各工厂可以直接向农场征调工资劳动者。根据该项命令,劳动人民委员部于3月30日颁布《工资人员征调法》,实行有计划的劳力供给制。现分为征调计划及征调区域,征调之手续及程度,及被征调者与企业之责任三项说明之。

第一,征调计划及征调区域。各工厂企业及机关于每年之初草拟计划书,将该年所需要劳动者之多少,种类及其品级详细列上。各厂计划草拟后汇交其所管之工会联合会,联合会于每年开始两月前送交苏联劳动人民委员部,由劳动部拟成每年征调总计划,根据此计划,劳动部将各省各共和国各企业需要之人数分配于各区并决定各区各农场应征人数,并通知所属各级劳动局以便随时征调。

征调区域划定之原则为:凡地方性企业需要工人时,向各县各村劳动局征调;一般性质之企业需要工人时,各加盟共和国向共和国劳动部征调,俄罗斯联邦则向各省征调。

各共和国及各省劳动局接到劳动部之年计划后,即决定其所属各县各村应征人数,原则上被征调者之工作地点应与其居所接近。如人数不敷时得优先分配工人于各重要工厂,其分配顺序单由劳动部会同各企业托辣斯,工厂经理部拟定之。

第二,征调之手续及程序。各经济机关及企业只能在劳动部指定之区域内征调劳动者,各省劳动局及共和国劳动部将征调区域及人数分配情形决定后通知各县劳动局,由各县劳动局通知各企业。在通知中详列被征调人数,征调时间及指定被征调各村名称。各企业接到通知后方能派遣征调员至指定区域征调。

征调员至征调区域时,应由企业给予书面之证明书及工作条件详细说明书。征调员至各村时应将劳动局通知及工作条件书呈缴于村人口调查处(Village Council of Registration)。被征调者以自耕农集体农场农人,贫农,中农为限,富农不得征调。被征调者名单要经村苏维埃批准。征调者应以企业或工厂名义与被征调者订立各别劳动契约;如为集体农场会员时,工厂或企业经理部应与农场经理订立协约。协约及契约中详列工作条件。各县劳动局负责监督征调之进行。共产主义青年团及工会均应组织自动服务队襄助各村之征调工作。

如不在指定区域征调劳动者,或未接到劳动局通知擅自征调,或未在村苏维埃登记,或工作条件不确时,按照《苏联刑法》及《行政法》规定处罚之。

第三,被征调者及企业之责任。企业或工厂征调工人后,应给予被征调者以旅费及代运行李。如旅程在 12 小时以上时,在旅行期中每日给予伙食津贴。如为季节工人,其回程旅费亦由工厂负责。如被征调者因自己之过失不能如期到达工作地点,或不愿意在劳动契约之工作条件下工作时,企业可以取消契约并追回旅费及行李搬运费。如被征者到达工作地点后,企业或工厂不能给予被征者以适当工作时,企业应与其他工厂或企业订立协约,负责送其至他厂工作,其工作条件不得低于原来劳动契约所订之工作条件。被征者至其他工厂之旅费,伙食津贴及行李搬运费应由原工厂或企业负责。

(乙)1933 年以后之计划雇佣策。1933 年 6 月 23 日中央执行委员会下令合并劳动人民委员部及其各级机关于工会中央评议会后,劳动干部局亦随之撤销。同时苏联失业现象完全消灭,劳动佣用分配之机构变为简单。劳力征调委员会(Committee for regulating organized recruitment of workers)为征调劳力之主要机关。现分为三项说明之。

(子)工作证制之推行。1932 年为减少转业,曾于 12 月 17 日下令实行强迫执照制,以加强企业与工人之关系,但此仅为临时性质。至 1938 年 12 月 10 日改颁工作证法,以增强政府对劳工之统制。

新法规定:在 1935 年 1 月 15 日以前,全国在工厂,政府机关,合作社工作之工人及使用人员不论其为长期工人,季节性工人及临时工人均须领取工作证。工作证由各人民委员部分配至其所属之企业,工厂及机关;工人及使用人向其工作之工厂企业或机关领取。工作证中具列执证者姓名,年龄,性别,性格,职业及关于其工作之说明(如就职时日,转职次数,解雇次数及原因)。

工人就雇时应呈递其工作证于企业经理部,企业不得雇用无证之工人及使用人。工人或使用人如为第一次从事工作时,应携带关于其过去履历及经历之报告文件,此项文件由工人居所之居宅经理或村苏维埃供给,工厂根据此项报告填发工作证。工作证在工人就职时交企业经理部保存,工人离职时发还。因不留心而遗失工作证者罚款 25 卢布。①

(丑)高等学校及职业学校毕业学生之雇用。在 1930 年 12 月 15 日之《工资劳动者之使用与分配令》中规定高等教育机关毕业学生之雇用由政府另颁法律规定。1931 年政府颁布法令规定由其毕业学校负责分配,此制一直沿用至 1937 年。1937 年下半年起实行部分的改革。不由毕业学校分配学生职业,改由各个人民委员部负责统筹。至 1938 年 2 月政府正式颁制法令改革之。②

新法规定专门人员职业之分配与指派统归各个人民委员部负责。在各高等学校毕业考试前六个月各相关人民委员部应切实调查各校毕业学生之数目,成绩及其品行,调查明白后于毕业考试前一月拟成本年度高等学校毕业学生统计表及本年度高等学校毕业学生职业分配计划送呈人民委员会及共产党中央委员会。经人民

---

① I. L. I. 16. January 1939, pp. 92-93.
② I. L. I. 11. April 1938, p. 45.

委员会及共产党中央委员会核准后,再由各相关人民委员部人民委员(People's Commissary)会同企业经理及聘任委员公共签发委任状(Certificate of Appointment),在委任状中详列各该毕业学生工作工厂之名称及地址,工作位置及薪金数目。学生毕业考试完毕后,即按委任状中所指定之地点及位置工作。

(寅)劳动征调制度。自1933年劳动人民委员部取消后,改由企业,工厂及机关直接向农场征调劳动者,由劳力征调委员会负责统筹。但劳力征调委员会仅在俄罗斯联邦成立,其他加盟共和国及自治区并未设立。结果发生种种流弊。有时企业在无剩余劳力的集体农场征调劳工,而劳力过剩之集体农场反无人过问;有时有几个企业或工厂同时向一个农场征调劳力;有时需要劳力甚急之企业不能得到适当的劳力,而需要并不急迫之企业反可得到;有时有全国性及与国民经济有重要关系之企业得不到充分的劳力,而地方性之企业或重要性不大之企业反可得到满足。为扫除此种不合理现象起见,首由苏联人民委员会于1938年4月29日下令改组俄罗斯联邦劳力征调委员会,继而苏联人民委员会于1938年7月21日颁布《改革集体农场征调劳力制度令》,8月16日颁布《集体农场劳力征调运输法》,9月1日下令设立联邦常设征调委员会,9月23日苏联经济院颁制《集体农场征调劳工标准协约》。经此次改革后,有计划的征调劳力完全实现。现分为下列三项详述之。

第一,劳力征调之机构。劳力征调之机关分为两部,一部为计划机关,一部为执行机关。两者虽职权独立,但取得密切之连系。计划机关设于各级计划局之内,其第一级设于国家计划局内,第二级设于共和国计划局内,第三级设于地方计划局内。执行机关亦分三级:第一级为常设劳力征调委员会(Permanent Committee for recruitment of Labour）设于苏联经济院（Economic Council of Soviet Union）内，为全国劳力征调之最高指导机关；第二级为各加盟共和国及俄罗斯联邦之劳力征调委员会设于各加盟共和国及俄罗斯联邦之人民委员会内；第三级为地方劳力征调委员会。现以俄罗斯联邦各级组织说明其机构及职权。①

俄罗斯联邦人民委员会之劳力征调委员会之主要任务为调查联邦内各地之现有劳动来源，登记并分配联邦内各经济团体，企业工厂之劳力需要，并批准联邦内各地之劳力征调计划。该委员会并可颁制征调劳力之原则及办事细则，及指导各自治共和国，各边疆区各特别区地方劳力征调委员会之工作。

地方劳力征调委员会，由地方计划局代表及农业人民委员部之地方分局代表组织之。每个委员会有主席 1 人，由自治共和国人民委员会之主席或特别区，边疆区行政委员会之主席充任。委员会之主要任务为分配并登记所属区域内经济团体企业所需要之劳力，批准各自治共和国，各边疆区各特别区之劳力征调计划，划分各团体企业之征调区域，签发各经济团体，企业之劳力征调特许证，监督各企业团体之劳力征调，及保证执行各种优待及运输劳工之方案。各县行政委员会对于劳力征调之职权颇大，如根据地方劳动征调计划委员会之征调计划及各集体农场之生产计划草拟该县之劳力征调计划。同时对于其县境内劳力征调之活动有监督及指导之权力。在乡村苏维埃区域内之劳力征调事宜由该村苏维埃指派代表监督及指导。

第二，征调区域。1938 年 7 月 21 日法律规定：自 1939 年 1 月

---

① I. L. I. 18. July 1938, pp. 79-80.

1日起,每一个有集体农场农业工人愿意从事工业劳动之县份只准1个人民委员部的代表征调劳工;在少数特殊情形下,方允2个或2个以上之人民委员部征调。每个企业,工厂,经济团体欲征调劳工时应先草拟计划呈交所管之人民委员部,由人民委员部拟定计划交加盟共和国之劳力征调委员会。由劳力征调委员会核准后再指定征调区域通知人民委员部,由其派遣代表前往征调。自1939年1月1日起只有下列企业方可在集体农场征调劳工:建筑业,伐木业,掘煤业,水道搬运业,渔业,造糖业及远东边疆区之工厂,建筑及其他企业。[①]

第三,征调程序。劳工征调后应订立劳动契约,并成群的运至工作地点。被征调工人从家庭至工作地点旅行期中,每日应发给伙食津贴,并可预付工资。工人应由企业经理或企业经理代表护送,并代筹住宿地点。如工人愿至新工作地长居时,工厂经理应代运送其家眷,及给予物质上之援助。工人行李一概由工厂代运。

1938年8月16日之《征调集体农场劳工运输法》对于被征调劳工之运送有详尽规定。在每月20日以前由劳力征调委员会草拟该月征调劳工运输计划呈交铁路运输人民委员部,由该部根据各个劳力征调委员会计划拟定该月国内工人移殖总计划呈交苏联经济院核准,经其核准后即按计划实施。同时并通知商业人民委员部令其妥筹在旅行期中沿途所需之必需食料品及令其筹办伙食。工人在新工作地点之居住及其他问题由公共保安人民委员会筹备;房租,煤气,电灯等费用由该部与工会中央评议会订立协约决定。[②]

---

① I. L. I. 26. Sep 1938, pp. 380-381.
② I. L. I. 18. Dec 1939, pp. 322-323.

凡征调至边远区域者其待遇较优于调征至其他区域者。劳动契约至少为两年。其迁移津贴,家属迁移津贴均较征调至其他区域者为多,以奖励移殖。

第二节　已就业者之劳力分配策

已就业者之劳力分配策在个人主义国家并不存在,仅国家主义国家及社会主义国家实行之。以个人主义国家行自由工作制,劳工从事工作后,其转业转厂由自己决定,国家并不直接干涉。在集权主义国家为求国家一般政策及经济政策之完成,常直接强制已就职者之分配。社会主义国家及国家主义国家在此方面之设施大体相同,故拟合并讨论。

大体说来,集权主义国家之已就业者之劳力分配策之内容可以分为三部分。其一,为严禁转职,以限制劳动转职;其二,为征调就业劳动者或改调就业劳动者以求劳力之合理分配;其三,为实行强迫劳役制,动员劳动者直接为政府服务。

第一目　严禁转职

劳动者之转业频繁不仅为对于劳动者个人有损失,且直接影响国民生产力之发挥及劳力之合理分配,故集权主义国家均颁布法令禁止之。其限制方法有间接直接两种。间接方法为举办工厂福利政策,推行社会保险制度,实施改善工人生活计划,使工人生活安定不愿改业。此制在个人主义国家企业家及工厂主亦多实行之。在集权主义国家则为不重要的方法，其主要方法为直接限制工人转业及转厂。

（甲）严格禁止工人自动离厂或转厂，违者严重处罚之。此法盛行于德，意，苏各国。德国于 1936 年即规定金属业及建筑业工人不得转业，如欲转厂时须经所在地劳动局之批准。劳动局批准与否之根据是：其移动是否有碍于政治及经济政策之施行；是否有害于营业的利益及随从者的配合；移动后其所遗留的眷属的照料是否增加该地地方行政之麻烦。劳动局首先须研究吸收工人的企业较之工人离去的企业在政治经济上是否较为重要。所谓政治及经济政策为国防的充实，食粮的供给，本国原料的自给，输出的奖励及工人健康问题等等。所谓营业的利益是：该工人离去后，生产行程是否因之受妨害。所谓随从者的配合是老幼工人的配合，例如该企业所雇用之工人，老年工人居多数，则不能令青年工人离去。① 随后又将此种限制应用于全部劳动者。1939 年 9 月 1 日之《职业变动限制法》中即有严格之规定。② 意大利在 1937 年以后亦曾颁布关于此方面之法令。

苏联在 1939 年以前规定工人离职时应于离职前 1 日或 7 日通知企业经理部，得其允许后方允离开。至 1938 年 12 月 18 日颁布《新劳动纪律》，规定自 1939 年 1 月 1 日起员工欲离开其服务企业或机关时应于 1 月前通知企业经理部或机关管理处。自动离厂或服务机关者予以处罚。③ 至 1940 年 6 月 26 日苏联最高委员会之命令更为严格。该令规定工人及使用人不得因其个人之原因擅自

---

① Jahrbücher für N. n. S. *Der Arbeitseinsatz in Vierjahresplan* 143. B1. 6. H.

② 参阅本编。

③ I. L. I. 23. January 1939，pp. 92-100.

离开工作之工厂企业及机关或转至其他工厂,企业及机关工作。员工之离职及转厂须先得工厂厂长,企业负责人或机关主管长官之许可。其许可之条件是:(A)员工因疾病及残废等原因,经理部在本厂或本企业内不能找到适当工作时;(B)员工年老已届退休年龄时;(C)员工欲至技艺学校读书以求深造。工人或使用人未经许可擅自离职或转厂时可以在法院审问并处以 2 月至 4 月之徒刑。工厂厂长及企业经理如不能严格执行上述规定以禁止员工无故离职转厂,撤职查办;雇用未经许可擅自离厂转厂工人时,其处罚相同。①

(乙)优待长期在职工人以鼓励工人安守本职。此制亦盛行于德,苏两国。苏联于 1931 年 6 月 23 日经理人员会议中讨论减少转业办法。1931 年 6 月底所颁布之《社会保险法》即根据经理人员会议决议案改变保险给付以鼓励工人长期在职。凡在工业界工作 3 年以上,在同一工厂继续工作 2 年以上之工人,其疾病保险给付为工资之全部,任意离职者除扣除其给付外,并剥夺疗养室,休息室等优待。② 1938 年 12 月 28 日人民委员会,共产党中央委员会及工会中央评议会联合颁布《社会保险修正法》,对于长期在职工人之保险给付率增加甚高,以减少劳动流动率。③ 关于其修正详情将在

---

① I. L. R. August-September 1940, pp. 129-130.

② *The Five-year Plan and the Regulation of the Labour Market in U. S. S. R.*, p. 330.

③ 这点以许涅维克说得最清楚,他说:我们要使社会保险真正成为改良物质生活及增加劳动生产效率的重要武器。社会保险制度之执行要使突击工人,及长期在职工人得到特殊利益。其主要目的在扫除工人之不安定现象。我们要以社会保险这个武器去改良长期在职工人之待遇,并打击那班不负责任,托词逃避及虚伪奸诈之工人。

社会保险一章中说明。

优待长期在职工人之另一方法为离职给薪的办法。苏联在1931 年以前规定凡工人在同一工厂继续工作达 5 个半月时,每年可以离职 12 日,离职时期工资照付。至 1938 年 12 月 28 日《新劳动纪律》中改为凡在同一工厂继续工作达 11 个月时方有离职给薪的优待。德国于 1938 年 1 月 1 日于建筑业实行离职卡片制(Leave card System),优待长期在职工人,其法较苏联为细密。

凡全德所有建筑业及土木工程工人除学徒见习生及正在接受此种训练之人员外,继续工作满 32 周后得离职 4 日,工作满 48 周得离职 6 日;有严重性无工作能力工人工作 32 周后得离职 6 日,工作满 48 周得离职 8 日;未成年工人则分别为 9 日及 12 日。

厂主对其所雇用工人须制发离职卡片,卡片归厂主保存,工人转厂时还发工人,由其呈缴新工厂。工资发给日雇主应于卡片上贴足印花,印花数额普通工人为工资 2%,工作能力不完全工人为3%,未成年工人为 4%,其数不得在工资中扣除。卡片及印花均由雇主在邮局购买,印花之黏贴由工人及互信委员会监视之。如印花数目已超过 32 周后允工人按上述规定自动离职,离职时给予离职工资。离职工资由雇主向购买印花之邮局按印花数目领取,雇主领到后于工人离职时照数付与离职工人。工人不当离职而离职时不得支付离职工资。[①]

第二目　就业劳动者之征调

就业劳动者之征调,盛行于苏联及德国,以苏联行之最早。在

----

① I. I. I. 4. April 1938.

1931年1月23日俄罗斯联邦劳动部颁发《纠正劳动利用及举发冗员通令》。同年3月13日苏联劳动人民委员部亦曾命令各企业所使用员工人数应与生产计划所预定者相当。凡使用员工人数超过经济计划所预定者,为公开的冗员(Direct Surplus);凡劳力劳动使用未能合理化者为隐藏的冗员(Concealed Surplus)。无论公开的冗员或隐藏的冗员一经举发应立即解雇,移送于新设工厂工作。[1] 此为已就业劳动者征调之先声。随后又赋与劳动干部局以移送已就业者。凡各企业有"用不当其才"或"人浮于事"之情形时,该局可将此种员工移至适当的工厂工作;从使该企业工作人员无此种现象发生,干部局亦可由此种企业调至对国家需要更急迫或其重要性较大之企业。如重要工业(钢铁业,化学工业,煤业,交通业,机械业)需要技术人员及熟练工人时,劳动人民委员部得劳动国防院(Labour and Pefence Council)批准后可向其他产业征调。[2] 1933年以后已就业劳动者之征调改由各企业负责。各企业经理应随时监督本工厂劳力之使用,如发现"人浮于事"或"用不得当"之情形时,可将其移送至新设工厂或需要此类工人之工厂;如本厂需要某类工人最殷时可向其他工厂征调。负总责之机关为重工业,轻工业与林业人民委员部及各个委员部所属之省,地方管理局。[3]

至1940年10月鉴于欧战之惨烈,为充实其国防计,苏联最高委员会主席于10月19日颁布命令强迫移动机械师,技术人员,工

---

[1] 详见:*The Five-year Plan and the Regulation of the Labour Market in U. S. S. R.*, p. 370.

[2] *A Selection of Documents Relative to the Labour Legislation in Force in the U. S. S. R.*, pp. 177-178 及 Trua 14. March 1931.

[3] I. L. I.

头,使用人及熟练工人。根据此项命令,凡所有全苏各个人民委员部如认为新工厂新矿山或企业成立后需要技术人员,或地位极重要之工厂,企业,矿山需要技术人员时,可向其他各个工厂,企业或矿山征调。被征调者包括机械师,技术人员,工头,使用人,及熟练工人。被强迫移厂者应由人民委员部给予:(A)基本人及家属旅费,(B)其财产移转费用,(C)每日旅行伙食津贴,(D)旅行期中之工资并加发六日,(E)就职费用津贴。被移动工人系在试用期中时,如其移动区域为本区时,试用时期并不受影响;如移至别区时,试用时期延长至 1 年。企业经理及工厂厂长负责照料被移动者之家属。凡拒绝人民委员部之强迫移动命令者与自动离厂者同样处罚,予以两个月至四个月之徒刑。[①]

德国有计划的征调已就业之劳动者始于 1938 年 6 月 23 日 4 年计划总裁之《强制雇佣令》,及职业介绍总局之《实施条例》,至 1939 年 2 月 13 日又颁布《特殊重要企业劳动供给确保令》(Verordnung zur Sicherstellung des Kräftebedarfs für Aufgaben von besonderer Staatspolitischer Bedeutung vom 13. Februar 1939)。随后于 3 月 2 日颁布《第一次实施令》(Erste Durchführungsanordnung zur Verordnung zur Sicherstellung des Kräftebedarfs für Aufgaben von besonderer Staatspolitischer Bedeutung)。3 月 10 日颁布《第二次实施令》执行之。现根据该令分析其内容如次:[②]

凡经四年计划总裁指定有特殊重要性之企业之雇主如在其工厂内及该县雇佣局不能得到其所需要之劳动者时可通知工厂所在

[①] I. L. R. vol XLIII. No. 2 Feb. 1941, p. 207.

[②] I. L. O. *Legislative Series 1939*. Germany 1.

地之省雇佣局局长,请其调派劳工。雇佣局根据企业主之通知指定被征调者并颁布征调令。劳动之征调包括所有性质之服务,被征调者以使用其学识与能力至最高限度为原则。征调令由被征者居所之县雇佣局颁布;在征调之先,指调工人及雇主均应被查询以期足以保证必需劳动者之供给。征调分为两种,一种为短期征调,一种为无限期征调。前者系指劳动者被征至某企业,或工厂,工作满一定期限后,又重返原厂工作;后者则永久调至某特定工厂工作,并不重返原厂。征调令详列征调工厂名称及地点,如为短期征调时,应列其服务起迄日期;如为无限期征调,应列其服务开始日期。征调令分为两张,一张由雇佣局直接送交雇主,一张由雇佣局交被征工人,工人接到后应立即交与雇主,然后根据征调令规定至指定企业服务。

在短期征调期中,劳动者与原工厂主间劳动契约并未废止,在离职期中不得雇佣局之同意时,雇主不得废止其劳动契约。无限期征调则以前雇佣契约视为停止。

需要工人之雇主对被征工人赴工作地点之旅费应全部负担,如为短期征调并应负担其回程旅费。旅途中有伙食津贴,如路途甚远时,外加特别津贴。无限期征调工人由改调关系而失却以前之特殊利益时,由劳动专员指令其该管雇主加发工资三个月。家庭津贴及特别津贴之发给在 1939 年 9 月 4 日之《被征调者家庭津贴令》(Anordnung über Unterstützung für Dienstverpflichtete)中有详细规定。凡被征调者因征调关系被强迫离开其不能独立者之家庭成员时,应给予分离津贴,其数目每周不得超过 19 马克;如被征调者已接受其他机关之分离津贴时,其数目应照扣。如因被调征关系使被征调者履行法律上或契约上的义务较以前增加时,得由雇佣局给予特别津贴。

短期征调者服务期满后，重返原厂工作。无限期征调者之新劳动契约非经雇佣局许可不得废止。但雇佣局因此种征调不需要时，或给予津贴之条件不存在或不需要时，可以停止无限期征调。

第三目　强迫劳役制

所谓强迫劳役制（Forced or Compulsory Labour System）者政府可强制其国民从事其指定之工作，其工作时间甚短，并非长期的征调。其性质与服兵役性质相同，为国民之一种义务，与上目所述已就业者之征调性质不同。此制在国家主义国家及社会主义国家甚为盛行。在个人主义国家仅于战时行之。个人主义国家之强迫劳役系属于战时劳动政府范围之内，故在本书中不拟说明。

苏联在战时共产主义时期曾陆续颁布《劳动义务令》，《劳动义务令实施条例》强制所有国民，除 16 岁以下 50 岁以上之老幼工人，孕妇及因伤害残废疾病不能工作者外一律有从事政府所指定之劳役的义务。自 1920 年起又实行劳动动员（Labour mobilization）政策，此种政策与国家主义国家之强迫劳役制相似。

劳动动员分为部分动员及一般动员两种。前者指某特定工业所需要之技术人员之动员。后者指一般劳动者之动员。执行劳动动员之机关为劳动委员会（Labour Committee），委员会分为总劳动委员会（Principle Labour Committee）及地方劳动委员会（Local Labour Committee）两级。部分动员始于 1920 年 8 月，动员人数达 78,000 人。一般动员按征兵手续办理之。凡 1886，1887，1888 三年出生之人民均在被征之列。一般动员令在 1920 年 9 月 13 日经人民委员会批准,适用于俄罗斯之 37 省,西伯利亚,乌克兰,高加索及顿(Don)等地,动员自 10 月 15 日开始,11 月 15 日至 30 日为结束期。动员日期由总劳动委员会妥为安排,以不碍害农业工作为主,国营事业之劳动者不在动员之列。

新经济政策实行后,强迫劳役制已由正常的常设制度改为临时的应急的政策,在国家非常时期或有重要之需要发生时方应用之。1922 年《劳动法典》规定 18 岁以上至 45 岁以下之男子及 18 岁以上 40 岁以下之女子均有强迫劳役的义务,但一时丧失工作能力者,怀孕妇女在分娩前后各八周,须要哺育婴儿之妇女,无能力人,有 8 岁以下儿童之妇女(以该妇女参加劳役后,无人看管儿童之情形为限)均可豁免。[①] 在计划经济初期可根据上项条例实行部分的强迫服务。如 1931 年 2 月 2 日人民委员会颁布《农业专家动员令》,2 月 10 日劳动人民委员及农业人民委员下令召集各企业各团体所雇用之农业技术人员 60%,从事春耕运动 2 个月。1931 年 1 月 16 日曾颁布《铁路交通人员动员令》,1931 年 4 月曾颁布《水运交通人员动员令》,动员范围不仅包括现在从事该业之技术人员,即以前从事该业而现在离职者亦包括在内。[②] 在强制服役期中,工资照付,旅费由政府负担。

意大利于 1935 年 4 月 28 日颁布《殖民地强迫劳役法》(Royal Decree No 917 to Issue Regulation for Forced or Compulsory Labour in the Colonies)推行强迫劳役制。

根据该法,强迫劳役令由殖民部颁布,殖民部长之决定不得提

---

① 1922 年《劳动法典》第 11 条。

② *Soviet Workers*, pp. 257-258.

起行政诉讼及诉愿。但以便利私人为目的之任何情形任何方式之劳役,开矿工作及因某团体之 1 人违法而对全体的处罚均不得视为强迫劳役,应一律禁止之。同时强迫劳役之条件须符合下列规定:

（一）对于服役之社会,有重要的直接的利益;

（二）为极紧急的需要;

（三）对于人民之负担不大;

（四）被征服役者以不离开住所为原则,于必要时,其服役地点与居所不得超过 3 日旅程;

（五）须与被征者之宗教信仰及社会生活相合;

（六）未满 18 岁及在 45 岁以下之男子不得征发;

（七）学校老师,职员及学生不得征发;

（八）被征服务人数不得超过该地成年男丁 25%;

（九）不得碍害社会之正常生活;

（十）单独负担家庭生活者不得征发;

（十一）有病及身体不适宜者,或工作地点环境与被征发者不适宜时,均不得征发之。

强迫劳役之报酬以现金为原则,其工资率不得低于工作地及征发地之工资。来往旅途所费时间在工作时间内计算,照常给付工资。强迫劳役之最高时间,12 个月内不得超过 60 日,往返旅程中所费时间包括在内。[①]

德国之强迫劳动制开始实行于妇女方面。1938 年 2 月 15 日四年计划总裁下令实行妇女强迫劳役制。至 2 月 16 日职业介绍及

---

① I. L. O. *Legislative Series 1935*. Italy.

失业保险总局局长颁布《实施大纲》。根据《实施大纲》规定凡德国国籍年在 25 岁以下之未婚妇女欲从事成农业,纺织业,香烟制造业工作或欲充任公私机关,企业,商店之职员时,应先从事农业或家内劳动一年。此种服役谓之强迫劳役年。如在社会福利机关服务或从事看护业两年者免除此种义务。如妇女家境清寒,或其身体不适宜此种工作,或不能在农业及家内劳动内找到适当工作时亦得豁免。其服务工作可于下列各项中任择一项。(一)劳动服务,(二)德国妇女队所主持之农村服务,(三)乡村协助工作,(四)乡村家事训练,(五)家事训练年,(六)劳动局所主办或津贴之农业训练班及家事训练班。如其家中或亲戚家中有 4 个或 4 个以上之 14 岁以下之儿童时,得在家内工作一年以代替强迫劳役。至 1938 年 12 月 23 日又颁布命令修正 2 月 16 日条款。凡年在 25 岁以下之未婚妇女欲从事劳工,使用人,及机关商店职员之工作时一律应参加强迫劳役一年。其服役地点亦改由雇佣局指定,不得由服役人自由决定。

1938 年 10 月 15 日四年计划总裁下令实行非常时期劳役(Emergency service),1939 年 9 月 15 日内政部颁布《实施大纲》并决定自 1939 年 9 月起实施。根据 10 月 15 日命令规定,凡居住德国国境内之人民均有受召服务一特定时期之义务。此项服务包括行为,不行为及承诺某项行为。外国人因国际法及国际条约条款规定准予免除者得免征之。召集非常时期劳役之机关由四年计划总裁得内政部长之同意后决定之。劳役分为短期及长期两种。凡被征服务在三日以上并从事其原来之职业者谓之长期劳役。短期劳役不须订立劳动契约。征调长期服役者之机关在征调服役者时,应先将名单通知雇佣局,雇佣局得根据劳动市场之现状决定之。官吏,律师,公法团体,党部及其附属机关,及公共福利机关所雇用之薪俸使用人及工人亦有被召长期服役之义务,但以得该管上级机关之同意为条件,雇佣局是否同意可以不顾。在职工作者被征服务时,在服役期中给予离职并不得解雇。服役日期不满三日者其全部工资由原来雇主支付。

1939 年 9 月 5 日《实施条例》规定下列人等得免除非常时期劳役:(一)15 岁以下及 70 岁以上之人民;(二)有 15 岁以下儿童之妇女,其服役足以碍害看顾儿童时;(三)怀妊 6 个月以后及分娩后 2 个月以内之妇女;及(四)不能工作者。被召服务者有严守秘密之义务。内政部长得财政部长同意后得规定被征者之报酬及筹设征者之居宿,在特殊情形下,内政部长得授权其他机关规定之。被征服务者之不能独立者得根据 1939 年 7 月 11 日之家族津贴令领取不能独立者津贴。

第三节 劳动储量动员策

劳动储量动员策亦为国家主义国家及社会主义国家所独有的政策,个人主义国家对此方面甚少注意。因为个人主义国家行工作自由制,劳动泉源的开辟政府不直接加以干涉,而由企业家,厂主以工资引诱未参加产业劳动的人们参加工作,人民工作与否有其自由。在国家主义国家及社会主义国家其劳动政策之重要目标为扩大全国劳动生产力至可能的最高限度,则如何动员劳动储量以扩大产业劳动者的人数目为国家所注意。总括集权主义动员劳动储量之方法可分为鼓励妇女从事产业劳动,限制不重要职业之劳动者,现分别列论于后。

第一目　动员妇女工作

在工业化程度甚高之国家男子劳动储量多已吸收殆尽,无法增加,新的劳动来源为妇女,故如何奖励妇女参加产业劳动为集权主义国家最重要的动员劳动储量的政策。

男女工作机会均等为社会主义国家之基本政策。故苏联自1922年以后对此特别注意。平等的支付工资,打破两性竞争不平等之限制,为男女工作机会均等之第一步;妇女保护的周密化,减少两性体格之差异以增加女子之工作能力,为达到男女工作机会均等之第二步;托儿所之设立,公共食堂之成立,使妇女从家内劳动中解放,为达到男女工作机会均等之第三步。至1930年秋季后,因为劳力的缺乏,使政府更注意女工之雇用。

1930年10月20日共产党中央委员会决议扩大女工雇用范围,同时政府亦发表文告鼓励工厂企业雇用女工。1930年12月8日俄罗斯联邦颁布《企业政府机关及合作社女工雇用令》,鼓励妇女从事产业劳动并开放若干职业允许妇女参加。令中授权俄罗斯联邦人民委员会重拟妇女职业名单,开放以前禁止女工工作职业。又令俄罗斯联邦内政部会同最高经济院及供给部于一月内拟具具体的吸收妇女工作计划;及由俄罗斯联邦计划局会同相关各部于一月内拟具添设托儿所及育婴室计划。至1931年1月16日俄罗斯联邦劳动人民委员部颁布妇女职业单,开放以前禁止女工工作之职业甚多。在同时期中联邦政府亦有同样行动。1931年1月苏联中央委员会决议增加女性学徒平均至上年度50%以上。根据此项决议,苏联劳动人民委员部颁布命令规定各业职业学校,职业训练所及训练班女性学生之最低比例。[1] 1931 年 5 月 16 日又训令各企业工厂应有计划的增加女性劳动者。由于政府之努力,妇女从事产业劳动者日增,以参加工作之女工而论,在 1928 年 10 月 1 日女工共计 2,400,000 人,占全体工人之比例为 24.6%,至 1933 年 7 月 1 日增为 7,000,000 人,占全体工人 37.7%;以受职业训练之女子而论,在 1928 年高等学校女生为 45,000 人,占 28.1%,技艺学校女生为 70,000 人,占 37.6%;至 1933 年高等学校女生增为 156,000 人,占 33.3%,技艺学校女生为 330,000 人,占 41.7%。[2]

德国在 1929 年经济恐慌发生后,女工因工资低廉,就业机会较男工为多,故其失业者较男工为少。国社党当政后限制女工工作使其职业转让于男工。[3] 失业扫除,军需工业扩张后,发生劳动缺乏的现象,限制妇女工作已失其存在根据;相反的,如何鼓励妇女工作成为政府努力的目标。1937 年 10 月 1 日撤发《限制领受结婚贷金工作令》为此种政策之开始。

1938 年后劳动阵线屡次训令劳动委员会研究并提倡雇用妇女方法。政府亦训令各企业多量雇用女工。在各种重工业,化学工业及轻工业企业中,盛行半日工作制,使有儿童之妇工亦可参加工作;同时提倡"育婴运动"(mother and child movement)及自动服务运动以帮助女工处理家务育养儿童以减轻女工负担。[4]

妇女为下一代儿童幸福所寄托,妇女之健康不仅影响儿童,且

---

[1] *A Section Documents relative to the Labour Lagislative in force in the U. S. S. R.*, pp. 174-176.

[2] *The Progress of Women's employment in U. S. S. R.*, I. L. R. Feb 1935, p. 232. 及 p. 237.

[3] 详见本编第四章。

[4] *The mobilization of Labour Reserve in Germany*, p. 609.

间接影响全国健康标准。故妇工之动员不仅要从产业需要及经济观点着眼,而且要从国家人口政策及社会政策着眼。因之德,苏,意各国一方面鼓励妇女从事产业劳动,一方面对职业的种类,妇工的母性保护及健康保护,有详细的规定。关于此点将在"劳动保护政策"一编中说明之。

第二目　限制不重要职业之劳动者

所谓限制不重要职业劳动者即政府以法令禁止人民从事某项职业或勒令已从事此职者转业以增加重要性较大之产业之劳动者。此为消极的劳力转移政策,并未积极的开辟劳动源泉。现以德国在 1936 年之措施为例,说明其主要的方法。

1937 年 12 月 24 日四年计划总裁下令限制负贩商人之活动,至 1938 年 1 月 29 日又颁布命令规定:凡劳动者其劳动能力从事其他比较有用之职业时,均不得从事负贩业及小贩业。从事负贩业及小贩业者必须领取特许证,特许证由当地行政机关核发。行政机关核发特许证,应得该区劳动局之同意,劳动局根据当地之一般就业状况,申请人之劳动能力,申请人在负贩业之重要性及其社会地位决定之。劳动局可指令申请人改业,或限令其于一定时间内改业。不得劳动局之同意不得核发特许证,经劳动局之请求时可以追缴其所核发之许可证。①

除政府直接勒令从事负贩业者改业外,1937 年 12 月 10 日曾公布负贩业租税法,增加税率以强迫其改业。

短工亦为德国政府统制目标之一。在经济恐慌时,短工制度

---

① *Deutscher Reichs-und Preussischer Staatsanzeiger*, 1937, No. 289.

流行。企业家不愿长期雇用工人,以减少亏累危险;而失业者增多,工人亦不问劳动条件及时间长短,以暂时解决为满足。职业介绍及失业保险局为救济失业者起见,乃津贴企业家使其保留短工以延长其工作机会。短工救济制度之普遍实施始于1931年8月27日之命令,随后于1932年7月1日,1934年4月13日陆续颁布法令补充之。①

经济复兴失业扫除后,情形大变。在昔日认为短工制度为解决失业之一种方法,现在认为其有碍重要产业部门之发展。以雇主鉴于劳动供给缺乏,雇人困难,乃设法保留短工以备不时之需,结果使需人甚殷之工业无补充机会。故政府第一步限制短工救济制度。1936年9月5日改颁新令规定:一般短工救济以《工业法典》第105条第一款所规定之工厂并雇用工人及使用人在十人以上者为限;特别短工救济则以纤维工业,制革业,皮货业,炼油业,成衣业为限。至1936年9月12日又颁布修正令以加严其限制。②

1937年后政府又颁布若干命令以禁止之。1937年6月23日,四年计划总裁申令纤维业,皮革业从速废除短工制,此项命令虽非强制规定,但企业主如不自动裁减时,政府当予以严格之制裁。如工人每周工作满40小时,则取消其短工救济;如不满40小时,雇主亦应给予40小时之工资,以强迫雇主减雇短工。③ 至6月30日又重颁命令取消30岁以下未婚短工之短工救济费,并训令劳动局对于长期工人多方予以便利以鼓励短工变为长工。④

---

① *Deutscher Reichs-und Preussischer Staatsanzeiger*, No. 208.

② Report of the National Institute for Employment Exchange and Unemployment Insurance on the Development in June 1938.

③ *The Mobilization of Labour Reserve in Germany* I. L. R. Nov. 1938, p. 605.

④ 同上。

第二章　劳动教育政策

劳动教育者为政府以劳工教育就业训导等教育方法以调整人口与职业之结合过程的设施而言。其与劳动雇佣策相同者,两者均为调整人口与职业之结合过程之主要手段;其相异之点,劳动雇佣策系以政治的强制的方法去谋劳动市场的调整,而劳动教育则以教育的说服的手段去求劳力的合理分配。各国关于劳动教育之实施亦因其所采劳动政策之不同而异,现分为下列三类说明各国劳动的主要内容。

第一节　劳动教育之目的

上次欧洲大战(1914—1918)为劳动教育之转变点。在大战以前,劳动训练之目的为使"无业者有业,有业者乐业,"其对象是求业的个人,或缺乏劳动者之某特定企业。其内容是以造就某业的技术人员,工头,或普通工人的技艺教育,而忽视一般理论的陶冶。大战以后这种趋势不能维持而发生演变,尤其在国家主义国家和社会主义国家更是顿改旧规,以一种新的姿态出现。

前面已经说过在上次大战以前劳动教育之目的很狭隘,几乎所有各国均以之为技艺传习的代名词,仅为学徒教育制度之改良。

其功能是一方面供给某特定产业,职业,企业,工厂以适当的劳动者;一方面使各个求业者得到适当的职业。求某特定企业,工厂及个人之满足为当时劳动教育之最高理想。此为经济自由时代之必然结果。在经济自由制度下,国家对于经济活动只尽保护的责任,经济的积极活动是让各个人在自私心冲动及自由竞争之下进行。个人依着自己的理想自己的目标去求个人欲望之满足。整个经济制度既是如此,劳动教育自无法跳出个人主义圈子。

大战以后随着经济制度的变迁,劳动教育从满足个人利益与局部利益的范畴中解放,在各国均有新的发展。不过由于各国的经济制度不同劳动教育的目的也有纷歧的现象。现比较于次:

第一,在个人主义国家劳动教育的主要目的是"无业者有业,有业者乐业,"而国家主义国家及社会主义国家则以之为合理分配劳动量的手段。这是个人主义国家与集权主义国家最基本的差异。在个人主义国家虽不以满足劳动者的欲望为唯一的目的,但至少为其最重要的目的。这点在英,美,法,比及我国的劳工教育法规中可以看出。如美国1917年联邦政府所颁布之《史密斯·赫斯法》(Smith-Hughes Act)规定,联邦政府津贴之分配以下列各种劳动教育为限。第一,教育之目的在增进就业工人之知识与技能使其地位及希望增加者;第二,教育之目的在供给未就业工人以特殊知识及技艺使其将来就业时比较有利者;第三,使就业工人能与其工作,社会环境相适应,并能使其因经济环境之变迁而自动调整其工作者。① 我国21年(1932年)2月4日实业部所公布之《劳工教育

---

① 详见:Anthur B. Mays, *The Problem of Industrial Education*, pp. 356-370. A. Charles and Charles R. Allen, *Vocational Education in a Democracy*, chapter XVI.

实施办法大纲》亦认为劳工教育之目的在增进工人之知识,技能及其工作效率并谋工人生活之改进。[①] 其他如英,法,比各国不认为劳动教育为提高工人之知识,增进工人福利之手段。《威玛宪法》时代德国虽举出适当的分配未成年人于各业,供给各业以需要劳动者为其劳动教育目标之一,但其地位仍不及满足个人欲望之重要。[②]

在国家主义国家及社会主义国家则不然,国家需要的满足为第一位,个人欲望之满足为第二位,劳动教育与整个国民经济连为一体,其使命在调整全国劳动市场,使之与当时的经济制度相适应。换言之,劳动教育为国家经济建设之工具,为政府推行经济政策之主要手段,其目的是求全国可以利用的劳动量得到适当的合理的分配,使全国劳动量与全国资源,物产,经济结构之间有合理的连系,圆满的协调。在此种意义劳动教育的使命有二。就空间来说,它是分配全国劳动量于全国各企业各工厂的手段,一方面使国家经济发展合理化,劳动量与资源之间得到最有利的组合,一方面使各个个人达到"人尽其材""乐业安群"的地步。就时间来说它是全国经济机构与经济发展之调节器,其发展与国民经济之发展是一贯的,它不仅支配这一代的经济制度,并且支配了下一代的经济制度与经济生活。我们看 1929 年后的苏联,1922 年以后的意大利和 1933 年以后的德国其劳动教育都积极向这方面发展,就可知道。在个人主义国家虽亦认为劳动教育的发展应和经济制度内不

---

① 《劳工教育实施办法》,第一条。

② 1922 年 6 月 22 日,德国联邦职业介绍所颁布之 Allgemeine Bestimmungen für die Berufsberatung und Lehrstellenvermittlung bei den Arbeitsnachweisämtern 第一、二两条。

同生产部门的收缩与膨胀相适应,但其着眼点仍在谋各个劳动者利益的满足,与集权主义国家之完全着重国家利益者不同。①

　　第二,个人主义国家认为劳动教育有发扬社会教育的使命,而国家主义国家及社会主义国家则不仅有发扬社会教育的使命,并且为其政治教育之一部。由于现代社会思潮与教育思潮之发展,个人主义国家之劳动教育负有发挥社会教育之使命,简言之,劳动教育不复是一种纯技艺的教育,它另外有社会教育之价值。所以劳动教育的目的不只是职业技艺的传授,并且要使劳动者深深知其职业之价值及其个人在社会上之地位。美国内政部教育司(Office of Education)在1934年出版之《报告书》谓:"一个人如果要完全明了其职业,必须对于其自己之价值有深刻的认识。"②法国劳工总联合会(General Confederation of Labour)技艺教育委员会(Committee on Technical Education)也说:"从我们的观点看来,职业教育不只是指职业之体力的及技术的需要而言,即在工厂,作坊,办公室,商店,田地所施的职业训练也应该补充以一般教育,公民训导和经济指导。"在罗马举行之国际技艺教育会议之结论亦谓:"技艺教育不能与其所依处之经济环境脱离,它对于技术工人须与以一般的社会的文化训练,使他们与其在现代社会地位相符合。"③

　　在集权主义国家,则不仅认为劳动教育是社会教育之一面,并且认为劳动教育是训练劳动者思想的工具。如苏联认为劳动教育

---

　　①　详见 I. L. O. 出版之 *Technical and Vocational Education and Apprenticeship*, pp. 12-15.

　　②　U. S. Department of the Interior, *Vocatioanal Education Bulletin No. 176*, June 1934.

　　③　*Technical and Vocational Edncation and Apprenticeship*, pp. 27-28.

之最大使命是使劳动者知道其在社会主义国家之地位及其价值，并启发宣扬社会主义精神。德，意各国亦认为国家主义的发扬，民族精神的灌输，为劳动教育使命之一。其详情将于下节中分析，兹不赘。

第二节 劳动教育之内容

劳动教育亦有广狭两义，广义的劳动教育系指所有养成训练专门化技术化之劳动者之教育实施而言，此名词常与工业教育（Industrial Education）、技艺教育（Technical Education）、职业教育（Vocational Education）相混。其主要内容包括就业训导（Vocational Guidance）、准备教育（Pro-Apprenticeship）、正式教育及补习教育（Supplementary Education）四项。而狭义的劳动教育系指劳动者的补习教育而言。本书所分析的系以广义的劳动教育为对象。

就业训导系指私人，介绍所，政府指导每个求业者选择职业使未就业者对于各项职业之性质，价值，及其个人之个性，能力有深刻之认识。其主要对象为未就业而正在求业过程中之劳动者。准备劳动教育的严格意义是指在正式劳动教育或学徒训练以前所受的技艺训练，如小学所授的劳作训练，及其他工艺，手工，商业训导，工业常识等项。正式劳动教育为普通各级工业学校，职业训练班对于未从事职业生活之儿童或成人或给予的一种教育。补习劳动教育则为对已经从事劳动者之一种训练，其目的在补充其一般教育或改进其职业能力，或两者兼重。其方式亦不一致，或为讲习班，或为训练班，或为上课，或为演讲。

就整个而言,这四种形式教育在战前只注意正式劳动教育,对于就业训导,准备劳动教育,及补习教育则颇忽略。自上次大战以后,四者之重要性渐趋平等;至1929年以后三者的发展甚速,其重要性日增,有凌驾正式劳动教育之势。就国别而言,个人主义国家对于就业指导,准备教育及补习教育无集权主义国家之注意。不过无论个人主义国家,或国家主义国家,或社会主义国家,其劳动教育之目的及制度虽不同,但其内容则颇一致,只有程度的上区别而没有性质上的差别。在下节中将各别研究各国制度,在本节中则分析劳动教育之内容。

(甲)普通教育与劳动教育发生密切的关连。在以前劳动教育与普通教育是独立的,彼此之间并无连系。这种思想在英国尤为流行。[①] 近十余年来各国均认为劳动教育是文化和进化的因素之一,劳动教育除对经济生活及生产负责外,同时也有其社会教育的意义。劳动教育与普通教育关系非常密切,如何使两者的组织和内容发生连系实为一重要问题。普通常用的沟通方法有下列五种:

第一,主办劳动教育的教育机关团体隶属于一般教育机关下,以便随时监察使其受普通教育的影响。如意大利于1928年将经济部主办之技艺学校一律改教育部,由教育部直接管理。英国自上次大战以后亦由教育部以津贴为统一并管理各机关团体所主办之劳动教育。其他如美,德,比利时,法国,波兰均是如此。

第二,以毕业证书使双方发生关系。各级劳动学校所发给之

---

① 关于英国之劳动教育,可参看下列各书:G. D. H. Cole, *The Tutor's Manual 1924*, E. J. Gillman, *The Workers and Education*, J. F. Horrabin, *Working Class and Education*, A. Mansbridge, *An Adventure in Working Class Education.*

证书与同级普通学校所发给之证书,有同等效力。其目的在使各级技艺学校毕业学生有机会参加高级工艺学校及专门学校。如劳动学校之证明书无普通学校证书之效力,则劳动学校毕业学生要减少许多上进机会。故1936年国际技艺教育会议曾建议各国凡劳动学校所发之证书与同级普通学校所发之证书,有同样效力。

第三,在普通教育的课程内排列有关技艺教育之课程同时在普通教育机关应特别注意工业及劳动训练。国际教育局(International Bureau of Education)每年所举行之国际大众教育会议(International Conference on Public Education)曾特别注意此问题。在近数年议决案内屡次提到普通教育应与技艺教育作平等的进展,一方面有改革,他方面也要跟着改革以求适应。数年前美国曾设立一特别委员会研究技艺教育改革问题。到后来竟放弃原来计划,扩充其研究范围至普通教育,于是可知两者之相关性。近来各国对于劳作及工场实习等实际课程之注意,即求在普通教育中培养技艺教育的兴趣。

第四,在劳动学校课程内注意一般训练为技艺训练之基础。此为各国一致主张,并无例外。因为劳动教育既与社会经济环境息息相关,则劳动者不仅只受纯技艺的训练,而应该受一般的社会文化训练以与其在社会中之地位相称。故一般的课程实不可少。

第五,学龄儿童离校年龄之提高。离校年龄之提高,本为缓和失业手段之一,1929年以后,各国际团体极力鼓吹此种方法之实行。失业问题严重性减低后,大多数国家以之为连系普通教育及劳动教育之方法。普通小学期间延长后,在小学高年级可以添设劳作及其他有关技艺教育之课程,以为将来就业之基础。故1936年举行之国际技艺教育会议中曾建议各国提高学生离校年龄,在小学课程内加设就业训导,劳动训练等课程。英,法,美,德各国均已次第实行。

(乙)理论与实际打成一片。理论与实际打成一片为现代劳动教育主要特色之一。由于现代工艺性质之特异及技艺教育需要适应经济环境之变迁,理论课程在劳动教育中之地位日渐重要。关于理论与实际合作有两派意见:一派主张劳动教育的系统一元化,以学校教育为劳动教育的中心,在技艺学校内,理论与实际并重。因为只有在学校内理论与实际的合作才可完全实现。另一派人的意见认为技艺学校的责任偏重理论之讲授,工厂或工场才是实际练习的地方,如果实际的训练亦在学校内举行,将来实际参加工作时,恐难应付工厂之实际需要。所以关于实际的训练尽可能的在工厂练习,在学校内则偏重理论的陶冶。英国制度即多如此。1899 年之技艺教育法即认为技艺教育应将某种企业或某种职业之实际训练除外。大战以后两派意见趋于调和。①

理论与实际之合作在苏联最为显著,苏联的综合技艺教育(Polytechnisation)和其技艺教育都是理论与实际兼重。其他各国半工半读学校之流行亦可看出此种趋势。在美国有种合作学校(Co-operative School),其教育方式采行工读配合制(Sandwick System),将学生分为两部,轮流在学校及工厂内工作,在学校内则授以一般理论;在工厂内则为实际工作,工作时可以得到工资。比利时嘿诺省(Hainaut)设有一种职业学校,内分两班,一为工业班(Industrial Section),一为职业班(Occupational Section),两班学生均轮

---

① 详见 A. Abbott, *Recent Trends in Education for Industry and Commerce in Great Britain* I. L. R. vol XXXII. No. 2, August 1935, pp. 177-180.

流在学校及工厂受技艺训练,其所不同者,职业班学生实习之时间较多,而工业班学生所受理论训练较多。在德国亦有假设公司(Übungsfirmen)之组织,使学生得到实际训练之机会。其他如德,意,苏,法,美各国工厂内常开设各种训练班及演讲会使工人得到理论的训练,与其实际工作印证。

理论与实际打成一片,自无争执余地。故现在劳动学校及训练班对于课程之编制无不双方兼顾,使双方的配合恰当,无偏枯过重的毛病。

(丙)教育内容之多样性。有人以为机械的应用和进步足以减低劳动教育之重要性。在手工业时代,生产品的良莠全凭个人的技巧;工作进行,人的因素占极重要地位。以其工具简单,欲以简单的工具做出精美的工艺品自非经过严格训练不可。机械生产时代则不然。由于机械的应用,工作程序变为简单,机械的使用为有规则的,不需要熟练的技巧;而机械的自动性及半自动性尤足以减低技艺教育的价值。故现代工人不必经过严格的长期的训练,即可应付裕如。如福特公司,其公司之职业有43%只需要1日训练,有36%需要1日至1周之训练,需要2周以内之训练者只有6%,需要1年以内之训练者为14%,需要一年以上之训练者仅1%而已。

不错,机械的引用诚然减少了劳工体力技巧的需要,如化学工业,面粉业,纺织业所需要之体力技巧甚少。但机械业,建筑业,矿冶业大部分工人仍要技巧,并且在若干工业中劳工的体力训练仍甚重要。最重要的,由于工作技艺性质的变更,现代工人所需要之技巧和品格与手工业工人所需要者不同。我们只能说所需要的技巧不同,而不能说现代工人不需要技巧。这点法国劳动教育家海

底孟(Herri de mon)说得很清楚,他说:

> "现代工艺方法之应用是需要一个有活的智慧及充分知识的工人,他要明了制造程序的复杂性和变动性;而不一定需要对于筋肉劳动及体力技巧有忍耐心及受过严格的训练的工人。……技术的进步愈速,工人所需要之教育水准愈高。"①

英国劳动教育专家现任国际技艺教育局(International Bureau of Technical Education)副局长亚波第(A. Abbott)也说:

> "现代的标准工人并不是说他的技巧可以弱于前人,而是需要另一种技巧。他所需要的不是一种运行某种特殊工作的技巧,而是一般的技巧,这种技巧是有变动性的,它是从手,心,眼三方面有系统的训练而来。"②

美国联邦赈济局(Federal Relief Administration)之报告书亦认为技艺教育是给予在工业,商业,家事业及农业工作之男女工人以训练机会,使他们对于日常生活有关问题加以研究,以得到正确思想之锻炼。其主要目的是启发他们,使他们对于现代经济问题有浓厚不断的兴趣,并且认为他们有解决这些问题的义务之观念。③

从他们的看法看来,可知现代工人所需要之品格与技巧是比较广泛,比较精深,不只是体力的技巧,而需要一种有责任心,有高

---

① *Technical and Vocational Education and Apprenticeship*, p. 11.
② A. Abbott, *Recent Trends in Eductaion for Industry and Commerce in G. B.*
③ *Technical and Vocational Education and Apprenticeship*, p. 12.

尚品格的道德和明了整个生产行程的知识。分析说来,现代劳动教育有下列三点特性。

第一,一般课程之注重。由于机械的应用,体力技巧之需要减少。一般知识和基础理论之需要增加,故一般理论课程所占地位甚为重要。有人说现代劳动教育之特色是求职业适用性之增大(Greatest Possible Occupational Adaptability),不是求职业专门化之加深(Deepest Possible Occupational Specialisation)。一般课程日趋重要之原因一方面由于现代工人所需要之品格与技巧发生变更,一方面却由于科学之进步太速,生产程序和生产机构由于新发明之应用常起剧烈之变动,这种变动随着科学之进步将不断发生。职业专门化的加深反易发生失业之危险,不如注意一般训练使其能适应将来市场的变化。1936 年在罗马举行之国际技艺教育会议议决建议各国技艺教育应注意一般理论之训练,以避免早熟的专门化(Premature Specialisation)。1935 年 12 月比利时电机工厂经理卢梭(Emil Russeau)在其报告书中亦再三提到:"一个刚离开技艺学校的青年人要能够很快的应用最新发明的制造方法,所以我们要给予他以大量的理论知识和一般训练。"法国朱理安(Julion)亦谓:

"课程和训练方法的改进应与市场的变动相合,技艺教育不应立足于固定的职业分类或不变的经济结构学(Unchanging Economic Morphology)之上。它不仅要使劳动者职业的分配能够与将来市场的变动相符合而分布于不同的职业部门,并且要组织各种形式之一般技艺训练使劳动者变成专家,技术工人或使用人时能够随着将来劳动市场之情形而专门化。"①

第二,中等工人及高等工人训练之重视。生产机构的复杂化和工业技艺(Industrial Technigue)性质的变更不仅影响了一般工人之训练,并使中等工人及高等工人训练之重要性日增。在现代生产组织之下,工头及中级工人单有体力技巧是不够的,他必须明白工厂的组织,机械原理,机件的装卸和修理,对于一般的成本会计,及人事管理亦应有一般的认识,同时他要晓得如何很快的应用新机器,新的生产程序和新的工作方法,他不仅要知道应用,并且要研究其最好的应用方法。

这种新的责任之产生自然使中级工人或工头之条件加多,对于这种新品格的陶养,自然需要一种新的训练课程。如美国对于工头之训练普通多分为三类课程。第一,为技艺方面之课程。雇主多组织此种课程以补充工头在普通技艺教育之缺点,使他们能和工厂所采之生产方法并进。其主要课目为关于机械及科学理论方面者。第二,为经理方面之课程,其包括之范围甚广,如人事管理,成本计算,工厂行政及其他有关工厂经营之知识。第三,为一般课程。其包括之科目为心理学,历史,地理,经济学,语言学等等。此种训练之主要目的为改进其工作能力,增加其一般知识,培养其工作兴趣及调整其社会生活。②

各国对于高级工人及经理人员之教育亦极重视。现代企业之复杂性和错综性不论在生产方面的管理或销售方面的经营均需要

---

① *Technical and Vocational Education and Apprenticeship*, p. 12.

② Edward S. Cowdrick, *Foreman Training in American Industry*, I. L. R. vol XXXII. No. 2 February 1933.

广泛之知识。至于企业的发展,企业的改进,更非有深厚的一般教育基础不可。故高级工人及经理人员之训练甚为重要,同时其训练科目亦甚繁多。

第三,道德训练及一般社会教育之重视。现代劳动教育之活动为多方面的,因此除注意技艺的传习及知识的灌输外,尚注意道德的培养和公民道德之训练。德国前任劳动技艺训练协会(Deutsches Institut für technische Arbeitsschulung)会长亚贺得(Karl Arnhold)说:"一个现代型之工人应该是一个对于工作发生兴趣,对于朋友和和气气,尽管他的能力平常,但要对于自己的工作自己的地位有深刻的认识,并且要使他自己认为对于工厂甚为重要,是属于伟大的一群者。"[1]这种性格的养成自非注意社会教育及道德的修养不可。在苏,意,德,尤其注意思想的纠正和政治训练,使劳工成为其主义的信仰者和奉行者。

(丁)训导方式的扩大和教育范围之推广。在以前,劳动教育只是对想从事某种职业者之一种技艺的传习而言。其对象只限于正在学习期中之学生或学徒,其范围只限于学习期中有关技艺传习的问题,其学习时期,亦只限于学习期中,学习期满后,其教育告一段落,以后是否学习,为其个人问题,政府或工厂不能强其接受某种训练。现在就不然了。教育范围不只限于技艺的学习,一切业余生活,家庭生活,社会生活,工厂生活均在其范围之内。教育的对象也扩充至所有求职工人,在职工人,失业工人,学徒。教育的方式也添加了许多新的方法。这种变迁我们可以从就业训导之

---

① L. H. A. Geek, *New Trends in Social Policy in Germany*, I. L. R. vol XXXVI. No. 1 July 1937, p. 29.

提倡,准备教育之注意,补习教育之发达和业余生活之指导四方面看出来。其详将在下节分析之。

第三节 各国劳动教育制度

上节主要的系分析现代劳动教育之内容指出各国劳动教育之相同本质及趋势,在本节则比较各国制度指出其不同区别。各国劳动教育制度虽各有特色,但大体言之可以归纳为三个类型:第一,为个人主义国家之劳动教育,第二,为国家主义国家之劳动教育,第三,为社会主义国家之劳动教育。现各举出代表国家而逐项说明之。

第一目 个人主义国家之劳动教育制度

第一节中已说明个人主义国家之劳动教育以满足某一企业工厂及个人之需要为其主要目标,此为其整个劳动教育制度之精神。现以英,美两国制度说明之。其叙述方法拟分为就业训导,正式技艺教育及劳工补习教育三项分析,但正式技艺教育则仅略略提及,对于就业训导及劳工补习教育则比较偏重。以严格言之,正式技艺教育系属于职业教育范围之内,非劳工教育之主要部分。以后国家主义国家及社会主义国家之叙述,均仿此。

英国第一次全国实行有计划的就业训导始于 1910 年 2 月《职业介绍所法》之实施。在该法中规定各介绍所应设立少年部(Juvenile Department)专司少年劳工之介绍。同时商务局(Board of

Trade）亦设有少年雇佣顾问委员会（Advisory Commils for Juvenile Employment）指导离校学生选择职业。在 1910 年以前少数地方教育机关曾成立少年雇佣委员会（Juvenile Employment Committee）或少年雇佣局（Juvenile Employment Bureau）执行此类工作。至 1910 年以后其地位并未动摇。一直至 1929 年 9 月，英格兰及爱尔兰有两重组织主持少年工人之就业训导，其中央统辖机关亦有两个，一为教育部，一为劳动部。至 1929 年 9 月，政府下令改由劳动部负责统制各种就业训导机关，指导之权力集中，但地方教育机关或其他团体成立之少年雇佣局仍允其活动。①

在学校，公共场所召集高年级或行将离校之学生演讲，介绍各类职业之性质，特点，及就业机会为就业训导最常用之方法。演讲人以教师，顾问会委员，企业家，及就业训导指导员为主。其收效颇宏。介绍所及少年雇佣局亦常印发各种印刷品如“离校须知”（School Leaving Letters）之类与离校之学生及其父母，说明各类职业之性质，就业之条件及其现况，以供其参考。印刷品大都免费赠送，如篇幅较大时则取低廉之印刷费。观察法（Visual method）亦为指导就业之常用方法。所谓观察法包括参观工场，工厂，展览各种机械模型，放映工厂生活之影片，使儿童明了工厂内部之情形，以为其择业之参考。但最主要之方法为举行离校儿童个别谈话。谈话会有时在学校内举行，有时在介绍所举行。在学校举行者通常由该校校长，级任教员，就业训导指导员，少年雇佣局代表会同行将离校学生及其父母举行个别谈话，谈话内容极为广泛，包括一切

---

① T. S. Chegwidden and G. Myrddin-Evans, *The Employment Exchange Service of Great Britain*, pp. 76-77.

有关就职问题,学生及其父母有问题询问时,指导员应尽可能的予以满意回答。在介绍所举行者,学校教员不参加,其他与在学校举行者相同。两法之中以前者较优。以在学校举行,其环境为儿童所熟悉,可以畅所欲言,而该校教员出席讨论可以供给指导员若干可靠的有价值之报告。

考核离校学生性格,指导少年就业之最好的材料为各地小学当局所提供之离校学生报告及索引(School-leaving Reports and Cards)。此类报告由介绍所保存,为就业指导员指导学生就业之最重要参考资料。至于心理测验则不常应用,以此门科学尚未脱试验阶段,其效用并不宏大。

英国职业教育与普通教育之关系甚为密切。其制度之最大特色为不统一性。其技艺教育之开始在 15 岁或 16 岁以后,在 15 岁以后,并不授以职业上的训练。其职业学校分为全日学校及半日学校两种。

(甲)全日学校。全日学校共分三种。第一为初等技艺学校(Junior technical Schools),第二为职业学校(Trade Schools),第三为初级艺术学校。此类学校招收年满 13 岁在小学毕业之儿童。其主要目的在补充学生之普通教育并准备其在机械或建筑业或其他工业工作。此类学校之设立已先得该地该业之同意,故毕业后即可得到工作,修业时期为 2 年或 3 年。此外尚有女子初级技艺学校,其主要训练为缝纫,女工,烹调及家事。其时间有三分之二为职业训练,三分之一为普通课程,入学年龄为满 14 岁并须经过入学试验。此类学校与其所习之职业之关系甚为密切。其主要联络方法有三:第一,所聘教师或为工厂实际负责人员,或为工厂技师,有丰富的实际经验;第二,此类学校由当地教育机关,雇主及被雇者代表组织顾问委员会(Consultative Committee)主持观察及协助学生求业工作;第三,此类学校常与雇主有种优先雇用之默契,学生毕业后即可介绍其至该厂工作。职业学校与初级技艺学校性质相似,其目的在训练学生使其对某项职业,无论在技术上或理论上均有相当成就,其与初级技艺学校不同者,此类学校特别注重职业训练,其所占时间达50%。至于初级艺术学校则为训练初级艺术人员之学校,其课程一般科目及艺术科目各半。

高级职业训练始于中学之高级班,中学毕业后可以加入技艺专门学校。

(乙)半日学校(Part-Time School)。半日学校之主要形式为日间继续学校(Day Continuation Schools)。此类学校之课程主要为普通课程,有时亦兼授职业课程。上课时间为上午8时至下午6时,所收学生年龄以在14岁以上18岁以下者为限。1918年《教育法》规定强迫地方教育机关设立此种学校,雇主有送工人至此种学校之义务。工人在学校读书时,工资照常给付。全国共有此类学校40余所。其中一部分为工厂学校系由雇主主办者。各校课程由主持机关决定,并无划一办法。普通多偏重一般训练以为将来就业后之基础。至于纯职业的训练则不甚注意。

近数年此类学校多分为两班,一班为高级班,一班为低级班。分班标准以学生之能力,天资,知识水准及训练程度而定。入学年龄均为16岁,其入学不必经过入学考试,但分班时则多举行测验。

英国劳工补习教育始于18世纪末叶各宗教团体及慈善团体之活动。威尔斯之巡回学校(The Circulating Schools),英格兰之主日学校(Sunday Schools)及各宗教团体主持之成人学校(Adult School)为近代劳动教育之滥觞。但真正之劳动教育始于巴克匹克(Dr

Birkbeck)在格拉司哥(Glasgow)成立之特别工艺班(Special Mechnanics Class)。该班成立于 1799 年为专门训练劳工之用,设立于安得生大学(Anderson's University)内。至 1823 年该班与安得生大学脱离关系独立成立为一工艺学院(The Mechanics Institute)。随后在利物浦,迈辙斯特,巴明罕(Birmingham),赫德斯菲(Huddersfield)各城市均纷纷成立此类性质之学院。

19 世纪中叶以后劳工学校,及劳工训练班之组织益众,其主要形式除上述工艺学院外,尚有工人大学(Working men's College),技术学校(Polytechnics),大学扩充教育运动(The University Extention Movement),夜校(Evening School),补习班,及劳工教育协会(Workers' Educational Association)所主办之训练班等。至大战以后劳工教育协会之发展甚速,工会所主办之训练班及学校亦随而兴起,为英国劳工教育之最重要机关。关于英国劳动教育之概况可分为下列三项分析之。

(甲)主持机关。在英国甚少由中央政府或地方政府直接主办之劳工学校或劳工训练班,多由自由团体(Voluntary Association)主办,政府仅立于从旁监视之地位。因此主持劳教之机关甚多,各慈善团体,宗教团体,大学,工会,公司,企业家,及各种团体均可主办。但最重要者为劳动教育协会,农村社会委员会(Rural Community Committee),全国妇女学院联合会(The National Federation of Women's Institutes),工会之劳工教育委员会(The Worker's Eductional Trade Union Committee)及各大学主办之劳工训练班。

劳工教育协会之前身为工人高级教育促进协会(Association to Promote the Higher Education of Work's Union),该会为孟斯桥(Dr. Albert Mansbridge)所主持,成立于 1903 年,其主要任务为连络沟通

全英工会及合作社与大学扩充教育运动之关系。至1905年始改今名。其组织分为三层,第一级为地方分会(Local Branches),第二级为区联合会(District Federations),最高级为中央机关。其行政政策在其年会中决定之。在年会所决定之最高指导原则下,各区联合会及地方分会有广泛之自主权。其所主办之学级可分五种,即为一年班(Oneyear Class),学期班(Terminal Class),启导班(Tutorial Class),暑期学校(Summer Schools)及短期训练班五种。一年班,学期班,短期训练班,由地方协会主办;启导班由校方及劳动者选出相等代表组织永久性质之联合委员会主持,经费则由协会拨发;暑期学校则由区联合会主持。

工会之劳工教育委员会成立于1919年,其目的在增进劳教协会及工会之关系。其经费由各会员工会出资襄助,教育事业之办理则由其与劳教协会商洽,由后者代为执行。其所主办之学制有日校,周末学校,一年学程,三年学程四种。此外并有函授班之组织。农村社会委员会主要之任务为增进各私立农村社会团体与政府机关之合作,但亦兼办农业劳动者教育事业以训练农村工人。其主要学级有训练班,补习班。全国妇女学院联合会,成立于1917年以促进妇工教育为其主要任务。其所实施之课程可分两种,一为普通科目之演讲会,一为实际训练班。

(乙)教育方式及课程。英国劳工教育院既由各自由团体主办则其课程及学级并不一律。但概括言之其教育方式可分为补习学校或补习班,演讲会,座谈会,夜校,暑期学校五种。补习学校或补习班就其教育程度又可以分三种。第一,为初级生补习班。该班以招收年龄在14岁至16岁在工厂从事全日工作,希望进修之儿童为主。其课程主要为数学,英语,机械书,科学入门及其他性质之体力训练。第二,为高级生补习班。该班所招收之学生为 16 岁以上之工人,或在中学已毕业之工人为限,其课程则偏重特殊职业之训练,与初级训练班不同。但同时亦注重经济学,社会学,政治学及历史地理等一班课程。第三,为高级生进修班(Courses for Advanced Seniors)。以在高级生班毕业者方有入学资格,其课程系继续高级生班而来。劳动教育协进会及工会之劳工教育委员会所主办者多为训练班。演讲会及座谈会为无继续性的,由劳工教育团体或工会聘请对劳动问题及工艺问题有研究之专家主讲。有时聘请 1 人主持,有时为 2 人或 2 人以上。至于夜校,暑期学校,其课程与补习班相似,兹录 1933 年劳动教育协进会之课程科目于次,以明其内容。[①]

英国劳动教育协进会课程科目表

经济学	22.28%
文学与戏剧	22.07%
心理学	8.48%
普通历史	8.21%
理科	7.48%
政治学与社会学	6.30%
其他	25.18%

其他科目中包括哲学与宗教,音乐,演讲,语言学,地方及中央政府,人类学及人文地理。

至于工会主办之训练班补习班则有劳工运动史,工会组织,社会运动史,合作社史等等。

(丙)政府机关与劳工补习教育。英国政府对于劳工补习教育

---

① 张天关:《英国劳工教育》,《民族杂志》第五卷第三期,第 493 页。

之促进系采监督及辅助地位,其所采方式则中央政府及地方政府略有不同。

中央政府对于劳工补习教育之监督由教育部负责。教育部以分发津贴及视察两方法以收统一监督之效。教育部对于认为合格之办理劳动教育之自由团体均有津贴补助。津贴之发给以开设学级之量与质及成绩优越学生人数之多寡为其津贴额之标准,但有最高额限制。过此最高额则政府额外增加。凡领取津贴之自由团体所设立之学校或训练班由教育部遣派教育视察员(Inspector)按期视察。以视察之效力甚大,一方面可以监督各学校各训练班之行政及教育事宜,以为将来改革张本,一方面可以为下年度核发津贴之根据,以间接鼓励各校改良。

地方政府对于劳工补习教育之协助,有四种方法。第一,为津贴之发给,其津贴之方法又可分为二种。其一,为按班发给,即按该自由团体所设立学校或训练班数目之多少而决定其应核发之津贴数额。其二,为一次津贴(block grants),即由地方政府不按其所设立训练班之多少而概括的一次发给。普通多采用前法。第二,地方政府将其公产如房屋工场等借与劳教团体使用,不取租金。第三,地方政府常将公共图书馆藏书分配于各劳工学校及训练班,供其借阅。第四,地方政府常拨发基金于各劳教团体,设立奖学金,以为鼓励清贫学生上学之用。奖金之多少,各地不一。

美国之劳动教育大体上与英国情形相似。以其发展受英国之影响甚深,故无论制度,行政及训练方法方面均可找出相同之点。现分别将其正式职业教育及劳工补习教育说明于次:

美国职业教育由各州主持,各州州政府对其活动有广泛的管理权。各州公立职业学校除注意一般技艺教育外,并授予特殊职业训练使学生容易找到职业。1929 年以后失业问题严重化,有许多州乃通过《教育法》强制 14 岁至 16 岁少年投考此类学校。除公立学校外,尚有私人团体及机关所组织之职业学校及训练班。

1917 年联邦政府颁布史密斯·赫斯法以提倡职业教育。由联邦政府津贴各州之职业教育费用。各州州政府领取津贴之条件如下:

第一,教育及训练之设施由州政府监督及管理之;

第二,无专门学校程度之学级;

第三,学生年龄在 14 岁以上;

第四,州政府之职业教育基金或地方基金,或两者之基金之数目应与联邦政府津贴额相等。

至 1918 年 1 月,各州均接受联邦法令,依照该法规定设立职业学校。联邦政府成立职业教育局(Federal Board for Vocational Education)执行该法。该局人选为农业部,商业部及劳动部总长,联邦教育专员,及制造业,商业,农业代表各一人,代表由总统任命。其主要任务为检核并批驳各州职业教育计划。在各州均成立州职业教育局(State Board for Vocational Education)负责执行各州职业教育计划,并与联邦职业教育局取得密切之连络。现行各州之主要职业学校,训练班如下:

第一,一般工业学校(General Industrial Schools)。此为最普通之职业学校,其主要目的为训练离校儿童,使其熟悉某项职业,毕业后容易找到工作。此类学校之种类甚多,课程亦不一致,授课时间较长,多为 2 年至 3 年。

第二,合作学校(Co-operative Schools)。此类学校在 1933 年后盛行于美国,其主要目的为使技艺教育与生产发生密切连系。其教育方式采取工读配合制。将学生分为两组轮流在学校及工厂训练。在学校时授以一般课程及技艺教育,在工厂即从事实际工作。在工厂工作时可以领到报酬。此类校之优点甚多。其一,能使理论与实际打成一片,无枯燥乏味之弊;其二,在实际工作时可以运用教室中所授理论与原则,可以提高工作效率并增进工作兴趣;其三,在工厂工作时可以得到报酬使贫苦青年可以入学;其四,学生在受训时即参加实际工作,一方面可使学生毕业后对于工作获有实际经验,并可很迅速的找到工作,一方面雇主在学生实习时可以留心考查以便将来雇用。有此四大优点,故不及数年,风行全美。

第三,联合职业学校(Unit Trade Schools)。此类学校之主要目的为训练学生以某种职业或技能。与工厂学校大体相似。其与普通工业学校不同之处有二。第一,其课程偏于技艺之训练,一般课程甚少。第二,其训练时间较短,大都为36周毕业,每周为30小时上下。

一般言之,美国职业教育课程甚多,而时间则短,以供学生选择。教师入选颇为慎重,史密斯·赫斯法令曾详细规定。1926年联邦职业教育局曾颁制职业学校及技艺学校教师最低资格表。其主要资格为至少在工厂或企业内担任工资劳动者3年以上,并至少在工厂训练班或职业训练班有两年教学经验,同时曾在工厂或企业有3年以上行政或管理经验。其教育程度则未提及。

美国劳工教育之兴起,为上次大战结束后之事实。英国劳工教育协会予其刺激甚大,尤其工会运动者认为美国劳工应和英国劳工一样享有同等的教育机会。1918年男女成衣业工会成立职业学校,妇工工会同盟(Women's Trade Union League)亦成立特别训练班。1921 年波克霍劳动大学（Brookhwood Labour College）成立，为美国首创之完全常设学校（Full-term Residential School），第一个暑假学校亦于该年成立。1919 年英国劳动联合会曾成立常设委员会主持劳工教育，至该年改组为劳工教育局（Workermen's Education Bureau）与各工会密切合作以提倡劳工教育。至 1922 年全美成立之劳工学校及训练班达 60 所之多。[1] 1925 年以后大多数劳工学校及训练班均因经济恐慌之打击而纷纷停顿。至 1935 年始呈复兴现象。

（甲）主持机关及教育内容。美国劳工教育有由州市政府主办者，有由私人，工厂及自由团体主办者，有由工会或劳工团体主办者。由州，市政府及其他自由团体工厂主办之劳工学校或训练班，主要的有五种：第一，为非继续性之半日补习班，以训练不熟练之未成年人为主，上课时间多为晚间或星期日，普通多为一年以下，9 个月以上。课程内容偏重技艺训练。第二，为半日成年工人速成班，此类训练班以训练有志于短期内达到某项工作标准之成年工人为主，时间约为 3 个月至 5 个月。课程完全为技术方面之训练。第三，为职业进修学校（Trade Extension Schools）。此类学校程度较深为高级的补习学校。在夜间或星期日上课，课程内容理论与技术并重。时间约为 6 个月至 1 年。第四，为一般继续学校或训练班（General Continuation Schools or Classes）。此类学校招收 14 岁至 18 岁之少年工人，使其在小学毕业后有受一般教育及职业教育机会。课程两者并重。修业时间颇长，在 1 年以上，上课时间多在夜间。第五，为工厂补习学校。此为工厂或企业所设立以训练其所雇用

---

① 美国劳工教育局秘书在第一届国际劳工教育会议报告辞。

之成年工人者。修业时间较短,多于工人间暇时上课,课程内容偏重技术方面,以其主要目的在提高工人工作能力,改良其技术,故忽视一般理论之训练。

由工会或劳工团体所设立之补习学校,补习班,演讲会,讨论会及各种训练班种类甚多。大致别之可分6种。第一,为全日常设学校(Full-Time Residential School)。此类学校大都由工会主办,其组织与制度与普通职业学校相似。课程内容各校不一,普通均以英文,经济学,劳动问题,演讲为必修课,其他如经济史,劳动运动史,工会组织,劳工法,科学概论方面之课程甚多。修业时期各校不等。最长者为 Arkansas 州之国民大学(Common Wealth College),时期定为3年,最短者为纽约州之 Vineyard Short School for Women Workers in Industry,时间仅为3个月。第二,为夏季或冬季常设学校(Summer or Winter Residential School)。此类学校每逢夏季或冬季定期举办,校址科目均为固定的,以供工人补习。课程内容各校不一,修业时间自2月至3月不等。校址则借用大学或高等学校者。第三,为夜间补习学校。该类学校亦系借用正式学校之校舍及设备,课程以一般课程为主。入学年龄自18岁至40岁不等。上课时间在夜间,每日约为1小时至2小时,修业时期自3个月至半年不等。第四,为劳动学校及劳动学院(Labour School or Labour College)。此两名辞常常混用,并无一定明确界说。此类学校无常任职员亦不按期举办,并无永远计划。课程之编制,教员之聘任由一常设委员会负责。上课时间甚短最长者为12周,普通多为6周至8周。课程内容各校不一,有的仅有一两门课程,有的课程甚多包括技艺教育,及普通教育,有的仅涉及一方面。主办者多为工会,校址多借用学校或工会办事处。第五,为讲习会。工会或劳动团体常在工业中心或大城市中举行讲习会,聘请对劳动,经济或技艺问题有研究之专家主讲。讲题内容有为一般问题者,有关于工艺方面者,有关于劳工福利者。演讲时间有为半日者,有为 3 日者,有为一周者,最长者为两周。第六,为演讲班(Chatauquas)。主持演讲班者为劳工教育局,波克霍劳动大学,及产业民主同盟(League for Industrial Democracy)。其性质与上述讲习会性质相似,其不同者讲习会系聘请名人或专家演讲,其举行无定期,而前者则由主持团体聘任常任职员演讲,其举行有定期。演讲班之组织有两种。一为巡回演讲班,由演讲人员在一定区域内之大城市中讲演。一为常驻讲演班,由演讲人员常川在某地演讲,工人分班前往听讲。此外尚有座谈会辩论会的组织,利用周末或假日讨论其有关本身问题。

1933 年 9 月以后联邦紧急赈济行政局奉令动用急赈基金聘请失业教员主持成人教育。成人教育共分 5 种,工人教育为其一种。故自 1934 年起该局所主持之劳工教育在美国劳工教育中占一重要地位。该局所主办之训练班共分 3 种:一为常设暑期学校(Residential Summer School),时间为 3 个月,一般性质课程及技术性质之课程各半,多于夜间上课。二为普通劳工训练班,此种训练班设立于企业或工厂内以供成年工人之需要。课程偏于普通科目,修业时间为 3 个月或 6 个月。三为特别训练班,其目的为训练工人使其对某种职业易于适应,并提高其技术与地位。时期颇短约为 6 周至 3 月,课程偏重技艺教育。工人入会完全免费,教师由行政局供给,薪金由该局支付。训练班地址多借用原有学校,其他一切设备及费用则由主办训练班之地方政府或工厂负担。

第二目 国家主义国家之劳动教育

关于国家主义国家之劳动教育作者拟以意大利及德国之制度说明其主要特色。

意大利劳动教育始于1912年7月14日之法令,该法奠定意大利教育之基础。法西斯当政后于1928年6月根据墨索里尼之建议于法西斯最高会议通过将属于经济部所主办之技艺学校改由教育部管辖。并于1929年,1930年内陆续颁布新法以改革旧制。

(甲)职业学校。第一级职业学校之有系统的改革始于1929年1月7日第八号命令。该令令各地设立初级工业学校(Secondary Industrial Training School)。至1932年4月2日又改组初级工业学校更名为初级职业学校(Secondary Vocational training Schools),免费招收12岁以上之学龄儿童。

此类学校之目的有二。第一,为给予14岁以内之儿童以强迫职业教育;第二,为供给各业以使用人,工人及店员。此类学校共分农业,商业,工业,手工业,船员业五类。修业期限为3年。如该处未成立高级职业学校则设立职业训练专科期限为1年或2年。毕业后欲升学者可免试升入商业,农业及工业技艺学校一年级或农业工业技艺学院高等科之预备班。

(乙)技艺教育。奠立意大利技艺教育之基础者,为1931年6月25日之《技艺教育法》(Act of 15 June 1931. No. 889)。全国技艺教育在教育部技艺教育司主持下发展。[1]

---

[1] Rosario Sattilaro, *Vocational Education in Italy*, I. L. R. Oct 1936, pp. 461-462.

该法将技艺学校分为四类。第一为技艺学校。该类学校之主要目的在补充初级职业学校毕业生之技艺教育,并训练大批技术人员以应国家需要。此类学校又分3种:一为农业技术学校,二为工业及手工业技术学校,三为商业技术学校。修业限期为4年,毕业后可得技师证明书。第二,为技艺学院。该院之目的在训练农工之技术人员及管理人员,修业期限为8年,前4年为低级课程,为普通教育;后4年为高级课程,使学生接受农业,工业,商业,船员业及测量业中1种或1种以上之训练。第三,为女子职业学校,其目的在训练女子关于女红,家事及其他女子职业并补充其普通教育。该校3年毕业,入学资格为初级职业学校毕业之女生。第四,为家事师资训练学校。修业期限为2年,其入学资格为女子职业学校毕业。毕业后发给家事教师证明书。

(丙)技艺教育之管理机关。技艺教育之管理机关在中央为技艺教育协会中央委员会,(Central Committee for Technical Education Association)在各省为各省技艺教育协会(Provincial Association for Technical Education)。各省技艺教育协会于1929年成立,至1935年9月26日加以改组。协会使命在发展并改良所辖区域内之技艺教育。协会为法人,在教育部长监督下活动。协会之组成分子为教育部,法西斯社会福利局,省业团评议会及法律承认之雇主及劳工团体,其他各省市储蓄机关公私团体亦多派代表参加。每一协会有一主席及经营局(Board of Management)。经营局人选由党部,劳工及雇主联合会代表,教育部视察员各一人及其他政府机关公共团体各派代表组织之。协会内又有行政委员会由经营局代表五人组织之。协会主席及经营局人选均由教育部部长得业团部部长同意后任命之。此外尚有荣誉视察员(Honorary Inspectors),亦由教育部长任命,其资格以与学校行政当局无直接关系之专家为限,其任务在视察各职业学校之行政及活动。协会经费来源除赠与,捐送外,政府,各省业团评议会,失业保险机关及其他会社机关,组织均有相当津贴。

技艺教育协会中央委员会设于教育部,主席为教育部部长。委员人选为法西斯各业雇主联合会及劳工联合会主席。此为全意技艺教育之监督及推行机关。其主要任务为监督各省协会之工作,草拟新的计划或修改旧的计划,全盘计划各省间技艺教育之合作与联络举办由非一单独协会所能举办之工作。

(丁)劳工补习教育。大规模训练失业工人及就业工人始于1933年。自1933年起全意各大工业城市各业劳工协会成立各种训练班及补习班以训练失业工人及就业工人,各种一般的及技艺的训练班,在工厂内外纷纷成立。但当时为无计划的,各自为政,缺乏一致及协调的精神。训练班之种类甚多,有属于手工业者,有属于商业者,有属于工业者,有属于一般性质者,有为训练失业工人者,有为工厂设立者,有属于技术改进者,形形色色迄不一致。为求划一以应国家之要求计,于1935年加以改革,将行政,组织及课程计划集中于各业劳工联合会之手。由联合会考察当时劳动市场之情形,精工之需供,国家目前及将来之需要通盘计划按实际情形有系统的设立各种补习学校及训练班。

至1938年意国又重新改革工人补习班及训练班制度。在6月21日公布之1380敕令中改革各级训练班。其目的在训练并发展工人之生产能力使其与国家的经济发展相符合。新法自同年9月12日起实施。①

---

① 详见 *The Ministry of Labour Gazetts*, Nov. 1938, p. 427.

训练班分为农业，工业，商业及信用保险四大类。各大类之下按其学习程度又分为若干等级。如工业训练班分为初级班，技艺班，专门班及完成班四种，其他各类亦如之。此外尚有特别训练班以应特殊需要。

各类训练班或直接由教育部设办或由法西斯党部，各业协会，联合会组织，由教育部间接控制其活动。凡设办训练班之机关每年须呈送其计划书于教育部及业团部，并附呈开设理由书及经费分配表。由教育部业团部征得技艺教育机关之同意后再核准其计划及举办之班次。关于训练班每年计划及班次情形，两部应呈送特别报告书于中央业团委员会。

训练班多设立于学校或其他教育机关，亦可设立于工厂，企业，商业机关及公司内。各个训练班之课程，期限，由教育部根据训练班性质及各业情形决定。训练班可分为日班及夜班，教员及职员则由各技艺学校教员，工厂职员及其他专家担任。训练班以免费为原则。如某地已设立工业初级训练班或商业训练班时，在该班 3 公里半以内之 18 岁以下之学徒，见习生及青年工人一律强迫参加。

特别训练班中以失业人员训练班为最普遍，其他如商业行政训练班，战时制造业训练班次之。特别训练班，专门训练班，及完成训练班程度较高，入学时须经过入学考试。初级班及技艺班则不必经过入学考试。各种训练班毕业时一律须经过毕业考试，及格后方给予及格证书。持有证书之工人，可在职业局登记，有就业优先权。

（戊）农村工人训练。意大利除由教育部主持各级职业学校以训练农村干部人材外，尚有农林部所开设之长期的及短期的训练班。训练班课程甚多，依各班情形而定，有的训练班其课程为纯粹理论科目，有的则理论与实际参半。训练班每年定期举行。加入训练班之合格年龄为年满 14 岁之农人。

临时性质之训练班，由农业巡回施教团（Itinerant Chairs of Agriculture）主持。巡回施教团每省一个，其主要任务为草拟该年在各该省内设立一般训练班及特别训练班之计划，在计划中对于经费之开支，班次之多寡，教学及技术方面问题，课程之厘定，均应详细规定，以便按照计划执行。

每一巡回施教团在其所辖省区内至少须举办四个一般训练班及四个特别训练班。其方式为流动的，巡回在各地举办，务使各省各县均沾其利。一般训练班最长时间为 30 日，在该年内工人在家庭及农场无工作时期举行，故在冬季或夜间举行者甚多。特别训练班期限约为一周或两周，其举办时间并无一定，全视该地需要情形而定。

德国劳动教育在 1933 年以前其制度及特色与英，美各国相似，各自由团体之活动对于德国劳教之发展影响颇大，主要的团体有德国技艺训导协会（Deutsches Institut für technische Arbeitsschulung）、劳动研究院（Anstalt für Arbeitskunde）。至 1933 年以后改革颇多，现分为就业训导，正式职业教育，及劳工教育三项阐明其内容于次：

（甲）就业训导。国社党对于就业训导非常注意。以已从事工作者，其工作兴趣与工作种类早已决定，中途改业，利少弊多，不如在未成年人就业之先予以指导，使其所选择之职业能一方面与其个性相合，一方面与国家需要相适应。但未就业者本人及其父母，常为不正确之见解及浅薄之意见所左右，不如由政府机关从旁指导，则有事半功倍之效。德国未就业儿童在就业时均被强迫接受劳动局特别指导员之指导。根据 1938 年 3 月 1 日命令,所有未成年人在离校后 15 日内一律向当地劳动局登记,接受该局指导员之指示从事工作。每个求业者均发给就业须知(Employment Book)一本,在该书中对于劳动市场情形,职业性质均有介绍。劳动阵线及国社党所属各级机关恒举行谈话会,演讲,讨论会,或举行将离校学生举行个别谈话,使行将离校青年对于各业性质,价值,及其条件均有比较认识,以间接影响其将来择业。

(乙)正式职业教育。德国之正式职业教育由科学及教育部之教育司主持。中央政府虽极力要求一致化,但由各地之环境不同,故无论课程内容抑训练方式各县绝不相同。州政府为各级职业学校之监督机关。

一般说来,德国技艺学校之组织依各种职业性质之不同而异,但大体上各校性质可以依职业位置高下分为三类:第一,为训练工业,商业,手工业及其他各业之首脑人才(Führer)之学校;第二,为训练企业经理,工头,工场负责人物之学校;第三,为训练熟练工人之学校。第一类性质之学校谓之高级技艺学校(techniche Hochschulen),第二类为技艺学校(Fachschulen),第三类为职业学校(Berufsschulen, Fortbildungsschulen)。

高级技艺学校修业时间约为 4 年,以其性质属于高级教育,故不多赘。技艺学校以训练各业之技术人员为主,如机械业,建筑业,矿业,化学工业,纺织业,手工业,航海业,商业等。主要为招取 14 岁至 18 岁已受过普通教育之青年。训练时期为 1 年或 2 年。第三类学校为国社党最注意者。此类学校大都为半日学校。共分工业,手工业,商业,矿业,农业,家事业等 6 大类。课程除一般科目外,并注意技术方面,对于实习尤为注重,训练时间 1 年至 3 年不等。至1938年教育部长下令所有从事学徒训练之青年一律强迫加入职业教育，同时将上述3类学校改组为技艺学校（Fachschulen），初级技艺学校（Berufsfachschulen）及职业学校（Berufschulen），使全德在14岁至18岁之青年受着有系统有计划的技艺教育以符合国家需要。

全国职业教育之机构受政府的干涉与管理。1937年4月经国社主义者教师协会（National Socialist Teachers Association）之要求在柏林成立技艺教育委员会。该会由相关政府机关工业，商业，手工业各界代表，劳动阵线代表及妇女团体，青年团体各推派代表组织之。其主要目的在促进职业教育之一致化，并使技艺训练与职业生活发生密切连系。

（丙）劳工补习教育。德国就业工人之补习教育为强制的。根据1938年7月8日《教育法》所有德国青年一律强迫接受补习教育，时期为3年。至1939年2月13日经济部下令强迫各企业，工厂一律尽可能的设立补习学校以使其被雇者受训。

补习班及补习学校除由各企业，工厂设立外，劳动局，劳动阵线，国社党及其所属之各种委员会，国社党社会福利委员会，国社党妇女委员会，希特勒青年团，及其他国立福利机关亦设立之。其教育之方式，课程之内容，修业时期之长短，各不一致，要以适合现实的经济需要为依归。劳工补习教育就其性质言可分两种：第一，为正常的补习教育，即普通工人就业后在工厂或企业及其他机关所设立之补习班接受一般教育训练，以补习其普通教育，其课程多属于一般性质之课目，如德文，历史，地理，党义，科学概论等，甚少技术方面之科目。第二，为特种工人之补习教育，此类受训工人包括不熟练工人，失业工人等等。在经济恐慌中因失业关系，多数熟练工人丧失其职业技能至若干程度。此类工人如体力未衰老时，只需短期训练即可恢复其工作能力及技能。有一部分工人因经济机构之变动或新机器之使用，而致失业，如政府能举办训练班加以训练使其从事他业，则固有职业技能及能力不致丧失。对于此类工人之训练分为普通训练及特别训练两种。时间甚短，训练之方式甚多，主要由职业介绍所及劳动阵线负责。

不熟练工人之训练主要由劳动阵线主持。劳动阵线职业训导部在各地成立不熟练工人训练班达数千所之多以训练不熟练工人。其训练时间甚短，最长者为 6 个月，上课多在夜间及放假日。课程偏重技艺方面。至职业介绍及失业保险局则实行实习津贴制度。凡工人因工作不熟练不能得到全额工资时，由该局予以 8 星期之学习津贴以增加其收入。

第三目 社会主义国家之劳动教育

苏联劳动教育近数年来有很大的变更。组织，制度，和教学方法上均可见其变迁痕迹。但其基本原则没有变更。其原则是如何于极短时间内训练大批专门人材，技师，及技术工人以应各产业部门之要求。大体说来，苏联之劳动教育可分为初等职业教育，中等职业教育，高等职业教育及劳工补习教育 4 类。前 3 者为对未就业者之训练，后者为对已经就业工人之训练。

（甲）初等教育。十月革命后，共产党青年团（Komsomol 英文名为 Young Communist League），深感将来熟练工人之需要，乃与教育家及其他专家讨论技术工人之训练。经过数次会议，乃决议在工厂设立工厂学校（The Factory Apprentice School），在农场设立农场学校(The Farm Apprentice School),为技术工人及熟练工人之训练机关。

工厂学校入学资格为小学修业两年。后因7年学校发达,入学资格提高为小学毕业。在以前修业时期定为两年,每周授课40小时,20小时在学校上课,20小时在工厂实习。1933年改为6个月至1年,大部分时间(每日5小时至6小时)在工厂实习,上课每日仅2小时至3小时。[①] 改革原因,一方面因7年学校发达,工厂学校学生大都在7年学校毕业,普通教育有相当基础,自无需多费时间讲授一般课程。一方面因以前工厂学校学生大都升学,与设立工厂学校之原意相达,故缩短时间以限制其投考高等学校。如能力优越之学生亦允其升学,但以在工厂工作3年为条件。工厂学校由每个工厂或国营托辣斯负责办理,由工业人民委员部监督之。

工厂学校为初等职业教育之主干,以1930年以前尚有7年制工厂学校,职业技术学校及职业讲习所等组织,现则逐渐减少。除工厂学校外,尚有工业教育团(Industrial Education Combinat)、农业教育团(Agricultural Education Combinat)的组织。此为工厂,企业,或农场之扩大的教育团体,各团之内设有学校,研究部,及实验站等。教育团近年来发展极速,现以莫斯科 Ball-Bearing 工厂之工业教育团说明其组织。

该厂教育团在1932年尚为一工厂学校,至1935年始发展成为规模宏大之教育团。该团对于完成7年学校教育之男女青工工人予以2年职业教育。课程分为实习及理论两部,每日有2小时半从事实习,有3小时上课。第一年之实习工作在特设之实验室或工

---

① Beatrice King, *Changing Man*, p. 173.

厂举行,第二年则在工厂工场内实习。学生全部免费,在开始3个月每人每月可得33卢布津贴,第二个3个月为48卢布,以后递增至68卢布为止。该团尚有技艺训练班以训练就业之成年工人。①

(乙)中等职业教育。技艺学校(The Technicans)及劳动预备学校(Workers faculties)为苏联中等职业教育之学校。劳动预备学校附设于各大学及各专门学校以供未受正式教育而想考入大学,或专门学校之工人或农人之用。技艺学校方为真正之职业学校。

技艺学校之性质颇为特殊,理论与实际一律注意。入学资格为7年制学校毕业,修业时间为4年,有些地方为3年,并不一律。课程分为4类,即一般科学理论,普通教育,技艺训练及特殊科目。如以建筑设计班而论,其一般科学理论为数学,物理,化学,绘图学,建筑材料学,建筑学,设计原理,生物学,其普通教育为经济学,苏联经济政策,俄文及外国语;特殊课目为沟渠建筑,设计,热力学,通风学,建筑史,建筑形态论;技艺训练为实习。毕业后由学校送至工厂,企业或机关服务。工作由学校指派,学生不得拒绝。②

此类学校为初等学校及高等学校之连络机关,种类甚多,各重要产业之主要职业无不设立,大别可以分为工,农,商,交通,教育5大类,每类之下设有各种不同名称之科别。影响学生入学之因素有三。第一,为国家之需要,对于每类职业,政府认为极端重要时,可强制7年学校毕业学生加入该校或派遣程度较高职业相近之工人至该校受训。第二,为本人之志愿,但个人投考或加入某类学校时,须经过心理测验及工业测验经教育机关允许后方为有效。第

---

① Changing Man, p. 173.
② A. Pinczuk, *Science and Education in the U. S. S. R.*, pp. 57-58.

三,为学生之环境,如学生家长居在某种工业繁盛之地区,则其将来志愿自易受此种因素之影响。

劳动预备学校并非严格之职业学校,而为使工农大众升入大学或高等学校之预备学校。此类学校分日夜2班,修业期限为4年,入学年龄在17岁以上。入学资格日班须有3年劳动履历,夜班须有两年劳动履历,并限于受完小学教育及一般政治教育之工农劳动者。其发展颇速,1927年学校共为147所,学生为50,000人,至1931年增为694所,学生增为150,000人。

(丙)高等职业教育。苏联所有高等学校均以训练某种专家,技师及技术人员为其目的,如欧美各国以研究自由艺术,文学及科学为目的之大学,在苏联甚少,故日本山田茂胜在《苏联年鉴》中将大学及专门学校并于职业教育一项下讨论。①

高等学校以前隶属于教育人民委员部,至1928年开始改由相关的经济人民委员部及工业人民委员部管理。1929年11月下令所有以后新设之专门学校统归联邦之相关各人民委员部管理。至1930年7月23日下令所有专门学校均自各共和国公共教育委员部划归联邦各相关工业委员部管理;各级农业学校及划归联邦及各共和国农业委员部管理,各级商业及经济学校划归联邦相关之机关管理;医学院及医科专校划归健康委员部管理。公共教育委员部只负责管理教育专校及美术专校。②

1930年改革后专校数目突增。全国14个人民委部及其他联

---

① 满铁经济调查会出版之1934年之《苏联年鉴》及参看 *Science and Education in U. S. S. R.* , p. 28.

② *The Year Book of Education*(1935), H. Hans, Education in Soviet Russia, pp. 937-938.

邦机关均可设立专门学校。结果发生分配不良及叠床架屋之毛病。于是1932年10月17日下令于中央执行委员会下，设立高等技艺教育联邦委员会（Federal Committee of higher Technical Education）其职权有八：

（一）监督并管理全苏技艺教育之一般行政；

（二）审核各科专用名词，决定专门课程之种类；

（三）核定各校之班次，组织及课程表；

（四）教授方法之研究；

（五）审查讲座，教授，讲师之聘任；

（六）教科书之审定；

（七）入学规则之颁布；

（八）全苏职业学校数目之分配。

委员会人选，由中央执行委员会主席团任命，此外尚有视察员若干人，由中委会任命，担任视察工作。[1]

各个专校之设置及其经费由国营托辣斯负责，同时托辣斯负担其所设学校学生之津贴及实验费用。学校行政及教务集中于校务委员之手，校长由相关人民委员部任命，有处理教务全权，学生组织不得干涉学校行政。[2]

各个高等学校之目的为训练两种性质之专家，一为广泛性质之专家，一为狭隘的专家。前者系指对现代生产技术，国民经济，一般文化及苏联经济组织有基本认识之人们，后者系指对某项生产技术有专门知识或技能者而言。前者之修业期限为五年，后者为四年。

---

[1]　*The Year Book of Education*（*1935*），H. Hans；Education in Soviet Russia，pp. 937-938.

[2]　*Changing Man*，p. 186.

　　课程亦分普通及专门两种。各校课程先由各校拟定呈交相关人民委员部审核,人民委员部审核后再呈交高等教育技艺委员会作最后之决定,课程表亦由各校按照国家规定编订之。

　　实习工作所占地位甚为重要。从第三年开始,有30%至40%时间用于实习。医学院学生在相关医院实习,师范学院学生在附设小学实习,工业及农业学院学生在有关之工厂或农场实习。学生实习时给予报酬,其工作计算于该厂生产计划之内。工厂方面供给学生以导师,材料及机械;学校则负责训练。在实习开始时由学校拟定实习计划,计划中对于理论与实际之关系非常注意,务使两者打成一片,互相印证。实习普通分为三期。第一期为普通训练,其目的在使学生使用各种普通工具并对生产程序,工厂构造有明确之了解。第二期为训练学生使用复杂的机械及机器,养成与高等工人相等技艺。在第二期最末数月轮流在各部充当助理员。第一月为助理工头,第二月为各班助理机械师,第三月为经理室助理员,第四月为助理部主任,第五月为实验室助理员以训练其管理的能力。第三期为毕业准备期,在此时期中纯为指导学生使其对毕业后有进一步的深切了解,故对各项小问题亦切实注意。

　　学生毕业后由各人民委员部分派至各工厂工作,工作时间至少为5年。①

　　(戊)劳工补习教育。劳工补习教育久为政府所注意,其发展亦极为迅速。自1929年起分为5类,其主要任务为训练已经就业工人使其技术纯熟,工作能力提高,或注重一般教育以提高其知识水准。②

---

①　*Changing Man*, pp. 192-195.

②　*Technical and Vocational Education and Apprenticeship*, pp. 105-106.

第一类为青年工人补习学校,此类补习学校在工厂,农场及企业内均已成立。其主要对象为厂内青年工人,但有时亦允厂外工人参加,讲习班期限视企业之性质而定,2年至4年不等。课程理论与实际各半。除此种正式补习学校外,尚有短期补习之组织,此种短期补习班之主要目的为给予新进工人以关于本厂组织,生产程序及工作性质方面之基本观念。讲习时间约为20小时。

第二类为补习课程(Individual Courses)。补习课程又可分为三类:

(一)青年工人补习课程。工厂或企业规模较少,人数不足设立补习学校时恒成立此类性质之补习课程以训练青年工人,此类补习课程之性质与上述补习学校之补习课程完全相似,不过只是规模上有区别而已。

(二)为某种特殊专门化科目或技术所成立之补习课程。此类补习课程或因人数太少,或因课程内容特殊,或因生产程序性质不能在补习学校内成立科目,故在工厂内成立特殊补习班以训练此种人材。讲习内容及期限并不一律全视课程性质而定。此类补习课程平均为6个月至1年。课程多偏重于实习。

(三)熟练工人补习班。工厂内学校有时不能迅速训练大批熟练工人以供工厂需要,故各大工厂恒成立补习班,专门训练粗工使其成为熟练工人。课程亦分实习与讲授两种。实习课程由工厂选派能力甚强技术精深经验丰富之工头或高级工人为指导员,实际指导。理论课程分别在日间及夜间举行。修业期限多以两年为限,但亦常随实际情形伸缩之。

第三类为就业成年工人之特别补习班。此类补习班以成年工人为对象,普通教育及职业教育并重。依工人之教育程度及技艺程度可以分为三种:其一,为初级补习班,其对象为粗工及普通工人;其二,为中级补习班,其对象为熟练工人;其三,为高级补习班,其对象为熟练工人或技艺工人。训练时期不一,约为 1 年至 2 年不等。

第四类为技艺夜校(The Evening Technical School)。技艺夜校课程偏重于普通教育,其目的为使普通工人有机会升至中等技术工人位置。在该校毕业后可以取得升入中等补习学校之资格。修业时期较长约为 4 年,课程内容及标准均较其他补习班为高。以其上课在夜间,故称之技艺夜校。

第五类短期训练班。当工厂添置新设备,改良生产行程,变更工厂内部装置,引用新的技术与发明时,工厂恒举办短期训练班,训练工人使其能够使用新的技术,习惯新的组织。其时期甚短,约为 3 日至 2 周不等。

第三章　劳动生产奖励策

在个人主义国家,企业之生产由企业主自己负责,国家不直接干涉。因为个人主义国家之生产为无计划的,由企业家根据市场的需要利润的多寡去决定,利润之增加为企业家生产唯一之刺激。为求利润之增加,企业家恒以种种方法以增加劳力的剩余价值。其主要的方法之一即以工资为鼓励劳动者增加生产的手段,使生产品增多,其增加程度在工资增加之上,结果其利润增加,其产业因之随而发展。

个人主义国家鼓励劳动者增加生产的方法主要是以工资,奖金制,分红制(Profit-sharing)及工人入股制(Share Holding by Workers)为主。在其中以增发工资及奖金为最普遍之形式。在以前流行之工资制及奖金制,共有计时工资制,计件工资制,赫鲁叟奖金制(Hulsay Premium Plan)及罗汶奖金制(Rowan Premium Plan)四种。新式工资制度则为泰伦氏之差别计件制(Taylor Differential Piece-rate Plan),盖提之作业奖金制(Gantt Bonus System)及依姆孙氏之效率工资制(Emerson Efficiency Wages System)。无论工资及奖金如何计算,其主要目的即在鼓励工人工作,提高工人工作效率以达到增加利润扩大产业的目的。分红制及工人入股制在战后曾一度盛行,各公司企业之规定不一,现在渐渐衰落。①

---

① 详见河田嗣郎:《社会问题体系》。

国家主义国家对此问题之态度与个人主义国家不同,因为劳动生产力的提高和劳动生产品的增加不仅是企业家,厂主关心的问题,政府对此问题亦异常注意。其经济政策和劳动政策几乎可以说是国家的生产政策,其中心目的即在如何运用国内的资源和劳力以获得最高的最可能的生产量。劳动生产力的发挥即是国家的利益,两者是不可分的。在此种密切关系下,故政府恒以直接方法奖励劳动生产力,与个人主义国家之袖手旁观由企业家自己负责者不同。但其所采的方法多为消极的防止,缺乏积极的鼓励。至于名副其实的劳力生产奖励策之使用,只有苏联一国。

社会主义国家中,生产手段归诸国有,私人牟利行为完全禁止,旧的工作刺激因素失去,于是各个企业往往会发生无人负责(Depersonlisation)的现象,所谓无人负责,即指经理及工人对于所从事之工作,无责任心,对使用之机械工具漫不经心;当无人负责现象存在时,自然无法改良出品的质量,和提高劳动生产力。而社会主义国家发展之基础在经济生产品之增加,经济生产品之增加又以劳动生产力之发挥为条件,此种矛盾之解决不仅是社会主义国家在建国期中最重要之问题,且其成功与否足以影响社会主义实验的前途。

社会主义国家的劳动生产鼓励策可以分为三部分:第一,为设立同志法庭,励行工作纪律,防止工人怠工;第二,实行无限制计件工资制,以工资鼓励工人增加生产;第三,实行社会主义竞赛,提高工作效率。在此三法之中,以后者最为重要,现分述于次:

第一节　工作纪律与同志法庭

社会主义国家鼓励劳动者增加生产之消极方法,为励行劳动纪律,以防止懒惰及不负责工人之取巧。此点在战时共产主义时期,即已注意,自 1929 年第一次五年计划实行后,政府对此问题甚为注意,如 1931 年,1932 年政府均曾颁布法令加强劳工训练,取缔劳工不良工作习惯。至 1933 年史达林在经济会议席上颁布六大原则,其中一项即为肃清无人负责的现象。① 随之政府又颁布法令加强劳动纪律。但其规定为支支节节的并无重要改革。至 1938 年 12 月 28 日苏联人民委员会,共产党中央委员会及苏联工会中央评议会共同颁布《关于改良劳动训练的法令》后,对于劳工的不负责任始有严格的制裁。②

《新法》序言中明白的宣称苏联除许多诚实工人,在为着国家而努力工作外,尚有少数偷奸要滑多赚钱少做事之工人仍然存在。他们利用苏联的劳动保护制度以自肥,因此政府有颁布《新劳动纪律》以肃清此种弊病之必要。

工厂或机关的管理处应与各级工会组织负责检举并监视一切不忠实劳动义务或在厂内违反劳动纪律及劳动法规之工人及职员。凡工人无正当理由在规定时间迟到 20 分钟以上者视为无故离开工作应予以立即解雇之处分。其他不遵守工作时间的犯规如上工迟到 20 分钟以下,午饭时早退,午饭后过迟上工,收工过早及在工作时间内怠慢均视为损害劳动纪律,由工厂的经理处科以下列的处罚:劝告或申斥,带有警告性之申斥,调至工资较少之部门工作 3 个月以下,或调至较低级的位置。一月内有 3 次此种犯规行为或 2 月内连续犯规至 4 次者应解雇之。凡在工厂,机关,社会团

---

① 见六大原则第三条:"肃清不负责任的现象,改善劳动组织,正确地配置企业中的力量。"

② I. L. I. 23. January 1939, pp. 99-100.

体的房屋内占有住宅的员工,在本法颁布后,因违反劳动纪律被开除时,或其他过失被开除时,由管理处限令于10日内迁出,不得逗留该宅。工厂,机关,企业及各部负责人如不执行此法令所规定之条款时由其上级机关处罚,必要时得撤职及提交法庭审问。

同志法庭(Comradely Courts)亦为制裁不努力工人之机关,凡有较为严重之不法事件发生,或工人犯规屡戒不悛时由同志法庭审判之。

同志法庭系根据1929年12月30日之《同志法庭法》所成立者,为审判工人犯规之机关。全国各大工厂均已成立。全厂工人技师经理均受其拘束,其管辖之事件如次:

(一)凡扰乱或阻碍正常生产程序之事件:

(1)违反劳动纪律,如迟到,怠慢,工作不力,无理由的移迁工作地点;

(2)不爱护工厂的财产(工厂设备,工具,机器等);

(3)不爱惜原料,浪费原料,或工作成绩不佳。

(二)凡有过去不良习惯遗留时:

(1)侮慢,毁渎或攻讦同厂工作人员;

(2)在厂内行骗50卢布以内,吵闹,及其他非社会行动;

(3)其他一切阻碍社会组织之行动。[1]

审判员由厂内各部举出,职员亦可参加,审判员选出后须经过严格考查方正式决定。人数甚多,各厂不一,视厂内人数而定,如Kherkov电机工厂在1932年共有审判员381个,分为26庭,庭长26人,副庭长51人。[2] 法庭开审时,全厂职员均可出席,对于审判

---

① *A Selection of Documents Relative to the Labour Legislation in Force in the U. S. S. R.*, pp. 111-115.

② LiLi Korber, *Life in a Soviet Factory*, p. 132.

案件均有发言权,随时可以发言,辩论并发表个人意见。讨论终结后由审判员判决。对于犯规工人之处罚分为警告,谴责,罚款,监禁,开除工会会籍及解雇六种。

第二节 工资奖励策

苏联积极的劳动生产鼓励策分为二部分:第一,为以工资表及无限制的计件工资制以奖励生产;第二,为社会主义竞赛。现在此目中说明工资奖励策,社会主义竞赛则在次目述明。

自五年计划实行后,劳动流动率增大,政府为防止转业及增加劳动生产率计,乃改革工资表并实行无限制的计件工资制。

(甲)工资表之改革。在以前工资表由中央经济机关规定,自五年计划实行后,采取分权制度,由各工厂按其实际需要决定之。故各企业有企业之工资表,各工厂有工厂之工资表,工资表订立于团体协约之内。各工厂在每年缔结团体协约时对于工资之等级,工资系数及工资率均作详密之讨论,然后订立工资表,工资表经工会及企业经理部审核后再交上级机关批准。

1935 年以后工资表又有若干改革,其主要修正为奖金制及补助工资制的恢复。1937 年政府下令改革工资制度,并于棉织业,曳引机制造业,农业,机械业,航海业设立奖金制以鼓励生产。对于低级工资劳动者于 1937 年 11 月起实行补助工资制。其补助方法,凡从事工业,及交通业之员工其整个收入(工资表上之工资收入,奖金及其他收入),如为计时工人,每月收入在 115 卢布以下;计件工人每月在 110 卢布以下时,可予以补助,以达到此项标准。[1]

1937 年工会中央评议会第六届全体大会决议改革工资表。1938 年 4 月 11 日工会中央评议会设立两特别小组研究工资问题。一组研究工业,交通业,邮政电话业,农业工人,机械师,技术人员之工资,一组研究公共团体,合作社及商业机关使用人之工资。及各个工会之中央委员会及工厂委员会均设有工资委员会以研究工资表之厘定。

1938 年 9 月史达林汽车制造厂团体协约中之工资表为根据汽车业新工资表略加修改而成,并经指定为 1939 年之模范协约,现将其内容列后:

新工资表将工人分为技术工人(Operators)及普通工人两类。前者包括从事需要长时间训练之职业的工人,从事生产工作,从事厂内外运输及监督生产之工人;后者则包括负责装置,修理机械,制造工具及管理气管水管之工人。两类工人之工资表各为八级,制造工人最低级与最高级工资率之比为 1:2.5,普通工人则为 1:3.5。

累进工资率用于工作进行困难及其他特殊性工作,种类由经理部及工厂委员会规定。制造工人工作超过标准生产额时,超过部分之超过工资率为正常工资率 25%,50%,及 100%。学徒工资为四级,最低级与最高级之比为 1:2,每半年考试一次,考试及格晋升一级。[2]

(乙)无限制计件工作制。第一次五年计划后,工资的支付尽

---

① I. L. O. Year-Book 1938-1939.

② I. L. I. Jan. 1939.

可能的实行计件制,计时制为例外,凡不能以"件"计算之工作,方用计时制。①

计件工资率之决定系以标准生产量除工资表中所规定之每日工资额。标准生产量由工厂经理部会同工厂委员会决定,其决定标准为工人在正常情况下之生产量。所谓正常状态系指:(一)机械和工作场的设备良好,(二)主要原料及工具能源供给,(三)原料及工具之质地优良,(四)工作环境符合卫生及健康的要求。凡工人工作超过标准生产量时其超过部分以累进率给付工资以刺激能力超越之工人。

1928 年所实行的集体计件制已告废止,在不能单独行计件制场合下改行列可夫工资制(Rykov Shaft),该制创始于 1931 年。该制实行后,集体工作亦可单独计算个人成绩。其法在每班工作之先由工头计较工作难易将工作分配于每个工人,如能于预定期前完成时,予以登记,按计件工资给予报酬。②

在例外情形方采用计时制,计时工资率比计件工资率为高,以奖励生产。

---

① 无限制计件工作制,行之甚早,在 1924 年 8 月 15 日共产党中央执行委员会即决议实行计件工资,以生产量的比例增加工资。1924 年 12 月最高经济劳动人民委员部及工会中央联合会联合下令推行无限制计件工资以刺激生产。1925 年 2 月工会中央联合会颁布《计件制实行须知》以推行之。因为他们认为这是提高劳动生产力最有效的方法。工会中央联合会秘书长许涅维克说:我们国家劳动报酬的基本制度是单纯的计件制。计件制能够刺激工人增加生产,改进其工作能力。我们国家的计件制在资本主义国家是剥削的手段,而我们国家则不然。因为在苏联劳动保护法规异常详密,工作时间每日只有 7 小时,计件制成为社会主义建设的动力和改良大众物质文化的手段。见 *Soviet Communism*, p.704.

② L. Kaufman, *Why Piecework in the U. S. S. R.*, p.19.

第三节　社会主义竞赛

苏联社会主义竞赛之起源,可以追溯至 1919 年之星期六自动工作制(Subbotniki 英译为 Saturday Volunteer Work)。1919 年 5 月 10 日莫斯科—珈山铁道有一部分工人愿意无报酬的在星期六工作以增加国家收入,随后此种运动蔓延全国。[①] 至 1920 年列宁开始注意社会主义竞赛,在 1920 年共产党第九届大会席上认为:

> "社会主义者不仅不排斥竞赛,并且要在广大群众基础上去发展应用竞赛,使劳苦大众都到竞赛场去。在竞赛中他们的个性可以发展,他们的能力可以训练,他们的天才可以发现。……因此我们目前的职责是组织社会主义竞赛。"[②]

新经济政策时期中社会主义竞赛并未广泛应用,其原因似有两层:其一,在当时为产业恢复时期,剩余劳力甚多,无提倡社会竞赛之必要。其二,此时所用扩充生产监督生产之方法为生产会议(Production Conference),在生产会议中工人可以表现其组织能力,技术及其天才,并可讨论研究合理化之方案及批评经理部设施。

---

① 列宁在 1919 年说:"这是一种革命的开始,它比推翻布兰乔亚阶级还要艰苦,还要根本,还要有决定性。因为它要战胜我们的平庸性,没有纪律的行动和布尔乔亚的个人主义劣根性;它要战胜资本主义制度遗留下在农人和工人中的习惯。要它能够真正胜利,新的社会主义纪律才能建立,资本主义才不会复活,共产主义才能够真正存在。"

② 详见:*Soviet Workers*, pp. 128-130 及 B. L. Markus, *The Stakhanov Movement and the Increased Productivity of Labour in U. S. S. R.*, I. L. R. July 1933, p. 6.

因此工人可以培养工作热忱。在五年计划初期，社会主义竞赛方开始发动。

1927 年列宁格勒之"红色三角"橡皮厂（"Red Triangle" Rubber Factory）、梯维（Tver）之普罗塔卡纺织厂（Protetarka Textile Factory）及乌拉省之左拉托斯机械厂（Enginering Works of Zlatoust）工人先后应用社会竞赛方法，为此种运动之开始。1928 年平等工厂（Rauenstvo Factory）50 个青年工人组织第一队突击队，于是突击队之组织亦在各地开展。至 1932 年 1 月 1 日全苏工人参加社会主义竞赛者达 65.6%，全国突击队队员作工业工人 64.2%。[①] 至 1935 年 8 月 31 日在顿纳兹煤矿（Donttz Coalfield）有工人斯泰哈诺夫（Alexei Stakhanov）在一班工作期内，掘煤 102 吨，超过普通定额 16 倍。由于报纸之宣传及政府之倡导斯泰哈诺夫运动轰动全苏，成为社会主义竞赛之高级形态。其发展由煤工业而其他制造工业，而运输业，最后竟普及农业。其方式亦由个人的活动慢慢的扩展为团体的或集体的活动。

（甲）社会主义竞赛的意义和内容。社会主义竞赛最初的意义是工厂或企业内个人与个人间或群与群间的工作竞赛。到后来这条原则应用到社会活动各方面，变成一切个人与个人间群与群间工作竞赛的总称。关于社会主义竞赛的性质，史达林说得很清楚，他说：

> "社会主义竞赛和竞争是根据两种不同原则。商业竞争的原则包含了有些工厂失败和倒闭，有些工厂胜利和合并其

---

① *Soviet Communism*, p. 738.

他工厂。社会主义竞赛却不然,技术较高的工人要协助技术较低工人以提高一般生产水准。商业竞争说:'赶走落伍的企业,建设你自己的天下。'社会主义竞赛却说:'有些工作效率甚低,有些工作较好,有些工作效率更好。'你要迎头赶上最好者的成绩,达到最高的水准。"①

社会主义竞赛不仅可以鼓励胜负双方为着国家的生产发挥合作精神,并可改变大众对于"劳动"的观念和态度。这点史达林也有说明。他说:

"竞赛最值得注意的是使民众对'劳动'的观念发生根本的改变。以前视劳动为可耻而痛苦的负担,现在用了竞赛方法使劳动变成了荣誉的事业,光辉的事业,果敢英雄的事业了。这在资本主义是没有的,而且是不能有的。资本主义国家人民所企求而为得社会赞许的目标是投资的收入,利息的收入,尤其是劳动的避免。劳动被他们认为是最贱微的职业。反之在苏联人民所企求而为社会所赞许的目标是做个劳动的英雄,做一个工人突击运动的英雄,受千千万万劳动者的崇拜。"②

前面已经说过,社会主义竞赛可以应用到工厂,企业,农场,学校,教育及其他社会活动方面。在本目中仅将在工厂方面的情形略述之,其他方面不赘。

---

① *Soviet Workers.*
② *Soviet Communism*, p. 736. note.

工厂方面的竞赛普通都由工会主持。第九届工会大会决议工会要做社会主义竞赛的指导者,社会主义竞赛为工会生产工作的中心。[①] 共产党全国大会亦屡次申明工会应一方面奖励优良工人,发展社会主义竞赛;一方面要以突击工人组织纪律团制裁破坏纪律及破坏社会主义竞赛的工人。竞赛最普遍的方式是由工会在厂内指导各部组织社会主义竞赛队,由工人自动报名参加,订立竞赛协约,规定某一定期限内双方竞赛完成某项工作,或作最大生产量及最低消耗百分率的比赛。不但一个工厂内,一个部门内,部门与部门间可以举行竞赛,即工厂与工厂间亦可实行。两个工厂之工厂委员会可以订立协约举行五年计划的提早完成竞赛。如内河航行业或航海业中,同一航线内各轮船可以竞赛航程速度和燃料使用的减少。又如但尼伯(Dnieper)水闸工程建筑时,河之此岸突击队与彼岸突击队举行比赛建筑速度。最大规模之竞赛为城市与城市间之竞赛。1932 年 9 月莫斯科市苏维埃代表与工人代表建议与莫斯科,列宁格勒与喀哥夫(Kharkov)三大城市实行竞赛,看谁最先完成最后一年之五年计划及政府决定举办都市建筑及社会主义建设。其他工厂与农场间亦可举行竞赛,如希马拉农器制造厂与沃里抵米沃柯(Vladimïrevko)农人及绿林集体农场(Collective Farm of Green Graue)的农人举行竞赛。工人允许增加生产量1%,减低成本及改良生产品;农民则允许达到收获的标准并种植最优良之种子。

竞赛的内容包括甚为广泛,如工作计划之提前完成,生产品之改良,废料之减少,工具,机械之保护,原料之利用,纪律之维持,技术之进步及消耗之减少等等均可为竞赛之目标。

---

① *Report of the All-union Council of Trade Unions for the Ninth Congress.*

　　在工厂竞赛之发动和组织由工厂委员会之生产会议负责。而生产会议之活动分子又为突击工人，故突击工人及突击队社会主义竞赛非常密切，两者为不可分离互相影响之因素。

　　（乙）突击工人与突击队（Uderniki）。突击工人系指一班男女工人自愿在其职业多做工作或做得更好，或在其职业范围之外从事特种工作以加强国家建设，提早完成五年计划而言。突击队员之主要工作为自动的增加生产量，减少废料及消耗，不无故缺席迟到，并积极提倡社会主义竞赛。突击队与社会主义竞赛关系异常密切，突击队队员虽不全部参加竞赛，但竞赛之主持者及指导者均为突击队员。所以我们可以说突击队的发展推动了社会主义竞赛，而社会主义竞赛的成长也助长了突击队的发达。

　　突击队之组织始于 1928 年平等工厂，随后在各地发展。1929 年 12 月莫斯科举行全苏突击队大会，据该会报告全国队员共达 300,000 人。1930 年 3 月 1 日各业突击队共计 1,534 队，队员计 1,100,000 人，参加社会主义竞赛者占 60%。1932 年 1 月 1 日全国产业工人为 5,000,000 人，突击队员达 3,200,000 人，铁路工人为 1,200,000 人，突击队员共 640,000 人，占全体工人 50% 以上。[1]

　　突击工人之活动为多方面的，其共同目标为增加生产减少成本。突击工人工作紧张，为全厂工人之模范，但以不超过正常工作时间为原则；报酬则与普通工人相同，并无特殊津贴或奖金，以其报酬偏重精神方面而不注重物质的报酬。

　　在开始，突击工人系个人自己努力，彼此之间，并无连络，不久以后，发展为突击队，突击部，突击企业（Shock Enterprise）等集体活

---

[1]　*Soviet Communism*, p. 748.

动。突击队因努力方向之不同,可以分为下列四种:

子 协助队。协助队系由竞赛胜利一方之工厂,企业或工厂内胜利一方之工人组织而成,以援助竞赛失败之一方或其他技算落后工厂为目的。此为协助制之一种形态。其详见下节,兹不赘。

丑 连络队。1930年罗斯托夫农业机械厂(Rostov Agricultural mechinery)接到命令限于最短期内造成第一架曳引机,于是该厂各部员工组织一连络突击队以从事制造工作。连络队之主要活动为连系各部分工人共同研究各部缺点及补救方法及如何加速工作进度。结果曳引机如期造出。自后各地工厂均仿效之,以图增加生产,改良生产。

寅 成本会计队(Khozrastchotte)。成本会计队为突击队中最重要之组织。此种组织始于1931年列宁格勒机械厂工人,其目的不仅要增加生产,并要严格执行计划局所订定之成本计算表以减低成本,改良产品品质。成本会计队第一队成立于1931年1月,至1932年4月1日全国共有150,000队,人数共达1,500,000人,其发展之速于此可见。成本会计队之成绩颇为卓著。据许涅维克在第九次工会大会报告在史达林曳引厂由于成本会计队之努力超过原定计划5倍。红色普第诺夫厂预定在924小时完成之工作,由于成本会计队之成立,只于775小时内完成。其他如工人缺席的减少,成本之减低,原料之节省,废料之减少,均足表现其成绩。①

卯 计划修正队(Counter-Planning Brigades)与计划执行队(Planning Operative Brigades)。此为工人尽量利用企业内部资源发现工厂潜在力量扩张生产预定计划之有效组织。史达林说:"由计

---

① *Soviet Communism*, p. 748.

划机关草拟计划，不过是计划的开始；计划要在实行机关实行后，由执行者根据经验加以修正及完成方发生真正效力。"两者为达到此种目的之组织。

计划修正队及计划执行队之工作为将工厂生产计划划分为若干部，交发相关部门予以缜密之研究，有缺点时加以修改，有意见时可以提出讨论。计划修正后交计划执行队执行，计划执行队队员在工作之先共同又加详密之研究，以求最有效方法的利用，然后分至各班。各班工人在开始工作之先由计划执行队队员指导讨论各个人工作情形及应如何工作方为有利，有时在讨论会中并切实指定每个工人所应从事工作及其工作时应注意之点，以期提高完成预定计划所规定之事项。此制为 Dnepropetrovsk 工人首先发明，后来各厂均次第仿行。此制实行后各厂生产几均能按预定完成。以在讨论会中各个工人均可明了其每日工作是否已达到预定计划，同时对于工作时期内生产成本之多寡，原料燃料之消耗，工作之进展均有明确之概念。

（丙）协助制与自动工作制。在上面已经提到，社会主义竞赛和个人主义国家的竞争在性质方面的最大区别是后者的目的在压倒竞争的对手甚至排斥其存在；而前者的目的则在鼓励竞赛者努力以求社会整个工作之进步。在竞赛进行中虽有胜负的区别，但竞赛完毕后，胜利者恒协助指导失败者使其能迎头赶上达到与胜利者同等的水准。最能表现此种精神者为协助制（Shefstvo，英译为Patronage）。协助制不仅足以提高生产量并为苏联有效的社会教育工具。以协助制之发展可以扫清个人主义遗留下之狭隘思想并积极发扬社会合作精神以创造新的集体主义人生观。

协助制最初应用于社会主义竞赛。社会主义竞赛完毕后最优一组工人常组织协助突击队至较劣工厂协助其工作,各组工人之间亦然。后来此制被广泛的应用。由同种类企业机关间而推行至不同种类之企业及机关。一个工会的工厂委员会可与红军的一个联队或附近的集体农场订立协助公约(Patronage Agreement),公约中之规定不一。有时规定当收获时期工厂应协助农场收获及供给该厂以某种农产品,集体农场也应按时将农产品供给工厂。有时规定工厂发生障碍时农场工人应协助工作,农场工作忙碌时可邀请工人帮助。有时规定红军应指导工人学习放枪,降落伞等工作。①

公约的履行由各部分组织协助社(Patronage Society)推动,各地工厂及集体农场均有协助社的组织,在工农协助社之上有中央协助委员会(Central Patronage Commission)指导协助工作。军事人民委员部之下亦成立红军协助社统筹一切有关红军与其他团体间之协助事宜。工人协助社的设立系受共产党之组织的影响。在工厂内党的细胞组织恒设立协助委员会协助各乡村党部之工作,于是各工厂委员会亦设立工人协助社援助农人工作。工厂委员会为各协助社之推动力。协助社设有指导处(Directing Board)由工厂委员会代表及共产党细胞代表组织之,主持一切协助事务。在一省范围内有各种合作组织,连系各地工作,但省与省之间则无连络机关,以协助工作以邻近距离较短之机关及团体间进行为宜,甚少超出省的范围。②

协助公约之应用范围甚广。有许多工会从其会员中选出许多

---

① S. N. Harper, *Civil Training in Soviet Russia*, pp. 189-191.
② 《苏联的民主》,87—88 页。

有能力之工人组织协助队至其他工厂担任重要职务,如各部之副经理,视察员及襄理之类以提高其生产水准。[①] 又如 Trehgorka 纺织厂与一个集体农场订约允许农场将剩余劳动者送至工厂,由工厂代为训练。又如木材业中,有许多工人组织协助队帮助附近村落之农人工作,如代为修理机器及从事各种文化活动。

除工人与农人间盛行此制外,文化教育方面亦然。工厂内业余剧团或俱乐部可与剧院订立协助公约,剧院里的工作者在公余之暇帮助工厂里的戏剧组,在工人方面则替戏院服务以作报答。一个著作家也可和一个或一个以上的工会文学组发生协助关系,他指导工人从事文艺方面的活动,而工人可以贡献对于他的著作的判批。工厂与小学校间亦可订立协助公约。1933 年工厂与小学间订立修理及建筑校舍的协助公约。协约规定在小学开学以前由机械制造业工会协助修筑小学 4,350 所,铁路业工会修筑 3,400 所,纺织业工会 2,600 所,其他各业工会则按人数比例协助修筑。

自动工作制(Subbotniki,英译名 Voluntary Labourers)亦为苏联鼓励人民从事工作方法之一。自动工作制始于 1918 年,后来发展甚速,至现在几成为每个工会会员及每个劳动者应尽之义务。其目的在鼓励劳动者成为社会之积极分子,不但要做有报酬之工作并须于工作余暇参加没有报酬的自动工作,以加紧个人与社会之联系。

自动工作可分三类:第一类为参加本工厂或本企业的活动,如在工会内担任自动收费员,看护员的职务或在工厂委员会所属各委员会内担任工作,如俱乐部的管理,戏剧组的组织者。此类自愿

---

① 在 1933 年此类性质之副经理共达 5000 人。

工作者,人数极多,如1937年共达4,500,000人。第二类为参加本城市,本区或某项建筑之工作。如卡鲁格夫(Kharkov)曳引机制造厂建筑时,大批市民参加搬运废料的工作;列宁格勒修理街道时亦有许多自动工作参与者。昂格斯基火车头制造厂之如期完成亦由于自动工作者之劳力。最有名之例子为1933—1934年莫斯科地下铁路之修筑,除100,000工人正常工作外,尚有20,000以上自动工作者参加工作,自1933年1月起至9月止每日均不缺席参与铁路之修筑。第三类为参加国家管理机关工作。此类工作者自愿参加各级行政机关担负管理的工作,有的参加地方性的机关,有的参加全国性的机关。在各级苏维埃,各级行政委员会,甚至苏联政府之各部分一直至中央执行委员会的办公室均有自愿工作者。如加里宁主席之诉苦局即有若干自愿工作者。①

(丁)社会主义竞赛与斯泰哈诺夫运动。斯泰哈诺夫为新技术进步后社会主义竞赛的新表现。这点史达林在1935年11月第一次全苏斯泰哈诺夫工作者会议上有明白的说明。他说:

> "斯泰哈诺夫运动表现着社会主义竞赛新的高潮,表现着社会主义竞赛新的最高的阶段。……在过去,在3年以前,社会主义竞赛并不一定要与新技术相联系。而且当时我们就没有什么新技术。而社会主义竞赛的现阶段,即斯泰哈诺夫运动,却一定要与新技术相联系。如果没有新的最高技术,就决不会有斯泰哈诺夫运动。"②

---

① 《苏联的民主》。
② 见《苏联共产党历史》,第403页,莫斯科外国文书局出版。

斯泰哈诺夫运动之特质为将技术与人连络在一起,要训练全国劳动者精通本行工作技术,驾驭并驱使这种技术。换言之,此为由群众发动之合理化运动,其主要目的在使理论与实践打成一片,体力劳动与精神劳动打成一片以改良技术增加生产。因之斯泰哈诺夫一名词在苏联应用甚广,包括一切提高工作效率,改良劳动方法,增加劳动生产率和节省时间,减低成本之工作而言。

顿纳兹煤矿为此项运动之发源地,随后渐渐散布至其他产业部门,运输业及整个产业部门及农业部门中。运动的方式也起了变更。起初为个人提高生产率及增加生产量的运动,如汽车工业中之布塞根,皮鞋工业中之斯美坦宁,运输业中之克里沃诺斯及其他斯泰哈诺夫运动者,均利用自己之技术与脑力创造新的工作记录为该业之模范。到后来方成为一种群众运动,政府亦用种种可能方法鼓励工人参加。就其内容而言,亦有很大扩充,举凡一切利用新的知识新的方法新的技术去改良工作方式或改革劳动组织以求生产合理化及提高生产品质量之行为,均为斯泰哈诺夫运动。

工业方面斯泰哈诺夫运动之发展以 1937 年 12 月为分界线。在 1937 年 12 月以前,如何创造个人优胜记录为大多数斯泰哈诺夫运动者之主要目标,政府亦尽力鼓励工人创造新的惊人记录。1938 年开始此种运动才发展成为群众的运动。1937 年 12 月 28 日共产党中央执行委员会之命令为促现此种转变之重要原因。在该项命令中贬责过去的错误并指出以后应使其发展为群众运动,使全国劳动者都积极的热心的参加。[①]

在 1938 年以前并不是完全没有这种倾向,只是说其运动重心

---

① I. L. I. 30. Oct. 1939, p. 126.

在鼓励个人创造纪录而已。如 1935 年年底至 1936 年年底间莫斯科曾举行会议多次召集工业,建筑业及运输业界的斯泰哈诺夫运动者使其有机会交换及增进其技术与经验,在会场中每个与会者均很坦白的报告其工作经验与方法,报告之后加以讨论。有些工厂则推选有成绩的斯泰哈诺夫运动者主办补习班指导普通工人工作。有的则设立斯泰哈诺夫学校聘请专家及斯泰哈诺夫运动者讲授如何提高生产并使生产程序合理化。有的在工厂内某部分或整个工厂甚至整个企业组织斯泰哈诺夫运动日(Stakhanovist Days)、斯泰哈诺夫运动周等运动以讨论生产合理化问题。[1] 不过此时并没有系统,同时也没有普遍化。自 1938 年起政府方以全力提倡此种新的运动。其主要方法如次。[2]

子 设立斯泰哈诺夫指导员(Stakhanov Instructors)。此系根据 Sverdlovsk 地方乌拉机械制造厂的经理之建议所成立的。该厂经理在厂内聘请最好之技师及专家为斯泰哈诺夫运动指导员,其职责在指导并协助斯泰哈诺夫运动者解决技术上的困难问题。如采用与斯泰哈诺夫运动者计划相符之生产方法;根据其工作经验设计新的工具及机械;根据其实验工作结果改变机械的装置与设备等等。指导员在经理及经理代理人指示下活动。乌拉机械厂采行此制后,成绩甚优,于是全苏各厂大多仿行。

丑 交换并报告工作经验要使斯泰哈诺夫运动有广泛的开展,必须交换各个工作者的经验。以工作经验的交换一方面可以新的工作方法,新的技术很迅速的传至其他工厂,有事半功倍之

---

[1] B. L. Markus, *The Stakhanov Movement and the Increased Productivity of Labour in U. S. S. R.*, July 1936, pp. 14-15.

[2] I. L. I. 30, Oct. 1939, p. 127.

效;一方面由于交换及讨论结果又可以得到更优良的更新的生产方法。经验交换的方法有四:其一,同一产业部门或同一城市,同一区域之斯泰哈诺夫运动者举行讨论会,在会议中报告各人的工作经验及讨论如何改良现行的工作方法。其二,由成绩较良,技术较高之工厂之斯泰哈诺夫运动者组织辅助队协助技术较低之工厂使其改良现行生产方法。其三,由技术较低之工厂组织观光团至成绩优良之工厂学习。其四,各个工厂联合成立常设的交换报告及经验机关,如任何一厂发现新的工作方法及新的发现时应立即报告该机关转知各厂。

寅　设立斯泰哈诺夫学校。斯泰哈诺夫运动者不仅要交换其个人的工作经验,并且要使普通工人对此种运动发生密切连系,因而使他们也熟悉并利用新的技术新的生产方法,逐渐提高其工作水准及能力以达到将来他们积极参加此项运动的目的。斯泰哈诺夫学校的设立就是要完成上述使命。全苏各产业部门各工厂均已次第成立此类学校,尤以纺织业,化学工业,汽车制造业为最普遍。此类学校由工厂委员会会员负责筹办,凡出产量超出标准生产量之斯泰哈诺夫运动者均可充任教师在工作余暇训练厂内半熟练工人及新入厂工人指导其利用新的生产方法。有时工头及技师亦可充任。指导方法甚多,如上课讲授,举行演讲会,座谈会,指导实地工作等方法均可使用。

卯　在妇工中发展斯泰哈诺夫运动。在此项运动发动时,在妇工群众中曾发生很大作用,许多女工会创造很大的新的工作纪录。但苏联政府认为不足,自1938年1月起,颁布许多方法鼓励女工积极参加此项运动,使其能与男工方面的开展并驾齐驱。

辰　同时使用多种工具的训练。在 Sverdlovsk 和 Kharhov 两个地方有两个机械厂,其中一部分工人同时使用多种工具,结果生产量大为增加,于是斯泰哈诺夫运动又以一种新的形式发展。尤其在机械业各厂流行更广。

共产党中央机关认为此种方法之使用为一种新的改革。工厂内工场的布置和设备要加以改变,使工人同时运用多种工具时不致浪费时间。此种工作工人要受一种特殊训练俾使其运用多种工具时能使用裕如。工厂经理要特别注意生产程序的机械化合理化。1939 年 9 月 22 日机械制造业工会决议所有机械业工厂均实行此种新的工作方法以增加生产。

戊 社会主义竞赛之惩奖办法。社会主义竞赛之进行虽端赖参加者之热忱与兴趣,但单凭热情的鼓舞是不够的,故奖惩办法之实行实为必要。奖励的方法最重要的为社会荣誉制度。报纸及刊物专辟一栏记载社会主义竞赛消息,将优胜队队名及优胜者姓名一一登载加以劳动英雄或社会主义英雄的呼号。有时在工厂内设立荣誉牌,将优胜者姓名记载于上。有时在公共集会场上使优胜队或优胜者上台演说接受群众的欢呼。有时在展览会或其他集会中展览胜利者的相片或在公园雕塑优胜者的塑像以示鼓励。此外尚有勋章的颁发。取得勋章者可得种种优待。① 奖金制在近年来亦常应用。竞赛完毕后由工会大会选举检查委员会检查实践情形及竞赛结果 。委员会将检查结果报告工厂委员会及经理处。到每年 5 月 1 日或 11 月 7 日由工厂给予最优工人以奖金。奖金数目首由检查委员会提出交工厂及工会决定,普通多经工人全体大会通

---

① 勋章共分:红星章,红旗章,劳动红旗章及列宁章数种。列宁章为给予完成五年计划之有功者,劳动红旗章系给予对生产方面有特殊贡献者。凡领取勋章者有免费旅行及领取年金等优待。

过手续。

惩处的主要方法为在精神上予不努力工人以刺激,促其自新。壁报为其主要武器。在壁报中对于不努力的工人技师,经理均可批评指摘。壁报上常公布工作拙劣或怠惰工人的姓名或绘成讽刺图画。有时在工厂内设立不名誉板在板上公布工作不力,竞赛不力,迟到,缺席者姓名;或在领薪处将不名誉工人分开令其在另一地方领取。有时更推陈出新思想种种方法以刺激工作不力工人。①

---

① 详见 J. F. Hecker, *The Communist Answer to the World's Needs*, p. 298.

第四章 失业扫除政策

失业为个人主义国家最严重的劳动问题,在社会主义国家及国家主义国家并不发生。要说明这种现象必先明了失业的意义。

自经济理论方面观之,古典经济学派认为在充分就业(Full Employment)前提下,失业现象有两种。第一,为失调的失业(Frictional Unemployment),此即在连续的充分就业状态中,通常在各方面每有调节不甚确切之事实存在因而引起失业。例如由于计算不确或需要脱节之结果而使各种特定物质之相对数量暂时失却平衡所引起之失业;由于意外变化而发生时间的脱节(Time Lag)所引起之失业;由一业转至他业在时间上延搁所发生之失业等等。第二,为自愿的失业(Voluntary Unemployment),此种失业或由于立法与社会的习惯之结果,或由于劳动者团结的结果,或由于对于局势变化之反应太慢的结果,或由于人心固执的结果而拒绝接受相当于其边际生产物之价值的报酬。但凯因斯(J. M. Keynes)认为古典学派充分就业的假设只可适用于特殊情形而不能适用于一般情形;同时,其所假定之特殊情形与吾人所生活之经济社会相距甚远,不能作实际的应用。因此另外提出一种不自愿失业(Involuntary Unemployment)。不自愿失业之前提与古典学派不同,即就业未达到充分状态下所发生者。其定义如次:当工资货物的价格相对于货币工资而微见上涨,在现行货币工资水准上愿意从事工作之劳动者的供给总数比已有就业量为大;同时,对劳动者之需要总数亦较已有的就业量为大,在这时候,劳动者尚有失业的,即是所谓不自愿的失业。[①] 本章所讨论的失业系属于凯因斯所说的第三种范畴。

自经济政策之观点看来,失业的意义概括的可以视为工人不能缔结劳动契约因而不能从事工作之状态。此种状态之发生有三种可能的情形。第一,是劳动者因劳动争议发生使劳动契约中止因而丧失其工作。第二,劳动者因疾病,年老,痼疾及其他个人关系,丧失工作能力或无工作能力,因而不能缔结劳动契约无法从事工作。第三,为劳动者本人愿意从事工作,且具有工作能力,以无相当的劳动机会致无法缔结劳动契约。严格的说来,普通所谓失业是以第三种情形为限,本文亦然。

第三种意义之失业在国家主义及社会主义国家并不存在。因为在此类国家行严格的统制经济或计划经济,由政府通盘调整全国生产,使各种生产都能迅速的顺应变动不定的消费状态,消费和生产可以维持平衡。在另一方面生产的扩充或由政府按照预定计划举行,或由政府严厉的监督,使生产的扩充能适合国民经济的需要,以防止生产界的动摇和投资的错误。生产的发展既能如政府的计划成一种有规则的正常的发展,则经济恐慌无从发生,失业问题自不存在。且进一步观之,在此类国家劳力的雇用和分配均按政府的需要决定,政府可以预期现在及将来的需要调整全国可用的劳动量,使劳动量,全国资源与产业之间有合理连系。政府即完全控制了劳力的雇用和分配,则劳动机会与求业者之间不致发生

---

① J. M. Keynes, *The General Theory of Employment Interest and Money*, 1933 Edition, p.10.

离背,可以趋于平衡。不过,在计划经济或统制经济初期,生产的统一工作尚未完成,市场上犹有大量失业者存在,故社会主义的苏联及国家主义的德,意在初期亦施行大规模的扫除失业政策以扫除失业。

在个人主义国家则不然,失业成为不可避免的现象,是个人主义国家经济制度之先天结果。因为在个人主义国家经济机构立脚于私有财产制度及自由竞争原则之上。工业的扩大完全由企业家自己决定,企业家之间既无严密的组织,又无通盘计划,其唯一指南针为动摇不定之货币形态之利润,于是产业的发展形成一种畸形的及不规则的现象,各种产业不是过度的膨胀,就是过度的收缩,结果使整个生产界动摇不定。同时生产日趋集中,生产手段是需要资本省节劳力的技术组织,一方面使生产因素的代替性减少,一方面使生产原素的整调程度难于连续。结果经济市场各种势力之凝固性增加,劳动资本的流通性减少,生产的伸缩已失去自由,自由竞争不能尽其调节使命而发生生产与消费不能吻合的现象,不是生产不足即是生产过剩。由于个人主义经济制度先天之缺点,经济恐慌(Economic Crises)成为永恒现象,而经济恐慌第一个恶果就是失业者的增加。[①]

---

① 经济恐慌发生之原因及其解释,为 1929 年以来经济学者研究之中心,各家意见纷歧,迄无定说,而著作之多实足惊人。各家之理论有从货币方面着眼者,有从经济方面着眼者,有从制度内容着眼者。分析各派学说最精之著作为 Gottfried von Haberler 之《繁荣与萧条》(*Prosperity and Depression*,作者所用版本为 1939 年增订本)。G. von Haberler 将现代恐慌学说分为六派。第一派为纯粹货币原因说(The Purely Monetary Theory),主张此说者为 R. G. Hawtrey。第二派为投资过多说(The Over-Investment Theories),在此派中又分为新维克散派(New-Wicksellian School),认为银行信用制度为引起低级生产与高级生产不均衡之最大原因,主张此说者有 Hayek,Machlup,Mises,Robbins Röpke 及 Strigl。第二小派为非货币投资过多派(Non-Monetary

现代经济组织非常复杂,各种因素互相影响互相作用,往往一地方一产业之荣枯足以影响全国产业界甚至波及全世界。就其相互关系之密切言之,使经济恐慌之发生时常发生;就其影响之范围及程度言之,使经济恐慌之范围扩大,程度加深。1929 年世界经济恐慌之发生即为明例。[①]从下表中即可知本世纪以来失业问题之严重性。[②]

各国失业人数表（1929—1938）　　　单位:千人

国别 年代	美国	英国	德国	奥国	波兰	捷克
1929	—	1,215	1,920	192	129	42
1930	—	1,917	3,130	273	227	105
1931	12,000	2,630	4,619	300	300	291
1932	14,000	2,746	5,703	373	256	534

Over-Investment Theories), 主张此派者为 Cassel, Hansen, Spiethoff, Wicksell, Robertson, Pigon 及 Schumpeter, 第三小派为因制成品需要变迁所引起之投资过多说（Over-Investment resulting form changes in the demand for finished goods: the Principle of Acceleration and magnification of Derived Demand), 主张此说者有 A Talion, Bickerdike, Carer Pigon, J. M. Clark, R. G. Plarrod, Mitchell, Spiethoff, Robertson. 第三派为 Changes in Cost Horizontal Maladjustments and Over-indebtedness as Causes of Crises and Depression. 主张此说者为 W. O. Mitchell, F. W. Tausrig, A. C. Pigon, Willian Beveredge, T. W. Mitchell, I. Fisher, 及 A. Lovedey. 第四派为消费不足说（Under Consumption Theories), 主张此说者有 J. A. Hobson, W. T. Foster 夫妇; W. Catchings, Emil Lederer 等人。第五派为心理学派（Psychological Theories), 主张者有 J. M. Keynes, Lavington, A. C. Pigon 及 Taussig. 第六派为农业派（Harvest Theories), 主张此说者有 H. S. Jevons, H. L. Moore, A. Hansen; J. M. Clark, 等人。

① 1929 年世界大恐慌之发生始于 1929 年 10 月 24 日纽约商品交易所（New York Stock Exchange）的跌价。不到数日此风蔓延至全美甚至全世界。关于此次恐慌之经过可参看国联所出版之 World Economic Survey, 该刊由国联自 1931 年开始出版, 一年一次。在 1931 年 Survey 系由阿林教授（Prof Ohlin）主编。在其 *The Course and Phases of the World Economic Depression* 有极有价值之分析与叙述。德国 Wilhelm Röphe 在其 *Crises and Cycles* (1936 edition), pp. 53-60 有简明叙述。

② *Oswald Dutch Economic Peace Aims*, Chap. 3.

1933	12,000	2,520	5,083	406	250	738
1934	10,000	2,159	3,307	370	342	677
1935	7,450	2,036	2,567	349	382	686
1936	7,707	1,755	1,890	350	367	623
1937	5,185	1,484	1,140	321	375	429
1938	7,404	1,791	585	244	348	336

　　劳动者极主要的所得来源为工资,工人失业后其收入减少甚至全部断绝。在失业初期,工人尚可动用存款或典质器物以维持生活,时期愈久工人生活受到严重威胁,达到衣食不周饥寒交迫的地步。其家庭无疑的亦同沦惨境。自精神方面言之,工人之自尊心,道德,荣誉心亦随衣食之压迫而被破坏。不仅失业者受到此种打击,即未失业者亦将因失业工人之竞争而无法与雇主抗衡不得不减低劳动条件以保全位置。未失业者之生活水准及工作条件亦随之降落。[①] 就全国言之,工人失业者增加不惟使政府穷于救济,使政府开支倍增,而且使社会秩序,经济机构发生紊乱极易构成政治上和社会上的危险而陷国于危乱的境界。故各国政府当失业问题严重时恒采种种方法以扫除失业。

　　经济理论家和实际当政者所主张的失业扫除政策往往不能完全一致。如庇古教授(A. C. Pigou)认为最稳善的扫除失业方法有四。

　　第一,改进企业组织及预期方法以减少失调的失业;

　　第二,减少劳动的边际负效用(Marginal Disutility of Labour)以

---

　　① 详见美国失业委员会(A. Committee of the President's Conference on unemployment)在 1923 年出版之报告及建议书。建议书名称为 *Business Cycles and Unemployment*。该书中 Stuart A. Rice 教授曾作述 *The Effect of Unemployment upon the Workers and His Family*, pp. 99-112.

减少自愿的失业；

第三,增加工资货物产业之劳动边际物质生产力；

第四,工资货物价格增高后,又提高非工资货物之价格,使非工资货物工人之费用自工资货物方面向非工资货物方面移动。[①]

如凯因斯认为扫除失业最好的办法是增大消费倾向(Propensity to Consume)及降低利率而不主张大规模的采用公共工程政策。因为增大消费倾向可以用较少的投资量去维持一定的就业水准。长期的压低利率可以使繁荣期延长。因为有效储蓄的大小系由投资量的大小去决定,而投资量却依存于低利率。利率降低可使资本之边际效率保持于饱和就业量之境地,长期的维持"半"繁荣(Quasi-boom)使萧条永不出现。以公共工程政策扫除失业,目前虽可收效,但结果将使失业问题更趋严重。[②]

实际上各国所实行的政策就其分类标准之不同,亦有种种分类方法。如以其实施范围为分类标准,则可分为片断的政策及综合的政策；如以其政策性质为分类标准,则可分为事先的预防策、失业扫除策及事后救济策,如以效力大小为分类标准,则可分为消极的政策及积极的政策。现综合各派分类方法,以政策内容为分类标准将各国失业扫除政策分类于次:

大体说来,失业扫除政策依其内容之不同可以分为四大类:第一类为职业机会调整策,此类政策中又可分为间接直接两方面,间接之中又可分为政府统制企业及企业家自动调节企业两种；直接

①　详见:A. C. Pigou, *Theory of Unemployment* 本文所引系根据 J. M. Keynes 的说法。

②　详见:J. M. Keynes, *The General Theory of Employment*, Interest and Money, pp. 319-322. pp. 376-377.

政策之中又可分为职业机会均平策及职业机会创造策。在前者之中又可分为职业移让、职业均分，及劳动需要之分散三项，在后者之中又可分为赈济工程政策及公共工程政策两项。第二类为劳动人口调整策，主要可以分为劳动制约，劳动人口减少及海外殖民三项。第三类为失业者生活保障策，主要可分为失业赈济及失业保险两项。第四类为人口与职业结合过程调整策，主要可分为劳动介绍所之设置，就业训导及就业后训练三种。以图表之如次：

失业扫除政策图

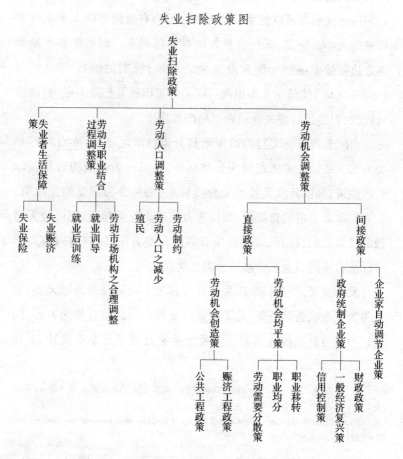

在上列各项政策中除第三项已于本编第一、第二两章中说明外,现分析其他三类方法于后。

第一节 劳动机会调整策

如上所述,劳动机会调整策可以分为间接直接两方面,在间接方法之中又可分为企业家自动调节及政府控制企业两种。企业家往往为保持繁荣及预防失业计,恒自动调节企业使其发展正常无膨胀过度之弊,以防止失业发生而维持劳动机会。[①] 政府直接控制企业之目的亦在预防恐慌调节劳动供求。在个人主义国家则常用间接方法如国家的一般经济政策,信用控制,加税,核发补助金,增加或扣减定货等方法控制民营工业之扩张或收缩以预防失业及保持劳动者与劳动机会的均衡。在国家思想比较浓厚国家,则用直接方法控制企业以维持现有劳动机会,如限制特定事业之废弃或休止,如政府对一切企业于一定期限内强制其继续经营,政府可依企业之状况,付交相当补助金。如依此方法尚不能继续时,政府可应用公用征收法,收归国有,由国家直接经营。此种方法又谓之劳动维持(Arbeitserhaltung)。不过无论企业家之自动调节抑为政府之控制企业,主要的系属于工业经营政策及国家一般经济政策范畴之内,在

---

① 关于企业家之自动调整策之内容结果及影响,读者可参看下列三书。

(一) H. Feldman, *Regularization of Employment*, 1925,共 437 页。

(二) Sam A. Lewisohn, Draper, G. Ernert, John R. Commons and Den P. Lescohier, *Can Business Prevent Unemployment* 该书叙述美国 114 公司所实施之安置就业之经验。

(三) Endwin S. Simth, *Reducing Seasonal Unemployment*; *the Experience of American Manufacturing Concerns.*

本书中不拟详述,现仅将直接的劳动机会调整策逐项说明之。

第一目　劳动机会均平策

劳动机会的均平主要可以分为职业移让,职业均分及劳力分散三种。三者均为现存劳动机会之分配使失业者在可能范围内得到职业。

甲　职业移让　所谓职业移让即根据劳动者之性别,工作,而将重要性较轻之就业者职业移让于重要性较大之失业者而言。普通多指将女子劳动机会尤其已结婚女子之劳动机会移转于失业男子。以女工尤其已婚女工,失业后可以从事家内劳动及哺育儿童,同时已婚女工其生活可由其夫赡养,不致有饥寒之虞。如男工失业时其影响较女工失业为严重。故各国政府当失业问题严重时,恒采此策以减低其严重性。此制以德国行之最为有效。

1930 年起,德国劳动市场发生反常现象,男工大批失业而女工失业者较少。其主要原因,以女工工资较低,在竞争时占优势地位。在 1933 年全国女工共达 6,000,000 人,占全体劳动者 30% 以上。于是政府乃采用职业移转策以增加失业男工就业机会。根据 1933 年 6 月 1 日《第一次失业缓和法》(Gesetz zur Verminderung der Arbeitslosigkeit)规定,凡在 1931 年 6 月 1 日至 1933 年 5 月 31 日之时期内有 6 个月以上国内雇佣关系之女工结婚时可以申请结婚贷金,但在订婚时至少为被雇者,在提出申请时已停止劳动者为限。女工结婚后不得再为被雇者,如其夫之收入在 125 马克以下为例外。结婚贷金为 1,000 马克,不用现金支付,以必需品购买券(Bedarfsdecknungsscheinen)贷付,以此种购买券可以在指定商店购买新家庭所需家具。贷金每月摊还 1%，每生一小孩得免还贷金额四分之一。此法之目的即鼓励女工结婚以其位置让于失业男工。意大利 1933 年 11 月 28 日命令授权政府限制女工与男工竞争工作，但以公立机关及公营企业为限。私营企业女工之限制始于 1934 年 10 月 11 日法西斯劳工联合会之联合协定（Inter-Confederal Agreement）。根据该项规定，为减少失业计，不仅女子不甚适宜之职业应由男工代替，即女工可以担任之职业于必要时，亦应由男工代替。以此一般协定为基础，各业联合会之各业均决定女工就业之百分比。商业联合会规定女被雇人之最高额为全体被雇者总数 20%，银行保险业联合业规定信用业为 12%，保险业为 15%。[1]

荷兰于 1937 年 5 月 28 日第 802 号法令亦规定内政部长得颁布行政命令规定各业各工厂女工及女使用人之最高比例雇用额，对于某类工作得禁止女工参加，但命令颁布前须得最高劳动评议会（Superior Labour Council）主席所召集之特别委员会之同意。[2] 比利时 1938 年 12 月 8 日命令授权劳动部长允其对于各业之已婚女工及未婚女工与全体被雇者数目定一固定的百分比，如女工数目超过百分比时，以非自愿的失业之男工代之。其他如卢森堡，亦有相当规定。

普通于同性的失业工人之间根据失业者个人之家庭状况，年龄，贫穷之程度及失业之久暂等因素行一种职业移让。如有妻子者较无妻子者应优先雇用，有扶养义务者应较无此义务者优先雇用，失业时期较久者应较暂时失业者优先雇用。其详见本编第一

---

① 详见：I. L. O. *The Law and Women's Work*, Studies and Reports Series I. No. 4, p. 362.

② 同上注 p. 363.

章中,兹不赘。①

乙 职业均分 各个事业或工厂在其现有劳动机会范围内尽可能的多雇被雇者,一方面以防止现在在业者之失业,同时一方面使失业者能多量雇用。详言之,一定事业或企业在实际上已不能使用一定数之被雇者,但国家不许雇主解雇原有之被雇者,或现在之被雇者实已足使用,但国家强其再加雇一定数之失业者。为使雇主在可能范围内给予多数失业者以劳动机会而不致碍害其企业进行计,恒采下列三方法:

第一,缩短工作时间。在一定量生产下,减少工人之工作时间,产业内就业总量不变,但就业工人数目可以增加。其理甚明,无容多赘。故各国政府恒采此为减少失业者,方法者之一。美国1933年《美国复兴法》即注意之。②

第二,减少工人报酬额。减少工人报酬使企业家得以与以前同等之工资总额雇用较多工人以吸收市场失业者;或使企业家以较少工资总额雇用现存工人以减少解雇者亦为各国通常使用之方法。如德国1931年所颁布的第三、第四两次的《经济及财政确保的紧急令》(Verordnung des Reichspräsidenten zur Sicherung von Wirtschaft und Finanzen)中除对中央,省,市,镇,村团体,及公法团体之官吏及使用人实行减薪外,并对私营企业的被雇者亦强制的普通的减低工资,并干涉其规定工资额。③

---

① 见本编第一章。

② 关于减少工作时间对于失业之影响之理论上的探讨可参阅:Mrs. John Maurice Robinson, *the Essays in the Theory of Employment*, pp. 63-68. 英国在1903—1904年绵纺业曾实行之,甚有效果。详见:W. H., *Unemployment*, 1930. Edition, pp. 220-222.

③ 详见《内外研究》第五卷第二号,"晚近世界劳动立法——德国之部。"

第三,由政府津贴企业主使其多雇用失业者。此法之效果与第二项方法相同。以政府津贴雇主一部分工资(Subsidy to Wages)雇主工资之支出可以减少,则雇主可以以较少量之工资额雇用与以前相当人数之被雇者。如雇主不减少之原有工资支出时,则与以前相等之工资额可以雇用多量之被雇者。工资津贴之方式有两种。第一由政府按照企业家所雇用之被雇者之工资总额,以一定比例由政府津贴雇主。第二种方式则由政府直接津贴失业者,不直接交付雇主。此两种方式对就业之影响虽颇有差异,但皆有缓和失业之功。①

丙　劳力分散　现代所谓失业问题均指工业劳动者的失业而言。其实在其他产业部门有时尚有大量劳动机会存在,有时且有劳力不足的现象,故政府采用劳动分散政策,调整各产业间之求业者与劳动机会以吸收工业界失业劳动者。

第一,强迫农业工人还乡,及鼓励工业失业者下乡垦殖。德,意两国曾大规模的实行此制。意大利于1928年12月24日意皇谕旨授权警察允其强迫城市无工作之农业劳动者还乡从事农业工作。1930年2月业团部部长下令各地劳动介绍所限制农业工人流入城市。凡离开乡村至城市工作者须先向介绍所及警署报告经其允许后方允在城市停留。介绍所除用种种方法限制农业劳动者在城市工作外,并鼓励在城市失业之工业劳动者下乡工作。② 德国除

---

① 关于工资津贴之理论的研究可参看:Mrs John M. Robinson, *Essays in Theory of Employment*, pp.77-81。德国于1935年1月19日为防止老年工人失业计曾规定凡雇用40岁以上之新任劳动者时,每人每月由职业介绍所津贴50马克,如被雇者有16岁以下之儿女时,每个每月增加5马克。

② *Under the Axe of Fascism*, pp.275-276.

限制农业工人在城市工作外,并提倡农业助手制度(Land Helper)以吸收失业的工业劳动者。

1933 年 3 月 1 日德国职业介绍及失业保险总局局长颁布《农人雇用农业助手补助条例》,至 1934 年 5 月 7 日及 10 月 1 日颇有修改。但其主要方法并未变更。根据该条例规定,凡农人及其家庭耕种 80 公顷以下之土地如雇用 2 个以下之农业助手时,由政府给予补助金,每人每月 25 马克,其雇用期为 6 个月,如雇主愿意延长 6 个月时亦同样予以津贴。凡 24 岁以下之农村青年,无论性别,均有被雇为农业助手之义务。

1935 年 3 月 12 日法令又扩充此制于集体农业助手制。凡农场无论大小,均应接受集体农业助手。集体农业助手为国社党所属青年团体及妇女团体所组织。劳动局对每个参加集体农业助手者均津贴其旅费及治装费,对于接受助手之农人亦给予津贴使其有能力雇用助手。农业助手团至少为 4 人。其补助方法助手年龄在 16 岁以下每人每月 10 马克,16 岁至 18 岁为 11 马克,18 至 25 岁为 12 马克。雇主对助手应须给付相当工资。

德国除以劳动助手制度吸收失业者外,尚有种种方法鼓励城市失业劳工下乡。如增加农业银行放款添建农村住宅或津贴农人自动修筑房屋,如津贴农业雇主使其添雇劳动者等等。

美国亦有国民垦殖营(Civilian Conservation Crops)之组织以吸收工业失业者从事农村工作。该营成立于 1933 年 3 月 31 日。至 1937 年 7 月 28 日下令延长至 1940 年 6 月底止。该营为一非军事性的组织,其目的在使失业青年接受一种农业技能的训练以俾开发国家的自然资源。此纯为公营事业与私立农场,企业无关,但该营须向私人企业购买食物衣料,故亦有振兴私人企业之效。

入营受训纯为自动参加,除少数参加上次大战之退伍军人外,参加者以 17 岁至 22 岁之未婚青年,家境清贫,品行端正,且能从事户外工作者为限。请求参加者应先举行体格检查,检查合格方允参加。在以前申请加入者以接受公立赈济机关之救济费之家庭为限,1937 年后方废除此项规定,但家境清寒急需救济者有优先权。参加者至少须工作 6 个月,在 6 个月中已找到适宜工作者准予提前出营,6 个月完毕后未找到他种工作时可以延长 6 个月,最长时间为 2 年。自 1933 年起至 1937 年年底止参加工作者达 2,000,000人,最多之时期为 1935 年 8 月达 506,000 人。

垦殖营分设于各州,每州垦殖营数目视该州区域大小,人口多寡,需要程度及计划实施情形而定;每营人数则按该地需要救济之失业青年及报名参加者人数为准。入营工作人员之住宿膳食,衣服,用器均由政府供给。在营内设有医务所,俱乐部免费供团员使用。此外每人每月津贴 30 美金,其中至少 22 元由营部代寄至其家庭或为储蓄,以供急需之用。如在营中无急需时,出营时一并交还。团员每周工作 40 小时,其主要工作为植林,修筑沟渠堤闸,森林保护,修筑路,及其他保护资源工作。[①]

第二,鼓励工业工人从事他种工作以减少失业。各国除鼓励失业工业劳工以从事农业工作外并鼓励工业劳工从事他种工作。如德国 1933 年 5 月 16 日及 5 月 12 日命令规定减免家内劳动妇女的失业保险费及伤害保险费,引诱工业劳工妇女从事家内劳动,以减少失业问题的严重性。[②]

---

① I. L. I. 28. March 1938 , p. 361.

② 详见《失业缓和法》第四章规定。

第二目　劳动机会创造策

无论劳动介绍制度如何完备决不能创造工作,其最大功效仅能使雇人者与求业者在现存工作机会下迅速结合以减少时间上及空间上的脱节。劳动机会均平策亦然。劳动机会均平策之主要目的为现存劳动机会之均分与延长(Arbeitsstreckung),表面上虽可缓和工业劳工失业及减少失业人数,但实际上失业问题并未解决,只是"挖肉补疮"的一种方法。故现代国家多采用劳动机会创造策为扫除失业政策之主干。

当经济恐慌失业严重之际,政府恒自动举办若干工程或间接创造各种劳动机会以吸收过剩劳动者,俟企业复兴劳动市场供需平衡时又逐渐停止。此种政策谓之劳动机会创造策(Work Creation Policy)或谓之劳动增加策(Arbeitsvermehrung),由此种政策所增加之劳动谓之紧急劳动(Notstandsarbeit)。

劳动创造策按经济恐慌的阶段可以分为三种:第一种为事先防御政策,即在经济恐慌未来之先,采用种种公共工程及方案以维持产业的长期繁荣,以防患于未然。第二种为在经济恐慌初期,由政府采用劳动机会创造策缓和恐慌,以防止恐慌程度之加深。第三种为在经济恐慌末期,利用此种政策以结束恐慌促现经济复兴之来临。① 自各国实例观之,各国所采用者均为第三种政策。第一种政策至近数年各国始加以注意,但未大规模的实施。

---

① Leo Grebler, *Work Creation Policy in Germany*, *1932-1935*. I. L. R. March 1937, p. 331. 及 J. M. Clerk, *Economics of Planning Public Works*, pp. 30-44.

就劳动机会创造策之性质言之,可以分为赈济工程政策及公共工程政策两种。前者以直接救济失业者为目的,其内容系由政府主办各种公共工程,或私人团体机关举办各种工程以雇用失业者从事工作,工程本身性质以雇用失业者愈多救济失业者愈广者为合格,故普通多采普通建筑修路工程以吸收大多数失业者。此项政策亦谓之失业授职策。后者的目标不在直接雇用失业者,而在赖公共工程振兴私人企业及公营企业,国家产业振兴后,自然可以吸收市场的失业劳动者以达到失业扫除的目的。以其着眼不在直接雇用失业者而在振兴国家产业,故所采工程以与国家企业关系最密切最重要为佳。此种工程实施后,方可连带的使其相关企业复兴以减少失业者。公共工程政策又可分为两种。一种为临时的公共工程,一种为平时的公共工程。前者为事后的补救,当失业发生后乃由政府主持或鼓励此种工程以刺激国内产业以减少失业。后者乃预防性质,即由政府在平时举办若干公共工程以维持就业水准及经济繁荣;或有恐慌象征发生时即举办大规模公共工程以恢复繁荣,防止失业发生。平时公共工程政策与前述第一种政策相当。

赈济工程政策与公共工程政策其目标与性质既均不相同,在大多数国家亦由两个机关主持。故有分述之必要。

甲 赈济工程政策 赈济工程政策(Relief Works Policy)一名预备工程政策(Reserve Works Policy),其起源颇早。在当初为各国慈善机关所采用,用以救济年青力强之失业者,使其一方面领到慈善机关的赈济,一方面从事该机关指定或举办之工作。至于大规模的应用为国家扫除失业方法之一,则在本世纪以后。行之最有成效者为英,美,瑞典三国。

赈济工程政策者,政府为减少失业之严重性计常自己举办若干工程或协助各公共团体举办若干工程雇用失业者工作,以吸收劳动市场之失业者。以其目的与形式与公共工程政策(Public Works Policy)相同,故普通多混为一谈。其实两者之间分别甚大。

第一,两者之最终目的虽均为扫除失业,但着眼点不同。赈济工程政策之主要目标在直接雇用失业者工作,以减少市场上的失业者,其效力为直接的。而公共工程政策之着眼点则在由公共工程刺激私人企业使国家一般产业复兴以恢复或维持就业水准,其效力为间接的。

第二,赈济工程政策之目的既在直接雇用失业者,则赈济工程之选择自以吸收人数最多,材料及设备费用甚少之事业为标准,至于该项工程之经济价值及社会价值则不在考虑之列。换言之,劳动费用愈多,雇用失业人数愈多之工程,则愈可选择为赈济工程政策之对象。如瑞典赈济工程之费用。在 1930 年用于工人报酬者达 75.8%,材料费用仅 13.2%。[1] 英国失业救济委员会(The Unemployment Grants Committee)1930 年报告书亦谓:"此类工程之进行,以尽可能的经济及发挥效率为主,于必要时,方使用机械。"[2]公共工程政策之着眼点不在直接雇用失业者而在刺激国家产业复兴,工程之选择则以兴本国重要企业或产业之关系最密切,经济上及社会上的影响最大者为主,与赈济工程之仅注意多量雇用失业者不同。

第三,赈济工程举办之区域多在失业者最多之区域或邻近之

---

① C. J. Ratzlaff, *The Scandinavian Unemployment Relief Program*, Appendix, p. 187.

② *Report to August 30. 1930 of Unemployment Grants Committee*, p. 7.

区域,以便吸收失业者。如英国在 1928 年以前即规定赈济工程在失业最严重之区域举行者政府方予以津贴,瑞典亦有同样规定。公共工程则无此种限制。

第四,赈济工程之目的既在救济失业者,则被雇者之选择与其为"适宜"(Fitness)或"能力"(Ability),无宁为"需要"(Need)。故各国几均规定以在职业介绍所登记之失业者为限。如英国规定凡赈济工程之被雇者除监工及工头外,所有工人应均为在职业介绍所登记之失业者。[1] 美国亦规定赈济工程之被雇者以失业工人需要赈济者为限。[2] 瑞典,挪威及其他国家亦有同样规定。公共工程之被雇者则以在公开劳动市场(Open Labour Market)雇用为原则,以此种工程需要有较高技术的工人,其被雇者不能以失业者为限。

第五,赈济工程为救济性质,被雇者之报酬以高于救济费及低于普通流行工资为原则。以被雇者之报酬如低于救济费,则失业者不愿从事工作;如赈济工程工资高于流行工资率时,则有其他工作机会时,劳动者不愿他往。故各国主持赈济工程机关多压低其工资促其改事他业。如美国赈济工程之被雇者行安全工资(Security Wages),安全工资之决定标准为工作地之生存费。安全工资率较普通工资率为低。[3] 英国 1922 年亦规定在赈济工程之工作者之工资不得超过当地非熟练工人最低工资率的 75%。[4] 瑞典亦明文规定赈济工程之被雇者的工资以低于公开市场工资为原则,在 1933 年该项工人之工资为工作地非熟练工人工资率 78% 至 98%。[5] 公

---

① A. C. C. Hill and Isador Lubin, *The British Attack on Unemployment*, p. 53.
② 详见本章。
③ I. L. I. 14. August 1937, p. 221.
④ *The Third Report of Unemployment Grants Committee*, p. 16.
⑤ *Swedish Unemployment Policy* I. L. R. Vol. XXXIX, No. 2 Feb. 1939, p. 226.

共工程之被雇者多在公开劳动市场雇用,其待遇与其他普通工人相同,并无此种限制。

赈济工程政策与公共工程政策之区别既明,试进一步以英,美,瑞典三国为例说明此种政策之运用,内容,机构,及效果。我国在民国 20 年(1931 年)21 年亦曾大规模的实行,但因材料缺乏,无法比较,只好从略。

(一)主持机关。在个人主义国家赈济工程之主持者通常为许多不同的团体或机关,但普通多由政府设立一个机关主持工程计划的核准及经费的补助。美国在 1933 年起 1935 年止,由联邦急赈局(Federal Emergency Relief Administration)负责,自 1935 年 8 月后,则由工程进行局(Works Progress Administration)负责。全国青年行政局(Notional Youth Administration)虽曾主办若干赈济工程,但规模甚小,其主要事务以失业青年之救济及介绍为对象,且该局名义上亦属于工程进行局,故其地位并不重要。① 工程进行局成立于 1935 年 8 月,总局设于华盛顿,各州设有分局及地方支局,州分局设州行政专员(State Administrator)1 人,该局主要任务为核准及津贴各州所主办之赈济工程,有时亦自己主办之。全美各公共团体机关所主办之赈济工程均由其管理。

瑞典赈济工程之最高管理机关为失业委员会(Arbetslöshetskommissionen),该会之主要任务为指导各省及各县赈济机关之活动,核准

① 全国青年行政局系根据 1935 年 6 月 25 日之行政命令成立者。该局名义上为工程进行局之一部,但实际上有其独立的预算及行政组织,工程进行局对其统制并不强烈,故亦可视为一独立单位。青年行政局总局设立于华盛顿,为青年失业救济之中心机关。内设行政委员会及顾问委员会主持一切事宜。委员会人选包括青年界,劳动界,农界,工界,商界及教育界代表由总统任命。在各州有州支局负责推行工作,各州支局亦设有州顾问委员会为咨询机关。

并分配各个工程之经费。实际主持者为各省之省救济委员会
(länshjälpkommitte'er）及地方委员会(Kommunala myndigheter）。此
外尚有政府任命之社会顾问(Social Counsellor, or Social Ombud）为
中央机关及地方机关之连络者。

英国在1932年以前主持赈济工程之最大机关为失业救济委员
会(Unemployment Grants Committee），其他如交通部，政府其他机关
亦自己举办工程或津贴各地之赈济工程以救济失业者。失业救济
委员会成立于1920年12月，最初属于财政部，至1929年改隶劳动
部，至1932年劳动部根据国家支出委员会(Committee on National
Expenditure）建议，核减该会经费，但正式裁撤则在1932年8月。[1]
该会之主要任务为放款或补助地方政府及其他团体主办非营利事
业及补助各项以扫除失业为目的之公用事业及公共工程。[2] 具体
言之，即主持核准各种赈济工程及分配国库失业救济金于地方政
府，补助其举办之赈济工程。

(二)工程计划之种类及核准。美国赈济工程大体可以分为联
邦计划及地方计划两种。前者由联邦政府直接主持，经费完全由
联邦供给。后者由各州之地方政府或公共团体主持，经费大部分
由联邦政府津贴，州，市政府负担一部分。联邦政府所占地位不甚
重要，仅占全国支出2%。

各地方主持之工程计划应先呈所辖之赈济工程分局，经分局
通过后，呈总局作最后之决定。总统对于总局所核准之任何案均
有否决权，故最后决定权仍操诸总统之手。总局审核时所根据之
原则有四：

---

[1]　A. C. C. Hill and Isador Lubin, *The British Attack on Unemployment*, pp. 35-56.

[2]　同上 pp. 64-65.

第一,所拟具之工程计划是否适合该地失业者之需要;

第二,地方政府是否愿意划出妥当基金供各项行政费用,使联邦津贴完全作为支付劳动费用之用;

第三,该项计划是否符合法律及其他条例规章之规定;

第四,从工程观点观之,该项工程是否有价值,其成本与效用相较是否经济。

呈请审查之计划如能符合上列诸原则,同时其经费之支出系出自预算范围之内,则可批准之。计划并不必立即动工,可视当时需要,决定开工日期。如一州批准之计划甚多时,可由州行政专员根据工程之性质,社会之需要,失业之程度及主持机关之补助决定工程先后。①

英国赈济工程之种类依其主持机关之不同可分为多种。最重要者为地方政府主办由失业救济委员会津贴之工程,次之为交通部主持者,此外尚有由各部会及公共团体主持者。

由地方政府主办失业救济委员会津贴之工程计划应呈交失业救济委员会核准,其他工程由主持机关自由决定,不必审核。失业救济委员会收到地方政府之计划后,交政府相关各部作初步审查。属于健康事业方面者,归健康部审核;属于电化事业方面者归电气事业委员(Electricity Commissioners)审核,属于道路修筑方面者归交通部审查。至于失业区域之划定,津贴数目之多少则会同劳动部决定。初步审查完竣后由委员会作最后决定。②

① Work Progress Administration, *Report on the Progress of the W. P. A. Program.*

② 根据1921年至1930年之经验,经失业救济会否准,或由地方政府自动撤回者仅占四分之一至三分之一。见 *Unemyployment Grants Committee's Report to August 30. 1930*, pp. 9-10.

瑞典各项工程之举办首先由失业工人自己发动,失业工人认为失业者太多有举办工程救济之必要时得向该地救济委员会请求,地方委员会接到此项请求后得详细考查当地劳动市场之状况,失业之程度及地方政府之经济力量,如认为有必要时,可向失业委员会请求举办工程。地方委员会请求时须附呈各项有关资料及报告,以供失业委员会参考。①

（三）工程内容。赈济工程之主要目的在雇用失业者以扫除失业,则工程内容自以能吸收大多数非熟练工人工作为主。普通多采建筑工程为主要项目。以建筑工作并不需要精深技术,普通粗工可以应付裕如,故可容纳大多数失业者;且工程可以随时停止,自为起落,失业者从事他业者并不碍害工作进行。故瑞典社会部部长认为公路,铁路,码头,海口,电台,水道之修筑,排水工程之举办,公园之建立,植林及土地之开垦最合宜于赈济工程。② 证诸事实亦然。

美国工程进行行政局所主持之地方工程计划有80%为建筑工程。自1935年至1937年年底各项工程开支之分配估计修筑公路,街道,及其他乡镇大道占总开支33%;修理及建筑学校,医院,会议厅,及其他公用场所共占9%;修筑娱乐场,运动场占11%,造林,灌溉,及防水工程占7%,沟渠修筑及其他公用事业占9%,航空站之修筑占3%,卫生及健康设备占2%,其他占12%。

英国失业救济委员会自其开始起至结束止11年内经其核准

---

① 详见 E. G. Huss, *Organization of Public Works*. p. 31.
② 详见 C. J. Ratzlaff: *The Scandinavian Unemployment Relief Progress*, p. 13.

津贴之工程计 17,640 件,总计费用 190,000 镑,有收益工程约 778,000,000 镑,无收益工程约 1,130,000,000 镑。各项工程之分布如下:

英国失业救济委员会主办之赈济工程费用分配表[①]   单位:千镑

工程项目	有收益者	无收益者	总　计
沟渠修理及沟渠设备	—	46,469	46,469
修路	—	39,316	39,316
电化工程	24,498	—	24,498
码头修筑及修理	20,756	—	20,756
自来水装置	14,854	5,523	20,377
体育场及娱乐场之修筑	3,039	9,555	12,594
修筑电车路	5,330		5,330
市公共建筑	160	3,907	4,067
煤气装置	3,803	—	3,803
海防工程(Sea Defence)		2,559	2,559
土地开垦		1,706	1,706
河道改良	—	1,651	1,651
浴室修筑	1,571	—	1,571
土地改良	1,444	—	1,444
公共健康设备	217	1,199	1,416
其他	2,157	1,148	3,305
共　计	77,829	113,033	190,862

由上表可知道路修筑所占比例极大,占总费用五分之一,其他建筑工程占 47%,合计在 70% 以上。

(四)工人之雇用及工作条件。赈济工程之被雇者以失业者为

---

① 本表系转载自:*British Attack on Unemployment*, p. 66. 该书系根据 *Final Roport of the Unemployment Grants Committee* 而来。

原则,其工作条件低于普通工人,此点前已言及,兹再详叙之。

美国工程进行行政局规定:凡失业工人须先在所在地之地方救济机关登记,经救济机关调查认为确系失业并急需救济时方保送至工程局地方支局,再由该局送至工程举办地点工作。1939年《赈济预算法》(Relief Appropriation Act of 1939)重新规定赈济工程之工作者至少有90%为急需救济之失业者。雇佣之先后视需要救济程度决定,如需要程度相等时,则上次大战退伍军人有优先权,西班牙战争军人家属次之,美国公民及美国殖民地人民又次之,外国人不得被雇为工作者。在雇佣期中该局如发现被雇者不需要赈济或其工作能力不适宜时得随时解雇。该局可以按照工人能力指派至特定地点或特定位置工作,工人不得拒绝。1939年新法又规定凡从事赈济工程之工人至1939年8月31日已满18个月或18个月以上时应自动离职一个月,经原保送机关证明仍需救济时,方得重新雇用。英国及瑞典对被雇者之规定虽无美国之严格,但普通均以在职业介绍所登记之失业工人为限。

赈济工程被雇者之待遇除工资外,其他方面与普通工人相同,以保障工人之健康与安全。赈济工程被雇者之工资率较普通市场工资率为低,且其每日工资额为一定的,不论工人为技术工人抑普通粗工,每日工资均相等。

瑞典社会局主任于1922年曾规定失业委员会应研究赈济工程举办区域内体力工人之流行工资率,赈济工人工资率最高不得超过流行工资率三分之二。但此种规定受人批评甚厉。至1932年失业委员会搜集全国各地公开市场工资率及赈济工程工资率以资比较。从364县中之报告结果如下:

瑞典公开劳动市场工资与赈济工程工资比较表①

县区数目	赈济工程工资低于普通工资数目
19	每日至少 3 克伦
67	每日 2 克伦至 3 克伦
152	每日 1 克伦至 2 克伦
118	每日 0.5 克伦至 1 克伦
18	每日 0.5 克伦

又据 1932 年 3 月统计数字赈济工程工人工资每日最少者 3.45 克伦,最多者为 7 克伦;而私人企业体力工人之工资最低者为 3.5 克伦,最高者为 9 克伦。②

美国在开始规定赈济工程被雇者之工资为安全工资,其成定标准为当地生存费。如为计时工资制,赈济工人之计时工资率与流行工资率相近时,工人每月工作时数以达到安全工资额为止,不得超过。计件制亦然。此制实行后技术较高工人如按流行工资率支付工资,每月只需工作 40 小时即可达到安全工资额,而不熟练工人至少要工作 130 小时,待遇殊为不公。故 1939 年赈济预算法改订工资计算办法。新法规定所有赈济工程之被雇者不论其为熟练工人或非熟练工人每月工作时间一律 130 小时,每月工资总额不得超过安全工资。计时工资率之计算系根据每月安全工资额除 130 即得每小时工资率,安全工资额根据各地生活费订定之。英国 1924 年失业救济委员会亦曾规定在赈济工程直接工作之被雇者其工资不得超过当时流行最低短工工资率之 75%,以促工作者从事

---

① 本表系转载自 *Unemployment Relief in the Scandinavian Countries*, p. 52. 其来源为 Industrial, Argang XXVIII. No. 23 4 Nov. 1932, p. 581.

② 关于工资率之实际厘定可参阅失业委员会之报告书 Det Svenska Samhället och Arbetslösheten 1929. 第三部分。

其他工作。[①]

（五）经费来源。美国工程进行行政局之经费由总统根据每年赈济预算法所规定之数目按月拨付。华盛顿总局根据各州计划将每月经费合理的分配于各州，各州行政局专员又将其合理分配于所属地方支局。经费分配标准为失业人数多寡，凡该州地方赈济机关所登记之失业人数愈多，该州所分配之经费亦愈多。工程局并不实际经手银钱，一律由国库转账拨付。

联邦政府直接主持之计划所有经费均由该局基金中支付，地方计划则由联邦及地方主办机关双方负担。联邦政府所负担之费用以劳动费用为限，其他费用由地方主办机关补足。1936—1937会计年度地方补助费占总费用14%，1938—1939会计年度中增为20%。至1939年新法规定地方主办机关至少须补助全部费用25%，工程计划委员可以决定其补助为现金抑为实物，计划委员决定后地方机关不得变更。行政费用不得超过全部费用4%。据1939年财政部报告，自1935年至1939年5月底止联邦用于失业救济之费用达10,697,830,000美金，由工程进行局支出者达6,527,570,000美金，数目之巨，于此可见。[②]

英国赈济工程之经费除由各主持机关负担一部分外，通常由失业救济委员会补助。委员会补助方式分为三种。第一，为工资补助（Wage grants）；第二，为借款补助（Loan grants）；第三，为迁移补助（Tarnsference grants）。

工资补助者凡举办赈济工程机关举办工程时所支付之工资总

---

① *Third Report of Unemployment Grants Committee 1924*, p. 5.

② I. L. I. 9 Oct. 1939, p. 44.

数由该委员会按一定比例补助之。工资补助之比例屡有变更。1921 年规定为 30%，至该年年中定为 60%，至 1924 年竟提高至 75%。工资补助所占数目甚大，总计前后共支出 52,860,000 镑，达该会总补助费用 30% 以上。① 主持赈济工程之团体或机关为购买原料，器材及设备计常向银行借款委员会对此借款之利息及偿债基金（Sinking Fund）费用恒补助一部分，此种补助谓之借款补助。借款补助因工程性质之不同而异。无收益工程之补助额为全部借款利息及偿债基金费用 75%，时期为借款时期之最初一半时间，最长不得超过 15 年。有收益工程之补助为借款利息费用 50%，时间以最初 15 年为限。如借款利息超过五厘，时期超过 30 年时，则补助为利息费用 34%。②

委员会根据工业迁移局（Industrial Transference Board）建议，于 1928 年起新添一种迁移补助。在以前该会之补助限于在不景气区域（Depressed Area）举办之工程，至 1928 年起规定凡在失业不严重区域举办之公共工程其所雇用之工人至少有一半系由不景气区域雇佣而来者得给予迁移补助。迁移补助与借款补助相同。迁移补助数目为补助借款利息及偿债基金费用。无收益工程补助借款前一半时期利息及偿债，基金费用 75%，最长期为 15 年；后一半时期则补助其利息及偿债基金费用 37.5%。有收益工程则补助借款利息 50%，为期 15 年。③

瑞典各赈济工程之经费来源因主持机关之不同而异。在瑞典

---

① *The British Attack on Unemployment*, pp. 57-58.

② 借款补助变动甚多，如无收益借款补助在 1924 年 8 月以前为利息费用 65%，其他尚有少数变动。

③ The British, *Attack on Unemployment*, pp. 61-62.

赈济工程大体可分为三类。第一,系由各州主办者,第二,系由各乡镇主办者,第三,系由各州及乡镇合办者。第一、第三两种由政府失业救济预算中开支。其程序由社会局向国会提出议会要求在预算中划定该项费用,议会通过后,以后按月拨付。第三种则一部分由政府加以补助,一部分由主持机关负担。失业委员会收到各乡镇之请求举办工程计划后,一一加以审核,审查完竣然后要求议会在预算中划定补助费,按月支付。补助费以不超过工程全部费用之一半为原则。补助之另一种形式为无利放款。①

(六)赈济工程政策之影响。赈济工程对于扫除失业之影响可分两方面来观察,第一,为该项工程所引起之直接就业人数,第二,为因购买原料,器材,分摊费用及被雇者工资消费所引起之间接就业人数。

根据英国经验赈济工程费用每 1,000,000 镑可以直接雇用 3,000 工人工作一年;换言之,每一个直接工作工人之一年费用为 333 镑。此种定则在英国谓之大拇指定则(The Rule of Thumb)。失业救济委员会根据其过去 12 年统计资料分析各项工程对于直接雇用失业人数影响,结果相差不远。直接雇用人数最多者为修路工程及土地垦殖,每 1,000,000 镑费用可以雇用 3,752 人工作一年,次之为沟渠修筑工程每 1,000,000 镑可雇用 3,306 人,海防工程为 2,733 人,市政建筑为 1,612 人,最低者为电气工程每 1,000,000 镑费用仅能雇用 1,170 人工作一年。各项工程平均计算,约 1,000,000 镑费用直接所引起之就业者为 40,000 人工作一月。以年计之,每 1,000,000 镑可直接雇用工人 3,333 人工作一年,换言之,每一人

---

① *Swedish Unemployment Policy*, I. L. R. Vol XXXIX. No. 2, p. 228.

一年工作之费用为 300 镑。①

　　美国赈济工程直接雇用人数,以工程进行局而论,在 1935 年每月平均为 1,500,000 人,1936 年人数渐增,如 1936 年 9 月达 2,400,000人,至 1937 年人数骤减,但 1938 年起又呈回涨之势。如 1938 年 6 月达 2,766,000 人,9 月达 3,100,000 人。分析观之,在各项工程中以公路,街道及乡村道路之修筑吸收人数最多,以 1938 年 4 月 8 日雇用人数数目计之达 1,050,000 人,公用事业修筑沟渠为 263,000 人,修建娱乐场所,公园共为 210,000 人,公共建筑为 186,000 人,资源保护为 117,000 人,"白色领带"计划(White-Collar Projects)②为 260,000人,缝衣事业为 216,000 人,其他为 141,000 人。③

　　瑞典在 1933 年以前其主要创造劳动机会的方法,为赈济工程政策,至 1933 年以后公共工程政策渐渐抬头。据失业委员会报告,赈济工程直接雇用失业人数在 1922 年 7 月占全体失业人数 47.7%,1923 年 7 月占 68.1%,1924 年底退为 11.9%,至 1930 年起至 1932 年 1 月占 33% 至 57%,1932 年 3 月增为 56.7%。④

　　赈济工程间接所引起之就业人数在各国尚无精确统计。据英国失业救济委员会研究结果,赈济工程间接所引起之就业人数约与直接所引起之就业人数相等。不过此系对一部分工程而言,有一部分工程则不能应用。如开殖,修筑道路等工程其费用大部分

---

　　① Report of the Unemployment Grants Committee to August 30. 1930. p. 8.

　　② 所谓白色领带计划系指对白领阶级(White Collar Class)之救济计划而言。白领阶级指从事文艺,音乐,艺术等文化人而称,以其服装整洁,从事劳心工作,恒著白色领带,故谓之白领阶级。

　　③ Work Progress Administration：Report on Progress of the W. P. A. Program 30. June 1938.

　　④ The Scandinavian Unemployment Relief Program pp. 56-57.

为劳动费用,原料设备之开支甚少,故此类工程直接雇用之人数甚多,而间接引起之就业极少;如电气化工程及码头修筑工程直接雇用人数甚少,但间接所引起之就业极多。一般说来,凡引起直接就业人数愈多者则其所引起之间接就业人数愈少,反之亦然。①

美国赈济工程所发生之间接就业人数尚无精确估计,但其对私人企业之影响可于其购买原料之费用总额中观其一二。据工程进行行政局报告,自 1935 年起 1938 年 6 月底止该局用于非劳动费用之经费达 1,200,006,904,000 美金。其中用于购买原料者占58%,计 7,000,022,000,000 以上,政府以 700,000,000 美金用于购买原料,其对私人企业刺激之大,固不待言。又据专家研究以美国 1938 年 5 月工业生产量为准,在该月内该局所主持各项工程所耗费之原料占全国生产量之比例颇大。如该局所用之石器,陶器及玻璃占该业全国生产总量 25%,土沥青,铺路材料,及土沥青混合物占全国生产量 54%,铸铁铁管之其他铸铁制成品占生产量36%;工具(不包括机械工具在内)占全国生产量 5%,木材亦为5%,建筑用钢条为 3% 至 6% 之间,其他尚有数种占全国产量 2%以上,3% 以下。②

(七)赈济工程政策之批评。赈济工程政策虽为一部分国家采用认为有效的扫除失业方策之一,事实上缺点颇多,故大多数国家渐以"公共工程政策"代之。综计其缺点有五。

第一,赈济工程的成本太高。赈济工程之最大目标在直接雇

----

① 详见:*Statement of the Principles Measures Taking by His Majesty's Government in Connection with Unemployment* 1930, pp. 5-□; *Statement on Works Approved for the Government Financial Assistance in Connection with Unemployment* 1990, p. 5; *First Report of the Unemployment Grants Committee*, p. 9. and p. 14; *Sixth Report* 1928, p. 2. *Final Report*.

② I. L. I. 9. January 1939, p. 56.

用失业者,工程之选择以适宜于普通工人工作者为宜,至于该项工程之经济价值在所不顾,故普通多雇用较多的失业者工作,与普通工程之注意经济与效率者不同。人数雇用既多,其成本自然增加。同时被雇用者之工资采用平等的工资,无论工人的技术高下,报酬一律相同,结果技术高者不愿尽力工作,技术低者亦不努力,工作效率无法增进,成本因之增加。据德国许多都市之调查,此种事业之费用较同种类事业之费用,至少多十分之三,普通多十分之五,最高者达 4 倍之多。成本之高,于此可见。①

第二,赈济工程的举办有造成职业的赈济工人(Professional relief Workers)的危险。所谓职业的赈济工人即此类工人不愿正式从事其他方面劳动,专门以赈济工作为职业。以赈济工作报酬虽低,但工作轻松,闲暇时间较多,为一班游手好闲工人所喜好。职业的赈济工作者独占了赈济工作,使赈济工程政策的原意尽失。

第三,赈济工程政策的实行有减低工人团体力量,破坏自我奋斗的劳动政策之虞。赈济工程被雇者之报酬以低于公开劳动市场之工资率为原则。此种政策之实行无异政府强迫工人接受较低工作条件。换言之,无异直接破坏工会与雇主所订立的团体协约,影响所及,不仅赈济工程被雇者身受其害,且公开市场之劳动者的工资亦将被迫下落。此点为英,美,瑞典各国的工会运动者所提出,其说法颇有理由。②

第四,赈济工程政策有降低工人工作能力,损害工人自尊心之

---

① 陶因:经济政策讲稿。
② 瑞典工会批评赈济工程政策之意见,可详见 1933 年国会委员会之报告书。报告书全名为:*Concerning Public Works as a Means of Counteracting Unemployment*。在该报告书中曾详述工会运动者对于赈济工程政策之批评。

弊。赈济工程之选择以性质普通,工作简单能容纳大多数不熟练工人工作为主。技术较高之失业者长久从事此种工作将使其固有的工作能力荒疏变为一普通工人。同时强迫有能力之技术工人从事普通工人工作接受低劣之报酬,殊有损害其自尊心及上进心。

第五,赈济工程政策之效力较公共工程政策为低。此点将在下节详述,兹从略。

乙　公共工程政策(Public Works Policy)　要明了何谓公共工程政策必先明了何谓公共工程。公共工程一名词系指各级政府机关,各种公共团体及各级政府机关之附属团体所主办之建筑工程,及公用事业(Public Utilities)而言。① 凡上述政府机关及团体或自己主持公共工程或资助私人举办上述性质之工程以扫除失业维持产业水准者谓之公共工程政策。利用公共工程以扫除失业之事实,在19世纪初在西欧各国即有实行之者,然大规模的应用则在上次大战以后。行之最有成绩者为德国,美国,意大利及瑞典诸国。兹分为公共工程政策之性质,主持机关,工程内容,经费来源,政策之效力及批评等六项阐明之。

(一)公共工程政策之性质。利用公共工程以扫除失业之思想系起源于赈济工程政策,其最初目的仅在扫除失业,至后始逐渐蜕变成为预防失业恐慌的政策之一。故就其发展之过程言之,结束恐慌扫除失业性质之公共工程政策行之最早,次之为缓和恐慌防止失业程度加深性质之政策,事前预防政策又次之。就其工程内容言,三者性质相同,仅实施时期有前后之分而已。

在上节中屡次提到公共工程政策之目的与赈济工程政策不

---

① *Encyclopadia of the Social Science*, Vol XII, p. 690, 1934 edition.

同,其主要目的不在直接雇用失业者以扫除失业而在利用公共工程以减少产业波动从而间接的扫除失业,防止恐慌。故1937年国际劳工大会第51号建议书中认为所谓公共工程政策系各国政府根据预定计划按时的实施各项公共工程尽可能的减少经济波动并增加就业人数。此处所谓公共工程系指中央,各地方政府直接主办之工程及由此类机关津贴,放款或监督之工程而言。由此定义我们可以知道公共工程政策之特质有下列三点:(一)公共工程政策以政府机关为主。(二)公共工程改革之主要目的为刺激私人企业,增加人民购买力,间接的收扫除失业之效。(三)公共工程政策为政府根据预定计划之行为,其时期有延续至10年以上者。至于其他与赈济工程政策不同之点在上节中已说明,兹不赘。

(二)主持机关。公共工程之主持机关可以分为两种典型,一为由中央机关负责统筹者,一为由地方机关各自负责者,实行前制者有美国,意大利,瑞典各国,实行后制者有德国,瑞士,英国,荷兰各国,现以美,德两国为例说明之。

美国统筹全国公共工程之机关为公共工程行政局(Public Works Administration),该局系根据1933年《产业复兴法》所设立者,其主要任务为主办各种有用的公共工程。行政局设行政专员一人,总局设于华盛顿。自1935年7月起在各州设有分局,分局各设州指导员一人。总局内分为四科,一为财政科,二为法律科,三为工程科,四为视察科,各科由行政专员聘请专家若干人组织之。各地方分局之州指导员亦可聘请专家协助其解决困难问题。

(1)财政科。该科之主要任务为详细分析各项计划之内容,审核预算是否确实,并决定该局补助数目。如执行机关申请借款时,亦由其决定贷款数目。此外并主持非联邦机关借款担保品是否可靠。

该局为求借款能按期收回有协助地方政府改革其财政制度之权。①

（2）法律科。在审核申请补助者之财政状况时，常有许多复杂法律问题发生，对此种问题之解决，系由法律科负责。以各州对于公共团体之规制不一，结果常引起不同的解释与争论，故法律科有广泛的解释权以解决此种争论。在该科协助之下，各州均渐次通过新的岁入法（New Revenue Bond Legislation）。同时各种州立公司，各公法团体所组织之公司亦纷纷成立以经营其所主办之公共事业。其他如州际财政法规之创制，解释，及修改亦有长足进展。

（3）工程科。工程科之职责为审查关于工程方面之设计与计划使联邦政府之经费能用之最经济之途。所有请求该局补助或借款之申请计划均先交该科审查其工程设计是否妥善。大前提决定后，再逐步审核其设计有无毛病，成本之计算是否正确，预计之工作时间是否充足，将来收入能否清偿联邦借款等项。如发现其设计有错误或不妥善之处时，得修正之。

（4）视察科。上述三科之工作多偏重工程未开始前之审核，工程开始后，则由视察科监视工程之进行。该科之任务为接受劳工之控告，执行建筑契约之条款，审查建筑材料，巡视承包工厂及监督工程进行。工程规模甚大时，派有常驻视察员在工作地点监视，小的工程则由该科派出巡回视察员按期视察。视察员之权力极大，如发现有偷工减料之情事时得随时中止该项工程。

劳动者之待遇亦为视察员注意事项之一。工作时间，工资，安

① 如芝加哥卫生模范县（Sanitary District of Chicago）因税收不旺，其财政陷于破产境地。其时适最高法院下令卫生模范县须建立沟渠清洁所，该县无法筹措此款。财政科详细研究其财政状况后知其困难原因为暂时的，乃代为草拟财政改革计划，迫其实行，结果甚佳，不到一年债务完全偿清。

全及健康设备均有规定使其完备。该科并设有特别视察员专司审查劳动契约及检查非法解雇之责。此外设有监核员（Vigilant Watch）监视劳动契约之履行，禁止雇主无故中止劳动契约。①

德国在1933年以来曾大规模的主办公共工程，但以失业问题过于严重，事先并无详确的计划与预定的步骤，仅集合许多可能的方案紧急采用。故公共工程政策之实施既无一中央机关司计划管理之责，亦无一集中的财政金融组织以收调剂准平之效。仅由各级政府机关及公共团体根据其自订方案各自进行。凡主办公共工程之机关及团体谓之主持者（Träger der Arbeit），工程之进行由私人（营造公司，或工程包揽人）承包，承包契约之内容如工人之选择，工资及工作条件，材料之使用须遵照政府之规定订立之。主持者虽可自由规定其工程计划书，但须得政府及特种机关之同意，方可实施。如关于工程之内容，经费之开支，实施之计划及其他技术方面之考虑须得各级政府机关之同意；关于社会政策方面之决定须得劳动部及职业介绍失业保险局之同意；关于一般经济及金融问题之讨论须得供给经费机关之同意。其最后决定者为各机关合组之信用委员会。信用委员会虽无管理权及执行权，但有广泛的建议权。

（三）工程内容。前已屡次言及公共工程政策之主要目标为大规模举办公共工程刺激私人企业以收扫除失业之效。故公共工程之选择以对本团产业关系最密切及需有经济价值者为主。普通多以建筑事业为公共工程之主干，其故有三。

第一，建筑业在各国产业界所占地位极为重要，同时受经济恐

---

① Harold Ickes, *Public Works in the United States of America*, I. L. R. vol XXXV. No. 6 June 1937, pp. 725-801.

慌之打击最大。建筑业为最重要之资本货物产业（Capital Goods Industry），从就业之观点观之，其所占地位极为重要。如以美国而论，在大恐慌发生前1月全国从事制造业之工人共49,000,000人，建筑业工人占3,000,000人以上。此仅就直接从事建筑业者而言，其他从事制造建筑原料之工人尚不在内，其重要性于此可见。[1] 经济恐慌发生后，公共建筑停顿，工厂倒闭，建筑业首受打击。如德国1929年政府及公共机关之资本支出为7,200,000,000马克，至1932年降为4,500,000,000马克，减少之程度远在其他支出之上。[2] 建筑业就业人数之减退亦可看出建筑业所受打击之重。在1929年该业之就业百分比为53.8%，1932年降至13.4%。[3] 美国之情形亦如此。在1929年全国用于建筑之费用共达12,000,000,000美金，1932年减为4,000,000,000美金；就业人数在1929年平均数为2,600,000人，1931年为1,600,000人，1932年为780,000人，1933年竟降落至510,000人（最低之月为五六两月就业者仅三四十万人），减落之程度为全国各种产业之冠。[4] 建筑业既在全国产业及公共工程中占一极重要地位，同时又受经济恐慌之打击甚重，故有由政府重新振兴必要。

　　第二，建筑业相关工业甚多，广涉其他制造工业及矿业，建筑业，复兴后有刺激全国其他产业复兴之效。建筑业所需之原料甚

　　[1]　Harold Ickes, *Public Works in the United States of America*, 1. L. R. vol XXXV. No. 6 June 1937, p. 779.

　　[2]　Leo Grabler, *Works Creation Policy in Germany*, 1932-1933. I. L. R. Vol. XXXV. No. 4 April 1937, pp. 512-513.

　　[3]　同上。

　　[4]　Rebert R. Nathan, *Estimates of Unemployment in the United States*, 1929-1935. I. L. R. Vol XXXIII. No. 1 Jan. 1933, p. 80 附表中。

多,故涉及之产业部门甚广。如砖,瓦之需要则涉及陶品业;玻璃则涉及玻璃制造业;木材及油漆之需要则必连带伐木业,木材业及油漆业;钢铁及其他金属之需要则涉及矿业;水泥及其他建筑材料则涉及水泥业及其他制造业。赖建筑业而生产之工业极多,建筑业衰微后不仅陶器业,木材业,伐木业,钢铁业,金属业,水泥业,油漆业,运输业随之衰颓;即生产消费财之事业,亦必受其影响。今以巨额款项投资于建筑业,由建筑业之复兴逐渐波及其相关工业,然后传播至其他有间接关系之工业,最后全国一般生产水准随之上升,全国经济复兴之目的可以达到。

第三,建筑业最适宜于普通失业者工作。建筑业除少数特殊工作需要专门技能外,其他许多工作只要身体强健普通工人即可胜任。故此类工作适宜用于扫除失业。从实例上亦可看到此种趋势。

美国自1933年7月至1937年2月1日止公共工程行政局所用之经费共达36,686,869,282美金。其中用于联邦政府所属各机关之公共工程计划者达2,667,620,992美金,用于不属于联邦政府所属各机关者达1,001,248,290美金。其用途之分配如下表:[①]

美国公共工程经费表(1933年7月–1937年2月)

建筑业	32.6%
公路修筑	1.9%
河流码头及防水工程	9.9%
沟渠及自来水设备	12.5%
其他	2.6%

---

① Hermman Beyer, *Economic Resulting from Public Works Administration Contruction*; 1933-1937. *Monthly Labour Review Jan.* 1933 及 I. L. I. 21. Jan 1937, p. 526; 28. March 1938, p. 359.

　　分析言之,美国自1933年以来公共工程之主要项目为学校之修筑,公共康健事业之兴办,住宅及公用事业之主办,公路铁路及桥梁之建设及水利,资源保护等工作。[①]

　　德国1932年起至1934年年底止各项公共工程经费之分配。兹根据 Leo Grebler 之统计表列于次:[②]

德国公共工程经费分配表(1932—1934年)　　单位:百万马克

工程类别	包本方案	紧急方案	Reinhardt 方案	平常预算	共计
(一)普通工程(Tiefbauarbeiter)					
(1)河道修筑	46.6	5.8	77.7	—	130.1
(2)修路	98.7	103.8	57.5	—	260.0
(3)桥梁	9.0	17.3	20.1	—	46.4
(4)市镇公用事业	6.1	56.4	116.5	—	179.0
(5)公共建筑之修理	—	—	169.2	—	169.2
(6)其他工程(如河堤码头之修筑等)	18.2	105.8	93.7	—	217.7
共　计	178.6	289.1	534.7	—	1,002.4
(二)住宅及其他					
(1)住宅修筑			67.0	952.0	1,019.0
(2)郊外移房址之修理	19.9	19.2	69.1	80.8	189.0
(3)小住宅之修筑	—	—	19.1	26.5	45.6
(4)避难室	—	—	12.0	—	12.0
(5)贫民区之修理	—	—	5.0	9.4	14.4
共　计	19.9	19.2	172.2	1,068.7	1,280.0
(三)交通事业					
(1)铁路、狭轨铁路、邮局及航线之修筑	24.1	110.6	97.2	165.0	1,333.9 *

[①]　详见:*Public Works in the United States of America*, pp. 785-793.

[②]　Leo Grebler, *Work Creation Policy in Germany*, 1932-1935. I. L. R. March. 1937, p. 340.

(2)公路	—	—	—	50.5	350.5 **
共　　计	24.1	110.6	97.2	215.0	1,683.9 ***
（四）农材业					
(1)农地改良	49.9	178.8	107.9	—	336.6
(2)农合建筑	10.0		34.1	—	44.1
(3)其他	5.0		3.5	—	8.5
共　　计	64.9	178.8	145.5	—	389.
(五)失业保险所款项	—	—	—	568.5	568.5
总　　计	287.5	597.7	949.6	1,852.2	4,924.0 ***

* 包括铁路局 860,000,000 马克及邮局 77,000,000 马克在内

** 包括公路局 300,000,000 马克在内

*** 包括上两项数字在内

　　由上表可知用于普通工程(即建筑工程)者包本方案达 60%,紧急方案及 Reinhardt 方案有 50% 以上。其他如将铁路公路之修筑,职业介绍及失业保险局之款项合并计算则在 65% 以上,于此可见建筑工程在公共工程所占之地位。①

　　(四)经费。政府对公共工程支出之补助方式可分八种:第一,为由政府负担全部费用;第二,为由政府津贴其费用之一部分;第三,为全部由政府放款;第四,为由政府贷款一部分;第五,为由政府负担借款利息全部;第六,为由政府负担借款利息之一部;第七,为由政府保证全部借款之偿还;第八,为由政府保证借款利息之偿还。普通各国均数种兼用,甚少可采用一种方式者。凡由政府机

――――――――――――

　　①　关于公共工程内容之分类国际劳工局会分为 17 项。(一)道路及桥梁;(二)铁路;(三)土地改良;(四)农地灌溉;(五)运河及水道;(六)植林;(七)自来水设备;(八)河堤修筑;(九)防海工程与造船等业;(十)航空站之修筑;(十一)公用建筑工程;(十二)发电工程;(十三)煤气工程;(十四)码头及河岸设备;(十五)电线工程;(十六)公共场所,公园,运动场之修筑;(十七)其他。

关自己主持之公共工程则由政府全部负担所有费用,凡由公共团体主办者则政府采上述第二种至第八种方法分别补助。① 上列八种方法对于国家预算之影响不同,以其属于财政范围之内,暂不详述,现仅以美,德,瑞典三国分别说明其实际情形于次:

美国公共工程行政局所主持之工程共分三类。第一类系由联邦政府所附各机关直接执行,第二类由州政府,地方政府及其他不属于联邦政府之公共机关执行,第三类由私人或私人机关,公司执行,由工程行政局加以补助。工程之性质既不同,政府之补助方法亦因之而异。

由联邦政府各机关直接执行之计划,所有经费均由公共工程局负担。联邦政府各部会及附属机关首将其计划及预算呈交工程行政局审查,经该局审核完竣后即由《产业复兴法》及《公共工程行政局预算法》(Public Works Administration Appropriation Act)所核准之基金中拨付。各部会领到此笔经费后或自己组织主持机关每日直接雇用劳工工作,或与商业公司订立契约由其负经营之责。不属于联邦政府各部会及所属机关之计划其经费一部分由公共工程行政局在 1933 年《国民产业复兴法》,1935 年,1936 年及 1937 年《急赈预算法》,1936 年《第一次追加预算法》及 1938 年《公共工程行政局预算法》所核准之基金中补助之,其他一部分由主持机关自行筹措。根据公共工程行政局规定凡州市政府及其附属机关之公共工程计划经该局核准开办后,其整个购买原料及支付工资之费用可由该局补助 45%;如其计划系由 1935 年以前法令所核准而未

---

① 关于八种补助方法对于政府预算之影响可详细参看:Kurt Heinig, *The State Budget and Public Works*, pp. 166-170. I. L. R. vol. XXXIV. No. 2 August 1936 及 I. L. O. 出版 *Public Works Policy*, Genena 1935. Chap. II. , pp. 72-118.

用完之基金支付时,则该局之补助最高不得过30%。其余经费由主办机关自行筹措,该机关经费缺乏无法筹足时可向公共工程局请求贷款,贷款利率为4%。对于私人团体及公司所主持之公共工程则以放款之形式补助之。放款利率为4%,贷款期限有一定,到期应即偿还。借款担保品以能在公开市场出卖者为限。

申请补助或借款之工程须经该局核准,核准之标准有四。第一,申请补助之工程对于社会确有具体之利益并确实能使失业者甚多之区域增加就业机会者。第二,工资之支付应根据该州法律所规定之最低工资,如该州无该项法律时,则根据该地同类性质工作者之流行工资率。第三,工作时间以每周40小时为限,非常时期例外。第四,劳工有组织,参加或协助其所自由选择之工会及订立团体协约之全权。

瑞典之公共工程亦可分为三类。第一,为州政府主持之公共工程,第二,为市政府及其所属机关主持之公共工程,第三,为乡村住宅建筑。三者之补助方法并不相同。

凡州政府及州有企业所主办之公共工程其所有经费均由政府由预算中拨付。但工程计划须经政府核准,其核准之标准为该项工程之实际利益能与其支出成一种合理的比例。由市政府主持之公共工程其经费之大部分由主持机关负担,其一部分则由政府津贴之。政府补助之方式分为两种,一为补助,一为借款。补助或借款之多少由政府根据各市情形决定。其决定之标准有三。第一,该项工程非赈济工程同时非政府补助不能开办者。第二,该市失业人数愈多,补助愈多。在1933—1934年财政年度规定市政府主办之公共工程需要政府津贴之必要条件为该市失业人数比例在3%以上。第三,该市之财政状况,尤其人民税租负担情形为其考虑条件之一。乡村住宅建筑之补助均为放款。凡在乡村兴建或修改住宅者不论其为私人,合作社均可请求贷款,但由市政府直接管理之住宅则不在内。贷款时期有一定,有最高额之限制,利率颇低。[①]

德国政府预算及失业保险局之补助在其整个公共工程用费中所占地位并不重要。政府所主办之公共工程及其他公共团体,机关,企业所主办之公共工程之费用一部分由政府在其预算中拨付补助费,一部分由失业保险局加以补助(Grundförderungsbeiträge),一部分由主持机关自行筹措,一部分由主持人发出短期票据,创造信用。标准的经费来源之分配如下。如其总费用为 2,200,000 马克,由于短期票据者(创造信用)为 1,500,000 马克占总费用 68.2%,由于政府补助及失业保险局津贴者为 400,000 马克占费用 18.1%,主持者自己之资本为 200,000 马克,占 9.1%,由于银行信用(银行借款)者 100,000 马克,占 4.6%。[②]

其创造信用之法,首由承包人发出工作创造票据(Arbeitsbeschaffungswechsel),由主持人背书,供给材料者背书,特设金融机关承兑后即可至商业银行或其他银行贴现,德国中央银行对于此类期票可以无限制的再贴现。为求承兑方便及管理统制此种创造信用政策计乃设立德国公共事业局(Deutsche Gesellschaft für öffentliche Arbeiten A. G.),德国信用放款银行(Deutsche Rentenbank-Kreditanstalt)及德国金贴现银行(Gold-diskont-Bank)等金融机关以应此种要求。工作创

[①]　详见 Gustav Möller, *The Employment Policy*: *The Annals of the American Academy of Political and Social Science*. May 1938. 及 *Swedich Unemployment Policy*. I. L. R. Vol. XXXIX. No. 2 Feb. 1939, pp. 229-230.

[②]　Leo Grebler, *Work Creation Policy in Germany. 1932-1935*, p. 346.

造票据流通期大部定为三个月,如有特别约定及例外情形可以延长至 15 个月,最长者可以延长至 5 年。为着短时期之紧急需要承包人尚可发出短期票据(Vorfinanzierung)至银行贴现以资周转。[1]

铁路局公路局及邮局各项工程之进行其经费来源亦与上述方法相似。首由承包者发出票据,再由特殊银行及特种公司负背书承兑之责,以便其在中央银行兑现。兹将 1933 年至 1935 年年底各局主办之公共工程之经费来源表列于次:[2]

1933—1935 年德国交通事业公共工程之经费来源表 　　单位:百万马克

局名	短期票据		本局经费	
	数额	百分比	数额	百分比
国有铁路	860	86.8	131	13.2
邮政局	77	69.3	34	30.7
公路局	300	85.7	50	14.3

当各种票据到期后或立即偿付,但大多数情形并不偿付,而代以新的票据。以其主要目的在扫除失业,偿还问题并不重要。由下表可知德国信用膨胀之程度。[3]

1932—1935 年德国中央银行及商业银行贴现数额表 　　单位:百万马克

时间	中央银行重贴现	商业银行贴现
1932 年	2,807	3,349
1933 年	3,226	4,099
1934 年	4,076	5,396
1935 年	4,551	5,855

---

[1] 详见 Pörschke & E. Wildermuth in: *Wirtschaftsheft der Frankfurter Zeitung*, No. 10. 1934, *Arbeitsbeschaffung* 及 *New Germany*, p. 213.

[2] *Work Creation Policy in Germany* 1932—1935, p. 348.

[3] *Work Creation Policy in Germany* 1932—1935, p. 507.

由上所述可知公共工程之兴办或由政府全部负担其经费，或由政府补助其开支一部分，或由政府放款，或由政府负担其利息。不论由政府补助之方式如何，政府支出之膨胀殆不可免。在经济恐慌失业增加时期，政府之收入减少甚厉，在此时期欲增加支出，更为困难。故公共工程经费之筹措实有讨论之必要。

公共工程经费之开支普通多由三方面筹措之。第一，为加税，第二，为募发公债，第三，为创造信用（包括发钞及扩大银行信用）。各国政府均三法兼用，甚少只用一种方法者。关于实际上各国运用之情形，国际劳工局所出版之《公共工程政策》(Public Works Policy)一书中有详细之比较，作者在此不拟详细介绍。现仅从理论方面比较三者之优劣。

自理论方面观之，增税仅能变更所得的分配而不能创造购买力。政府以增税方法支付公共工程开支无异以租税形式将一个阶级的所得移转至供给原料及劳力的阶级，使其所得增加。后一个阶级所增加的购买力恰与前一个阶级所减少的购买力的程度相等。故加税只是所得的移转而不是购买力的创造。不过在下列情形下，增税的方式亦可增加购买力。如负税人被征之所得为其储蓄之部分，同时不为其个人及银行制度所消费，政府将此部分"呆藏"所得给予提供劳力及供给原料者，而后者将其用去时，即可增加购买力，从而可以扩大生产及增加就业。由此观之，增加所得税率及遗产税率以支付公共工程费用较增加消费税贩卖税为优，以愈富有者其"呆藏"所得愈多，以其所得移转于所得少者以供消费之用，则可创造购买力。

募债及创造信用两者之结果均可创造多余的货币购买力，以达到扩大生产增加就业的目的。在过去大多数人均反对政府以募债及增发纸币的方式在经济萧条时期支付公共工程之费用。其主要理由有二。第一，认为政府大批募债其结果仅减少私人借债额，不能增加生产总量；第二，银行信用膨胀及政府增发钞票，有引起物价成比例上涨的危险，实际上不能收到增加生产的效力。其实不然。以上列两结论系立脚于充分就业假设之上。如一国所有资源均已开放所有人工均已雇用时，信用膨胀的结果自然不能扩大生产，而有引起通货膨胀的危险。在经济萧条时失业人数甚众，未利用之资本数量极多，利用新创造的货币购买力可使游闲人工（Idle Workers）及游闲资本（Idle Capital）生产货物。故以此两法支付公共工程费用确有创造购买力之效。

再从创造购买力一点言之，创造信用较优于发行公债。以购买公债之资金仅为银行之游资及个人之"呆藏"所得，银行及个人购买公债时会相对的减少投资于私人企业的数目。故大体言之，由公债所来之购买力仅为购买力之移转，而非购买力的创造。创造信用而来之购买力则完全为新创的购买力，实际上可以增加全社会货币购买力总数。此外公债之发行需要负担利息，而创造信用则无此种负担。

从理论上比较，我们可以知道创造信用为比较有利的筹措经费方法，从其手续言，亦最为简便。故德国 1933 年后公共工程之经费有 2/3 系由此而来，美国经费之筹措亦极注意此种方法。

创造信用虽为筹措公共工程经费的最好方法，但执行时须小心谨慎，同时，其金融机构应由政府全盘统制，否则将引起通货膨胀使国家财政破产。信用过度膨胀的后果，不仅使其所创造之资本成为空虚的资本（Annihilated Capital），徒然引起物价的上涨，影响所及，将危害整个国家及人民的福利。普通利用创造信用以支付公共工程费用所应注意之点有二。第一,严格的管理金融市场,防止过度的信用膨胀。第二,产业复兴,失业减少后,迅速的停止公共工程之进行。现以德国为例说明其对于金融市场之统制。

德国之所以能用创造信用方法筹措资金支付公共工程,主要应归功于资本市场组织的健全及金融统制的严密。自包本内阁颁布若干紧急法令使商业银行受国家的监督后,希特勒继而于1934年12月5日颁布《信用统制法》,1935年2月9日颁布《信用统制执行法》使其关系更进一层。新法推行执照制度(Konzessionssytem),凡银行之设立及其信用之扩张须得信用统制局(Aufsichtsamt für des Kredit-wesen)之特许,银行一切活动受其监视。该局由中央银行总裁及副总裁,财政,农林,内政及经济部四部次长及银行界有地位有经验之人员组织而成。其主要职责为检查各银行之册簿,报告,及年报,草拟银行法规及条例。此外尚有银行总监(Bankkommissar)负责监视银行之活动。总监由希特勒任命受经济部长之指挥为信用统制局及中央银行总裁之当然顾问。其权力极大,可以参加商业银行之股东会或召集股东会。对于任何银行均有权令其报告该行之财政情形及营业状况,对于证券市场亦有广泛之管理权。

最理想之支付公共工程开支方法为在经济繁荣时期由政府节存大批资金以供经济萧条时之用,以此方法支付公共工程之支出则无上述各法之弊。但此法仅为理想上的方法而已,实际上各国财政均收不敷出,寅支卯粮,欲减少负债尚不可得,欲积储资金以供经济恐慌支出之用诚属空想。[①] 故实际上尚无实行此制之国家。

(五)公共工程政策之效果及其条件。在经济恐慌失业问题严

---

① 属于此方面之理论可详细参看:*Public Works Policy*, I. L. O. Studies & Reports, Series, No.19, John, M. Clark, *Economics of Planning Public Works*, pp. 38-40.

重时期有计划的举办公共工程确有扫除失业之效。第一,举办公共工程时需要雇用大批劳动者从事工作,故有直接扫除失业之效。第二,从事公共工程之劳动者其所得增加,消费亦因之而增加,社会上之货币购买力因之增加,同时公共工程之建筑需要大批原料,原料制造业之就业随之增加。直接或间接从事公共工程者人数增加,其消费随之增加,购买力增加的结果对于其他货物的需要增加,就业的人数又可增加,辗转反覆,就业的人数将成波动的扩大。由于公共工程直接雇用的人数谓之直接就业(Direct Employment),或第一次就业(First Employment),或谓之原始的就业(Primary Employment),由于公共工程费用所间接引起之就业谓之间接就业(Indirect Employment),或谓之第二次就业(Secondary Employment)。公共工程政策之效果可于此两方面分析之。

(1)原始就业。公共工程举办后所引起直接就业人数之多寡视工程之性质而定。凡工程之开支劳动费用所占之成分愈高者所引起之直接就业者愈多,反之亦然。据美国经验,以植林事业所引起之直接就业者为最多,其费用有 67.6%,用于劳动费用,用于原料者仅 32.4%;道路修筑次之,劳动费用占 47.2%,原料费用为52.8%;河道修濬防水工程占第三位,劳动费用占 40.5%;街道修理占第四位;吸引人数最少者铁路车站工程,劳动费用仅占 24.8%而已。就整个公共工程行政局之工程而言,劳动费用占 36%,原料费用占 64%。① 就其绝对值言之,各项工程亦不一致。

从美,德,意三国之经验观之,公共工程所引起之就业人数甚多。根据美国劳动统计局统计,自 1933 年 7 月至 1937 年 6 月底

---

① *Public Works in the United States of America*, I. L. R. Vol. XXXV. No. 6 June 1937, p. 780.

止,公共工程局所主持计划所直接雇用之工人之工作时间共达1,433,000,000 小时,其中属于联邦各机关者 867,000,000 小时,属于非联邦机关者 556,000,000 小时。以每人工作 300 日,每日工作 8 小时换算其雇用之工人共达 592,900 工作年。[1] 德国方面据 Leo Grebler 推算自 1932 年至 1933 年末由于公共工程所直接引起之劳动者约为 727,500 人,1934 年约为 992,500 人,1935 年降为 296,500 人。其费用自 1932 年至 1933 年末为 1,450,000,000 马克,1934 年为 19,000,080,000,000 马克,1935 年为 50,000,900,000 马克。平均维持一人工作一年约为 2,000 马克上下。[2] 意大利在 1928 年上半年公共工程所雇用之工人共 114,500 人,下半年共 98,000 人。1929 年上半年共 144,000 人,下半年共 132,500 人。其全部费用 1928 年上半年共 4,500,000,000 里拉,下半年共 4,600,000,000 里拉,1929 年上半年为 4,700,000,000 里拉,下半年为 4,300,000,000 里拉,平均每雇用一人工作一年约 40,000 里拉之间。[3]

(2)间接就业。公共工程政策所引起之间接就业之推算事实上既甚困难,学者间意见亦不一致。有的人估计甚高,有的人估计甚低。[4] 本来,公共工程政策之间接影响极为微妙复杂,欲将其影响连续推算极为困难,且其间接效果又受其他种种因素之干涉与

---

①　Meassurement of Increased Employment Through the Public Works Administration in the United States, p. 799. I. L. R. Vol. XXXIX. No. 6. June 1934.

②　*Work Creation Policy in Germany*, p. 513.

③　Attilio Oblath, *The Campaign against Unemployment in Italy*, I. L. R. Vol. XXI. No. 5 May 1930, p. 689.

④　Mr. Mitnizky 在 I. L. R. Vol. XXX. No. 4 中曾将公共工程政策之效果加以推算,认为成绩不佳,其效率不如想像之高。Kurt Heinig 亦谓为公共工程政策所能引起之间接就业人数甚低。

限制。从空间来看,各地所表现者不同,从时间来看,各个时期又不一致;故欲求一比较正确之估计实不可得。在本节中拟第一步介绍学者间的推算方法和理论,第二步以美国为例说明实际上间接就业的结果。第三步则说明公共工程政策间接效力之条件及限制。

柯门(R. F. Kahn)、答格拉斯(Paul H. Douglas)及凯因斯均曾对公共工程政策所引起之间接就业有比较详细的推算,其中以凯因斯发挥尤为详尽。柯门在其《国内投资与失业关系》(The Relation of Home Investment to Unemployment)及《公共工程与膨胀》(Public Works and Inflation)①两文中曾创就业倍比(Employment multiplier)一名词,并实际加以推算。所谓就业倍比系指原始的就业量与所引起之总就业量之间的比例而言。例如因花费 1,000,000 元举办公共工程,所引起之直接就业量为 1,000 人,由此原始的就业所间接引起之就业人数为 3,000 人,则就业倍比为 4。根据其推算结果在英国公共工程所引起之间接就业与直接就业之比为 1。换言之,其就业倍比为 2。在美国则比率较高。

答格拉斯在其《不景气控制》(Controlling depression)一书亦曾根据实际情形加以推算。答氏认为公共工程所有之费用虽不完全可以创造有效的购买力吸收市场上之劳役及货品,但其大部分均被消费。以美国情形而论,赈济金之费用在 1933 年以前仅 5% 未流动至市场变为有效的购买力,以现在情形而论,假定未被消费者为 12%。在此消费量之中虽有一部用以购买外货,但外货增加,因相互需要的关系,出口国家对美国货物之需要亦将增加,有间接刺激本

① *The Relation of Home Investment to Unemployment Economic Journal June 1931.* Vol. XLI, pp. 178-198; *Public Works and Inflation*, Supplement Journal of American Statistical Association, March 1933. Vol. XXVII, pp. 168-473.

国生产之效,故此部分可以忽略。此外再减去 15% 的物价上涨的折
扣,及其他方面 8% 的折扣,三者合计,以 1 美元而论其所创造之真正
购买力为 6 角 5 分。根据此数即可推算其整个间接所创造之购买
力。换言之,第一次 1 元有 6 角 5 分变为有效购买力,第二次此 6 角
5 分可以变为有效购买力之数额为 4 角 2 分(即 6 角 5 分之 65%),
第三次为 2 角 7 分(即 4 角 2 分之 65%),由此换算,我们可以得到其
间接所创造之购买力为 1 元 8 角 1 分。其详细推算算式如次:

(1) $ 之 65% = $ .65

(2) .65 ············· = .42

(3) .42 ············· = .27

(4) .27 ············· = .176

(5) .176 ············· = .114

(6) .114 ············· = .047

(7) .074 ············· = .048

(8) .048 ············· = .032

(9) .032 ············· = .021

(10) .021 ············· = .0135

(11) .0135 ············· = .009

(12) .009 ············· = .0058

合 计 = $ 1.81

由上可知,每一个原始就业者所能引起之第二次就业者为 $1\frac{4}{5}$
个人。以就业倍比表示之,则就业倍比为 2.8。[1]

---

[1] 详见 Paul H. Douglas, *Controlling Repressions* 1935, pp. 124-126.

凯因斯于 1933 年 3 月于《伦敦时报》(The London Times)发表《经济复兴之方法》(The Means to Prosperity)论文一篇,随后又于《新政治家及民族杂志》(New Statesman and Nation)上发表《倍比》(The mulitiplier)一文,沿用柯门倍比一词讨论公共工程政策之价值并实际推算英国的就业倍比。[①]

他认为公共工程的原始费用可以分为两部分。第一部分费用并不变成新增的所得,如支付进口原料的费用,支付代替由借款得来之赈济金之工资的费用,支付新设工厂之费用而此类工厂并不能增加劳动者等均包括在内。第二部分为真正变成新增所得之费用,此一部分或用以消费或用以储蓄。故欲估计倍比有两项数字必先明了。第一,为原始费用变成新增所得之数量,第二,为新增所得用于消费之数量。两数相乘即可得原始费用之最初效用之比率。以此比率辗转相乘之积之和即可求得倍比。

根据当时英国情形,他认为不变成新增所得的费用最高只占 30%,其余 70% 均可成为新增所得。在此 70% 中约有 70% 用于消费,30% 用为储蓄。由此可知第一次影响为原始影响 49%(7 乘 7),或可视为 1/2;第二次影响为第一次影响之 1/2,即原始影响的 1/4,由此类推,我们可得下列几何级数。

$$就业倍比 = 1 + \frac{1}{2} + \frac{1}{4} + \frac{1}{8} + \frac{1}{16} + \frac{1}{32} + \cdots = 2。$$

不过由于需要的增加,购买力加多,有引起物价上涨的趋势。

---

①　凯因斯在 1929 年就发表了论文,主张以公共工程政策来扫除失业,论文名为 Can Lloyd George do it? 随后又于 1933 年发表上述两文。其第一篇是比较公共工程政策与赈济制度的优劣。第二篇以英国当时情形为例推算就业倍比。他对于公共工程颇为赞许。近年来他在 The General Theory of Employment Interest and Money 一书中,从长时期着眼,反对采用公共工程政策,但对于倍比的理论并没有动摇。

物价上涨,一方面成比例的减少新增所得,一方面利润增加使新增所得变成利润的部分多于工资,结果使储蓄加多,消费减少。这两方面均足减少倍比。①

　　在《就业概论》(The General Theory of Employment, Interest and Money)一书中,他又提出倍比计算的方法。他认为在边际的消费倾向(Marginal Propensity to Consume)不变及其他投资不减少前提下,则倍比为边际储蓄倾向之倒数。若边际储蓄倾向为 1/4 时,则倍比为 4。例如政府投资 10,000 镑于公共工程有 1/4 被储蓄时则其倍比为 4,有 1/3 被储蓄时则其倍比为 3。② 但实际上倍比并非一确定数目,要受下列各因素的影响。

　　第一,筹措公共工程之资金及增加流动资本等方法将有提高利率的影响,进而使其他企业遭受阻滞。

　　第二,当政府实行公共工程政策时,由于大众心理的迷乱,对于信心(Confidence)有所影响,因而使流动性储蓄(Liguidity Prefer-

---

　　①　详见 Authur D. Gayer: Public Works in Prosperity and Depression, 1935. pp. 385—388.

　　②　凯氏认为,当社会之真正所得增加或减少时,其消费亦增加或减少,但程度上并不如此之速。如以 CW 代表消费量,YW 代表所得,则 $\triangle$CW 与 $\triangle$YW 有同样象征,但 $\triangle$CW 在数量上极小。即 $\triangle$YW $>$ $\triangle$CW,即 $\dfrac{dCW}{dYW}$ 为正数,但小于一。此 $\dfrac{dCW}{dYW}$,凯氏谓之边际消费倾向。边际储蓄倾向等于一减边际消费倾向。当边际消费倾向为 $\dfrac{9}{10}$ 时,则边际储蓄倾向为 $\dfrac{1}{10}$;前者为一,则后者为零,前者为零,则后者为一。

　　消费倾向与倍比之关系,以算式表示如次:

$$\triangle y = k \triangle I, \qquad k = \triangle y / \triangle I$$
$$\therefore \quad \triangle y = \triangle C + \triangle I \qquad \therefore \quad k = \frac{\triangle y}{\triangle y - \triangle C} = \frac{1}{1 - \dfrac{\triangle C}{\triangle y}}$$

倍比等于一减边际消费倾向除一,而边际消费倾向等于 $1 - \dfrac{1}{K}$,而一减边际消费倾向为边际储蓄倾向,故倍比与边际储蓄倾向互为倒数。详见 P. D. Haberler, *Prosperity and Depression*, pp. 224-225.

ence)增高或使资本的边际效率（Marginal Efficiency of Capital）减少，从而使其他方面投资受到阻碍。

第三，在有国外贸易的国家，此项投资增量之倍比的一部分将有利于外国的就业，本国的就业增量因而减少。

第四，边际消费倾向随就业水准之降低而有变异。当就业增加时，边际消费倾向减少，反之亦然。结果使倍比亦随之变动。换言之，当实际所得增加时其中被消费之部分亦逐渐成比例的降低，倍比亦随之减小。

第五，当就业增加时在短期内因报酬所减的影响，企业家在总所得中所占有的部分渐渐增加而其边际消费倾向较全社会之边际消费倾向之平均数为小。同时在失业时失业者靠其自己或朋友之储蓄或政府赈济为生，结果发生负储蓄（Negative Saving），当重新就业时，负储蓄渐渐减少，因而减低边际消费倾向。边际消费倾向之减低，有减小倍比的影响。[①]

根据凯因斯的理论有许多学者实际推算在特定时间的倍比之实际数值。普通推算的方法有二。第一法先测定工资对于利润之比例，赈济金对于工资之比例，储蓄对于利润之比例等等，制成一几何级数，然后再推算倍比之实际数值。第二法则研究公共工程中就业之实际变动及一般就业之实质变动，然后再求出两种变动之比率。[②]

从实际方面推算公共工程政策所引起之间接就业者以美国最有成绩。根据美国劳动统计局研究结果，间接就业者之比率与柯

---

① J. M. Keynes, *The General Theory of Employment Interest and Money*, pp. 119-122.

② Joan Robinson, *Introduction to the Theory of Employment*, pp. 25-26.

门,凯因斯,及答格拉斯所估计的相差不远。该局一方面根据接受公共工程定货单各制造商人之营业报告及雇人报告,一方面根据主要建筑业及建筑材料制造业雇用人数情形,将 1933 年 7 月 1 日起 1937 年 6 月底止 4 年内公共工程行政局所主持之公共工程所发生的间接就业量加以推算。在此 4 年内,由公共工程行政局之钢铁定货单而增加之劳动时间达 61,1,000,000 小时(包括工厂,矿山及运输工人在内),由水泥定货单所增加之劳动时间达 116,000,000 小时,由木材定货单所增加者约 111,000,000 小时,由陶器定货单而增加者约 47,000,000 小时。四业研究结果可以得一估计数字,即凡直接雇用工人 1 人,所引起之间接就业者为 2.5 人。换言之,其就业倍比为 3.5。[①]

间接就业者人数因各种工程性质之不同而有多寡之别。大凡需要原料愈多者其引起之间接就业愈多,反之亦然。如美国劳动统计局曾研究 6 个已经完成之电力工程,其所得结果为直接就业与间接就业者之比为 1:4.4,为一般工程之一倍弱。[②] 以电力工程为一需要原料极多之建筑工程故其间接所引起之就业亦极多。

公共工程政策所引起之间接就业增量除受工程本身的影响外,尚受下列各项因素的支配。

---

① 详细数字及研究方法可参看:*Monthly Labour Review*,May. 1935(Steel Manufacture);March. 1936(Cement Production);May. 1937(Labour Production);Oct. 1937(Transport of Construction materials);Dec. 1937(Clay Products);June. 1938(Plumbing and Heating Supplies);April. 1939(Road Construction).

② 此六项电力工程总费用为 563,356 美金,其中劳动费用为 61,046 元,所引起之原始就业量为 85,529 小时,用于原料费用者 400,582 元,所引起之间接就业量为 380,000 小时,两者之比 1:4.4。详见:Employment Resulting from P. W. A. Construction 1933-1937,*Monthly Labour Review*,June. 1938.

第一,该国资源利用及劳力利用的程度。间接就业增量之发生系由于货币购买力之增加能引起其他消费工业投资量之增大,因而使就业水准提高。如该国资源之利用程度甚低,产业并未充分开发,则投资量可以随购买力之增加而扩大,间接就业者自可增加。如该国资源之利用殆尽时,则无此种效果,购买力之增高,徒然引起物价上涨。

第二,该国失业的程度。根据凯因斯的理论,边际消费倾向愈大,就业倍比愈大,则公共工程方面之一定增量的投资对于就业之作用愈大。在失业严重时期,消费倾向较大,所以公共工程方面原始就业量的增加对于总就业量有比较大的影响;及后愈接近饱和就业的境界,对于总就业量的影响,愈告低弱;俟达到饱和就业境界时,则投资继续增加不论边际消费倾向如何,势必促使物价无限制上腾,形成所谓真正的膨胀。

第三,一国对外贸易之依存性。国家以大批资金用于公共工程,如公共工程所需要之材料一部分为进口货,或人民之一般消费品有一部份为外国货时,则此种支出因为购买外国之材料及消费货物。故由于国内之投资将引起外国就业之增加。换言之,对外贸易依存性愈高之国家则其国内之就业倍比小而输出国之就业倍比因之增加;反之亦然。

第四,该国人民之储蓄习惯。当公共工程举办后,人民之所得随而增加,如人民将新增所得用作储蓄之数量较小时,则倍比大;如用储蓄之数量较大时则倍比小。

第五,新增所得分配于利润及工资之比率。当政府举办公共工程后,就业增加,利润及工人所得随而增加。因企业家比较富有,其所新增之利润大都不用为消费;反之工人比较贫穷,工资之大部多供消费之用。故工资之比率大于利润之比率时,则倍比大,反之则小。

第六,负储蓄之多寡。工人失业后所得来源断绝,其维持生活之法不外借债,支用过去之储蓄,抵押财产。工人就业后,其最初所得必以之偿还债务,恢复最低储蓄(Net eggs)及赎回抵押品。故负储蓄愈大则其消费不能增加,此时之倍比较小。俟债务清偿最低储蓄恢复后,倍比始逐渐增大。

第七,失业赈济金支出之来源。各国除以各种方法积极的扫除失业外,并实行消极的救济制,给予失业者以一定数额之赈济金以维持其生活。赈济支出之来源与倍比大小亦有关系。若其来源系出自增加租税时,则失业者就业后,纳税人可免除支付租税之义务,其消费亦可增加,就业倍比因之增大。政府以借债方式支付赈济时则无此种便宜。

第八,一国之富裕程度。在富裕国家,所引起之间接就业者较少,在穷困国家所引起之间接就业者为多。因为在富裕国家消费倾向较贫乏国家为弱,在后者国家中,所得最大部分被消费,后者则不然。故国家愈富裕则实在的与潜在的生产间距离愈小,公共工程政策之间接影响愈低,反之亦然。

第九,市场存货之多少。在不景气时期为低消费时期(Low Consumption Period),市场存货增加,市场存货之多少亦足影响公共工程政策之间接效果。公共工程开办后,资本货物企业报酬上升可以引起消费增加,若市场上存货甚多时,消费增加即为货物存货减少,而不能刺激再置率(The rate of replacement)的上升。换言之,此种纯投资增量或全部分为负投资所消除或部分为负投资所消除。如市场存货甚少时,则间接就业量可以增大。

（六）公共工程政策之批评。公共工程政策近年来虽为各国所推行，认为系主要的扫除失业政策之一，但有一部分人士仍加以反对。何屈理（R. G. Hawtrey）在其大著《贸易与信用》（Trade and Credit）第六章中即持反对见解，称为公共工程政策系得不偿失收效甚少之政策。其他紧缩派（Restrictionist School）亦均作如此主张。[①] 其反对的理由可以归纳为下述数点：

其一，公共工程政策的执行只是扩大政府事业的就业人数，相对的减少私人企业的就业人数，对于全社会的总就业人数并未增加。换言之，公共工程政策的效果只是社会就业量的移转，而不是总就业量的增加。因为自表面上看来公共工程的兴建虽可直接的或间接增加就业量，但我们忽略了支付公共工程基金的来源，它的一部分系来自私人企业可以利用的资金，这部分基金如不为政府所利用，私人也会利用的。[②] 同时由于政府需要大批资金支付公共工程费用，资本市场利率提高，使资本的费用增高，私人企业的扩充遭受了困难。政府若以创造信用等方法筹措款项时，由于大众心理的迷乱，使信心动摇，也同样会发生削减私人投资的后果。且进一步观察，政府大量的举办公共工程，市场上的购买力增多，物价水准将会随之上涨。尤其建筑材料与建筑工人的价格由于需要大增的关系，将大量上升。物价上涨的结果，私人企业的发展又多了一层障碍。综上以观，公共工程政策的实行，实足以妨碍私人企

---

① 关于紧缩学派（Restrictionist School）与膨胀学派（Expansionist School）之争执，可参阅 Wilhelm Ropke, *Crises and Cycles*, pp. 177-198. 在该书中对紧缩派与膨胀派之理论利弊分析甚详。

② M. Mitnitzky, *The Effects of a Public Works Policy on Business Activity of Employment*, I. L. R. Vol. XXX No. 4 Oct. 1934.

业的发展。由公共工程所引起的就业,就是私人企业缩萎的结果。所以它的效力只是就业的移转而不能新增就业。

其二,自他们看来,经济萧条之后必继以经济复兴,经济繁荣之来临只是时间上的问题,政府的产业复兴政策其效果只是促其早日来临而已。因此政府以借债方式筹措大批资金支付公共工程费用,结果只增加了将来人民的负担。如公共工程政策成功,其所费成本远在由其自动复兴之上,如公共工程失败,公共债务增加,贻将来以无穷之忧。所以公共工程政策是"得不偿失"的举动。

紧缩派攻击的理由是不中要害的。因为在不景气时期,市场上有大批寻找有最高报酬之游资存在,而私人企业不能利用亦无法利用。公共团体或政府如加以利用时,不仅不必从私人企业中移转资金,且由于公共工程之兴筑,足以刺激私人利用游资。政府以信用膨胀方法扩充政府费用,支付工具随而增加,就业量亦可增加,就业量增加结果其消费量亦随而增加,辗转循环,私人企业亦将随而扩充。所以克拉克(J. M. Clark)、克里(Henry Clay)等均认为在不景气时期有大批游资存在足以供将来经济复兴之用,故经济复兴问题之核心,不是资金供应的问题,而是刺激游资作用的问题。公共工程就是刺激游资作用之最大因素,在资本市场筹措费用支付公共工程并不碍害私人企业的扩充资本。①

无疑义的,如果大规模公共工程长期的兴筑确有阻碍企业的发展,并且有酿成通货膨胀的可能。但是公共工程政策的目的只是刺激企业复兴,俟企业复兴后应立即停止。故公共工程政策本

①　参阅 J. M. Clark, *Long-Range Planning*, *American Economic Review*, Supplement, March 1930. pp. 17-19. Henry Clay, *The Post-War Unemployment Problem*, pp. 129-130. I. L. O., *Unemployment and Public Works* 1931, p. 30.

身是比较优良的政策,值得商量的是技术上的问题。至于由公共
工程之开支有酿成物价上涨因而阻碍私人企业发展。此虽颇言之
成理,但公共工程的开支在整个支出中所占比例不大,公共工程经
费的支出虽有促使物价温和上涨的趋势,但不仅不足阻碍私人企
业的发展且有助其复兴之效。因为物价逐渐上升,企业家的利润
可以上升,利润增加,企业家的投资有扩大的趋势;决不至反减少
投资。

其第二个理由更易驳斥。因为其前提本身就可怀疑。纵使
承认经济复兴将自动来临,其自动后之期限更难测定。以近代各
国所遭受失业痛苦之经验言之,若俟其自动恢复繁荣,将有"俟
河之清"之感。故实行公共工程政策以促经济复兴早日来临实有
必要。

凯因斯在《就业概论》中从另一方面不主张采用公共工程政策
扫除失业。他是从长时期着眼去批评。他认为消费是由现在生产
之货物及过去生产之货物来满足,若消费是由过去生产之货物满
足时则现在消费支出不能变成纯所得,故对现在生产之消费货物
之需要减少。反之,若生产之目的在满足将来之消费时,则现在之
所得增加,需要因之扩张。然一切资本投资之目的在反投资(Disin
vestment) ,①若新资本投资常常超过反投资以补充所得与消费之差
额时,则当资本累积甚多时,此问题更为棘手。以此时若求将来消
费支出增加,新投资必须超过资本反投资,消费愈减低,投资愈增
加,所得与消费之隔离愈大,则平衡之维持愈要增加投资,辗转下
来,则将来平衡更难维持,失业问题更趋严重。公共工程政策就是

---

① *The General Theory of Employment Interest and Money* , pp. 104-105.

增加现在投资,故其将来结果不仅不能扫除失业,且将增加失业问题之严重性。[1]

凯氏批评颇为中肯。但就目前言之,在各项扫除失业政策中,以公共工程政策收效最宏,效力最大。此点凯氏亦承认之。

大体说来,公共工程政策优点较多。

第一,不论公共工程本身是否有经济价值或社会价值,但行之既久,均足扩大就业及增加所得。如军备投资普通多称为非生产的投资,但对于该国之就业及社会总所得均有增加。

第二,公共工程所费之费用最廉而收效极大。在表面上看来,公共工程之耗费大于赈济工程及失业赈济,但实际上并不如此。因为当实行公共工程政策时,就业增加,则政府及地方当局对失业者之失业赈济支出可以减少。且工人就业,商业复兴时租税可以增加,据凯因斯研究由于失业赈济之减少及税租增加结果政府可将其支出之半数甚至三分之二收回。[2] 故公共工程政策之费用并不超过失业赈济甚多。赈济工程政策之直接费用虽较公共工程政策为低,但赈济工程之工作效率低于公共工程,且以其间接所引起之就业亦不如后者之高。若以真正成本(Real Cost)相较,两者相差无几。[3]

就全社会言之,公共工程政策并没有加重社会负担。当政府举办公共工程投资增加时,社会全储蓄量亦同样增加。若政府之经费系来自公债,则人民财富之增加,恰等于政府之负债。公债利

---

[1]　J. M. Keynes, *General Theory of Employment*, Interest and Money, p. 105.

[2]　Institute of International Affairs, *The Future of Monetery Policy*, pp. 87-89.

[3]　*The Annals of the American Academy of Political and Social Science*, March 1939. Emmett H. Welch, *Various Government Provisions for the Unemployed*, p. 43.

息是由租税而来,公债增加时势必增加租税支付利息。但就社会全体而论,纳税人即为利息收入者,故除政府收税费用外,全社会并未增加负担。纵使公共工程本身无社会价值,但至少可以利用废置的资源,使实际资本(Real Capital)增加,即此一项,即可视为国家之纯利。至于公共工程政策能保持工人技巧标准,防止工人流于不道德的行为,犹其余事。

不过,公共工程政策之实行要有详细计划,工程规模的大小要随社会经济情况之隆衰而伸缩。按时的按实际的环境自由调节,使其与私人投资相配合,作合节之运动,则可使社会避免就业变动之损失。因为行之过早,则有碍害私人投资的影响;结束过速,则社会又会受失业的痛苦;行之过迟,则不能收预防失业之效;结束过迟则有促现物价上涨,酿成真膨胀的危险。政府果能有计划的实行公共工程政策,则失业问题的严重性至少可以减轻。

第二节 劳动人口调整策

失业发生之原因系由于劳动机会与劳动人口发生解节的现象,一部分劳动者无法得到职业机会。故扫除失业的方法可分三部分。第一部分为劳动机会之调整,第二部分为劳动人口之调整,第三部分为劳动人口与劳动机会结合过程之调整。第一部分已分述于前节,第三部分亦已于本编第一章中详述,兹分析劳动人口调整策内容于次:

劳动人口调整策的内容大别亦可分为三项。第一,为劳动制约(Compulsory Regulation of Labour);第二,为劳动人口之减少;第三,为移民(Migration),现逐项说明之。

第一目　劳动制约

所谓劳动制约即政府以强制的手段干涉劳动者的就业而言。在个人主义国家,劳动者本有选择职业的自由,政府对其就业不能干涉。但当经济恐慌失业倍增之际,政府为求扫除失业时,恒颁布法令限制劳动者的就业。普通所采的方式有二。

(甲)场所的劳动制约。失业的发生,主要原因虽由于劳动机会不足,但劳动者和劳动机会不能适调,亦为其原因之一。有许多地方有劳力过剩的现象,但有些地方劳力不足。场所的劳动强制即将劳动力过剩地方之劳动力移转于不足的地方以减少失业问题。如意大利于 1926 年 3 月 4 日曾下令成立内地移民委员会(Internal migration Committee)以指导内地移民及鼓励劳力移动使劳动者的地域分配合理化。①

(乙)职业的劳动制约。政府为缓和劳动过剩起见,常以限制劳动者改换职业的方法以防止新的失业者的发生。如政府认为某类职业有劳动过剩的危险时,常奖励从事该事该业之被雇者改业,或禁止其他职业之被雇者转入该业。在另一方面,如政府认为某类职业前途甚有发达,可以吸收多量劳工时,得禁止该业的被雇者转向他业或鼓励他业劳工改事该业。此种措施谓之职业的劳动制约。在 1929 年以后各国均假职业介绍所之手推行此类

---

① Attilio Oblath, *The Campaign against Unemployment in Italy*, I. L. R. Vol. XXI. Vol No. 5 May 1930, pp. 685-686.

政策。

第二目　劳动人口之减少

当劳动人口多于劳动机会之际,政府除积极的实行劳动机会创造策以增加劳动机会外,并消极的实行劳动人口减少策以缓和失业。其主要内容为禁止妇女工作,提高离校年龄及创设劳动服务制度(Arbeitsdienst)等三项。除第一项已在劳动机会移让中分析外,兹将后二者略述于次:

(甲)提高儿童离校年龄。自本世纪以来各国均鼓吹提高儿童离校年龄,以保护儿童。至1929年后,政府多以之为扫除失业的工具。因为延长儿童教育期限,无异的减少了一批失业者。如果此批儿童不延长其教育期限让其在市场出卖劳力时则下列现象必然发生。若离校儿童不能找到就业机会时,他势必为一失业者;若离校儿童能找到就业机会时,必使另一个人失业或占住了另一个失业者的就业机会。于无论离校儿童能否就业,其结果是增加了就业的竞争和增加失业者。[①]何况延长儿童教育期限,强迫儿童接受更长期的教育,在儿童本身或全社会都是有益无弊之举。因之各国均竞采此法以扫除失业。

国际劳动会议为倡导提高儿童离校年龄最有力之团体,在1919年第一届会议中即决议未满14岁之男女不得雇用为工厂工人,1920年及1921年又分别规定未满14岁之男女不得雇用为海

---

① 关于提高离校年龄对于失业,及其他一般影响之理论的研究可详细参阅: Joan Robinson, *Essays in the Theory of Unemployment*, pp. 69-74.

员及规定未满 14 岁之男女,如有妨害其教育时,不得雇用于农业工作。各国明令规定儿童离校年龄为 15 岁者,有苏联,匈牙利,加拿大,智利,挪威,其他如美国大部分州,瑞士,定为 16 岁,英国以前为 14 岁,1936 年改为 15 岁。[1]

(乙)劳动服务制度及其他类似性质之组织。此制行于各国家主义国家,在个人主义国家实行者甚少。首创此制者为德国。德国政府为吸收失业青年及训练青年思想计,乃于 1933 年 6 月 26 日颁布劳动服务法,同年 6 月 27 日,10 月 1 日,11 日颁布施行法,设立劳动服务营。于内政部内设立一管理官统制并管理全国劳动服务事宜,在各地设立服务营。凡男性青年在入伍前一年必须参加劳动服务营工作一年,在营中除实施军事训练外,并训练其劳动能力。该营设立之主要目的虽在训练青年之思想及能力使之成为国社党之信徒,但与解决失业问题亦有关系。至少此项制度有缓和失业之效。据德国官方统计报告由于劳动服务制度所吸收之失业者在 1933 年为 200,000 至 250,000 人之间,1934 年在 200,000 人至 250,000 人之间,1935 年为 200,000 人。[2] 故德国劳动部长于 1935 年谓:"军事服务及劳动服务对于失业者之吸收力甚大,在 1933 年至 1935 年内失业者之减少有 45% 系由于此种原因。"[3]其收效之宏于此可知。

自德国实行此制后,各国家主义国家多仿行之,如意大利,葡萄牙等国近年来均创设此类组织以训练青年并作扫除失业之用。

---

[1] 详见 Henri Fuss, *Unemployment among Young People*, I. L. R. May 1935, pp. 651-652.

[2] Leo Grebler, *Work Creation Policy in Germany*, p. 514.

[3] 同上 p. 504.

第三目　移民

　　政府有计划的有组织的移民亦为扫除失业方法之一,此制在以前颇为盛行,现渐不为各国所采用,尤其国家主义国家更放弃此种政策。自他们看来,移民为国家之损失,人民之移出不仅损失国家财富,抑且有损国家之威力。故对于移民加以严格之限制。至于个人主义国家则有采用之者。如英国自 1922 年颁布《帝国移民法》(Empire Settlement Act)后,由英国海外殖民委员会(British Oversea Settlement Committee)统筹协助集团移民事宜,以减轻国内失业问题之严重性。根据官方报告由政府津贴补助之移民数目,自 1922 年至 1931 年共达 349,862 人,移殖加拿大者 129,700 人,移殖澳洲者 174,300 人,移殖新西兰者 44,600 人。[1]

　　移民虽有减少失业者之效,但同样地会减低国内就业水准,以人口移出,国内消费减少,每年货物的需要亦随之减少,故就业水准亦随之降低。在各项扫除失业政策中,以移民对于降低就业水准为最厉害,故许多国家放弃此种政策。

第三节　失业救济策

　　上述各项政策或为事先之预防,或为失业程度之降低,或为失

---

　　[1] 见:A. C. C. Hill and Isador Lubin, *The British Attatk on Unemployment*, p. 131. 该书系根据 *Appendices to the Oversea Settlement Reports*.

业之扫除,均属于积极的政策方面。在本节则讨论事后的救济。劳动者的主要所得来源为工资,劳动者失业后,工资断绝,工人生活失却凭藉。故如何消极的维持失业者的最低所得额以保障其生活为政府所应注意的事项之一。失业的救济普通多采两种方法,一为失业保险(Unemployment Insurance),一为失业赈济(Unemployment Relief)。前者将在社会保险一章中叙述,现仅将后者分析于次:

失业赈济为最原始之失业救济政策,在各国均有悠久之历史,以其费用低廉,手续简单,故为一般国家所采用。但就其影响与效果言之,则为最不经济及最坏之政策,故其地位逐渐下落。在以前占主要地位,现则退居辅助地位,有一部分国家则以失业保险代之,将其完全废置不用。

失业赈济之主要形式第一为现金赈济,第二为实物或劳役赈济,第三为实物券。现以美,意大利,瑞典三国为例分为主持机关,赈济形式,及失业赈济策之批评三节说明之。

第一目　主持机关

失业赈济在以前多为地方慈善机关,私人团体所主持,至后方渐由地方政府机关主持。在美国主持失业救济的机构甚为复杂,在各州除有公立的救济机关外,尚有许多形形色色之私立慈善团体与救济机关主持失业救济事宜。在联邦政府则有联邦急赈委员会,工程进行行政局及联邦社会安全局等机关分别主持。各个机关有其特定之组织与原则,十足表现个人主义国家之精神。

意大利在1930年以前失业贫民赈济工作由各地之地方政府及

公私慈善机关个别主持,至 1931 年冬季起法西斯党部开始集中统制各地之赈济工作。1931 年 12 月 12 日墨索里尼宣称:"党部及其附属机关应致力于政治及道德总动员以克服经济危险及对于贫困无告之人民予以救济。"同日下令所有各地慈善救济工作集中于党部,各地党部于每日上午 11 时至下午 4 时止办理救济事宜。故其失业救济之组织为集中的,其赈济方式与条件均有统一的标准。①

在瑞典失业赈济事宜主要的由失业委员会统筹办理,在各地则由职业介绍所负责执行。前者决定一般行政细则,赈济标准及其他原则方面之商榷;后者则主持救济费之核发,请求救济者之审查等项。

第二目 赈济之条件与方式

在实行失业赈济各国,对于请求赈济者之资格及条件均有严格的规定。归纳各国所订之原则可得下列三项:

第一,申请人必为有工作能力之非自愿失业者。此点极为重要,以不如此规定,则大多数性情懒惰之人,将故意自动不从工作专赖救济费为生,至于无工作能力者国家另有机关救济,两者应分别,以免加重赈济失业机关之负担。

第二,申请人须有工作意思。大多数国家均规定申请人须在公立职业介绍所不能找到工作时,方有核准资格。职业介绍所或救济机关如有适当工作指定领受救济金人前往工作时,失业者不

---

① *Under the axe of Fascism*, p. 287.

得拒绝。瑞典在 1932 年更规定领取失业赈济金者每周要替政府从事筑路工作二日,以测验其是否愿意从事工作。[1]

　　第三,申请人未领取长期贫穷救济金,失业保险给付及其他救济费。申请人经主持机关审查合格后,即给予失业救济费。失业救济之主要形式可以分为现金,实物及实物券三种。现金赈济为最普通之形式。瑞典,意大利及美国地方公私机关大都为现金赈济。意大利在 1934 年领取现金赈济者约 200,000 人左右。瑞典在 1932 年 3 月,接受失业救济者 43,700 人,领受现金赈济者有 25,000 人,所占比例在一半以上。[2]

　　失业赈济金之数目甚少,普通多不敷衣食之资。在瑞典明文规定失业者所得之救济费总额不得超过当地同级工人工资三分之二。其实际数目较规定数目尤少,每日为 2 克伦至 3 克伦之间。美国之情形亦然。据美国社会工作者协会(American Association of Social Workers)1939 年 5 月研究报告,失业救济费数目各州不一,最多者每月每家 38 元,最少者每家每月平均 2 元 9 角 1 分。[3] 又据 Survey mid-monthly 编辑统计结果,1938 年各州公私团体之失业救济费每月平均约 36,833,000 美金,领受救济者共 1,644,000 家,平均每月每家可以领到 22 美元。[4]

　　实物赈济,在美国,意大利均为流行。意大利在 1934 年曾大规模的实行实物赈济。热那亚(Genoa)在 1934 年 1 月所发出之实物赈济品共值 120 里拉,米兰在 1934 年全年共用 21,340,000 里拉,

---

①　The Scandinavian Unemployment Relief Program, p. 27.

②　同上,p. 18.

③　New York Times 31. May 1939.

④　Springer, Gertrude：Relief in Novernber 1938. Survey Mid-Monthly Nov. 1939.

罗马市共发出面包券 20,000 份,其他如牛乳食料,寒衣甚多,共耗 1,100,000 里拉以上。

美国联邦政府之失业救济主要为实物赈济,以用实物赈济不仅因实物救济物品低廉可使失业者得到实惠,且可以消费过剩之生产品以刺激企业复兴。主持实物救济之机关除工程进行行政局外,尚有联邦过剩商品公司(Federal Surplus Commodities Corporation)。

工程进行局,自 1935 年以来即曾购买衣料以料济需要衣服甚亟之失业者,但规模不大。至 1938 年始大规模的采行此制。1938 年 5 月总统批准以 15,000,000 美金购买衣料,赈济失业者。由财政部购买司以 10,000,000 美金向全国各衣服制造商购买成人及儿童制服,以 3,000,000 购买女人制服。衣服之分配由各州公共福利部负责,以失业亟需赈济者为限。据美国成衣业工人合并会(Amalgamated Clothing Workers of America)主席希鲁门(Sidney Hillman)研究,此项计划实行后不仅领受衣服者受其实惠,成衣业工人直接间接受其影响者至少有 160,000 人。[1] 该局又曾与纽约市政府合作,制造价值 50,000 美元之女人及儿童制服以分配于失业者。市政府供给材料行政局供给工资以使雇用失业者工作,以收一箭双雕之效。

联邦剩余商品公司一公立的非营利公司,亦无固定资本,其主要股东为农业部部长,农业调整局(Agricultural Adjustment Administration)局长及农村信用行政局(Farm Credit Administration)等。其主要任务为购买剩余农产品以转售于各州公共福利机关以分配于需要救济者。自 1937 年 7 月 1 日至 1938 年年底该公司于 41 州内

---

① I. L. I. 5. Sept 1938, p. 279.

共购买剩余农产品41种,共达1,800,000,000镑。至1939年该公司负责主持实物券赈济制度。

实物券赈济制度风行于美国,其他各国行者甚少。其制始于1939年初,最初实行者全美只有两个市,不达数月,各大城市多仿行之。现正向全国各大城市推广中。赈济物品初仅限于食物,现则推广于衣料。

凡领受公共救济机关赈救费之失业者,不完全予以现金而以一部分之实物券代之。实物券分为两种,一为食物券,一为衣服券。食物券每人每周至少1元,如一家有4人时,每月至少须领取16元食物券。失业者领取食品券后可按券面价值向杂货商购买各项食物。食品券之一半须购买剩余商品,剩余商品之价格按市价之一半取值,而他种商品则按市价取值。所谓剩余商品系指供给超过需要而价格已低至平价60%的商品而言,普通由各城市自动指定之。罗希特市(Rochester)所指定之剩余商品为面粉,葡萄,橘子,梅干,谷物,牛油,鸡蛋,及干豆八种。有几个城市指定米,鲜桃,包心菜,豌豆,葱,梨子,猪油等为剩余商品。杂货商收到食物券后可向联邦政府兑取现金。剩余商品由联邦剩余商品公司大批购买后转售于各杂货商。衣服券现尚在试验期中,其制度大体与食品券方法相似。①

实物制度之利益颇大。第一,失业者所得实惠较多。据专家研究工程行政局工人每周每人耗于食物者约1美元,赈济工程工人家庭有4口时,其每月所耗之食物费共美金16元。今实行此制后,失业工人家庭(假定家庭共有4人)名目上每月所用之食物费

---

① 详见 I. L. I. 9. Oct 1839, pp. 45-46. 31. July 1939, pp. 765-163.

用为 16 元,而实际上可购得食物 24 元,故可提高工人营养标准。衣服券之情形亦然。第二,可以增高物品购买数量,间接的可以刺激农业及商业复兴,有扫除失业之效力。如以食品券一项为例,据政府估计,若此制已推行至 2,500,000 家受赈济家庭,食物购买量可以增加 250,000,000 美金;若全国普遍实行时,受种利益之赈济家庭有 6,500,000 家,食品购买量至少可以增加 500,000,000 美金。杂货商所新增之利益及所得,尚未计算在内。此仅以食品券一项计算,如全国均普遍的实行衣服券时,消费量之增大更不待言。①

第三目 赈济政策之批评

失业赈济制之所以被采用为救济失业者的方法,有两原因。第一是经费需要较少。就直接支出而论,失业赈济费用较公共工程政策,赈济工程政策,失业保险等项之支出为少,政府以较少的费用可以赈济大多数的失业者。第二行政组织简单,手续简便,有简捷便利的优点。失业赈济既具有上列优点,故在 19 世纪时为各国所采用。不过,我们如进一步观察,即可发现其缺点甚多。

第一,效力不大。上面说过失业赈济的经费较少,但此仅就支出的绝对值而言,如果以支出的相对值(经费支出与收效大小相较)而论,则此制为最不经济之制度。以赈济工程及公共工程政策不仅其工程本身对于社会有相当贡献,即以扫除失业一点而论,其间接效力远在赈济制之上。据凯因斯推算在英国失业赈济金额每年每人约 50 镑,而公共工程政策每 150 镑费用至少可以雇用失业

---

① 详见 I. L. I. 9. Oct 1839. pp. 45-46. 31. July 1939, pp. 765-163.

工人工作一年(包括直接的间接的在内),而此150镑政府又可以租税形式收回一半甚至三分之二,故其相对费用相差无几。

第二,失业赈济有养成工人不愿意工作的流弊。韦伯夫人(Mrs. Sidney Webb)在英国皇家委员会谓:"长期的或无限期的支付失业赈济费或赈济费额在生活维持费之上,结果会增加自愿的失业。"此语颇有相当正确。好逸恶劳,人之天性,如果不需要工作,可以维持生活,大部分工人,自不愿为着较好的待遇而寻找工作。

第三,失业赈济制会降低工人的工作能力及道德水准。这是失业赈济制不如公共工程政策之最主要之点。失业赈济制实行的结果使工人坐领赈济金长期闲散,使失业工人之工作能力及生产技能随时间之消磨而降低。如实行公共工程政策则无此弊。且失业赈济无异使失业者领受他人之施与,殊足损害其自尊心及自重心,助长依赖心之发展。而赈济金额往往甚低,不足维持失业者家庭生活,劳动者为衣食所迫,自不顾道德与法律之束缚而有越轨的行为发生。小焉者欺诈窃盗,大焉者劫人越货,社会道德与秩序将受其影响而无法维持。[①]

[①]　关于失业对于社会之影响可参阅:Dorothy Swaine Thomas, Social Aspects of the Business Cycle,1925.该书第八章关于商业循环与社会道德之关系举例说明甚详。详见 pp.133-144.

第五编　劳动保护策

劳动保护一名劳动者保护，为国家干涉劳动契约及预防或取缔劳动者因劳动关系所发生的各种危险及弊害之一切设施之总称。其范围以直接保护劳动力为限，至于劳动者经济利益之保障，劳工生活之提高，劳动保险之措施及惠工事业之讲求，将在劳动生活保障策及劳动生活改良策中分别叙述。换言之，本编仅以劳动力之损害的预防及干涉为对象，举凡国家消极的防止避免雇主榨取劳动者的行为均包括在内，至于劳动者利益之积极的保障，则不预焉。

劳动保护之起源最早，为各国政府最先注意之课题。在19世纪中各工业国家之劳动立法甚少超过劳动保护范围之外，尤其童工妇工之保护，特种危险之预防更为一班立法家所注意。因为自工业革命后，生产程序变更，工资低廉势力低劣之童工妇工均可引用，劳动者供给增加，劳动条件益为苛酷。减低工资，延长工作时间，酷使童工女工，工厂失虑的倍增，工厂设备的简陋成为各工业城市最普遍之现象。劳动者生活陷于非人惨境。故如何避免，防止及预防企业家剥削劳动者为当时最先曝露最引人注意之问题。至本世纪后，劳动力之直接保护渐趋完备，几可视为劳动政策中比较完善的部分。

劳动保护策的内容可以分为五部分。第一，为契约的保护（Vertragsschutz），即政府对于劳动契约之缔结，履行及监督的保护而言。因为国家对于劳动契约的内容虽有一般法规及劳动法规予以规定，但恐在契约缔结时，雇主利用其经济的优势强使对方接受若干较低劣的条件；或契约订立后，雇主不切实履行。为庇护被雇者使其免于雇主之榨取时，政府对于劳动契约之缔结，停止及履行均有详尽的保护方法，此类方法均谓之契约保护。第二，为经营保护（Betriebsschutz）[*]。所谓经营保护系指缓和经营内之危险为目的之保护手段而言。现代工厂及矿山多用机械及动力，工作程序既极紧张，工业失虞极易发生；同时多数工人群聚一处，不仅疾病灾害容易流行，风纪道德亦易颓坏，故政府不能不强制雇主预防并减少此种危险之发生，以此类设施多为危险之预防及减少，故又称之为危险保护（Gefahrenschutz）。第三，为时间保护（Arbeitszeitschutz）。时间保护之意义极为简单，即指对劳动者之工作时间，休息，加工，及休假的规定而言。第四，为特殊劳动者的保护。上列前三项系指一般成年男工的保护而言，但政府鉴于老弱妇工身体之羸弱，智识之低下，有成立特别条款予以特殊保护之必要。特殊劳动者之保护多指童工妇工之保护，以各国或成立特别法规予以庇护，或成立特别条款加以保障，故本书亦分别讨论之，第五，为劳动法规之执行。

第一章　契约保护

在 19 世纪中,劳动法之内容多偏重劳动条件之厘订,如工作时间之规定,女工童工之保护,实物工资之禁止等,对于劳动契约本身甚少以特别法规规划,普通多于民法中以若干条款规定。至 19 世纪末德国,荷兰,瑞士,奥国在民法中专辟一章讨论劳动契约,至于成立特别法规者始于 1900 年瑞士之《劳动契约法》。大战以后继起者甚多,如芬兰,罗马尼亚,西班牙,比利时,波兰,意大利,法国,德国,奥国,捷克,日本,我国及拉丁美洲各国或成立专法,或于劳动法,工厂法内成立专章规划劳动契约之缔结与履行。[①] 各国对契约保护之注意于此可见。

契约保护之内容大体可以分为契约缔结之保护,契约内容之规制,契约终止之保护三节。现以各国情形逐项比较说明之。

第一节　契约缔结之保护

契约缔结之保护主要又可分为就业规则(Rules of Employment)

---

① 关于劳动契约之参考书,主要的为 Willian R. Ansons, Principles of the Law of Contract. (N. Y.) p. 593.

之颁制及契约形式之规定两项,前者之目的在使劳动者在雇佣时及工作中明了其工作条件,不致为雇主所欺;后者则使劳动契约固定化。

(甲)就业规则制定及变更之限制。凡雇用若干被雇人以上之雇主须根据劳动法规制定就业规则。在劳动契约缔结之先须明白示知被雇者,使其明了其工作条件。其详细办法,各国不一,大体内容如次:

第一,工厂或矿山之企业主有制定就业规则之义务。如苏联《劳动法典》规定:凡雇用五人以上之企业,工厂或商店有制定就业规则的义务(第50条)。德国《国民劳动秩序法》亦明文规定:凡雇用薪俸被雇者及工资被雇者20人以上之企业,企业指导者应制定成文的就业规则(第26条)。其他各国大都有类似之规定。

就业规则之内容各国条文有采列举式者,如德国是;有采总括式者,如苏联是。德国《国民劳动秩序法》规定,工厂规则所应列具之工作条件如下:

(1)每日正常上工及下工时间及休息时间;

(2)报酬给付时间及其性质;

(3)如该工作系为包工或短工时,包工及短工之计算方法;

(4)罚金之性质,数目及收集方法。

(5)不须通告即可解雇之理由;

(6)非法解雇罚金之利用(以上见第27条第一款);

(7)工资数目及其他工作条件;

(8)工厂内之训练,被雇者在厂内之行为及失虞预防等。

苏联则笼括的认为就业规则应明白确切记载一切有关雇主及企业之一般责任及特殊责任以及违反此项规则之责任(第51条)。

第二,就业规则之制定及变更须得工人或政府之同意。对于此点各国规定不一,个人主义国家大都主张应得工人代表之同意,亦有规定应得政府之同意者。如威玛时代德国,奥国及捷克均规定应得工厂会议之同意为条件。[①] 我国《工厂法》规定工厂规则之订定及变更须呈准主管长官(第75条)。在极权主义国家则多由政府首先制定模范的就业规章,各个工厂就业规则之厘订以此为根据。如苏联规定劳动人民委员部得工会中央评议会及相关人民委员部之同意后,得颁布模范就业规则,其所属各企业之规章之内容应以此为准。至于特殊产业及对于国家有重要性之产业则由其所辖工会中央委员会会同企业当局订定就业规则,劳动人民委员部对于此类工厂得按上列手续颁制补充就业规则(Supplementary Rules of Employment)。各个工厂之就业规则,由企业经理会同该业工会地方支会商订之,但须得劳动检查员之核准,对于检查员之决定可向劳动部地方支部提出上诉,其决定为最后之决定。

德国之统制更为彻底。就业规章之内容完全操诸劳动专员之手。劳动专员得随时颁布某特定工厂之就业规则之指导原则及制订超经营规章规划工厂规则之内容,就业规则与超经营规则抵触者无效。

第三,就业规则之条款应以最适当的方法揭示,使被雇者明了其内容。此点均为各国所注意。有的国家规定规则须揭示于工场,工厂最显著之部分,有的国家规定工人入厂时应每人免费发给一份以供其参阅,有的国家两法兼用。我国仅规定须揭示之,德国

---

① 详见:德国《工厂会议法》,奥国《工厂会议法》第四条,及捷克《工厂委员会法》第三条规定。

则规定除张贴于工厂内最显著之部分外,如工人需要时,应发给之。(第31条)

第四,规章之条款为该厂最低之工作条件,雇主如不履行条款上之规定时应处罚之。规则上之条款以劳动法及该业团体协约之条款为根据,而私人契约又以规章上条款最低条件。换言之,如规章上所列工作条件低于劳动法或团体协约上之规定者无效,私人劳动契约之工作条件低于规章之条款者无效。政府对于明知故犯之雇主恒予以严格之处罚。

(乙)契约缔结之手续及形式。各国法律在原则上均规定劳动契约之当事人为雇主与被雇者,其缔结方式以自由议定并得双方同意为原则,但不能与法定工作条件相抵触。契约以书面为原则,在普通情形下,口头契约无效。

第二节　契约内容之规制

政府对于劳动契约内容之规定主要可以分为工作及报酬两部分,前者为被雇者之义务,后者为被雇者之权利。政府之所规范者不出此范围之外。

(甲)工作。原则上劳动应由被雇者亲自为之,不能任意使第三者代服劳役,若任意使第三者代理时,即为违法,成为解雇之理由,但得雇主明示的暗示的同意时则视为例外。如我国《民法》第484条即如此规定。但劳动之性质缺少个性的要件,无论何人为之,其成效均属相等时虽未得雇主之同意亦得任意使第三者代理之。

被雇者虽有提供劳役之义务,但雇主不能强其在任何地点从事任何性质之劳动,普通政府所规定之限制如次:

第一,工作性质。劳动者工作之性质由契约本身定之,有时该业习惯亦得为决定其工作性质的因素。被雇者得拒绝非其所从事之工作,如雇主违反此原则时,即构成破坏契约之理由。如工作性质与该业或该地之习惯违反时,或与被雇者过去之职业与训练不合时亦得拒绝之。在罢工发生时,雇主不得强迫未罢工者代替罢工者工作。

上述原则亦有种种例外,如雇主不能雇到新的工人,而旧工人在闲暇时雇主可以请其从事非契约规定工作;又如企业发生重大灾害或意外时,被雇者自有从事非其愿意之工作的义务。

第二,工作时间。工作时间之最高限制,非由契约决定,由劳动法规规定之。劳动法规所订定之最高工作时间,非谓工人工作应达到此最高时数,每个工人之工作时数系在法定最高范围下由契约决定。在特殊情形下,雇主得令工人在契约规定范围外延长工作时,但延长工作时间超过法定时间时,视为违法。相反的,雇主在未得到工人同意前不得减低工人工作时间因而减少其工资;如不减少其工资,而减少其工作时间者听之。①

第三,工作地点。工作地点由契约规定,若契约对此点无规定时,按工作性质规定其工作地点。如契约中仅规定在国内工作内,被雇者得拒绝至国外工作。

第四,不忠实竞争之防止(Prevention of Disloyal Competition)。被雇者除有积极的从事劳动之义务外,尚有消极的不作为某种行

---

① 参阅:我国《工厂法》第八条。

为的义务。此项义务普通系指劳动者于劳动关系终止后,应严守雇主业务上之秘密,不得利用其业务上的秘密与之竞争。但雇方对劳动者如无正当理由而解雇时,其禁止竞争营业之规款,失其效力。不忠实竞争之禁止有以法规制定者,有以当事人之特约而课赋者,在我国系采后种形式。

第五,强迫工作之禁止。此为现代经济组织之最基本原则,雇主不得直接以强制的力量强迫被雇者从事工作,不论该项工作是否为契约所规定。即法院判决之工作亦不得以强暴力量迫其履行。

(乙)报酬。从社会之观点观之,劳动者之报酬,不仅为雇佣契约中最重要之因素抑且为劳动政策中最主要之课题。不过在契约保护中关于报酬之保障仅以如何保障契约中所规定之报酬额之支付为范围,至于工资之计算,最低工资之厘定,工资水准之提高则不在讨论范围之内。因此在本项中所讨论的问题仅下列五个。

第一,工资之保障。工资支付之场所,时期及方法等问题从工人福利之观点观之甚为重要,以此不仅影响其本人生活即对其家族生活亦有影响。工资支付之场所通常为工作工厂,但亦有根据企业之性质,工作之性质及其他理由另订他处者。有些国家则明白禁止在公共场所,酒楼,或其他性质相同之场所给付工资。

工资给付之时间多由契约规定。法律常规定一最高支付时间,雇主及被雇者在此限度内自由约定。工资给付时间之确定其目的在保障劳动者使其免除收入不正常之弊害,如支付时间相距太远,预期结果仍不能达到。故支付时间愈短愈好。最好以计算工资之时间单位为支付时间之标准,我国即如此规定。在《民法》486 条规定:"报酬分期计算者,应于每期届满时给付之;报酬非分期计算者,应于劳动完毕时给付之。"现代有大部分国家禁止在星期日或放假日发薪。

有许多国家明定每月之给付期者。法国《劳动法》第 44 条规定使用人工资至少每月给付一次,工商业工资至少每月给付两次,最大间隔为 16 天。我国《工厂法》亦规定工资之给付应有定期,至少每月发给两次,论件计算工资者亦同。其他如苏联,比利时,意大利,荷兰均以法律规定给付时间之最大间隔日期。

工资给付以现款为原则,几为各文明国家所承认。现代国家虽不禁止所有实物给付,但工资之货币部分应以现款给付,使工人得随其需要自由使用。换言之,工资应以该国之货币及法币支付,不得以货物,货物券及其他支付工具强迫工人接受货物。如我国《工厂法》规定:工厂对工人应以当地十足通用货币为工资之给付(第 21 条)。纵使各国禁止之方法不一,但禁止实物支付之原则,为各国所采用。①

---

①　关于各国禁止实物支付之立法例如次:

英国自 1813 年起自 1896 年之 Trucks Act 规定:(一)雇主不得以通货以外之他物支付工资,但雇主于住宅,或建筑物内供给熟食的食料品及贷给医药费及子女教育费时,不在此限。(二)不得强迫劳动者在指定商店购买物品,由工资内作为扣还。(三)禁止赊购货物,以售货之债权与给付工资之债务相抵销。

比利时 1887 年 7 月 16 日法律至 1896 年 6 月 17 日之法律均系模仿英国。严禁物品工资制度及禁止指定劳动者在特定商店购买货物。

旧奥国劳动法第 78 条规定:供给食料品,由工资扣除代价,得依劳资间之契约定之。但购买价格不得超过购入价格。其他商品及物品,尤其酒精饮料不得自工资中扣除代价。德国劳动法典及瑞士 1911 年 3 月 30 日之法律大体与此相似。

法国对于物品工资制之禁止,规定颇为严格。在其劳动法第 43 条规定:劳动者及使用人之报酬,应以有法定强制通行力之硬币或纸币给付之,否则一律无效。在 76 条又规定:禁止在建筑物附设贩卖所以食料品及商品直接间接贩卖于劳动者及使用人及其家属。在 75 条规定:劳动者于现金所定之工资外,雇主得供给食住或其他因履行劳动契约所必需物品但价格不得超过买价。

禁止实物支付为早期劳动政策中注意之项目,英国在1831年即曾颁布《实物禁止法》(Trucks Act),以物品之价值常失正确性,易于受欺,且不便贮蓄如货币价值之安定明确,此问题至今日尚未完全解决,1934年阿根廷(Argentine)及美国联邦政府曾分别发表报告谓在美国有若干地方因环境特殊,工人需要雇主供给日常用品,结果弊害甚深。于此可见此问题至现在尚未达到完全解决阶段。

劳动者工资由许多不同的来源构成,法律上又允许雇主从工资总数中扣余若干费用,结果工人不知其净工资(net wages)系如何构成及其总工资多少。因此有许多国家以法律规定在给付工资时须附带发给工资单,在工资单详列工资总数及其构成,工资扣除数目,及应付净工资数目,以减少雇主舞弊机会。工资单形式不拘,或为卡片,或为工资袋,或为工资簿,各国规定不一。

第二,最低支付额之保障。自19世纪中叶以来,大多数国家均以法律规定,工人工资之一部分无论如何不能被债权者扣除,不能扣除之数额谓之最低支付额。换言之,工人工资之一部分有不可扣除性。工人之唯一所得来源为工资,工资如被扣除太多,则无法维持其本人及其家属之生活,故有严格禁止之必要。

最低给付工资额之决定方法甚多,有规定一固定数目者,有以百分比规定者,有两法合用规定一最低工资额表者,有以法律规定一普通原则,再由法院就各个情形规定者。最低给付额之绝对值则不仅各国不同,一国之内在每时期又不相同,如卢森堡即每年规定一次。此制最初实行于一部分特殊工业,随后扩充至所有被雇者。

第三,罚金及扣除工资。劳动者往往因工作不力,工作错误或其他有意的或无意的原因以致雇主蒙受种种损失,对于此种损失,雇主自有要求损害赔偿之权利。劳动者本人既无可靠的财产又无充裕的收入,损害赔偿之款项实际上只能从工资中扣除,故各国政府在法律上大多允许雇主从工资中扣除款项以供损害赔偿之用。不过,劳动者本身及其家属全靠工资生活,如工资扣除太多,将使其无法维生,因之在劳动契约中又设有种种限制。普通多规定雇主企业之损失确系由于劳动者本人之过失方允从工资中扣除赔偿费,扣除之限度以不超过上述最低支付额为原则,若雇主之损失非常重大时,得视为例外。

雇主接受劳动者之生产品后,其责任即告完毕,以后如发生损失,被雇者不负责任。按照习惯大多数工厂均由工人选派代表为点验员,监视点交。损害赔偿费之扣除应当时立即通知,不得于相隔若干时期后提出。工具及原料之照顾由被雇者负责,但工具及原料之正常消耗,劳动者不负责任。若企业进行之障碍或损害发生之原因系由于原料及工具之缺点时,被雇者亦不负任何责任,但劳动者如发现原料及工具有毛病时,有立即通知雇主或雇主代表之义务。

罚金普通亦多从工资中扣除。罚金与损害赔偿金不同,以后者为工人违反就业规则或安全规则及其他工厂公约之处罚。工人若违反安全规章或就业规则时往往足以危害全厂之安全,同人之康健或其本人之生命,故此等结果虽未发生亦应处以罚金,以资禁止。罚金之种类,条件与数目应在就业规则中明示之,在罚金决定以前应召集犯事工人职员代表审讯,审问完竣按工厂规则之条款处罚。罚金决定后以书面通知犯事人,书面由工厂负责人签字。

每次数目不得超过一固定金额或每日工资额百分之几;每月每个工人罚金总额亦不得超过若干数目,其数额各国规定不一。

罚金全部应作工人福利事业之用,雇主不得移为己有。所有罚金均应详细登记以供工厂检查员查验。

第四,工作停顿时之工资支付。如环境变迁劳动契约无法履行时,工资支付问题实为重要。故大多数国家对此问题均有详细规定以保障被雇者利益。

对此问题之解决首先当应用民法上之原则。工作不能进行之原因系由于某一方之过失时,有过失之一方应给予对方以赔偿。若双方均无过失,而工作不能进行,就法律观点观之,工人无请求发给工资之理由,但就社会之观点观之,法律上有保护工人以减少其损失之必要。于是法律上有"延期收受"(Gläubigerverzug, delay in acceptance)的条款,强迫雇主支付工资。实行此制者有德,奥,荷兰,瑞士诸国。不过雇主支付工资之场合仅以工厂停顿由于经营上直接之原因为限,如非经营上直接原因时,雇主可以不负责任。如工作之停顿系由于原料不足,工具缺乏时,雇主应照常给付工资;如因火灾,兵燹以致工厂长期停顿时,雇主无支付报酬之义务。

第五,雇主破产时之工资给付。各国法律均规定,雇主破产时,劳动者对于雇主财产有优先请求清偿之权。其所不同者,各国对于有优先权之被雇者及工资之时期限制规定不一。有规定所有被雇者均有优先权者,有规定仅工资劳动者有优先权者,有规定仅某一部分被雇者有此特权者。至其工资期限,有规定三个月者,有规定六个月者,有规定一年者。至于我国,则规定被雇者工资于雇主破产时或其前一年内已届给付期者,对于雇方财产有优先请求

清偿之权。(《劳动契约法》第29条)

第三节　契约终止之保护

劳动契约之终止对于劳动者之影响颇大,尤其临时解雇更足影响工人之生活,故劳动法中设有若干限制以保护之。

(甲)契约终止之一般理由。劳动契约之终止的一般理由普通多列有下列数项:

(1)被雇者本人死亡;

(2)雇主死亡,而其后裔不愿继续营业时;

(3)工厂遭受不可抗力之破坏因而不能营业时,或政府禁止该企业营业时,如工厂之停业为暂时的,契约亦视为中止而不视为消灭;

(4)企业自动停业或破产时;

(5)工人因重大失虞及重病难于恢复工作时亦得终止之,若被雇者非本人过失暂时不能从事工作时,不得构成终止契约之理由;苟离职时间过长,雇主认为长此维持其契约对于企业不利时,得以事先预告解雇方式将其解雇。

(乙)解雇之限制。自契约自由之理论言之,劳动契约缔约人如有一方愿意终止其契约时,得随时终止之。事实上各国法律、习惯、团体协约对此点设有种种限制,尤其对于雇主解雇工人之条件限制更严。关于限制解雇之方法有下列四种:

第一,国家不以法律规定,仅以契约本身,团体协约,及习惯限制之者。此制实行于个人主义思想甚深之国家,如英、法即采此制。凡实行此制之国家法律上允许雇主解雇之完全自由权，但受团体协约、习惯及契约本身条款限制。限制之条款由双方自由议定或根据当地习惯决定，政府并无明文规划。其内容极为纷歧，在此不便列举。

第二，由国家以法律明文规定解雇之条件，如非法律所规定之理由而擅自解雇时，即视为违法。实行此制之国家原则上虽承认解雇自由，但为保障被雇者利益计设立若干条件以限制之。普通在法律上将解雇分为两种：一为普通解雇，一为特别解雇，前者应预先通知，后者则不必预先通知。苏联及我国均行此制。我国之规定如次：

当事者契约未定期限时，原则上各当事人得随时预告终止其契约，依工厂法规定预告期限如下：（一）在厂继续三个月以上未满一年者，于十日前预告之；（二）在厂继续工作一年以上未满三年者于二十日前预告之；（三）在厂继续工作三年以上者于三十日前预告之。当事人之一方有重大事故，契约纵有期限仍得于期满前预告终止之，此种预告谓之特别预告（Ausserordentliche Kündigung），特别预告解雇之条件：（一）工厂为全部或一部分之歇业时；（二）工厂因不可抗力停工在一个月以上时；（三）工人对其所承受之工作不能胜任时。（《工厂法》第30条）

特别解雇一称即时解雇，即被雇者犯有重大事故，雇主可以不经预告手续即时解雇之。即时解雇之条件《工厂法》第31条规定如次：

（一）工人屡次违反工厂规则时；

（二）工人无故继续旷工至三日以上，或一个月内无故旷工至六日以上时。

第三，一方面由政府以法律规定法定的解雇条件，如雇主违反规定擅自解雇工人时，被雇者得向劳动法院，仲裁局或法庭起诉要求损害赔偿或重新雇用。实行此制者有意大利等国。

意大利劳动宪章第 17 条规定：

> "凡不断性工作之雇员或劳工如无过失而被辞退时，有损害赔偿要求权。赔偿金之多寡以服务年限之长短为比例。"

此外又规定一种不断性工作由原主转让至新雇主时，已成立之劳动契约不受影响。新雇主在接受企业时不得藉故辞退工人。无故辞退时亦应照章给予被解雇者以损害赔偿费。

第四，雇主无自由解雇被雇者之权，雇主解雇工人时除按照政府所颁布之条例外，并须得其许可，如政府认为有重新雇用之必要时，雇主不得违背。实行此制者为德国。在德国契约自由及雇佣自由已成过去，雇主及被雇者不过为政府雇用之雇员而已，故被雇者不得自由请求解雇，雇主亦不得解雇被雇者。雇主解雇工人时除立即呈报当地劳动局外并须得其许可。在下列情形下，被解雇者尚可请求重新雇用。

如雇用十人以上之企业开除在该企业服务一年以上之薪俸人员或工资劳动者时，被解雇人认为其解雇足以构成该企业之困难，或其解雇不为企业环境所必需时，得于接到解雇通知书后 15 日向劳动法院上诉要求复雇。该企业已成立互信委员会时诉告人应附呈该委员会证明书，证明该会曾讨论该被解雇人之继续雇用问题，但结果无效。法院收到诉告书后即根据实际情形决定是否复雇，法院决定复雇后，雇主仍拒绝时须给予被解雇者以损害赔偿。赔偿金根据被解雇者之经济情况,企业之情形,及被解雇者在该企业服务时间长短决定,最多不得超过其解雇前一年总收入 1/3。如雇主决定复雇时,雇主须补发在解雇以后及复雇以前一段时间之薪金或工资。被解雇人已在他处工作时,在接到复雇通知 3 日内应通知雇主说明其理由。

(丙)集体解雇之限制。在不景气时期,工业之发展及维持其为困难,常常发生工厂倒闭及集体解雇事件。工厂倒闭或集体解雇恒使大批工人失业,结果足以酿成社会秩序紊乱,工人饥寒交迫的现象。于是有一部分国家对于工厂全部停闭或解雇某一定数目被雇者时加以种种限制。或令其先期通知政府,或令其征得工人代表之同意,或由政府规定若干条件,在此条件下方允解雇;或令其先呈请政府机关核准,经政府核准后方允执行。统制最严格者为德国。在《国民劳动秩序法》中有下列规定。

凡雇用不满 100 人被雇者之企业解雇 9 人以上之被雇者时,或雇用 100 人以上企业在四星期内解雇 10% 或解雇 50 个人以上时,企业主应向劳动专员作书面报告。雇主报告未经劳动专员批准不生效力,如专员接到报告四周后未核批时雇主可以解雇之。但劳动专员得将此犹豫时间延长至 2 个月。在上述时间到期后,雇主在四周以内未实际执行解雇时,此项解雇报告以后不发生效力。(第 20 条第一、第二两款)

(丁)工人解雇后雇主之特别义务。为方便被雇者解雇后易于另谋工作计,各国劳动法规恒课雇主以若干特别义务给予被解雇者以方便。

第一,应与另谋工作时间时日。工人被解雇后并非其工作之终止,而为工作之转换。以被雇者收入有限,在此处解雇后非继续另谋工作不可。为免其工作间断计,法律上规定应允工人在接到解雇通知后可以在工作时间中出外另谋工作,另谋工作时期间工资照常给付。

第二,给予解约预告期间之工资。工人在预告雇期中虽允其出外另谋工作,但工作机会不易获得,尤其经济恐慌时更为困难,解雇期届后,工人生活将无法维持。故各国劳动法中多另给多余工资,以俾其解雇后短期生活不致受冻馁之苦。我国《工厂法》亦规定:经预告解雇者除给付工人以应得工资外,并须给以预告期间工资之半额;不经预告即时解约者,仍须给以预告期间工资之全部。(第29条)

第三,工作证明书之给与。为方便被雇者解雇后易于另谋工作计,法律上规定,雇主有给与工作证明书(Certificate of Employment, Arbeitszeugnis)的义务。工作证明书系由雇主供给,其上详载被雇者工作履历,其所从事工作性质,及工资多寡,以证明被解雇者身份之用。在我国《工厂法》中则规定,若由被雇者希望之解约,而不遵守预告时期之规定;或因被雇者之责任而被即时解雇之场合,雇主得依据当时情形拒绝发给。(第31及32条)

第四,被解雇者在短时间内得继续居住工厂工人住宅,其目的亦在保障被解雇者,使其在未找到工作时间内得免流离失所之苦。

第二章　经营保护

经营保护的内容就保护的性质可以分为三部分：第一，为就业限制，第二，为安全保护，第三，为健康设备，前者为关于人的保护，后二者为关于物的保护。各国在此方面之设施只有内容繁简之不同，原则上并无差异。无论个人主义国家之英、美，国家主义国家之德、意，及社会主义国家之苏联对此方面无不注意力求条款之完密以达到被雇者之损害及危险减至最低限度的目的。现分述于次。

第一节　就业限制

现代工厂组织复杂，机械之转动甚速，工作时极易发生种种危险。尤其有毒原料之使用，尘埃废料之散布，引火爆炸物品之制造，特殊工作环境之设置更足使工作人员身体上受到严重之损伤。故各国法律除禁止童工女工在有特殊危险性之企业从事工作外，对于成年男工之就业亦有若干限制。此类设施谓之就业限制。关于妇工童工之就业限制将在第四章中叙述，此处所述者以成年男工为限。

成年男工之就业限制系从体格及技术两方面着眼。所谓体格方面之限制即注意被雇者之体格在从事此类工作时是否胜任。普遍所考虑之条件有四：第一，被雇者之体格是否能担任此种工作；第二，工作进行时被雇者体格是否能避免此种工作所发生之病害；第三，被雇者是否患有传染性的疾病足以波及其他工人或使用该生产品之消费者；第四，被雇者身体是否有缺点以致影响他人工作。前二者系保护被雇者本身之健康，后二者系保护他人之健康。如成年男工有上述四项缺点之一时，即不允其参加该项工作。

普通对于有危险性职业如在低气压环境下工作，如使用有毒性原料工厂，政府恒规定雇主雇用工人时须经过体格检查，或由求职人请求注册医师开具体证明书，被雇者体格不符时，不得雇用。实行此制者颇为普遍。但若干职业其有害性是渐进的，非工人从事工作达一定时间后不能发现其是否与其体格相符。对于此类职业仅经过入厂的体格检查仍嫌不够，故应随时或定期的举行体格检查，以便发现其是否适合。如发现其体格不符或有患病、中毒象征时，即禁止其从事此类职业，以免病势加重。苏联规定劳动人民委员部及其地方代表可以强制有特殊危险性之工业及工厂按期举行定期的体格检查，如发现工人体格不合时，不得雇用。美国主要用铅州之《铅业法》亦如此规定。阿海阿（Ohio）及宾夕维尼亚（Pennsylvania）两州法律规定，凡制造有毒性铅质化合物各厂（如制白铅、红铅、巴黎绿〔Paris green〕等工厂）所雇工人每月须检查体格一次。新乔叟州（New Jersey）所规定之范围更广，包括使用铅为原料之陶业，砖瓦业及瓷器业。检查医生发现工人已中铅毒时，应分别向州劳动部，州公共卫生机关及雇主报告。雇主接到报告后应于五日内将中毒工人解雇或调至其他无危险性之职业工作。非得医生之书面许可证，不得调该工人从事原来职业。有数州对于紧缩空气工厂之工人亦作类似之规定。凡工人开始工作半月后，或请假十日以上在复工时，或继续工作三个月后须举行体格检查。如发现其体格不符时应随时解职。

　　现代工业有许多职业需要一定标准之技术。如使不够标准之工人担任此类工作，不仅足以危及其本人之健康与安全，并有危及其他工人之虞。所以各国法律对于某职业之被雇者规定要达到某种程度之技能，不符规定标准者不准雇用。如美国对于理发匠、装置铅管工人、电气匠、电影放映人、电车司机、汽车夫、火车司机、航空员、汽船驾驶人、高等矿工、管理平式汽锅之机械员及火夫等均须经过检验或考试，成绩合格者发给证明书允其就业。在产煤州对于煤业矿工亦有同样规定。其他如英、意、法各国对于特种职业工人亦须经过检验，其技术达到合格标准后，方允就业。

第二节　安全保护

　　各国劳动法规关于预防失虞之方法不外失虞报告及失虞预防两方面。前者是后者之基础工作，如果政府对于失虞事件没有精确的报告和详尽的资料则不仅安全设备之规划无法着手，即失虞后之救济亦不能确切做到。失虞预防则为事先预防性质以减少工作的危性。至于关于失虞的事后救济，将在下篇中详述，于此不赘。

　　（甲）失虞报告。失虞报告制度始于 19 世纪中叶。英国 1901 年《工厂法》第 19 条有比较详细规定，1906 年《工厂法》中又予以补充,其内容严密为各国所取法。美国之有失虞报告始于麻色居塞州(Massachusetts)1886 年 6 月 1 日之法律,阿海阿州于 1888 年,米索瑞州(Missouri)于 1891 年均继续颁布类似性质之法律。早期立法并未收到预期结果。至 1912 年美国劳动立法协会(American Association for Labour Legislation)所拟具之失虞报告草案为大多数州采纳后,方有显著之进步,但就其内容而言,尚无英国之完善。[①]至于我国仅规定工厂工人在工作时间伤病者应延医生或送医院诊治;死亡者应即呈报主管官署并通知其家属而已(见《工厂法施行条例》)。现将英国现行法规分析于次以明其一般趋势。

凡在工厂或工场有下列情形失虞事件发生时,应向县工厂检查员及注册医生报告。

(一)被雇者因伤致死时;

(二)被雇者因伤致三日以上,不能得到全额工资时。

上述因伤不能工作者,因伤重致死时,雇主亦应立即再行报告。各项报告书由政府另行规定。如雇主隐瞒不报时,处以罚金。

如政府方面认为某项失虞事件有调查之必要时,得任命调查员及助理调查员侦察之。[②]

---

① 美国各州对于失虞报告之规定不一。就需要报告之失虞种类而言,有包括一切伤害者,有包括死亡或伤害程度至一定限度者。伤害程度有订为两日以上不能工作者,有订为一周不能工作者,有订为两周以上不能工作者。就报告期限而言,有订为立即报告者,有为 24 小时以内者,有为 48 小时以内者,有为两周报告一次者。有为一月报告一次者。就接受报告机关而论,有为州工厂检查员者,有为失虞机关者。
美国每年失虞者之数目各机关及专家之统计不一。□□□估计 1925 年全美工业失虞者达 2,453,418 人,死亡 21,232 人。H. W. Heinrich 估计 1930 年因失虞致死者 25,000 人,部分伤害者 3,000,000 人。
② 详见:英国 1937 年 7 月 30 日《工厂合并法》第 64,65,67,68 及 69 各条之规定。

（乙）失虞预防。失虞预防主要可以分为工作场所之危险预防，劳动材料之危险预防，火灾及水患预防三项：

（一）工作场所危险预防。所谓工作场所系指被雇者劳动时所需要之空间全体而言。具体言之，即工作场所、食堂寝室、游息处所等范围。以此类地点与被雇者之生命有密切关系，苟设备不周，极易发生失虞。

我国《工厂法施行条例》规定工厂之建筑应由注册工程师根据工厂法之规定计划之，工场建筑物及其附属场所应设相当数目之太平门及太平梯。苏联亦规定所有工厂非经劳动检查员，或负责监视工业卫生及工业技术者之允许不得开工或移转至其他地点。所有工厂应按劳动人民委员部之规定采取必要手段以改善不良工作环境，预防失虞及工作场所保持安全及健康。政府除对旧工厂之改造新工厂之修筑特别注意安全条件外，并按期视察各工厂，如发现建筑物发生毛病时应立即命其从速修理以免发生意外。英国之规定更为严格。凡法院经工厂检查员提出诉讼认为某工厂之场所建筑，工厂设置，工作方法或机械之建筑，位置或地位足以引起被雇者之身体损害时，或工厂之工作程序足以发生失虞危险时，经过简单诉讼程序后得禁止此种有危险性之建筑、机械及方法之使用，并令其从速修理或改造。在 40 条中又规定经工厂检查员提出诉讼认为某特定工厂如继续在现行状况下工作足以危害被雇者生命时，法院得以简单诉讼程序下令禁止该厂工作，俟其修改完竣经法院认为满意时，方允其重新开工。其他德、法、意、比各国均有类似规定。

（二）劳动材料之危险预防。劳动材料所包括之范围极广，如机械、器具、工具、原料等均可包括。兹根据英，美，苏三国之主要预防方法略述之。

第一，机械之安全设备。关于机械之安全设备，各国法律之规定极为繁琐，在此不能详述。普通多规定，机械之传达部分（如皮带，承转轴，齿轮）及机械之最活动部分，如钻，锯，刨机，研光机，炉轮（Emery Wheels）均须严密派人看守，最危险之处应特别标出或张贴布告，以资警惕。机械的危险部分尽可能的装置安全设备。如英国规定凡以机械力动作机械之旋转叶，动轴，转动轮，齿轮之突出部分，及螺旋应一律安置安全设备以避免危险发生；在运动时不需要时常调动之突出部分及齿状机件应一律包扎，如不能包扎时，应极力避免危险。出卖及出租上述机械之个人或公司如不按上述规定装备安全设备时，一律处以 100 磅以下之罚金。美国敏尼苏答州（Minnesota）亦规定，凡机械之危险部分未装置保险设置者一律不准出售。大多数国家更以法律禁止工人移转，调换或破坏机械之保险设备，如该项设备发现毛病时，应立即通知工头停工修理。

有许多国家禁止雇主强迫工人看管其不甚熟悉之工作。当机器行动时绝对禁止打扫及修理。童工在未经充分的训练及有充分经验之成年工人在旁指导时不得看管有危险性的机械。

当失虞发生时应立即停止机械活动，故转轴须装置松紧滑轮，皮带上应安皮带承转轴，使其易于停止，机械的传达及转动部分尽可能安置磨擦契合子以便迅速停止机器行动。工场与机器房之间应有电铃，颜色电光等告警设备，以通消息；在工作场两旁须安置楼梯，太平门及太平间以供失虞时走出之用。至于其他有特别危险性之装置与机械，其安全更为注意，如起重机，曳起机，有毒液体运输管，锅炉，汽机，爆炸性原料之处理，蓄汽室（Steam

Receiver)气体贮藏器等等各国无不有极冗长细密之规定以避免危险。如美国威斯康辛州(Wisconsin)工业委员会于1920年曾颁布75道规则规划起重机之安全设备。如英国对于起重机及升降机之规划达11条之多,①关于起卸货物,材料及工人绳索及铁索之规定达8条之多。②至于防止锅炉之爆炸在各国尤为注意。如美国麻色居塞州(Massachusetts)有锅炉规则制定局之组织,由该州公共安全局主任检查员,雇主代表,劳工代表,保险公司代表及机械师组织之,专员颁制关于管理汽锅制造安置,使用及检查之法律以防失虞。

第二,原料及工具之安全设备。现代工业常使用有毒性之原料及有危险性之工具,政府苟不命令雇主作种种必要设备,往往足以伤害被雇者之身体。通常各国多规定凡使用有毒性原料工厂之被雇者,应由雇主供给中和性药物以防中毒,在特殊危险性场所工作,或使用危险性之工具,应由雇主供给特制之保护器具(Protective appliance)如手套、面罩、眼镜、口鼻罩等等,以防止危险。制备此类器械应由雇主担负,不得在工资中扣除。

第三,消防设备。工厂消防设备之规定以英国1937年之《合并工厂法》规定最为完全。美国有若干州亦极完备。英国规定,所有工厂应具备一切规定的消防设备及避火设备,并呈请县检查局(District Council)发给证明书,如无此项证明书而擅自开工者处以50镑以下之罚金,并限期令其添置,逾期仍未完备者,每日处以五镑以下之罚金。县检查局按期检查各工厂如认为其设备完善时方

---

① 见1937年《合并工厂法》。
② 同上。

发给证明书,在证明书详列该证有效时日,该厂所有避火设备之种类及数目,及该厂雇用之最多人数。消防器具应妥善保存,不得损坏。证明书发给后,工厂主欲增加物质设备,或改建工厂,或添雇工人,或添贮爆炸性及高度不安定性原料,或开始使用该种原料时,应以书面通知检查局。该局接到通知后根据当时情形,命令该厂限期添设防火设备。工厂检查员如认为某厂消防设备不足或有遭受火灾之危险时,通知县检查局,由该局通知该厂改良及添设防火设备。工厂主接到上述通知立即遵办后,可呈报该局改发新证明书,如其改造未按照规定遵办时得撤消其证明书。如工厂主接到上述添设消防设备之通告拒绝接受时得于 21 日内向法院提出上诉,以简单诉讼程序决定之。(详见《合并工厂法》第 34,35 两条)

消防设备之主要内容不外工厂及工厂内所有门户均应外向,在工作时不得上锁。地板,废料垃圾桶应打扫干净,爆炸性原料及制成品应放置于保护周密有特殊设备之房间,并离工厂较远。工作场不准吸烟,工场四周应设自动灭火机。其他如建筑材料之规定,建筑方式之检查,水塔水沟之设置,太平门,太平间之开设,均为立法家所极注意之对象。

第三节 健康保护

健康保护之主要内容大体上可以分为三部分:第一为职业病之报告,第二为健康设备及保护,第三为医药补助。以后者将于健康保险一章中叙述,故本节仅以前两项为范围。

（甲）职业病报告。职业病（Occupational or Industrial Diseases）之注意为本世纪的事实。其定义极为含混，普通多认为凡从事一种工业或一种职业所直接发生之疾病谓之职业病。美国第一届全国职业病会议（First National Conference on Industrial Disease）所出版之职业病备忘录中认为凡疾病之起由于特殊原因及劳动环境之职业活动所发生而其结果将多多少少丧失工作能力者谓之职业病。职业病之性质大体可为六类：（一）由于有毒性气体，酸类及灰尘（不论有毒或无毒）而生者；（二）由于有害细菌及微生物而生者；（三）由于空气缩压或空气稀薄而生者；（四）由于不正常光线而生者；（五）由于过度潮湿或温度不正常而生者；（六）由于工作过度或工作紧张而生者。

英国在 1901 年工厂法中开始注意职业病报告问题，美国首先设制职业病报告之第一州为加里福尼亚。该州根据美国劳动立法协会之职业病报告法草案于 1911 年 3 月实行职业病报告制。五年之内采行者达 16 州，1934 年达 20 州。①

英国 1937 年法律规定任何医生当其诊治病人时，发现其系中铅毒，磷毒，砒毒，水热毒及炭疽热（anthrax），而病人系工业劳动者时应速报告伦敦内政部主任工厂检查员。在报告书中详列病人姓名，住址，得病地点，其最后雇佣地点及医生意见。如医生不按上述规定报告时，处以 40 先令以下之罚金。在工厂内如发现工人有中铅毒，砒毒，磷毒及水银毒及患炭疽热者时，厂主应以规定形式之报告书连同其他文件一同送至该县工厂检查员及检验医师。如

---

① 各州名称为 Alabama, Arizona, Connecticut, Georgia, Illinois, Kansas, Maina, Maryland, Masschusetts, Michigan, Minnesota, Missouri, New Hampshire, New Mexico, New York, Ohio, Oregon, Pennsylvania, Rhode Island, and Wisconsin.

工厂主违法不报告,处以罚金。

美国各州立法内容不一。早期立法规定需要报告之职业病多为炭疽热,低压空气病,铅毒,磷毒,水银毒,砒毒及其他化学物品所发生的疾病。后来慢慢包括黄铜毒,木精毒,现则有包括一切因职业所致的疾病之趋势。报告因医生拟具之。拟具报告之医生或为已注册诊治该症之医生,或为危险职业工人体格检查医生。报告书内容有一定,对于被雇者及雇主姓名,住址,职业性质,疾病之诊治及征象均有详细规定。报告书有规定直接呈交州劳动部者,有规定送公共卫生机关,再由其转交州劳动部者。

(乙)健康设备及措施。职业病报告为一种预防工作,其目的在根据过去情形,作以后改进之张本。至于健康设备之本身可分下列几项。

第一,工厂内部之光线,温度,通风,清洁之保持。工作场所内部之光线,温度,通风,清洁,影响劳动者之健康甚大,故普通多以法律,行政命令,条件,章程及规章规定之,以保障工人身体。英国在 19 世纪末对此类问题即特别注意,在《工厂法矿业法》中均有详细规定,至本世纪以后,随科学之进步,对此方面之规定尤为精到。其他各国对此方面亦有长足进展。

英国规定各工厂在其工作场所,过道各部应保持充足的及合宜的自然光线或人造光线,各类工厂及工场部之光线强度标均由政府颁布标准条例以供各厂采行。凡通过光线之天窗及窗户应时常保持清洁并防止破坏。在上次大战以前,美国对于工厂光线是否充足及其调整办法,法律上并无限制。1919 年亚伦全州(Oregon)法律始规定工厂之光线应以光学工程学社(Illuminating Engineering Society)所规定之标准为准。随后各州相继成立机关颁布工厂光线标准。光学机械社 1930 年所草拟之工厂，工场，矿山光线管理法草案，为各州所接受成为标准的法案。[①] 人造光常因光源不足，分配不匀或光力过强或过弱易于引起疲劳眼，故各国法律大都规定尽可能的利用自然光线，非万不得已时不得使用人造光。若非使用人造光不可时，常有种种规定与限制，使光线正常适当。

通风设备亦为各国所注意，尤其纺织厂，及其他空气易于恶浊之工厂矿山各国无不强制厂主设置通风设备。如苏联以莫斯科一区之纺织厂而论，在帝俄时代仅有 71 个工厂设有通风设备，自 1925 年至 1931 年 5 月之间纺织工厂增设通风设备者达 1000 以上。英国在《工厂法》中亦规定每个工作室须安置适宜的及有效的通风设备使其空气长期的流通并清洁，以被雇者在工作进行中不致受蒸气，灰尘，及其他有碍健康之污浊物之害。美国，德国及其他各国均有类似之规定。

工作场所之空气不仅要保持清洁流通，每个场所之人数亦不能太多，务使每个人有充足之空气，否则对于工人健康亦有妨碍。英国规定工作场所之空气以每个人保持 400 立方英尺为条件。美国则规定不一，有定为 300 立方英尺者，有定为 400 立方英尺者，有定为 500 立方英尺者。

工厂内之温度与工人之身体亦有密切关系，故各国均强制工厂主保持工作场所的一定温度，如工厂检查员认为某工厂温度足以妨及工人健康时得令其设置温度变换器。此外各国对于工厂各部之清洁，有毒或有害性灰尘蒸气之避免，湿气清洁法（Wet clear-

---

① Elliott F. Leavenworth, Factory Lighting: *American Legislation Review June 1911*, p. 116.

ing method)之使用,餐室之隔离,食品携入工作场所之禁止,无不密切注意之。

第二,疾病之预防及传染病之隔离。现代工业之生产行程不仅产生了种种职业病,同时由于工人人数太多及所使用原料之关系,使传染病易于在工厂流行。故传染病之防止为晚近劳动法所注意之项目。

各国对此方面之规定繁简不一。大体上各国对于饮料清洁之设备,盥洗所及厕所之设备,寝室及休息室之布置,传染病之隔离,工人被服之清洁等等,均有规定,以防止传染病之发生。

第三章　时间保护

现代工业发达的结果，分工极细，工作程序变为简单，工作不仅单调，且异常紧张，如工作时间不予以限制，被雇者的身体及精神将因长时期劳动之结果而过度疲劳，而其道德与智识亦将受其影响而日形降落。影响所及，工人之工作效率，身体健康，知识水准均有下降的危险。故各国政府对于劳动时间均予以严格的限制，一方面保庇劳动者，使其免于被雇主的过度榨取；一方面予被雇者以充分休息时间，使其得享受家庭生活与人生乐趣。

时间保护的内容可以分为工作时间（Hours of Employment, Arbeitszeit）、休息时间（Rest Period, Pause）及休假日（Holiday, Urlaub）三部分，将以美，德，苏，意及我国为例说明之。但本章所述者仅以成年男工为限，童工及女工之时间保护将在下章中叙述。

第一节　工作时间

工作时间者即被雇者最长工作时间之限制。通常以日，周，或月为标准定之。以日为标准者谓之劳动日的保护（Arbeitstagesschutz），以周为标准者，谓之劳动周的保护（Arbeitsweekenschutz），以月为标准者谓之劳动月的保护（Arbeitsmonatesschutz）。现将各国情形分析于次：

（甲）苏联政府于 1918 年 10 月 29 日宣布实行 8 小时劳动制。1922 年所颁布之《劳动法典》亦采 8 小时劳动的原则，每日工作不得超过 8 小时，在休息日前一日之工作时间不得超过 6 小时，每周劳动时间为 46 小时（第 94 及第 113 条）。下列三种工人之劳动时间不得超过 6 小时。（1）16 岁以上 18 岁以下之童工，（2）与生产无直接关系之精神劳动者及职员，（3）矿坑中工人。凡担任烦重工作及有碍健康之工作者，其工作时间应减少。详细办法及规则由劳动人民委员部规定之。除《劳动法典》第 104 条所列举之特殊情形外，原则上不得延长劳动时间。该条所列举之特殊情形有四：

第一，为保卫国家或预防公共危险决不能延迟时；

第二，与公共福利有关之事业例如水电，邮政，交通，水利等，发生意外不能不延长工作时间时；

第三，凡已着手之工作，其性质不容停顿，如停顿则将使原料机器蒙受损失时；

第四，机器之装置与修理，如不延长工作将使大多数工人工作因而停顿时。

遇上述情形得延长工作时间，但其延长应得地方争议解决委员会（Local Assessment and Dispute Committee）及劳动检查员之同意，如该地无争议委员会时，则须得相关工会同意。各个工人每年所延长时间不得超过 120 小时，在连续两日内所延长时间不得超过 4 小时。（第 106 条）

1929 年 1 月 2 日苏联中央执行委员会及人民委员会颁布"七小时劳动制"法令，该令规定：（1）凡已开工的交通业，工业，公共福利事业，不论其为国营，公营或私营，自 1933 年 10 月 1 日起一律实行 7 小时劳动制。(2)凡新设立的重工业及大规模的轻工业自开工之日起立即实行 7 小时工作制,(3)凡 1933 年以前清理之工厂及有季节性之企业与工厂不适用 7 小时劳动制。(4)凡实行 7 小时工作制之工厂夜班时间较日班减少 1 小时(即 6 小时)如工作性质不能间断时,可以依日班时间工作,但此 1 小时之工资应增加之。计时制则此小时为普通每小时工资六分之七;如为计件制,则此小时工资应增七分之一。①

1940 年 6 月 26 日最高苏维埃主席团又下令恢复 8 小时劳动制。凡国营,公营及合作社经营之企业及工厂以前实行 7 小时工作制者,自即日起一律改为 8 小时;以前实行 6 小时工作制者一律改为 7 小时,有碍健康之工作则仍定为 6 小时,薪俸人员自 6 小时延长为 8 小时。②

(乙)意大利最长工作时间之规定始于 1923 年 3 月 15 日之法令,该法强迫全国行每日工作 8 小时,每周 48 小时工作制。其内容大体以华盛顿国际劳工大会之议决案为蓝本。1932 年春墨索里尼向下议院提议请求彻底实行 8 小时工作制,该项提议于 5 月 23 日通过,至 1933 年 3 月 16 日制成法律,其内容与 1923 年法令相似,并无大的变动。③ 1932 年后意大利因失业问题严重。请求减少劳动时间以增加被雇人数计乃在国际及国内鼓吹 40 小时工作周制。一方面由其出席国际劳动大会代表选次提议采行 40 小时工作周

---

① *A Selection of Document Relative to the Labour Legislation in Force*, U. S. S. R., pp. 95-97.

② I. L. R. August-September 1940, p. 129.

③ 1933 年 3 月 16 日新法内容与 1923 年法令内容所不同者有三点:第一,1933 年规定加工时间之工资为普通工资 10%,而 1933 年法律改由团体协约规定;第二,违反规定罚金数目减少一半;第三为例外情形之增加;至于其他方面并无变更。

制,一方面在国内鼓吹此制之实行。1934 年 10 月 11 日法西斯工业雇主联合会与法西斯工业劳工联合会订立团体协约实行 40 小时工作周制,由雇主担保工作时间每周以不超过 40 小时为原则,但在特殊情形之下,得增加之。此为意大利实行 40 小时工作周之先声。至 1936 年 12 月 12 日意大利部长会议(Italian Council of Ministers)通过业团部长所提议之 40 小时工作周案。至 1937 年 6 月意大利社会立法常设委员会正式制定法律限期实行,并声明此制推行其公共机关服务者,于是 40 小时工作周制始有合法的地位。①

在新法中明白规定工业性质之工厂,企业的被雇者(包括工人及工头)其最高工作时间每周为 40 小时。如工作有连续性之企业经业团部长下令特许方得延长至每周 42 小时。其他各业如有必要时方得实行 40 小时工作周制。其手续先由业团部部长提议在中央业团委员会通过后,再呈请意皇颁旨施行。

凡雇主三等以内姻亲及血亲,家内劳动者,船内工作者,田地房屋看守人均不在 40 小时工作周法令管辖之内。如某工厂或某业因特殊情形不能实行此制时,由该业全国协会呈请业团部长下令免予实行。雇主有要求延长工作时间之权,加工理由之审查及加工之批准由业团检查员主持,加工每人每周不得超过 12 小时,加工时间工资之多少由团体协约订明。如雇主违反上述规定时每一人处以 10 里拉至 20 里拉之罚金。②

(丙)德国国社党当政后,于 1934 年 7 月 26 日由德国财政部

① 详见 I. L. I. 18. Jaunary 1937, p.81.

② I. L. I. 9. August 1937, p.176.

长内政部长得经济部长同意后颁布《新的工作时间法》(Verordung über die neue Fassung der Arbeitszeit)代替《工业法典》中若干条款之规定。至 1938 年 4 月 30 日又颁布《新的工作时间法》(Arbeitszeitordnung)以代替 1934 年所颁布者。新法自 1939 年 1 月 1 日起实施,为德国之现行法。

该法适用于 18 岁以上从事公私企业及机关之被雇者,即不以营利为目的者亦包括在内。农林业,猎狩业,家畜业,辅助农业性质之工厂,航海业,航空业,渔业,经理人员及制药使用人则不包括在内,银行业,食品业,医院另有特别法规定。新法内容极为新颖;不仅与 1934 年法令全然不同,即在全世界劳动立法中亦独创一格。其主要特色为规定有弹性,以适应经济环境之要求。

新法规定被雇者之最长工作时间以每三周达 144 小时为原则,凡地方放假日,公共运动日等等所缺的工作,星期六及例假前一日半日所缺的工作,得于连续五周内补足之。最高工作时每日以 8 小时为限。必要时必延长至十小时及超过十小时,但仅限于下列例外情形。

(一)劳动者每日劳动时间得延长 2 小时,但每人延长的日数,每年以 30 日为限,且每日不得超过 10 小时;

(二)通则中得规定延长每日劳动时间至 10 小时,如劳动时间中大部分仅为出席不须劳作者,得超过 10 小时;

(三)工厂检察员得以特许延长劳动时间,视察员之特许限于两个情形。其劳动时间中大部分仅须出席不须劳作者,因公共利益迫不容缓者;

(四)遇紧急时或防止经济上的重大损失时,得延长之;

（五）补工在原则上禁止每日劳动超过十小时，但得工厂检查员许可者例外；

（六）工厂或企业开始准备或工程结束时有延长时间之必要时，得延长工作两小时以下。[①]

在新法中不仅劳动时间有弹性，即延长工作之报酬亦有弹性，以适应国家之需要。

总之，在德国以国家利益为第一位，个人私益为第二位，故其工作时间每日虽定为 8 小时，但设有种种例外，以便延长。

（丁）关于美国劳动时间之限制可分公共工作（Public Work）及私人雇佣两方面来讨论。

（子）公共工作。美国第一次以法律限制男工工作时间为 1840 年凡·标林总统（President Van Buren）之行政命令。该项命令限制海军工厂之工作时间为每日十小时。至 1868 年国会通过法令规定凡由美国联邦政府及因联邦政府而雇用之劳动者，其工作时间为 8 小时，但未禁止延长工作时间，故收效不佳。至 1892 年 8 月 1 日国会又通过新法规定此类工作者之工作时间每日以 8 小时为限，故意违反者处以罚金。该法缺点有二：第一，法律规定政府所购买之原料之工作者不包括在内，以后被解释认为承包人及分承包人所购买之原料之工作者亦不在外。第二，雇主可假借紧急时期名义延长工作时间。至 1912 年 6 月 19 日法令通过后，上述流弊方得补救。该法规定由联邦政府及为着联邦政府而雇用之工人，每日最长劳动时间为 8 小时。在紧急时期方准延长，所谓紧急时

---

① I. L. R. March 1939, *Hours of Work in Germany*, pp. 361-363.

期以水灾,火灾,饥馑及足以危害生命及财产之情形为限。延长工作之工资为普通工资一倍半。① 1936 年 6 月国会通过《公共契约法》(Public Contracts Act),该法规定凡联邦政府任何机关(包括 District of Columbia 及国营公司)订立关于制造及供给原料,食料,货品及设备之契约,其数目超过一万美金以上时,在其契约中应规定工人工作每日不得超过 8 小时,每周不得超过 40 小时。但从生产者购买易于腐烂的物品及农产品或在公开市场购买原料及制成品时则视为例外。该法由联邦劳动部长负责执行,如劳动部长认为与公共利益有关时,可以特许延长工作时间,延长时间之工资为普通工资率一倍半。②

各州公共雇佣工作时间之减少运动始于 19 世纪末。实行最早之一州为毕庭木尔(Baltimore,1868 年),至 1936 年年底全美通过 8 小时工作法达 30 州。法律内容大体相似。即凡州政府直接雇佣或为着州政府,州营公司及其他附属机关工作之工人,其工作时间每日不得超过 8 小时。如遇紧急时期得延长之,紧急时期之定义多为直接危害生命财产之情形。延长时间之工资为普通工作时间工资一倍半。

(丑)私人雇佣。私人雇佣之工作时间运动,在南北战争时期即已开始,但成绩不佳。劳动武士团势力膨胀后,此种运动又形复活,其手段已由以法律限制工作时间改趋以团体协约限制最长工作时间。因以团体协约限制工作时间一方面有自由伸缩之便利,一方面足以助长工会运动之发展,故过去 20 年中以团体协约规定

---

　　① 　Principle of Labour Legislation, pp. □□.
　　② 　详见:I. L. I. 1 June. 1936, p. 262;3 August 1936, p. 141;21 Sept. 1936, p. 374;9 Nov. 1936, p. 239;22 March 1937, p. 366.

工作时间之成绩为佳。

由联邦政府制定法律规定工人之工作时间之第一次为 1933 年 6 月之《产业复兴法》。《复兴法》规定各公平竞争章程对于工人最高工作时间应有规定。故自 1933 年 6 月起至 1935 年止全美大多数受公平竞争章程之支配。在 517 件公平竞争章程中,包括工人 22,000,000,其中有 11,200,000 人每周工作 40 小时,低于 40 小时者 2,270,000,高于 40 小时者 8,570,000 人。[①]《复兴法》被判失效后,1938 年又通过《公平劳动标准法》规定工人之最长工作时间。该法关于时间之部分规定州际商业之被雇者及生产州际商业生产品之被雇者之工作时间,在 1938 年 10 月起,第一年内每周不得超过 44 小时,第二年内不得超过 42 小时,第三年内不得超过 40 小时。超过上述时间者均视为延长工作时间,其工资率应一倍半于普通工资率。延长工作之条件则无明文规定。如工人之工作条件由国民劳动关系局登记之团体协约规定而其工作时间定为每 26 周在 1,000 小时以下,或每 52 周在 2,000 小时以下者,视为例外,每年工作不到 14 周者视为例外,又农业,航海业,及有特别法规定之职业均不在此法管辖之内。

各州法律对于成年男工工作时间之规定始于 19 世纪末,其限制亦以交通工人,矿工及特殊性质的工厂之工人为限,甚少作一般规定者。交通业工人工作时间之限制始于 1890 年,至 1914 年有 30 州通过铁路工人工作时间法。矿工及隧道工人工作时间之限制始于 1890 年,至 1936 年有 17 州实行 8 小时工作制。

---

① 详见 National Recovery Administration, Research and Planing Division: Hours, Wages and Employment under the Codes, Washington January 1935.

开矿工作常因矿坑深度之不同而有难易之别。在深的矿坑工作每因压力过高,潮湿,过热及通风困难等原因而有碍健康,故美国近年来对此点异常注意,如纽约,新乔叟(New Jersey),本薛文尼亚(Pennsylvania),加里福尼亚,玛利兰,麻色居塞(Massachusetts),威斯康辛(Wisconsin)各州均有特别规定,以资保护。各州规定并不一致,现将比较完备者录后:①

美国各州私人雇用法定时间表

压力大小	24 小时内最长工作时间	工作后休息时间
超过正常压力未超过 21 磅者	8 小时	$\frac{1}{2}$ 小时
超过 21 磅未超过 30 磅者	6 小时	1 小时
超过 30 磅未超过 35 磅者	4 小时	2 小时
超过 35 磅未超过 40 磅者	3 小时	3 小时
超过 40 磅未超过 45 磅者	2 小时	4 小时
超过 45 磅者	$1\frac{1}{2}$ 小时	5 小时

首先颁制工厂工人 8 小时工作法者为亚拉斯加,该法于 1917 年通过,但不久被判违宪失效。随后又有数州规定某几种工业为 8 小时制。如 Arizona 规定电气厂,洗衣业,Missouri 规定平板玻璃工厂,Montana 规定汽锅机械业,Arizona Colorado, Montana 规定水泥业及陶器业,Montana 规定制糖业,South Carolina, Georgia, Morth Carolina 规定棉织业,丝业,羊毛业工人每日最长工作时间为 8 小时,每周为 40 小时。

---

① Principle of Labour Legislation.

（戊）我国规定成年工人每日实行工作时间以 8 小时为原则，如因地方情形或工作性质有延长必要时，得定为 10 小时。如因天灾,事变,季节之关系得延长工作时间至 12 小时,其延长之时间每月不得过 37 小时。[1]（见《工厂法》第 8,第 10 两条）

第二节　休息时间

所谓休息时间系指继续工作之间予以中间的休养机会而言，休息时间分为两种，一为休息时（Pause），一为休养时（Ruhezeit），前者系指在每日工作进行时，予以休息时间，以俾休息；后者则指每日工作后应予以充分之睡眠时间，使其恢复疲劳以资休养。关于后者各国之规定颇为一律，即工人每日工作后至少应予以 8 小时以上继续不断之休养时间，前者则规定不一，现分叙各国情形于次：

苏联规定被雇者在每日工作时间中，应予以一次休息时间及一次就膳时间，在休息时间中工人得离开工厂，如工作性质特殊不能离开者得相关工会同意及劳动部代表特许时得禁止其离开。休息时间应订入工厂规章之内，最长不得高于 2 小时，最短不得少于半小时。

德国在 1938 年 4 月 30 日之《工作时间法》中对于每日休息时间亦有规定。第一，被雇者在 24 小时以内，至少应有 11 小时以上

---

[1]　关于最长工作时间之规定,可详阅 L. L. O. 出版之 *Generlisation of the Reduction of Hours of Work*。该书对于各国最长工作时间之规定甚为详密。

之继续休养时间。第二，从事工作 6 小时以上之工人每日应有半小时的休息时间，两个一刻钟的休息可以代替一个半小时的休息。至 1938 年 12 月 22 日劳动部长下令缩短休息时间，增加休息次数，休息时间之总时数不变，以提高工人工作效率。如从事过分紧张工作或使用有毒原料之被雇者可以延长休息时间及增高休息次数，以保障其康健。此种休息不计算于工作时间内。①

　　意大利对于被雇者之每日休息时间亦有规定，每日休息时间至少为一次，每次最长时间为半小时。此外于 1935 年 6 月 12 日通令全国实行法西斯星期六制（Fascist Saturday），即每星期六下午一时起均不得从事工作，一律休息，以便从事运动及军事训练。

　　美国对于成年工人之每日休息时间及饭后休息时在法律上甚少规定。仅有少数州对于铁路工人及矿坑工人规定其休息时间。②至于工厂工人之休息时间几无规定。至于星期六下午定为休息时间则颇普遍。除有 20 州正式以法律规定外，其他各州亦在推行中。其主要原因，一方面由于雇主之自动实行，一方面由于工会之鼓吹与活动。据美国劳动统计局研究，在 1933 年 500,000 工会会员中有 78.3% 实行星期六下午休息制，其普遍于此可见。③至于公共工作则星期六下午休息已成定例：

　　我国《工厂法》第 14 条则规定凡工人工作继续至 5 小时，应有半小时之休息。

---

　　① I. L. I. 18. Angust 1937.

　　② Massachasetts, Maryland, New York 规定铁路工人之休息时间，California, Maryland, Massachasetts, New Jersey, Pennsylvania, Wisconsin 等州规定矿坑工人之休息时间。

　　③ 详见：*United States Bureau of Labour Statistic Bulletin*, No. 600. 1934, p. 12.

第三节　休假日

休假日可以分为两种,一为休息日(Holiday,Ruhetag),一为年假日(Annual Holidays,Urlaub)。前者系指被雇者每继续工作五日或六日后,给予一日之休假以俾休息。后者指长期继续工作之被雇者在工作若干时期后予以较长的休息时期,俾资休养。

苏联在1922年《劳动法典》中规定,工人每周(七日)至少有连续42小时的工作时间,谓之休息日(Weekly Rest day)周休息日由劳动主管官应会同工会协定之,或指为星期日,或指为其他日期,均无不可。除了这种周休息日外,又定下列诸纪念日为休息日,(a)1月1日,(b)1月22日,(c)3月12日,(d)3月18日,(e)5月1日、2日,(f)10月7日、8日。此外地方劳动机关会同省工会可以按照地方特殊情形指定特别休息日,特别休息日每年不得超过六日。

凡工人继续工作在五个半月以上时每年给以两周以上休息日。从事危险工作及有毒工作之工人除上所规定之休息日外,每年另加休息日两周。凡在气候恶劣或有害健康之地区工作者亦须另加特别休息日,特别休息日之日数及应加特别休息日之地区由人民委员会以命令公布。

1929年后苏联实行五日工作周制(Five-day Working Week)及继续工作周制(The Continuous Working Week),其目的一方面在不断地利用生产设备以达到最大生产之目的,一方面减少劳动时间,增加工人的休息。

所谓继续工作周制是废止一般的星期日工人轮班休息,工人休息时间虽增加而工厂之活动不因之中断或减少。根据 1929 年 9 月 24 日苏联人民委员会所颁布之继续工作周制法令,规定五日为一周,四日工作,一日休息。每年休假日为五日,(a)1 月 22 日,(b)5 月 1 日、2 日,(c)10 月 7 日、8 日。其余 360 日均为劳动日。分为 72 个五日周。所有工人及使用人于每五日内均轮流休息一日,其具体办法由企业经理与工厂委员会协定之。① 实行继续工作周时,休息日前一日之劳动时间并不缩短。实行继续工作周制,每年劳动总数无大的增减。照以往制度,如行 8 小时劳动则一个劳动制者每年应工作 2197 小时,行 7 小时劳动制应工作 1962 小时;如行新制则 8 小时劳动制每人应工作 2208 小时,均增 5‰,行 7 小时劳动制则应工作 1933 小时约减少 15‰。

原则上虽行 5 日一周制,但建筑业及有季节性之企业得由劳动及国防委员会内所设立继续工作周委员会按继续工作制原则另订每周日期。该委员会于 1929 年 10 月 23 日规定建筑举行 6 日一周制(工作 5 日,休息 1 日)。其他企业具有特殊理由,或对国民经济地方经济有特殊重要性,经官厅允许后亦得另订每周日期。故采 6 日一周者有之,采 7 日一周者亦有之。

1940 年后国际风云紧急,人民委员会乃于 6 月 27 日下令恢复 7 日一周制,以加紧生产。所有企业及工厂以前采行 5 日工作周制或 6 日工作周制者,一律取消,改为 7 日工作周制,工作 6 日,休息 1 日。每年休假日规定亦经 1938 年法令改为在同一工厂继续工作 11 个月者,每年方有 12 日休假的权利。

---

① 详见 Hus Majesty's Stationary Office, *A Selection of Documents Relative to the Labour Legislation in Force*, U. S. S. R, pp. 98-99.

意大利对于工业劳动者星期日及休息日的规定在 1907 年 7 月 7 日第 489 号敕令及 1908 年 8 月 8 日第 599 号敕令中已分别规定。至 1934 年 2 月 22 日又颁布统一的《星期日及每周休息日法》(Act No. 370 Respecting the Sunday and Weekly Rest)废止以前法令,对于休息日有详尽规定。

新法规定除若干例外,所有被雇者于每周内应有连续 24 小时之休息时间,休息时间定为每周星期日。如担任有连续性不能中止工作之工人则可订星期日以外之日子为休息日,使劳动者可以轮流休息而不致妨害工作进行。凡下列性质之工作可以在星期日举行,但劳工在星期日工作之时间以后应补足相等休息时间。

(一)装置修理,或打扫机器之工作,如不在星期日进行,将妨碍以后工作之进行;或将有碍被雇者之安全时;

(二)看守工厂及机械;

(三)清理存货或草拟年资产负债表。

如万分紧要时,下列情形下亦可在星期日举行。

(一)对于被雇者或工厂安全有关,或与生产品之存储,原料之使用有密切关系之工作;

(二)省长基于公共利益的理由以命令特许之工作。省长之命令须得业团检查员之同意。

雇主因上述各情形欲在星期日进行工作时应于开始后 24 小时内报告业团检查员说明其理由及报告雇用工人之年龄,数目及性别之分配。雇主如不遵守法令擅自令被雇者在星期日工作,或不报告其理由及人数时,由政府按章规以罚金。①

---

① 全文详见:I. L. O. *Legislative Series 1934*. Italy 3.

每年休假日之规定始于 1923 年以后,休息日之日数由各业雇主协会及劳工协会以团体协约订定,各业不一。

德国对于休假日之规定颇为简单。每工作 6 日得休息 1 日,每年休息日,定为 6 日。以 1937 年劳动专员所颁布之超工厂规则而论有 90% 规定为 6 日,亦有规定在 6 日以上者,最长者为 12 日。[①]

美国规定实行每周休息日制者达 8 州。[②] 但其规定不一。如加里福尼亚及康奈的克脱(Connecticut)两者规定例外情形以非常时期为限。密西根仅适用于某种汽车之驾驶人。New York, Massachusetts, New Hampshire, Wisconsin, Illinois 五州规定适用于所有工厂及作坊。但房屋看守人,管理人,工头,看管活动物者,新闻印刷业,娱乐业,牛奶业等为例外。至于联邦法律则无规定。自 1926 年起美国又推行每周五日工作制。据联邦劳动部研究,在 1926 年内 765,000 工会会员中每周工作未超过五日者约 40,000 人,占 5.3%。又据制造业公会(Consus of Manufacturess)报告在 1929 年全国工厂工人实行五日工作周者达 286,685 人。至 1933 年人数更增,尤以建筑业及新闻印刷业为最,前者占全体加入工会之劳工之 85.3%,后者占 63%。[③]

1915 年 5 月芝加哥送牛奶业工会(Milk Wagon Drivers' Union)与其雇主订立团体协约,每年放年假两周,照常给付工资,此为美国以团体协约规定年休息日之始。以后各业之团体协约均提及此

---

① I. L. I. 1937.

② 八州名称及通过法律年限如下:California(1936);Connecticut(1911);Michigan(1919);Massachusetts(1913);New York(1913);Wisconsin(1919);New Hampshire(1933);Illinois(1935).

③ Principles of Labour Legislation.

点。年休息日日期普通多为一周至二周。至于以法律规定年休息日仅以公共工作者为限,私人雇佣尚无前例。

我国规定凡工人每七日中应有一日之休息。凡政府法令所规定应放假之纪念日均应给假休息。在工厂法施行条例第九条规定纪念日为(一)1月1日,(二)3月12日,(三)3月29日,(四)5月5日,(五)7月9日,(六)10月10日,(七)11月12日,(八)5月1日,及其他由国民政府临时指定之日。

凡工人在工厂继续工作满一定期间者,应有特别休假,年休假日之规定如次:

(一)在厂工作1年以上未满3年者,每年7日;

(二)在厂工作3年以上未满5年者,每年10日;

(三)在厂工作5年以上未满10年者,每年14日;

(四)在厂工作10年以上,其特别休假期每年加给1日,其总数不得超过30日。

休息日及休假日之工资照常给付,如工人不愿特别休假者,应加给该假期内工资。

第四章　特别劳动者保护

　　特别劳动者保护策普通系指童工与妇工的保护而言。童工与妇工由于发育及生理上的关系,体力较弱不能担任比较繁重及有危险性的工作。而事实上在工厂制度兴起初期,雇主常利用童工妇工经济上之缺点及智识经验的浅薄,强其为不能担任或有碍健康的劳动,而其报酬特别低下,故童工之虐使,妇工之榨取成为当时最流行之现象。各国劳动法之兴起,即为此种现象之反动。此点于第一编中已详为叙述,兹不重赘。

　　特别劳动者的保护原则在个人主义国家,国家主义国家及社会主义国家略有不同。在个人主义国家认为童工和妇工的保护是政府基于保障个人人格之圆满发展之手段。因为女工和妇工在先天上和后天上有种种缺陷,苟政府采取与成年男工一样之保护方法,结果他们将受雇主之榨取,身心上受到无穷的弊害不能达到个人人格圆满发展的境地,因此政府有制成特别法规以资保护之必要。在国家主义国家及社会主义国家则不然。他们认为童工和妇工的特别保护不仅是使他们避除雇主压迫和榨取的手段,而且与民族盛衰国家强弱有休戚的关系。一国人口的多寡,儿童的健康,出生率的大小,是决定将来国家前途之重要因素,而童工和妇工之保护又是达到增加人口提高全国健康水准的方法。故其着眼点不仅以劳动者个人人格发展为前提,并且加上了国家的一般政策,人口政策和社会政策的因素。换言之,其特别劳动者保护策之原则与其整个劳动政策一样,是以国家的利益为第一位,个人利益为第二位,在国家福利大前提下着眼去规划一切保护的条款。基于基本原则之不同,故各国特别劳动者的保护策的内容也不一致。现分为童工保护和妇工保护二节比较各国的政策于次。

第一节　童工保护

童工保护的内容拟分为年龄限制,就业保护,劳动时间,及学徒见习生之保护四项:

第一目　年龄限制

儿童之就业年龄各国规定不一。现以英,美,德,意,苏及我国之规定分别介绍如次:

(甲)英国。英国 1918 年《教育法》(Education Act of 1918)提高儿童离校年龄为 14 岁,并禁止学龄儿童在任何工厂,作坊,矿山及采石场工作。此为英国颁布统一的儿童佣雇法规之开始。1920年又颁布《女工童工及儿童佣雇法》(Employment of Women, Young Persons and Children Act),接受华盛顿劳动会议议决案,禁止 14 岁以下儿童在工厂工作。至 1921 年,又颁布《新教育法》,修正 1903年《儿童佣雇法》(Employment of Children Act),1904 年《禁止虐待儿童法》(Prevention of Cruelty to Children Act)及 1918 年《教育法》,

授权地方教育机关允其颁布并执行关于学龄儿童雇佣之办事细则。凡学龄儿童（5 岁至 14 岁）不得从事工厂劳动,至于其他性质之工作亦有限制。根据该法规定,12 岁以下儿童绝对禁止雇用,12 岁以上 14 岁以下儿童不得在上午六时以前,下午八时以后工作,儿童在校上课时禁止在学校每日放学前工作,星期日工作不得超过两小时。街道贩卖业及足以妨害儿童生命,肢体,健康,及教育之工作绝对禁止 14 岁以下儿童担任。[①] 地方教育机关如发现雇主违反法令时,可以通知保安官（Justice of Peace）由其签发命令授权地方教育当局在命令签发后 48 小时内至该工厂检查,如发现其确实违反法令时得处以罚金。[②]

1936 年《教育法》规定自 1939 年 9 月以后儿童离校年龄为 15 岁,但年满 14 岁者得从事"有益"雇佣（Beneficial Employment）,但"有益"雇佣定义甚为含混,标准不一。[③]

（乙）美国。Penneylvania 州于 1848 年禁止 12 岁以下儿童在纺织工厂工作,随后于 1849 年将年龄提高为 13 岁,此为美国注意童工年龄限制之第一州。不久各州继之。1853 年 Rhode Island 规定

---

① 见:1921 年教育法第 92 条。
② 同上第 96 条,第 98 条。
③ 所谓"有益"雇佣之标准说法不一。工会年会委员会于 1937 年年底曾致地方教育机关一备忘录,其标准如次:(一)佣雇时间至少为 12 个月。(二)工作之一部分须为有组织的训练使其将来职业纯熟。(三)每周工作不得超过 48 小时,工作时间须在上午八时以后下午六时以前。(四)每周除星期日休息外,并另有半日休息,及年假两周。地方教育机关亦曾举行会议规定其标准如次:(一)工作不得为季节工作或短期工作,在其满 15 岁以前不得无故中止其契约。(二)其工作时间每周不得超过 44 小时,每日休息时间包括在内。(三)每周工作至多六日,不得延长工作并禁止夜工。(四)年休息日至少一周,工资照付。其他如 National Union of Teachers 亦有相似标准之规定。

最低年龄为 12 岁,1851 年 New Jersey 规定为 10 岁,1856 年 Connecticut 州亦规定为 10 岁。上列各州虽已规定最低年龄,但无执行机关及适当的防止方法,正式规定由专员负责执行者为 Massachusetts 州。该州 1867 年法律禁止 10 岁以下儿童在制造业工厂工作,由州长授权州警察官(State Constable)及其代理人负责执行。

19 世纪中叶以后全美各劳动团体,妇女团体一致鼓吹童工的年龄限制,要求禁止 15 岁以下之儿童在工场工厂及矿山工作,于 1904 年成立全国童工委员会(National Child Labour Committee)从事宣传。由于各团体之努力,各州均先后颁布童工年龄限制法,至 1926 年除 Wyoming 州外,各州均禁止 14 岁以下儿童从事工厂工作。[1] 至近数年此种限制有扩充一切工厂,商店,矿山及其他职业之趋势。

各州除规定 14 岁以下儿童不得从事一般性工厂工作外,有许多州并规定许多危险性职业不得雇用 16 岁以下儿童,危险性特大之工作不得雇用 20 岁以下童工。[2] 有一部分州禁止 18 岁或 21 岁以下儿童从事巡夜及其他有碍道德工作。最近有许多州授权州健康局或州劳动局允其增加危险职业及过度危险职业名单。[3]

据各机关及专家研究结果,童工年龄之规定仍嫌过短。以最

---

① Wyoming 仅禁止 16 岁以下儿童从事特别危险性工作,对于一般性工作则无规定。Delaware, South Dakota, Texas, Washington 则规定如儿童家庭特别贫穷时,则视为例外。

② 普通认为打扫机器,在机械行动时擦油,调整皮带,使用压榨机,磨碎机,洗涤机,锯板机,钻孔机;制造铅制成品及配合有毒性酸等工作为危险性职业。在矿坑工作,照管开口炉,在铁路工作,制造爆炸品等工作为特别危险性工作。

③ 详见:Report of Advisory Committee on Employment of Minors in Hazardous Occupations, Monthly Labour Review Dec. 1932, pp. 1312-1822.

低工作年龄规定之目的,第一,为防止不正当的疲劳使儿童能正常的发展其体格,第二,为使儿童有接受最低限度教育之机会。最低年龄定为 14 岁实不能达到上述目的。故提高儿童就业年龄运动在美颇为盛行。受此种运动影响制定法律规定最低工作年龄为 16 岁者有 Connecticut, Montana, New York, Ohio, Pennsylvania, Rhode Island, Utah 及 Wisconsin 八州,规定最低工作年龄为 15 岁者有 Texas, California, Maine 及 Michigan 四州。各工会及劳动团体则主张最低年龄为 18 岁。

联邦政府对于童工就业年龄之限制颇为努力。1916 年国会通过议案规定凡雇用 14 岁以下之儿童为工人,及雇用 14 岁以上 16 岁以下童工日间工作在 8 小时以上,夜间工作在 6 小时以上之工厂所生产之州际货物一律禁止运输。此条例亦适用于雇用 16 岁以下的儿童之矿山所生产之矿产品。在实施前一日该法被北加罗林亚法院判为违宪,旋于 1918 年被联邦法院判为违宪。[①] 至于 1919 年国会又重新努力,其手段由干涉州际商业改为由征税限制之。其最低年龄标准与 1916 年法令相同,其禁止之方法则规定凡违反上述标准之雇主,对于年纯利润处以 10% 的禁止税。但于 1922 年 5 月又被判违宪。[②]

1919 年努力失败后联邦政府传统的两种警察权无法行使,而童工之非法雇用问题又相当严重,其唯一的补救方法乃请求修改宪法。于是国会于 1924 年提出宪法修正案主张国会有权禁止并

---

① Hammer v. Dagenhart, 247. U. S. 251. 38. Sup. Ct. 529.

② Bailey v. Drexel Furniture Company, 259. U. S. 20. 42. Sup. Ct 449.

干涉雇用 18 岁以下之童工。宪法修正案之通过须得四分之三以上之州批准，截至 1938 年年底止已得 28 州之批准，准备批准者有 Texas 及 Delaware 两州。[①]

罗斯福当政后曾根据产业复兴法以公平竞争规章为手段来限制儿童就业年龄。在公平竞争规章中几一律规定儿童就业最低年龄为 16 岁。复兴法被判失效后，国会于 1937 年有三个提议主张规定儿童就业年龄，但未通过。至 1938 年《公平劳动标准法》通过后，童工年龄之限制乃进入一新的阶段。该法规定凡雇用"虐待童工"（Oppressive Child Labour）工厂所生产之州际商品一律禁止起运及运输。"虐待童工"之定义：第一，雇用 16 岁以下儿童从事任何职业（凡父母或其他代行亲权者〔a Person in loco Parentis〕雇用儿童从事制造业及矿业以外之职业者视为例外）。第二，雇用 16 岁至 18 岁之间儿童从事联邦劳动部儿童科科长所宣布之妨害儿童健康及幸福的危险性工作。

儿童科科长得以命令颁布若干制造业及开矿业以外职业允许 14 岁至 16 岁之儿童工作，但其工作时间以不妨害求学，健康及幸福为原则。法令执行由儿童科与州劳动机关合作，由儿童科颁制儿童就业执照，给予在"虐待童工"年龄以上之就业儿童，无执照者不得雇用。联邦劳动部工资及工作时间司之工厂检查员应随时向儿童报告是否有人违反此项规定。[②]

---

① 见：I. L. I. 10. May 1937，pp. 208-210 及 7. August 1939，pp. 192-194.

② 详见：Elmer F. Andrews, The Administration of Fair Labour Standards Act in U. S. A, I. L. R. Vol XL. No. 5, Nov. 1939, pp. 620-624. 关于危险性职业名单，儿童科于 1939 年 9 月曾公布一批，详见：I. L. I. 6. November 1939, pp. 162-163.

1939 年 1 月国会第 76 届会议中曾提出议案修正公平劳动标准法。其主要内容如次：

第一，提高儿童最低就业年龄至 18 岁。

第二，在公平劳动标准法第 12 条应增加一款："凡商品到达一州后应由该州州劳动部证明该货是否符合该法规定，如符合时于货物上贴以证明封签以免混淆。"

第三，在公平劳动标准法第 18 条规定如联邦法律，州政府法律及市政府命令所订之标准高于该法时，该法条款失效。修正案不仅承认此点，并使之具体化。凡该法管辖范围下商品运至任何一州出卖时，即归该州法律管辖，违反该州任何法律之条款时，即视为非法。①

（丙）德国。德国在 1938 年以前对于童工及未成年工人之保护散见于《工业法典》，《儿童雇用令》，《劳动时间法》及其他劳动法规中。至 1938 年 4 月 30 日颁布《未成年工人保护法》，将童工及未成年工人之保护独立成立特别法合并以前散见各法典之条款，并另创新的条款。该法适用于所有儿童及未成年人欲从事于工厂工人，学徒，助手及志愿工作者。家内劳动，农业，交通业，航空业，则不包括在内。现将其就业年龄限制分析之。

凡 14 岁以下之未成年人均谓之儿童。在原则上所有儿童均禁止工作。但超过 12 岁及未满 14 岁之儿童在下列情形下可以从事轻微的商业工作及在运动场娱乐场充当信差：（一）工作时间在上午七时以后，下午六时以前；（二）在上课期中每日工作不得超过 2

---

① 详见 I. L. I. 15. May 1939，pp. 627-628.

小时,在放假日每日工作不超过 4 小时;(三)儿童工作超过 3 小时,应予以半小时休息,休息时间包括在工作时间内;(四)如儿童在国民学校修业期满后每日工作时间不得超过 6 小时。14 岁以上未满 18 岁者谓之未成年人,未成年人原则上可以被雇为劳动者。但有若干危险性职业则禁止雇用。未成年人之雇用政府订有严格的保护法规,以资保护。①

(丁)意大利。意大利现行未成年保护法系于 1934 年颁布。该法全名为《妇女及儿童雇佣保护法》(Act No. 633 to Safeguard the Employment of Women and Children)于 1934 年 4 月 26 日颁布。在该法颁布前,关于童工的保护法律有 1907 年的《妇女及儿童雇用敕令》,1922 年第 748 号《立法令》,1913 年 6 月之《童工教育令》,1925 年《母性及儿童福利令》,1925 年 4 月 17 日第 473 号《妇女及儿童保护法》。新法不过集其大成而已,修增之处不多。②

儿童系指未满 15 岁之男女性未成年人而言。儿童不得被雇为劳动者。关于特殊工作及危险性工作之年龄限制如次:

(一)16 岁以下之未成年人不得在矿坑,石矿内及无机器曳引之工厂工作;

(二)16 岁以下之未成年人不得从事单轮货车及双轮货车起卸货物及运货工作,及在西西利硫黄矿从事卸货及装货工作;

(三)16 岁以下未成年人不得在电影场工作;

---

① 　I. L. I. 3. April 1939.

② 　全文详见:I. L. O. *Legislative Series 1934*. Italy 6.

（四）16 岁以下未成年人不得从事任何方式之负贩业；

（五）18 岁以下之未成年人不得从事酒精饮料零售业；

（六）18 岁以下之未成年人不得从事火车货车之拖运工作。

关于其他不得雇用未成年人之有危险性妨害健康之职业及非有特殊安全设备不得雇用未成年人之职业，由政府得最高卫生评议会（Superior Health Council）及全国业团会议之申请后颁布之。该项名单曾于 1936 年 8 月 7 日颁布。①

（戊）苏联。14 岁以下儿童绝对禁止工作，已满 14 岁及未满 16 岁儿童在特殊情形下得劳动检查员允许后方得从事劳动人民委员部及工会中央委员会所指定之职业（第 135 条）。此类儿童劳动时间每日以 4 小时为限。18 岁以下未成年人不得从事繁重工作及有害健康之劳动，亦不得在矿坑中工作。

（己）中国。我国规定凡未满 14 岁之男女，工厂不得雇用为工厂工人。男女工人在 14 岁以上未满 16 岁者为童工，童工只准从事轻工作。下列工作不得从事：

（一）处理有爆发性，引火性或有毒质之物品；

（二）有尘埃，粉末，或有毒气体散布场所之工作；

（三）运转中机器或动力传导装置危险部分之扫除，上油，检查，修理及上卸皮带绳索等件；

（四）高压电线之衔结；

（五）已溶矿物或矿滓之处理；

（六）锅炉之烧火；

---

① *Child Labour Facts and Figures*, Chap. I., U.S. Department of Labour.

（七）其他有害风纪及危险性工作。

第二目　就业之限制及条件

雇用童工时除注意其最低年龄外，尚有其他限制：第一，为教育方面的条件，第二，为体格方面的条件，第三，为危险职业及有害健康职业之禁止，现分述之：

（甲）教育条件。各国教育法规中虽规定学龄儿童不得被雇为劳动者，但仍不能达到强迫教育的目的，故多数国家一方面禁止工厂，企业雇用未达到某项教育标准之儿童，一方面则强迫其在就业前接受短时期之补习教育。如意大利规定儿童之雇用在教育方面至少要已全成其小学第五年级之学业。美国有多数州规定童工就业之资格除体格合格外，其教育程度须达相当标准。标准之规定不一。有以写字及识字为标准者，有以完成小学学程为合格者，亦有规定须经过就业学力测验者。有些州规定童工就业时，在其合格年龄前一年或就业证明书颁发前一年应受短时期教育，时间长短不一，自 12 周至 1 年不等，其主要课程为英文，写作，拼音，地理，历史，算术等。据最近发展趋势，各州几多规定儿童在完成小学四年级学程后方允就业。[①] 苏联亦规定在原则上七年制学校学程未毕业前不得被雇为劳动者。其他如英，德，法各国均有相似规定以提高童工之知识水准。

（乙）体格方面之条件。儿童身体之发达是否健全，仅以年龄

---

① 　详见：1937 年《工厂合并法》第 99 条，及第 100 条。

大小不能决定,故各国规定体格须达相当标准方允就业。就业儿童之体格检查多由颁发就业许可证机关举行之。英国 1901 年《工厂及作坊法》即规定凡用 16 岁以下之童工必须有合格证明书(Certifieate of Fitness for Employment),在证明书对于就业儿童之身体是否合格及其适宜担任之工作应特别说明,证明书由注册外科医生签发。如工厂检查员认为其体格不适合法律所规定工作及工作时间时得重新检查之。至 1937 年《工厂合并法》中更有详细规定。新法规定凡 16 岁以下未成年人欲在任何工厂从事任何性质之职业必由外科医生检查并证明其体格合格。外科医生在检查后认为有考虑或搜集资料之必要时得签发临时证明书,其有效日期,在证明书注明,但最长不得超过 21 日。外科医生所签发之证明书上应详列持证人适用之工厂及职业,持证人所能担任之工作的性质及工作以及重新检查之时间及重新检查之条件。雇主不得违反证明书上所列之工作及工作条件以雇用未成年人。证明书上所列再度检查之时间到期或再度检查之条件发生时,持证人应再往检查之。外科医生再度检查后得另换证明书或拒发证明书。医生如拒发证明书应以书面通知其家长并说明其理由。无证明书者,雇主一律不得雇用。医生在签发合格证明书时得向地方教育当局要求其供给该生在学校之体格检查表以资参考。如工厂检查员认为某未成年人之工作足以妨害其本人之健康或其他人之健康时,得以书面通知厂主令其将该未成年人在指定期间内(一日至七日)解雇或调至他处工作;若经签发证明书医生亲身再度检验认为其体格适宜于此种工作时雇主得雇用之,否则不能再继续雇用。①

　　美国 Massachusetts 州于 1906 年规定未成年人在就业前须经过体格检查,检查合格后方允就业,此为美国最先注意童工体格之第一州。至 1936 年全美有 25 州规定需要经过体格检查方允签发就业许可证。② 其他各州则授权核发许可证机关如对请求颁证之童工之身体或能力怀疑时可以举行体格检查,不合格时,得拒绝发给证明书。儿童体格检查有一定表格及标准,由各州制就,其中以纽约州者为最完备。童工转业或童工工作经过相当时期后之体格重新检查,在美国不甚注意。仅少数州授权童工法执行机关如发现童工对其工作不适宜时,得再度举行体格检查,必要时可撤销其就业许可证。纽约州则由州劳动部派出医务检查员至各厂检举体格弱小之童工而重新举行体格检查。比较完备者为 Virginia 州,该州规定持有就业许可证之儿童每年应检查体格一次。

　　① 美国除 Idaho 州外各州均有就业许可证制度。许可证之核发通常由学校核发。许可证之内容及签发手续各州不一。内容最完备者为 Ohio 州。兹根据该州法令详述于次:

凡未持许可证之 18 岁以下儿童,雇主一律不得雇用。持证人在其工作时间,许可证由雇主保存,工作期满或雇佣中止时,由雇主直接退回原核发机关。就业许可证由各地教育当局核发,请求核发时应缴纳下列文件。(一)学校证明书,对于年龄,写作能力,学校原级,详细填具,由该生最后肄业学校校长签字。(二)年龄证明书如出生证,受洗证,及其他文件。如无上列证明书时,由其父母及地方上有名人士二人至三人宣誓证明。(三)体格证明书:由校医或注册医生开具之。就业儿童亲自携带上列文件至核发机关听凭面试检验。如核发机关认为合格时,即核发之。核发机关每月须呈月报表于州劳动部,详列本月核发许可证数目,领证人姓名,许可证退回数目及持证人姓名,以及未核准者姓名,雇用童工雇主姓名及其地址,儿童从事之职业,工作性质等等以便州劳动部参核。详见:Woodbury, Helen Sammer, Standerds Applicable to the Administration of Employment Certificate Systems, U. S. Department of Labour, Children Burean, pp. 18-44.

　　② 详见:1934 年 4 月 27 日法令第八条,及第九条规定。

意大利规定童工就业时应领取体格合格证明书,无证明书者雇主不得雇用。如检查员认为持证人体格不适宜于危险性及不适当的工作时应于证中申明,雇主不得违反之。证明书核发机会为健康部检查员,经业团部部长特许之全国母性及儿童福利协会(National Maternity and Child Welfare),医务检查员及其他救济机关之医务检查员亦可举行体格检查及核发证明书。体格检查一律免费。①

(丙)危险职业及有害健康职业之禁止。未成年人因身体发达尚未完成,如使其从事危险性及有害健康之职业时,恒足影响其发育甚至危害其生命,故各国均禁止未成年人不得从事此类工作。英国规定童工不得在制造白铅或制镜工厂,使用热水工厂,调合干铅化合物工厂,及其他铅化合物制造厂,地下矿坑中亦禁止童工工作。16 岁以下之女工则不得在砖瓦制造厂及食盐制造厂所工作。劳动部尚可随时颁布特别命令禁止未成年人从事此类职业。意大利除由政府颁布条例禁止童工从事有危险性及有毒健康性工作外,同时规定童工肩负重量之限职业之制。② 苏联于《劳动法典》上亦明白规定。18 岁以下之未成年人禁止在地下及有碍健康之工作,各类名单由劳动人员委员部得工会中央联合会同意后颁布之。其所颁布之名单与英国者大体相似。其他如德国,法国,美国各州

---

　　①　意大利规定童工负重之限制如次:

15 岁以下之男童至多不得超过 15 公斤;

15 岁至 17 岁之男童不得超过 25 公斤;

15 岁以下之女童不得超过 5 公斤;

15 岁至 17 岁之女工不得超过 15 公斤;

17 岁以上之妇女不得超常 20 公斤。

　　②　详见:I. L. O. *Legislative Series 1937*, Great British. 2.

法律均有类似规定。

第三目 童工之时间保护

未成年人之时间保护各国规定不一。兹将英,美,德,意,苏及我国之规定比较于次:

(甲)英国。1937 年《合并工厂法》第 70 条至 80 条对于未成年工人及妇工之时间保护规定甚为详细,现将其关于未成年人之部分分析之。[①]

凡 14 岁以上至 18 岁以下之未成年人每日工作时间(就餐时间及休息时间除外)最长不得超过 9 小时,每周不得超过 48 小时。每日雇佣时间最长不得超过 11 小时,未满 16 岁者其雇佣时间应在上午七时以后,下午六时以前,已满 16 岁者在上午七时以后,下午八时以前,星期六在下午一时以前。童工每班工作在四点半以上时,应至少有半点钟以上之休息时间或就餐时间,如在工作当中有10 分钟以上之休息时间时,则其每班工作可以延长至五点钟。此

---

① 在 1842 年 Fall River 若干居民认为现行工作时间对于儿童健康有碍,乃请求州议会制定法律禁止。该州议会根据此项请求乃于该年制定童工工作十小时法,适用于制造业工厂之 12 岁以下儿童,此为美国最早通过童工工作法之一州。同年 Connecticnt 亦通过十小时工作时法,适用在棉织业及羊毛业工作之 14 岁以下童工。在南北战争中有 New Hampshire(1948);Pennylvania(1818);New Jersey (1851); Maine (1848),Ohio(1852)五州通过童工工作十小时法。在此五州中除 Pennsylvania 州法律仅适用于纺织业外,其他四州则适用于所有制造业。随后在 1853 年 Rhode Island 亦规定 12 岁至 15 岁之儿童每日工作不得超过 11 小时。上列各州法律上虽已规定最长工作时间,但无执行机关及一定救济手段,结果等于具文。如 New Hampshire 州认为如得其父母或保护人之书面同意即视为例外,New Jersey Pennsylvania 认为只要雇主申明有延长工作必要及得其本人同意时,即可不负责任。

法实行一年后,未满16岁之未成年人工作时间应减为每周不得超过44小时,除非其工作性质如延长时不致妨碍青年健康,同时工作程序极适宜青年人工作并足以训练其技术及能力时,则可允其延长,但每周不能超48小时。

未满16岁之未成年人绝对禁止延长工作,已满16岁者在下列情形下方允延长。

(一)延长工作总数每年不得超过100小时,每周不得超过6小时,在工厂内每年不得超过26周。

(二)每日工作时间不得超过10小时(休息及就餐时间在外),其雇佣时间每日不得超过12小时,雇佣时期不能在规定时间之外。

厂主在其决定某日延长工作时,应当以书面通知该县工厂检查员,并在制就之登记册中登记各项应载事项,同时以书面将各项情形在厂内揭示。

内政大臣如认为某类工作之延长足以妨害未成年人之健康时得以规则禁止延长或限制延长工作总数。如有人向内政大臣建议认为某类工作因环境特殊,如减少延长工作时间不致妨害该产业之进行时,内政大臣得接受其建议并可征询雇主及被雇者团体或联合产业评议会,或职业局或其他类似性质之机关意见,及举行调查,调查结果认为减少加工时间不致影响企业之进行时,即可减少延长工作时间。相反的,如内政大臣认为某类工厂之工作因季节及其他特殊原因得延长未成年人加工时间,但总数不得超过150小时。如内政大臣认为产业紧迫有延长工作必要或由于不可预料之压力增加,或由于机械,工厂之危急及其他紧急事件发生时,得延长"加工"周数。

　　未成年工人在休息期中不得在工厂逗留。未成年工人除特殊例外,不得在星期日工作,每年并有特别休假日。在特别休假日中严禁其从事工作。

　　上述各项规定如发生失虞、机械或工厂破坏,及其他不可预知紧急事件发生时,内政大臣得以命令停止执行。

　　(乙)美国。美国在 1842 年开始即有一州通过法令限制童工工作时间,但其发展则在最近 30 年间。[1] 自 1903 年 Illinois 州开始至 1936 年初,全美对于 16 岁以下童工实行 8 小时工作制者达 30 余州。[2] 在此 30 余州中除 Mississippi, New Mexico, New York, Penneylvania, Utah 及 Virginia 六州规定每周工作 44 小时外,余均规定每周最长工作时间为 48 小时,每周工作 6 日。其中有 27 州将此条款适用于一切职业但家内劳动及农业劳动除外。除 Georgia 及 South Carolina 两州仅适用于棉织业及羊毛业外,其他各州均适用所有工厂童工。

　　联邦政府对此方面虽颇努力,但成绩不佳。1916 年及 1920 年国会曾通过两种法令规制童工最长工作时间,但均被最高法院判决失效。结果于 1924 年要求修改宪法允许国会限制 18 岁以下童工之工作条件,现正在进行中。1938 年通过之《公平劳动标准法》对于童工工作时间有若干规定。在其《第三号执行条例》中规定:学校开学时,儿童工作每日不得超过 3 小时,每周不得超过 18 小时;在假期中每日不得超过 8 小时,每周不得超过 40 小时。16 岁以上童工工作时间每日不得超过 8 小时,每周不得超过 40 小时。

---

　　[1]　其他 Florida, Georgia, Idaho, Michigan, New Hampshire, South Carolina, North Dakota 及 Texas 八州规定童工年龄为 14 岁,其最长工作时间为 8 小时。

　　[2]　所谓夜工,系指工作时间包括在下午十时以后上午五时以前。

原则上禁止延长工作时间,如情形特殊得呈准许可,但延长时间工资率应一倍半于平时工资率。

夜间工作在禁止之列。美国各州除 Nerada 及 Dakota 两州外均禁止 16 岁以下工厂童工在上午 7 时以前下午六时以后从事工作。有 3/4 以上的州及哥伦比亚特区将此条款扩充至商店,有 24 州将其扩充至所有职业,但家内劳动及农业劳动除外。有一部分州将童工年龄提高至 18 岁或 21 岁。《公平劳动标准法施行法》中亦禁止童工在上午七时以前,下午七时以后工作,派报童工除外。童工休息时间各州皆有规定,大体皆规定童工每日工作应有就餐时间半小时至 1 小时,每继续工作 5 小时或 6 小时后应有休息时间半小时。如延长工作在夜间时,在午后六时后应有 30 分钟休息。其他每周休息日,放假日及年休息日规定与成年男工同。

(丙)苏联。苏联《劳动法典》规定 14 岁以上至 16 岁以下儿童从事劳动人民委员部所许可之职业,每日最长工作时间为 4 小时,16 岁以上至 18 岁以下儿童被雇为劳动者时每日最长工作时间为 6 小时。对于 18 岁以下童工不得以任何理由延长其工作时间,童工不得从事夜间工作。童工每日休息时间,休假日,及特别休息日与成年男工相同,但每年应有一月以上年假日。

(丁)意大利。在 1934 年法令中规定儿童工作时间以 8 小时为原则,于必要时必延长至 10 小时,超过 10 小时则绝对禁止。如为轮班制,每班工作时间不得超过八点半钟。所谓工作时间包括自上工起至下工止之一段时间,但休息时间除外。童工每日工作 6 小时以上不到 8 小时时,至少须休息 1 小时,每日工作超过 8 小时至少须有休息时间一点半钟。童工不得连续工作 6 小时,而不予以休息,于必要时业团检查员得将此段时间缩短为 4 小时,即童工继续工作 4 小时应予以休息时间。1 小时之休息可以定为一次,如超过 1 小时之休息可分为两次。在休息期中禁止儿童在工场内停留。

18 岁以下之未成年人禁止夜工,[1]但钢铁业、玻璃业、造纸业、制糖业、金矿炼洗业因工作程序有连续性非日夜继续工作不可时,得允许 16 岁以上之未成年人从事夜工。业团部长在得各业协会之同意后得以命令允许童工在其他类似职业从事夜间工作。工厂在紧急情况下亦允许 16 岁以上未成年人从事夜间工作。业团部长认为情势严重于公共利益有必要时得以命令指令 16 岁以下未成年人从事夜工。在工厂紧急情形下,雇主欲雇用童工从事夜工时,须将其理由,雇用人数,工作起讫时间及夜工停止日期,一一呈明业团检查员,业团检查员得根据当时情形加以限制或不予批准。对于检查员之决定如不服时得向业团部提出上诉。[2]

　(戊)德国。德国自 1938 年 4 月 30 日颁布《未成年人工人保护法》后,同年 12 月 12 日颁布《施行条例》,至 1939 年劳动部又陆续颁布钢铁业,玻璃业,矿业,造纸业,未成年人保护法实施办法,此外劳动阵线之青年部及其他青年团体均有若干建议,以供雇主采纳,故未成年人之保护日臻周密,现将工作时间保护之内容分析于次:

在未成年人保护法中规定凡年满 14 岁而未满 18 岁之男女均谓之未成年人,而劳动阵线建议凡年满 14 岁而未满 18 岁之男性青

---

① 详见 I. L. O. *Legislative Series 1934*. Italy.

② I. L. I. 3. April 1939.

年及年满 14 岁而未满 21 岁之女性青年谓之未成年人。此项建议，法律上未予以合法承认，而事实上为各业雇主所采纳。

　　未成年人最长工作时间与成年男工相同，为每日 8 小时，每周 48 小时，但例外情形规定极严。未成年人之休息时间及在补习班，或补习学校接受强迫职业教育所耗之时间一律视为劳动时间，照常给与报酬。延长工作严格禁止，其例外情形有二。第一，凡年满 16 岁以上未成年人因补工时，每日工作可以延长至 9 小时。第二，因情况紧张与公共利益有密切关系有延长工作之必要时，得延长工作 1 小时，但以年满 16 岁者为限。未成年人从事工作后须有连续 12 小时之休养时，旅馆业，糖果业及面包业之年满 16 岁者之休养时得减为 10 小时。未成年人继续工作满 3 小时后应有半小时休息。每日上午八时以前下午六时以后禁止未成年人工作，但年满 16 岁之未成年人在下列情形下，可视为例外。其一，实行分班工作制之旅馆业，糖果业及面包业；其二，因公共利益之关系得劳动部之许可者。未成年人每周工作六日，星期日休息一日，星期六午后二时以后亦禁止工作，圣诞节，除夕亦禁止工作。年休假日之多少在新法中亦有详细规定。凡 16 岁以下之未成年人每年休假日为 15 日，16 岁以上者为 12 日，如参加希特勒青年团所组织之少年营及旅行队及其他团体时得延长至 18 日，休假日工资照付。①

　　（己）中国。我国规定 14 岁以上未满 16 岁之青年男工为童工。童工每日之工作时间不得超过 8 小时。童工不得在上午六时

---

　　①　关于学徒保护，详见 Stewart Scrimshaw, *Apprenticeship*, *Principles*, *Relationships*, *Procedures*（N. Y.）1932.

以前及下午七时以后工作。至于休息时间休假日及年假日则依成年工人之规定。

第四目　学徒保护[①]

学徒训练（Apprenticeship）系指一种特殊的技艺训练而言，其训练多在工场或工作场所举行，训练人与接受训练人之关系与职业学校或技艺学校教员与学生完全不同。普通称训练人为师父（Master），接受训练人为学徒（Apprentice）。师父与学徒之间多订立学徒契约（Contract of Apprenticeship，Lehrvertrag）规定双方之权利与义务。学徒多由未成年人充任，其与师父之关系又非常密切，故各国对于学徒之保护及训练非常注意，或成立法规以保护，或由劳动行政机关颁布规则以限制之。

学徒之训练与保护虽为各国所注意，但保护之方式各国并不一致，其保护之程度亦不一律。如以英国而论，严格的说来，法律上对于学徒训练可以说全无限制，学徒契约之订立，学徒训练之进行，学徒与师父权利义务之规定全完由双方当事人根据其个人意志自由决定之，政府并不过问。法律上仅规定年满 7 岁以上有订立契约充当学徒之行为能力人及有订立契约能力招受学徒者即可订立学徒契约，将来发生争议或纠纷时，由法院解决；其他一切事项则多由工会章程，团体协约，或地方教育机关与工会，雇主协会

---

① 详阅: *Report of an Enquiry into Apprenticeship and Training for the Skilled Occupations in Great Britain and Northern Ireland*, H. M. Stationery office, London, 1926-1928. 及 John Golian, *Youth in British Industry*, 1937.

间所订立之协约及该业之风俗习惯决定。[①] 比利时政府之态度比较积极，学徒契约之签订应由经济部长批准设立之学徒局（Apprenticeship Office）介绍并监督，对于学徒年龄，教育程度，及学徒期限均有规定。法国，意大利，美国，对于学徒之保护亦曾颁布若干法令，至于统制最严者以奥国，澳洲各邦为最。[②] 现分为学徒之契约保护，学徒资格之限制，学徒训练时期之保护等项说明之。

（甲）学徒契约之保护。学徒与师父之关系，普通各国均规定以成文的契约规定之。关于契约之内容大多数国家如法，德，匈牙利，波兰，卢森堡，西班牙，瑞士，苏联及我国规定其所需载明之条款，我国《工厂法》即规定学徒契约中应载明：学徒姓名，年龄，籍贯及住址，学习职业之种类，契约缔结日期及存续日期及相互之义务等项。有的国家则由政府机关及其他公法团体制备印好之契约，

---

① 法国在大革命时期，基尔特制度完全被破裂，学徒制度因 1791 年 3 月 2 日之法律亦失却其法律地位。至本世纪后学徒制度之需要甚为迫切，故国家又重新颁布若干法令以规制之。最有名者有 1851 年之法律，1919 年 7 月 25 日之 Asotier Law，1928 年 3 月 20 日《劳动法典》之规定，1936 年 6 月 24 日团体协约法中关于学徒契约之规定，以及 1937 年 3 月 10 日手工业学徒制度法规之颁布等。

意大利并无专法讨论学徒制度，仅 1926 年 7 月 1 日集体劳动关系法中有一部分条款规定之。此外各业团及全国协会联合会之团体协约均曾注意此点。

奥国规定学徒契约之法律始于 1859 年之工业法典，随后又曾颁布多数法律修改之，最后之法令为 1935 年 12 月 31 日之法令。

美国各州各联邦政府，在以前并无专法管辖学徒契约之签订及决定学徒制度，至 1937 年 8 月 16 日国会通过法案以干涉之。本书所讨论者，系以此为根据。各国详情可参阅：I. L. O. 出版 *Technical and Vocational Education and Apprenticeship*，Gneva，1933. pp. 112-121.

② Queensland 管理学徒训练之机关分为三种。第一种为学徒行政局（Apprenticeship Executive）及第二种学徒委员会（Group Apprenticeship Committee），第三种为地方顾问委员会（Local Advisory Committee）。学徒行政局为最高级之中央机关，学徒委员会则为某业或某一群职业之行政机关，后者则为地方性机关。详见：*Technical and Vocational Education and Apprenticeship*, pp. 150-151.

或制定标准契约以供各业应用。如保加利亚,维多利亚(Victoria)规定由商会及工业协会(Chambers of Commerce and Industry)规定契约形式及内容,丹麦,芬兰及罗马尼亚则由劳动部颁布标准契约,以供各业采纳。英国虽无法律明文规定契约内容,但雇主协会常自动的指定或制定标准契约以供其会员参考。

学徒契约订定时,有一部分国家规定要政府机关或公法团体参加方为效。如琼士兰得(Queensland)规定学徒契约签订时,应由管理学徒机关主席签字。① 德国,匈牙利,波兰及南斯拉夫规定需要签订该约师父之协会代表出席参加方为有效。法国,瑞士,苏联及我国则规定契约签订后应送主管官署或治安机关备案。②

(乙)学徒资格之限制。关于学徒资格之限制与童工之限制相似可以分为年龄,教育程度,身体及健康三方面。

---

① 各国关于学徒契约之登记及备案规定不一。现择要说明于次:

法国规定学徒契约除须向保安法庭及市长处备案后,如为手工业之契约时,须向手工业院(Chamber of Handicrafts)登记。

苏联规定在乡村区域时,学徒契约应呈一张于该村苏维埃;如在城市,须呈一份于市苏维埃。

我国规定工厂招收学徒须与学徒或其法定代理人订立契约,共备三份,分存双方当事人及送主官管备案。

美国公平劳动标准法规定学徒与雇主或雇主协会成立书面契约时,应由州学徒委员会或其他该州类似性质机关之批准,如该州无此类性质之机关存在时,须由联邦学徒委员会批准。如学徒契约所定之工资低于最低工资时,应由雇主及学徒填呈申请书连同契约送交公平劳动法行政专员,行政专员认为契约内容合乎规定时,即签发特别许可证。批准其契约所订之工资率及学徒期限。

在丹麦,学徒契约应在地方警察当局备案。在德国则规定如治安机关须要备案时,必需呈交;如不需备案时,即可不必。在手工业,如雇主为手工业协会会员时,必须呈送一份于该会。

② 比利时政府为鼓励手工业及其他小企业增收学徒及管理学徒之训练计,曾实行一种津贴制度。首由政府规定若干招收及训练学徒条件,凡欲领取津贴者其学徒契约之内容必须依照政府条款之规定,然后由政府核准核发津贴。

　　第一，年龄限制。学徒年龄之限制各国规定之内容不一。有仅规定其最低年龄者，亦有规定其最低及最高年龄者。普通多规定学徒之最低年龄为 14 岁，如奥国，罗马尼亚，瑞士，丹麦，澳洲联邦均如此规定。我国《工厂法》中规定未满 14 岁之男女不得为学徒，与童工年龄之限制相同。苏联规定年满 15 岁者亦得为学徒，如在有危险性及有碍健康之工厂及剧院为学徒时，必须年满 16 岁。南非联邦亦规定为 15 岁。规定最高者为美国，美国联邦学徒训练委员会（Federal Committee on Apprenticeship Training）所草拟之《各州自愿学徒法案》（State Voluntary Apprenticeship Bill）中规定凡年满 16 岁以上方得订立学徒契约。[①] 在英国法律上虽认为年满 7 岁即可订立学徒契约，但教育法中规定离校年龄儿童方得为学徒，习惯上一般机械业及印刷业之学徒最低年龄多为 14 岁至 16 岁，建筑业为 14 岁至 15 岁，面包业及糖果业为 14 岁至 16 岁，造船业为 16 岁，铺陈业（Upholstery）为 15 岁。德国及比利时习惯上学徒之最低年龄为 14 岁至 16 岁之间。

　　第二，教育条件。学徒制度之目的在传习技艺，若儿童智识程度不够时，则不能达到学习技术之目的，故各国法律规定其应受过一定期限之教育方能充当学徒。保加利亚，罗马尼亚，瑞士，南斯拉夫均规定儿童须在小学毕业方得充当学徒。匈牙利法律规定凡儿童欲充当学徒时须具备学校证明书，证明书中说明其在小学至少已肄业四年级，对于国文，写作及算学有相当基础。琼士兰德则授权相关部长允其规定各业学徒之教育程度及举行公开的学徒考

---

　　① 各国对于师父年龄之规定如下：保加利亚规定如无结婚之传授人至少为 25 岁，法国在劳动法典中规定为 21 岁。1937 年《手工业法》则规定为 24 岁，德国则手工业规定为 24 岁，卢森堡为 24 岁，罗马尼亚及西班牙均规定为 21 岁。

试,考试不及格者,不得充当学徒。卢森堡则由公共行政机关规定教育标准,于必要时应由职业教育指导局(Vocational Guidance Office)发给证明书。

第三,体格及健康之规定。由国家以法律规定学徒之体格标准者不多,但各国在习惯上均有此种限制。以英国而论,各业雇主或工厂招取学徒时,通常皆规定必须持有注册医生之体格检查书,证明其身体适宜此种职业并无他种病疾者方为合格。又如德国在法律上并不规定须要达到某项健康标准,而习惯上对此极为注意,尤其劳动阵线,希特勒青年团及其他就业训导机关屡次声明并建议工厂或雇主招收学徒时必须通过严格检查。以明文规定学徒须达到某项健康标准者有瑞士,奥国,比利时,法国,南非联邦,匈牙利,南斯拉夫,罗马尼亚各国。在此数国之中,有规定所有学徒均须经过体格检查或由官方医生开具体格合格证明书者,亦有规定仅一部分企业或职业之学徒须经过此种手续者。属于前者有匈牙利,南非联邦,南斯拉夫,罗马尼亚,属于后者有瑞士,奥国,法国,比利时各国。

匈牙利法律规定儿童如无官方医生开具之体格检查书证明其体格适宜于该项工作时则不得缔结学徒协约。南斯拉夫规定与匈牙利相同。南非联邦则规定学徒契约在申请备案时,应呈缴学徒体格合格证明书,否则不予以登记。罗马尼亚则广泛的规定凡工商企业雇用未成年人时,应具备体格证明书,说明其健康与体格适宜于此种工作,招收学徒时亦同样办理。瑞士联邦法律对此并无明文规定,但第尼洛(Tinino)法律则授权州行政委员会(Cantonal Executive Council)允其颁布规章,规定特殊产业或企业招收学徒时须经过体格检查手续。法国1937年3月10日法律规定手工业之每个商会(Chamber of Trades)应设立职业指导机关由其担任学徒体格检查工作。比利时则规定凡领取政府津贴招收学徒者强迫的要举行体格检查,其他不拘。① 奥国各业职业协会在其会章中虽多规定学徒之体格应无疾病并达到某项标准,但政府迄未以明令强制之。1919 年《面包业工人法》(Bakery Workers Act of 1919)始规定该业招收学徒应具备体格证明书。

(丙)学徒在学习时期之保护。学徒契约之保护及学徒资格之限制均为学徒在其学习前之保护,使学徒在缔结契约时不致受雇主,工厂及师父之欺骗,至于在学习时期过程中及训练完毕后之保护尤为各国政府所注意。关于学徒训练时期中之保护可分为师父资格之限制,学习期限,学徒人数,工作条件,训练方法及学习期满后保护等项。

第一,师父资格之限制。学徒制度之主要目的,在供给学徒以正当及适宜的训练以培养其工作能力,故担任训练者之能力及资格应有比较严格的规定以期名副其实,否则徒使学徒浪费其时光而已。各国对此问题之态度及其处理之方法绝不一致。极端自由者有英国。英国政府在原则上对学徒训练采放任主义,故对于师父资格在法律上未加以限制,由学徒本人,学徒父母或其保护人自由选择之。限制最严者有维多利亚,新西兰,南非联邦及琼士兰得。在此次国内因学徒契约之订立须经政府机关批准,故政府对师父资格有绝大干涉权,如政府认为其资格不符时得不予以批准。换言之,政府机关实际上具有控制权。至于其他国家则恒由国家

---

① 各国对于女性学徒之规定如下:罗马尼亚规定凡未结婚及与其妻同居之师父不得招收 18 岁以下之女性;法国规定凡未结婚之传授人不得招收未成年女性学徒在其家居宿。西班牙之规定比较广泛,如传授人之家庭非由其妻,或其家庭女性成员管照时,则不得订立契约容许学徒(包括男性和女性)在其家寄宿。

规定其资格。如奥国,保加利亚,法国(以手工业为限),德国(以手工业为限),匈牙利,波兰(以手工业为限),罗马尼亚,瑞士,南斯拉夫均规定训练学徒者均须领取执照方为合格,无执照者,不得招收学徒。领取执照者资格,各国规定不一,大体系规定其年龄,教育程度,实际经验及其技艺标准等项。[①] 一部分国家为保护女性学徒计,恒有特殊之限制,以防紊乱风纪事件发生。[②]

有时法律不仅规定训练学徒者之资格,并且规定企业设备须达相当标准足使正常训练能顺利进行时方允招收学徒。如奥国,匈牙利均有此类规定。苏联 1933 年 7 月 17 日命令规定手工业欲招收学徒时必须由手工业合作社所设立之工业徒弟学校或由手工业生产合作社之工场成群的招取,大批的训练,在此种制度尚未实行之区域方允各技师及工匠招收个别的学徒。

如师父因种种原因不能履行其职务时,学徒可以自动的停止此种关系,或由政府机关剥夺传授权。保加利亚,丹麦,法国,德国,匈牙利,波兰,罗马尼亚,西班牙及南斯拉夫规定品行不端或犯罪足以构成剥夺传授权之原因,其他如传授人不能或不愿履行契约义务,传授人教导无方或不能指导学徒工作亦为各国法定的原因之一。保加利亚,匈牙利及南斯拉夫则规定传授人如不允许学徒加入学徒学校(Apprentice School)亦为学徒自动停止此种关系原

---

① 保加利亚法律规定学徒之最低学习期限为一年,最高为二年。南斯拉夫规定最低为二年,最高为四年。匈牙利最低为二年,但可按学徒教育程度减为 18 个月,12 个月及六个月,最高为四年,如学徒年满 16 岁,教育程度较高时则最高期限为三年。芬兰仅规定最高期限为四年。

② 保加利亚规定试用期限为 15 日,匈牙利,瑞士,奥国为四周,南斯拉夫为一个月,卢森堡及波兰,虽规定为四周,必要时得延长至三个月,法国为二个月,德国为四周至二个月,南非联邦为四月以内,丹麦为三个月,维多利亚为六个月以下。

因。新西兰则授权仲裁法庭(the Court of Arbitration)允其就个别情形决定之。

第二,学习期限。学徒之学习期限大多数国家均以法律规定之。有规定其最低期限及最高期限者,亦有仅规定最高期限者。其规定方法有由政府以法律规定者,有由政府授权管理学徒机关规定者,亦有由以法律规定一最高期限后再由管理学徒机关就各业情形规定其最高期限者。普通以采用第三法者为最多。如德国手工业学徒期限由法律规定其最低期限为三年,最高期限为四年。事实上系由商业院在征询相关职业工会之同意后再就各业情形规定学习期限然后呈请最高行政当局核准施行。普通多定为三年。保加利亚,芬兰,南斯拉夫,匈牙利均由相关部长在政府法律规定范围下,规定各业学徒学习期限,但以得各该业雇主协会之同意为条件。[①] 苏联法律上规定学徒之最高学习期限为四年。至各业之实际期限,则由劳动人民委员部得全苏工会联合会及教育人民委员部之同意后决定之。英国在法律上并无规定,政府亦不干涉,均由习惯及各业协会自动决定。普通多为五年至七年。如一般机械业及造船业为六年,建筑业为五年至七年,家具业为五年,印刷业为七年,面包业及糖果业为五年至七年。美国联邦学徒委员会之学徒草案规定学习期限至少在4000小时以上。事实上据全国工业局(National Industrial Conference Board)研究结果普通多为四年。我国法律上并无规定。

为便利双方当事人计,普通多有试用时期(Experimental or Probationary Period)之规则。即在契约订立后最初时期视为试用时期,

---

① 关于各国政策之详细比较与分析可参阅:I. L. O. , *The Law and Woman Work*, Geneva 1939. 全书连索引共计590页,对各国女工保护立法,比较极为详尽。

在此时期中双方当事人均可随时提出解约通告。试用期限之长短各国规定不一,最短者为 15 日,最长者为六个月。[1] 此外琼士兰得,瑞士,新西兰规定如有必要时得由学徒管理机关就个别情形核准延长试用期限。

第三,学徒人数之限制。在同一工厂内学徒人数与学习的效率是成反比例的,学徒的人数愈多则学习的效率愈低,反之亦然。故各国均以法律或命令限制学徒人数。人数限制之标准各国之规定不一。有以技师人数为标准者,有以该业被雇者总数为决定标准者。限制之方法各国亦不一致。现分别分析于次:

琼士兰得,维多利亚,南非联邦规定各业学徒人数由管理学徒机关分别决定。新西兰则由工业法庭征询该业雇主雇工或第三者之同意后规定。德国规定如该业雇用人数过多时得由地方政府下令减少学徒人数,如太少时,可以增加之。1934 年以后四年计划总裁可以根据各业情形,规定各工厂招收学徒数目。苏联在其《劳动法典》中规定所有各业学徒人数由团体协约规定之,但其人数不得少于劳动人民委员会会同工会中央联合会及各相关经济当局所决定之人数。1933 年政府又以命令规定手工业学徒人数之最高限制,在合作工场中每一个社员只准招收两个学徒,在私人工场中每一个技师亦只准招收二个学徒。在我国则规定工厂所招学徒人数不得超过普通工人三分之一。如工厂所收学徒人数过多对于学徒之传授无充分之机会时,主管官署得令其减少学徒之一部,并限定其以后招收学徒之最高额。(《工厂法》63,64 两条)

第四,训练方法之规制。技艺传授人订立学徒契约后,即有计

---

[1]　I. L. O. *Legislative Series 1934*. Italy.

划的训练学徒,培养其工作技能的义务,而如何能顺利地达到此目的亦为政府所注意。一部分国家在法律上对于学徒之训练并不加以限制,但雇主不能给予学徒以良好训练时则由学徒提出诉讼,视为破坏契约。但有一部分国家则在法律上予以积极的规制。其规制方法有三,普通各国均联合使用之。第一,规定训练课目及进度,有时并规定训练时数。第二,在学徒学习期中由政府机关随时监视。第三,随时抽考学徒,以测验传授者之训练成绩。

有一部分国家除规定学徒之训练方法及课程外,并强迫学徒在附近补习学校或补习班入学以增进其知识。在琼士兰得、保加利亚、丹麦、芬兰、德国、匈牙利、卢森堡、新西兰、波兰、罗马尼亚、瑞士、南非联邦及南斯拉夫在法律上均有此规定。法国在其1919年技艺教育法中亦有类似规定。美国亦规定学徒每年应受144小时之实习教育。普通学费应由雇主供给,雇主在其工厂内组织补习班者听之。雇主如不允学徒参加时,由政府警告或处以罚金,并构成解除契约之原因。

此外芬兰,法国,瑞士,苏联及南斯拉夫均禁止学徒从事学习以外工作以防止其学习受到影响。

第五,工作条件。所谓工作条件系指学徒之工资及工作时间而言。关于学徒之工作时间,普通多依童工时间法之规定,我国亦然。至于工资则各国规定不一。有一部分国家如英国,保加利亚,丹麦,芬兰,法国,德国,匈牙利,卢森堡,波兰,政府系采不干涉态度,由传授人及学徒根据习惯及其各业之会章规定之。有的国家则规定雇主或传授人应给付工资。如奥国规定学徒在其学习期满三分之一以上后应给与工资,工资率由该业雇主协会合同工会决定之。南斯拉夫则规定学徒在其第一年期满后应给与工资,最低工资率由工商部长得社会及健康部部长同意后以命令公布之。苏联学徒工资由团体协约决定。1938 年模范团体协约规定学徒工资率共分为四级，最低级与最高级之比为一比二。第一级工资为每月 75 卢布至 90 卢布，此数视工作之性质而定。以后每六个月举行试验一次，决定其是否升级。学徒经过最后一次试验后，其工资率不得低于成年工人之第三级工资率。美国在公平劳动标准法中规定学徒工资率以该法所订之最低工资为准，如该业认为实行此制有减少就业之危险时，得申请准予在最低工资率之下给付工资。再由公平劳动法行政专员特许之。我国则规定学徒于习艺期间之膳宿医药费均由工厂负担，并于每月酌给相当之零用。

第六，学习期满后之保护。学徒学习期满后大多数国家均强迫雇主或传习者给予离开证（Leaving Certificates）；如该国规定须经过考试时，考试及格后给予证书以便其在外寻找工作。主持考试机关多由雇主团体，工会及政府三方合派代表组织考试委员会，亦有由雇主及工会双方合组考试机关者。我国在此方面并无规定。此外各国多规定雇主不得限制学徒于期满后营业之自由。此为个人主义国家之规定，至于国家主义国家及社会主义国家则学徒期满后之职业及工作地点均由政府以命令决定，其本人并无选择之自由。

第二节　女工保护[①]

女工保护和童工保护一样，是早期劳动政策最注重的课题，其所

[①]　关于各国政策之详细比较与分析，可参阅 I. L. O., *The Law and Woman Work*, Geneva 1939. 全书连索引共计 590 页，对各国女工保护立法，比较极为详尽。

以需要保护的理由甚为明显，在此无庸多赘。各国对此问题既极注意，而妇工立法的历史又有一百年以上，故其内容颇为完整。尤其自本世纪后，民族主义重新抬头，无论国家主义的德意，社会主义的苏联，个人主义的英美，无不注重本国人口之繁殖及民族素质之改良，女工保护在强烈的民族主义氛围下又有了新认识和新进步。同时德，意，苏产业扩张的结果，劳动市场深感供给不足，有增雇女工的必要，女工保护由于事实上的需要而加度强化。

女工保护策的主要内容可以分为母性保护，就业限制，时间保护，道德保护及最低工资五项。第五项将在下编中详述，现仅逐项将前四者分叙之。

第一目　母性保护

雇用妇工时其最应特别注重事项为母性保护（Maternity Protection）。严格的说来女工的一切保护设施设备均与母性保护有关，如危险职业之限制，夜工之禁止，女工最长工作时间之规定，过重负荷之取缔，皆系直接的或间接的便利母性职能的发挥及保障后代的福利，但此为广义的母性保护，本目系以狭义的母性保护为对象。

凡直接以保障女工在母性时期为目的之一切设施谓之母性保护。换言之，凡规定女工在怀妊，分娩，育婴及看管幼童时之保护设施及工作条件者谓之母性保护。在此界说之下，其主要内容可以分为怀妊及分娩时期之保护，分娩后之保护，经济及其他方面之援助三项。大体说来，母性保护在德，意及苏联各国极为重视，而英，美，法等个人主义国家则比较忽略。

（甲）怀妊及生产时期之保护：女工在怀妊及生产时期之保护

516

就其内容可以分为分娩前后工作之禁止,休假时期工作之保留,产后病休假之特许等项,但为便于比较起见,兹以国别说明于次:

第一,英,美,法三国。英,美,法等个人主义国家对母性保护极不重视。如以美国而论,仅有六州禁止女工在分娩前后若干周从事工作而已。Massachusetts 州 1911 年颁布法令禁止女工在分娩前两周及分娩后四周内工作,此为美国最先注意母性保护之一州。继之而起者,1912 年有纽约州,1913 年有 Connecticut, Vermont 二州,1919 年有 Missouri 州,1921 年有华盛顿州,1923 年有菲律宾岛。各州内容大体相同,均禁止女工在分娩前后二周,三周或四周从事工作。英国亦同样采漠视态度。1907 年《工厂法》第 61 条规定雇主不得雇用分娩不满四周之女工,此为英国对于母性保护之唯一规定。1936 年《公共健康法》及 1937 年《工厂合并法》仅重申此点,并无新的规定。法国对此虽较有重视,但与德,意,苏各国相较诚瞠乎其后。在其《劳动法典》第 54 条中禁止雇用分娩未满四周之女工工作。在第 29 条又规定女工因生产病关系可以在分娩前六周请假休养,于必要时得延长三周。故雇主不得以女工因在分娩前后连续缺席 12 周将其解雇,如有医生证明书时,可以延长至 15 周。女工因怀妊时可以不预先通知雇主而迳行终止契约。

第二,意大利。意大利之注意女工的母性保护为法西斯当政后之事实,在以前仅有若干不完全规定散见于劳动法规中,至 1922 年以后政府对此问题始特别注重。其最初颁布之法规为 1927 年 7 月 2 日之《女性工资者及薪俸人员怀妊及分娩时期保护法》(Act No. 1288 of 2nd July 1929. Respecting the Protection of Female Wage-earning and Salaried Employees during Pregnancy and Confinement),1930 年颁布《施行条例》。至 1934 年 3 月 22 日又颁布《女工母性保护令》(Legislative Decree No. 654 Respecting the Safeguarding of Maternity among Working Woman, Dated 22nd March 1934. 该项立法令于 1934 年 7 月 5 日改为第 1247 号法律),1934 年 12 月 24 日又颁布《母性及儿童合并保护法》(Decree No. 2316 of 21 Dec. 1934. Consolidated Text of Maternity and Child Welfare Laws)。

凡女工怀妊后应向全国儿童及母性保护会(National Institute for the Protection of Mother and Child)领取怀妊证明书,证明书中应假定分娩日期。证明书由该会免费供给。女工怀妊后在下列时期内雇主不得雇用,女工自己亦不得作工。

（一）怀妊证明书上所假定之分娩日期以前一个月起;

（二）如分娩期在假定期后,假定期后至分娩期前;

（三）分娩后六个星期内。

如经女工自动请求及医生证明其体格足以担任其所从事之工作时,则禁止雇用期限可以缩短至假定分娩期前三星期及分娩后三星期。女性使用人怀妊时,在其假定分娩期前六星期起可以休假三个月。

女工及女性薪俸使用人因怀妊请求休假时,在休假期中应将其位置保留。如因怀妊及生产所发生之疾病可以请病假,病假时期可以超过上述休假期三个月。失虞及不慎堕胎所发生之病疾照上述情形办理。自动堕胎则为例外。妇工怀妊后送怀妊证明书于雇主,若其本人愿意工作时,雇主在其怀妊期中不得解雇。在假定分娩期前三个月内不得从事负载重物工作。①

第三,德国。国社党当政后,关于女工之母性保护多沿用社会

---

① I. L. O. , *Legislative Series 1934.* Italy.

民主党之法规。1927年7月16日之《女工分娩前后雇用法》,同时10月27日之修改法对于女工分娩前后之六周内均禁止工作。1938年4月30日之《工作时间法》亦有同样规定。1927年法律原则上虽禁止女工在生产前后各六周内工作,如女工因经济窘迫时可以放弃此种权利,自动缩短休息时间。希特勒当政后一方面以法令废除此种例外,一方面由劳动阵线草拟简章要求雇主采纳。1937年劳动阵线妇女部要求各业雇主采行下列条款。(一)怀妊女工在其生产前六周及生产后六周一律不得从事工作,雇主应补足其工资与分娩给付之差额。(二)从怀妊期六个月以后至生产后三月以前时期内,雇主不得因怀妊及生产的原因开除女工;女工如因其健康及婴孩需要得请求从事轻松工作,雇主不得减少其工资。在此时期内严禁延长工作,夜工及计件工作。此两项建议在1938年中有4000工厂已采用,列于工厂规则内。有80%以上之雇主承认给付女工工资及其分娩给付之差额。在劳动专员所颁布之超工厂规则亦有同样规定。[①]

第四,苏联。《劳动法典》第131条规定体力劳动妇女在其分娩前后各56日内禁止工作,精神劳动妇女在其分娩前后各42日内禁止工作。特殊性质之女使用人在休假前后可以休假各56日。1924年5月22日《伐木业健康条例》及1932年《禁止女工从事碍害健康劳动令》中禁止怀妊女工在伐木业,木材搬运业及设立电线业工作。1936年6月27日《母性救济法》规定:怀妊女工如自觉其现行工作甚为吃力,经医生检验后可以调任比较轻松性质之工作,其工资不得减少。

---

① I. L. I., 16. July 1938;22. May,1939.

女工分娩后因产后病症不能工作时可以请求延长休假至两个月，在此时期内，照常给付工资。在原则上禁止解雇怀妊女工，如因特殊事故须经劳动检查员核准方可解雇之。如因女工怀妊原因拒绝雇用或减低其工资时，则认为触犯刑章，处六个月以下之苦役或1,000卢布以下之罚金。

（乙）生产后之保护。生产后之保护普通系指女工育婴之保障而言。此点在个人主义国家亦不甚注意。如英国仅于1936年《公共健康法》规定公共福利机关有供给育婴女工以必要设备之义务，其他方面毫未提及。美国各州及联邦法令对于此点亦未加以规定。法国则比较重视。在其《劳动法典》第54条中规定女工在分娩后一年中除一般的休息时间外，每日应有两次哺乳时间，每次半小时，该厂有育婴室之设备时，则每次为20分钟。凡企业雇用100个以上女工时，应设置育婴室以供看顾1岁以下儿童之用。我国《工厂施行法》第20条亦规定工厂雇用女工者，应于可能范围内设托婴所，并雇用看护人妥为照料。至于德、意、苏各国，对此方面特别重视。兹分述三国情形如下：

第一，意大利。意大利规定女工自生产之日起一年内在一般的休假时间之外，每日应有两次哺乳的休息时间，如工厂已设立育婴室时，每次休息时间为半小时，在此时间内女工不得离开工厂；如工厂未设立育婴室时，休息时间每次为1小时，在此时间内，女工可以离开工厂。女工哺乳休息时间应计算于工作时间内，并照常给付工资。

凡工厂雇用15岁至50岁之女工50人以上时应设立育婴室。若工厂对于育婴女工特别优待，女工哺乳甚为便利无设立之必要时，得由业团部长特许免设。如工厂雇用15岁至50岁以上女工达

100 人以上时,除应设置育婴室外,应雇用职员妥为照管看护。育婴室设备应合乎健康及卫生之要求,光线及通风应特别注意,冬季应生火。

第二,德国。在 1927 年 7 月 16 日《女工分娩前后雇用法》中规定女工在分娩后一年内每日应增加休息时间以便哺乳婴儿,如其休息时间为 1 小时,则每日为一次;如其休息时间为半小时,则每日为两次,视工作性质决定之。育婴女工绝对禁止延长工作及夜工。1934 年后由于国社党各附属机关及劳动阵线之活动,各厂多设立托儿所或育婴室以供女工育乳儿童。

第三,苏联在 1922 年《劳动法典》及《母性救济令》中规定,除普通休息时间外,育婴女工应增加特别休息时间,以便其哺育婴儿。休息时间次数及每次时间长短由工厂规则中详定之,但至少每工作 3 小时半应休息一次,每次最少为半小时,休息时间计算于劳动时间内,照常给付工资。在 1926 年 1 月 29 日第 21309 号命令中强制工业工厂如雇用女工时应一律设置托儿所,至 1930 年,1935 年,1936 年又颁布各项命令规定托儿所幼稚园之设立。其详见下段。此外又颁布法令严禁育婴女工延长工作,从事夜工及从事伐木,运木及设立电线等工作。如雇主欲解雇有 1 岁以下儿童之女工时须得劳动检查员之同意,否则予以处罚。

(丙)经济及其他方面之援助。女工在怀妊及分娩以后若干时期内既不能从事工作而费用又极为繁多,苟政府不予以经济方面之援助则其生活困苦,足以影响其本人及儿童之健康,故各国咸注意之。普通对于女工在怀妊及分娩以后之经济补助均采健康保险或母性保险方式。据国际劳动局研究截止 1938 年年底全世界已设立保险制度支付母性给付者达 50 国,此种制度之流行于此可见。① 就国别而论,个人主义国家咸采此种制度为援助怀妊女工之唯一方法,而国家主义国家及社会主义国家则兼采他种方法,以加强女工之保护。女工的母性保险将在社会保险中分析,在本段仅将德,意,苏三国在保险制度之外的方法介绍之。

第一,德国。1938 年 2 月 16 日法令规定凡女工其母性给付每周不超过 50 马克其工资每月不超过 520 马克者一律免征所得税以增加怀妊女工之收入。1934 年政府令各企业工厂雇用女工达一定数目以上者应设立托儿所。1937 年共设 4,000 所以上,三倍于 1936 年之数目。在柏林国社党党部曾设立 400 个托儿所,以哺养工厂女工之儿童。

国社党为使有儿童之女工得到例外的休息时间计,乃提倡育婴运动(Mother and Child Movement)。鼓励中等学校女生及其他未正式从事职业之女性,代替有儿童之女工在其家中处理家务,看管婴孩,照料儿童,或女工在分娩时给予帮助。服务女生为自动服务性质并不需要报酬。据官方报告,在 1937 年中分娩期中女工得到帮助者为 180,000 人,1938 年增为 220,000 人,自动看管婴孩者亦由 153,000 人增至 210,000 人。②

1934 年起德国又实行大家庭津贴制,以奖励生育。1937 年 8 月 31 日,1938 年 3 月 15 日曾两次扩大其范围。凡大家庭每年收入在 8,000 马克以下而家主未加入社会保险时可以得到定期的津贴,津贴的多寡视儿童数目而定。如家主已加入社会保险,当其第 3 个小孩出生后每个小孩每月津贴 10 马克,第五个小孩出生后,每

---

① 关于母性保险之历史内容,详见本书第六编,第二章。
② I. L. I. , 11. July 1938.

个小孩每月津贴增至 20 马克。如儿童年龄在 16 至 21 岁间不能工作或在学校求学,或正在受职业训练,或其收入未达一定标准,亦按前例津贴之。①

第二,意大利。在意大利由全国母性及儿童保护会负责从事协助推进有利妇孺工作。该会成立于 1925 年 12 月,至 1927 年始正式工作。在罗马设有总会,各省设有分会,各县及各城市设有委员会。至 1933 年改组,将各城市之委员会一律取消而代之妇孺保护专员。改组后,权力集中,组织简单,工作进行益为便利。②

该会之主要工作为协助怀妊妇女及代其管照 3 岁以下之儿童。凡家境贫困妇女(尤其女工),在其怀妊时至分娩后三年内由该会给予妊妇及其出生后之儿童以种种便利。如医药之津贴,经费之援助,免费治疗等等。如其家庭无法赡养其儿童时,该会尚可继续帮助,使儿童可以得到健全之教养与发展。近年又提倡育婴服务(Women Visitors Service)鼓励妇女代替儿童甚多而家庭贫苦之主妇看管儿童。

该会经费来原由于政府补助者每年约 100,000,000 里拉,由于各业协会及各业联合会补助者约 12,000,000 里拉,由于公私机关及个人捐助者所占成分较低。至于每年支出在 1933 年以前约 100,000,000 里拉,近数年来因业务发展支出较前膨胀。③

第三,苏联。苏联对此方面之施设甚为周密,现分为经济之援助及托儿所育婴室之扩充两点说明之。

(1)经济援助。女工在分娩时一切费用由政府负责。女工一

---

①　I. L. I. 11. July 1938.

②　*Under the Axes of Fascism*, pp. 347-348.

③　I. L. L. 23. August 1937.

律参加社会保险。在其分娩前后各 56 日休假期内给与与工资相等之暂时无工作能力之给付。1938 年新法将津贴时期减为分娩前 35 日，分娩后 28 日。婴儿出生后 1 月至 9 月给予育婴津贴，每月 10 卢布，此外有分娩津贴 45 卢布。至 1936 年又实行大家庭津贴制。该制始于 1936 年 6 月 27 日苏联中央执行委员会及人民委员会之命令。该会规定凡有 6 个小孩之家庭以后每添生 1 个小孩时，每年津贴 2,000 卢布，津贴时期为 5 年，自出生之日算起。如有 10 个小孩之家庭又添生 1 个小孩时，出生时给予一次津贴 5,000 卢布，自小孩出生第 2 年起每年津贴 3,000 卢布，至小孩出生后四年为止。[①]

　　(2)托儿所，育婴室，产科医院之扩充。1926 年 1 月 29 日政府颁布法令强迫各企业工厂，凡雇用工人若干人以上者必需设立托儿所及育婴室。随后于 1930 年 12 月 28 日颁布之《企业政府机关及合作社女工雇用法》中亦有详细之规定。最重要之法令有 1935 年 7 月 6 日颁布之《托儿所及育婴室设置令》，1936 年 4 月 19 日之《改进工人生活基金令》，及 1936 年 6 月 27 日之《扩充产科医院托儿所及幼稚园令》。根据上述法令规定，凡雇用女工在 20 人以上之工厂，企业，或机关均强迫设立托儿所及育婴室。托儿所及育婴室之保管概由工会负责。现将苏联 1937 年及 1938 年两年产科医院，托儿所幼稚园扩充计划分析于次，即可知其对此方面之注意。

　　在 1939 年 1 月 1 日以前公共健康人民委员部在各城市，各工业中心及各省会增加产科医院之床铺 11,000 个，在乡村增加 32,000 个。此外又增设 14,000 个接生所以协助不在产科医院分娩之妇女。在城市、国营农场、工厂、铁路中心自 1936 年起至 1938 年年底止，

　　① I. L. O. *Legislative Series 1939*. Russia 3.

托儿所铺位自 400,000 增至 800,000 万,在乡村常设托儿所增至 500,000 个,季节性之托儿所增至 4,000,000 个铺位。在城市,工业中心及省会设立牛乳分配处(Milk Distribution Centres)800 所。以供 15,000,000 名三岁以下儿童之用。

幼稚园以前系教育人民委员部管理,至 1935 年 7 月后改由企业或工厂之工厂委员会负责经营。每个幼稚园之行政由企业经理处、工厂委员会会同共产主义青年团组织委员会公共管理之。教育人民委员部仅经管地方性质之幼稚园。此类幼稚园系招收人数太少不能单独成立幼稚园之工厂之工员子女。1938 年计划规定在城市,工业中心及铁路中心之幼稚园位置应增至 2,110,000 个,国营农场及乡村之幼稚园位置应增至 300,000 个,集体农场应增至 700,000 个。①

第二目　时间保护

女工之时间保护大体与童工相同,其相异之处不多,现以英、美、德、意、苏及我国法规分析于次:

(甲)英国。1937 年《工厂法》中规定每日工作总时间(就餐及休息时间除外)至多不得超过 9 小时,每周不得超过 48 小时。雇佣时间每日不得超过 11 小时。原则上禁止延长工作,但工厂工作紧张时得延长之,延长工作时间每周不得超过 6 小时,每年不得超过 100 小时,每年不得超过 25 周。每日工作时间连延长时间在内不得超过 10 小时,每日雇佣时间不得超过 12 小时,雇佣时间在上午七时以后下午九时以前。至于延长时间之限制,延长时间数之

---

① I. L. I. 15. July 1939. pp. 343-344.

增加,完全按照未成年人办法办理。

女工每班工作在四点半以上时,至少应有半小时以上之休息时间或就餐时间,如在工作当中有 10 分钟以上休息时间时,则其每班工作可以延长至 5 小时。禁止女工在夜间工作。至于每周休息日,每年休假日与童工相同。

(乙)美国。从 19 世纪 30 年代开始美国即已注意女工劳动时间限制运动。首先颁布法律规定劳动时间为 10 小时者为 New Hampshire(1847 年),至 1848 年有 Maine 及 Pennsylvania 两州,1851 年有 New Jersey 及 Rhode Island 两州。此数州在法律上虽已规定为 10 小时,但无救济手段以处罚违法者。至 1852 年 Ohio 州通过 10 小时工作法,并规定如强迫女工从事法定最长时间以上之工作时,即予以刑事上的处分后,各州亦纷纷仿效。自 1908 年联邦最高法院承认 Oregen 州 10 小时工作法合乎宪法规定后,女工劳动时间限制得一新的鼓励,截至 1936 年底止全美除 Alabama, Florida, Iowa, West Virginia 四州外均已成立法律限制女工最长工作时间。每日最长工作时间定为 8 小时,每周为 48 小时者有 14 州,每日定为 9 小时每周 54 小时上下者有 14 州,每日为 10 小时及 10 小时以上,每周为 54 小时以上者 17 州。①

---

① 详见:*Report on Condition of Women Child Wage-larners in U. S.* 及 *Principles of Labour Legislation*, pp. 99-111.

规定最长时间为 8 小时者有 Oregon, Arizona, California, District of Columbia, Puerto, Rico, Utah, Wyoming, Kansas, New York, New Mexico, Washington, Nevada, Colorado, Montana. 规定最长时间为 9 小时者有 North Dakota, Massachusetts, Connecticut, Ohio, Wisconsin, Arkansas, Maine, Michigan, Missouri, Nebraska, Oklahoma, Louisiana, Texas, Idaho. 规定为 10 小时及 10 小时以上者 New Jersey, Pennsylvania, Rhode Island, South Dakota, New Hampshire, Minnesota, Delaware North Carolina, South Carolina, Vermont, Tennessee, Kentucky, Georgia, Maryland Mississippi, Illinois, Virginia.

　　以上各州法律管辖范围不一,大体均包括制造业,及其他类似职业,家内劳动则视为例外。延长工作时间的条件在法律上分别规定,其时间长短亦有限制。有少数州虽未规定延长时间条件,但法律上规定延长时间工资率应高于平时工资率。

　　有少数州除由法律规定一般的最长工作时间外,并组织委员会专门研究女工工作条件之改良,若认为有必要时得分别规定某区或某业之最长工作时。此制优点颇多。以由委员会决定最高工作时间,则时间之规划不仅可以将影响女工健康之特殊因素加入,并可根据该地环境,该业工作性质及工作紧张程度加以调整。California 及 Oregen 两州仅允许委员会减少法定工作时间,Ohio 及 Wisconsin 则规定委员会所规定之时间可以高于或低于法定时间,Kansas 州在法律上并未规定,由委员会酌斟情形全权决定之。

　　禁止女工夜间工作,在美国有 17 州在法律上以明文规定之。Massachusetts 为颁布该项法令之第一州,该州于 1890 年通过法律禁止制造工厂及机械工厂女工在上午六时以前下午六时以后从事工作。随后将其法律扩充至纺织业。1917 年 Wisconsin 州亦颁布行政命令禁止制造业及洗衣业女工在上午六时以前下午六时以后从事工作。其他各州则以少数职业为限。Oregen 州则由工业委员会以行政命令禁止机械业、洗衣业及制造业之女工从事夜间工作,Kansas 亦由工业委员会禁止仓库业、工厂及洗衣业女工在夜间工作。至于休息时间则大多数州规定女工每日应有半小时至 1 小时之休息时间,有的州则规定女工在连续工作 5 小时后应休息半小时。放假日,年假日及每周休息日之规定多与成年男工相同。

　　(丙)意大利。意大利 1934 年新法规定所谓未成年妇女(Woman under age)系指已满 15 岁而未达 21 岁之妇女而言,15 岁以下为儿童,21 岁以上则为成年妇女。关于未成年妇女及成年妇女之时间保护规定如次：

女工(包括未成年及成年)每日工作以 8 小时为原则,如有特殊情形必须延长时,每日以 11 小时为限,11 小时以上者绝对禁止。工作时间之计算自入厂之时起至散工之时止,休息时间不包括在内。女工连续最长工作时间为 6 小时,每日工作 6 小时以上不到 8 小时者,应有 1 小时之休息时间,每日工作 8 小时以上者应有一点半钟之休息时间。在休息时间禁止从事一切工作。工厂女工不得从事夜间工作,如意皇征得全国业团联合会同意后得以敕令扩充至其他产业。其例外情形与童工相似,兹不重赘。每周休息日,放假日,年假日与成年男工同。

(丁)德国。在德国女工工作时间每日不得超过 8 小时,如因公共利益迫不容缓时,雇用 10 人以上之工厂可延长女工工作至 10 小时,得劳动部工厂检查员之同意后得延长至 12 小时,但以其劳动时间中大部分仅须出席不必工作者为限。工厂因预备开工或预备结束时得延长工作 1 小时。女工工作时间在 4 小时至 6 小时者,应至少休息一刻钟,6 小时至 8 小时者,休息半小时,8 小时以上者休息 1 小时。女工有家庭任务时,午餐后应延长休息时间半小时。女工工作时间应在上午六时以后下午八时以前。如分班工作时,可以延长至下午十时前。但亦有例外。如工作程序有继续性,或季节性之工厂非举行夜工不可时,得由劳动部允其雇用女工在夜间工作,但夜工工作时间最高不得超过 10 小时,工作时至少有休息时间 1 小时以上,夜班与日班每周轮换一次。又因工作紧急得自上午五时起至下午十时止工作,但每年不得超过 40 次。如工厂失虞或其他不可抗力之原因以致工厂工作停顿,雇主得工厂检查员之许可后,可以举行夜工四周,在特殊性质下得延长至四周以上。周休息日,放假日及年休假日则依成年男工规定。

(戊)苏联。苏联女工工作时间完全依男工规定,其所不同者即禁止女工夜间工作,但亦有例外。在其《劳动法典》第130条规定劳动人民委员部在得工会中央联合会之同意后得允许有绝对需要之企业雇用女工从事夜间工作。妊妇禁止延长工作及夜工,但在1929年5月27日7小时工作日令又规定凡实行7小时工作日之企业,女工怀妊六个月后及分娩后六个月内不得在夜间工作。其他方面之规定与成年男工相同。

(己)中国。我国在此方面之规定与成年男工完全相同,仅禁止女工在夜间十时至翌晨六时之时间内工作而已,其他并无特别规定。

第三目　就业限制

女工之就业限制之所以为各国立法家所注意,其原因似有四层。其一,大部分女工体力不如男子,故工作负担超过一般妇女所能担任之程度时,恒足以妨碍其身体之正常发展及容易发生失虞。其二,根据多数专家意见,女子一部分器官构造特殊,极易中毒,其抵抗力较少。[①] 其三,女子因生育关系,有特别保护之必要。此为女工就业限制之主因。工作过度及工业中毒(Industrial Poisons)对于女性之不良影响甚于男性。以工作不正常及工作繁重足使女子

---

① 详见:I. L. O. *Occupational and Health*, Vol 1, pp. 1234 以及 *Women's Work* and □□, Vol. Ⅱ, pp. 511. Et sef, *Occupational Poisonings*.

生产器官发生不正常现象而影响其分娩。如铅毒，铜毒及水银毒可使妇女难产，女子负荷重物及久立不动足使其骨盘畸形或子官移位。凡此种种之影响均与下一代之康健有莫大关系。故母性保护不仅只注意其怀妊时期及分娩以前，整个的工作时期亦在注意之列。其四，社会心理，及各国习惯均认为对于女工工作应有特殊保护之必要。① 关于女工之就业限制可以分为有碍健康工作之限制，繁重工作之禁止，及危险职业之取缔三方面。②

（甲）有碍健康工作之禁止。有碍健康之工作主要的为工业中毒。工业中毒对于女工之害甚于男工，以女子身体抵抗力较为薄弱，容易中毒，苟不禁止女工从事此类工作，不仅其本身蒙受重大损失，且影响下一代健康。普通各国均禁止女工在造铅，水银，砒，磷及安息油（benzene）及其化合物等工厂工作。此外各国多禁止女工从事特种化学工业以防中毒，其禁止方法及范围各国规定不一。

除有毒工作外，各国法律尚有其他规定。有的国家禁止女工从事切压金属，切玻璃，磨玻璃，及钻孔等工作，有的禁止女工在恶劣空气中工作，如气温过高或过低之工厂内工作。此外在法律中多规定雇用女工之工厂，多须设置通风设备，添购防止失虞器具，多辟太平门及购买消防器具以防火灾，设立盥洗室及会餐室等等。女工在比较有碍健康之工厂工作前须由医生证明其身体足以担任此种工作。于必要时，须定期举行体格检查。

（乙）繁重工作之限制。普通所谓繁重工作（Heavy Work）系指工作之性质不适宜女子身体构造，生理构造或超过女子能力所能

---

① I. L. O. *The Law and Women's Work*, p. 232.

② 同上，p. 233.

担任之工作而言。其主要内容为负重（Carrying of Loads）之禁止及地下工作之限制。[1] 限制妇女负重工作之方法甚多。如匈牙利,荷兰,瑞士一般的禁止女工从事负重工作,法律上对于重量并未规定,由各执行机关自定之。法国,美国,意大利,苏联,在法律上明白规定女工负重之最高限度,如超过时,政府严厉处罚之。如英国禁止矿业女工从事负重工作,禁止 18 岁以上在羊毛及纺织厂女工负重超过 50 磅,如装扎甚良时,亦不得超过 65 磅。意大利规定凡从事工业,商业及农业年满 17 岁之女工其负重不得超过 20 公斤;如推四轮车时,连车重不得超过 160 公斤;在火车上管理运货车时,连车不得超过 400 公斤。苏联之规定更为详细。在《劳动法典》中规定以手提重时不得超过 20 公斤;一轮手推车不得超过 50 公斤;四轮车及三轮车装运时,不得超过 100 公斤;两轮货车不得超过 115 公斤;铁路货车则不得超过 600 公斤。女工在怀娠时期,一律禁止担任负重工作。女子在地下工作则各国法律均禁止之,例外者,仅日本而已。日本在原则上禁止女工在矿坑及地下工作,如煤矿之矿坑不深,经检查员特许时得允许女工工作。

（丙）危险职业之取缔。各国工厂法中均禁止女工打扫机器,替机器擦油,修理机器,安置皮带及在机器进行中调换齿轮。其他如爆裂性易燃性材料之处理,高压电机之管理与装置,在屋顶及建筑物上部从事工作均在禁止之列。有的国家则不采全部禁止制,如危险性较低之工作,尚允女工参加,但有设置完备的安全器具及

---

[1]　关于负重之限制详见：I. L. R. Vol XX, No. 3, pp. 397-407. *The Maximum Weight of Loads* 及 I. L. O. *The Provention of Industrial Accidents, Report and Drag Ouestionnaire Submitted to the Eleventh Section of the International Labour Conference*, 1928, pp. 193-207.

设备为条件。如荷兰,加拿大及澳洲一部分州允许女工打扫机器及看管电机。

总之,各国在此方面之立法原则上虽然相同,但繁简极不一致,有的规定极为详尽;有的在原则上予以规定,再由行政机关加以补充。其详细内容在此不便详列,在此仅举其原则而已。

第四目　道德方面之保护

各国政府除注意女之身体方面之保护外,并注意女工道德及风纪方面之保护。有妨道德工作之禁止或限制,各国所采方法不一。有仅在劳动法典中规定雇用女工工厂主有维持道德及公共风纪义务者,如法国,保加利亚,匈牙利,捷克等国是;有授权行政机关允其颁布命令禁止女工在某几类有违道德职业或环境中工作者,如德国,希腊,匈牙利,荷兰等国是;有仅在法律上规定禁止女工在有妨道德之职业工作,但未指明何种职业或规定禁止程度者,如美国一部分州,智利,波兰,葡萄牙等国是;亦有以法律规定某几种职业足以碍害妇女道德禁止佣用女工,某几种职业须有特别规定方允雇用者,加拿大,意大利,德国,西班牙,南美各国是。不论各国之规定方法如何,其主要目的在禁止妇女受不良习惯之引诱而堕落。如墨西哥,波兰,秘鲁禁止妇女担任女招待,1936 年 7 月31 日德国禁止女子被雇为军人寄宿舍及军人酒店为招待员,意大利亦有同样规定。又如法国,墨西哥,西班牙严禁女工印刷,分配,出售淫秽文字,美国阿海阿及华盛顿两州禁止女子在旅馆充当茶房。

第五章　劳动检查制度
(Labour Inspection)

在 1833 年以前各国并无特设的机关执行劳动法规,此类法规之执行与监督恒由政府委托地方政府,治安机关或教育机关代为执行。如英国即由地方保安官(Local Justice of the Peace)任命自动调查员(Voluntary Visitors)监督,及鼓励人民告密。[1] 奥国由地方治安机关,县医务员及视学员分别负责。法国开始由地方委员会负责监督,继而为小学视察员,继而为度量衡检查员,最后由矿务检查员代为执行。普鲁士由地方治安机关会同地方教育机关负责,有一部分县则由该地市长(Bürgermeister)医师,小学教员,牧师及制造家代表各一人组织地方委员会协助地方保安机关办理,荷兰则由市政府监视。不论代行者为何种机关,结果在各国均告失败,距有效的执行劳动法规之目标甚远。其主要失败原因似可归纳为五点。负责监督人士能力不够,学识不足,不能执行此类有专门性之新兴法规,此其一。代行监督人员权利不大,不足以推行政令,且无独立性,易受其他势力之影响,此其二。执行或监督人为代行性质,

---

① 关于英国劳动检查制度之初期历史可参阅:Henry A. Mess, *Factory Legislation and its Administration. 1891—1924*; George G. Price, *Administration of Labour Laws and Factory Inspection in Certain European Countries*, Bureau of Labour Statistics Bulletin. No. 142.

其精力及时间多集中原有事务,视此为不足重视之附属任务,此其三。监督人薪俸太薄,且无额外报酬不能招徕有为之士,此其四。无中央机关负责监察各地行政,失总筹划一之效,此其五。各工业先进国虽知其弊,但未加以改革。至 1883 年英国组织皇家委员会调查各工业城市工厂法实施情形。该委员会认为工厂法仅为具文,儿童并未蒙受其利,雇主可以为所欲为,毫无法律之限制。故建议由政府任用专门人员,予以相当权力,令其负责执行并监督工厂法规之实施结果。1933 年通过新的《工厂法》,正式成立工厂检查机构。由内政大臣任命检查员四人,负责执行各该区工厂法之实施,每个检查员之下设有若干助理检查员(Superintendents)协助之。检查员握有保安官之所有司法权力,且可颁布规则,条例及章程以施行该法。于是现代意义的劳动检查制度开始出现。英国实行结果,成绩甚佳,各国均布规效,成立专门的检查机关。①

　　劳动法规最先成立之部分为工厂法,严格说来,负责监视此类法规之执行者应称为工厂检查员,我们所以称之为劳动检查员者实基于下面几个原因。

　　第一,劳动法规的范围已经由工厂扩充到所有工业,企业,举凡工厂,作坊及与生产有直接关系企业(如船坞,洗衣业,堆栈等)均包括在内,工厂检查员一名词的含义不能包括。

　　第二,劳动法规的内容扩充到被雇者经济生活各方面,与以前仅与被雇者在工作进行时物质及身体之保护者同,故工厂检查员

---

　　①　兹将各国颁布工厂检查员法规年代详列于次。1833 年英国及爱尔兰,1853年普鲁士,1873 年丹麦,1874 年法国,1877 年瑞士,1878 年德国,1882 年俄国,1883年奥国,1889 年比利时,1890 年荷兰、芬兰、瑞典,1891 年新西兰,1892 年挪威,1893年匈牙利、葡萄牙,1902 年卢森堡,1905 年保加利亚,1906 年意大利、罗马尼亚,1907年西班牙,1915 年日本,1927 年土耳其,1929 年中国。

一名词有随而扩大之必要。

第三,法律本身既已扩大,新兴的劳动法规内容复杂,新的行政问题发生。检查员的职责不仅在监督工作条件及工资的支付,其他如社会保险,劳力分配,职业教育,国内及国外移民亦为其职务之一。其职务既已扩大,故其名称亦应变更。

劳动检查员之任务在开始时即与保安官吏或警察不同。因工厂法为一种新兴法规,其变更极速。且内容复杂,所牵涉的问题甚广,执行者非有丰富的常识,和专门的技能不足以应付裕如。其成功要素在以其公正和独立地位,运用其机智及专门的技能以求获得雇主及被雇者的信任,然后以说服的方法去达到其欲应尽的责任,而不在以威胁,强制等方法去执行其职务。同时,他还要以其经验和学识提供出来以为将来创制及修改劳动法规时的参考。所以1878年德国联邦议会所颁布的《工厂检查员条例》上说:"工厂检查员无非代替治安官吏在此方面之职务而已,他们要在上级机关的指示及协助之下去执行工业法典及各种施行条例以期在其管辖区域达到适当的及一致的程度;他们要以高尚的精神,用监督,劝告及调解的方法,使被雇者安享法律保护的利益,并很机智的协助雇主使其企业的设备和运行能完全符合法律上的需要;他们要以其专门智识及行政经验去使雇主被雇者及公共的利益得到平衡,同时要进一步得到雇主和被雇者的信任,使其双方建立并保持一种和谐及美好的关系。"

由此可知劳动检查员不仅一个警察官,他是一个有经验的指导员,一个可以信任的友人,同时也是一个调解人,他的职责之执行是在被雇者及雇主双方监视及信任之下。所以普鲁士,德国及奥国不用检查员一名词,而用产业指导员(Gewerberat)一名词称呼之。

劳动检查员之任务最初仅在执行劳动法规,本世纪以来团体协约盛行,有一部分国家将其职务扩充至此方面。有一部分国家之检查员负有执行仲裁法院仲裁书之职。如澳洲联邦各州,新西兰,南非联邦之劳动检规员负责执行劳动法规及有一般拘束力之仲裁书。加拿大各邦,法国,荷兰,波兰,则除执行劳动法外,并负责执行有一般拘束性之团体协约及仲裁书。德国劳动检查员则监督雇主所颁布之工厂规则及劳动专员颁布之超工厂规则。意大利之业团检查员,自1928年以来亦负责执行各个业团所颁布之命令及团体协约。有一部分国家则设立特殊机关以执行团体协约及法院仲裁书。如英国产业局(Trade Boards)即设有产业局检查员以监视其所颁布之工资命令之执行。

　　就劳动检查之行政机构而言可以分为三种类型:第一种为由一单一机关主持所有检查事务。第二种主持检查机关只有一个,但在其下分为若干部分,设不同检查员掌管不同职务;或分组不同检查机关,但同隶于一个政府部会管辖之下。第三种设立不同检查机关分隶于不同机关之下。第一类型之代表国家为波兰,意大利,保加利亚,希腊,捷克等国,第二类型之代表国家为瑞典,芬兰,挪威等国,第三类型之代表国家为英国及法国。① 就劳动检查制度

---

　　① 波兰自1927年7月14日改组后,整个劳动检查工作概由社会协助部(Ministery of Social Assistance)管理。劳动检查员只有一种,负责执行各项法定工作。意大利之劳动检查工作亦概归业团部负责。保加利亚由工商劳动部管理,捷克则合并于社会事业部,希腊合并于经济部之劳动局。瑞典自1928年开始劳动检查工作由社会事业部之社会保险局负责,劳动检查员分为三种。第一,为使用机械力工厂之检查员。第二,为未使用机械力工场检查员。第三,为女工检查员。各类之下又分设各种特殊检查员。如第一类工厂检查员分为木材业检查员,电力工厂检查员,及爆炸工业检查员等。其他芬兰,挪威各国亦大体与之相似。
　　英国为第三类型之代表国家。其劳动检查可以分为工厂检查,产业局检查,商店检查,童工及未成年工人检查四大系统。工厂检查隶属于内政部,产业局检查隶属于劳动部,商店检查隶属于地方政府,童工及未成年工人隶属于地方政府。

之性质言之,则可分为个人主义国家,国家主义国家及社会主义国家三大类型。现逐节说明于次。

第一节　个人主义国家之劳动检查制度

个人主义国家劳动检查制度之特色为其中立性。劳动检查员为政府之官吏,其主要任务一方面在监督劳动法规之实施使被雇者得到其应享之利益;一方面在调解劳资双方之争议,以求双方势力之均衡。故劳动检查员之组织为政府行政组织之一部,其人员之任免,组织之改变,不为劳资双方组织所左右,同时检查员之委任亦完全采用文官任用法之规定,有时劳资团体虽可推派代表参加考试委员会但无直接推荐之权。检查员执行职务时虽可咨询劳资团体意见,但无此义务,检查员可不征求双方意见而迳行决定。总之,劳动检查员完全立于独立的地位,其执行职务时不偏不袒,为劳资双方之公断人。此种特色与国家主义国家及社会主义国家不同。在国家主义国家,劳动检查员虽亦为政府之官吏,但其地位与个人主义国家不同。以在国家主义国家,劳动政策之最大目标在求劳动生产力之增加,自政府立场看来,被雇者及雇主均为政府之雇员,两者仅为职务上之分工,并无其他不同,故检查员之职责不仅在监督劳动法规之实施以保障被雇者的利益,且进一步地在鼓励两者之连系与合作。故检查员之任免,检查职务之执行以得劳资双方合作为条件,与个人主义国家不同。至于社会主义国家,劳资阶级之对立已经消灭,劳动法规之执行与监督完全由劳动者自己负责,无需政府代庖。故苏联自 1933 年以后由工会选举检查员监督劳动法规之实行。除国家主义国家及社会主义国家之制度将于下两节中分述外，现在英，法两国为例阐明其制度于后。

第一目 英国之工厂检查制[①]

1833 年工厂法通过后，英国始设置工厂检查制度，由英皇任命检查员四人，负责检查雇用 18 岁以下工人之工厂。全国分为四区，每区检查员一人，检查员之下，设有助理检查员，助理检查员由检查员推荐于内政大臣任命之，检查员直接对内政大臣负责。各个检查员之间并无联络或横的关系，其唯一的连系仅每年举行会议两次，以交换意见。1844 年《工厂法》维持原则，但在伦敦设立工厂检查员事务所（Office of Factory Inspectors），事务所中设有雇员及书记以连络各个检查员之工作。至 1878 年改组，全国分为五个检查区，每区设立主任检查员（Chief Inspector）一人，助理检查员（Superintending Inspector）及副主任检查员（Deputy Chief Inspector）一人。本世纪后改革颇多。现全国分为 12 区，每区设有总局一所。总局设主任检查员一人，高级副主任检查员（Senior Deputy Chief Inspector）一人，副主任检查员（Deputy Chief Inspector）三人。总局内分为四个专门小组，直接由主任检查员指挥，小组名称为纺织业检查员小组，医务检查员小组，电力组及机械小组每组有高级检查员一人为主任。在主任检查员之下，又设有助理检查员，助理检查员之下设有县检查员。

---

① 英国劳动检查制度虽有工厂检查员，产业局检查员，商店检查员，未成年工人检查员四大系统，但后二者并无中央组织，仅由地方政府任命检查员负责执行，无详述必要。产业检查员将在下编详述，故本节系以工厂检查制度为限。

　　19 世纪末叶起英国曾设立工人助理检查员制。1881 年政府曾任命工人 1 人为检查员,至 1892 年政府任命 15 个工人检查员,其名义为助理员,协助检查员工作。开始此 15 人在一区工作,随后分散至各区,助理员亦分为两级。此制实行不久后即为各方所不满,至 1920 年乃废除此制。①

　　1867 年工厂法使工厂法范围扩大,其所管辖之工场及企业增多,结果使检查员无法行使职权,即增加检查员人数亦不能面面周到。于是授权地方卫生机关允其监视工厂法之实施。但收效不大。除少数城市外均为一纸具文。其失败原因有二:其一,在法令中并未强制地方卫生机关监视法令之实施,亦未添置必要职员处理此方面事务。其二,地方卫生机关权力无工厂检查员之大,其至工厂检查时须至保安官处得到许可证,手续麻烦,效率自减。1878 年法令颇有改革。作坊与工厂之定义不以人数多寡为划分标准,而以其是否使用机械力为标准。凡雇用女工及童工之作坊均视为工厂。同时规定雇用女工工厂及家内工场之健康设置及卫生情形完全由地方卫生机关负责管理。1891 年《工场法》又有重要改革。凡所有工厂作坊关于卫生方面之管理及检查均由地方卫生机关负责;其权力与工厂检查员相等。但工厂检查员有监督之权。如工厂检查员认为某工厂对于卫生及安全设备有缺点或疏忽之处时,可以通知地方卫生机关促其注意以便改善;如在相当时间以后地方卫生机关未采取行动时,检查员可自动改善之,并向地方卫生机关索回所耗费用。

---

　　① 详见:D. H. Blelloch A. , *Historical Survey of Factory Inspection in Great Britain* , I. L. R. Vol ⅩⅩⅩⅧ. No. 5. Nov. 1938, pp. 614-659.

1895 年《工厂法》规定,地方政府应对工厂检查员所接受的关于工厂安全卫生控诉之处理。1901 年又有若干规定以加强其责任。第一,厂外工作工人(Outworkers)名单应向地方政府登记。第二,地方政府须负责登记该区内工场及工厂数目。第三,地方政府每年须向内政大臣报告其关于执行工厂法规之活动。1937 年新法在此方面无大的变动,惟规定全国工厂作坊之健康条例执行,及不使用机械力工场之清洁,温度,通风,消防等均由地方政府负责。

第二目　法国之工厂检查制度

法国工商业及矿业之检查系由两个机关负责,前者由劳动部之劳动检查员负责,后者由公共工程部之矿业检查员负责。本节仅以劳动检查制度为范围。

劳动检查由法国劳动部长(General Directorate of Labour)负统制之责。劳动部长关于劳动检查方面之权力甚大。第一,集中各地劳动检查行政。第二,联络各地检查员工作。第三,颁布有关劳动检查之规章,命令及章程。第四,向检查员颁布训令,使劳动法律之解释一致。第五,解决并解释劳动检查时因法律方面所发生之争执。

劳动检查员之主要职能为直接并长期监视劳动法规之实施并颁布有关工作条件,工厂安全,及工厂健康方面之细则,其组织按其权力高下可以分为一般检查员,区检查员,检查员及副检查员四种。全国分为 12 区,每区设区检查员 1 人,每区之下视检查员人数分为若干县,每县设劳动检查员 1 人及副检查员 1 人或 2 人。区检查员为所辖区域内各检查员或助理检查员之行政首长,直接受劳动部长之指挥。其主要任务为连络所辖区域内检查员之工作并监视其活动，于必要时随时指示其行动。为使其工作易于收效计，每年须巡视各厂及各企业，每月须检查各检查员所呈递之报表。每个区检查员设助理检查员若干人协助，助理检查员人数视该区劳动检查员人数而定。普通约 10 个检查员设助理检查员 1 人。

劳动检查员之主要职责为切实监督劳动法规之实施。其主要活动为巡视各厂或使用其他方法以监视之。副检查员之职权与检查员完全相同，其所不同者即助理检查员并无固定组别，其组别视所属劳动检查员之组别而定，并受其指挥。无论区检查员，或检查员，或副检查员，其地位为独立的不受地方政府之影响。①

第二节　国家主义国家之劳动检查制度

国家主义国家劳动检查制度之特色大体说来有三：

第一，劳动检查机构之集中。在个人主义国家，劳动检查之组织甚为纷歧，如英国，法国及美国均有二个或二个以上的机关分担劳动检查事务，组织既不集中，权力分散，监督难于严密。在国家主义国家则采集中制度，全国只有一个机构担任检查事务。

第二，劳动检查员之权力庞大。国家主义国家劳动检查员之任务不仅在监视企业主或工厂主忠实履行关于劳动法规之条款，并有督促被雇者及雇主共同努力提高劳动生产力的义务。故其权力较个人主义国家检查员为大，俾使其工作易于推进。

---

① The Organization of Labour Inspection, I. L. R., pp. 40-41.

第三,劳动检查员之选任与职权之行使以得劳资双方团体之合作为条件,与个人主义国家之完全中立性不同。

国家主义国家劳动检查制度之特征既明,试以意大利制度说明于次:

意大利之劳动检查系由业团部内设立业团检查员(Corporative Inspectorate)主持之。业团检查员之主要任务为检查工厂之一般行政及关于劳动法规之一般规定,至于卫生及安全法规之实施则由医务检查员(Medical Inspectorate)负责。医务检查员系业团检查员之特别部分,其主要任务限于工厂之安全,卫生设备及健康设备之管理及监督。医务检查员有种种必要设备以便其履行职务,于必要时,可以利用其所在区域内之实验室,医院之设备。

业团检查员分为三级:最高级为中央业团检查员。第二级为县检查员。第三级为助理检查员。中央检查员为计划,联络,监核及考查县检查员之工作,县检查员则实际行使职权并巡视各厂,助理检查员之职务由县业团监察员决定之。

业团检查员之权力极大。除一般的监察权及行政权外,尚有广泛的司法权。监督权普通系指其对工厂有自由检查权,咨询权,拒绝登记权及令雇主及被雇者至其事务所举行种种询问,被询问人对于查询事项不得拒绝答复。行政权则指业团检查员在监视劳动法规执行时之行动权。以检查员在检查旧工厂或检验新工厂之设计时,往往发现工厂之建筑或设备有许多缺点,此种缺点尚不予以纠正时,对于工人之安全及健康有极大关系,苟检查员无立时予以纠正之权力,则其效力无从发挥。故意大利恒给予检查员以此种行政权。新工厂设立,或旧工厂改建时,其建筑及设备应先呈请检查员核准,未经其核准者不得开工,已开工者亦应马上停止。对于工作正在进行之工厂，如检查员认为其建筑，设备或机械之某部分有毛病，足以发生失虞及其他不良结果时，亦可以命令强其停工修理，或掉换某部分设备及机器，或增置预防危险设备。此种行政权之行使为独立的，不受地方政府之干涉。检查员之司法权系指检查员对于违反劳动法规者之审判，处罚及各项罚则之执行而言。司法权之应用在意大利甚为普通。

第三节　社会主义国家之劳动检查制度

现代实行社会主义者仅苏联一国。故本节仅就苏联情形作一简明之叙述：

在社会主义国家，劳资阶级之对立已经消灭，劳动者自己为自己工作，同时亦由自己管理自己，故其劳动检查制度充分表现一种自治的及自主的精神，与个人主义国家及国家主义国家之精神完全不同。苏联现行劳动检查机关可分为三种。第一种为由各工会中央委员会所任命之劳动检查员（Labour Inspector）；第二种为各工厂工人全体大会所选举之自愿劳动检查员（Voluntary Inspector）；第三种为各个工厂委员会内之劳动保护委员会（Labour Protection Commission）。三者并无隶属关系，只是彼此合作去监视劳动法规之执行。

第一目　劳动检查员

1917 年临时政府时期内，工厂检查员之组织与沙皇时代相同，并无变更。十月革命后工厂检查部,及工厂检查员之组织完全废除,工厂检查员之活动亦告停顿,此种情形一直延续至新经济政策开始时为止。1922年《劳动法典》始重新成立劳动检查制度,设立劳动检查员以监视劳动法规之执行。

1922年起至1933年十年内,劳动检查之最高机关为劳动人民委员部内之劳动保护局(Bureau of Labour Protection)在各加盟共和国之劳动人民委员部亦有劳动保护局之组织为各该加盟共和国之劳动保护之最高行政机关。在各省市则有劳动检查部以司监督之责。劳动检查员由各该县省工会大会推选候选人,工人大会推选后,将候选人名单呈送各加盟共和国之劳动保护局,该局商得工会同意后任之。故劳动检查员系由工人自己选举,并非由上级机关委派,此为其主要特色。

当时劳动检查员分为三种。第一为劳动检查员(Labour Inspectors);第二为技术检查员(Technical Inspectors);第三为卫生检查员(Sanitary or Medical Inpectors)。其中以劳动检查员之权力为最大。[①]

1933年6月23日,苏联政府下令合并劳动人民委员部及各级机关于工会中央评议会及各级工会组织后,劳动检查制度亦随之而变。改组后劳动检查员分为四种,除劳动检查员,技术检查员及卫生检查员仍旧外,1936年又新设有少年劳工检查员(Inspectors of Juvenile Labour)。四者均由各个工会之中央委员会,直接任命,故其组织系统由中央集中统制制改为各业分立制,各个产业部门均有其独立的系统。各个工会中央委员会所任命之检查员各担负其

---

① 详见:*Labour Protection in Soviet Russia*, pp. 85-86.

所管辖各企业,工厂之检查事务。

劳动检查员之职责甚为繁重,主要任务为检查工厂,企业,矿山之建筑及设备,公布劳动法规,监视并登记企业,工厂之经营,及执行一切有关劳动保护,劳工健康及工厂安全法规命令之执行。其权力颇大,除有普通之检查权,行政权及监督权外,并有权逮捕违反劳动法规者至 48 小时之久,但以犯罪者企图逃脱为条件。得技术检查员或卫生检查员之同意后,可以下令暂时停止有危险性工厂工作之进行,于必要时得封闭之。

技术检查员之使用亦始于 1922 年,其资格为高等技艺学校毕业并有若干年实际经验者。其设立之目的为监督各企业,工厂,矿山对于危险预防设备之保全及添置,以保障工人之安全。其主要职责有七:

(1)视察所属各企业工厂之设备;

(2)有系统的研究防止工业失虞之方法;

(3)检查请求领取执照之工厂,企业并审核改良安全设备之建筑计划及画案;

(4)检核并试验各工厂之蒸汽机;

(5)检查各工厂之电机及机械;

(6)召集并出席安全及失虞预防会议;

(7)于工厂或工会内随时举行各种有教育意义之演讲或其他活动,灌输工人以预防失虞之常识。

技术检查员之权力颇大,有时可以封闭工厂。但厂方违法时,技术检查员不得直接行动,须呈报劳动检查员由其执行。技术检查员人选由技艺机械协会推荐,再由各工会中央委员会任命。

卫生检查员之设立亦始于 1922 年。其主要任务有三:

(1)研究影响工人健康之一般情形,搜集一切关于工厂卫生之报告,统计材料,及研究减少职业病之方法;

(2)采用改进工厂内部卫生设备方案;

(3)监视防止失虞及其他工业卫生法规之实施。

其具体工作大体如下:(一)监督劳工保护法规之执行及检查工厂内卫生设备。(二)从工业卫生观点研究改进卫生设备,减少职业病之方法。(三)研究劳工病理学及其与职业之关系。(四)检查工厂内之卫生设备。(五)宣传并灌输工人之卫生常识使其养成卫生习惯及行为。(六)与各地公共健康委员会合作草拟并执行种种预防疾病方案。(七)参与社会保险工作,根据各项工作危险及有碍健康程度区分各类工厂之等第,以决定疾病给付之多少。

1936 年 7 月起苏联开始设立少年劳动检查员。少年劳动检查员人选,由工厂内少年工人大会推选候选人,然后由各个工会中央委员会得共产党青年团中央委员会(Central Committee of the Young Communist Union)之同意后任命之。工厂经理部在未得到工会中央委员会及共产党青年党之同意时不得解雇少年劳动检查员,亦不得将其转移至其他工厂。

少年劳动检查员设置之目的为防止工厂经理部忽视青年工人保护条款之实施,监督职业学校及各工厂学校对于青年工人之待遇,保障青年工人及学徒之权益及增加青年工人及学徒之物质及文化生活。少年检查员每工作日至少有三分之二以上时间在工厂。每三个月应呈送报告书予共产党青年党中央委员会及苏联工会联合会。其活动须受各该管工会中央委员会主席及秘书之指挥与管理。其权力颇大。可以随时至雇用少年工人之工厂,及职业学校工厂学校视察检查。如工厂及学校当局,不遵从其指示改进时,可呈请工会中央委员会处罚之。[1]

由工会中央委员会正式任命之检查员计为上列四种,普通称为官方劳动检查员(Official Labour Inspectors),其人数在 1937 年为 4,651 人,在 1938 年为 5,123 人。[2]

第二目　自动劳动检查员

在苏联除官方劳动检查员监督劳动法规之实施外,尚有由工人选举之自动检查员协助官方检查员工作。凡企业工厂内之工人或薪俸使用人如为工会会员并非经理部之职员时,即可当选为自动检查员。自动检查员于每年全体工人大会中公开投票选举之。其人数视各厂所雇人数而定,并不一律。自动检查员为无薪职,以在该厂工作者为合格。其主要任命为协助劳动检查员工作,担任工厂内部视察工作,传达工人意见于经理部及劳动检查员,及确保劳动法规之切实遵守,工人能确实得到其应享之权益。如经理部有违法行为或工厂有发生危险之可能时,应立即报告官方检查员予以纠正。经理部未得工厂委员会及官方劳动检查员之同意不得将充当自动检查员之工人解雇,亦不得调派至他厂工作,以资保障。工会为提高自动检查员之能力计,常举办训练班加以训练。凡能力优越,尽忠职守,服务成绩优良者,可以升任为官方检查员。[3]

---

[1]　I. L. I. 2. Nov. 1936, pp. 208-210.

[2]　I. L. O. *Year-Book 1938-1939*, p. 157.

[3]　同上 p. 160.

第三目 劳动保护委员会

根据苏联政府 1937 年 10 月 27 日通令,凡雇用 50 人以上工厂应于工厂委员会内成立劳动保护委员会,雇用人数在 50 人以下者免予设立。委员会人数为 7 人至 21 人视工厂人数多寡而定。其人选由工会大会公开投票选举之。被选人资格为自动检查员,斯泰哈诺夫运动者,机械师及技术工人。其主要任务为监督劳动法规及团体协约之执行,工厂内卫生设备之检查,及工业失虞,职业病,疾病之预防等。该会发展甚速,截至 1938 年 1 月止,各工业企业均纷纷成立,委员人数达 219,000 人。[①]

① I. L. O. *Year-Book 1938-1939* 及 *Year Book 1937-1938*, p. 276.

第六编　劳工生活保障策

劳工生活保障策之为各国所注意始于19世纪末期。在19世纪末叶以前,经济自己责任及自由放任思想盛行,劳动者生活由劳动者自己负责,国家无干涉之权利。而正统学派之经济理论亦为阻止政府干涉劳动者生活之最大原因。根据马尔萨斯(T. B. Malthus)之《人口论》及穆勒(J. S. Mill)之工资基金学说,认为工人工资提高,则工人生活改良,工人生殖率因之提高,死亡率因之降低,结果劳动人口增加,而作为工资之基金不变,故工人之工资不能不被迫降低。换言之,劳动者的所得应由经济因素去决定,一切人为的干涉,不仅无益,且有恶劣的影响。① 在此种学说支配之下,政府采用自由放任政策,企业家得以延长工作时间,减低工资等方法以增加剩余价值,于是血汗制(Sweating)流行,②劳动者不仅不能赡养其家属,即其个人生活亦难维持。劳动者的痛苦引起了政治家,社会改革家,宗教家及社会运动者的同情,而正统学派的学说,尤其穆勒的工资基金学说,在经济学者的抨击下宣告没落。于是劳动生活保障策始渐渐为一班人所注意。

_____

① 关于马尔萨尔《人口论》及穆勒之工资基金学说之评论在普通经济教本中均有叙述,在此不拟详述。

② 血汗制一名词甚难诠释。现在沿用此名词时,与其原意不同。同时,现代各法律家及学者对此名词之解释殊不一致。最初所谓血汗制系指一部分手工业之承包人,包揽工作后,分发穷民工作,其工资甚低,工作待遇极为苛刻。此种解释在英,美,澳极为流行。至19世纪末,20世纪初其意义渐渐改变。1904年南澳调查委员会认为所谓血汗制系指工资之支付异常低下而言。如《新英语字典》亦解释"血汗制者被雇之工作异常烦重而工资异常低落之情况也。"1907年Clementina Black在其Sweated Industry一书中关于血汗制之定义如下:"血汗制者雇主扣工资在生存费之下,并延长工人工作时间,强迫其在不健康之环境下工作。"关于此制定义说得最确切者为英国1907年Select Committee of the House of Commons on House-Work报告书中所采用者。其定义为"血汗制者工资率甚为低下,使大部分工人之工资所得不能使成年工人得到适当之衣物,食料及住居设备。"

最先为各国所注意之保障政策为最低工资制(Minimum Wage System),在1888年英国矿工即要求厘定最低工资率,消灭血汗制度,至1889年矿工联合会(Miner's Federation)即正式采纳为其活动目标之一。英国最低工资法之厘定虽迟至1909年,但此问题之注意则甚早。澳洲各邦在1884年亦已开始此问题,在1890年琼士兰得通过法案认为工人之工资须能维持合理的生活水准。自后澳洲各邦,新西兰,美国,加拿大均纷纷通过最低工资法,以保障劳动者生活。

社会保险为各国政府保障劳工生活的另一方策。自德国在1883年起至1889年止完成其劳动保险制度后,国营强迫保险制在各国风行,成为保障劳工生活政策的基石之一。自大战以后家族津贴制度(Family Allowance)继之而兴,与最低工资制,社会保险鼎足而三,成为劳动生活保障的主干。此制最初实行于法国,当时纯为战时物价上涨之补救手段,大战结束后一部分国家采用之,使其成为永恒的制度。

劳工生活保障策和整个劳动政策一样是以上次大战为分野点。在大战以前和大战以后无论在精神上或实质上均有显著的差异。战后发展之新趋势,可以归纳为下列三点:

第一,范围的扩大。在大战以前劳工生活保障策之对象为血汗制下之劳动者,尤以最低工资政策为然。换言之,其对象以所得未达到某种标准之劳动者为限。就社会保险制度而论,强迫加入保险之标准甚低。至大战以后,对象扩大,无论最低工资政策或社会保险均有扩充至全部劳动者的趋势。

第二,劳动者个人经济情形之注意。在战前劳动生活保障策之注意点仅从劳动者之职业情形,该项职业之一般状况及该地之环境着眼,至于各个劳动者之家庭环境,经济情形,负担大小恒不注意。凡从事同一样职业之劳动者不论其个人特殊情形,待遇均为一律。大战以后,注意中心改变。家庭津贴制之兴起,即为注意各个人特殊环境之最好例证。至于各国之工资政策,社会保险亦无不特别强化此点。劳工生活之保障不仅以其个人之职业及目前情形为考虑条件之一,举凡其他有关其个人之经济生活之条件均一一注意。家境清贫,负担奇重及家庭人数过多者其工资或保险给付加多,反之减少,以确切保障其生活。

第三,政策性质之变更。在总论上已屡次提及,劳动政策之本质在开始时为纯粹社会政策。国家对人民经济生活之权力增大后劳动政策渐兼有经济政策及社会政策之意义,至人民经济生活完全在政策统制之下,则劳动政策亦由社会政策变为经济政策。劳工生活保障策本质即如此蜕变。在开始时此政策纯为社会政策,上次大战尤其 1929 年经济大恐慌以后其情性渐渐蜕变而兼有经济政策的性质。此种趋势在国家主义的德,意及社会主义的苏联更为明显。以德,意及苏联而论,其工资政策及社会保险制度非仅以保障劳动者的生活为目的,且含有合理分配劳动力及提高劳动生产量的作用在内。其工资率的厘定,保险给付的多寡不仅注意劳动者个人及其家庭的生活,并且以该业对于国家的重要性为其决定标准之一。至于个人主义国家亦有此种趋势。如以美国而论,罗斯福当政后之工资政策亦含有很浓厚的经济政策意味,以其主要目的在由提高工人工资以创造国内之购买力,因而促进产业之复兴,而不纯以保障工人生活为目标。

　　本编拟分为工资统制策,社会保险,及家族津贴制三章来说明各国在这方面的设施,作者所以不采用最低工资策而采用工资统制策者,因为最低工资策是个人主义国家的政策,如采用这个名词,将无法说明国家主义国家及社会主义国家的情形。

第一章 工资统制策

劳动者之主要的所得为工资,工资额的多寡直接影响了劳动者本身及其家族的生活,间接影响了全国的生产量和就业量。因为在统制不严格的国家,工资有下列五项职能:

(一)决定各级工资劳动者所需要消费财的总量及种类;

(二)决定转业,转厂及劳动流动率之重要因素;

(三)有刺激工人生产最高生产量之力量;

(四)有影响全国就业量之大小;

(五)工资,利率及对将来物价之预期,可以决定全国资源用于生产消费物品的比例。

工资既有上述职能,故各国政府对于工资统制颇为注意。但在最初各国仅注意其对于工人生活的影响一点,至于其他方面不甚注意。到本世纪 30 年代以后各国由于事实上的需要渐渐注意其他方面之影响。由于各国经济组织社会制度及着眼点之不同,其统制工资之方法及目的亦不一致。大体说来,个人主义国家系行最低工资制,国家主义国家系行强制工资制,社会主义国家系行工资基金制(Wage Fund System)。各种制度之沿革,发展,及其特征将逐节作简明的阐述:

第一节 最低工资政策

最低工资政策之渊源虽早,但其正式为各国采用则在19世纪末叶,引用之最大原因为汗血制在各工业先进国之流行。血汗制流行的结果,劳动者生活异常痛苦,有识之士咸思扫除此种流毒,于是由政府制定最低工资率强迫雇主不得在最低工资率之下支付工资之议纷起。我们看19世纪末叶,英,澳,美各国调查委员会及工厂检查员之报告书就可以知道血汗制问题之严重性。正式以法律规定最低工资者为新西兰。于1894年颁布《工业调解及仲裁法》(The Industrial Conciliation and Arbitration Act)设立调解局(Boards of Conciliation)及仲裁法院(Court of Arbitration)以处理劳动争议,工资率争执之解决亦为其职权之一。至1898年《修正法》中始正式规定法院得规定最低工资率。澳洲亦为规定最低工资最早之一邦(Victoria),1896年通过《工厂及作坊法》(Factory and Shops Act)规定最低工资率为每周2先令6辨士。在该法中并规定设立特殊局(Special Board)以规定某类职业之工资。维多利亚州之法令颁布后,其邻近各州多受其影响,南澳洲(State of South Australia)于1900年修正其《工厂法》,规定最低工资额为每周4先令,同时亦成立工资局(Wages Boards)规定特种职业之工资率。琼士兰德亦于同年颁布《工厂法》规定每过56小时之最低工资率为2先令6辨士。在其1908年法令中亦如南澳洲然设立工资局。

英国对于最低工资立法之鼓吹虽早,但其行动则甚迟缓。在

1898 年狄奴克爵士（Sir Charles Dilke）曾于下议院提出设立工资局之提议，但未获通过；至 1906 年反血汗制同盟（Anti-Sweating League）成立，鼓吹扫除汗血制，同时私人及私人团体纷纷发表其研究结果，攻击血汗制，政府对于最低工资立法问题始加以注意。澳洲及新西兰之法令成立后，英国乃召遣亚威斯（E. Aves）前往考察，在其报告书中虽认为行政方面之问题甚为困难，但成立特殊局以规定最低工资亦有必要。至 1909 年由于邱吉尔（Churchill）之努力始通过职业局法（Trade Boards Act），规定凡某种职业之流行工资率异常低落时，得适用该法成立工资局统制工资。至 1918 年又颁布新法以代替之。[①]

　　在大战期中及大战以后，最低工资立法运动甚为活跃。法国于 1915 年通过关于家内工业之最低工资法案，继法国而起者有挪威，奥国，捷克。此数国均于 1918 年及 1919 年间通过与法国类似之法律以统制家内工业之工资。美国及加拿大之厘定最低工资运动亦在此时间中。麻色居塞州于 1912 年成立研究委员会研究最低工资立法，旋于同年制成法律规定妇工及童工最低工资。自后各州相继成立最低工资法，1913 年有八州，1915 年有两州，至 1923 年全美通过最低工资法者有十五州及哥伦比亚特区。美国最低工资立法运动因违宪问题数经挫折，自 1937 年 West Coast Hotal v. Parish 案件，经联邦最高法院判决华盛顿州最低工资法并未违宪后，最低立法运动始获得合

---

　　① 　英国自 1909 年至 1939 年，最重要的工资统制法令有六：（一）1909 年之 Trade Boards Act，（二）1918 年之 Trade Boards Act，（三）1911 年之 The Coal Mines（Minimum Wage Act），（四）1917 年 Corn Production Act 1917，Part Ⅱ，（五）1924 年 Agricultural Wages（Regulation）Act，（六）1938 年之 The British Road Haulage Wages Act。现行法令除第三项已停止执行外，其他仍有效。

法地位作跃进式的进展。[①] 加拿大之 British Columbia 在 1914 年成立委员会研究最低工资问题，至 1918 年始通过法律，同年Alberta及 Ontario 亦正式成立法律，随后 Manitoba 及 Saskathewan 均先后颁布类似之法令。德国在 1923 年亦通过《家内工作法》(Bekanntmachung der neun Fassung des Hausarbeitgesetzes vom Juni 80,1923）规定劳动部长经劳方或资方团体代表之请求得联邦评议会之同意后可以设立职业委员会(Trade Committee）以规定某区域内家内工作劳动者之最低工资率，违反其规定在最低工资率之下支付工资者，一律处以罚金。自后亚洲各国亦纷纷颁布最低工资立法，以政府干涉工资之厘定已传播各文明国家矣。[②]

[①]　作者拟在此将美国最低工资立法运动史作一简略之叙述。1933 年美国最低工资运动初期之转变点。自 1922 年联邦最高法院判决哥伦比亚县最低工资法关于规定妇工工资之一部分无效后，旋又以同样态度否决 Arizona，Arkanes 及 Kansas 三州法律。在此种打击下一直至 1933 年，并无一州通过新的工资法，旧有者亦改头换面，几成具文。罗斯福总统当政后根据复兴法成立公平竞争章程规定各业最低工资，同州各州之消费者协会及其他团体亦纷纷鼓吹，此运动又告活跃。在 1933 年有七州制定最低工资法，至 1936 全美制定该法者达 17 州。当此运动再度高涨时，不幸于 1936 年又遭厄运。1936 年 6 月联邦最高法院判决 1933 年纽约州所通过之法律无效。此判决宣布后，举国哗然。公共舆论咸加以抨击。一方面各州及联邦劳动行动机关力谋补救方法。在各界攻击之下，最高法院态度亦渐渐改变。至 1937 年始承认华盛顿州法令为合法。于是此运动乃获得合法地位。联邦政府关于最低工资立法最重要者为 1938 年 6 月 25 日批准之公平劳动标准法。

[②]　关于最低工资法之参考书甚多，最主要者有下列各书：George Anderson, *Fixation of Wages in Australia.* Melbourne,1929；I. O. Andrews, *Minimum Wage Legislation.* Albany,Lyon,1914；Rudolph Brod, *Minimum Wage Legislation in Various Countries.* U. S. Burean of Labour Statistics,Rulletive No. 467；E. M. Burns, *Wages and State,* London,1926；A. G. B. Fisher, *Some Problems of Wages and their Regulation in Great Bratain Since 1918,* London 1926；I. L. O. *Minimum Wage Fixing Machinery, an International Study of Legislation and Practice*(Studies and Reports,series D. No. 17）Geneva,1927；J. H. Richardson, A. Study on the Minimum Wage. N. Y. 1927；Henry R. Seage, *The Theory of the Minimum Wage* (American Labour Legislation Review,Feb. 1913）；Sidney Webb, *The Economic Theory of A Legal Minimum Wage.* (Journal of Political Economy,1912, pp. 973-993）.

第一目　最低工资法之范围及对象

最低工资法之对象各国之规定并不一致。就性别来说有的国家规定为女性工人，有的国家规定为妇工及未成年工人，有的国家则无性的区别。英国，奥国，捷克及挪威并无性的界限。美国现行各州最低工资法几大多以女工及未成年工人为对象，成年男工未包括在内。有12州其对象为女工及21岁以下未成年男女工人，[①] 有五州及哥伦比亚特区其适用对象为女工及18岁以下未成年工人。[②] 加里福尼亚则适用于女工及21岁以下未成年女性工人，18岁以下童工。Arkansas，Nevada二州以妇工为限，South Dakota以妇工及未满14岁童工为限。包括成年男工者仅Oklahoma一州而已。在法国原则上规定仅适用于女工，但男性工人其工资率低于女工最低工资率时亦得援用。

就职业方面言之，大多数国家将若干职业除外，但亦有普遍应用者。英国1918年法令规定：凡某业无适当机构有效的统制工资率时，劳动部长得颁布特别命令设立职业局（Trade Board）以统制该业工资。已成立职业局者，如因情形变更无此需要时，得以特别命令取消之（第一条第二，三款）。全英适用该法之职业在1926年达44种，1938年达46种。[③] 1917年《谷物生产法》第二部及1924

---

① 　Arizona, Connecticut, Illinois, Massachusetts, Minnesota, New Hampshire, New Jersey, New York, Ohio, Pennsylvania, Rhode Island, and Wisconisin.

② 　Colorado, North Dakota, Oregen, Utah and Washington.

③ 　关于英国已设立产业局之职业名称可详见：Report of the Ministry of Labour for 1926, p. 123. 及 H. Bamuels, The Law Relating to Industry, pp. 30-31，据官方统计在1937年受该法影响之工人人数达1,136,000人。

年《农业工资法》中对于农业劳动者之工资亦设立农业工资局（Agricultural Wages Board）以决定其最低工资率。1938 年《陆路运货业工资法》（Road Haulage Wages Act）颁布后，陆路运货业者之工资亦在规定之列。美国除 California，Colorado，Oregen 及 Wisconsin 四州普遍适用外，其他各州法律均有例外。如 Connecticut 及 Rhode Island 规定农业劳动者及家内劳动为例外。New Jersey，Pennsylvania 及 Minnessota 除规定农业劳动及家内劳动为例外，其他亦有所限制。New Jersey 将在旅馆工作者除外，Pennsylvania 将慈善团体，宗教团体之使用人，及推销报章杂志之工人除外，Minnesota 则视铁路工人及经州法律顾问特免之职业为例外。Puerto Rico 则将农业及农产品制造业除外。Nevada 将家内劳动及公共事业使用人除外。有八州规定以工业及商业为限。① 有三州系采列举原则，所包括之职业为工业，商业，洗衣业，旅馆业及饭店业等。《联邦公平劳动标准法》之范围以从事州际商业及州际商业商品生产之被雇者为限，但农业劳动者，从事行政及经理工作者，零售商人，服务性质之被雇者，海员，航空人员，联邦政府，州政府及地方政府之雇员，渔业及其相关职业之被雇者，农业制造品生产行程之劳动者及洗衣业者均为例外。澳洲各邦及加拿大多将农业劳动除外。在法国及其他大陆国家虽包括家内劳动，但以制造衣服，鞋，袜，帽，羽光，假花及花边，刺绣等家内劳动者为限。

第二目　最低工资之标准

关于最低工资之标准，各国所采者不一，有采生活工资（Living

---

① North Dakota，Illinois，Massachusetts，New Hampshire，New York，Oklahoma，Utah 及 Washington.

Wage)者,有采公平工资(Fair Wage)者,有采产业负担能力制(The Wage the Trade can bear)者,亦有采取其他标准者。现逐项以英,美,新西兰,澳洲为例说明各国运用之情形,然后比较各制之优劣及其困难问题。

甲 美国 在美国初期最低工资立法中,最低工资厘定之标准为生活工资,大多数州立法均采用"正常生活之必需费用"或"维持健康及幸福"等习语。在其实际决定时多采澳洲各邦之方法,以"一个完全独立谋生之妇女的生活费"为标准。在初期最低工资率每周为8元至9元之间。上次大战爆发后,物价上涨,最低工资率亦随之上涨,每周约在13元上下。其决定标准视当地生活水准而定。

1923年联邦最高法院判决以生活工资为最低工资之标准为违宪行为,判决无效。以用生活费为最低工资支付之标准而不问其所提供劳役是否与此种报酬相符,殊与宪法规定不合。但在其判决书中又宣称:"凡法律规定雇主须支付现金,须按期发给工资,其工资给付须与劳务相等甚至规定报酬与劳役须成一种公平的关系者,均为合理。"①根据此种暗示,一班人认为凡法律规定雇主支付工资时须与工人劳务成一种合理的及公平的关系,及禁止雇主支付压榨的及不合理的工资时,必不致违宪。故1925年Wisconsin州,即采纳联邦最高法院意见改用新的原则。在其法律中宣称:"雇主不得对成年女工支付'压榨工资'。凡工资低于劳役之合理的及适当的报酬时,即为压榨工资。"②1933年经济恐慌发生后,消

---

① Arkansas, Arizona 及 South Dakota.

② United States Department of Labour, Women's Bureau, *A Brief History of the New York Minimum Wage Case*, June 1936.

费者协会及其他团体咸鼓吹各州采用此种新的标准以避免与宪法抵触。消费者协会所鼓吹的方案系不主张一般的限制工资,当某业女工或童工工资不够维持生活时,开始研究其工资是否与其劳役成一种公平的合理的关系,如发现其不公平不合理时,即加以限制。在其宣传之下,1933 年及 1934 年各州所通过之法律,均以公平工资(Fair Wage)为标准。自 1933 年至 1936 年通过最低工资法者有九州,其内有八州系采用此种新原则。①

乙　新西兰　新西兰在法律上并未规定具体的标准,由仲裁法庭(Court of Arbitration)自由规定之。仲裁法庭法官在其决定最低工资时虽无一定原则可循,但事实上他们均依循前例加以厘定。历任法官所根据之原则,据学者研究为根据企业负担能力及工作等级规定某业最低工资,其工资率以长期稳定及与其他生产要素报酬成合理的关系为原则,但不低于生活工资。②

从其整个历史看来,企业的负担能力一因素所占的地位甚为重要。在其法律及法官的判词中屡次提到法官在厘定最低工资率时须顾及影响工商业之财政情形及经济情形,有时很明白地指出企业的负担能力为主要标准之一。在开始时,所谓企业的负担能力系指某特定的或单独的企业而言,至仲裁法院所管辖之企业日增及法院采用三级标准最低工资率制(Standard Manimum Rates for three main grades of Work)后,始放弃特定企业之负担能力而以全国一般之负担能力为基础。生活工资在开始时并不重要,至 20 世纪

---

①　*Principles of Labour Legislation*, p. 61.

②　八州名称为 Connecticut, Illinois, Massachusetts, New Hampshire, New Jersey, New York, Ohio, Rhode Island. U. S. Department of Labour Women's Bareau, *Provisions of Wage Order of States Operating Under the Standard Minimum Wage Act*, Oct. 1936.

20 年代时此因素渐被重视,大战开始后,物价高涨,收入甚少之工人生活极感困难,法院在厘订工资率时方加以注意,1918 至 1923 年间法律上正式予以承认。自是以后以至今日,生活费成为法院决定工资基本率之重要因素之一。至于工资率的长期稳定亦为其所注意之事项。

企业的负担能力为一时常波动因素,欲长期稳定最低工资率,则常有超过企业负担能力之虞。故法院在决定最低工资率时应特别注意。新西兰在决定最低工资率时恒以在企业暂时萧条情况下尚能继续维持之正常负担能力为准。此项政策以法赖蔡(Frazer)持之最坚。[①] 工资率长期稳定不仅与企业负担能力一原则发生冲突,有时和生活工资也发生冲突,尤其在战时,物价飞涨,生活费指数提高,以前厘定的最低工资率,实不足维持工人的生活。此种困难之解决新西兰系用下述两种方法:在战时系采用战时生活费津贴制,最低工资率维持不变,物价愈涨,生活费津贴随之增加。但津贴之增加往往不足补偿生活费之上涨。至 1919 年起改由法院随时改订最低工资率以补偿之。

就各个企业之最低工资率而言,新西兰也有两项原则:第一是一致的原则,第二是公平边际的原则(Fair Margins Principle)。所谓一致的原则,即能力相等,等级相同之工人其工资率应该相同;所谓公平边际原则,系指工人等级之厘划与各级工资率之规定应该

---

① 详见:E. W. Burns, *Wages and The State*, pp. 293-295, pp. 306-308.

J. H. Richardson, *A Study on Minimum Wage*, p. 34.

E. J. Riches, *The Fair Wage Principle in New Zealand*: *Its Application and Possible Extension*; Economic Record, Vol XIII. No. 25, Dec. 1937, pp. 224-239 及 E. J. Riches, *Conflicts of Principle in Wage Regulation in New Zealand*, Economica, Vol A. No. 19. Aug. 1938, pp. 316-332.

公平合理。新西兰在决定工资等级时系根据熟练的程度,工作时所需要注意力的大小,责任的轻重,危险性的有无,困难的程度等因素决定。普通多区分为熟练,半熟练及粗工三类。

一致的原则,常常有和某特殊企业之负担能力发生冲突。如某种企业因特殊原则特别萧条,企业的负担能力随而低下,不能支付法定的最低工资。在此种情形下,法院通常多迁就一致原则,而不减低工资。如1922年机械业因企业萧条要求减除工资,结果被法院拒绝,其主要理由认为减低机械工人工资至熟练工人标准工资率之下,实为不合理之举动。以法院在决定其标准后,即应实行到底,一直至决定调换新的工资率为止,新的工资率的成立,系一般的减少或增加,至于在每一级之工资率则应维持一致原则,而不能参差一致。但在特殊情形下,亦有例外,最有名者,如1901年10月金矿业工人工资之减低,1909年马鞍,马具业工人工资之减低,及1916年制靴业工人工资率减低至熟练工人之下。①

公平边际的原则在平时多严格的维持,但在非常时期,尤其在战时,此原则则常常破坏。边际间的距离缩短。不熟练工人工资率因物价上涨而提高,半熟练工人及熟练工人工资虽亦提高,但就其提高程度而言,不及前者远甚,故三者间距离缩短。自1929年以后此种趋势更为显著。至1937年始重新规定三者之比例,三者间相对的边际始告恢复。法院规定不熟练工人之最低工资时,系采最高原则,工资之多寡以能维持工人生活为条件,以保障劳动者的生活。半熟练及熟练工人之最低工资率则采用比较低的水准,

---

①　在1930年 Mr. Justice Frazer 屡次在判词中提到:"最低工资率不应提高至雇主在暂时萧条时不能支付之程度,而应留出一边际,使雇主在企业温和繁荣时能给予其勤免工人以较高工资;在普通情形之下亦能给予普通工人以较高工资。"

使雇主有活动余地。俾雇主得依照工人技艺熟练程序及各业负担能力支付工资。如工资率定得太高则有碍企业发展的危险。

丙　澳洲　澳洲各邦所采用之原则主要为生活工资原则,但各邦法律对于生活工资之解释迄无明确的解释和定义。西澳大利(Western Australia)1912 年法律规定:"最低工资率者要使普通工人在普通家庭负担之下能得到合理的享受(Reasonable Comfort)之工资率也。"①但何谓合理的享受,则未作进一步的解释。Victoria 之法令虽未正式公布其标准,但仲裁局曾于法令中加一注解。根据其注解,所谓最低工资并非仅仅足以维持工人生活之最低工资额,而应根据各地环境,考核现行工资率之状况及其弊害,然后厘定一合理标准。其所根据的环境,以有永久性者为限,临时性质的不应计算在内。南澳大利法令则正式标出最低工资率为生活工资,而生活工资之定义系指工资之数目足以维持普通工人在其工作地点之正常的及合理的生活。② 在 Queensland 则对最低工资率之标准解释甚详。"成年男工之最低工资至少应使身体强健之工人能维持其一般的健康,精力及能力,使其妻子及 3 个人口之家庭能维持公平的及一般的健康水准。"在决定时,该业工人之一般生活状况应加以注意,至于其妻子或儿童之所得,则不应计算在内。成年妇工之最低工资至少须使其能维持其个人公平的及一般的安适水准。

正式援用生活工资原则者为新南威尔斯仲裁法院(New South Wales Court of Arbitration)之黑顿法官(Mr. Justice Heydon)。在

---

① 关于其详情可参看:E. J. Riches, *Conflicts of Principle in Wage Regulation in New Zealand*, Economica, Vol V. No. 19, pp. 320-322.

② The Industrial Act,1912,Section 84(2).

1905 年黑顿宣称："最低工资之目的,务使每个工人不论其如何低下,能够生活,结婚及维持家庭,同时其所过之生活须有相当的舒适。"但黑氏并未根据此标准,具体地厘定工资率。至 1907 年赫金斯法官(Justice Higgins)始正式根据工人生活费厘定工资率。赫氏选择 9 个工人家庭之预算为标准计算工人之最低工资应为多少,其所计算之主要开支项目为房租,食料,衣料,燃料及其他杂支。据其研究结果,公平而合理的最低工资每日为 7 先令,每周为 42 先令。此率为各州所采用,通行颇久。[①] 至 1920 年澳洲经济发生不景气现象,出口贸易萎缩,赫氏所订之最低工资率渐为各界所怀疑,于是在 1920 年成立联邦基本工资委员会(Federal Basic Wage Commission)重新研究最低工资率,[②]最低工资率系以维持一个工人及其妻子及 3 个 14 岁以下儿童之合理的生活为标准。委员会第一步研究联邦六州都城的生活费。第二步以 6 个城市之生活费以人口多寡加权平均。经过 8 个月的研究结果,然后设立一种假设的家庭支出表,此种支出表完全以澳洲现行生活水准及工人家庭必要支出为准。根据其所厘定的支出表计算,1920 年 11 月澳大利 5 个人员之工人家庭之生活工资为 5 镑 16 先令。此种工资额超过现行工资率及黑氏工资率甚多,迄未采用。[③]

---

① 　D. M. Sells, *The Development of State Wage Regulation in Australis and New Zealand*, I. L. R. Vol. X, No. 4, p. 784.

② 　在 New South Wales 州,1913—1914 年 Industrial Commission 亦曾厘定一最低工资率,其所采用方法与赫金斯方法相似,即先根据各地工人支出预算,然后规定工资率。其所不同者,即赫氏系以 5 口之家的支出为标准,而前者系以 4 口之家支出为标准。当时所定最低工资率为 46 先令,6 辨士 1 周。

③ 　基本工资委员会之组织为雇主代表三人,被雇者代表三人及主席一人。该会根据 450 件家庭预算表,800 人的咨询及各大城市的物价表,研究 8 个月后,始颁布其报告书,其报告书内容甚详。

除生活工资外,尚有其他因素数种亦为决定最低工资率之标准。主要者为职业的熟练程度,企业的负担能力,性别的区别,及职业的久暂等。兹简述于次:

赫金斯在 Artificial Mannres 判案中说:"最低工资率之差异须视工人工作之熟练性,性质及资格而别,不宜一律。"故在澳洲普通多分工资为两种,一为基本工资,一为第二次工资。前者为法定的基本最低工资率,一切工人均不得低于此率;后者则仅以技艺熟练者为限,其多少视技艺之熟练程度而定。换言之,前者为生活工资,后者为技艺熟练者之工资。不熟练工人与熟练工人最低工资率之比率,在上次大战以前划分甚明,且维持之,在战时及战后数年,两者之间隔缩短,近几年内又有恢复原有此率趋势。

企业的负担能力一标准,在澳州各州亦颇注意。Queensland 仲裁法庭在 1922 年曾宣称:"生活工资虽为决定最低工资率之标准,但企业的繁荣及被雇者所提供能力对于雇主之价值亦为其考虑事项之一。"赫金斯也说:"工人工资虽不视各个雇主之利润而定,但该业之利润亦为决定基本工资之因素。"所以在 1913 年 Australian Worker's Union v. the Pastoralists Federal Council 案件中,赫金斯说:"企业能力如不能支付此种工资时,此种工资率是否公平? 对此问题之答复,我们认为在不变更基本工资率前提下,由于特殊情形之发生,如该业已濒于危境时,则第二次工资数目(即熟练工人工资)可以减少。"①

在决定最初工资率时,对于男女工人之工资率常常不同。普

---

① *Reports of the Royal Commission on the Basic Wage* 在国内图书馆者,保藏者甚少,关于其计算方法及与赫氏工资率之比较,可参阅:J. H. Richardson, *An Study on the Minimum Wage*, p. 55, 及上页注二书 pp. 789-790。

通计算男工工资时,恒以维持五口之家为标准,而女工工资率则以维持其个人生活为标准。男女工人之工资率既然不同,则何种职业应以男工工资率为准,何种职业应以女工工资率为准,实成一问题。赫金斯在 Fruit Grower 案件中,曾明白规定:"凡雇用男女工之职业,因其最低工资率以男工生活费为准,如仅雇用女工之职业则以女工生活费为准。铁工之最低工资率为男工最低率,女帽业之工资率为女工最低率,腌果业既雇用男女工人,则用男工最低率。"South Australia 亦援用此原则,男工职业为男工最低工资率,女工职业则为女工最低工资率,男女混用的职业,法院可选择下列四种方法之一处理之。第一,对于男女工人使用一种工资率;第二,如女工工作不及男工时,按其工作价值给付一定比例之工资;第三,不准女工在此种企业工作;第四,限制从事此种职业之妇工数目。[①]其他各州亦有类似规定。

澳洲各邦对于暂时性质之职业的最低工资率恒另眼相看,普通均比永久的职业为高。对于工作枯燥或危险性较高之职业亦然。如 Queensland 对于建筑业工资厘订颇高,以抵偿其随时失业之损失。South Australia 对于临时性质及有危险性工作者之工资率厘订颇高。在 Quarries 案件中法院判词谓:"由于气候潮湿而致停工之职业其最低工资,应高于永久性职业之生活工资。法院决定工资率时,虽不将不一定的危险(Unnecessary danger)计算在内,但在必然危险(Necessary danger)环境下工作工人的工资一定要高。"[②]

丁 英国 英国系采生活工资原则:在其法令中虽未明文规

---

① *The Development of State Wage Regulation in Australia and New Zealand*, p. 795.

② 此标准系南澳仲裁法院院长 Jethro Brown 所拟具。

定,事实上各职业局在决定最低工资率时是如此的:有一部分职业局采用自动变化的工资率,工资率的高低随一般物价指数的变动而定。[1] 有一部分职业局则除采生活工资原则外,企业的负担能力亦为其考虑条件之一。所以 1922 年 Cave Committe 在其报告书中建议:"各业工人之工资至少不得低于该地之生存水准(Subsistence Level),但亦不得超过企业负担能力,以资保护。"[2]1924 年英国《农业工资法》则正式规定为生活工资原则。农业工资委员会之主要职责为尽可能保证身体强健之工人发挥其效率,同时使其个人及家庭能维持一种合理的舒适标准生活。以后该委员会厘定最低工资率时完全以此为标准。

各国实际之运用情形既明,试进一步比较 3 个原则之优劣及其困难问题。

(甲)生活工资原则之困难问题及其批评:生活工资原则为现行各国所采用。其主要优点为意义显明,易引起一班人同情。因为最低工资的主要目的是切实保障劳动者的生活,故其工资率应以生活工资为准。但细加考察,此原则既属空洞,又无确切不变之计算方法。在实行时困难问题极多。

第一,生活工资一名词的含义暧昧并无确切之说法。普通所谓生活工资常被解释为"合理"(reasonable)的工资,"公平"的工资(Fair Wages)、正常的工资(Normal Wages)有时被解释为维持最低

---

[1]　D. M. Sells, *The Development of State Wage Regulation in Australia and New Zealand*, I. L. R., Volx, No. 4, p. 797.

[2]　采用自动变化的工资率者,有下列各职业局:The Boot and Shoe Repairing, Brush and Broom, Chain, Coffin Furniture and Cerement Making, Perambulaton and Invalid Carriage, Paper Bag and Paper Box Trade Boards.

生存水准（Minimum-Subsistence Level）的工资，或最低享乐水准（Minimum Comfort Level）的工资。其意义既不确定，又无确切不移的哲学基础，故时常变化，因时因地而不同。[①] 名辞本身既动摇不定，在决定工资率时更无一定的标准。

第二，退一步说，生活工资可以确定为维持最低生存水准的工资，[②]而事实上困难问题亦多。因为生活费因时因地而不同，在人口稠密的都市其生活费恒较人口稀少的乡村为高，在文化程度较高和智识水准较高的国家与文化程度较低的国家也不相同。故如何将生活工资化成金钱的意义，实不容易。有人主张将各地生活费实际调查后，然后制成一标准的生活费（Standard Living Cost）。根据此标准的生活费，来决定最低工资。此法亦有流弊。因为如标准生活费低于实际生活费时，则失却厘定最低工资率的意义，如标准生活费高于实际生活费时，则有一部分企业无此负担能力，将陷于破产的境界，反而有增加失业者的危险。欲使标准生活费恰恰等于实际生活费又不可能。以标准生活费系根据各地及各业之实际生活费截长补短求得一平均数。事实上高于或低于一部分企业之实际生活费。今欲使其与各企业之实际生活费相当，实不可能。

第三，最低工资率系以一个人为标准，抑以一个家庭为标准？如以一个家庭为标准时，则家庭人口当为多少？对此问题之解

---

① 见：*Report to the Minister of Labour of the Committee Appointed to Enquire into the Working and Effects of the Trade Boards Acts.*

② 生活工资一名词的意义，各处解释不同，同时各国以科学或半科学的方法，所得来的结果也不相同，其详细情形可参看美国 National War Labour Board 在 1918 年 7 月所发表之 *Memorandum on the Minimum Wage and Increased Cost of Hiring.*

决,亦无一合理的方法。普通多采下列两种方法以解决之,但均有流弊。

第一个方法系采用正常家庭制(Normal Family),即按实际情形估计每个家庭共计几人,按照此估计人口,计算其最低工资率。如澳洲各邦大都以每家人口 5 人(本人及其妻及子女 3 人)为计算标准,亦有规定为 4 口者。此制流弊甚大。以实行此制,不仅企业无此负担能力,而工人亦有苦乐不均之弊。人口不多者则其收入未免过多,人口超过标准额者则感不足。根据各国学者研究结果,此制浪费太大。如新西兰仲裁法院法官 Frazer 在 1922 年宣称:"如新西兰采用一家 5 口制,则浪费太大。新西兰家庭平均每家有小孩 1.57 人,每个成人平均有小孩 0.94 人。全国工人 375,000 人,其中有 2 个小孩者仅 42,000 人,有 2 个以上者为 59,000 人,未结婚及结婚后仅有小孩 1 人者达 273,000 人。今一律以每家有 3 个小孩计算,殊为不合。"[1]Miss E. Rathbone 认为英国年过 20 岁之成年男工仅 13.3% 有 2 个小孩,8.8% 有 3 个小孩,故以每家有小孩 2 人或 3 人为计算工资率标准时,其流弊颇大。其他如 A. B. Biddington,Paul Douglas 均有同样之结论。[2]

1918 年时澳洲各邦乃拟采用他法以补救之。其法与家族津贴

---

[1] 各国在实际计算工资率时系以最低享乐费或最低生活费为标准,尤以后者为最普通。见:Theoder Brauer, *The Minimum Wage*, I. L. R. Vol. XI. No. 5, pp. 688-700.

[2] A. B. Piddington 在其 *The Next Step* 中亦反对 Docker's Commission 的计划。Docker's Commission 的计划主张最低工资率以一家 5 口为计算标准。Piddington 对此攻击甚力。Paul Douglas 在其 *Wages and the Family* 中根据 Bowley 教授的统计,认为劳工家庭有 3 个 14 岁以下儿童者仅占 8.4/800 而已。因此他认为无差别的给予所有工人以同样工资,徒然增加企业家的负担,并无实效。

制度相似。即主张在一般工资外，另设补助工资一种，补助工资按工人真实儿童数目支付，儿童数目愈多，则补助工资愈多，无儿童者不得支付。补助工资基金由政府经营，政府按各厂工人所有儿童数目分配于工厂主，再由其分发各工人。此项提议因行政方面的困难并未通过。其他各国亦少实行者。

第四，生活工资系根据生活费而定，而生活费又随物价上涨而变动，最低工资率如何与物价水准的高下相适应甚为困难，尤其在物价变动剧烈时此问题更为严重。普通对此问题之解决系根据一可靠物价指数，工资率随物价指数的变动而上涨。但事实上问题并不如此简单。以物价上涨并不完全由于货币因素，其他如货物之生产力，企业家的独占，罢业及其他种种原因均足促其发生变化。要使工资的上涨和物价波动成一合理的调整，极不容易。

（乙）公平工资原则。采用公平工资原则的国家不多。在1929年以前有法国及英国一部分职业局，澳洲在决定第二次工资时亦采用之；在1929年以后，主要的国家为美国。所谓公平工资原则，即凡熟练程度相同，所发挥之经济价值相同及其所受的痛苦相同之劳动其报酬应该一律。其主要目的为矫正劳动相互间工资不平等的现象。换言之，最低工资率的厘定应根据劳动者所提供之劳力的性质，内容和经济价值而定，凡熟练程度，痛苦久暂，习业时间长短及经济价值大小相等之劳动，其报酬相同，以实行"同一劳动，同一报酬"之原则。

公平工资原则既以技艺熟练程度，及其经济价值为决定标准，则决定最低工资率时，其困难问题有二。第一，为技艺熟练程度及其经济价值之测量与比较的问题；第二，为某种职业之公平工资问题。要对此两个问题能彻底解决，方可以实行公平工资原则，否则等于空谈。事实上困难甚多。

第一,技巧(Skill)一字之含义即众说纷纭,迄无一公认之界说。因此我们仅能将某一类工人视为精工,某一类工人视为粗工,粗枝大叶的加以划分,而不能用科学的方法精确鉴定。普通对于技巧的定义亦不能将此问题解决。① 因为各类工人所做的工作不同,其所需要的技巧性质不一,性质不同之工作,自无法比较。有人以是否要经过学徒训练判别工作之标准,如 Jethro Brown 法官在 Tinsmith 判案中称:"习惯上及澳洲法庭均已证明,凡需经过长时间学徒训练之工作为熟练性工作,其工资率应高于最低工资或生活工资之上。"而现在问题要问在需要学徒训练的职业内及不需要学徒训练的职业内如何比较。

从各国实例观之,对于同种类职业之比较,尚为容易。法国规定凡制衣业及同类职业之家庭劳动的工资与该地从事同样职业之工厂劳动者的工资相等。如该地无厂从事此类职业时,则以邻县之工厂劳动者之工资为准。比较决定方法,只是求行事的方便而已,严格言之,并不公平,更谈不上科学的方法。

第二,即使熟练的程度已有正确测定的标准将其分为熟练及不熟练二阶级,或分为熟练,半熟练及熟练 3 种,而某类职业之工资率如何决定亦成问题。新西兰习惯上规定由各业自动请求。凡某业认为其熟练程度与法庭所规定之等级相等时,得请求沿用法院判决书所规定之工资率,法庭经过调查及测验之手续后,方批准

① 在英国对于技巧最标准定义,为 *New English Dictionary* 所列举者。所谓技巧系指从事某项工作的精确的及标准的能力而言。A. Bezanson 在 *Quarterly Journal of Economics* 中分析技巧,认为技巧之解释有二,第一指工作程序的变化,第二指处理材料的智识和能力而言。见:*Quarterly Journal of Economics*,Angust 1922,p. 626.

适用。法庭在颁布最低工资率时应根据职业之熟练程度分别规定其工资率。新西兰的方法虽比较合理,然进一步追问法院判决书所厘定之最低工资率是否"公平"时,实成一问题。

第三,公平工资原则的适用不仅只顾及工资一个因素,其他因素亦应顾及。如工作时间的久暂,例假的长短,工资支付的规定,工作危险性的有无,工作场所的清洁等等,均足影响工人之福利,从而工人待遇是否公平应将此类因素包括在内。此类因素之加入,实足增加行政方面之困难。①

(丙)企业负担能力原则。在实行企业负担能力原则时,其困难问题有二:第一,为企业负担能力的定义难于确定,第二,为负担能力的测量问题。

关于企业负担能力之定义各国之规定并不一律。有的国家系指全国工业生产力而言。如琼士兰得经济委员会(Queensland Economic Commission)在1925年谓:"企业支付工资之负担能力,系指全国工业之纯生产总量而言。"新西兰及南澳洲亦有同样之规定。有的国家则指单独的企业的负担能力而言。无论其所指的为全国的企业或各个单独的企业,其定义终属暧昧。就前者言之,意义虽然简单,但何谓全国工业之纯生产量,亦无确切的定义,更不能明白指出其内容。就后者言之,益为复杂。因为每种企业均由多数单位之工厂,工场组织而成。除绝少数例外,每个单位之资本设备,工厂位置,效率大小,成本多寡,获利多少及雇主能力各不相同。如以极劣势之工厂的负担能力为标准来决定该业之最低工资

① 详细参考:E. M. B. Burns, *Wage and The State*, pp. 372-375. 及河田嗣郎:《社会问题体系》第5卷,第8篇第8章,第223-225页。

率,则工资率势必甚低,失却最低工资立法的本意;如以较优势的工厂之负担能力为标准,则一部分劣等工厂将无法负担而致倒闭。故以何种工厂为标准来决定该业的工资率亦为各国争执不决的问题。在英国大都不主张以最劣等工厂的负担能力为标准来决定该业的工资率,而主张以普通效率之工厂为标准。[①] 新西兰仲裁法院仅声明,工资率之决定以不影响该业之繁荣为原则,但无一致之政策。新南威尔士在初期以该业最好之雇主负担能力为标准,在以后又着重于劣等工厂的负担能力。

1903 年 Victoria 的法令则选择"公正的"(Reputable)或合理效率之雇主为标准。最低工资率之厘定不得超过公正的雇主给付一般能力之工人之平均工资率。但"公平的"雇主及不公正的雇主之区别既甚困难,区别后其责难及困难问题甚多。故 1907 年将此条款撤废。然 1904 年南澳洲,1910 年 Tasmania,1921 年新南威尔士均采用此项原则。

企业负担能力之测量为实行此原则时之最困难问题。以全国总生产量为标准之测量方法各国不一。而各种方法均有缺点。琼士兰得根据所得税,失业人数,及人口总量等统计材料求出每人每年所得总数用以测量全国生产量之伸缩。但各项统计数字不能即时得到,有的要迟至 1 年方能发表,依此种数字得到之结果,有"明日黄花"之感,并无实用。于是该邦改以原料之生产为标准去测量生产量,事实上在技术方面所遇到之困难极多。而最困难者不能

---

① 英国之一班见解均主张以一般效率之工厂为计算标准。如 Macgregor 教授主张以普通效率之雇主负担能力为标准。S. Pascall 主张以合理设备的工厂之支付能力为标准。Wethered 以经营完善之工厂为标准。故综观他们的意见,可以归纳一公共意见。即□□□□的工资之负担能力为标准。

估计工业之将来生产量以决定其将来的负担能力。对于此项问题该州亦曾设法解决。其法首先根据市场股票之变动趋势及银行之信用政策制成一将来生产指数,然后将来生产指数与过去所得指数及生产指数之中数两相平均,以求得一估计的数字,此数字即为企业的将来负担能力的近似值。[①] 其后新西兰及新南威尔士亦曾用相似的方法使生活工资与国家产业繁荣的程度相适应。如新西兰自 1923 年 9 月起在决定工资率时对于公司股票之涨跌,证券市场的变动,公司营业之状况,金属价格之升降,进出口贸易之盛衰及羊毛,小麦之生产等因素均计算在内。新南威尔士自 1922 年 11 月起,在决定工资率时亦特别注意银行放款的情形,国际收支的变动及主要生产品之价格。

一国生产力大小决定后,第二步为如何分配于劳动者及其他生产要素之所有者间的问题。自理论上看来,劳动者与其他生产要素之所有者的分配应该公平恰当,如劳动者方面分配得太少,即其利益被剥夺,显然是不平的现象;如劳动者方面分配得太多,则影响其他生产要素的供给,足以陷产业于不振。再进一步观察时,困难尤多。以一国之企业种类甚繁,经济情形并不一致,今系以何种企业为标准来决定之。如采用繁荣企业为标准,则大多数企业无此负担能力,如以边际企业为标准,则工资率势必甚低,失却本来用意,如以大多数企业之平均数为标准,则在此平均数以下之企业有不能负担之虞;在此平均数以上的企业则可以得到额外利益。故亦非最好的方法。纵使标准企业已经决定,事实上困难仍多。

---

① 关于:Queensland 的测量方法,可详细参阅:*Queensland Commission Report* 第 56,61,65,70 各条。

最重要者,为雇主不愿将其营业情形公开,政府强其提供时,乃伪造数字,其数字既不正确,自无法得正确的结论。利润的真像不明,企业负担能力之大小亦无法判断。

普通测定负担能力之客观标准有六,但均不精确。第一为生产品的卖价。生产品的价格上涨时,企业的支付能力随之增加,生产品价格下落时,表示企业的负担能力减退。新西兰及英国多采用此标准。但此并不完全正确。因为财货价格之高下常依需要的弹性而定。有时某种货物之需要弹性甚大,根据费用递减原则,生产量增加,成本减少,故其价格虽降低,利润反而增加。在此种情形下,其工资率不仅不应减低,且应增加,恰与此原则相反。其他政府为着某种目的常压低卖价,故运用此原则时实有不便。

第二以原料的成本(即原料的价格)为测量企业负担能力的标准,如原料的价格上涨时,雇主的负担能力相对的减少。此制在新西兰曾实行之。此制流弊颇大。最主要的我们要看原料上涨的原因。如原料价格的上涨系由于一般物价的上涨,则其生产品亦随之上涨,两者的程度一致,企业家的支付能力并无影响。

第三项标准为大多数雇主同意支付之工资率。他们认为大多数雇主所愿意支付的工资率一定是所有雇主都能支付的工资率。1902 年新西兰仲裁法院在决定锯木业及木板业之工资率时其主要理由即认为该业雇主有 90% 愿意支付此种工资率。此种测量标准可以应用组织比较均匀之企业,如企业的经营规模,内部组织及技术各方面异常复杂且变化甚多时,则非可靠的标准。

第四种标准比较特别,即根据其竞争者的工资率来决定,如从事国外贸易者之工资率则以外国从事该业之工资率为标准。此法完全漠视企业组织之大小,资源的丰啬,劳动者的效率,及雇主的能力各因素,故采用者极少。

第五项标准系根据失业人数而定。失业人数增加时,则认为工资率过高有压低的必要。新南威尔士1922年职业局法规定如裁决书所定之工资率足以引起失业之结果时,应予以撤销。加里福尼亚州亦规定最低工资率之规划以能长期维持妇工就业为原则。此法之最大困难为不易将影响就业之其他因素剔除,而单独计算工资率对于就业之影响。有时雇主可以用强制方法减少雇用人数,以反对实行某种工资率。

最后一种方法为根据企业的利润率为标准。此法亦不可靠,以雇主可以利用渗水股(Watered Capital)及其他压低盈余的方法减低利润率。同时企业的组织及企业家的个人才能为影响利润之重要因素,故用此法并不十分确实。

由上述各节所示,可知生活工资原则,公平工资原则及产业负担能力原则各有其缺点,如单独应用时均易发生流弊。故各国在决定最低工资率时兼采各原则,并根据其经济环境劳动市场状况及产业盛衰对于某项原则加以偏重而已,至于仅以一个原则为决定标准者甚少。

第三目 最低工资之决定方法及其机构

波郎斯(E. M. Burns)在其名著《工资与政府》(Wages and the State)一书中,将最低工资之决定方法分为三种。第一为法定工资制(Legal Minimum Wages System),第二为工资局制(Wage Board System),第三为仲裁制(Arbitration System)。其划分方法,为一班学者及立法家所承认,成为通说,故本书亦采此种划分方法。①

　　法定最低工资制系由法令本身规定工资率及其适用范围。有的规定适用于全国各地,如新南威尔斯是;有的规定只适用于某特殊区域,如南澳是;有的规定只适用某种职业;有的将某种特殊职业除外,实行此制者为美国各州,澳洲各州之《工场法》及新西兰之《工场法》,美国联邦政府在 1938 年所颁布之《公平劳动标准法》即采此制。原则上在法令中只规定一种工资率,雇主支付工资时不得低于此额,如新南威尔斯 1912 年《工厂及商店法》规定工人及商店助理员之工资每周不得低于四先令。(第 65)美国《公平劳动标准法》规定:"凡属于该法管辖内之工人,在该法实行第 1 年内,其工资每小时不得低于 2 角 5 分;在以后 6 年内,每小时不得低于 3 角,在该法实行 7 年后,工资每小时不得少于 4 角。"但亦有根据工人工作经验及等级分别规定最低工资率者。如琼士兰得 1900—1920 年《工厂及商店法》第七章第四十五条规定:凡 21 岁以下工人在其第一年就业期中每周工资不得低于 7 先令 6 辨士,以后 5 年内每年至少应增加 2 先令 6 辨士。年满 21 岁有工作经验 4 年以上者其第一年最低工资率不得低于 17 先令 6 辨士 1 周,一年后至少为 20 先令 1 周。以外对于 21 岁以下有工作经验者及 21 岁以上无工作经验者均分别规定之。又如 Argentine 在 1923 年 11 月 29 日法令中将 San Juan 省分为两区,在每区中又将工人分为三组,每组工人之最低工资率各不相同。此外又对于公用事业工人之最低工资

――――――――――

　　① E. M. Burns 的大著为研究最低工资制度的必要参考书。该书在伦敦 P. S. King and Son 公司出版。作者所用的为 1926 年的第一版。其书分为三部:第一部为最低工资立法,第二部为技术问题,第三部为原则问题。对于 1924 年以前各国之最低工资立法分析最为精辟详尽。

率亦特别规定之。

此制之最大优点为比较固定,执行时比较容易,但其缺点则缺乏弹性,不能随各业之特性,各地之环境及经济情形之变动而变化。

工资局之主要特色为由各业根据其特殊环境自行规定其最低工资率。普通由该业选举劳资双方人数相等代表及政府任命之第三者(或由双方公选)为主席合组工资局,由工资局规定该业之最低工资率。工资局所颁布之工资率须经公布及征询意见手续方可执行。

工资局组织比较简单其手续比较简捷者为 Victoria South Australia,Tasmania,英国,挪威,捷克,南非等国。其决定工资率方法首由一方提出,然后双方加以讨论,如不能得到结果时,停止开会,再由私人举行谈话讨论。在此时政府任命之主席应互征双方意见并调和之,有时主席可根据双方见解另订折衷性的工资率付交双方讨论。俟得到双方初步同意后再举行会议正式决定之。如双方固执己见不肯让步时,主席有最后决定权。因为他可投票于同情的一方决定之。

在加拿大及美国工资局的组织及工资率之决定比较复杂。其内部组织大体如上种相似,其所不同者,工资局的活动及决定要受上级机关的管辖。管辖机关或为执行劳动法并直接对国会负责之行政机关,或为管理工资局上诉案件之仲裁法院,或为专司各工资局联络工作之特殊法院,或为解释劳动法令及执行罚则之普通法院。其内部组织及职权大小各国不同。如加拿大常设立常设委员会代表劳动部以决定工资率之厘定。美国各州亦常有类似之机关主持最低工资率之决定及工资局发生纠纷后之解决。

工资局组织之第三种形态为法国。法国系由工资局(Comité

Salaires)及检查局(Comité d'expertise)负责主持工资率之决定。前者决定每小时工资率,后者决定每件物件之制造时间及计件工资率与计时工资率之换算方法。其人选之选举与其他各国不同。工资局由保安官(Juge de Paix)及劳资双方代表各二人至四人组织之。其人选由该业职业协会及工会主席及副主席联合推选。会议由各市市长召集。检查局由地方保安官一人及该业劳工雇主代表各二人组织之。工资局所规定之工资率由该市市长批准并经过3个月公告时期方为有效。

决定工资率之第三种方法为仲裁制。澳洲为该制之发源地。在美国 Kansas 州亦有短时期经验。1938 年英国《陆运业工资法》关于领取两种执照之陆运业工人工资之决定亦系采用仲裁法。仲裁制者由常设的仲裁法院决定某业之最低工资率,法院判决书公布后该业所有雇主及工人均有遵守义务,不得违反。实行此制者有澳洲联邦(Common Wealth of Australia)及澳洲各州,新西兰等地。仲裁法院之组织各国不同,普通均由法官一人,陪审员数人组织之。陪审员由争议当事人任命,通常多为两人,其主要任务为处理技术方面所发生之问题。其详细情形见下述澳洲及新西兰制度之叙述,兹不赘。

关于各国决定最低工资率机关之组织及厘定方法兹以英,美,澳洲联邦,新西兰四国情形详述于次:

甲　英国　英国自 1909 年至 1939 年止,其最重要的工资法令有四类。第一类为 1909 年之《职业局法》(Trade Boards Act)及 1918 年之《职业局法》。第二类为 1912 年之《煤业最低工资法》(The Coal Mines〔Minimum Wage〕Act)。第三类为 1917 年之《谷物生产法》第二部(Corn Production Act 1917, Part Ⅱ)及 1924 年之《农

业工资法》(Agricultural Wages〔Regulation〕Act, 1924)。第四类为1938年之《陆运业工资法》(The British Road Haulage Wages Act, 1938)。其中除第二类已停止实施后,其他均在实施中。

(子)职业局(Trade Boards)之组织及职权。根据1909年法令,凡某种职业之流行工资率异常低落时得适用该法成立职业局统制工资。1918年法令规定,凡某业无适当的机关有效的统制工资率时劳动大臣得颁布特别命令适用该法于该业。如已成立职业局之职业情形变更无需再要时,得以特别命令取消之。特别命令颁布后除立即送呈议会审查外,并须经过公开征询手续,有反对意见者应于40日内送呈劳动部。特别命令呈送议会后,两院得于40日内否决之,如过40日,即有法律上的效力。

职业局由三方面组织而成,由被雇者及雇主相等代表及劳动大臣任命之中立人士组织之。劳资代表由该业工会及雇主协会推选。劳动部任命人数须少于劳资双方代表总数之一半。普通多为三人。其中一人必为妇女。主席及副主席由劳动部任命人员担任。在该业工人分布甚广,地方色彩甚浓之职业,集中组织之职业局不足应付。于是有地方职业委员会(District Trade Committee)以辅助之。在1909年法第12条及1918年《修正法》中规定职业局得设置地方职业委员会,委员会人选一半为职业局人员,一半非职业局人员但必为该业被雇者及雇主之代表。其设立程序须根据劳动部所颁布之章程,其管辖区域由职业局指定之。委员会职权除不能决定工资率外,其他与职业局相似。

职业局之职权,第一为有权决定该业之最低工资率(1909年法第四条第一款及1918年法第三条)。其所能决定之工资率有五:一为一般的最低计时率,二为一般最低计件率,三为以计件制为基础之计时率(Piece-Work Basis Time-rates),四为保证计时率(Guaranted Time-rate)及延长工作率五种。上列工资率可由职业局规定其适用范围为整个职业,或该业之某特殊程序,或某特殊区域,或该业某类工人,或某类工人之特殊程序,或在某特殊区域工作之某类工人。职业局所订工资率在未废止或修改以前继续有效。1918年职业局法第三条第二款规定职业局得规定一系(Series)工资率适用于各个时期。

在决定该业工资率时,职业局须举行最低工资拟订会议及最低工资率决定会议。在决定,修改或废止最低工资率时,职业局应公布其所拟订之最低工资率,反对意见应于两个月内提出之。如该区已成立区职业委员会时,委员会应向职业局呈明其所认为适当之工资率,如委员会不申请修正或废止时,则不得废止之。拟订工资率公布两月后再举行决定会议,在此次会议中详细审核各方反对及赞成意见,及职业委员会建议后然后决定。[1]

工资率以能够长期稳定为佳,如时时变动,流弊颇大。故1918年法令规定工资率实行未满6个月时,职业局在未得劳动大臣同意以前不得修改或废止最低工资率,劳动大臣认为情形特殊有修改必要时方得批准职业局之请求,在普通情形下不得批准之。如职业局双方代表均同意于6个月变动时劳动,大臣不得拒绝;如双方意见不合,由政府任命之中立人士所决定时,劳动大臣得否决此种情形之变动。

最低工资率修改及决定之手续,第一步由职业局双方代表在

---

[1]　关于英国各职业局运行详情可参看:Sir Hector Hetherington, *The Working of the British Trade Board System*, I. L. R. Vol XXXVIII. No. 4, pp. 474-480.

拟订工资会议中拟定工资率并通知劳动部,第二步即公布并公开咨询各方意见,第三步乃在决定会议中根据各方意见加以修正,然后正式决定并通知劳动部说明其修改理由及实行时日。但在决定会议中修改之地方甚多,且情节重大时,修正工资率仍视为新的拟定工资率,须再举行核准会议(Confirming Meeting)决定。劳动部收到申请书后,即加以详细之考查,如认为不合时,得发还职业局令其重新考虑。如认为适当时,应以最快速度颁布命令施行之。(通常均在1月内)如认为有延期实行必要时则延迟之。最低工资率自劳动部颁布命令之日起实施。雇主在支付工资时,一律不得减于官定最低律,违反此项规定时,处以20镑以下之罚金。最低工资率系指名目工资扣除一切款项捐税后之净工资而言。学徒,见习生及部分残废人员之最低工资率由职业局另订。

工人或受工人委托之个人,认为雇主之工资给付低于最低工资率时,得向职业局控告,该局有接受控告,进行调查及判决罚金之义务。职业局职员权力在1909年法令第十五条及1918年法令中规定颇详,兹不赘。

(丑)农业工资委员会(Agricultural Wages Committee)。根据1924年《农业工资统制法》农林部可于英格兰及爱尔兰各郡设立农业工资委员会,在英格兰及爱尔兰设立农业工资局(Agricultural Wages Board)。委员会人数,由该郡内雇主及被雇者相等代表及中立的第三者二人与主席一人组织之。中立第三者由农林部任命,主席由委员会推选,但不得为委员会委员。委员会在一定期限内不能选出主席时,由农林部任命。农业工资局之组织大体与工资委员会相似,其不同者,由政府任命之中立人士不得超过双方代表总数四分之一。工资局及工资委员会可以设立小组委员会以处理各项事务,但无权决定最低工资率之厘定,修改及废止。

工资委员会可以决定该部农业劳动者之计时最低率及最低计件工资率。工资局在下列情形下方可决定各郡之最低工资率。(一)该郡委员会成立后两个月内不能决定一最低工资率;(二)该郡委员会废止其最低工资率不能决定一新的工资率时;(三)该郡委员会开会以投票方式表决要求工资局厘订,修改或废止工资率时。委员会决定后即行公布,如有反对意见须于公布后14日内提出要求重新考虑。委员会根据各方意见修改后呈报工资局,由其公布实行。[①]

(寅)陆运业工资法。1938年《陆运业工资法》将运货业工人依其所领执照种类分为两类,分别的规定工资率。第一类为领取甲,乙两种执照的陆运业工人,其规定最低工资方法为工资局法,第二类为领取丙种执照之工人,其方法系由工业法院解决。

决定领取甲,乙两种执照工人最低工资率之机关,其组织与职业局相似。在全英设立中央工资局(Central Wage Board)一所,在苏格兰设立分局一所,及在英格兰及威尔斯10个关税区税内各设分局一所。总局由6个以上9个以下之劳资双方代表(此种代表由雇主协会及工会推荐,由劳动部长任命)及24个由分局推荐之代表(此种代表由英格兰及威尔斯分局推荐雇主及工人代表各一人,苏格兰分局推荐代表各二人)及由劳动部任命之中立人士3人至5人组成。由分局推荐之代表各有代理1人,当代表缺席时由代理充当。劳动部任命之中立人士中1人为主席,1人为代理。各分局则由该区内雇主及雇工相等代表组织之。工资之厘订,修改及

---

① 详见:F. Tillyard, *Industrial Law*, 2nd Edition, pp. 88-93.

废止首由中央工资局拟定草案交各分局呈具意见,各分局应于28日内呈覆。中央局收到各分局之意见后加以审核并修正其原来计划,修改完竣即通知各分局并公布之。公布后一定时间内接受各方意见而加以修改。此次修改后呈交劳动部下令执行。如劳动部认其草案有重新考虑必要时,得交还再度修改,然后改由劳动部下令执行。劳动部下令执行后,该工资率即为法定工资率。

凡领取丙种执照之陆运业工人,工会,或工会代表如认为其工资率不公平时得向劳动部控告。劳动部接受其控告后即通知雇主令其改善。如雇主不遵从时,乃移交工业法庭解决,但该处有解决争议之联合机构存在时,须先交此机关调解,调解无效方提交工业法院。工业法院认为其工资确不公平时,乃由法院重新规定其应付工资率。下列工资不得视为不公平工资。

(一)工资率与上述劳动部所厘定之领取甲,乙两种执照工人之工资率相等时;

(二)其工资率系根据工会与雇主,或工会与雇主协会所缔结之团体协约的规定时;

(三)工资多寡和该县该业之雇主,或雇主协会与工会所缔结之团体协约所规定之数目相等时;

(四)工资率等于联合产业评议会,调解局,工业法院,或其他类似机关所决定该县该业之工资率时。

乙 美国 美国各州现行法律仅 Arkanas,Nevada,Puerto,Rico 及 South,Dakota 四州采用法定最低工资制,其他22州及哥伦比亚特区则采用工资局法。[1] 联邦政府《公平劳动标准法》则折衷两者。

---

① 见:I. L. I. 24. Oct. 1938,pp. 106-107.

现分别分析其机构及决定程序如次：

（子）各州。在最低工资立法初期，执行法律之行政机关多由独立之委员会负责。委员会多由雇主，被雇者及政府各派代表组织之。近20年来则大为改变，独立的委员会多被合并于各州之劳动部，工业委员会或劳动委员会，硕果仅存者哥伦比亚特区。该特区由区长于雇主被雇者及政府人员中指派代表组织最低工资局（Minimum Wage Board）执行最低工资法。其他26州中有11州由工业委员会或劳动委员会负责。[①] 如 Wisconsin 由工业福利委员会负责，该会系由州长，劳动委员及州工业委员会主席组织而成。其他15州则在劳动部中特设一最低工资司负责执行。

在实行工资局制各州中，行政机关之权力主要职能为最低工资率之制定与执行，但亦规定在其所颁布之工资命令中得规制劳动时间者。如 California，Colorado，Oregon 及 Washington，Louisiana 五州即如此规定。其中以 Oregon 及 Louisiana 两州权力最大，除劳动时间外，尚可规定其他劳动条件。在实行法定工资制者，其主要职能为执行法定最低工资率。但亦有例外。如 Arkansas 州因法律允其变更率以适应生活费用之变更，故其职权颇大；又如 South Dakota 规定工业专员得更改贫困工人及学徒之法定工资率。

大体言之，最低工资率厘订之主要步骤有四：第一步调查该项职业，第二步成立工资局，第三步由工资局厘订最低工资率，第四步征询公共意见，加以修改，第五步颁布工资命令，正式公布法定

---

① 各州名称如次：Arizona，California，Colorado，Connecticut，Illinois，Kansas，Kentucky，Louisiana，Massachusetts，Minnesota，New Hampshie，New Jersey，New York，North Dakota，Ohio，Oklahoma，Oregon，Pennsylvania，Rhode Island，Utah，Washington 及 Wisconsin。

最低工资率。

　　某项职业情况之调查可由行政机关自己发动或由若干人申请后再由行政机关决定。调查方法则由行政机关自由取决。调查完毕后草成报告书以供将来工资局之参考。调查结果认为该业之流行工资率较低，有成立工资局或工资会议之必要时，行政机关必须成立此类机关以核订该业之最低工资率。① 工资局人员通常由政府任命，雇主及被雇者人数须相等。人数多寡各州不一。纽约州规定为被雇者，雇主及无利害关系之公共代表各 3 人，加里福尼亚规定人数多少由最低工资局决定，Minnesota 州仅规定最低人数及最高人数，Colorado 州规定工资局内每组须有女性代表 1 人，Minnesota 州则规定女性代表至少为五分之一。雇主及被雇者代表之任命各州之法律亦不相同。如 Massachusetts 州规定尽可能的由雇者及被雇者团体推荐，然后由行政机关任命，但大多数系由行政机关自由任命。

　　工资局成立后开始工作。普通工资局开会或工资会议系采公开形式，会议结果，在报纸上公布。在开会以前雇主及被雇者可以提供关于工资及该业其他重要问题之报告与证据，并由雇主及被雇者代表各提出最低工资预算表（Minimum Wage Budget）。根据各方报告及意见及双方最低工资预算表在会议中讨论并拟订公平合理的新预算表，新预算表成立后，由投票表决是否通过。通过后即向行政机关呈送报告书。报告书之呈递在以前并无时间限制，但多规定为 60 日。工资局如不能得到最后结果或到期不能呈递报告书时，行政机关可以另成立新工资局以代替之。

---

　　① 各州名称如次：Arizona, Arkansas, California, Colorado, Kansas, Minnesota, Oklahoma, Oregon, Utah, Washington 及 Wisconsin。

工资局之决定并无行政的效力。行政机关可以接受或否决工资局之报告，有时可发还再议，有时可另组工资局。如行政机关接受报告时可按一定程序颁布工资命令。在工资命令颁布前，须经过公开征询的手续。利害关系人均可提供意见、公开征询之通告及征询时间在法律上均有规定。公开征询时期满期后，再由行政机关批核是否批准。此项核准时期有时间限制，多数法律规定期满后 10 日内，如逾期不决，即视为报告书已批准。最后批准后，随即颁布工资命令。如工资命令为"命令"（Mandatory）性质时，自颁布日起有效，如为"劝告"（Recommendatory）性质时，则须先经过指导时期（Directory Period），指导时期长短不一，有为 60 日者，有为 90 日者，有为 3 个月者，有为 9 个月者。在指导时期内违反工资命令之最大处罚为公布违反规定公司及店主名称。指导时期期满后，工资命令始变为命令性质，违反者处以罚金或徒刑。

工资命令中不仅规定一般最低工资率，即对于部分时间工资率及延长时间工资率亦有详尽之规定。在实行公平工资原则之各州，尚颁布若干施行命令规定学徒与见习生之工资计件制与计时制之关系，工作时间之长短，延长工资率之计算以保证公平工资之实施。

工资命令颁布后，得工资局之同意时可以取消之，但普通多认为要执行若干时间者为限。此说为消费者协会所主张，在其拟订之标准最低工资草案中，即如此主张。但 Kentuchy 州则规定劳动委员会可以随时废止工资命令。

司法方面对于工资命令之审查（Review），各州之规定不一。在以前法律均规定法院对于工资命令之审查仅以法律问题为限，如纽约州规定："所有关于行政及事实方面之问题均由劳动专员决定,对于此类决定无上诉权。但关于法律方面之问题,法院有审查权。"以后法院权力逐渐增加。Kentuchy 规定法院对于下列四事有审查权:(一)行政人员之行动是否为越权行动或无权行动;(二)其命令或决定是否由于欺诈或暴力而来;(三)其命令与决定是否与法律相符;及(四)在实行时,其行动是否与命令或决定相符。Massachusetts 及 New Hampshire 两州,则规定法院对于行政机关之决定均有审核权。①

工资命令之执行概归行政机关负责,在执行初期,行政机关可命令全国该业雇主呈递工资簿副本审核,以觇该法是否为雇主所遵守。工资行政局设有检查员至全国该业视察,并强迫雇主制备妇工童工雇用册,以备查考。雇用册普通包括被雇者姓名,工资率,工作时间,及工作经验等项。实行公平工资原则各州,工资命令在初期为劝告性质,并须经过指导时期,以期逐渐纠正雇主之不良习惯,如屡戒不改时,可公布其姓名,指导时期届满后仍违反时,按律处罚。实行生活工资原则各州,工资命令为命令性质,颁布后即有法律上的效力。如工人工资在最低工资率之下,可向行政机关告发,由其代向雇主要求补偿。

总之,最低工资法是否有效,其先决问题为执行机构是否健全,而执行机构是视法令及工资命令之本身是否完善,视察组织是否健全,推行工作基金是否充足,工人与雇主是否合作,及一班舆论对于最低工资法是否热心等因素而定,其中尤以视察机关之组织更为重要。

---

① 在 Colorado,Kansas 及 Minnesota 三州规定最低工资委员会可以直接制定最低工资率,不必成立工资局,或工资会议。

以各州现行法律对于行政机关之规定不同,故难归纳一种典型的视察机关之组织。在工业不发达的各州中,只有一个视察员及书记,而在工业化程度甚深之各州中,则有复杂之机构以执行各种事业。如以纽约州而论,工业妇女及最低工资司职员达 160 人,人数之多于此可见。就纵的发展而论,以前对此并不如何重视,现则极为注意,在一工资命令颁布后,在相当时间内必成立完备的视察机关以监视工资命令之执行。

(丑)联邦政府。《公平劳动标准法》所采用的制度系介乎工资局制及法定工资率制之间,不过偏重后者而已。在该法中明白规定在该法实行后第一年内(1938 年 10 月 24 日至 1939 年 10 月 23 日)的法定工资率一律为 2 角 5 分 1 小时,以后 6 年每小时为 3 角,第 8 年起每小时为 4 角,就此点观之,可知其为法定工资率制毫无疑问。但在另条又规定在每小时 4 角之工资率推行以前,行政机关可颁布命令,以提高某业之最低工资率。《公平劳动标准法》之行政机关可成立工业委员会(Industry Committee)研究该业生产及工资情形后,建议行政机关采用较高之最低工资率,但以不妨碍该业之生产力及不减少就业人数为原则。行政专员批准后,该率成为该业之最低工资率。由此观之,又与工资局的制度相似。故美国联邦之最低工资制度系两者的折衷物。①

《公平劳动标准法》系由联邦劳动部设立工资及工作时间司执行,该司设行政专员一人,由总统任命。专员可以在全国各地设立区办事处及地方办事处,并指令某业设立工业委员会以决定该业之最低工资率。

---

① 详见:Alice S. Cheyney, *The Course of Minimum Wage Legistation in the United States*, I. L. R XXXVIII. No. 1, pp. 35-49.

在 1938 年末工资及工作时间司曾于全国各工业城市设立临时事务所 30 所,经该司详细研究后乃改设 16 个区事务所,区事务所采分权制。区指导员(Regional Director) 为区事务所之负责人员,直接受专员之管辖,管理该区内一切执行及视察事宜,并按时向该司报告。其主要工作为视察,执行及签发特许证。其主要职员为视察员(人数多少视各区之情形而定)法律顾问及会计员等。为防止雇主不遵守法律及使被雇者得到实惠计,工资及工作时间司除派检查员到各厂视查外并接受被害者之控告。① 控告受理后之主要补救方法有二:第一,为颁布禁令,制止雇主行动;第二,为处以罚金及徒刑。情节较重者由该司直接处以 20,000 美金以下之罚金及 6 个月以下之徒刑。此外尚有两种补助方法以促法律之执行。第一,为加倍补偿其工资差额,及令雇主负担讼费及法律顾问费。第二,为根据该法第 15 条第(a)条第一节规定,由工资及工作时间司颁布禁令禁止运输,起运,装箱及出售违反该法条款之货物。② 此类货物普通称为热的货物(Hot Goods)。

工业委员会由该司根据各业之情形下令设立之,亦可由该业雇主或被雇者之请求,然后由工资及工作时间司下令设立。工业委员会由雇主,被雇者及公共人士三方面代表组织而成。委员会可根据各业之情形规定最高及最低工资率,但以不减少就业人数为前提。同时又可将该业工人合理的分为若干类,每类规定一最高及最低工资率,但以不减少每类就业人数及不使每类工人发生

---

① 详见:Flmer F. Anderews, *The Administration of the Fair Labour Standards Act in the United States*. I. L. R. Vol XL. No. 5 , pp. 636-642.

② 截至 1939 年 6 月 23 日止,该司所收回之控告案件达 17,790 件。被控工厂达 14,000 所。其中有 24% 为违反时间法规,35% 为违反最低工资法规,35% 为违反工作时间及工资条款,其他为 6%。

转职现象因而产生不良竞争为前提。在决定分类时,下列因素亦在考虑之列:(一)因运输,生活费及生产成本之影响而发生之竞争情形;(二)工资之决定是否系为雇主及被雇者自由推选之代表所缔结之团体协约所决定;(三)工资之决定系由于雇主自动按照该业之最低工资率而决定。同时并严格禁止仅仅根据区域,性别,年龄等标准而分类。委员会决定最低工资率后,乃拟具正式报告书于工资及工作时间司,该司即通知有关各方人士并公开征询意见。公开征询结束后,该司行政专员根据各方意见,证件及其他因素决定是否批准报告书,批准后颁布工资命令执行。如不同意时可拒绝批准,发还委员会再议或另成立新委员会重议之。

工资命令颁布后须经过相当时间方有法律上之效力。法律上规定凡欲修改或否决行政专员之工资命令者须于公布后 60 日内向巡回上诉法院(Circuit Court of Appeals)递呈请愿书。法院收到工资命令之副本及请愿书后,有权可以承认修改或否决命令之全部或一部。法院之意见仅以法律方面者为限。巡回法院对于工资命令之审查并无执行效力,须由法院颁布有效命令,方进入实行阶段。

《公平劳动标准法》颁布后,第一个工业委员会为纺织工业委员会(Textile Industry Committee),该会成立于 1938 年 9 月 13 日,其管辖范围为一切纺织业,但羊毛业除外。随后在该会内又成立若干小组委员会研究特殊技术问题。该会人选共 21 人,由雇主,被雇者及公共团体相等代表组织之。主席 D. M. Nelson 系工会代表。9 月中旬开始工作。第一步根据工资及工作时间司,其他机关及与该业有关人士所供给之材料研究该业之工资水准,工厂生产力,利润,物价之波动,三班制引用后对于物价及工资之影响及国际贸易现状。第二步研究最低工资实行后对于制造成本,物价,消费,运输成本,生活费用对其他方面之影响。研究完竣后,邀请各纺织业雇主及工会派遣代表提供意见,雇主私人及工人亦得随时贡献意见。经过 8 个月以上之研究,该会于 1939 年 5 月 23 日提出正式报告书,规定纺织业之最低工资率为每小时 3 角 2 分半。报告书呈递后于 1939 年 6 月 19 日开始在华盛顿公开征询意见。除纺织业工业委员会外,1939 年 2 月 1 日又成立制袜业工业委员会(Hosiery Industry Committee),随后又成立服装业工业委员会(Apparel Industry Committee),制靴业工业委员会(Shoe Industry Committee)及制帽业工业委员会(Hat and Milliney Industry Committee)等,其组织与决定最低工资率之程序大体与纺织业工业委员会相似。①

丙 澳洲 澳洲统制工资之机构极为复杂。除联邦政府有联邦调解及仲裁法院(Commonwealth Court of Conciliation and Arbitration)管理一部分最低工资事宜外,在各邦尚有不同组织不同性质之机构以厘订并修正最低工资。各邦所采制度并不相同。Victoria, Tasmania 系采工资局制,Western Australia 采纯粹的仲裁制,New South Wales,South Australia,及 Queensland 则采混合制,折衷仲裁制及工资局制。而各类之中组织机构及厘订程序又各不相同。② 现分

---

① I. L. I. 23. June 1939 , p. 872 ; 10. Oct. 1939. p. 64。
② 关于澳洲最低工资政策之论文及书籍极多,主要的如下列所示。George Anderson, *Fixation of Wages in Australia*; Dortsy McDaniel Sells, *The Development of State Wage Regulation in Australia and New Zealand*, I. L. R. Vol X. No. 4. pp. 625-629 ; No. 5. pp. 779-799 ; No. 6. pp. 962-1004 ; O. de R. Fornander, *The New Conciliation and Arbitration Act in Australia*, Vol XIX. No. 2. O. de R. Fornander, The New Commonwealth of Australia Conciliation and Arbitration Act, L. L. R. Vol, XXIV, No. 6. ; O. B. Copland and O. de R. Fornander, *Agricultural Wages in Australia*, Vol. XXV. No. 6. ; W. B. Reddaway, *Australian Wage Policy*, 1929-1937. I. L. R. Vol XXXVII. No. 3. ; E. M. Burns, *Wages and State*. Chap. IV. ; O. de R. Fornander, *Towards Industrial Peace in Australia*. 1937.

别将联邦及各邦制度略介绍于次：

（子）联邦政府。联邦调解及仲裁法院系根据 1904 年《联邦调解及仲裁法》(Commonwealth Conciliation and Arbitration Act of 1904) 所成立。其主要目的在防止并解决非联邦政府权力范围内之工业争议。自 1904 年起该法修改颇多，前后计达十余次，以改进该法之运行。[①] 因为工资率的高下为引起争议原因之一，故该院对于最低工资率之决定亦具有权力。联邦法院仅规定全国性工业之最低工资率，如造船业，剪羊毛业等。在 1929 年受联邦法院仲裁书影响之工人约 420,000 人。[②]

仲裁法院设主席一人，由高等法院之法官担任，设代理主席多人，由总督(Governor General) 在高等法院及各邦最高法院之法官中选任，主席任期为 7 年。外设陪审员两人，由当事人各推荐一人。当争执发生后，仲裁法院举行审问，并颁布仲裁判决书，判决书不仅对于当事人有拘束力，于必要时可将其适用于该业全体被雇者。关于工资方面争执之解决，除仲裁法院外，尚有两种机构负责处理。第一为联邦公务仲裁员(Commonwealth Public Service Arbitraion)，其主要职责为处理联邦公务机关职员及使用人之薪给问题。第二为工业局(Industrial Board)，此系根据 1922 年工业局令(Industrial Board Ordinance) 所设立者，其主要职能为讨论在联邦工厂工作之工人的工资率，工作时间及其他劳动条件等问题。但其

---

① 其修改次数，1909 年一次，1910 年一次，1911 年一次，1914 年两次，1915 年一次，1918 年一次，1920 年一次，1921 年一次，1926 年一次，1927 年一次，1928 年一次，1930 年一次。

② George Anderson, *Regulation of Industrial Relations*：*Annuals of the American Academy of Political and Social Sciences*，Nov. 1931, p. 157.

决定不能影响仲裁法院之判决书。

（丑）新南威尔斯。新南威尔斯之工业法庭系根据 1912 年工业仲裁法（Industrial Arbitration）。工业仲裁法庭由法官一人组织之。法官由州长在最高法院法官，区法院法官或任职 5 年以上之律师中任命之。州长此外尚可任命法官三人。陪审员两人，由法庭任命，但普通多不设陪审员。在 1920 年所受理之 330 件案件中，只有 88 个案件设有陪审员，约占 1/4 强。① 法庭权力极大，可以决定计件工资率及计时工资率。延长工作工资率于必要时可以随时修改。法庭可将仲裁书之条款宣布有一般拘束力，该业全体被雇者及雇主均受其拘束。

对于最低工资率之厘订修改亦可由法庭向政府建议设立该业之工业局（Industrial Boards）。工业局由主席一人及劳资双方代表数人组织之，主席由法庭推荐，劳资代表亦由法庭就该业劳资团体之候选名单中推荐，劳资代表人数相等。工业局之权力甚大，关于最低工资方面者有三项：第一，决定该业之最低工资率；第二，决定领取此种工资率之工人的工作时间；第三，决定加工，放假日工作及特殊工作之最低工资率。工业局所颁布之判决书对于该业全体人员均有拘束力。判决书公布 30 日内，当事人之任何一方可向法庭请求修改或变更之，法庭得根据各方意见及实际情形加以拒绝或接受。法庭可以变改修改工业局之决定。判决书之执行由检查员负责，雇主无故违反时，处以罚金及徒刑。②

根据 1918 年修正法，新南威尔斯又设立职业局（Board of Trade）

---

① 见：E. M. Burns, *Wages and State*, p. 65.

② 实行工业局制度之县份不多，主要者为 Yancowinna County.

以决定生活工资率。该局之主要任务,据 1922 年《工业仲裁修正法》第 11 条规定为:"该局应在其认为适当时期,在公开调查之后,根据平均生活费用之增减情形颁布该邦或某特定区域成年男工或女工之生活工资,该局应至少每隔 3 个月颁布一次。"职业局所颁布之工资率为最低工资率,所有团体协约及法庭仲裁书所规定之工资率均不得低于此率。该局由主席一人,代理主席一人,及委员四人组织之。主席由仲裁法庭法官担任。在以前尚有委员四人,代表农业城市,当讨论有关农业时方出席,至 1922 年此项规定取消。

（寅）维多利亚。在 Victoria 并无仲裁法庭之组织,仅有工业上诉法庭(Court of Industrial Appeals)主持工资率之上诉问题。法庭由主席一人及劳资双方代表各一人组织之。其主要任务为决定对于工资局(Wages Boards)之上诉事宜。凡工资局之劳工或雇主之大多数代表,或某业 25% 以上的被雇者,或 25% 以上雇主认为工资局之决定不合理时,可向上诉法庭提出上诉。上诉法庭得变更或否决工资局之决定。最低工资率之厘订由工资局负责。维多利亚州州长(Governor in Council)得以命令在各业设立工资局。工资局人数最多为十人,最少为四人。雇主及雇工代表各为一半。再由双方代表选举一人为主席。政府在设立工资局之先应将候选人名单在公报公布,如 21 日内有五分之一以上该业雇主与雇工以书面反对其充任时,政府即不得任命。工资局之主要任务为决定一般最低工资率(包括计时率,计件率)延长时间工资率,放假日工作工资率等。工资局之决定除非该局自行将其废止,或工业上诉法庭将其废止时,仍继续有效。评议会主席得根据正当理由将工资局之最低工资率暂时停止施行,但不得超过 6 个月;如渠认为该厂或某部分工人工作为一种新的工业时得以命令准其不受工资局决定之拘束。最低工资率之执行由工厂检查员负责。凡违犯工资局命令者第一次处以 10 镑以下之罚金,第二次处以 5 镑以上 25 镑以下罚金,第三次及以后各次处以 50 镑以上,100 镑以下之罚金。于必要时,得加处 3 个月以下徒刑。

(卯)Tasmania。Tasmania 工资局法,大体与维多利亚工厂与商店法相似。工资局之设立与撤废由上下两议院议决后交政府实行。工资局之组织,大体由主席一人及劳资双方代表若干人组织之,劳资双方代表各业人数不一。其主要任务为厘订最低工资率。对于工资局之决定如不服时,可按照行政诉讼手续向最高法院提出控告,并无特设机构主持此类上诉事宜。工资局之决定的有效期间为两年,两年期满后如无新的决定提出,仍继续有效。工资局之撤废并不影响该局在以前决定之执行工资命令之执行。由政府任命主任检查员一人及检查员若干人负责监视。如违反工资局之规定时,处以 20 镑以下之罚金。除工资局法外,该邦亦曾颁布法定的最低工资率规定产业工人之工资。

(辰)南澳洲。南澳洲为澳洲各邦中实行混合制的最好代表。工资局制为该邦最重要的统制工资方法之一。自 1900 年起至 1912 年止,仅使用此种方法。但至 1912 年颁布《工业仲裁法》(Industrial Arbitration Act)设立工业仲裁法庭。至 1920 年又颁布《工业法典》(Industrial Code),设立工业局(Industrial Board),以代替 1912 年《工业仲裁法》及 1907 年《工厂法》之规定。

自 1920 年起,工资局之设立由工业局建议于工业部设立之,工资局之撤销,及工人转局亦由工业局建议。工资局由主席一人及劳资双方代表各数人组织之,主席由双方代表选举,不能产生时,由工业局主席任命。劳资双方代表必为该业之现在从业者,由该业劳资团体推荐再由法庭主席任命,如劳资团体推荐人数过多或人数不足时,由法庭主席选择或补充之。工资局之主要职责为决定最低计时率,计件率,工作时间,延长工作及放假日工作最低工资率,学徒雇用人数及其比例及其他有关工业事项。工资局之决定之最长有效时期为 3 年,当实行一年后可向法庭请求将某项决定交工资局再度审查。工资局可以拒绝无理由的要求,当其认为有修改必要时得自动修改之。对于工资局之决定如认为不合时可向法庭上诉,要求法庭修改或废止。工业部长得随时要求法庭修改或废止工资局决定。在紧急时期州长得停止工资局决定之一部或全部。当州长下令暂时停止实行时,工资局应将其决定重新考虑,如拒绝接受,此种禁令,即应撤消。

工业法庭由主席一人,代理主席一人及陪审员两人组织而成,陪审员是否需要,由主席决定。主席由州长任命,任期 7 年,其资格与最高法院之法官相同。工业法庭之任务为讨论并判决所有工业争议。其权力极大,其决定为最后的决定。对于工资局的规定,法庭有否决或修改之权。法庭判决书不仅对于当事人有拘束力,于必要时,法院得以判决书或命令宣告其对于某业特殊事件判决书或命令中所规定之条例,习惯,及惯例有一般的拘束力。此种条例,习惯或惯例,一经宣告后对于全国该业均有拘束力。不过在其预备宣告以前应接受各方面之意见。所有判决书之有效时期最高为三年,如判决书内容与公务及铁路被雇者之利益有关时,应由两院通过。

工业局系根据《工业法典》于 1920 年成立。设主席一人,及委员四人。主席必为工业法庭之主席或副主席,委员四人,二人由南澳洲雇主联合会(South Australian Employer's Federation)推荐,二人由工会及南澳洲劳动联合会(Labour Council of South Australia)推荐,其主要任务有二。第一,为将工业分业,确定工资局之管辖权。第二,为公布生活工资,以后者为最重要。法律上规定其宣布生活工资率每年至多为两次。工业局所宣布之工资率为最低工资率。凡法庭判决书及工资局之工资率如低于工业局所宣布之工资率时,工业局所宣布的工资率能自动的代替判决书及工资命令中之条款;如高于工业部所宣布之工资率时,则判决书及工资命令所规定之工资率亦应随而下落。

(巳)西澳。西澳为澳洲实行仲裁制的一邦。在1900年虽已通过《仲裁法》,但迄未实行,至1912年又通过新法并于1920年通过《工厂法》,于是关于其机构及权力始趋确定。

仲裁法庭由三人组织而成,此三人均由州长任命,一人由工业雇主协会推荐,一人由劳工协会推荐,一人为主席,必为最高法院之法官。在审判工业争执之案件由当事人双方推荐陪审员各一人。争执发生后举行公开审判,开审后一个月内应将判决书公布,判决书之最长有效时期为三年。一直至1920年,西澳并未颁布固定的最低工资率,至1920年《工厂法》始规定每周最低工资率为35先令。

(午)琼士兰得:该邦亦采用混合制,在最初实行法定工资制,继而实行工资局制,继而又实行仲裁制。1900年规定所有未成年人最低工资率每周为2先令6辨士,为法定工资制之开始。随后又修改法定工资率数次。1908年设立工资局以统制工资,至1912年各业设立工资局者达71所。1912年大罢工发生,于是通过工业和平法(Industrial Peace Act)将工资局改为工业局(Industrial Board)

并设立工业仲裁法庭(Court of Industrial Arbitration)统制工业局。至1915年工党当政修改决定工资机构,在1916年通过工业仲裁法(Industrial Arbitration Act)并于1923年通过修正法。现将工业局及工业仲裁法庭组织略述于次:

工业仲裁法庭由主席一人及法官一人至二人组织之,于必要时得增加一二人。法官资格必须为有5年以上经验之律师或最高法院及地方法院之法官,任期7年,得连选连任。法庭得处理一切有关工业方面之争议,并得随时宣布生活水准之程度。其判决书为最后的决定,对其决定不得提出上诉。

根据法庭之建议政府可令某业组织工业局,研究并决定该业之最低工资率及其他事件。工业局由劳工及雇主代表各二人至四人组织之,有主席一人,由劳资代表推选,如逾期不能选出时,由工业部长任命。工业局之判决书及决定在公布后30日内不提出上诉时,与法庭判决书有同样效力。对于该局之决定如不满意时可向仲裁法庭提出上诉。仲裁法院对于工业局之决定有否决及修改之权。

任何人工资低于判决书所规定之工资时,得于收到工资后90日内向仲裁法庭起诉要求法庭指令雇主赔偿损失并补足工资差额。雇主如抗命不遵时,处以罚金或徒刑。

丁　新西兰　新西兰为实行强制仲裁制之最早的国家,亦为最低工资制之策源地。1894年之《工业调解及仲裁法》即设立调解局及仲裁法庭以解决一切工业争议,最低工资率之厘订亦为其任务之一。该法在开始实行时成绩不甚优良,经过1898年,1901年,1908年,1925年,1932年,1936年,及1937年多次修改后,法令内容变更极多。[1] 现将其制度略述于次：

仲裁法庭为新西兰统制全国工资之机关。法庭由三人组织而成，一人为法官，其资格与最高法院法官相同，一人为劳方代表，一人为资方代表。三人均由政府任命，劳资代表则由雇主协会及工会推荐候选人再由政府任命之。法庭须于开审后1月内颁布判决书。在开始判决书仅对于当事人有效，至1911年及1920年修正法颁布后，始授权法庭允其宣告判决书有一般拘束力。

仲裁法院对于工资之统制所经过之变化甚多。在开始系实行公平工资原则，同等工作应支付同一工资。自1907年又实行生活工资原则，其标准系根据赫金斯所厘订的标准。大战发生后，物价飞涨，最低工资率之上涨不如生活费用上涨之速，法庭除提高基本工资外，并于1918年采用钉住政策（Pegging Policy），使最低工资率之变化能与零售物价之上涨相适应。根据1918年法律授权法庭允其于适当时间颁布公告修改各业之最低工资率。于是法庭于该年颁布不熟练工人，半熟练工人及熟练工人之基本工资率，同时每隔6个月根据零售物价指数之变化颁布津贴工资数目，以维持劳动者之生活。1921年又颁布修正法代替1918年之法律，其主要变化为授权法庭允其颁布新的最低工资率以修正判决书及团体协约中之规定，但其所考虑之条件不仅以工人的生活水准为限，其他如企业之负担能力，该国经济情况之变化，均在计算之列。1923年

---

① 关于新西兰之最低工资政策可详细参考：E. J. Riches, *The Depression and Industrial Arbitration in New Zealand*, I. L. R. Vol XXVIII. No. 5. ; J. B. Condfiffe, *New Zealand in the Making 1930*, London. Chap. XI. ; E. J. Riches, *The Restoration of Compulsory Arbitration in New Zealand*. I. L. R. Vol XXXIV No. 6, pp. 734-771; N. S. Woods, *A Study of the Basic Wage in New Zealand Prior to 1928*, Economic Record, Dec. 1933; E. M. Burns, *Wages and State*, pp. 39-47.

底,又颁布新的修正法,废止基本工资及津贴工资制。自此以后法庭并无权力修正正在有效期中仲裁书之工资率,如法庭必须修正之,必须得当事人双方之同意。各业之判决书之有效期间为 3 年,恢复以前状态。但仲裁法庭得在判决书变更一般的最低工资率。至 1931 年又授权法院允其颁布一般命令改变仲裁书及团体协约之工资率。至 1936 年修正法颁布后,法庭之权力更增。

1936 年新法规定,法庭应于新法颁布后 3 月内以普通命令与裁决书及团体协约有关之成年男工基本工资率及成年女工工资率。成年男工基本工资率要能维持 1 个妻子及 3 个儿童生活使其达到公平的及合理的舒适标准。基本工资决定后,以后至少每 6 个月应修正一次。法庭所颁布之基本工资率为最低工资率,所有各业之团体协约及仲裁书及规定之工资率,不得低于此率,但经法庭特许者例外。

第四目　最低工资政策之批评

最低工资策之内容,原则,机构及各国实施时之程序,在上面均已加以简略之述评。现再归纳数点批评于次:

第一,最低工资策是个人主义国家扫除血汗制及维持产业和平的方法,其性质纯为社会政策的性质而没有经济政策的意义。从现行各国最低工资立法中,我们可以知道最低工资政策之目的在维持劳动者及其家庭的生活水准,及防止产业争议的发生,不论其所采的制度如何,不论其所用的手段有刚有柔,但其最终目的是一样的。至于劳动生产力的最高发挥,经济财货生产和分配的调整,在各国拟定最低工资率时,并未将其计算在内。有时在厘订工资率时,虽亦注意该国的一般经济状态,企业的负担能力和市场的变动,但其注意力仅只消极的注意工资和失业的关系,深恐因工资率过高有增加失业者的危险;而没有积极的用工资为手段去谋劳力的发挥。所以我们认为它是属于社会政策的范畴。

第二,最低工资政策只规定该国某业之最低工资率,对于最高工资率并没有限制。在实行最低工资策的国家,大都是团体协约盛行的个人主义国家。工人的工资率,由该业雇主团体和劳动团体以团体协约去决定,最低工资率只是给予组织力不强,团体不坚固或业务特别萧条企业的被雇者一种保障,使他们免于饥饿而已。至于其他工人之工资,政府并不加以限制,由他们与雇主讲价还价,用团体协约的方式决定。这点在英,美,法各国甚为明显。在英国法律上规定,凡流行工资率甚低,并无适当机构厘订工资率之职业方得设立职业局,规定最低工资。美国联邦政府及各州亦偏重组织力不强及工资率甚低之职业,尤其注重妇工和童工工资率的厘订。法国亦为如此。换言之,在个人主义国家,大都以团体协约为决定工资率的工具,至于最低工资率之颁布只是防止雇主削剥被雇者的例外行为。

第三,最低工资率难于确定,在个人主义国家实行自由竞争制度,生产要素的移转和投资方式系由利润率决定。各企业之间既没有连系,生产与消费又不能符合。工资自雇主方面看来是成本,自被雇者方面看来是所得,而工人的所得又构成消费市场的购买力,足以影响生产者的利润与生产量的大小。工资与生产及工资与消费之间关系至为密切。而在现代无计划的生产方式之下,生产与消费往往脱节,故最低工资率之决定,极为困难。如订得太低,则失却原来立法用意,劳动者的生活无法保障;如订得太高,则少数企业无此负担能力,而致破产,反而增加失业人数。尤其在生产与消费最不符合之恐慌时期,最低工资率之决定更为困难。因为自理论言之,个人主义国家经济的繁荣,是建筑在大众的购买力之上,大众购买力增加的妥当方法是扩大就业范围并增加劳动者工资。故在经济恐慌时期之补救方法应增加最低工资率。[①] 而事实上恰与此相反。经济恐慌发生后,工厂倒闭,市场缩萎,雇主为补救此种损失恒要求减少工资,以减降成本,政府亦往往顺从雇主的请求减低工资率。1929 年以前,澳洲,新西兰及英国均纷纷降低工资率即其明证。[②] 即在产业安定时期最低工资率之厘订既极困

---

　　① 关于在经济恐慌时之工资政策,学者之间意见并不一致。大体说来可分为三派,第一派主张减低工资率,第二派主张维持工资率不变,第三派主张提高工资率,以创造购买力。以后者为最盛行。作者个人亦以后说为是。关于商业循环与工资政策之论争,可参阅下列各书。

　　M. Mitnitzky, *Wage Policy Today and Tomorrow*, I. L. R. Vol XXXII. No. 2, pp. 313-333。

　　E. Ronald Walker, *Wage Policy and Business Cycles*, I. L. R. XXXVIII. No. 6, pp. 759-793。

　　Emil Lederer, *Industrial Fluctuations and Wage Policy*, I. L. R. XXXIX. No. 1, pp.

　　Paul H. Douglas, *Wage Theory and Wage Policy*, I. L. R. Vol XXXIX. No. 3, pp. 349-359。

　　Maurice H. Dobb, *A Sceptical View of the Theory of Wages*, Economic Journal Rec. 1929。

　　A. C. Pigou, The Theory of Unemployment(London,1933).

　　J. W. F. Rowe, Wages in Practice and Theory(London,1928).

　　② 新西兰在 1931 年,因经济恐慌的关系曾由仲裁法院以普通命令减低全国工资率 10%,至 1932 年各界又要求减低,法庭虽未以明文减低工资率,但另颁新法限制法庭的强制仲裁的权力,于是各业纷纷自动减低工资率。根据新西兰劳动部报告书统计,自 1932 年 3 月至 1933 年 3 月,在 16 种非农业的企业中,变更判决书所厘订的最低工资率者达 13 种,其中只有一种增高,12 种企业降低,没有变动的只有一州。澳洲各邦亦即是。1931 年联邦法院宣告最低工资率一律减低 10%,于是各州继之。据 Report of Conference of Commonwealth and State Ministers 统计:自 1929 年至 1931 年 9 月,联邦及各邦名目工资率之降低如下:New South Wales 8%; Victoria 16%; Queensland 11%; South Australia 11%; Western Australia 9%; Tasmania 12%; Federal Basic Wage 26%。详见:George Anderson, *Wage Reducations in Australia*, Economic Record, May 1931.

难。如厘订太低则为劳工团体所反对,不仅不能维持产业和平,且易引起争议,如厘订太高时则遭受雇主及其他方面之攻击认为足以阻碍产业之发展并缩短技术之边际。[①] 本来,在个人主义国家内,经济活动采取自由竞争形态,各生产既无一定之计划,分配亦无一定之标准。在此种无政府状态下,今独对工资一项加以限制,自无法达到圆满的境地,而有种种流弊。无论技术方面如何改良,结果仍无法避免。因为这是制度方面的先天缺陷,非全盘改造是无法收到圆满的结果。

总之,自社会政策之观点观之,最低工资政策不失为一比较好的政策,它确能尽到保障劳工的最低水准生活的责任。血汗制在最低工资法之下已无法在文明国家存在,是它的最大功绩。但就经济政策观点观之则非一合理的政策。

第二节　强制工资策

在国家主义国家,系行强制工资政策。所谓强制工资政策指工人工资之多寡及各业工资率之高下,系由政府直接规定,或由政府机关假手企业团体以团体协约的方式去决定,劳动者本身无置喙余地。实行前法者为德国,采用后一种方法者有意大利,西班牙,匈牙利等国。

从表面看来,强制工资策与最低工资策大体相同,事实上两者

---

① 详见:*The Development of State Wage Regulation in Australia and New Zealand*. I. L. R. Volx, No. 6. , pp. 779-799.

性质完全不同。大体言之,约有下列几点区别。

第一,强制工资政策是达到国家一般政策和经济政策的手段,而不是以保障劳工生活为主要目的,和最低工资政策纯以防止雇主剥削劳动者不同。在国家主义国家人民的经济生活完全在政府统制之下,经济财货的生产,分配和消费均由政府控制。工资对于生产成本与消费倾向关系极为密切,如果工资的涨跌,各业工资率的高下完全由劳动市场之供需关系之来决定,不仅与其一般政策及经济政策解节,而且妨碍其整个生产计划及消费统制之进行。故政府对于各业工资率的高下,不得不严格的加以统制。它的使命和个人主义国家之最低工资政策完全不同,因为后者的目的仅在保障劳动者的生活而已。

第二,强制工资政策其对象为全体工人,而最低工资政策仅以流行工资率甚低,或团结力不固的工人为对象。在上节屡次提到,最低工资政策的对象仅以流行工资率甚低或工会组织不强之职业为限,至于组织坚强的工人之工资完全由工会与雇主或雇主团体缔结团体协约来决定,政府对于流行工资率较高职业的工资,完全不管,并不加以限制。所以政府对于工资率只有最低的规定而没有最高的限制。其统制为片面的,其范围甚狭小。至于强制工资政策则不然。它是以全国所有劳动者为对象。同时,不仅对于各业工资率规定其最低率,以保障劳动者的生活;并且规定工资的最高率以防止特殊职业工资的上涨。因为如果只规定最低率而不规定最高率结果会破坏整个价格体系的平衡。其统制之彻底与范围之大自非英,美,法,澳洲,新西兰及其他个人主义国家所能及。

第三,强制工资政策是经济政策性质的劳动政策,而最低工资政策却是社会政策性质的劳动政策。最低工资之目的在扫除血汗制以保障劳动者的生活,其为社会政策的性质,实毫无疑义。而强制工资政策之主要目的使工资,房租,一般物价作平行的运动,以避免经济平衡的破坏,使其经济政策得顺利进行毫无阻碍。故其性质为经济政策,其目的在防止生产行程的动摇,与最低工资政策不同。

普通强制工资政策系采下述两种形态:第一,由政府机关或政府官吏直接规定各业最低工资率及最高工资率,代表国家为德国;第二,系以半官方团体(即受政府完全控制之公共团体)的团体协约为统制工资的工具,于必要时政府得直接规定之,代表国家为意大利。

德国1934年《国民劳动秩序法》规定劳动专员有权在其管辖区域内对于一个工厂或一群工厂可颁布劳动指令,超经营规定,以规定被雇者最低工资额及其他工作条件,强迫雇主在最低工资率以上给付工资。[1] 1936年以后,由于4年计划之实施,多数国防工业,如金属业,钢铁业,建筑业,空前繁荣,劳动者的需要超过供给,缺乏劳动者的企业乃增加工资以吸收劳动者。此种现象显然破坏了经济统制的一致性,有使工资的变动发生畸形,因而妨碍生产政策及消费统制的危险。故于1938年6月25日根据1936年4月18日《四年计划实施令》颁制新法以全盘统制工资。新法授权劳动专员允其直接控制全体劳动者的劳动条件,在其得到劳动部长的同意后,不仅可以决定工资的最低率,亦可决定其最高额,违反者处以罚金及徒刑,罚金数目在法令上有详细规定。[2] 不仅如此,劳动

---

[1] *Method of Collaboration Between Public Authorities Worker's Organization and Employers' Organization*, p. 122.

[2] I. L. I. 8. May 1939.

专员对于各个工厂亦有直接规定各级劳动者工资之权,其规定的工资即为法定的工资,不得高于或低于此数。此法于 1938 年 9 月 3 日首先应用于建筑业,随后于金属业及钢铁业次第实行。[1] 劳动管理官厘定工资率的标准系根据该业对于国民经济的重要性,劳动力的贡献及生产品成本等因素而决定。

《劳动宪章》第 12 条为意大利工资政策之基础。其第 12 条规定:

> "工团的行动,业团的活动及劳动法庭的决定应保证正常生活的需要,生产量的大小;以及劳动的出品相符合。工资的决定不受普通规章的支配,而委托缔结团体协约的当事人以协约方式规定。"

由上可知各业工资是由各业雇主协会及劳工协会,或各业雇主联合会与劳工联合会,以团体协约方式来规定。各业联合会或各业协会所缔结之团体协约对于所属协会之全体会员均有拘束力。私人的劳动协约应以团体协约为标准。在意大利劳工组织及雇主团体均由政府控制支配,其所订立的工资率完全秉承政府的意志。故表面上系由人民团体自由协定,事实上完全由政府操纵,其所协定的工资率就是政府所希望的最低工资率。

除各业联合会的团体协约可以规定工资率外,中央业团委员会的议决案亦可增加或减低最低工资率,不过在手续上要经过各业联合会缔结团体协约方能生效。如 1937 年中央业团委员会议

---

[1]　*The Italian Corporative State*, Appendix E.

决增加工人的最低工资率,于是在同年 5 月 14 日法西斯制造业雇主联合会与法西斯工业劳工联合会订立团体协约,依遵中央业团委员会的议决案增加最低工资率。在其第二条中规定工资率每月在 1,500 里拉以内者增加 10%;如在 1,500 里拉以上,则最初 1,500 里拉增加 10%,超过部分不增加。① 随后银行业雇主联合会与银行业劳工协会亦订立团体协约,增加最低工资 10% 至 15%。②

国家主义劳动政策的主要原则是以政府的利益为中心,凡劳工利益与国家利益相符合者,政府必须行之,凡对国家无利害关系,而与劳工有利益者,于必要时方实行之,如与劳工有重大利益而与国家利益相反者必禁止之。其工资统制政策之实行即最后情形之最好说明。德国和意大利实行工资统制政策的目的不在提高工资而在压低工资,不在增加工人的收益而在平均工人的收入,不在增加工人的待遇而在降低工人的待遇。其所以如此主张者,盖基于下列几点理由。

第一,他们认为工资是商品的重要成本,工资增加,成本增加,成本增加的结果,货物的价格随而增加。商品价格增加,对于国家和人民均蒙不利。如所造出之货品为军需品或政府急需之物品时,物价增加,无异膨胀预算,增加国家负担,对于国家并无利益;如为外销品时,则物价增加,使德国货物在国际市场上竞争时居于不利地位;如所造出之货物为国内消费品时,则物价增加,生活费用亦随而增高,工资增高的利益将为高物价所抵消,对于劳工并无

---

① I. L. I. 7. June 1937, p. 149;I. L. I. 21. June 1937, p. 519.

② I. L. I. 5. July 1937, p. 30.

利益。

第二,工资一方面代表成本,一方面又代表市场上的购买力,工资增加,物价上涨。同时,劳工之消费增加,市场上购买力增多,结果将引起纸币发行额的增加,循环辗转,将有引起通货膨胀的危险。为着防患未然,为着全国经济的稳定,故工资不能让其自由上涨。

第三,国家主义经济政策的中心是武力经济,是备战经济,而一切战争及备战行为均需要人民提供力量,耐苦牺牲。因此他们反对为经济动机的自利行为,反对物质享受,如工人的工资不应增加,相反的要予以降低。

国家主义国家工资统制政策降低工资的事实有二:第一是最低工资的废除。第二是实际工资的下降。

上面屡次提到,最低工资的目的是保障工人最低所得,使工人免于剥削,这是个人主义国家工资政策的中心。在国家主义国家则无此项规定。我们看德国和意大利均无此项规定,即可知道。不仅如此,他们有时反以为荣。法西斯业团部的官吏说:"意大利的制度以最简易的方法解决了最低工资问题,他们就是不承认有所谓最低工资的存在。"[1]至于德,意两国实质工资的低落,也是不可讳言的事实。在1933年国社党当政时,其工资指数为104(1929年为100),1934年即降为101,至1937年降为98%。[2]意大利的工资自1926年至1934年8年之内,各种工资的货币工资平均下落至50%。两国工人工资之低落于此可见。国家主义工资政策的本

---

[1] *Capital Labour under Fascism*, p. 255.

[2] I. L. O. *Year-Book 1938*, p. 357.

质在此简单数字中,亦已表现得明白矣。

第三节　工资基金策

工资基金策是苏联现阶段的工资政策。它的开始在 1926 年 12 月第七次工会大会,五年计划开始后,此政策之地位益为重要。

在新经济政策时期,工资率之决定,大体与个人主义国家相同,由团体协约决定。在其初期,国营事业采行商业原则,各企业工资之多寡视各业财政状况而定。国营事业与市场关系日益趋近,售货条件,价格和需要的变动均足影响工资的高下。在另一方面消费财工业比之重工业容易恢复原状。轻工业的市场为全国,其活动范围甚大,财政状况日趋良好;重工业大都出卖于国家,其财政状况完全仰国家鼻息,难有起色。又加之必需品之需要日增,轻工业日趋繁荣,轻工业流动资本所占成分较大,故可迅速增加工资。结果各业发生极大差异。金属工业与矿业工资远在平均工资率之下,而各消费工业之工资率还在平均工资之上。[①] 此种情形随苏联经济之发展而日益严重,于是工会中央委员会不得不筹谋办法来解决这个问题。

1926 年 12 月第七次工会大会申明,计划经济为建设社会主义

---

① 1922—1923 年平均工资水准为52.1(1914 年为100),1925—1926 为82.6,1926—1927 年为 105.4;矿业在 1922—1923 年为41.1,1925—1926 年为 71.4,1926—1927 年为81.7;金属业为407,77.4,87.3,而纺织业为60.1,112.0,37.7,食品业为90.2,149.5,158.4。差异之大,于此可见。

绝对不可少之要件,而工资为计划经济重要因素之一,苟工资不加以统制,则计划经济将无法进行。故该会主张工资政策应与一般经济相协调,工会应以统一的及科学的方法统制工资。当时议定原则如下:

> "集中的有系统的统制工资的增加,其目的在决定工资增加的数额及何种企业可以增加工资。在统制工资进行中,能涤除工资的不平等现象。工会统制工资时应首先增加国家经济制度中最重要产业部门之工资及现在工资低落的企业之工资。故工会应考虑各企业对于一般经济制度之重要性,及如何使重要产业获得充足之劳力。同时在另一方面,要设法改进低级工人的工资。"[1]

根据上列原则,乃实行集中统制工资制,此为工资基金制之开始。所谓集中统制策,即工资的提高应以生产力之增加为前提,其提高程度不得超过经济主管长官所定的范围,凡工资水准过低者,得酌量提高,提高工资所需的基金由最高经济院及工会中央委员会协定,并编入一般经济计划之中,其分配于各企业之比例亦由最高经济院及工会商订。在规定数额内,再由各团体以协约协定工资之增加。1926—1927 年及 1927—1928 年基金分配情形如下表。[2]

---

[1] *Wage and Regulation of Condition of Labour in the U. S. S. R.* ,p. 134.

[2] *Report of the Labour Commissariat of the U. S. S. R. to the 8th. Trade Union Congress*, p. 71.

苏联基金分配表(1926—1928) 单位:千卢布

工业别	1926—1927 年	1927—1928 年
纺织业	16,600	9,000
化学工业	3,105	1,150
煤矿业	12,000	3,735
煤油业	1,160	2,400
矿业	1,200	865
金属业	14,500	9,380
木材业	—	80
糖业	—	1,200
其他	21	470
总计	48,586	30,000

1928—1929 年度以 35,000,000 卢布充当此类基金,其中矿业 12,000,000,金属业 10,000,000,纺织业 10,100,000,化学业 1,100,000,其他 1,330,000,提高各业工资之用。

5 年计划开始后,政府工资政策有很大的变更。此种转变有其必然的原因。

第一,从新经济政策到第一次五年计划是从自由竞争的经济到计划经济,工资制度为计划经济中重要的因素之一,故有彻底改革的必要。

第二,在新经济政策时期中,就各产业部门而言,重工业工资率异常低落,轻工业则非常高涨,重工业不能得到充足的劳力。同时,各职业间工资成一种畸形发展的现象,因而增加转业率,使国家生产受到损失。所以 1929 年 10 月 16 日苏联政府机关报《伊兹维斯特》的社论说:"工人呈流动现象的最大原因,系由于工资的不满足。左倾的平等制以及非专任制使对于劳动大众的社会生活之必需设施,漠不关心。"基于此种现象,工资政策亦有修改必要。

第三，5 年计划是个很庞大艰苦的计划，要能如期完成，必须全国人民按照预定计划，发挥其最大生产力，工资是使人民提加生产的最大刺激力。因此在计划经济时代的工资制度是着重于工作的质与量及其对国家经济发展之重要性而支付之工资制。

在 5 年计划时代政府采用工资基金制，其原则与 1926 年 12 月第七次工会大会所决定的集中统制原则大体相同，其所不同者，以前只划定工资增加的基金，以减少工资不平衡的现象，而现在则全盘计划，全国各企业之工资均由政府每年从预算中划出基金，按各业现状及其重要性分配。同时，其分配的方法与手续亦有变更。

自 1932 年开始由国家设计局与中央工会委员会对于国民经济各部（如交通人民委员部，水运人民委员会，工业人民委员部，分配人民委员部等）及各地方各企业之情形加以详细调查及严密考虑后规定工资基金之一般标准额，然后再由各人民委员部及经济机关分别规定各地方各产业部门之工资。各地方及各共和国工会机关对于工资之决定有极大建议权。换言之，苏联的工资基金策系以区域为经，而以产业部门为纬，在政府全盘计划之下，使各地各业工资之变化能适合国家经济的需要及一般经济政策的要求。故工资基金分配标准有二：第一为各企业的重要性，凡该项企业对于国家经济的重要性愈大其工资基金应逐渐提高，反则降低，以矫正过去头重脚轻的毛病，使企业的发展，生产力的发挥能符合国家的需要。第二为增加生产，吸收必要的劳动力。凡劳力缺乏需要甚殷之企业则增加其工资率，反之则降低。工资基金之数目甚巨，1935 年为 562 亿卢布，1936 年为 714 亿卢布，1937 年为 780 亿卢布，1938 年则超过 1,000 亿卢布以上。

由于政府统制结果，各企业的工资颇能如政府的希望而转移。

生产财企业的工资提高甚速,消费财企业的工资则趋下降,我们看下表就可明白。[1]

苏联各业平均工资顺位表(1928 年及 1936 年)

企业别	1928 年	1936 年
金属机械业	1	3
印刷业	2	8
电力业	3	2
制靴业	4	9
皮革业	5	10
化学工业	6	7
成衣业	7	15
汽油业	8	1
钢铁业	9	5
食品业	10	16
制纸业	11	13
铁路业	12	6
羊毛业	13	14
煤矿业	14	4
木材业	15	11
棉织业	16	12
麻布业	17	17

由上表可知凡生产财货物之企业的工资均已增加,而消费财企业之工资则下降,此皆由于工资基金策实行的结果。

工资基金并不是没有变动的。不过在每一年度中要避免超支。在每年度开始时每企业及各相关人民委员部应按各该属工人数目,工程技术人员数额,职员数目,幼年服务人员数目,学徒数目,及各该等人员的平均工资各别制定平均工资与工资基金计划。

---

[1]　Leonard E. Hubbard, *Soviet Trade and Distribution*, p. 264.

这种计划批准后方规划各部门企业的计划。工资与工资基金计划的执行又要受特别统计报告书的拘束。从经济观点看,工资基金直接以工业生产成本及工业资金积累额的大小而定,而间接以全国国富大小而定。工资基金并须要遵守,避免超支。因为工资基金计划的超支使生产成本增加不仅破坏了财政计划,而且破坏了整个商品流通计划。工资基金超支的原因有二。第一是工作人员总数超过计划,即冗员的存在,和人员运用的不经济,第二是平均工资超过计划,即工资率规划的不得当。工资基金超支的现象也有绝对超支和相对超支的区别。所谓绝对超支,就是超过在计划中所规定的工资支出;所谓相对超支就是在表面上虽没有超过计划数字,但实际上已经超支。如生产计划完成了85%,而工资基金却支出了90%。在此种情形下工资基金的相对超支等于6%,这就是说每1%的计划生产用去了1.06%的计划基金。[①] 无论那种情形的超支都是被禁止的。

政府为了保证工资基金的实施,政府颁布了许多法令。一方面在管理工业机构和从事生产机构内实行严格的工资基金检查制度。所有生产机构及工业机构的全体服务人员之等级和定额应在财政人民委员部所设机构内注册,其等级和定额的变动需得该机关的同意以避免工资超支。一方面在1939年8月15日苏联最高苏维埃人民委员会颁布法令加强银行对工资基金支出的管制,使其无法超支。

---

① 刘曙光:《苏联工业的工资》,《工作竞赛月报》第2卷第4期,第52页。

第二章　社会保险

社会保险（Social Insurance, Sozialversicherung）为现代国家保障劳动者生活政策之一。其兴起虽不到 60 年,但在各国发展甚速,已渐逐形成一种组织复杂的制度,对于劳动者生活的影响甚大,其收效之宏,远在最低工资政策之上。在本章中拟分别将其意义,发展过程及各主要国家之现行制度分别阐述于次:

第一节　社会保险的意义及其发展

社会保险之定义各国学者之间迄无通说。有人谓系保障工人及中下阶级人民由于工业生活所发生种种危险的政府设施。[1] 有人谓系减少工人阶级关于生命或所得方面不安定性之政府行为。[2] 有人说凡一种保险制度系根据国家法律而成立,采用合作原则将每个人因不能工作所蒙取之损失分配于一群人者谓之社会保险。[3] 有人更广泛地认为在资本主义社会组织下,于社会政策

---

[1]　Ahbam Go don, *Social Insurance, What it is and What it might be.*

[2]　Robert M. Woodbury, *Social Insurance and Economic Analysis*, p. 2.

[3]　J. R. Commons and J. B. Andews, *Principles of Labour Legislation*, p. 225.

见地上所成立之各种保险均谓之社会保险。[①] 上述各家定义不是失之过宽，就是意义含糊，均不足为标准的说法。自作者看来，所谓社会保险系指政府或公共机关根据保险原则，以社会全体福利为前提，以保障劳动者及中下阶级人民生活为目的之一切设施的总称。

在现代工业经济生活中，劳动者及其家属常常感受经济生活不安定的威胁。劳动者经济生活不安定的现象有三：第一为所得之减少，第二为支出之增加，第三为所得减少同时支出增加。分析言之，构成此种现象之原因亦有四种：第一，劳动者或其妻子暂时无工作能力，主要如工业失虞，非工业失虞，职业病，疾病，生育等；第二，劳动者完全的或部分的长期丧失工作能力，如废痼，残废，老年等；第三，劳动者因需要减少，暂时无工作机会，如失业是；第四，劳动者死亡，其费用增加，如埋葬费，寡妇及孤儿之赡养。而此四种原因均足成为保险事故，于是政府渐逐采用保险原则，去保障劳动者的经济生活。

普通所谓保险事故其条件有四：第一，必定有一种明显的确定的危险存在；第二，大多数人都有此种危险；第三，此种危险有比较确定的计算方法；第四，此种危险对于有可能发生者为一种威胁，他们都渴望将其减弱。[②] 而疾病，失虞，生育，残废，老年，失业等事项，均能符合此四条件。故对于此种危险之保障在各国多采用保险制度。在 19 世纪初期，自由主义思想盛行，经济生活

---

① 《经济学新辞典》，第 338 页。

② Joseph L. Cohen, *Social Insurance Unified and Other Essays*, pp. 18-19.

由个人负责,劳动者为着经济生活的安全,常自动加入保险公司,或互组互助保险社(Mutual Insurance Society)以求损失之共同负担。工会组织势力膨胀后,总工会多有保险社的组织,由会员缴纳保险费形成共通准备财产,某个人因某偶然事故发生金钱之需要时乃由此财产支付。工会互助保险社之成立为社会保险之先声。但真正社会保险之成立则集体主义(Collectivism)思想及社会责任原则(Social Responsibilty Principle)盛行以后。

德国为首先实行社会保险的国家。此种制度之兴起受社会政策学派的影响甚大。由于华格娄,席摩勒等的不断鼓吹,政府始注意此问题之重要性。而他们对于社会保险的见解又受了汶克里首(Winkelhlech)及席扶拉(Schaffle)的影响。他们认为经济体制的维系和经济秩序的正常运用,是社会全体成员的责任;经济弱者的痛苦,是社会组织的赐与,而不是个人的过失;所以对于经济弱者的拯救和援助不仅只靠他们自己的力量,社会全体成员有负责救济的义务。进一步言之,现代经济组织异常复杂,形成一种利害相关休戚与同的有机体,一部分和一阶级的痛苦与不安,往往足以影响整个社会的秩序和安宁,要求社会之健全发展必先求社会安定,而社会之安定,又必需各个个体能够免除经济生活不安定的威胁,社会保险制度就是贯彻此种理想的工具。普通保险原则是将一个人所受的损失将其分配于全体,社会保险所根据的原则也是如此。因为劳动者及小额收入者的经济生活,时时受到不安定的威胁;而经济生活的不安定,是由于社会组织的先天缺陷,应由社会全体负责;因此劳动者由经济生活不安定所受的损失应该分配于全体社会。所以国家应该设立一种保险制度,由雇主,国家或地方自治团体负担一部分或全部保险费,强迫无力负担保险费的劳动者及小额收入者一律加入保险,以保障其经济生活。德国 1883 年的《疾病保险法》就是这种思想的结晶。①

德国于 1883 年 6 月 15 日通过《强迫疾病保险法》,至 1884 年 7 月 6 日通过《失虞保险法》,1889 年又通过《老年残废保险法》至 1911 年将三法合并并添设《孤儿寡妇保险制度》,国营强迫保险制度始告完成。继德国而起者为其他德国语言国家,由德国语言国家而欧洲大陆拉丁国家,而英国,而美洲,而远东,不到三十年,全世界各大文明国家均已设立一种或一种以上强迫保险制度。② 我国则因工业化的程度不深,产业工人人数有限,社会保险制度迄未实行。抗战后虽曾颁布"国民健康保险条例"但并未实施。

社会保险的分类以德国玛来斯(A. Manes)为最合理。他从经济生活不安定的原因为标准去划分社会保险。他的分法以表列之于次:③

---

① 有人举出三点理由去说明社会保险制度何以首先在德国出现。第一,德国在 19 世纪后期中经过了空前未有的工业革命;第二,由于德国哲学家和经济学家的影响,如 Fichte 的国家学说,Wagner 和 Schaffle 的经济思想,均有助社会保险制度的兴起;第三,在社会主义鼓吹下,劳动运动兴起。详见:John G. Brooks 的著作。

② 关于社会保险之发展史可详细参阅:International Labour Office 出版之 *Studies and Reports*(Series M. No. 6. 10, A. Plummer, *Some Aspects of the History and Theory of Social Insurance*, Economics Vol Ⅶ. pp. 203-223; J. G. Books, *Compulsory Insurance in Germany*; L. L. Franvel and M. M. Dawson, *Workingmen's Insurance in Europe.*)

③ A. Manes, *Zeitschrift für die Gesammte Versicherungswissenschaft.*

德国玛来斯社会保险划分图

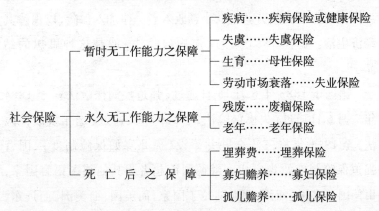

以上之划分方法纯从学理上着眼，而事实上，各国由于历史上的关系，并不完全依照此种标准划分。普通多分为疾病保险，（包括母性保险）失虞保险，老年及残痼保险，遗族保险及失业保险五种。现分别将其发展及内容分析于下：

（甲）疾病保险（Sick Insurance）一名健康保险（Health Insurance）。为各种关于人身健康事件保险之总称。其目的在除去工人由于健康事件，尤其由于疾病，分娩等事件而生之不安。失虞，老年，残痼虽亦属于人身健康范围内，但以其性质不同，故分别处理之。健康保险之发展较迟，其主要原因为在各国均有许多慈善机关及救济机关负责主持，其需要并不十分迫切；但自20世纪以后国民健康问题为各国政府所注意，健康保险始为各国重视。1883年德国首创强制健康保险制后，继之者有奥国（1888年），及匈牙利（1891年），卢森堡（1901年），其他各国如法国，丹麦，瑞典，挪威，比利时，瑞士等国则仅从财政方面协助各自动组织，并未设立全国强制性的制度。英国1911年《国民健康保险法》（National

Health Insurance Act)颁布后,各国纷起仿效。1911 年意大利首先设立全国强制性的母性保险,俄国(1911 年),罗马尼亚(1912年),荷兰(1913 年),保加利亚(1918 年),希腊(1922 年),法国(1922 年),日本(1922 年),智利(1924 年),均先后成立全国强制健康保险制度。1930 年以后发展尤速,在各国均先后成立。

健康保险之对象在以前仅以少数被雇者为限,现则渐逐扩充有包括所有农业,工业,商业被雇者及收入甚少的薪俸人员之趋势。如英国《健康保险法》规定凡年满 16 岁以上,从事体力劳动者及从事非体力劳动而收入未满 250 镑之被雇者皆为强制被保险人。法国之社会保险法则规定凡年收入不满 15,000 法郎者不问男女皆为强制被保险人。德国 1911 年《修正法》也包括了所有被雇者。不仅如此,被保险人的家属亦渐在强制保险之列。意大利1939 年 12 月 23 日的团体协约,1911 年德国的《保险法典》及 1937年的《疾病保险家族津贴法》,及苏联的疾病保险均如此规定。

保险费,除苏联外,均规定由雇主及被雇者双方负担。其负担比例有定为雇主负担三分之一,被雇者负担三分之二者,有定为双方各负担一半者。国家大都津贴其行政费用。实行前制者为德国,实行后制者有意大利等国。英国办法与后制相似,但不相同。男工一人,雇主出保险费 9 辨士,被雇者 7 辨士,女工,则由雇主出9 辨士,被雇者 6 辨士一周。苏联则规定完全由工厂负担,不得从工资中扣除。保险给付之给与有采均一主义者,有采比例主义者。在比例主义中又可分为依保险费多寡为原则者,及依工作时间久暂为原则者。凡被保险人之保险给付不问其所缴保险费多寡及报酬多少皆为同一金额者谓之均一主义,实行的国家有英国。凡保险给付之多少依其所缴保险费的多寡及劳动时期长短的比例给付不同金额者谓之比例主义。实行此制之国家为大陆国家及苏联。

（乙）失虞保险（Accident Insurance）一名劳工赔偿保险（Worker's Compensation Insurance），其主要目的为保障劳工因工业失虞所发生的种种损失。工业革命后，劳动失虞补偿问题在各工业国家先后提出，如英国在 1880 年即曾颁布《雇主责任法》（Employers Liabity Act）确定雇主责任，强制雇主补偿工人因失虞而受之损失。法国在 1880 年开始，议院对此问题即不断加以讨论，在 1888 年在下议院曾通过失虞补偿法。其他如意大利，瑞典，挪威，比利时等国，均于 19 世纪 90 年代左右提出此问题加以讨论。但正式强迫雇主加入保险，设立失虞保险者，以德国为始。

德国在 1881 年即曾提出议案要求设立强制失虞保险制，但未通过，至翌年重新提出，又遭否决。最后于 1885 年重新提出，方蒙通过，自 1885 年 10 月开始实施。该法强制雇主组织互助社（Berufsgenossenschaft），由各社自订社章，规定保险费，由雇主按人数缴纳，以为补偿工人因失虞所受之损失。德国法律通过后，其他各国均纷纷仿效。

严格言之，失虞保险与其他社会保险性质不同。对于劳工失虞损害的补偿，为雇主的责任，故失虞保险费的缴纳，行政费用的开支，均由雇主单独负责，被雇者无缴纳义务。同时，被雇者对于各业保险社之事务并无干涉权利，亦不得要求管理，与其他社会保险制度不同。

采取保险原则以保障失虞工人之利益并不始于德国，但强制雇主加入保险则以德国为始。大体言之，失虞保险制度可以分为强制保险及自由保险两种。强制保险又可分为两种，一种为强制保险（Zwangversicherung）即强迫雇主应在政府指定之公司，或由政府主办之机关保险。如挪威及瑞士强迫雇主在政府主办之保险机关保险,德国,奥国,匈牙利,卢森堡,希腊,南威尔斯指定雇主在政府管理下之雇主互助会社保险。一为保险强制(Versicherungszwang),即雇主应一律加入保险,但不指定保险机关。如荷兰,意大利等国规定雇主应一律在私人公司或由雇主管理之互助社保险,芬兰亦有同样规定。自由保险制者,政府不强制雇主加入保险公司,或互助社,如雇主自动参加者听之。实行此制者有英,美,比利时,丹麦,西班牙,法国,瑞典等国。

(丙)养老及废痼保险(Insurance Against Old-age, Invalidity, and Death)。现代工业高度发展的结果,劳动者工作紧张,精力耗费过度,至老年后,精力消耗殆尽,成一不能工作者。对于此类工人生活之维持实为一值得注意之严重问题。废痼工人之生活亦然。普通对此问题之解决,恒采储蓄或保险两种方法,但储蓄费时既久,收效不宏,远不如保险之有效,故各国多采保险的方法。①

养老及废痼保险之发展与健康保险相同。在开始时为由慈善机关,工会或保险公司所主办的无补助老年保险(Unassisted Old-age Insurance),此种保险无一定基金,无确实保障,经营困难,流弊极多。故其势力不大,旋兴旋灭。19世纪末叶时,由政府津贴之养老保险制兴起,如比利时,法国,葡萄牙,意大利均曾一度实行,但成绩不佳,旋亦停止。至1891年丹麦实行直接年金制(Straight Pension System),1889年德国实行强制保险制,养老及废痼保险之发展,始踏入正常阶段。

直接年金制一名公共年金制(Public Pension System),该制首先

---

① 关于储蓄与保险对于养老之得失利弊可参看:Henery R. Seager, *Social Insurance*, pp.118-119.

实行于丹麦,其主要特色为被雇者不必缴纳保险费,到合格年龄后,即可领取养老年金。实行此制之国家甚多,主要的有丹麦,新西兰(1898 年),澳洲(1908 年),英国(1908 年),挪威,加拿大(1927 年),南非联邦(1928 年),等。法国及比利时亦曾一度实行,但自强制养老保险法颁布后即告终止。[①] 严格言之,此种制度不得视为保险。名符其实的养老保险为强制保险制。

强制养老废残保险制度亦以德国为第一最早实行之国家。1889 年之《养老及残废保险法》,强制全德工资阶级及薪俸低微之使用人一律参加保险,其他人员采自由加入制。保险费由雇主及被雇者双方平均负担;保险给付分为两部分,一部分为固定的,一部分则随所缴保险费之多少而变动。此外政府对于每个退休之被保险人,每年予以年金。被保险人因能力减退而失却工作能力一部或全部时,亦给付废癃年金,以保障其生活。被保险人死亡时,对于被保险人之遗族予以救济费。此制实行后,奥国首先仿行,在1906 年成立强制养老制,但其被保险人系以薪俸使用人为限。至1910 年 4 月法国亦颁布法令施行。截至 1935 年止,全世界强迫工资阶级加入养老保险者达 25 国。[②] 在此 25 国家中,大部分均有废

---

① 法国曾于 1905 年实行直接年金制,至 1910 年强迫保险制实行后即停止实施。比利时亦曾于 1920 年实行此制,至 1924 年强制保险法颁布后,至 1926 年明令取消此制。

② 实行强制养老保险制的有下列各国:Argentina, Austria, Belgium, Bulgaria, Chile, Czechoslovakia, France, Germany, Great Britains, Greece, Hungary, Iceland, Irish Free State, Italy, Luxemburg, The Netherlands, Poland, Portugal, Rumania, Russia, Spain, Sweden, the Swiss Cantons of Glarus, Appenzell and Basle, Uruguay 及 Yugoslavia 详见:I. L. O. *Compulsory Pension Insurance* (Studies and Reports, Series M. No. 10.) 及 U. S. Department of Labour, *Public Old Age Pensions and Insurance in the United State and in Foreign Countries*, 1932。

瘤年金之规定。废瘤年金之支付大体与德国规定相似。

保险费通常均由雇主,被雇者及政府三方面负责,但亦有例外。如荷兰,西班牙规定由政府及雇主负担,被雇者不缴纳保险费,苏联则由政府完全负担。保险给付之多寡多采比例制,即被保险人之年金视其工资率及所缴保险费而定。但罗马尼亚,西班牙,瑞士之一邦则采均一制,对于所有被保险人,均给付同一金额之年金。

(丁)寡妇及孤儿保险(Window's and Orphan's Insurance),一名遗族保险(Survivor's Insurance)。为人寿保险(Life Insurance)之一种,其主要目的在救济被保险人死亡后所给予其遗族之影响。劳工及收入甚微之薪俸人员平日所得甚少,绝少储蓄之机会,其家庭成员之生活,完全靠其工作来维持。如不幸逝世时,所遗下之孤儿寡妇既无恒产及储蓄以维持生活,又不能工作以增进收入。境遇之惨,可想而知。故各国恒有种种保险机关,从事劳工之人寿保险,以减少劳工死亡后所给予其遗族之经济影响而谋其遗族生活之安定。劳工之人寿保险制度按其性质,可以分为四种:第一种为商业保险公司所经营者,第二种为由互助社经营听从劳工自动参加者,第三种为由国家经营而听从劳动者自动参加者,第四种为强制国营制度,由国家经营,强制劳工参加。

劳工人寿保险之费用恒高于普通人寿保险。因为劳动者生命短促,死亡率甚高;同时保险费之收缴,恒为一周或一月一次,手续繁重,行政费用增加,较之普通人寿保险半年或一年缴纳一次不同。又加之劳动者保险额甚少,更不能与普通人寿保险相较。[①] 有此数因,由私人或互助社主持劳工人寿保险,失败者多。于是国营

----

① I. W. Rubinow, *Social Insurance*, pp. 417-418.

的强制的遗族保险兴起。

法国在其 1910 年《强制养老保险法》中规定被保险人死亡时，应给予其遗族以死亡给付，给付数目自 150 法郎至 300 法郎，视其家庭人数而定。每月给付 50 法郎，至发完为止。[①] 但此仅为国营遗族保险滥觞，至于实行真正的强制遗族保险制者，实为德国。德国通过养老保险法时，在国会中曾数次提出辩论，要求设立遗族保险，以经费关系，迄未实行。至 1911 年 7 月全盘修正社会保险法，始在养老保险内添设遗族保险。其经费由雇主被雇主及政府三方面共同负担。被雇者死亡后，其孤儿及寡妇均可领取年金。孤儿以未满 15 岁者为限，如在学校求学时，得延长至 21 岁，寡妇则以年满 65 岁或有瘤疾残废者为限。年金数目，孤儿为被保险人年金三分之一，寡妇为 30%，遗族年金总数不得超过被保险人年金数额。此外国家有固定津贴，寡妇为每年 50 马克，孤儿每人每年 25 马克。德国实行此制后，各国多继之。截至 1939 年止，设立强制遗族保险者在 20 国以上，其中大部分系上次大战以后通过者。[②]

（戊）失业保险（Unemployment Insurance）失业保险之发展可以分为三个阶段。第一为工会互助社时期，第二为政府津贴时期，第三为国营强制失业保险时期。19 世纪初期，劳动者深感失业对于生活之威胁，乃由工会汇集基金，以津贴失业会员，此为失业保险

[①] I. W. Rubinow, *Compulsory Old Age Insurance in France*, Political Science Quarterly, Sep. 1911.

[②] 设立强制遗族保险者有下列各国。Austria, Belgium, Bulgaria, Czechoslovakia, France, Germany, Great Bratain, Greece, Hungary, Irish Free State, Italy, Luxemburg, The Netherlands, Poland, Rumania, Russia, The Swiss Canton of Basle, Uruguay, Yogosalavia. 等国详见：I. L. O., *Report on Invalidity*, *Old Age and Widow's and Orphan's Insurance* 1932 及 *Compulsory Pension Insurance*, Studies and Reports, Series M. No. 10.

制之起源。如英国汽机制造师协会(Journeymen Steam Engine Maker's Society)在 1824 年即成立基金以津贴失业会员,又如比国布鲁塞尔印刷工人工会(Printer's Union of Brussels)在 1846 年亦津贴失业工人旅费以便其寻找工作。基金之汇集,系由各会员在工作时按月缴纳。1890 年后,欧洲大陆若干工业城市遭受失业打击,于是非工会会员之工人亦纷纷组织自动津贴计划,成立失业基金以救济失业者。政府认为此种组织有减少失业问题严重性的效力,乃鼓励其设立并予以津贴。瑞士 Besne 市在 1893 年由市政府设立基金救济失业者,Basle 及 Zurich 亦相继设立类似基金。不过此时仅为失业救济,由市政府主持之失业保险始于德国之 Leipzig 市。该市于 1903 年设立基金,根据职业失业可能性将工人分类,各类工人之保险费及保险给付不同,以救济失业者。此制之缺点甚多。第一,工作稳固不易失业之劳动者不愿加入,失却危险分散的用意。第二,加入者多为不熟练工人及建筑业工人,此类工人容易失业,费用浩繁,基金不易维持。因之,此制在德,意,比各大城市一度实行后,旋告中止。继之而起者为 Ghent 制度。①

所谓 Ghent 制度系指由市政府津贴由工会主办之失业保险而言,因此种制度首先实行于比利时之 Ghent 市,故谓之 Ghent 制。其主要特点为市政府之津贴,系以年为单位,根据上年度保险给付之开支直接津贴失业会员以特别给付,采用个别津贴制。此制风行一时,自 1901 年在比利时开始后,德国,意大利,法国,瑞士,荷兰各大城市均纷纷仿效,同时丹麦,挪威,芬兰,瑞典,瑞士,西班

---

① *Industrial Relations Counselors: An Historical Basis for Unemployment Insurance*, pp. 5-7.

牙,捷克各国均成立全国性的制度,由中央政府从预算中拨付经费,以津贴工会主持之失业保险。各国津贴方法并不一致,有根据保险给付者,有根据保险费者,有根据其整个开支者;津贴数目亦不相同。① Ghent 制在上次大战渐趋衰败。其主要缺点为其自动性。工会所主办之失业保险采取任意加入制,参加与否听其自由。结果,职业稳定的技术工人多不愿参加,加入者多为危险性较大之工人。在经济繁荣时期,失业人数甚少,此制尚可维持;如在经济恐慌失业增加时期,其经济能力不能负担,不能不走上崩溃之途。代之而兴者为强制失业保险制。

最初实行强制失业保险制者为瑞士之 St. Gall 市。该市于 1894 年创设强制失业保险制强迫在某特定工资额以下之工人参加,保险费依其工资多寡而定,保险给付则根据所缴保险费多少而支付。实行两年后因被工资额以下之工人参加,保险费依其工资多寡而定,保险给付则根据所缴保险费多少而支付。实行两年后因被雇者不愿参加而中止。至 1911 年英国颁布《强制失业保险法》后,此制始为各国所采用。继英国而起者有意大利(1919 年),奥国(1920年),爱尔兰(1920 年),波兰(1924 年),保加利亚(1925 年),德国(1927 年),澳洲(1922 年),瑞士(有 13 州),加拿大(1935 年),及美国。②

英国法律开始只适用于七种职业,凡所有体力劳动者及收入

---

① 大体言之,由市政府或政府机关津贴工会失业保险可分两种,一为 Ghent System, 一为 Liege System。其主要分别为津贴方式之不同。前者系采个别津贴制,直接津贴被保险人,后者则采总津贴制,直接津贴工会,再由工会根据基金情形处理。但普通均将后者归纳于前者之中,总称为 Ghent 制。

② 关于各国制度之比较详见:*Industrial Relations Counselors: An Historical Basis for Unemployment Insurance*, Part Ⅱ, pp. 79-161.

每年在 250 镑以下之非体力劳动者均强迫参加。经费由雇主,被雇者,及政府三方面负担。保险费及保险支付系根据性别及年龄为标准,而不根据工资多少。其他各国制度大体相同。其保险对象普通多包括所有工资阶级,但农业劳动者,家庭仆役,独立劳动者,公共使用人,家庭劳动者除外,有的国家亦将收入在一定数目以上之工资劳动者除外。费用普通多由被雇者,雇主及政府三方面负担,分割比例各国规定不一。被雇者及雇主之保险费多定为相同,但波兰则规定被雇者所缴保险费为雇主三分之一。意大利规定政府并无补助,完全由雇主及被雇者负担,爱尔兰自由邦,保加利亚及琼士兰得则规定政府负担全部费用三分之一。其他各国之规定不一,但最高未超三分之一。保险给付之计算,有以被保险人工资多少为标准者,有以按性别,年龄为标准者,有将工人分为若干类,同类工人给与均一的保险费者。大多数法律恒根据被保险人之家庭情况而有所变动,有的仅根据其是否结婚,而增减其保险给付,有的则根据每个被保险人之实际家庭人数而支付保险给付。领取保险给付之期限,各国规定不一,有的规定为 12 周,有的规定为 26 周,有的规定为 20 周,普通多规定在经济恐慌时期得延长给付时间。至于失业保险之执行恒与公营职业介绍机关连在一起,以两者关系密切,合并办理,方便之处极多。①

　　由上述可知强制社会保险制度自 1883 年德国开始实行以来进

---

　　① 关于失业保险与职业介绍之关连可详细参阅:Marguerite Schoeler, *Collaboration Between Placing and Unemployment Insurance Institutions* I. L. R. Vol XXIX. No. 3. , pp. 321-340.

展极速。就实行地域言,自欧洲而美洲,而亚洲而澳洲,至现在所有文明国家无不设有一种或一种以上强制社会保险制度。就保险对象言,在以前仅限于少数特殊职业之劳动者,现在则渐次扩充至所有工资劳动者及收入低微之薪俸人员,农,渔,工,矿,教师,公务员,家内劳动者无不包括在内。就保险事故言,在以前仅限于一种或两种事故,而在现代工业国家则范围扩大,举凡足以引起经济生活不安之事件均设有强制保险以资保障。如德国,意大利,比利时,英国,瑞士,法国,苏联等国均设有失虞,健康,养老,遗族,失业等强制保险以安定劳动者生活。就其行政与技术言,日益进步。行政费用,日益减少;保险给付,日益增加;其他如保险基金之投资,行政监察之健全均有进展。最重要者,在以前保险给付之给与只注意各业工人之一般情形,现则注重每个被保险人之特殊经济情况。凡家庭负担过重及经济情形恶劣之被保险人,其保险给付愈多,负担甚少者则相对的减少。其范围之扩大与进展之速,诚非当时立法者所能预料。

以上系就其一般发展趋势言之,至于各国现行制度之比较,则在下节分为个人主义国家,国家主义国家及社会主义国家三节详述之。

第二节　个人主义国家之社会保险

个人主义国家之社会保险制度,大体言之,其特征有二。

第一,社会保险的性质纯为社会政策的意义,并没有经济政策的意味。考社会保险之成立及其发展均基于对劳动阶级之生活保障,此点在个人主义国家尤为显著。我们详细分析英,法,美,比,瑞士等个人主义国家的社会保险,就可明白保障劳工福利,安定劳工生活不仅为其主要目的,且为其唯一的目标。如保险给付之数额,参加保险之条件,领取给付之限制,及保险费之厘订,无不针对保障劳工生活一点,至于劳动生产力之提高,劳动力之发挥等因素,则不在考虑之列。这点和国家主义国家或社会主义国家不同。在德,意,苏联等国。社会保险不仅为保障劳工生活的手段,而且有减少劳动流通率,增加劳动安定性,防止工人借故偷懒的作用。这种趋势在苏联尤为显著。

第二,社会保险的机构各自分立,相互间并无横的关系。在个人主义国家常因保险事故之不同,分设若干不同的保险组织,关于疾病保险的有疾病保险机关,关于失虞的有雇主组织的互助社,其他如年金保险。① 失业保险,母性保险等,均有独立的组织负责主持。各种保险机构既没有隶属关系,又没有横的连系,彼此孤立,渺不相涉。在联邦或邦联国家,此种现象尤为明显。在国家主义的德,意和社会主义的苏联则不相同。如苏联自1933年起社会保险由工会中央联合会及其所属各级工会负责执行,其机构极为单纯。在德,意两国,各种社会保险虽不是由一单一的机构管理,但有统一的倾向。同时各种保险机构之间关系甚为密切,于必要时,可以流动基金以收挹注之效。

关于个人主义国家社会保险制度,作者拟以英,美两国为例说明之。

---

① 年金保险(Pension Insurance)者,系指支付年金之各种保险之总称,普通包括遗族保险,老年及残废保险等项。

第一目　英国的社会保险①

英国现行的社会保险可分为健康保险,工人补偿保险,年金保险及失业保险四种。

甲　健康保险　1911 年《国民保险法》(National Insurance Act, 1911)第一部分即创设全国健康保险制度。至 1918 年颁布《国民健康保险法》(National Health Insurance),1919 年又颁布《修正法》,修改保险费率及保险给付,并扩大强制保险范围。随后于 1920 年,1921 年及 1922 年陆续颁布修正法,至 1924 年将各法合并,改颁国民健康保险法,该法内容完备达 150 页之多,为各国健康保险中最完备者。在 1926 年,1928 年及以后各年虽有若干修改,但无大的变更。至 1936 年又改颁合并法。②

(子)强制保险之被雇者,凡年满 16 岁之体力工人及年收入在 250 镑以下之非体力工人不论其为临时工人,部分时间工作工人,学徒,女工及外国人均一律强迫参加保险。所谓体力劳动者系指其主要工作之性质而言,如其主要工作之性质非体力劳动,则不得视为体力劳动者。下列各劳动者,不在强制保险之列。

(一)非体力劳动者,其工资每年超过 250 镑;

(二)无金钱报酬之学徒;

---

① 关于英国之社会保险可参看:Percy Cohen, *The British System of Social Insurance*, London, 1932; Helen Fisher Hohman, *The Development of Social Insurance and Minimum Wage Legislation in Great Britain* (N. Y.) 1933; Mary B. Gilson, *Unemployment Insurance in Great Britain* 1937.

② 该法全文见:I. L. O. *Legislation Series G. B.*

（三）临时工作者，其工作性质非以从事企业或营利为目的；

（四）海陆军人及警察；

（五）中央及地方政府薪俸使用人，教师，铁路及国营公司之被雇者，其保险方法，另案办理；

（六）自由职业者，其报酬为回扣，手续费，分红，及其他难于计算报酬之工作者；

（七）从事无工资或无金钱报酬之工作者；

（八）在渔船之工作者，其报酬系采分红制；

（九）在其夫或其妻处之工作者；

（十）家庭工作者，其生活完全靠其雇主负担。

凡经济情形异常窘迫者可以请求核发个人特免证（Individual Exception Certificates），领得特免证者可以不缴保险费，但雇主仍须照常缴纳保险费。[①] 非强制被保险工人，可以自动缴纳保险费之全部，请求为自愿被保险者，其权利与强制保险者相同。

（丑）保险费。保险费由雇主及被雇者负担，雇主雇用一人，不问其为男女，每周为9辨士，被雇者之保险费则有男女之别，男工每周为7辨士，女工每周为6辨士。地方行政费用之一部分及中央行政费用全部由国家负担。低级工资工人雇主未供给居宿地点时，被雇者保险费减少，雇主的保险费相当增加。如工人每日收入为3先令或3先令以下时，男工保险费为4辨士半，女工为2辨士；每日收入在3先令以上4先令以下时，男工每周为6辨士，女工为5辨士。年满65岁以上工人及领有特免证者，被雇者不必缴纳，雇主则照常缴纳。自愿保险者之保险费全部归其个人负担。所有雇

---

① 详见：该法第□条规定。

主及被雇者之保险费均由雇主纳缴,被雇者保险费于工资中扣除。如工人在该周内因病未从事工作,或其他原因未从事工作且未领取工资时可免缴保险费。在一周内工人在两个雇主处工作时,则由两个雇主分别缴纳。

(寅)保险给付。保险给付分为下列四种。

(一)医药给付。包括免费治疗及免费给药,工人参加保险后,即可得到此种优待。[①]

(二)疾病给付。被雇者参加保险达 104 周以上,并已缴纳保险费 104 周者,患病时,男工每周可领疾病给付 15 先令,女工 12 先令。参加保险达 26 周并已缴纳保险费 26 周时,男工每周可领疾病给付 9 先令,女工 7 先令 6 辨士。疾病给付自不能工作之第四日起领取。最长时间不得超过 26 周。被雇者满 65 岁时,停止给付。

(三)不能工作给付(Disablement Benefit)。工人领取疾病给付满 26 周,已停止疾病给付,而其病未愈时,改发不能工作给付男女工人每周均为 7 先令 6 辨士,但以参加保险达 104 周并已缴纳保险费达 104 周者为限。年满 65 岁者停止给付。不能工作给付无时间限制。

(四)分娩给付。被保险人之妻或被保险人本人分娩时可以领取分娩给付 40 先令,但以参加保险达 42 周并已缴纳保险费 42 周者为限。被雇者之妻已保险,同时其夫亦已参加保险时,可以领取双份分娩给付,但以分娩后四周内不从事工作为条件。

除上述一般保险给付外,如保险社经费充裕可以增加特别给

---

① 关于英国医药给付之内容,组织,及其他方面之详情可参阅:I. L. O. 出版 *Economic Administration of Health Insurance Benefits*, *Studies and Reports*, Series M. No. 15, pp. 215-222.

付,特别给付之名目及内容,法律上有详细规定。

（卯）保险会社之组织及其机构。健康保险之行政主要由特许会社（Approved Society）主持之。特许会社为其基层机构,实际管理保险费之缴纳及保险给付之发给。其第二级组织为保险委员会（Insurance Committee）设立于各郡。第三级为健康部及国民健康保险调查委员会（Royal Commission on National Health Insurance）。前者为最高行政机关,后者为设计机关。

（一）特许社。特许会社由被保险人自动组织之。其核准标准,根据法律规定有三：第一,保险社必须为非营业性质,第二,其组织章程须经健康部核准,第三,整个会务应由被保险人全权管理。无健康部命令时保险社不得擅自解散,健康部有充分之理由时,可以撤销特许证社之登记。保险社不得以年龄为理由拒绝被雇者入社。社员禁止跨社,但可以自由转社。

特许保险社之保险费及保险给付率以依照法定率为原则,如特许保险社之基金充裕时,得健康部长之同意后可以增设保险给付。如特许保险社发生亏损,经费不足时得健康部长之同意后可以增加保险费或减少保险给付数额,于必要时由健康部直接管理其行政。社员欲退出亏损会社转入他社时,须负担其损失之一部分。

特许保险社得健康部之同意后应颁发社章,社章内容受下列条款之限制。（一）社章所订罚款,不得超过 10 先令,连续犯规罚款,不得超过 20 先令。（二）不得订立中止保险给付达一年以上之条款。（三）保险社所任命之检查员,在拜访女工时,以女检查员为限,社章不得订立与上述相反之条款。（四）关于规范被保险人在生病时或不能工作时之行为的规则应印成一确定形式。（五）如被保险人拒绝外科治疗，种痘，或防疫注射时，不得订立条款处罚之。如其所拒绝之外科治疗甚轻，手续简单，同时认为其拒绝显然为不合理时，方得处罚。不得订立条款停付被保险人之妻之分娩给付，除非其妻确有屡犯规章，舞弊，及蓄意欺骗之情事发生，方为例外。

（二）保险委员会。各郡及各重要城市均设立保险委员会，为英国健康保险之中级机关。委员会由该区内特许保险社代表，地方政府代表及医务人员组织之。其主要任务为经营存款保险者（Deposit Insurance）之保险事宜〔不属于特许保险社之被保险者在邮局缴纳保险费成立个别账户者谓之存款保险者（Deposit Contributors）〕及关于所属地区内健康之研究。委员人数至少为20人，至多为40人。其中五分之三为各特设保险社之代表，五分之一为郡参议会或市参议会（County Council or County Borough Council）任命之代表，医务代表一人或二人，其他由健康部任命。委员会应按期向健康部报告其所属区域内被保险人之健康情形，及供给各项统计资料。有时应自动宣传或出版各项关于健康保险之期刊与书籍。

（三）健康部。健康部可以颁布条例，规章及办事细则以执行健康保险法规。健康部所拟具之规章须呈国会通过。送呈国会21日未被否决时，即有法律上的效力。除颁布正式规章外，尚可根据该法颁布特别命令。特别命令颁布后应于公报中公布，俾众周知。特别命令亦须呈送两院通过，如两院在30日内未否决时，即有法律上的效力，成为该法之一部。1928年健康保险法第17条又扩大该部权力。该条规定健康部如认为必要时，在颁布特别命令之先得颁布临时特别命令，临时特别命令，自颁布之日起有效。但其有效时间至特别命令依照法定手续被通过或被否决之时为止。

（四）皇家健康保险委员会。该会成立于1924年,为全国健康保险之最高顾问及设计机关。其主要任务为以公平不阿的态度去研究1911年法令所设立之健康保险制度的利弊,同时并设法改良,使其能保证被保险人最大的可能利益之获得。故其主要职能为切实研究现行健康保险制度之利弊,并建议关于健康保险行政,经费,医药,及其他方面之改革,及草拟扩充或发展之计划以备政府之咨询及实行。

（辰）争议及罚则。健康部有决定保险范围（即何人可以参加保险）及保险费率之全权,但其决定并非最后决定,如不服时,可向高等法院提出上诉。特许保险社之内部争执,如保险社内各部分之争执,保险社与其内部之争执,及保险社与其会员间之争执,根据保险社社章解决之,如不能得到圆满解决时可向健康部提出上诉。特许保险社间之争执,保险社与保险委员会间之争执,保险委员会间之争执,及保险委员会与被保险人间之争执,均由健康部决定之。保险检查员有权至工厂检查,并询问其所认为必需询问之人,雇主,被雇者及其他被保险人当检查员询问时,应尽量供给其所认为必要的报告,表册及其他有关文件。

伪造文书证件企图获得保险给付或避免缴纳保险费者,处以三个月徒刑。不缴纳保险费,或企图减少保险费,或从被雇者工资中多扣保险费以充雇主保险费,或违反本法其他条款之行为者处以5镑以下之罚金。买卖,交换,典押保险证,保险簿册,及保险邮票者处以罚金20镑。违反检查员命令,或拒绝交出文件,报告,及簿册审查者,处以罚金5镑或3个月以下之徒刑。

乙　工人补偿保险（Workmen's Compensation Insurance）　英国最初之雇主失虞责任法为1880年之《雇主责任法》（Employer's Liability Act，1880）。在该法颁布以前普通法中对于雇主责任仅以失虞事件由于雇主之忽略或契约上已有规定者为限。① 如失虞之发生由其被雇者之忽略致使其本人或其他被雇者受伤时，雇主并无责任，除非能证明雇主雇用此人时未经过详细之选择者，方为例外。此即有名之普通雇佣主义（The Doctrine of Common Employment）。此原则之缺点甚多：第一，在现代工业组织之下，雇主与被雇者间接触极少，个人忽略的责任问题难于确定，且变为不重要。第二，股份公司兴起，公司为法人，雇主个人的忽略问题已完全失却意义。第三，失虞之发生非由于雇主之忽略者可归纳为三种情形，一为伤害者本人之忽略，二为其他工人及第三者之忽略，第三为完全不由于忽略而发生者。普通法对于第三种情形毫无固定的补救原则。1880 年之《雇主责任法》首先破坏普通雇佣主义，并确定雇主之责任，其所根据者虽仍以疏忽或过失为基础，但较普通法的规定，进步良多。② 失虞赔偿之最高额为伤害工人前三年内之所得总额，或为与伤害工人同县同级工人前三年内所得总额，工人之实物工资亦计算在内。③

继 1880 年法之后者为 1897 年之《工人补偿法》（The Workmen's Compensation Act of 1897）。该法规定雇主对于被雇者在工作期中所发生的失虞伤害，应予以补偿，补偿费之支付不必检验是否由于雇主或其他人之过失。1900 年之工人补偿法亦进一步的应用此原则，至 1906 年《工人补偿法》通过后，失虞法律又有新的进展。该

---

① 详见：C. E. Golding, *Workmen's Compensation Insurance*, pp. 2-9. 2nd Edition 1929.

② 见同上 pp. 10-14.

③ Noel v. Redruth Foundry. I. Q. B. 453.

法改进之点有二：第一为范围之扩大。第二为工人之补偿不仅以失虞为限，且扩充至职业病。1897 年法律仅以体力劳动者为限，至 1906 年法律则尽可能的包括一切劳动者（第三条）。大战期中曾通过战时工人补偿修正法，原则并无变更。战后 1923 年曾颁布新法，修正 1906 年法律甚多，至 1925 年始合并以前法律颁布新的《工人补偿法》（Workmen's Compensation Act, 1925）。该法以后虽有几次修改，但大体上无多变更。现根据该法，分析其内容于次：

（子）法律范围。凡与雇主订立劳动契约或徒弟契约从事工作之劳动者，不论其为体力劳动者，非体力劳动者，使用人或其他劳动者，其所订契约不论其为口头的或书面的，均包括在内。但例外情形有五：（一）被雇人收入每年在 350 镑以上者，（二）临时工人，（三）警察，（四）家内工作者（Outworkers），（五）雇主家庭人员在本家内工作者（第三条及 48 条）。

（丑）补偿请求及失虞。补偿请求之基础不以雇主或第三者之忽略为限，凡工人在工作进行中及由于工作而发生之失虞因而受损害时均可请求。但伤害不重未使工人不能得到全部工资三日以上者，或由于工人有意的不正当行为而发生失虞，但其伤害程度未至死亡或严重的残废时，不得要求补偿。"附加危险"（Added Peril）之受伤者在原则上不予以补偿，但伤势甚重以至死亡，或终身残废时则视为例外。所谓："附加危险"系指失虞之发生系由于工人之不正当行为，或由于非其分内工作，而工人自动从事因而受伤，或由于工人因好奇心，或其本人之快乐以不正常态度从事工作因而受伤；或因工人不遵守工场规则因而受伤。此类情形之失虞均谓之"附加危险"。

失虞之意义系指伤害之发生完全为偶然的，不可预期的，其伤害可以为外伤亦可以为内伤。如疾病之发生为渐进的,虽其原因不可确定,但不得视为失虞伤害。因轻微的失虞因而发生严重的疾病;或因工人身体羸弱因失虞而发生严重之结果时,均视为失虞伤害。失虞之发生以在工作时间所发生者方有补偿之责任,如在上工以前及散工以后所发生之失虞,雇主不负责任,如雇主命令工人出厂从事某种工作,或令其至他处,在途中所发生之失虞视为工作进行中所发生之失虞。如失虞之发生虽在工作进行时,但其发生之原因完全与其所从事之工作无关时,雇主不负补偿之责。

(寅)补偿费。补偿费之发给可以分为下列三种情形。

第一,因伤致死时。因失虞致死,给与一次给付及子女津贴。如工人在该厂工作已满三年,因失虞致死时,并遗有完全不能独立之家族成员,给予一次给付,一次给付之数目等于其最近三年之所得总数,但最低不得少于200镑,最高不得多于300镑。如工人工作未满三年时,则按其在工作期中之平均周工资率乘156倍。一次给付核发时须扣除以前支付之每周给付,但净额不得低于200镑。工人死亡时只遗有部分不能独立之人员,一次给付之数目由County Court 决定之。如工人为独身或未遗留靠其赡养之人员时,则无一次给付,但得给付15镑以下之医药费及埋葬费。[①]

工人因失虞死亡时,如遗留有15岁以下之子女,可以领取子女津贴。其数目视子女人数及年龄决定。每个子女津贴之数目为工人实际平均每周工资15%乘子女现在年龄至满15岁时之实际周数。工人每周平均工资不满1镑者以1镑计算,1镑至2镑之间以

---

① 请求一次给付之不能独立者指工人死亡时靠其赡养之不能独立的家族成员而言。非仅指其婚生子而已。其配偶,孙,父,母,祖父母,15岁以下弟妹,后父,后母,孙女,前妻子女,前夫子女,异父弟,异母弟,异父妹,异母妹,及私生子均可请求。

实际数目计算,2 镑以上者以 2 镑计算。子女津贴总数不得超过 300 镑。一次给付及子女津贴总额不得超过 600 镑。工人子女如系部分不能独立时,其津贴亦由 County Court 决定之。其决定为最后之决定。

第二,完全失却工作能力时。工人因失虞而致完全失却工作能力时,其失虞补偿费正常的为其受伤前一年平均每周工资之一半,按周发给。如工作未满一年时,则计算其实际平均工资率。普通计算之方法如次。

(a)每周平均工资率在 60 先令以上,补偿费为 30 先令;

(b)每周工资在 50 先令以上至 60 先令,补偿费为收入之一半;

(c)工资在 25 先令以上,50 先令之下,补偿费为其收入之一半加上 50 先令与实际收入之差额的四分之一;

(d)在 25 先令以下时,则为工资之四分之三。

第三,部分失却工作能力。部分失却工作能力之补偿费之计算方法如次:(a)每周收入在 50 先令及 50 先令以上者为失虞前每周平均收入减失虞治愈后每周平均收入之一半,(b)每周收入在 50 先令以下,25 先令以上时,其补偿率为(用(a)法计算之补偿额÷失虞前每周平均所得)×(失虞前每周平均所得 – 失虞后每周平均所得)(c)如每周收入为 25 先令及 25 先令以下时,补偿费为失虞前每周平均工资率减去失虞后每周平均收入之四分之三。

雇主或工人可以按照失却工作能力之程度变更每周补偿率,如对方不同意变更时,则由 County Court 决定,但在下列三种情形下,雇主可以自动停止或减少补偿费。(一)被雇者一方面领取完全失却工作能力补偿费,一方面又从事工作时;(二)被雇者一方面领取部分失却工作能力补偿费,而其收入已实际增加时;(三)被雇者已由雇主医生证明其工作能力已部分恢复,或完全恢复,而被雇者对此种证明未提出反对。雇主认为工人之工作能力已部分恢复,或完全恢复时,可通知被雇者,告知其预计之补偿率,并附以医生之证明书。被雇者不服时,可于接到通知后十日内,请其医生开具证明书,不同意雇主之意见,并申述理由。此种争执之解决由内政大臣任命之医务公断员(Medical Referers)负责。在医务公断员未作最后决定以前,雇主所提出之变更无效。在雇主收到被雇者反对书及医务公断员决定以前之一段时间后,雇主不得变更赔偿率。医务公断员有检查伤害人之权,如被雇者拒绝检查时,则停止其补偿权,医务公断员之决定为最后之决定。

雇主可以根据内政部章程要求领受补偿费之被雇者按时检查病况及伤势。检查次数在最初两月以每周一次为限;第三个月至第六个月以每月一次为限;六个月以后以两月一次为限。

失虞发生后被伤害人应立以书面通知雇主或雇主代理人,并将其名字登记于失虞登记册内,方有补偿请求权,否则雇主可以拒绝之。补偿费之请求应于失虞发生后 6 个月内提出,伤害人因伤致死时,请求时间可以延长至 1 年。

支付补偿费者为雇主。被雇者经原来雇主同意,被借至他厂服务,或因原来雇主指派在他工厂工作,因失虞受伤时,现在雇主及原来雇主共同负责。失虞之发生系由第三者的忽略,被雇者可以要求第三者补偿,或要求雇主补偿,但只能在两者之中任择其一。在此种情形下,雇主因伤害人之要求已支付补偿费时,可要求有过失之第三者补偿。如第三者之行动在其工作范围内,对于雇主之要求可以提出反对。如受伤的被雇者要求第三者补偿,而第三者有充分理由证明其不负责任时，被雇者可要求雇主补偿之。

雇主破产或公司清理后，被雇者可直接要求保险公司补偿。以根据保险政策，此时雇主之要求补偿被雇者之权已直接移于被雇者之手。保险公司之义务仅以对雇主之义务为限。被雇者之请求不得超过雇主之地位。如雇主未保险而破产时，被雇者之请求补偿权有优先权，在其他一切债务之上。

（卯）职业病补偿。1906年法律之最大成就为职业病补偿，1925年合并法第二十五条亦有同样之规定。在开始时，仅规定六种职业病有补偿费，但在该法中授权内政大臣允其随时颁布命令增加职业病种类，截至1939年年底止，应用此法之职业病达30余种以上。[1] 根据1925年法律规定，被雇者欲领取职业病补偿费时须证明其疾病系偶然的发生，并系发生于工作进行之中，同时须证明其本人已受该病之害。第二步要证明疾病之发生确系由其得病前12月内所从事之职业性质而生。要证明此点其必要条件如下：第一，由被雇者工作所在地注册医师证明该工人确实患职业病，因此而不能得到全部工资；第二，或由医师证明工人因患此种疾病以致不能从事原来职业；第三，或证明该工人之死亡确系由于此种疾病。如工人在以前曾患此种疾病，在被雇时以书面欺瞒雇主谓其以前未患此病者，一经切确证明，即取缔其要求补偿权。

（辰）保险协约（Insurance Contract）或补偿协约（Compensation Agreement）。1906年法令第三条及1925年法令第三十一条均禁止被雇者及雇主订立低于该法所规定之义务的补偿协定。保险协约

---

[1] 关于可以领取补偿费之职业病名称，在1928年以前公布者，可参看：C. E. Golding, *Workmen's Compensation Insurance*, pp. 31-33。在该表中仅列28种。在1928年以后可参看：I. L. O. 出版之 Year-Book.

亦然。雇主组织之友谊社（Friendly Society）须符合下列条件方允注册。

第一，其所拟具关于被雇者及其家族之补偿，给付或保险计划不得低于该法所订定之数目；

第二，如其所拟具之计划规定工人须缴纳保险费时，其保险给付，除该法所规定之数额外，应增加至少与保险费数目相等之保险给付；

第三，由工人用投票方式表决，有大半工人赞成此种制度时，方得成立；

第四，不得以是否加入此种制度为雇佣条件强制工人加入；亦不得订立条款禁止被雇者退出。

实际上英国之失虞保险社可以分为两种，一种为以人数为单位去征取保险费者，一种系以工资数额为计算标准去征收保险费者。前者行于家庭仆役，马夫，园丁及其他在私人居宅充当仆役工作之职业。此种职业危险种类单纯，且失虞之机会甚少，故此种保险社征收保险费时以人数为单位。后者则实行于其他比较复杂的职业之间，以此种职业危险性较大，失虞机会较多，故采用以工资额计算保险费制度，而不以人数为标准之制度。家庭仆役保险又可分为两种，一种仅保险法定责任法者，一种则除保险法定责任外，并有其他保险给付。至于一般性质之失虞保险社其内部组织及保险费之征收，常因各业的性质，危险的程度，及当地的环境不同而各异，迄无一标准的制度。

丙　年金保险　19 世纪末英国对于养老保险之讨论甚为热烈。1893 年在 Aherdars 爵士领导下组织贫困老人问题调查会（Royal Commission on the Aged Poor）研究此问题。在 1896 年至

1905 年十年间议院提出关于老年保险之法案共达 37 件,[1]1900 年工会年会亦提议督促政府从速推行养老年金制。1904 年及 1905 年两年内在下议院所提出之养老年金法案共达 9 件。在朝野人士热烈希望之下,于是在 1908 年通过《养老年金法》(The Old Age Pensions Act of 1908)至 1919 年通过修正法,修改其行政制度。战后主要的年金保险法有 1919 年的《养老年金法》,1924 年的《养老年金法》,1925 年的《寡妇孤儿及老年年金法》(Widow's Orphan's and Old Age Contributory Pensions Act of 1929)及 1929 年的《寡妇孤儿及老年年金修正法》。

在 1925 年《寡妇孤儿及老年年金法》颁布以前,英国系采行直接年金制,凡年满 70 岁而每年收入在 50 镑以下者每年由国库支付养老年金,养老年金数目视其收入多少而定,收入愈少者,年金愈多。此制在 1925 年以前适用于所有劳动者,包括体力劳动者,家内劳动者,仆役,店员,使用人在内,至 1925 年以后此制仅适用于少数店员,大多数劳动者均适用 1925 年新法,改行保险制。[2]

1925 年法令将年金保险制度附设于健康保险之内。以从经济之

---

① 详见: *Report of the Old Age Pensions Committee* (1898), pp. 156-183. Bertrain Wilson, Economic Legislation of 1908. "Economic Journal, Mar 1909, pp. 130-151."

② 英国老年年金之给付数额表

所得等级(每年)	每周年金数目
26 镑 5 先令以下	10 先令
26 镑 5 先令至 31 镑 10 先令	8 先令
31 镑 10 先令至 42 镑	6 先令
42 镑至 47 镑 5 先令	4 先令
47 镑 5 先令至 49 镑 17 先令 6 辨士	2 先令
49 镑 17 先令 6 辨士以上	1 先令

观点观之,欲另外设立一新的机构,殊不合算,不如附设于现有制度之内。而现存保险制度中以健康保险人数最多,达 15,000,000,故政府将其与健康保险连系,凡参加健康保险者,一律强制年金保险其保险。范围完全与健康保险相同,保险费与健康保险合并缴纳,保险费率已见健康保险一节中,兹不重赘。现仅将保险给付及机构与组织两节略述于次:

(子)保险给付。保险给付分为养老年金,寡妇年金及孤儿年金三种。

第一,养老年金。养老年金每周 10 先令。被保险人之妻凡满 65 岁时,亦可领取养老年金。凡被保险人在满 65 岁以前,已继续参加保险 5 年,并自参加保险后,已缴足 104 周保险费,或在过去 3 个月应缴纳保险费年度中每年平均缴纳 39 周时,年满 65 岁后方得领取养老年金。凡年满 65 岁而参加保险年数未满 5 年时,自参加保险之日起满足 5 年后方得领取养老年金,但以缴满 104 周保险费,及在过去 5 年中有 3 年平均缴纳 39 周保险者为限。疾病及真正失业之周数作为缴纳保险费周数计算。除特殊情形外,被保险人在年金发给前两年须在英国居住,否则不给予年金。

第二,寡妇年金。寡妇年金每周十先令,凡被保险人之寡妇符合下列条件者得领取之。(一)其夫在其死亡时须为被保险人,至少已参加保险 104 周,并已缴足 104 周保险费者;(二)其夫参加保险已达 4 年或 4 年以上,在其死前 3 年内,平均每年已缴纳保险费 26 周者,亦得领取之。疾病及真正失业之周数作为缴纳保险费周计算;(三)除特殊情形外,其夫在其死前两年须在英国居住,其最后佣雇地,须在英国。

除寡妇年金外,尚有孤儿津贴,凡年在 14 岁靠被保险人赡养之儿童得领取之,如在学校读书时,得延长至 16 岁。津贴数目,长子每周 5 先令,以下儿童每人每周为 3 先令,长子年满 14 岁后,次子作为每周 5 先令计算。儿童包括婚生子女,私生子女,前夫或前妻子女,但以在其死前靠其赡养者为限。寡妇再嫁后,取消其年金,子女津贴照常给付,至法定年龄为止。寡妇死亡时,改为孤儿津贴。

第三,孤儿津贴。凡父母双亡之儿童,其父或母已参加保险时,得领取孤儿津贴。孤儿津贴每人每周 7 先令 6 辨士,一直至年满 14 岁为止,如在学校读书,则可延长至 16 岁为止。父母之保险期限与寡妇年金之条件完全相同。所谓孤儿系指其婚生子,私生子,并在其死前靠其赡养者为限。

凡有下列条款之一者,得取消或停止其津贴。

(一)在慈善院,贫民院,养老所及其他根据贫民法所设立之机关居住并靠其赡养时得取消之,但其目的仅在获得免费医治及施药之方便时,视为例外;

(二)在疯人院居住时;

(三)判决徒刑,并不能以罚金代替时;

(四)如寡妇与人同居时,取消其寡妇年金。寡妇年金停止后,儿童津贴不受影响。

(丑)保险机构。1908—1924 年养老年金制度由关税及消费税部(Department of Customs and Excise)主持,在各地方则由地方年金委员会(Local Pension Committee)主办。年金之申请,年金资格之审核均由地方年金委员会负责,该委员会根据地方年金管理员之报告决定之。对于年金委员会之决定如不服时,可上诉于关税及消费税部,该部之决定为最后决定。1925 年法令规定年金保险,由健康部负责办理,该部为中央机关。年金申请之接受及年金之支付由各地邮局负责。申请之批驳,资格之审核由健康部主持。该部会同国库司决定财政方面之问题,会同邮政总办(Post Master Gevenal)决定与邮局有关之问题。

　　丁　失业保险　1905 年《失业工人法》(Unemployment Workmen Act 1905)的颁布是英国政府对于失业问题看法的转变点。在以前认为失业只是劳动者个人得失问题,与整个社会或国家无关,在现在则认为失业问题是关系全国的问题,政府对此应加以严密的注视。在该法中虽未设立失业救济或失业保险制度,但该法规定在全英格兰及威尔斯每主要区域(Metropolitan Borough)设立地方失业所一所,在伦敦设立中央失业局主持职业介绍事宜。[①] 至于失业保险之兴起则始于 1911 年之《国民保险法》。在该法第二部即设立失业保险制度。该法一方面强迫七类失业危险性较大之工人保险,一方面鼓励工会及其他团体自动设立失业保险制度。此七类失业保险之行政由商业局(Board of Trade)主持。在大战期中陆续增加强制保险职业至十四种,首先强迫金属工人参加,随后将其范围扩大,包括所有军火业工人。在此一段时间中,尚为试验时期,至 1920 年始颁布正式的《失业保险法》(Unemployment Insurance Act of 1920)该法。虽不能认为全国性的保险,但其范围甚广,与健康保险相较;仅未包括家庭劳动者,农业工人及家内工作者而已。1920 年以后,颁布修正法甚多。如 1921,1922,1923,1924,1925,

---

　　① 详见:Percy Alden, *The Unemployed*: *A National Question*,在该书中对于 1905 年以前英国对于失业问题之看法,叙述甚详。

1927,1928,1929,1930,1931,1934,1936,1938,1939 各年均曾颁布修正法,但其主要内容无多变动。①

（子）被强制保险人。凡 16 岁以上至 65 岁以下之被雇者,在劳动契约下从事工作,而其报酬每年未超过 250 镑者均在强制保险之列,体力劳动者一律强制保险,并无报酬方面之限制。接受现金报酬之学徒,在英国登记之被雇者,外国人均在保险之列。但农,林,园艺劳动者,家庭仆役,看护业,正式海陆空军人,警察,教师,接受手续费,分红及其他类似性质之自由职业者,临时工作者,及在其夫或其妻处工作者均不在保险之列。被强制保险人有下列情形之一时,可以请求免缴保险费。（一）被保险人仅靠年金或非由其个人能力而来之收入以维持生活时;（二）被保险人之生活大部分系靠他人生活时;（三）被保险人之收入大部分系从未被强制保险之职业而来,其生活仅靠此种收入维持时;（四）被保险人从事每年工作不达 18 周之季节工作时。被保险人得到免费保险后,可以不缴保险费,但雇主之保险费仍照常缴纳。

（丑）保险费。被保险人在从事工作时应在最近之职业介绍所领取失业簿(Unemployment Books),18 岁以下之未成年人则在该地少年职业局(Juvenile Employment Bureau)领取,如该处无少年职业局时,则在职业介绍所领取。失业簿由被保险人交与雇主保存,由雇主按期购买与保险费相等之失业保险邮票,贴于保险簿上。保险费由雇主一并缴纳,被雇者之保险费由工资中扣除。保险费率如下表:

---

① 详见 Percy Cohen, *The British System of Social Insurance*, pp. 114-143 及 *An Historical Basis for Unemployment Insurance*, pp. 11-25.

英国保险费表

（一）普通保险费率

工人类别	雇主保险费	被雇者保险费	国库津贴	总计
21 岁至 65 岁之男女工人	10 辨士	10 辨士	10 辨士	2 先令 6 辨士
18 岁以上 21 岁以下之未成年男工	9	9	9	2 先令 3 辨士
18 岁以上 21 岁以下之未成年女工	8	8	8	2 先令
18 岁以下童工	5	5	5	1 先令 3 辨士
18 岁以下女工	4.5	4.5	4.5	1 先令 1.5 辨士

（二）免缴保险费者之保险费率

21 岁至 65 岁之男工	8	0	4	12 辨士
21 岁至 65 岁之女工	7	0	3.5	10.3
18 岁以上 21 岁以下之未成年男工	7	0	3.5	10.5
18 岁以上 21 岁以下之未成年女工	6	0	3	9
18 岁以下之男童工	4	0	2	6
18 岁以下之女童工	3.5	0	1.75	5.25

（寅）保险给付。普通保险给付据 1920 年法令规定如下：21 岁至 65 岁之男工每周为 15 先令 3 辨士，21 岁至 65 岁之女工每周为 13 先令 6 辨士；18 岁至 21 岁之青年男工为 12 先令 6 辨士；18 岁至 21 岁之女工为 10 先令 9 辨士，17 岁至 18 岁之男工为 8 先令，17 岁至 18 岁之女工为 6 先令 9 辨士，17 岁以下男童工为 5 先令 6 辨士，17 岁以下之女童工为 4 先令 6 辨士。凡符合下列条件者得领取保险给付：

（一）在请求给付前两年内已缴足 30 周以上保险费,如在过去两年患病时,得延长此期限至 4 年。

（二）请求时须向介绍所纳缴各项证明文件,证明其自申请日起在继续失业状态中。

（三）申请时须向介绍所证明其本人有工作能力并愿意从事工作。

（四）申请人须证明其已受过职业方面之训练。此条自 1930 年起仅适用于 18 岁以下之未成年工人。

给付之给予在失业后第 7 日开初,最初 6 日并无给付,谓之等候时期(Waiting Period)。给付时期每一保险年度以 26 周为限。有下列情形之一者得取消其失业给付。

（一）拒绝从事适当工作时。凡劳动部人员能证明被保险人无正当理由拒绝从事介绍所所介绍之工作;或证明给付人无正当理由拒绝或延迟向介绍所提供其所指定之与寻找工作有关之文件时,得停止其给付,停止给付之最长时间为六星期。但下列工作不得视为适当工作。

（a)由于劳动争议结果所发生之空位;

（b)所指定之工作为申请人原来工作,其地点亦为其过去工作地点,但其工作条件低于申请人所能合理的达到之条件时;

（c)所指定之工作为申请人原来工作,其地点不同,但其工作条件低于该县团体协约所规定之条款;如该县该业无团体协约时,其条件低于该县一班人所公认之良好雇主之条件。

（二）由于劳动争议所发生的失业。因劳动争议的结果而发生罢工或停业等情事致失业,在此种情事继续进行中,被保险人无领取失业给付资格。但被雇者能证明下列两点时,可以得到给付。

653

第一,证明其本人并未参加,协助或直接赞成此项劳动争议。第二,证明参加,协助,并直接赞成此项劳动争议之工人中并无其同级或同类工人。

(三)由于工人本身之过失而失业者。所谓过失系指违反工厂规则或其行动与其工作不符合或不尽力进行工作者,如不经请假擅自离职;拒绝雇主所指定应该从事之工作,违反工厂条例,不守时间,及玩忽职务等。自动离职者亦停发失业给付。停发给付之最长时间为六星期。

(四)失业者在贫民院。救济院及其他由公共基金维持之贫民机关居宿时。

(五)居住外国。

(六)领取其他保险给付者。

(七)18岁以下童工拒绝参加介绍所所指定之训练时亦停止其失业给付。

(卯)组织及基金。当1911年《国民保险法》公布时,有七分之一的被强制保险人已在公私立之失业保险社保险。该法第二部规定凡保险社所给付之失业给付之总数与该法所规定之总数相等者,允其经营失业保险。1920年法令颇有改革。

凡法令强制参加失业保险者之失业保险,由职业介绍局及地方分局经营之。其组织及机构已于第四篇中详述,兹不重赘。失业给付申请者之登记,失业给付之核发均由其负责管理。在职业介绍局总局中设有保险主任(Chief Insurance Officer)一人,保险主任由劳动大臣任命之,在地方分所各设地方保险官(Local Insurance Officer)一人,亦由劳动部任命。此外尚有地方仲裁法庭(Local Court of Referees)及仲裁官(Umpire)的组织以解决关于失业保险方面的争执。保险主任总筹一切有关失业保险事宜,至其一切实际上的行政事务概由地方保险官负责。申请书之登记,申请资格之审查,以至保险给付之核发,失业簿之发给与收回概由地方保险官主持。关于保险给付方面之争执,被保险人对于地方保险官之决定如不服时,可提出上诉于地方仲裁法庭。地方仲裁法庭由被雇者及雇主代表各一人及由劳动部任命之主席一人组织之。对于地方仲裁法庭之决定仍不服时可向仲裁官提出上诉,仲裁官之决定为最后之决定。

除上述国营失业保险机构外,尚有由工会或私人组织之保险社,经营失业保险。1927 年法律中对此类保险社之限制颇为严格。凡经营失业保险之保险社必为工会,或经营健康保险之特设保险社,至其产业保险公司,集股会社(Collecting Society)及其他以营利为目的之保险社均不得经营。经营失业保险之保险社须与劳动部订立协定(Arrangement),根据协定该社可直接支付被保险人以法定给付数目。订立协定之必要条件如下:

第一,该社所规定之失业给付须高于法定给付,其高出数目,21 岁及 21 岁以上男工每周至少 3 先令,21 岁及 21 岁以上女工,每周至少 2 先令 6 辨士,未成年男工为 1 先令 6 辨士,未成年女工为 1 先令 3 辨士。

第二,私营基金所能支付给付总数,每年男工至少为 75 先令,女工为 60 先令,未成年男工及男童工为 37 先令 6 辨士,未成年女工及女童工为 30 先令。

第三,会社基金所能支付之给付至少能支持 10 周。

第四,保险社须有研究该业工资,就业及其他方面情形之机构与组织。

私营保险社成立后由政府予以行政费用之津贴。津贴数目依其所支付给付总数计算。每周该社支付成年工人失业给付1人，津贴6辨士，支付未成年工人1人，津贴3辨士，所支付之给付愈多，津贴愈多。该社可以执行介绍所职务，以介绍其会员之职业。私营失业保险社年来并无进展，在1921年共有181个工会成立此种保险社人数共达4,000,000人，至1930年仅存131所，人数减为890,000人，[1]年来减少尤速。

失业者在失业之第一日应在介绍所登记，并缴纳失业簿于介绍所。

第二目 美国的社会保险

美国社会保险制度之兴起在欧洲各国之后，就其制度本身而论亦与欧洲各国不同。在欧洲各国社会保险制度为有机性的发展，由自动的地方的组织渐渐演变成为强迫的全国的制度，其变化是循序而进的，其进展是慢性的，由一种保险组织导引出他种保险组织，然后形成以一种制度为中心，以他种制度为补助的复杂机构。在美国则不然，其发展是突进的。由于老年，失业等问题成为全国性问题外，才毅然创设此种制度。就其整个性而言，也不及欧洲各国。每种保险制度之间既没有关连，又没有合作；同时各州的立法，制度，行政均不相同，形成一种五花八门的现象。不仅如此，即就其所根据的原则而言也与欧洲各国不同。在欧洲各国系以社

---

① Industrial Relations Counselors, *An Historical Basis for Unemployment Insurance*, p. 152.

会责任说或集团责任说为社会保险的指导原则,在美国则正统学派的经济理论仍深入人心,个人责任原则(Individual Responsibility Principle)深深地影响了社会保险的制度,这点在分析其制度时,将分别提到。[①]

促使美国社会保险制度和欧洲各国不同的原因,可以在美国经济发展史及美国人民经济生活中,找到解答。

第一,美国是个年轻而富裕的国家,有无限的蕴藏,供其开发,有无穷的资源,供其生产,工业的急剧发展赶得上人口的增加。谋生在美国不成为问题,因此个人失业,疾病,老死的痛苦除极少数人外,都没有感觉到。社会保险自然没有贫困流行的欧洲来得迫切。

第二,美国人民居住,职业和社会地位的变动极为剧烈迅速,劳动者很少固定于一个区域或一种职业中。社会各个分子的变动既大,团结力自然不固,故不能和欧洲一样以地域或职业为中心,自动的发展一种社会保险制度。

第三,人民的生活既不如何痛苦,同时又缺乏团结的中心,所以合作和互助的习惯成长很慢,这是集体责任说在美国不流行的原因。同时由于这种学说的不盛行,也延迟了合作习惯的发展。社会保险是在合作互助精神中培养出来的,在美国既缺乏这种力量,其发展自然很迟。

美国的社会保险大体可以分为失虞保险,养老及废痼保险,及失业保险三种,健康保险尚在拟议中,遗族保险,则迄无一州设立,

[①]　参阅:Kaat Pribram, *Social Insurance in Europe and Social Security in the United States*, I. L. R. Vol XXXVI; No. 6., pp. 742-752 及 R. J. Watt, *Social Socurity and the Workers in the United States*, I. L. R. Vol XXXVII. No. 6.

现分述前三种于次：

甲　失虞保险　美国第一次通过之失虞保险法为马利兰州之《合作保险法》(Corporative Insurance Act)，该法范围甚狭，仅包括少数特殊工业工人。至1904年被判违宪。[1] 1910年Montana州通过法律设立州合作保险基金，以救济矿山工人，但旋被判违宪。[2] 第一次通过普遍性的失虞保险法者为纽约州，该州1910年法律除强制危险性职业保险外，其他职业亦采自由参加制。此法虽亦于1911年被判违宪，但经过修改后于1914年正式成为强制失虞保险法。[3] 于是各州继之，截至1936年年底止，全美未设立失虞保险者仅Arkansas及Mississippi两州而已。各州法律内容如次：

（子）法律适用范围。健全之失虞保险法应包括一切被雇者及一切伤害，但因行政及经费之困难，各州之法律均设有例外，就职业之例外言之，通常为下列九种：（一）无危险职业的工人，（二）农业劳动者，（三）家庭仆役，（四）州际商业被雇者，（五）雇用人数在某一定数目下之工厂工人，（六）公用事业被雇者，（七）临时工人，（八）从事非正常工作工人，（九）从事非为所得之劳动者。各州之法律范围既广狭不一，参加保险之被雇者的比例相差甚巨，如以1920年而论，New Jersey州参加保险之被雇者占99.8%，而Puerto Rico仅占20.5%而已。[4]

就伤害之例外言之，各州亦不一致。原则上各州均承认在工

---

[1]　Franlim v. United Railwage and Electric Co. of Baltimore.

[2]　Cunnighamn v. Northwestern Employment Co. (1911).

[3]　Ives v. South Buffalo R. Co. (1911).

[4]　United States Bureau of Labour Statistics, *Monthly Labour Review Jan. 1920*, p. 237.

作进行中所发生之任何伤害,如非出自被雇者故意的行为均一律予以赔偿。有些州则认为凡失虞之发生系由于工人酒醉时,因酒醉时致伤害之工人不予以救济,第三者因而发生伤害时,雇主有赔偿责任。

如雇主已置备完全用具以供工人应用,工人故意不用而致伤害时,补偿费应减少之。如法律上已规定雇主须置备某项安全或防险设备,雇主未遵行因而发生伤害时,其补偿费应增加,有一部分且定有刑法上的处罚。如威士康克州规定雇主不按照安全法规定因而发生伤害时,赔偿费应增加15%;如雇主已设置此类设备而工人无故不使用因而发生失虞时,赔偿费减少15%,以示处罚。

职业病是否应列入失虞保险范围之内,在美国争执颇为激烈。事实上美国无健康保险,因工业之而发生职业病自应包括在内,故有20州以上将大部分职业病视为补偿原因之一,有九州仅包括一部分职业病。[①]

（丑）伤害补偿与救济。此项可分为医药补助,伤害给付两种。

（一）医药补助。免费治疗为失虞救济最重要的项目。以正当的及时的诊治不仅可以减少不能工作时期,并可减少疾病的严重性,而工人家庭蓄积甚少,如不免费治疗,劳动者个人将无法诊治。故各州对于免费治疗极为注意。不过由于经费的关系,各州对于免费诊治或限制免费诊治的时间,或限制医药费的金额,或两者均

---

① 截至1936年止,包括大部职业病者 California, Connecticut, District of Columbia, Hawii, Illinois, Massachusetts, Missouri, New York, North Dakota, Phillipine Islands, Wisconsin and the Federal Civil Service Employee's and Longshoremens and Harbor Workers act. 包括一部分者有 Kentucky, Minnesota, Nebraska, New Jersey, North Carolina, Ohio, Puerto Rico, Rhode Island and West Virginia.

加以限制。时间限制从两周到一年长短不等,金额限制自 100 美金至 800 美金不等。

普通失虞保险法均规定在失却工作能力之开始数日并不支付伤害给付以防止轻伤者故意不从事工作,此种时期谓之等候时期(Waiting Period)。等候时期多定为 3 日,亦有定为 7 日者,亦有规定 7 日以上 14 日以下者,亦有完全无等候时期者。

(二)伤害给付可以分为三种。第一种为死亡给付,第二种为部分失却工作能力给付,第三种为全部失却工作能力给付。全部失却工作能力给付包括暂时的及永久的两种。

全部失却工作能力给付最多者为 North Dakota, Ohio 两州及联邦法律对于联邦被雇者之规定。在全部失却工作能力时期内,伤害给付为工资之 66% 又三分之二,如其伤害为永久的,则此种给付等于救济年金。其他各州有定为工资 65% 者,有为 60% 者,有为 55% 者,在 50% 以下者,亦有 11 州之多。给付之最高限制 North Dakota 规定每周最高额为 20 美金,普通多定为每周 15 元,亦有规定为 12 元者。支付之最长期间,亦有完全限制者(Arizona 州),有限制为 260 周者,有定为 500 周者,有定为 1,000 周者。①

部分失却能力给付之规定,大多数系采按表支付法。即先制详细的救济费表,表中对于受伤的情形,给付时间之长短个别的予以规定。此法以一切均已规定,行政方面极为便利,其缺点为缺乏弹性,且欠公平。于是有改按失却谋生能力之程度而定给付多寡之趋势。加里福尼亚首创此制,并拟订新表按失却谋生能力之程度而定其给付数额,对于伤害人之个别经济情形,亦计算在内。

---

① *Principles of Labour Legislation*, pp. 247—248.

　　工人因伤致死时,予以埋葬费,不论死亡者有无遗族。埋葬费多规定为150美金。死亡人有遗族时,予以遗族年金。遗族年金分为寡妇年金及孤儿年金两种。遗族年金最多者为North Dakota,寡妇年金为死亡人工资35%,至其死亡或再嫁时为止。孤儿年金,每一人为死亡人工资10%,最多不得超过66%又三分之二。有一部州规定每月最高额,有定为每月30美金者,有定为50美金者。有一部分州则规定年金总额,自3,000元至15,000不等。

　　(寅)复职规定(Rohabilitation)。对于受伤工人伤愈后不予以复职机会,使其重新从事工作,或重新训练其工作能力,则对于受伤工人之救济等于浪费。以救济时期有限,救济期满后,工人已失却工作能力一部分,尚不设法予以复职,则谋生之艰难,可以想见。复职方法包括外科手术,再教育,技术的重新训练,及其他重新恢复工人工作能力之设施。美国Massachusetts州首先注意此方面,于1918年颁布法律成立复职制度,1919年有九州继之。1920年国会通过《复职法》(Federal Rehabilitation Act)拨款补助设有复职法之各州,各州受其鼓励,均纷纷成立复职制度,截至1936年7月止,全美未成立该法者仅Delaware,Kansas,Verment三州而已。

　　(卯)行政机构。关于失虞工人补偿之行政机构普通分为两种:第一种为设立中央局或委员会负责执行法律,第二种则不设立任何执行机关,所有一切问题之解决,概由法院负责。在1936年仅有6州采行后种形态,[①]其他各州则由一行政机关主持。

　　根据全国公民联合会(National Civil Federation),美国劳动协

---

　　① 采用法院执行失虞保险条例者有Alabama, Louisiana, New Hampshire, New Mexico, Tennessee, Wyoming六州。

会,美国劳动立法协会(American Association for Labour Legislation)及美国劳动统计局(United States Bureau of Labour Statistics)研究,由特定之行政机关主持较由法院执行为优。因由法院执行其弊甚多。第一,法院程序复杂,手续麻烦;第二,费用太多,而效率不大,且就其性质而言,由法院执行实不相宜。故 Kansas, Minnesota, New Jersey, Rhode Island, Nebreska 各州均先后放弃法院执行制改采行政局及委员会制。

各州行政机构的组织并不一致。通常多由委员 3 人或 5 人成立委员会或行政局,委员人选由州长任命。委员会或行政局的权力颇大,可以制定各种规则或章程,监视各种给付之支付,及解决各种争议。

(辰)支付保证。为保障被雇者能确实得到各项给付及赔偿费起见,政府恒强制雇主采保险形式。以雇主之财力有限,当失虞事件迭次发生时,雇主能否依法支付各项补偿费,实成问题,故根据危险分散原则强制雇主加入保险以减少雇主负担并保障被雇者利益。如雇主能提供担保声明当失虞发生时能完全负担者例外。

失虞保险基金依其性质可以分为四种。第一种为自己保险(Self-Insurance),即某公司之组织宏大,资力雄厚,失虞之损失,由本公司自己成立基金,负担赔偿责任,不参加任何私人组织或州立之保险基金,此种组织在美国并不发达,只有少数公司有此种组织。第二种为州立基金,由州政府主持失虞保险,雇主自动参加,按雇用人数缴纳保险费。第三种为雇主在私营保险公司保险。第四种由各雇主组织互助保险社,由各雇主参加。州营保险基金为美国比较良好制度,在美国甚为盛行,除有 17 州创立此种制度外,其他各州亦有筹设之意。以该制不仅费用低廉,行政费用甚少,且

基金稳固,不易倒闭,不公平及其他流弊亦极少发生。故各州乐于
采用。私营保险公司之目的在获得利润,同时公司之组织复杂,开
支浩繁,行政费用甚大,在此类公司保险不仅负担过重且时有倒闭
之虞,故在此种保险公司保险者日益减少。互助保险公司为雇主
自动组织以保障失虞者利益之组织,此制优点颇多,在美国颇为盛
行。其优点归纳言之可分三点:其一,组织规模不大,行政费用较
少,可以减少雇主负担。其二,互助保险为雇主之自动组织,只保证
实际给付及费用之开支,多余保险费为雇主之财产,可以再投资作为
资金。其三,此类保险社多设有工厂检查员,严密视察各工厂之情
形,及执行预防失虞法规。由雇主雇用之检查员在此方面较州检查
员负责。故实际上可以减少失虞事件之发生,以收事先预防之功。

　　失虞保险之保险费完全由雇主负责纳缴,被雇者无纳保险费
之义务。保险费率视各州法律所规定之伤害给付多少而定,各州
并不相同。普通亦有按职业的危险性而规定保险费率者。

　　乙　老年及废痼保险　美国的老年保险也可分为四种。第
一种为由慈善机关,工会,或保险公司所主办之无补助老年保险
(Unassisted Old-age Insurance),此种保险在美国势力不大,据专家
研究,在 1932 年领取此种养老年金者仅 140,000 人。[①]　第二种为
州政府补助之养老保险,在美国仅 Massachusetts 及 Wisconsin 两州
实行。Massachusetts 州由储蓄银行在州政府监督之下举办自动的
老年保险,Wisconsin 则由州政府筹设州人寿保险基金在保险专员
监督之下,经营老年保险事宜。第三种为直接年金制,此制严格言
之,不是养老保险只是养老救济。最先注意此制者 Massachusetts

---

① 　Murray W. Latimer, *Industrial Pension System.*

州,该州于 1907 年成立委员会专门研究此问题,但无结果。1914
年 Arizona 要求设立直接年金制,但被判违宪。1915 年 Alaska 正式
通过法律设立直接年金制,此为美国第一次成立的永久的养老年
金法。大战以后各州均仿行之,至 1936 年 7 月未成立此制者仅八
州而已。① 而 1935 年《社会安全法》(Federal Social Security Act)之
通过,为促使此种制度发展之最大动力。该法规定凡成立直接养
老年金制之各州联邦政府一律予以津贴,津贴额为其整个经费之
一半。领取津贴之条件有四:(一)该州养老年金制,已在全州普遍
实行,其行政机关系由州政府主持或由州政府监视。(二)领取年
金者合格条件为领取年金人在领取年金前九年内至少在该州已住
满五年。(三)被拒绝领取年金者有完全上诉权。(四)领取年金之
法定年龄为 65 岁。第四种为强制老年保险制。此制为名符其实
之保险制度,故拟详述于次:

强制老年及废痼保险在美国 1920 年方实行于联邦政府使用人
之间。领取年金年龄依使用人之种类而不同,铁路及邮务人员为
62 岁,邮局雇员,信差及机械技师人员为 65 岁,其他一律为 70 岁。
年龄已届退休之使用人如体力强健足以应付职务,得主管长官及
文官委员会(Civil Service Commission)同意,得延长服务期间两次,
每次为两年。使用人退休后领取养老金,养老金数目视服务时期
长短及薪金而定。法律规定使用人至少要服务 15 年方可领取养
老年金,如服务时间满五年因病或其他伤害因而完全失却工作能
力时,可以领取废痼年金。使用人之保险费率为薪俸 3.5%,每月

---

① 未成立各州之名称 Georgia, Kansas, New Mexico, North Carolina, South Caro-
lina, South Dakota, Tennessee 及 Viginia.

自薪金中扣除。不足之数由政府预算中弥补。如使用人在领取年金年龄以前或未满法定领取年金之服务时期前离职或死亡时,其所付之保险费一律退回,并给予年利四厘之利息。如其年龄已超过 45 岁,并服务满 15 年时,其离职时可以领取数目比较少的年金或周至 65 岁后再领取年金。此种保险由内政部之年金专员(Commissioner of Pensions)主持。

首先规定私营工业劳动者之强制老年保险者为 1934 年之《联邦铁路工人退休法》(Federal Railroad Retirement Act)。该法详细规定被雇者之保险费率及退休年龄,不料于 1935 年被联邦最高法院以五票对四票判决违宪。[①] 判决不久后,议会又通过法律两种,重新规制铁路工人养老保险制度,一种为向雇主及被雇者征取租税,充当保险费,一法则规定养老年金数目,新法内容除少部分有修改外,其他与 1934 年法令相同。其所不同者,在年金法中不规定征取保险费,改由独立的法令征收租税以供养老年金之开支,以议会有征租权,根据此法令,可以避免违宪。至 1937 年 3 月 16 日美国铁路公司代表及铁路工人工会代表缔结设置养老年金制协定,协定内容系以 1935 年法令为根据,现将其内容分析于后:

凡 1935 年 8 月 29 日在铁路公司,快车公司,卧车公司,及其附属公司任职员工,及以后任职员工均强制参加保险,铁路协会及铁路工人工会之使用人亦包括在内。领取年金之资格:(一)年满 65 岁者,(二)服务 30 年而年满 60 岁者,(三)服务 30 年因伤害,疾病而完全失却工作能力者。年金之数目亦分别计算。满 65 岁而退休时,年金总额为根据标准月工资率乘服务年数。年金率为第一

---

①　Railroad Retirement Board v. Alten Railroad Co.

个150美元为2%,第二个100元为1%又二分之一,第三个50元为1%,采超额递减制。最高工资额为300元,最长时间为30年。在60与65岁之间退休时,其计算率与前相同,但在满65岁以前每年年金额要减少十五分之一。废痼年金与第一法相同。铁路员工死亡时,其家属可领取遗族给付,其数目等于死亡人在服务期间内工资总额4%。遗族给付为一次给付。保险费系由政府向铁路公司及工人征税而来,工人应缴之租税在工资中扣除。雇主与被雇者之税率相等,根据工资额而定,联合税率如次:1937—1939年为5%,1940—1942年为5.5%,1943—1945年为6%,1946—1948年为6.5%,1949年以后为7%。此种征税率在国会中被修改,国会所订新率为1937—1939年为5.5%,以后各年类推,至1949年以后为7.5%。征税之程度及管理由国库全权负责。其他方面之行政由铁路人员退休局(Railroad Retirement Board)负责,退休局共三人,一人为铁路公司代表,一人为铁路工人工会代表,一人为无利害关系之第三者,无利害关系之第三者为主席,所有人员均由总统任命。①

在1934年以前政府虽有若干计划推行全面的强制养老废痼保险,但成效甚鲜。1934年罗斯福总统下令组织社会安全委员会(Social Security Committee)研究社会安全问题,老年保险亦在讨论之列。根据委员会报告,在国会成立草案,经过若干修改后通过,成立《联邦社会安全法》(Federal Social Security Act),该法第二章及第八章即规定强制老年保险。至1937年5月24日联邦最高法院判决该法并不违宪,于是强制的老年保险,始有宪法上的根据。②

---

① I. L. I. 17. May 1937. pp. 253-255; 6. Sep. 1937. pp. 321-322.
② I. L. I. 5. July 1937. pp. 26-27.

　　该法创制之初为避免与宪法抵触计,曾巧妙的将养老年金之规定与经费之筹措分为两部,使之无法律上的直接关系。在其第二章中将养老年金领取者的资格及年金数额一一规定,年金数目多少并非根据被雇者所缴之租税额而系根据被雇者工资所得数目。同时在此章中并未明言养老年金之支付系由保险费而来,仅言由国会筹措基金支付之。在其第八章中只言及向雇主及被雇者征税并未指明其用途。以在宪法中仅允许国会为着一般的福利有征税权,而不能为支付养老年金征税。

　　该法之适用范围甚广,包括一切从事工商业之被雇者,但农业劳动者,工业劳动者,临时工人,船舶上员工,公共事业使用人,非营利机关之被雇者除外。被雇者之工资税率在 1937 年为工资的1%,以后每三年增加税率5‰,至 1949 年 3% 为止,1949 以后工资税率为 3%,并不增加。每个雇主根据其所雇工人所缴纳之工资税总数,缴纳相等之所得税。

　　被雇者年满 65 岁后,可以退休,领取养老年金。养老年金之多少视工人工资所得多少而定。年金率之计算系采工资总额制。凡工人在 1936 年 12 月 31 日以后至满 65 岁时其工资总额在 2,000美金以上者方有领取年金之资格。年金系每月支付,每月数目视其在 1936 年 12 月 31 日以后至退休时工资总额而定,最初 300 元为5‰,其次 4200 元为 1/12%,4,500 元以上一律为 1/24‰。最低额为每月 10 美金,最高额为 85 美金。在 1937 年年满 60,在满 65岁以前不能工作者或其他原因在年龄期满后不能得到年金者均给予一次给付,其数额为自 1936 年 12 月 31 日以后至年满时工资总额之 3.5%。

　　行政工作分为两部。一部分为管理工人在其工作期内所得工资之记录及计算应付年金数额,一部分管理被雇者及雇主租税之征收。前者由联邦社会安全局(Federal Social Security Board)负责,后者由联邦内部税务局(Federal Bureau of Internal Reverve)负责。①

据专家估计,受此法令影响之雇主约 3,500,000 人,工人约 26,000,000 人,故其行政工作极为繁复。被雇者工资所得税之征缴由雇主在其工资中扣除。雇主每月将工人工资所得税及其本人应出之所得税一并缴纳于内部税务局之征税员,同时每月须呈缴其所雇用工人之数目及每个工人之工资额。内部税务局将报表汇集后呈送社会安全局,由该局编制工人工资卡片及工人分户账,以便计算将来支付年金之数目。登记工作则由各地邮局代办。②

1937 年 5 月政府曾组织一顾问委员会专门研究《联邦社会安全法》之第二章及第八章(即老年保险)至 1938 年年底颁布其最后报告书。报告书建议修改之处甚多,如法令范围,年金给付之计算等等曾有修改。如保险范围主张包括海员,国民银行职员,私立的非营利机关如慈善,宗教及教育团体之使用人,农场工人及家内劳动者。年金计算方法主张采用平均工资制,而不主张采用累积工资制。凡已婚男性年金领取者其妻子年龄超过 65 岁时,其年金应增加 50%。年金之给付时间应提早 2 年,自 1940 年 1 月 1 日起实施。③

丙 失业保险 美国失业保险运动系开始于 1914 年。1916 年美国劳动立法协会曾修改《英国失业保险法》草拟提案于 Massachusetts 州,但未通过,其后 Wisconsin 州,亦有同样建议。1929 年

---

① I. L. I. Vol LVI. No. I. 1. Oct. 1935. pp. 15-25.

② I. L. I. 9. May, 1938. pp. 151-153;20. March 1939. pp. 374-376.

③ I. L. I. 30. January 1939. pp. 128-129.

后,失业问题日益严重,于是各州成立失业保险委员会者有之,在州议会提出法案者有之,至1932年Wisconsin州正式通过失业保险法,此为美国第一个失业保险法。自后各州继之,在1932年全美提出失业保险方案者达27州。失业保险运动虽甚热烈,但各州均遭激烈反对,反对者之主要理由认为设立此制各州之工业不足与未成立该制之各州竞争。至1935年《联邦社会安全法》颁布后,此种争议始告平息。

《联邦社会安全法》并未设立失业保险制度,不过鼓励各州自行设立。该法规定凡雇用8人以上之雇主须缴纳工资税,税率在1936年为1%,1937年为2%,以后为3%。如该州已成立失业保险法并经社会安定局批准后,雇主在该州所应缴纳之保险费得以工资税充当,其最高数目可至工资税90%。其余部分直接缴纳于国库。各州失业保险之正常行政费由社会安全局规定并津贴之。各州失业保险制度领取津贴之条件如下:(一)各州雇主抵消联邦工资税之标准由该局规定,(二)各州所有经费一律为救济失业者之用,并须存于国民失业保险基金(National Unemployment Insurance Fund)内。(三)各州须详细规定停发失业给付之条件。至于保险费率,给付数目,等候时间,及基金方式均由各州自订。该法颁布后,各州均受其鼓励而成立失业保险制度。1935年末至1936年初通过失业保险法者有13州。[①] 至1936年末成立此种法律者共达35州,至1937年6月底止全美48州,夏威夷,亚拉斯加及哥伦比亚县均成立失业保险法。至1938年年底发给失业给付者有31州,

---

① 13州名称为 Alabama, California, District of Columbia, Indiana, Massachusetts, Mississippi, New Hampshire, New York, Oregon, Rhode Island, Utah, Washington,及 Wisconsin.

领取津贴之工人约 3,500,000 人。①

1938 年联邦政府曾令社会安全局详细研究该法内容及缺点，根据该局研究结果，于 1939 年通过修正联邦社会安全法。其中关于失业保险之修改如次：

第一，失业保险税征收之变更。在以前对于工资税之征收并无免税规定，现则规定凡每个雇主支付每个被雇者每年工资总数在最初 3,000 元方征税，超过 3,000 元者，3,000 元以上免征。税基(Tax Base)，亦由应付工资(Wages Payable)改为已付工资(Wages Paid)。工资内容亦有若干修改，有许多支付以前未除外者，现则一律除开。如雇主所付之退休养老津贴，人寿保险给付，不能工作者津贴，及雇主所付之养老保险税，及失业保险费一律从工资中扣除。

第二，保险费抵销办法之修改。以前规定雇主抵销联邦工资税仅以一部分为限，凡保险费不与联邦税发生关系者不得抵销之。新法则规定雇主根据该州法律所应缴纳之失业保险费均可抵销联邦租税，不论两者是否发生直接关系，但抵销租税之基金以在正常用途者为限，如该州运用失业保险基金不当时，则不得抵销。

第三，保险范围之变更。从 1940 年 1 月 1 日起在联邦各机关之被雇者其工资税免予征收。联邦附属机关如完全属于联邦政府时亦可援例。其他如农业劳动者，家内劳动者，临时劳动者，在慈善教育及其他不以营利为目的之机关团体之被雇者，看护业的工作者及 18 岁以下之送报童工均不在法律范围之内。

---

① 见：*Report of the Special Committee to Investigations Unemployment and Relief Subsmintted Pursuant to Senate Resolution*, 36, 75th Congress.

第四,州行政机关批准之加严。该法规定自 1941 年 7 月 1 日以后,各州之失业保险制度须具备下列条件,方可批准:(一)失业保险机关人员之任用须根据社会安全局所厘定之标准。(二)行政费用须严格遵守社会安全局之规定,不得超过或浮支。(三)凡因他故所用去之失业保险基金,须于合理时期内补足之。①

　　管理各州失业保险之联邦机关,亦经改组,改设雇佣安定局(Bureau of Employment Security)。该局系由联邦社会安全局之失业补偿所(Bureau of Unemployment Compensation)及劳动部之职业介绍局合并而来。该局内设三科,一为失业补偿科,一为职业介绍科,一为管制科(Division of Field Service)后者之职权主要为管理各州之失业保险及职业介绍。②

　　各州间之失业保险制度,迄不一致,现分为保险范围,保险费,保险基金,保险给付,及行政机构五项分述于次:③

　　(子)保险范围。从理论上言之,保险范围应包括一切职业,但由于事实上的困难,设有许多例外,美国失业保险亦然。在现行各州法律中均将农业劳动者及家内劳动者除外,有一部州将雇用 8 人以下工厂除外,亦有将 4 人以下除外者,亦有不论工厂雇用人数,完全包括者。④ 公用事业及非营利机关使用人,通常均除外。

　　(丑)保险费。在现行各州法律中保险费大多数规定只由雇主

① I. L. I. 2. Oct, 1939. pp. 16-18.

② 同上 pp. 18-19。

③ E. M. Burns, *Unemployment Compensation in the United States*. I. L. R. Vol. XXXVII. No. 5. May 1938.

④ 8 人以下工厂除外者有 Alabama, California, Indiana, Massachusetts, Wisconsin, 4 人以下工厂除外者有 New Hampshire, New York, Oregon, Rhode Island, Utah, Washington, 完全包括者有 District of Columbia。

负担,规定由雇主及被雇者双方负担者,只有 8 州,而被雇者的保险费只有雇主的二分之一。哥伦比亚特区则除由雇主及被雇者负担外,政府尚缴纳一部分保险费,但以 3 年为限。

保险费多少视其所付工资多少而定。因社会安全法规定 1935 年起工资税税率为 3%,而工资税 90% 可以充当州保险费,故大多州的保险费率多定为工资之 2.7%,但亦有定为 3% 者。[①] 规定由雇主及被雇者双方负担保险费之各州,则被雇者保险费应少于雇主所缴纳者,通常定为 1%,最多不得超过雇主保险费之一半。

美国保险费率与欧洲各国不同,在欧洲各国系行一致的保险率,不论工业性质如何,其保险费率相同。在美国则按职业失业之可能性,行一种差别保险费率(Merit Rating)。采用此制之理由有二:第一,凡容易失业之职业,支付失业给付之机会较多,其费用较不易失业之职业为大,为求负担合理计,各业所出之保险费自应与费用成比例。第二,此制有预防失业或减少失业之作用。因易于失业之职业的保险费率高,雇主之负担加重,雇主为求减轻负担计,必设法预防失业以减低保险费率。

差别保险费率的规定方法,各州不一。有的仅在法律规定由行政机关在一定时期内草拟备忘录于立法机关,再由立法机关根据备忘录规定保险费率,实行此制者有 New York, Mississippi,及 Rhode Island。有的由法律规定该州之最高保险费率及最低保险费率,然后由行政机关根据保险给付发给经验及各业之实际情形,随时规定各业之保险费率,行政机关之规定得随时修改,实行此制者

---

① 定为 2.7% 者有 Alabama, California, Massachusetts, Oregon, Wisconsin,定为 3% 者有 District of Columbia, New Hampshire, New York, Utah, Washington 各州。

有 Alabama，District of Columbia，Massachusetts，Oregon，及 Washington 等州。有的由法律上各别规定各业之保险费率，行政机关对于法律上之规定不得变更，实行此制者有 California，及 New Hampshire 等州。有的设立活动基金，由雇主纳缴保险费组成之，然后根据实际支付保险给付情形而添减之，实行此制者有 Indiana，Utah 及 Wisconsin 各州，如 Utah 保险费率为 0 至 3%，Indiana 为 0 至 3.7%，Wisconsin 为 0 至 4%，保险费率由实际支付情形而变动之。其与第二种不同者，即第二种在法律上有最高率及最低率之规定，而此制则完全无此种限制。

（寅）保险给付。美国与欧洲各国相同，保险给付的时期视其服务时间长短而定。普通多定为过去每服务 4 周得领取失业给付 1 周。领取给付的资格以在过去一年或两年内服务满若干时期为限，时期长短各州规定不一。失业给付之给予亦有限制，普通多定为每年不得超过 16 周。给付的多少视每人平均工资而定，与英国之采取均一率者不同。各州现行法中有 43 州规定失业保险给付为工人全时间工资之一半，最高每周不得超过 15 元，最低不得低于 5 元。Wyoming 州规定最高额为 18 元，Michigan 最高额为每周 16 元，哥伦比亚特区之保险给付率较为特殊，给付之多少视依靠工人生活之不能独立者人数而定，最高额为每周全日工资额 65%。

有资格的领取给付人，在失业时，可以领取失业给付，但须符合下列条件：（一）该人身体强健，有工作能力，可以从事工作；（二）当时无适当职业供其工作，而其本人有工作意思；（三）符合上列两条件外，尚须经过等候时期，等候时间之长短不一，多定为二周至四周之间。如有适当工作，而工人不愿就业时，得停止其失业给付或延长其等候时间。所谓适当工作系指该项工作对于工人甚为相宜,且距其住所不远。《联邦社会安全法》除一般的规定各州法律应确定适当工作的意义外,并明白规定下列工作不得视为适当工作。(一)由于罢工,停业,及其他劳动争议所空出之空位,不得视为适当工作;(二)工作之工资,工作时间及其他劳动条件于该地同业同级工作者时;(三)雇主雇用工人时,以强制工人加入公司工会,或退出,保证不参加合法工会为条件之工作。

如工人失业系由于自动离职或因违犯厂规被开除时,无领取保险给付之资格;如工人之失业系由于罢工,在罢工进行中不得领取保险给付。

以上所言,系指完全失业而言。如多数州的法律对于部分失业者亦有失业津贴,以救济之。凡工人所得低于其每周失业保险给付时,视为部分失业。对于部分失业者之失业给付系以补足其每周所得及失业保险给付之差额为原则。

(卯)保险基金。全美各州失业保险基金之经营与保管均由州政府负责,私人公司不得经管。《社会安全法》规定各州基金应一律存于国库联邦失业保险信托基金(Federal Unemployment Compensation Trust Fund)内。政府可将基金投资于公债及政府保证之公债。截至1937年7月15日止,各州基金总数为289,932,330美元。[1]

就各州之基金制度言,极不一致。最极端的有两种,一为混合基金制(Pooled Fund),一为雇主准备制(Employer Reserves)前者系将所有雇主之保险费及保险给付混合记帐,形成一种一般的基金,不论雇主之个别情形。后者系将每个雇主在州基金中单独立一帐

---

[1]　L. L. I. 30. August 1937. p. 289.

户,如银行中之各个分户帐,以后其被雇者之保险给付,即从其帐户中支付,他人被雇者之保险给付不得在其帐户中支取。

混合基金制系根据保险原则所成立,其主要目的为尽可能的将失业的损失分散有同样危险之雇主。故失业危险性较小之雇主常协助失业危险性较大职业的雇主,有合作互助之功。而雇主准备制则每个雇主在州政府统制与监督之下设立独立的准备,以供其失业者之救济。每个雇主单独负责,既不协助他人,亦不能得到他人协助。

雇主准备制常与单纯差别保险费率相辅而行,雇主保险费率之高下常视其准备基金多寡而定。如其失业者甚少,失业给付之支出甚少,其准备日益增加,至增加至某一定限度后可以减少其保险费率,有时可以暂时停止征取保险费。反之,如失业者人数增加,其准备之支出日益增加时,即逐渐提高其保险费率。

介乎两者之间者为部分混合基金制(Partial Pool System)。所谓部分混合基金制,即除雇主各别设独立的准备帐户外,并提出保险费之一部分为混合基金,以供失业者甚多之雇主之应用。以失业者甚多之雇主,在经济恐慌时期,其准备往往完全用尽,今提出一部分基金,可供其紧急时期之用。全美实行此制者甚多。有 31州实行混合基金制但辅以差别保险费率,有 11 州实行混合基金制但未辅以差别保险费率。Vermont 州混合基金制及雇主准备制并行,由雇主自由选择一种加之。Wisconsin 州虽实行雇主准备制,但将基金利息及其他杂收入提为州基金,以供失业者之雇主,当其准备用尽时支付失业给付之用。

(辰)行政机关。各州执行失业保险之机关并不一致。有由州劳动部负责者,有由州工业委员会负责者,有由其他现存劳动机关负责者,亦有成立独立的专任的行政机关,或独立委员会负责者。独立的专任机关名称不一,有的为失业保险委员会,有的为失业保险局,其与州政府的关系甚为密切。委员会人选多由州长任命,其财政亦由州政府监督,大多数州的财政部长常负责管理保险基金。职业介绍所与其关系甚为密切,一方面失业者须在公立的介绍所登记以便有适当工作时促其复职,一方面由介绍所负责支付保险给付。

各州设有上诉局(Appeal Boards)以解决关于保险给付之争执。上诉局人选由雇主及雇工各派相等代表参加,外以无利害关系之第三者一人为主席。对于上诉局之决定如不服时可以上诉于上诉法院,其决定为最后的决定。此外尚有顾问委员会的组织,由雇主,被雇者代表组织而成,为行政机关之咨询机关。大多数州均希望扩大其权力使之成为行政机关之一部分,不仅为一备咨询的团体。

联邦社会安全局对于各州失业保险行政机关握有很大的控制权。在《联邦社会安全法》第三章规定社会安全局不仅有批准州行政机关之权,同时可以随时予以指示,使其符合标准。如州行政机关成立后不能尽职,或不合规定之标准时,社会安定局得随时撤消之。

美国联邦及各州除有上述三种保险制度外,健康保险则在拟议中。在 1933 年以前,公私机关及政府对此问题颇为淡视,自 1933 年起,对此问题之讨论极为热烈。如加里福尼亚州曾成立研究委员会研究此问题,在其 1935 年报告书中,即主张成立强制健康保险,其他各州亦然。① 1935 年联邦政府所组织之经济安全委

---

① 　详见:Falk I. S.,*Formulating an American Plan of Health Insurance Monthly Labour Review. June. 1934*; I. L. O. *Year-Book 1937-1938*, pp. 329-330.

员会亦主张设立强制的保险制度。1936 年以后此议更为各方所赞
成。1938 年 7 月在华盛顿召开之全国健康会议,决议主张由联邦
政府津贴各州推行强制健康保险。此计划为大多数代表所赞成。
至 1939 年 2 月下议院 Wagner 根据健康会议计划提出议案。此案
虽未通过,但各方之注意,于此可见。[①]

第三节　国家主义国家之社会保险

国家主义国家的社会保险制度在原则上大体与个人主义国家
相同,其所不同者只是行政机构趋向统一和基金的流用。因为国
家主义国家的一般政策是趋向统一,是使全国社会各阶层份子均
在中央政府控制下活动,社会保险制度自然不能例外。此外社会
保险在国家主义国家不只是单纯的社会政策,且含有经济政策的
意义。不过,这种倾向不如社会主义国家之显著。

国家主义国家的代表为德,意两国,从这两个国家的现行制度
中可以看到他们的特色。因此,在本节中将两国现行社会保险制
度为对象而分析之。

第一目　德国的社会保险

德国现行的社会保险制度可分为六种:第一,为疾病及母性保
险(Krankenversicherung)第二,为失虞及职业病保险(Unfallversi-

---

① 详见:I. L. L. September 1938,p. 375;I. L. I. 10. April 1939,pp. 415-467.

cherung）第三，为劳动者老年，废痼遗族保险（Invalidenversicherung，Wage Earner's Invalidity and Old Age Insurance）第四，为薪俸人员废痼老年遗族保险（Angestelltenversicherung, Salaried Employee's old age Insurance）第五，为矿工废痼老年遗族保险（Reichsknappschafts-versicherung）第六，为失业保险。

甲　疾病及母性保险　德国最初的疾病保险法是 1883 年 5 月 21 日通过，1884 年 12 月 1 日开始实行的。随后经过 1885，1886，1911 各年的修改，范围日益扩大，组织日益严密。1933 年希特勒当政后，改革更多。现简述于后：

（子）强制被保险人。德国疾病及母性保险之强制被保险人随着法令之颁布而渐次扩充。在开始仅以工业劳动者为限，稍后始包括农业劳动者。至 1892 年其范围几包括所有被雇者，但年薪每年在 3,600 马克以上之薪俸人员及家内手工业者除外。在 1911 年《法典》中又有若干修改。1939 年 4 月 20 日政府下令扩充强制疾病及母性保险范围，凡阵亡者之寡妇孤儿，及其他遗族均强制参加。1939 年 5 月 5 日劳动部长与全国疾病保险基金联合会（National Federation of Sickness Funds）订立协定，讨论实行此法之步骤与方法。从此疾病保险之范围又扩大矣。[①] 凡未被强制参加之被保险人如收入超过一定数目之手工业者，店商店员及自由职业者则可自动组织自动保险组织。

（丑）保险组织。疾病及母性保险组织可分强制保险及自愿保险两种。强制保险的组织，是由数十个金库（Kassen）组织而成。金库分为四种：第一，为地方疾病金库（Ortskrankenkassen），系以都

---

① I. L. I. 24. July 1939.

会为中心设置之金库组织,此种金库又可分为两种。其一包括居住该地域内之一切被保险人,称为一般金库;其一仅限于特定职业之被保险人,称为特别金库。特别金库组织日渐衰微,多合并组织成为一般金库。地方金库之最少人数为 100 人,100 人以下不得组织。第二,为农村疾病金库(Landkrankeankassen)。此种金库多设于农村,以农业劳动者为中心。第三,为企业金库(Betriebskranken-kassen),企业经营人经劳动委员会之同意后得设立之,该企业内有强制被保险人之资格者均须加入。第四,为同业公会金库(Innung-skrankenkassen),凡特定职业之多数企业经营人所组织之同业公会,依总会之决议得设立之,在其事业经营人之企业内之有强制被保险之资格者,均须参加。国社党当政后为加强机构便于控制计,一方面下令合并性质相似金库,减少金库数目;一方面设立金库联合组织,以健全疾病保险机构。

1937 年 9 月 6 日政府命令上述四种金库各组织疾病保险金库联合会(Federation of Sick-Insurance Fund),其主要任务为指导各类基金之用途,决定金库之合并,裁撤与设立,代表金库与其他保险机关及政府主管机关交涉,主持各种保险事务人员之训练及与医师协会(Kassenärztliche Vereinigung Deutschlands)药剂师及牙科医师订立协定规划免费诊治事宜。联合会对于一般政策之决定及金库行政人员之任免均可随时供给意见,并与劳动部长及国营保险局取得密切之连系。各个联合会由会长一人及襄赞委员会组织之,会长由劳动部长任命。襄赞委员会共 5 人辅佐会长,襄助会务之进行。任期均为 5 年。在 4 个联合会之上设有中央联合会,由会长 1 人及襄赞委员会若干人组织之,会长由劳动部长任命。其主要任务为讨论有关疾病保险之一般政策及处理有整个性之事务。① 疾病保险金库之数目因政府励行合并政策减少几达五分之二。在 1933 年年底共有金库 7,387 所,1936 年年底减为 4,658 所,1937 年年底为 4,565 所,至 1938 年年底为 4,496 所。而强制被保险者人数日益增加。1933 年为 17,000,000 人,1936 年为 19,000,000 人,1937 年达 20,000,000 人,1938 年竟增至 21,000,000 人以上,两相比较可知金库合并之趋势矣。②

自动疾病保险之组织,在德国亦为发达,全国自动疾病保险社共达 700 所以上,参加之被保险人约 9,000,000 人。自动疾病保险社组织可以分为三种:第一,为互助疾病保险社(Hilfskassen),此种组织与英国互助社组织相似,为自动疾病保险组织中之最重要的一种。全国在 1937 年末共达 675 所,占全体自动保险者人数 65%。第二,为公共团体及机关组织之自动保险社,在 1937 年末全德共有 37 所。此外尚有疾病保险公司的组织,经营疾病保险事宜,全德共有 8 个公司。③

(寅)保险费。疾病及母性保险之保险费率,由各个金库自定之。但政府定有最高之限制。德国法律规定疾病保险费率为工人工资 4.5%,于必要时得增至 6%。实际上各个金库所订之数目大半在 4.5% 以上。如 1937 年各个强制疾病保险金库之平均保险费率为 5.16%。强制被保险者之保险费由雇主及被雇者公共缴纳,双方负担比例,在以前规定雇主缴纳 1/3,被雇者缴纳 2/3。1932 年 12 月 7 日法令规定保险费由雇主及被雇者双方平均分担,双方各缴纳一半。结果迄未实行,截至 1938 年年底止,仍照以前习惯,

---

① I. L. I. May 1939.
② I. L. O. *Year-Book 1938-1939*, p.189.
③ I. L. I. 5. Dec. 1938.

由雇主缴纳三分之一,被雇者缴纳三分之二。①自愿被保险人之保险费,则完全由被保险人缴纳,保险费率以不超过每月工资 6% 为原则。各社所订之保险费率不同,大体言之,以公共机关及公共团体所组织之保险费率为最低,次之为互助保险社,保险公司之保险费为最高。如以 1937 年为例,互助保险社的被保险人,每人每年平均缴 41.73 马克,机关及团体保险社每人每年平均为 29.02 马克,保险公司则每人每年平均为 46.63 马克。公共机关及公共团体所组织之保险社保险费所以特别低廉者,因机关对其常津贴其行政费用,及其他杂项开支。②

政府对于各种疾病保险社无论其为强制保险社或自动保险社概无补助。

(卯)被保险人之利益。关于被保险人之利益拟分为强制被保险人及自动被保险人两方面分述:

普通强制被保险人之保险给付可以分为疾病给付,分娩给付及死亡给付三种。疾病给付又可分为三种,一为疾病治疗,二为疾病津贴,三为调养津贴。疾病治疗及疾病津贴之最长给付时间为 26 周,于必要时可以延长至 52 周。③调养津贴时间较短,普通多为 4 周至 6 周。疾病治疗系指免费的诊治及各种药物及治疗器具之供给而言,如住院医治时,则无调养津贴。调养津贴系指被保险人在病后复元期中所需调养及滋补食品等费用之供给而言。疾病津

① I. L. O. *Economic Administration of Health Insurance Benefits*: *Studies and Reports Series M. No. 15. p. 187.*

② I. L. I. 5. Dec. 1938.

③ 在 1938 年中健康保险强制被保险人有 7.6% 延长诊治及疾病给付在 26 周以上。以人数计之,共达 1,770,000 人。在 1938 年领取调养津贴者达 9,860,000 人。

贴为被保险人工资之一半。如有不能独立之家庭成员时,得增加之。有不能独立之配偶方可增加津贴 10% 的工资额,如有不能独立子女时,每个子女增加工资 5% 的工资额,但疾病给付之最高数目不得超过工资 75%。居院治疗者无疾病津贴,而以家庭津贴代之。家庭津贴为疾病津贴之一半,于必要时得增至疾病给付三分之二。换言之,为工资之九分之四。①

分娩给付分为三种:一为怀娠津贴(Pregnancy Allowance),二为分娩津贴(Confinement Allowance),三为看护津贴(Nursing Allowance)。怀娠津贴于被保险人或被保险人之妻在分娩前后 10 周内支付之,津贴为工资之半数。分娩津贴于分娩后 12 周内支付,其数目为基本工资四分之一。看护津贴为一次给付,其数目视被保险人经济环境而定。

被保险人死亡时,给予其遗族以抚恤金。抚恤金至少为工资之 20 倍,于必要时得增至 40 倍。

对于被保险人家属在其疾病时亦有此种优待,此制在《保险法典》(Reichsversicherungsordnung)中即有规定。自 1933 年以后对此尤为注意。1937 年 2 月 20 日劳动部颁布新的疾病保险家属津贴条例,修改旧法之处甚多。

凡被保险人参加疾病及母性保险满六个月后,如其家属疾病时,可向疾病保险金库要求 13 周之疾病津贴。《保险法典》所规定者为平等待遇原则,对任何被保险人不论其家属人数多少,均予以同样待遇。而新法则按被保险人之家属人数采取差别原则,凡家

---

① 家庭津贴之计算,一般为疾病给付之一半,如有不能独立之子女时,每人增加基本工资 5% ,但不得超过其工资九分之四。

属人口愈多时,其津贴愈多。旧法规定,如被保险人之疾病津贴已将不能独立的家属人口计算在内,增加其给付时,即不实行家属津贴制。新法则规定对于人口甚多之大家庭可以相并而行。被保险人之配偶,子女,父母,不能独立之弟妹及异父母弟妹等均视为家族成员,有领取疾病津贴之资格。在旧法中对于不能独立之儿童之年龄虽未确切规定,但普通多定为 14 岁。新法则按被保险人家属之人数而规定不能独立领取津贴之儿童的年龄。

疾病治疗之规定亦按其家属人数而定。被雇者家属疾病治疗之费用旧法规定被保险人应偿还半数。换言之,对于被保险人家属之疾病治疗予以半价待遇。新法则按被保险人家庭负担情形,而规定其偿还率。疾病治疗时间旧法规定一律为 13 周,必要时得延长至 26 周,新法亦按被保险人家属人数而定,人口愈多者,治疗时间愈长。被保险人之家属无免费住院治疗权。被保险人家属之母性给付亦按照被保险人之家属人口之多少而有高下之别。

自动疾病保险者之保险给付视自动疾病保险之组织不同而异。就自动疾病保险社之性质可以分为三类:第一类为完全保险,即保险社对于被保险人发生疾病后予以各种给付,如免费治疗,疾病津贴,及其他各种利益均包括在内。此种性质之保险社,在 1937 年达 252 所,第二类为只支付疾病给付,并无其他利益者,此种保险社达 463 所。第三类只有免费治疗的优待,并无其他利益,属于此类者仅 3 所而已。①

乙　失虞及职业病保险　失虞及职业病保险始终于 1884 年的

---

① 就被保险者人数而论,以第一种组织占极大多数。根据 1937 年统计属于第一种者达 8,500,000 人,占 90% 上下。属于第二种者约 800,000 人,属于第三种者仅 42,000 人,两种合计,仅及全体人数 10% 强。

《失虞保险法》。在开始时该法之适用范围甚狭,仅限于少数危险职业,随后扩充其范围包括农业,林业及航业。1911 年《保险法典》将其范围更为扩大,凡属工业方面的职业无不包罗,但当时规定每年收入在 5,000 马克以下者方被强制参加,年收入在 5,000 马克以上者则不必参加。大战结束后马克贬值,乃于 1923 年颁布废除此种限制。凡法律上指定强制加入之工厂,矿业,运输业,建筑业,铁路业,邮政,其他交通业,农业,林业,渔业均有加入之义务。1937 年 4 月 18 日又规定职业训练者亦应强制参加失虞保险。从此以后,徒弟,手工业学校之学生,技术学校,职业训练所学生,医院,工厂及其他科学实验室之见习生,均包括在内。故强制被保险者人数之多,为各种保险制度之冠,人数在 26,000,000 以上。[①] 失虞及职业病保险由雇主组织的互助保险社(Employer's Mutual Insurance Society)主持。雇主多依职业的性质相互组织互助社。保险社的内部组织,规章,及保险费率之规定均由各社自订,政府仅立于监督者地位从旁监核并禁止保险给付之发给低于政府所规定之赔偿费。保险费完全由雇主负担,保险费率之规定系采全年用费分摊法(System of Assessments Covering Annual Expenditure)。根据过去该业被雇者失虞之补偿开支然后计算其应支付之保险费率。

　　失虞及职业病赔偿费之多少均由法律规定。根据 1911 年《保险法典》规定凡在雇佣期中因失虞而受伤害时,应分别轻重,予以补偿。保险给付为伤害补偿,死亡给付及伤害年金三种。工人因工作关系受伤及患职业病时,除免费治疗外,在受伤期中应予以伤病津贴。此种费用在最初 13 周内由疾病保险金库开支,以后由雇

---

　　① 　I. L. I. 19. June 1939.

主互助社基金开支。被雇者因伤害而失却工作能力时,一律给予伤害年金。被雇者因受伤而完全失却工作能力时,其伤害年金为受伤人平均收入 666‰;如失却一部分工作能力时,其伤害年金按各业制定之表格计算,大体以补偿其生活能力至三分之二为原则。被雇者失虞致死时,对于其遗族有遗族年金及葬丧费。葬丧费为死者年收入十五分之一。遗族年金之计算视死亡人家属中不能独立者人数而定,最高不得超过死者年收入 60%。

1929 年经济大恐慌发生后,政府为减轻雇主负担计于 1931 年及 1932 年,曾两次颁布紧急命令加以修改。其主要目的在减少伤害年金的数目。至 1937 年 2 月 17 日鉴于经济情形日趋好转乃颁布法令又修改 1932 年法令之内容。1932 年紧急法令中规定:凡受伤者因伤害而失却工作能力不满 20% 者,其领受伤害年金之年限最高为两年,现则废除此种限制。以前法令规定完全无工作能力者之儿童补助费之最高年龄为 15 岁,现则改为 18 岁;因失虞而死亡者之遗族年金之最高额以前规定为死者年收入三分之二,现则改为五分之四。至 1939 年 4 月 19 日又公布新法改革伤害给付制度。在 1931 年规定:凡领取其他保险机关年金者,其与伤害保险社所给予之年金恤金之和不得超过伤害保险年金,恤金之总额。新法则规定除可领取全部伤害年金恤金外,并可领取他种年金之半数。[1]

丙 劳动者废痼、老年及遗族保险 此种保险制度始于 1891 年 1 月 1 日之《废痼及老年保险法》,1911 年《保险法典》颁布后始增加遗族保险。随后于 1924,1931,1932 年经过数次修改。希特勒当政后又数次颁布法令修改之。

---

[1] I. L. I. 12. June 1939.

（子）强迫被保险人。凡下列工资劳动者均强制参加保险。（一）工人，学徒，家庭仆役，家内劳动者；（二）航海业工人，但高级职员除外；（三）助手及见习生；（四）联邦劳动部长得联邦评议会之同意后将经营贸易之小商人包括之。但临时工人，中央政府及地方政府之公务员及参加其他废痼老年保险者除外。

（丑）保险费：保险费之缴纳系按工人工资等级由被保险人及雇主各缴纳一半。自 1891 年至 1924 年系采平均缴纳总集制（System of Collective Accumulated with Average Contribution），后由通货膨胀关系准备金大为减少，[1]乃于 1924 年改行分摊制（Assessment System, Umlageverfahren）。1933 年 12 月 27 日又恢复平均缴纳总集制。保险费率按工资多寡共分十级，前八级为强制被保险者，后两级为自愿保险者。至 1937 年又重订新制，改为九级。自愿保险者之保险费由被保险人缴纳。现将新保险费率表列后。

德国保险费表

工　资　级　别	每周工资（单位马克）	每周保险费（单位芬尼）
第　一　级	6 以下	30
第　二　级	6—12	60
第　三　级	12—18	90
第　四　级	18—24	120
第　五　级	24—30	150
第　六　级	30—36	180
第　七　级	36—42	210
第　八　级	42—48	240
第　九　级	48 以上	270

---

[1]　准备金数目在 1913 年年底为 2,105,000,000 马克，至 1924 年降为 329,000,000，仅及以前七分之一。

　　除雇主及被雇者缴纳保险费外,政府尚有补助。政府补助方法分为三种:第一,为对被保险人之直接津贴。凡被保险人领取废痼,老年年金者,政府予给 72 马克年金,凡被保险人家属领取遗族年金者,政府亦予以固定年金,寡妇年金为 72 马克,孤儿年金为 36 马克。此制自开始起一直沿用至今迄未改变。第二,对保险社之补助。此制在 1934 年以前虽亦实行,但名目不一,数目不定,至 1934 年改由政府每年补助 200,000,000 马克,至 1937 年增为 204,000,000 马克。第三,为临时补助,数目并不确定,视当时情形而定。

　　1934 年以后,德国失业现象几完全消灭,失业保险基金日增,政府乃利用剩余失业保险基金津贴劳动者老年废痼保险。根据 1937 年 12 月法律规定,失业保险基金每年须拨一部分补助废痼老年遗族保险,补助额为废痼老年保险每年所收保险费总额 18%。如以 1936 年为例,劳动者废痼老年及遗族保险机关所收保险费为 1,059,000,000 马克,该年应由失业保险基金补助之数目为190,000,000马克。[1]

　　(寅)保险给付。保险给付,凡为三种:一为废痼年金,此种年金系给予因疾病而丧失工作能力之残废的被保险人。领取年金者并无年龄的限制,凡缴纳保险费满 260 周并确因病而其所得不及正常收入三分之一者,均得领取之。[2] 年金数目分为两部分,一部

---

[1]　关于德国废痼,老年,遗族保险制在 1934 年之变动详见: *The Reform of Worker's Compulsory Pension Insurance in Germany*. I. L. R. April. 1935.

[2]　废痼年金领取者资格变动颇多。在 1931 年以前规定只要缴纳 200 周保险费即可领取,于必要时可减为 100 周。至 1931 年 12 月改为要缴纳 250 周方可领取。至 1937 年 12 月又改为缴纳 260 周者方有资格。

分为固定的,每年为75马克,此款由国库支付,一部分按纳保险缴费时间长短而变动。其计算标准分为10级,按保险周数乘各级保险给付率。如被保险人有15岁以下之儿童时得增发年金90马克。二为老年年金。凡被保险人年龄满65岁并已缴纳保险费满780周者,不论其是否有工作能力,一律给予老年年金,年金之数目与计算方法与废癌年金相同。[①] 第三,为遗族年金。凡已缴纳保险费260周以上之被保险人死亡时,其遗族得领取遗族年金。[②] 遗族年金又分为寡妇年金及孤儿年金两种。死亡者之妻或年满65岁或完全失却工作能力或失却工作能力满26周以上时,得领取寡妇年金。寡妇年金亦分为固定及变动两部分,固定部分为每年72马克,变动部分则视被保险人缴纳之保险费周数而定,周数愈多者愈多,其数目为死者在生前应得废癌或老年年金变动部分之半数。寡妇再嫁时予以一次给付,其数目为寡妇年金一年。孤儿年金亦然,固定部分为每年36马克,变动部分为死者生前应得老年年金变动部分之40%。孤儿系指被保险人之婚生子女,私生子女,养子,养女,孙子,孙女而年在15岁以下者为限。

劳动者废癌老年保险与失业保险间有一问题,久悬未决,至1938年方解决之。有种工人其残废程度不深但处于失业状态中。失业保险机关认为其应由废癌保险机关救济,故不予以失业给付;在另一方面,自废癌老年保险机关观之,以其程度不够,不能领取废癌年金,结果双方拒绝,一无所获。至1938年始规定由医生负责检验此类工人之残废程度,经医生断定后,以书面报告于失业保

---

① 老年年金之领取资格亦有变动。在1931年以前定为缴纳200周保险费有领取年金资格,1931年改为750周,至1937年12月改为780周。

② 遗族年金领取资格之变动与废癌年金相同。详见:I. L. I. 28. Feb. 1938.

险机关及废癃保险机关。如医生断定为残废则由废癃保险机关给予废癃年金，否则由失业保险机关给予失业给付。

废癃老年遗族保险除有上述各种给付外，对于肺痨病者尚有特别待遇。扑灭肺痨运动（Anti-Tuberculosis Compaign）在以前既极重视，1934年后更为注意。1939年6月公布命令两项指令各年金保险机关实行。年金保险机关如认为残癃被保险人有康复可能时，应予以种种疗治及调养，对于肺病治疗尤为注意。不仅被保险人本人可以得此种优待，即被保险人之家属亦可得到同样待遇。其详细情形，于此不赘。①

（卯）行政机构。劳动者废癃，老年，及遗族保险之行政机构分为三级。最高级为国家保险局（Reichsversicherungsanstalt），次之为州保险局（Landesversicherungsanstalten），最下级为县保险局（Versicherungsanstalten），县保险局之行动一方面受上级保险机关之监视，一方面受地方政府之监督。1938年8月10日国家保险局颁布关于废癃及老年保险之新的模范章程，对于县保险局之组织及职权颇多改革。

（一）关于保险局局长的职权。保险局一切事务，由局长负责处理之，局长视同官吏。局长代表本局，如发生争议时，代表本局出席法庭。在不妨害襄赞委员会之职权内，有制定并修改本局章程之权；并应编列预算，以使编入国家保险局预算案之内。局长有任免雇员及工人之权，局中职员则由劳动部长任免之。局长得由职员中选择最适当者为其代理人或代表者，代行其职权之一部或全部。

---

① I. L. I. 1939.

（二）襄赞委员会（Assisting Committee）。各委员会委员之人数由各该局章程自定之，但其中须包括同等数目之被保险人及雇主，医生一人及各该局所在地地方代表一人。其中并须包括各种疾病保险金库（Each Class of Sick Fund）之代表各一人。为保护农民利益起见得将乡村金库之代表人数参加。被保险人及雇主方面之委员由国家保险局及劳动阵线会商决定之。医生由德意志医生协会会长指定之，地方政府代表由各该地方行政长官指派之。所有一切委员皆由国家保险局最后决定。

委员会开会时以局长或其代理人为主席，国家保险局之代表得出席委员会，有发言权。委员不支薪，但出席时所用之费用，则按文官例与之。委员会协理局长处理局务，局长如颁布章程修改章程，编制预算时，事前应与委员会商量。委员会之意见与书面呈述，如局长不同意时，应取决于国家保险局。保险局每年帐目由委员会审查之，委员会先推定雇主及被保险人双方委员各一人，作初步之审查。此两委员有权调阅局中之帐簿及单据，以核审之，审查后须作书面报告。委员会如认可时，即给与核消证与局长；如发生争执亦取决于国家保险局。关于一切重大问题局长应就商于委员会，但何者为重要，何者为不重要，则由局长自己决定。提交委员会讨论之问题，局长得自由选定，委员会不得拒绝讨论。

（三）咨询会议。保险局局长在执行与疾病保险金库有关之职权时，应召集咨询会议以处理之。咨询会议由各种疾病保险金库各派一人，及由局长指定之代表参加，局长指派之代表不得为襄赞委员会委员。凡关此类性质之问题先在咨询会议中尽量讨论后方提交襄赞委员会。

局长在处理其他特殊事务时,亦得召集咨询会议。出席会议人选,由局长聘请。除襄赞委员会委员有优先聘任权外,亦得聘请会外人士。[1]

丁 **薪俸人员废痼、老年、遗族保险** 1911 年 12 月 21 日《薪俸人员保险法》(Versicherungsgesetz für Angestellte)颁布后,薪俸人员废痼,老年遗族保险方告开始。随后经过 1924,1927,1931 各年修改后被保险人范围扩充至年收入在 7,200 马克以下之非体力的薪俸人员。1938 年 12 月 21 日又将其扩充至独立的手工业者。凡已登记之手工业劳动者无论性别一律强制至薪俸人员年金保险机关登记,并加入保险。手工业者不论其收入数目多少均强制参加,年收入在 7,200 马克以上者,亦有加入之义务。

薪俸人员废痼老年保险由薪俸人员保险局负责,该局直接受劳动部长之命令与监视。保险局内设有指导员局(Board of Directors)行政局(Administrative Board)及咨询室(Confidential Agent)。指导局由主席,副主席,官方代表一人及雇主与被保险人代表各 3 人组织之。其权力极大,主持一切行政事宜,并可任命保险局各级职员。行政局由指导局主席及雇主与被保险人代表各 12 人组织之。其主要职能为核准决算,预算,审查资产负债表及每年帐目。行政局可以阅读各种单据帐簿,保险局不得拒绝。咨询室由劳动部长聘请局外人士组织之,在该局处理重大问题时,得随时召集,征询意见。

保险费之缴纳大体与劳动者年金保险制度相同。在 1911 年至 1924 年行平均缴纳总集制,1924 年至 1934 年行分摊制,1934 年以

---

[1] I. L. I. 28. Feb. 1938.

后又行平均缴纳总集制。保险费由雇主及被雇者平均负担,其保险费率大体与劳动者年金保险相同。政府在以前对此种制度并无补助,1937 年 12 月 7 日法令中规定由失业保险基金项下予以补助。补助费为其保险费全年总额 25%。如以 1936 年为例,其全年保险费收入为 406,000,000 马克,补助费为 100,000,000 马克。如失业保险基金之补助仍不能弥补其支出时,不足之数仍由政府津贴。①

　　保险给付分为三种:一为废痼年金,凡被保险人缴纳保险费满 60 周以上,因疾病而致丧失其谋生能力在一半以上时,得申请废痼年金。废痼年金分为两种,一种为永久废痼年金,一种为暂时废痼津贴。前者自批准之日起核发,后者自不能工作之第 27 周起核发,在开始 26 周并无给付。年金数目分为两种,基本年金为每年 480 马克,此外尚有变动部分,其数目视参加保险年限及缴纳保险费多少而定。二为老年年金,凡被保险人年满 65 岁并已缴纳保险费若干周以上,或年满 60,已失业满一年以上并已缴纳保险费若干周以上时,得申请老年年金。老年年金之计算方法与数目与废痼年金相同。废痼年金及老年年金之领受人有 15 岁以下之儿童时,得领取家族津贴,每个儿童每年 120 马克,如儿童继续求学时得延长至 21 岁。三为遗族年金,凡已合领取年金资格之被保险人死亡时,其遗族可以领取遗族年金。遗族年金分为孤儿年金及寡妇年金两种,死亡者之寡妇不论其有无工作能力及是否已满 65 岁均可领取寡妇年金。年金数目为被保险者年金之一半。死亡者之鳏夫则以无工作能力者方可领取年金。寡妇再嫁时,年金停止,给与一

---

① I. L. I. 28. Feb. 1938.

次给付,其数目等于寡妇年金四分之三。死亡者之孤儿在 15 岁以下者可以领取孤儿年金,孤儿年金为被保险人年金四分之一。如儿童在校读书或患病时得延长至 21 岁。

戊 矿业废痼、老年、遗族保险 德国矿业强制年金保险始于 1923 年 7 月 23 日的法令。该法将以前矿业部门之保险基金合并成立矿工保险协会(Reichsknappschaft)主持矿工年金保险事宜,该会直接受国家保险局及劳动部之指挥。至 1926 年 7 月 1 日法令颁布后,其组织更趋严密。矿业保险制度下又分为两个不同系统,一为矿工保险,一为矿业薪俸人员的保险。现分述于次:

(子)矿工年金保险。凡德国矿业工人不论其工资多少均强制参加。保险费由被保险人及雇主公共缴纳,缴纳比例,在 1937 年以前被雇者缴纳五分之三,雇主缴纳五分之二,1937 年以后则改为被保险人缴纳三分之二,雇主缴纳三分之一。保险费率按下表计算:

德国矿工年金保险费表 单位:马克

工 资 级 别	每 月 工 资
第 一 级	不满 75
第 二 级	75—100 以下
第 三 级	100—125 以下
第 四 级	125—150 以下
第 五 级	150—175 以下
第 六 级	175—200 以下
第 七 级	200—225 以下
第 八 级	225—250 以下
第 九 级	250—以上

保险费系按照各级工资上限抽 9%(在 1937 年以前系按各级工资上限抽 9.8%)。

政府之津贴在以前定为每年99,000,000马克,1937年以后增为1,000,005,000,000马克一年。

保险给付分为老年及废癌年金,寡妇年金,孤儿年金,免费治疗及埋葬费五种。凡被保险人年满65岁并已缴纳若干月保险费时得申请老年年金。如被保险人已缴纳保险费若干月因疾病而失却工作能力时或被保险人年满50岁已缴纳保险费300月(严格的矿山工作则为180月)不能从事"平等报酬工作"(Equally Remunerative Work)时,得申请废癌年金,后者称为"早衰老年给付"(Premature Old-age Benefit)。① 老年及废癌年金分为两部分,固定部分每月为14马克,每年为168马克,变动部分则视其所缴纳保险费多少及缴纳保险费月数而定。如领取年金人有不能独立之子女时,每年每人给予子女津贴120马克,一直至15岁为止。寡妇年金为死亡人老年或废癌年金十分之六,不论寡妇有无工作能力均得领取之。寡妇再嫁时,给予一次给付,给付数目为寡妇年金3倍。孤儿年金为死者老年年金十分之二。死亡者之埋葬费由保险局负担。

(丑)矿业薪俸人员。旧法规从凡年薪在8,400马克以下之矿业薪俸人员一律强迫参加年金保险。新法则规定以从事矿业主要工作者为限与矿业有关之薪俸人员则移转于薪俸人员年金保险制度之下。如此种保险人员仍愿继续在矿业薪俸人员年金保险社保险者听其自由,但其保险费必较强制被保险人为高。经此种改革后,人数大减。

---

① 所谓平等报酬工作,系指被雇保险人在其大部分服务期中报酬最高之工作而言,如被保险人因病而不能从事此种工作时,调至非平等报酬工作。被保险人在领取年金期中,仍从事地面上工作时,即扣除其年金四分之一。详见 Public Old-age Pension and Insurance in the United States and in Foreign Countries, pp. 229-230.

保险费由雇主及被保险人双方共同负担,在以前为雇主出五分之二,被雇者出五分之三,现则改为雇主出三分之二,被保险人出三分之一。保险费率在 1937 年亦大为增加,在以前为工资等级上限 12.8%,现改为 16%,计增加四分之一。现将其工资级别列后:

德国矿工薪俸级别表　　　　　单位:马克

工　资　级　别	每月工资
第　一　级	不满 5
第　二　级	50—100 以下
第　三　级	100—200 以下
第　四　级	200—300 以下
第　五　级	300—400 以下
第　六　级	400—500 以下
第　七　级	500—以上

在以前规定由政府补助 6,000,000 马克,现则取消,改由薪俸人员年金保险机关每年补助 18,000,000 马克。此数约等于 1936 年矿业薪俸人员保险费收入总额 76%,补助费数目之大,于此可见。

保险给付分为老年年金,废癃年金及遗族年金三种。凡年满 65 岁而缴纳若干月以上保险费之被保险人及年在 50 以上已缴纳保险费 300 月以上及不能从事"平等报酬工作"之被保险人得申请老年年金。凡商业方面之薪俸人员因疾病失却工作能力致使其收入在同级薪俸人员薪俸一半以下时及技术方面之薪俸人员因疾病不能从事严格的矿务工作或同等性质之工作时得申请废癃年金。废癃年金与老年年金之计算方法相同。计分为两部分,固定部分为每月 40 马克,变动部分则依被保险人之工资等级及缴纳保险费月数而定。如有 15 岁以下之子女时，每人每年给予津贴 120 马克。寡妇年金之计算与矿工年金保险相同，孤儿年金则为死亡年金之一半。

己　失业保险　德国失业保险制度成立颇迟，至 1927 年 7 月 16 日职业介绍及失业保险法公布后，始成立全国强制失业保险制度。该法于 1930 年 10 月 12 日，1932，1933，及 1936，1937 年曾有数次修改，现分述于次：[①]

（子）保险范围。凡一切应强制加入疾病保险者均应加入失业保险。海员，男性家庭仆役，季节工人，年薪在 8,400 马克以下之薪俸人员，工资在 3,600 马克以下之体力劳力劳动者均包括在内。其未包括者为所有农，林，渔业的劳动者，签订两年学徒契约之学徒，学童年龄之工资劳动者，雇用 2 人及 2 人以上之家内劳动者，女性家庭仆役，赈济工程之工作者，及受其家庭雇用者。年龄方面则规定凡在学童年龄以下者不得参加保险，21 岁以下儿童如家庭确不能维持其生命时，得领取失业给付。

（丑）保险费。保险费之缴纳由雇主及被雇者平均负担，保险费率为工资额之 6.5%，政府并无津贴。于必要时，政府对于预算之开支可以津贴一半，其余一半或由增加保险费，或减少失业给付，以弥补之。政府津贴五分之四由中央政府负担，五分之一由地方政府负担。[②] 1934 年德国重整军备以后，就业人数激增，失业给付之支出减少，失业保险基金增加，政府为周转补助其他保险基金计，乃于 1937 年 12 月 7 日令失业保险基金每年津贴劳动者废癃老

---

① 详见：Oscar Weight, *Administration of Placement and Unemployment Insurance in Germany*, pp. 173-180.

② *An Historical Basic for Unemployment Insurance*, p. 212.

年遗族保险及薪俸人员废痼老年遗族保险。前者津贴其保险费收入总额 18%,后者津贴其保险费收入总额 25%。自失业保险基金观之,津贴总数约等于其保险费收入 15%。[1] 至 1937 年 12 月 7 日又提出每年保险费收入 15% 设立家族津贴特别基金(Special Fund for Family Allowance)以救济家庭人数过多之被保险人。其余剩余基金概由政府统筹支配,以作种种防止失业准备之用。[2]

(寅)保险给付。凡初次申请失业给付者,在过去两年内已从事被保险职业 52 周,以后各次只要在一年内已从事该项工作 26 周者即可申请。申请人须有工作能力并以在失业状态中者为限。失业状态,系指被保险人因失业使其在 6 日内丧失工资 3 日,或两周内丧失工资 6 日而言。保险给付之等候时间视被保险人情形而异。独身工人为 21 日,有不能独立者 3 人或 3 人以下者,为 14 日;有 3 人以上者,为 7 日。如因劳动争议直接或间接所引起之失业无领取给付资格。领取给付之最长期限在平时为 26 周,在非常时期为 32 周,于必要时得延长至 39 周。40 岁以上之失业者可以延长至 45 周。

失业给付数目,年来变动极多。其计算方法系将被保险人依其工资多寡分为若干级,每级定一给付额,被保险人依其工资等级而计算之。在 1927 年分为 11 级,1931 年起改为 6 级,至 1937 年又恢复为 11 级。给付率亦多变更。失业给付率因被保险人住居地址不同及家庭不能独立人员多少而不同。现将 1933 年之给付率表列于次:

① I. L. O. *Year-Book 1937-1938.*
② I. L. I. 28. Feb. 1938.

德国失业保险给付表

（一）大城市失业给付表　　　每周计算：单位马克

工　资　等　级	给　　　付　　　数　　　目					
	独身者	有不能独立者1人	有2人	有3人	有4人	6人及6人以上
（1）8 马克以下	5.1	6.6	6.6	6.6	6.6	6.6
（2）8—14 马克	6.0	7.5	9.0	10.5	10.5	12.5
（3）14—18 马克	7.2	9.0	10.8	12.6	12.6	12.6
（4）18—24 马克						15.6
（5）24—30 马克	8.4	10.2	12.0	13.8	15.6	17.4
（6）30—36 马克						19.2
（7）36—42 马克	9.9	12.3	14.7	17.1	19.5	24.3
（8）42—48 马克						
（9）48—54 马克	11.7	14.4	17.1	19.8	22.5	27.9
（10）54—60 马克						
（11）60 马克以上						

（二）中等城市保险给付表

(1)	5.1	6.6	6.6	6.6	6.6	6.6
(2)	6.0	7.5	9.0	10.5	10.5	10.5
(3)	6.0	7.5	9.0	10.5	10.5	10.5
(4)						14.4
(5)	7.2	9.0	10.8	12.8	14.4	16.2
(6)						18.0
(7)(8)	8.4	10.2	12.0	13.8	15.8	19.2
(9)(10)(11)	9.9	12.3	14.7	17.1	19.8	24.3

（三）一万人以下城市保险给付表

(1)	4.5	5.7	5.7	5.7	5.7	5.7
(2)	4.5	5.7	6.9	8.1	8.1	8.1
(3)	5.1	6.6	8.1	9.6	9.6	9.6

续表

(4)						12.0
(5)	6.0	7.5	9.0	10.5	12.0	13.5
(6)						15.0
(7)(8)	7.2	9.0	10.8	12.6	14.4	18.0
(9)	7.2	9.0	10.8	12.6	14.4	18.0
(10)(11)	8.4	10.2	12.0	13.8	15.6	19.2

（卯）行政机构：失业保险之行政机构为联邦职业介绍及失业保险局及其各级组织。1938 年 12 月 21 日改组该局为职业局，全国失业保险事宜仍归其管理。其内部组织与机构已详见第四编，兹不赘录。

第二目　意大利的社会保险

意大利的社会保险共分为失虞保险，疾病保险，母性保险，废痼老年遗族保险，肺痨保险及失业保险六种。现将其发展历史现行制度略述之。

甲　失虞保险　意大利首次实行强制失虞保险始于 1904 年 1 月 31 日的法令，但此时仅以工业劳动者为限，至 1917 年 8 月 23 日推广至农业劳动者。墨索里尼当政后于 1929 年 5 月 13 日颁布《第九二八号敕令》实行强制职业病保险制，随后又颁布修正 1904 年法令的条例。至 1935 年 8 月 17 日颁布《第一七六五号敕令》全盘修改失虞及职业病保险制度。[①] 该令本拟自 1936 年 7 月 1 日起实

---

① 该法全名为 Royal Decree No. 1765. to issue Provisions Respecting Compulsory Insurance Industrial Accidents and Occupational Diseases. 全文共分八部，七十六条。全文见 I. L. O. Legislative Series 1935. Italy 8.

施,后又颁布敕令延至1937年7月1日起实行。[1] 1936年12月15日颁布《第一次执行法》。[2]

1935年新法的精神及内容据法西斯工业失虞保险社(Istituto Nazionale Fascista per l'Assicuraziona contre gli Infortimi sul Lavoro)主席喀拉玛尼(Giulio Calamani)的意见,主要之点有二:第一为失虞保险法规之统一及保险范围之扩大;第二为法西斯社会哲学之应用。第一点意义显明,不必解释。[3] 其第二点系指保险给付之改革而言。以在法西斯眼光中观之,受伤工人之保护不仅从其个人利害观点出发,而应从全民族全国家的观点出发。工人不是一个自生自灭的单独个体,而是一个与国家兴衰民族休戚息息相关的细胞,故对于受伤工人之保护不只是一种狭义的保险给付之救济,而应给予一种广泛全面的援助,如治疗,调养,摄护,教育,训练,以及经济上的援助均包括在内。[4] 此为国家主义国家与个人主义国家不同之点。现分别将保险范围,雇主责任,失虞之通知及鉴定,保险给付,争议之解决及行政机构等六项分述之。

(子)保险范围。1936年12月15日法令规定在使用机械之工厂内工作之工人,不论机械之使用为暂时的,或永久的,为主要的或辅助的,为直接的或间接的,均一律强制加入失虞保险。此外又

---

① I. L. I. 11. January, 1937, pp. 51-52.

② I. L. I. 24. May 1937, pp. 311-312.

③ 在新法中凡包括以前所有工业失虞法及职业病保险法。举凡以前所颁布之工业失虞保险法,职业病保险法,海员航业渔业失虞保险法,航空人员失虞法等均包括在内。对于意属非洲殖民地,机械见习生及农业人员失虞保险则有特别法规定之。

④ 详见:G. Calamini, *The New Italian Law on Industrial Accident Insurance*. I. L. R. Jan. 1933, pp. 42-45.

规定凡担任在工厂内外机械器具之装置及拆卸,机件之修理及补充,汽车飞机之装卸及收藏之工作者;贮藏及出卖易燃性,刺激性,腐蚀性,及爆炸性之物品或材料者;及在以机械运送及贮藏货物之商店内之工作者均在强制保险之列。学徒,见习生,在使用机械之实验室的工作者及在自己家庭工作而须使用机械者均强制参加。

(丑)雇主责任。雇主至迟在开业前五日将其工作性质向法西斯工业失虞保险社报告,并将一切有关危险之鉴定,保险给付之计算等资料详细报告。如报告太略或内容不正确,经保险社驳回时,应于开业后五日内补救。工作性质有变更时,雇主应于变更后七日内报告该社。

每个雇主应备工人登记册及工资登记册各一本。工人登记册中详载其所雇工人姓名,年龄,性别,出生地,出生日月,雇用日期,在厂工作地位;工质等级,及解雇日期等项。工资登记册中则详载所雇工人姓名,每日工作时间,现金报酬,及实物报酬等项。

在工资册中所谓工资系指劳动者以劳力交换其所得之一切报酬而言,其中包括工资,奖金及津贴。工资册所登记之工资为保险费缴纳之根据。保险费完全由雇主负担。雇主所应缴纳之数目,时间及地点均由保险社决定后,通知雇主向该社缴纳。如工人无固定工资或其工资无法计算或无平均工资时,或以其工作地位之等级为计算标准。保险费通常为一年缴纳一次,经雇主请求可以半年或每季缴纳一次:

(寅)失虞之通知及鉴定。当工人发生失虞事件而其受伤程度在3日内不能痊愈时,雇主应于48小时内通知肇事地点之警察署。报告书中须详列工厂及雇主姓名,工厂所在地,失虞发生之时间,地点及性质,发生原因,受伤者姓名,年龄,家庭环境,受伤后之可能结果,及其他情形一一载明,并附医院证明书。

警察署收到通知书后,应以一张呈送该县县长。县长接到通知单后 4 日内应侦察下列各事项:如伤害人工作之性质失虞发生之原因,性质,伤害人之工资及其环境,如伤势极重时,则对于伤害人之家庭负担,靠其生活者之人数及其环境等项。侦察完毕后举行审问,由关系人或其代表出席并由县长推荐之医生或专家出席讨论。侦察工作应以最快速度完成之,普通以县长收到通知单后十日内为限。侦察完毕后拟定侦察书在五日之内以一份交相关之法院,以一份交保险社,并以数份交伤害人及其关系人。

(卯)保险给付。当保险社收到失虞通知单及医院伤势证明书认为受伤工人不能从事工作时,该社即决定保险给付之种类,如该社不能自行决定时,可询问受伤人之意见。如该社认为给付应立刻发给时,在失虞发生后 20 日内可发给临时伤害给付(Compensation for Temporary Incapacity)。临时给付在失虞发生后 4 日起发给,其数目等于其工资的三分之二。如保险社要求伤害人在雇主处调治时,雇主应按照保险社之指示给予伤害人以每日津贴。当保险社接到医院证明书认为受伤人伤势已至稳定状态时,即通知伤害人停发临时伤害给付而按其受伤程度改发永久伤害年金(Pensions for Permanent Incapacity),永久伤害年金之给付在受伤 30 日后发给之。年金数目依受伤程度而定。如受伤不能确定时,发给暂时伤害年金。永久伤害年金数目视受伤程度而定。完全不能工作者,为其年工资之一半,未达完全不能工作程度时,则按受伤程度递减。受伤程度之标准则按施行条例中所附之表格决定。受伤人因伤重致死时,死亡人家族及亲戚可以书面请求保险社救济。如保险社决定救济时,由社给予遗族年金。遗族年金分为寡妇年金及孤儿年金。寡妇年金为死亡人年收入 25% ,孤儿年金及亲戚年金为死亡人年收入 10% ,但遗族年金不得超过死亡者年收入 60% 。

（辰）保险给付争议之解决。1935 年法令规定关于各种给付之纠纷由普通民事法庭解决之。所不同者,为关于此项争议之判决由法庭推事及法庭主席所选任之医务专家两人处理。

医务专家由上诉法庭主席所备之医务专家登记册中选任。登记册之登记为自由的,凡对于内科,外科有经验之专家,对于失虞问题有研究之专家及教授及曾服务 100 病床以上之大医院 3 年以上之医生均可报名。登记册 3 年内修改一次。上诉法庭庭长有增减专家之权。争议发生时,法庭主席于登记册中遴选 2 人充当医务陪审员,争议当事人亦可自动选择医务专家。①

（巳）行政机构。在 1933 年以前,主持失虞及职业病保险的机关是许许多多历史不同,性质不同及利害不同的互助社。它们各有各的特色,各有各的章程,各有各的组织。在上面虽有全国失虞保险社（Cassa Nazionale Infortuni）为全国最高机关,但并无统制之权。1935 年 3 月 22 日颁布《二六四号敕令》改组全国失虞保险社,成立法西斯工业失虞保险社。该社组织严密,由业团代表及法西斯党部代表组织而成,政府有极大指挥权,管理全国所有失虞保险社。除海员之失虞保险仍由三个特殊保险社管理外,其他各业之工业保险事宜统由该社办理。②

---

① I. L. I. 16. August 1937. p. 51.

② G. Calamini:The New Italian Law on Industrial Accident Insurance. I. L. R. January 1933. pp. 42-43.

乙　疾病保险　疾病保险在意大利历史颇早。法律虽无明文强制工业劳动者参加疾病保险,但自动组织之保险社甚多。[1] 墨索里尼当政后,未用法律强制劳动者参加保险,但规定各协会间以团体协约规划之。1926 年 5 月 6 日《团体协约法》规定凡团体协约中未详列工人疾病保险之条款者无效。《劳动大宪章》亦明白揭示:"无论何处如属可行时,疾病保险储金(Provident Fund for Sick Workers)的设立,应为团体协约应有之部分。此项储金由劳资双方捐助,在业团监督下,由双方推举人员办理。"因之,疾病保险储金在各地纷纷设立。1930 年 3 月 6 日工业雇主联合会与工业劳工联合会曾订立关于工业劳工疾病保险储金之标准法则,[2]1936 年 7 月 1 日两联合会又订立团体协约规定工业薪俸人员疾病保险储金原则。[3] 至 1939 年 1 月 3 日两联合会改订工业劳工疾病储金标准法则,该项原则自 1939 年 1 月起实施,有效时期为四年,为现行制度之根据。[4] 现分别将工业劳工及工业薪俸人员疾病保险制度略述于次,至于商业雇员的疾病保险及农业劳工的疾病保险以不在本书讨论范围之内,故不赘录。

(子)工业劳工疾病保险。工业劳工疾病保险储金分为两种,一为普通储金,一为工厂储金。普通储金中又分为地方储金部及职业储金部。普通储金皆属于法西斯保险储金联合会(National

---

[1]　自动疾病保险社在 1904 年年底全境共有 6,335 个,参加人数达 920,000 人。详见:Annuario Statistico Italiano 1930. p. 406.

[2]　I. L. I. 5. October 1936. p. 12.

[3]　I. L. I. 5. October 1936. p. 12-15.

[4]　I. L. I. 20. March. 1939. p. 371-374.

Fascist Federation of Sickness Provident Fund for Industrial Workers)。如一个工厂人数在700人以上,而其范围限于一省之内,在1939年1月1日已成立工厂储金者,允其继续存在。工厂储金设立于工厂内,不属法西斯疾病储金联合会,仅受其监督而已。

法西斯工业疾病储金联合会及其各省办事处为工业疾病保险之主持及管理机关。基金之收集与开支,资金及准备之经营及分配,资产负债表及预算之草拟,以及其他一切行政均须按照联合会管理委员会(Committee of Management)所颁布之办事细则遵行。工厂储金之行政事务亦应受其指导与监督。关于诊治,医药方面之设施亦受管理委员会所颁布之条例支配。

各个储金之内部行政由经管局(Board of Management)主持。经管局之人数视储金性质而定,约6人至10人之间,由工业雇主协会及工业劳工协会推举相等人数组织之。雇主协会所推选之代表中,必有1人为局长,劳工协会所推选之代表中必有1人为经理。经管局之主要职权为监督,基金之运用,决定储金之投资,编制本社预算,决算及资产负债表,主持地方部及职业部之设立及与其他保险机关订立协约等事宜。

局长为储金之代表,有权召集行政委员会会议,得经理之同意后可以决定给付之数目。经理则经管基金之运用及监督条例之履行,局长缺席时,可以代理局长职务。如经管局决定设立地方部或职业部时则组织四人委员会管理之。四人中两人代表雇主,两人代表劳工。联合会各省办事处主任得以指导者资格,出席经管局各种会议。

除上述普通储金及工厂储金外,在各省尚设有省联合职业储金(Inter-Occupational Provincial Provident Fund)。此种储金每省设立一所,其办事处设立于工人联合会内。其活动范围以一省为限,凡未加入普通储金或工厂储金之工业工人,手工业工人,及合作社社员均可参加。[1]

凡在工厂,手工业作坊,及合作社工作之男女工人,一律强制加入疾病保险。家内劳动者亦强迫加入,但其保险费之缴纳保险给付之多少则另订之。工人就业时即参加保险,解雇后即告退出。劳动契约终止或停顿时,尚保留 2 个月之现金给付权及 6 个月之免费治疗权。被保险人如拒绝医生检验两次,或故意延长其疾病时间时中止其优待权。中止期以 6 个月为限,在此时间内被保险人仍须缴纳保险给付,但不得领取受各项利益。

保险费由雇主及劳工双方平均负担,保险费率则由协约按工资比例订明之。工人保险费由雇主在工资中扣除,在该月两周前代为缴纳。

疾病保险给付名目繁多,有每日津贴,医药治疗补助,分娩给付,埋葬费,被保险人家属医药补助及特殊给付等项。

被保险人如经医生劝告或发生疾病不能从事工作三日以上时得申请疾病津贴。疾病津贴按被保险人工资级别决定,约等于其所属工资等级之工资的二分之一。津贴最长时间每年不得超过120 日。如居院治疗津贴减少三分之二。如该地疾病甚多时,经管局得临时减少津贴。在病人医病期中免费给予医药治疗及诊治器具之使用,但以生病之日起至 180 日为限。被保险人或被保险人

---

[1]　I. L. I. 20. March. 1939.

之妻分娩时,得给予分娩给付 300 里拉。如被保险人死亡,其遗族不能独立时,予以埋葬费。埋葬费数目视死亡者家庭环境而定,但不得少于 350 里拉。如被保险人病势特别严重时,得领受其他特殊利益。

1939 年 12 月 23 日法西斯工业雇主联合会与法西斯工业劳工联合会又订立团体协约扩充疾病保险至工业劳工及工业薪俸人员家属。被保险人家属以下列人员为限:(一)妻子,(二)15 岁以下之儿童,(三)年龄在 60 岁以上之父亲,年龄在 55 岁以上之母亲,(四)被保险人之弟妹,年龄在 15 岁以下者,(五)身体残废不能工作之父母。

家属疾病保险储金由雇主及被雇者双方平均负担。保险费率等于实际工资 1.5%,并组织全国工业工人家属保险储金社保管之,其他行政事宜由法西斯工业工人疾病储金联合会管理。

保险利益只有实物给付,并无金钱给付。实物给付项目分为:(一)免费诊治,(二)30 日以内之住院诊治,(三)免费外科治疗,(四)女人因必要之堕胎诊治,及(五)疾病预防。[①]

(丑)工业薪俸人员疾病保险。凡在工厂,手工业作坊,及合作社工作人员不论男女亦不论其薪俸多少均强制加入保险。疾病保险之行政由各省设立之互助储金社管理之。互助储金社每省一个,包括该省区内所有职业部门。储金社设于各省工业工人协会办事处内。如工厂主认为该厂可以设立薪俸人员工厂储金时,应先向该省雇主协会及工业劳工协会请示,经其核准后,方允设立。

---

① I. L. I. 18. March 1940. pp. 268-269.

其保险给付不得低于一般储金。

储金社之行政机构为经营局及审核委员会。经营局由委员6人至8人组织之,一半由工业雇主协会任命,一半由工业劳工协会任命。任期为两年。其主要任务与工业工人储金经营局相同。经营局有局长1人,在雇主协会任命之数人中选任。局长代表储金会,召集经管会议及决定保险给付。外有董事1人在劳工协会任命之数人中选任之,其主要任务为监督经管局决议之执行及储金之运用。审核委员人选由工业工人疾病保险储金联合会各省办事处任命之,其主要任务为审核帐目。

保险费由雇主及被保险人双方平均负担,保险费率为被保险人薪金,津贴及红利总额1%。由雇主于每月月底缴纳之。

被保险人已加入保险满一月,并已缴纳保险费一月,如发生疾病时得要求各种利益。转社者无时间限制。被保险人失业时,尚保留优待权两个月。被保险人生病3日后,即通知储金会社。未通知以前之费用,由其自己负责。通知后可以免费治疗免费给药,但无金钱给付。对于同样疾病之免费治疗不得超过4个月,一年之内免费治疗不能超过6个月。免费给药之限制,与免费治疗相同。居院治疗开始由储金社给予一次给付500里拉,以后居院费用由储金社负担一半。居院治疗之最长时间为3个月。埋葬费视被保险人经济环境而定,但不得少于500里拉。①

1939年12月工业雇主联合会与工业劳工联合会之团体协约将疾病保险范围扩充至薪俸人员之家属。家属之资格除儿童年龄

---

① I. L. I. 5. Oct. 1936. pp. 12-15.

为18岁以下外,其他与工人家属之资格相同。保险费为薪俸1%,由雇主及被保险人平均负担。保险利益与工业劳工相同。①

丙　母性保险　母性保险之实施,始于1910年7月17日的法令,该法规定由雇主及女工缴纳保险费设立母性储金以救济怀娠后不能工作之妇女。法西斯当政后曾两度加以修改。第一次为1935年10月4日之《一八二七号法令》,规定凡年在15岁至50岁从事工业及商业工作之妇工,每月收入在800里拉以下者。一律强制参加女性保险。至1936年4月14日又将其扩充至农业女工。② 第二次重要改革为1939年4月14日之《意大利废痼,老年,肺痨,母性失业强制社会保险改革法》。该法自1939年5月1日起实施。其中对母性保险之改革极多。③

(子)保险范围。1935年法令中定名为母性保险(Maternity Insurance),现则改名为结婚及育儿保险(Marriage and Childbirth Insurance),其范围随而扩大。现行法规定,凡年龄在14岁以上至60岁以下(女工为55岁以下)出卖劳力之男女工人一律强制加入结婚及育儿保险。因此其范围扩大极大。以前只有女工保险,现在男工亦被强制参加;以前只有农工商业劳工强制参加,现则包括家内劳动者及雇主家属;以前为16岁起,现在为14岁起;以前为50岁止,现则女工延长至55岁,男工至60岁止。

(丑)保险费。现行法规定保险费由雇主及被保险人平均负担。保险费率如下表:④

---

① I. L. L. 18. March. 1940. pp. 268-269.

② I. L. I. 10. April 1939. pp. 467-468.

③ I. L. I. 12. June. 1939. pp. 778-779.

④ I. L. I. 12. June. 1939. pp. 781-782.

意大利母性保险费表

（一）薪俸人员每月保险费表

工资等级	1	2	3	4	5	6	7	8	9
每月工资（里拉）	150以下	150—250	250—400	400—600	600—800	800—1,000	1,000—1,200	1,200—1,400	1,400以上
保险费（里拉）	2.8	□.6	4.2	4.7	5.00	5.3	5.5	5.7	5.7

（二）非农业工人每周保险费表

工资等级	1	2	3	4	5	6	7	8	9	10
每周工资（里拉）	12以下	12—24	24—36	36—48	48—66	66—84	84—108	108—132	132—156	156以上
每周保险费（里拉）	0.50	0.60	0.70	0.90	1.00	1.10	1.20	1.30	1.35	1.35

长期农业工人保险费以年计算，女工每年缴 24 里拉，男工缴 22 里拉。短期农业工人保险费，年满 18 岁以上每日缴纳 0.24 里拉，女工及未满 18 岁之男工则缴纳 0.22 里拉。农业垦殖家庭每人每年缴纳 18 里拉。

（寅）保险给付。在以前仅对于分娩之被保险人有分娩给付，现则将给付种类加多，并增加给付数目。

凡被保险人已加入保险两年并缴纳保险费一年以上者，结婚时得领取津贴，但被保险人在 26 岁以上结婚时（男性薪俸人员为 30 岁以上）不给予津贴。被保险人之姊妹子女结婚时亦可申请之。津贴数目如下表：①

---

① I. L. I. 12. June. 1939. pp. 783-784.

被保险人类别	津贴数额（单位：里拉）	
	男　性	女　性
薪俸人员	1,000	700
非农业劳工	700	500
农业劳工及垦殖家庭人员	500	400

　　生育津贴则依其子女人数而递增。如怀娠三个月以上而流产时，亦给予津贴 200 里拉。生育津贴被保险人之妻亦可申请之。生育津贴数目如下表：

意大利生育津贴数目表　　　　　　单位：里拉

被保险人类别	津贴数目
薪俸人员及非农业劳工	
第 1 个小孩	300
第 2 个及第 3 个小孩	350
第 4 个及第 4 个小孩以后	400
农业工人及垦殖家庭人员	
第 1 个小孩	150
第 2 个及第 3 个小孩	175
第 4 个及第 4 个小孩以后	200

　　丁　废癃、老年及遗族保险　废癃及老年保险开始颇迟，在 1919 年 4 月 21 日方在某几种工业部门推行。至 1922 年 10 月 27 日始强制所有工业部门之劳工参加（年收入在 9000 里拉以上者除外）。至 1923 年 12 月 30 日又加以修改。[1] 但其制度与以前相似，并无大的改革。至 1939 年 4 月 14 日始颁布新法，全盘改革并增加遗

---

　　① 关于旧制情形详见：United States Department of Labour, *Public Old Age Pensions and Insurance in the United States and Foreign Countries*, pp. 269-272. 及 *Under the Axe of Fascism*, pp. 322-323.

族保险。现将其制度分为保险范围,保险费,及保险利益说明于次:

(子)保险范围。凡年满 14 岁至 60 岁(女工为 55 岁)之男女工人一律强制加入废痼,老年遗族保险。在以前家内劳动者不在强制参加之列,现则一律强迫保险。垦殖家庭人员在 1922 年 10 月法令中强迫加入,1923 年 12 月法令中将其除外,现仍除外。现在法令强制加入者为工业,农业劳动者,商业雇员,家内劳动者及薪俸人员。

(丑)保险费。保险费之缴纳仍由雇主及被保险人平均负担。保险费率如下表:

意大利薪俸人员保险费表

(一)薪俸人员每月保险费表 单位:里拉

工资等级	1	2	3	4	5	6	7	8	9
每月工资	150 以下	150—250	250—400	400—600	600—800	800—1,000	1,000—1,200	1,200—1,400	1,400 以上
保险费	2.30	18.80	30.10	45.20	60.20	75.20	90.20	105.20	120.20

(二)非农业工人每周保险费表 单位:里拉

工资等级	1	2	3	4	5	6	7	8	9	10
每周工资	12 以下	12—24	24—36	36—48	48—66	66—84	84—108	108—132	132—156	156 以上
保险费	0.90	1.80	2.70	3.60	0.90	6.30	8.20	10.00	2.90	13.60

长期农业工人之保险费男工每年为 108 里拉,女工每年为 54 里拉。短期农业工人,18 岁以上男工为每日 0.36 里拉,18 岁以下男工及女工每日缴纳 0.18 里拉。

(寅)保险利益。新法规定凡被保险人因病或其他体力上及精神上的缺点因而丧失其工作能力,致劳工不能得到其平常收入三分之一,薪俸人员不能得到其平常收入二分之一时,予以废癃年金。废癃年金之领受者以已加入保险五年并缴足最低限度之保险费者为限。被保险人,男人年满 60 岁女人年满 55 岁已加入保险 15 年并缴足最低限度之保险费者,按章给予老年年金。废癃年金及老年年金取得权之最低限度保险费因被保险人之性质而不同。兹表列于次:

意大利养老年金及废癃年金取得权之最低保险费表

被 保 险 人 类 别	最低保险费数目	
	废 癃 年 金	养 老 年 金
薪俸人员	650 里拉	1,950 里拉
非农业劳工	250	750
长期农业劳工		
男工	40	1,200
女工	200	600
短期农业劳工		
男工	200	600
女工	100	300

给付分为两部分:一部分为固定部分,由政府每年津贴 100 里拉。一部分为变动部分,此部分完全按被保险人所缴纳保险费多少而变动。普通将保险费总额分为三部,每部乘以政府所规定之给付率,三者之和即为年金变动部分数目。男性薪俸人员为其第一个 1,500 里拉保险费乘以 54%,第二个 1,500 里拉乘 39%,以后保险费乘以 24%。男性劳工第一个 700 里拉保险费乘 54%,第二个 700 里拉乘以 39%,以后保险费乘以 24%。对于女性薪俸人员及女性劳工则第一部分乘以 43%,第二部分乘以 31%,第三部分乘 19%。如被保险人有未满 15 岁之子女时(退休薪俸人员子女未满

18 岁)每一个子女增加年金十分之一。政府津贴每人每年 100 里拉,但自 1949 年以后每年递减 10%。

凡年金领取人或已达领取年金资格之被保险人死亡时,其寡妇(或鳏夫)及未满 15 岁之子女(退休薪俸人员子女为 18 岁)及已满 15 岁而不能工作之子女均可领取遗族年金。寡妇年金为死亡者应得年金之一半,孤儿年金则为死亡者年金十分之一。遗族年金总额不得少于死亡人应得年金之一半,最多不得超过死亡人年金全额。如被保险人未达领取年金资格而死亡时,在其死亡前五年已缴足保险费一年以上者,其遗族得领回其所缴纳保险费之全部。此为一次给付,其数目不得少于 300 里拉,最多不得超过 1,000 里拉。

戊 肺痨保险 在法西斯当政以前,意大利对于肺痨之防范系各自为政,并无整个的计划。首先注意此问题者为热那亚城(Genoa),该城于 1889 年即曾注意之。自后在北意各城市均纷纷设立肺痨休养院。欧战后,1917 年颁布法律规定凡设立肺痨休养院及治疗所者,一律由政府予以补助,因此肺痨治疗所之设立更为普遍。[①]

1927 年 10 月 27 日的法令是法西斯对于肺痨保险之第一次规划,随后于 1928 年 5 月 20 日颁布修正法。该法规定凡加入疾病保险及废痼老年保险者均强制加入肺痨保险。保险费由被保险人及雇主平均负担,凡工资每周在 48 里拉以下者,每周缴纳 0.5 里拉,在 48 里拉以上者,每周缴纳 1 里拉。患病者可在疗养院治疗,并对其家庭有每日津贴。1938 年又扩大保险范围,凡学校教师一律强制加入。[②] 至 1939 年 4 月 14 日新法中又有若干极重要之修改。[③]

---

① *Under the Axe of Fascism* pp. 339-340.

② I. L. I. 25. July. 1038. p. 97. 及 14. March 1938. pp. 288-289.

③ I. L. I. 12. June. 1939. pp. 773-785.

　　肺痨保险由全国肺痨局主持之,保险费之征收,肺痨家庭津贴之给付,休养院及治疗室之设立及管理均由其负责。在各省设有肺痨扑灭委员会,在罗马设有全国联合会主持宣传及治疗等事宜。

　　肺痨保险之范围与结婚及生育保险之范围相同,凡年满 14 岁至 60 岁(女人为 55 岁)之出卖劳力之男女劳动者均强制加入。保险费由雇主及被雇者双方平均负担,保险费率如下表:

意大利肺痨保险费表

(一)薪俸人员每月保险费表
单位:里拉

工资级别	1	2	3	4	5	6	7	8	9
工资数目	150以下	150—250	250—400	400—600	600—800	800—1,000	1,000—1,200	1,200—1,400	1,400以上
保险费	4	5	6	6	6.9	6.9	6.9	7.2	7.2

(二)非农业劳动者每周保险费表
单位:里拉

工资等级	1	2	3	4	5	6	7	8	9	10
工资数目	12以下	12—24	24—36	36—48	48—66	66—84	84—108	108—132	132—156	156以上
保险费	0.5	0.6	0.7	0.9	1.10	1.10	1.3	1.30	1.45	1.45

　　长期农业劳工之保险费男工每年 36 里拉,女工每年 30 里拉。短期农业劳工满 18 岁以上之男工为每日 0.30 里拉,女工及 14 岁以上 18 岁以下之未成年人则每日为 0.20 里拉。农业垦殖家庭人员无论男女每人每年缴纳 15 里拉。

凡被保险人如已参加保险两年并在 5 年内至少已缴足一年保险费,其本人或其家属发现患肺病时,可以请求居院治疗并领取家庭津贴。被保险人在以前领过保险给付,而现在资格时,仍可申请。

被保险人如住院治疗时,对其家庭给予津贴。津贴数目视被保险人在申请治疗前一年所缴保险费多少而定。数目如下表:

（三）被保险人住院期间家庭津贴表　　　　单位:里拉

保 险 人 类 别	缴纳保险费数目	每日津贴数目
薪俸人员	65 以下	6
	65—80	9
	80 以上	12
非农业劳工	40 以下	4
	40—60	6
	60 以上	8

长期农业劳工,短期农业劳工不论其所缴保险费多少每日均为 4 里拉。

新法又规定特别给付一种。凡患病人有 15 岁以下(薪俸人员子女 18 岁以下)之不能独立之子女时,即予以特别津贴。特别津贴数目视被保险人之子女人数而定。薪俸人员如有 1 个子女时,每日津贴 0.8 里拉;2 个或 3 个时,每人每日津贴 1 里拉;3 人以上,每人每日津贴 1.2 里拉。农业及非农业劳工数目较少。1 个子女则每日津贴 0.6 里拉;2 个或 3 个时,每人每日津贴 0.8 里拉;3 个以上时每人每日津贴 1 里拉。

己　失业保险　意大利失业保险之创始,始于 1919 年 10 月 19 日法令的公布。墨索里尼当政后曾作数次修改。现行法则为

1939 年 4 月 14 日所公布者。现将新保险法之规定分析于次：[1]

（子）保险范围。失业保险之范围甚狭，仅年满 15 岁至 60 岁之男女非农业劳动者及薪俸人员强制加入保险，其他如农业工人，家庭仆役，家内劳动者，季节性劳工，戏剧业工人及电影业工人均不在内。

（丑）保险费。保险费由雇主及被保险人双方平均负担。保险费率因薪俸人员及非农业劳工而不同。表列如次：

意大利失业保险费表

（一）薪俸人员每月缴纳保险费表　　　单位：里拉

薪俸等级	1	2	3	4	5	6	7	8	9
薪俸数目	150 以下	150 — 250	250 — 400	400 — 600	600 — 800	800 — 1,000	1,000 — 1,200	1,200 — 1,400	1,400 以上
保险费	5	5	7	7	9	9	9	9.8	9.8

（二）非农业人员每周保险费表　　　单位：里拉

工资级别	1	2	3	4	5	6	7	8	9	10
工资数目	12 以下	12 — 24	24 — 36	36 — 48	48 — 66	66 — 84	84 — 108	108 — 132	132 — 156	156 以上
保险费	0.50	0.60	0.70	0.90	1.00	1.10	1.20	1.30	1.35	1.35

（寅）失业给付。凡被保险人因工作缺乏而被迫失业，其本人有工作能力且有工作意思，在失业期中得领取失业津贴。领取失业津贴者以已参加保险两年并在失业前两年内至少已缴足一年保

---

[1]　I. L. I. 12. June. 1939. pp. 779-785.

险费为限。失业津贴之数目视被保险人在失业前一年所缴纳之保险费而定。失业给付数目如下表:(单位:里拉)

(三)失业给付数目表

	最后一年所缴纳保险费数目	每日失业津贴
薪俸人员	74—以下	4
	74—98	7
	98—113	10
	113 以上	12
劳工	47—以下	□
	47—68	4
	68—86	5.5
	86 以上	7

失业者有子女时,给以子女津贴,在以前一律每人每日为 0.6 里拉,现则视失业者之子女人数而定。人数愈多者,津贴愈多。受补助之子女,在薪俸人员方面系指 18 岁以下不能独立者之子女而言;在工人方面则指 15 岁以下不能独立之子女而言。特别津贴数目如下表:

(四)失业者子女特别津贴数目表　　　　单位:里拉

	子 女 数 目	每日特别津贴
薪俸人员	1 人	0.80
	2 人或 3 人	1.00
	4 人及 4 人以上	1.20
工人	1 人	0.60
	2 人及 3 人	0.80
	4 人及 4 人以上	1.00

领取失业津贴及子女特别津贴之最长期限,以前系按被保险人所缴纳保险费多少而定,自 90 日至 120 日不等。延长时间为120 日。现则颇有修改,不论缴纳保险费多少,一律定为 120 日。

　　庚　意大利社会福利社　（Italian National Institute of Social Welfare，Patronate Nazionale per Passistenze Sociale）　为求社会保险之开展意大利乃于 1925 年成立意大利社会福利社会监察社会立法之实施，对于社会保险之推行更为注意。其对于社会保险方面之工作除用宣传方法以促进社会保险事业之发展及提供关于改良社会保险立法之意见外，并实际负有监督各种保险机关之行政及执行社会保险法规之责。如被保险人认为保险机关待遇不公，或未依照法规执行时，得上诉于该社。该社接到原告人之申请后，即开始侦查，并对保险机关之决定加以精密研究；如认为保险机关之决定不合时得经过行政机关或司法机关以纠正之。该社组织除总社外，全国共有92 个分社，每省一个，执行此种工作。现以 1937 年为例即可明白其主要工作。

　　1937 年中有 190,000 工人在该社上诉关于工业及农业失虞保险之不平事件，经该社干涉后补发之保险给付共达 167,000,000 里拉。关于废痼，老年，遗族保险经该社援助者达 21,500 人，补发年金达 11,500,000 里拉；母性保险及肺痨保险经该社援助之案件达 15,000 件，补发保险给付数目共达 2,500,000 里拉。此外由该社检查身体者共有 250,000 人。[①]

第四节　社会主义国家之社会保险

　　社会主义国家的社会保险之意义与个人主义及国家主义国家

---

　　① 　I. L. I. 7. Nov. 1938. pp. 184-185.

的意义完全不同。在个人主义及国家主义国家,社会保险是指有一定危险之多数人互相团结共同连带负担实际遭难者之经济上损失的组织,而在苏联则认为社会保险是劳动者的社会所得(Social Income)是社会工资(Socialized Wages)之一种,是劳动者物质保障权的具体表现。根据共产党的工资理论,工人的实际工资不仅只指直接的金钱工资而言,并且包括了社会工资。社会工资系指免费的义务教育,免费诊治,社会保险,危险及疾病的预防,工人住宅之供给,工人业余娱乐之享受及其他物质保障的设施而言。其中以社会保险最为重要。①

基于意义上的根本差异,在制度上和内容上有五点显著的区别。

第一,保险的普遍化。在社会主义国家既视社会保险为社会工资之一种,那么所有一切工资劳动者,不论其工作性质,危险程度,就业时间长短均应强制加入保险,有领取给付资格。所以苏联1936年《新宪法》规定苏联公民在年老,疾病及丧失工作能力时均有物质保障权。这种普遍化的补助与其他国家之有条件的及有限制的救济不同。

第二,机构的单一化。在个人主义国家及国家主义国家社会保险既是互助保险的性质,故管理的机关及基金的组织恒按保险事故性质之不同而分别成立独立的系统。如疾病保险有疾病保险社来经营,失虞保险有雇主组织的互助社来管理,残废老年及遗族保险又有其他机关来主持,其他如失业保险,母性保险,无不由单

---

① 关于苏联社会保险的理论可参阅:S. &B. Webb, *Soviet Communism*；*Soviet Worker*, pp. 201-203 and *Soviet Trade and Distribution*, pp. 259-262.

独的机关来主办。此种现象在个人主义的英,美,法,比等国更为显著。在国家主义的德,意虽比较统一,但系统不一,机构复杂。在苏联则不然。社会保险既是社会工资的一种,是劳动者应享之权利,管理此种事务之机关自不必由许多独立的机关去经营,可以由一单一的机关去经营。故自1933年以后社会保险事务均由工会中央联合会及其所属各级工会管理。

第三,保险费完全由企业,工厂及雇主缴纳。换言之,即是由政府完全负担。在个人主义及国家主义国家,社会保险既是保险性质,故保险费由雇主及被雇者双方负担,国家不过补助其行政费用,有些国家则毫无补助。我们看英,美,法,德,意,比各国除失虞保险的保险费完全由雇主负担外,其他各种保险之保险费则由双方负担,其比例容或不一,但被保险人是要负担一部分保险费。在苏联则保险费完全由企业,工厂负担,严禁强迫工人缴纳保险费或从工资中扣除保险费。因为社会保险既是工资之一,自无强制工人自己支付工资之理。

第四,保险给付的发付不以其所缴纳之保险费多少为标准,而以工作性质为标准。在别的国家,保险给付的条件有二:第一,看其是否已参加社会保险,第二,视其所缴纳保险费多寡而定。凡缴纳保险费愈多者,危险发生后,所得的救济费及利益愈大。苏联的标准则不是如此。因为社会保险既视为一种社会工资,则所有从事劳作的人均有请求保险给付的权利。同时,劳动者既不缴纳保险费,则保险给付核发的标准,不以各个人所缴纳保险费多少而定,而以其所从事工作的性质及劳动者需要而定。这点和其他国家完全不同。

第五,社会保险的性质不仅是社会政策的性质而且兼有经济政策的意义。社会保险的起源及其发展均基于保障劳动者的经济生活一点。在个人主义国家是经济弱者的一种救济手段，完全属于社会政策的范畴。在国家主义国家虽兼有经济政策的意义，但此种色彩并无不浓厚。在苏联则此种趋势甚为显著。我们看1938年《新社会保险法》规定保险给付的多寡以服务时间长短为标准，同时规定对于突击工人及斯泰哈诺夫运动者有特殊待遇，便可知道其立法精神在以社会保险为减少劳动流通率及发挥劳动生产力的手段，与个人主义国家完全不同。

其主要精神既明，在下面拟逐项分析其制度。

第一目　社会保险机构之演变

十月革命以前，俄国所行之社会保险制度大体系模仿德国，[①]十月革命以后，彼尔什维克虽曾颁布新社会保险制度的基本原则，但迄未颁布法令实行。战时共产主义时期中废止社会保险，改行全国民众资助制，但仍为一纸空文。[②] 至1922年改行新经济政策后，社会保险制度重新出现。自此时起一直至现在社会保险制度曾经过多次改革，在苏联工人经济生活中占有极重要地位。

---

　　① 俄国之有社会保险始于1903年工业失虞雇主责任法，至1912年又颁布失虞及疾病强制保险法，于是社会保险制度，颇具雏形。其制度完全仿照德国。管理失虞保险之组织由雇主以地域为基础而组织之保险社去主持。疾病保险则于各个工厂内设立工厂基金，由各个基金组织联合基金。基金由雇主及被保险人组织委员会管理，保险费之缴纳及保险给付制度亦与德国相似。

　　② 在战时共产主义时期中，因不适用保险原则，乃于1918年10月31日改颁法令，废止1917年10月30日之社会保险原则，改行全国民众资助制。由各地工人苏维埃及地方农人苏维埃负责经营。但迄未实行，仍为空文。

自 1922 年以来苏联社会保险机构之演进可以划分为三个阶段。

（甲）1922 年至 1931 年……地方基金管理时期，

（乙）1931 年至 1933 年……职业基金与地方基金并存时期，

（丙）1933 年至现在……各业工会管理时期。

（甲）第一期。在革命以前，波尔什维克党即主张社会保险的管理应由地方职业联合机关负责，1912 年强制疾病保险法通过时，列宁及其党徒均如此主张。故 1922 年《劳动法典》通过后，苏联政府着手建立地方保险社纲，以每一县为单位，在各县成立一保险社，全县各业劳工皆属此社。例外者仅水路及铁道工人，该两业均有其独立的职业保险基金。

地方社会保险基金分为三级。最下级为地方基金。每个地方基金之人数平均约 2,000 人以上，每县一个。其主要任务为收集保险费，核发津贴等事。地方基金由经理委员会及审核委员会管理之，委员人选由工会选举。距基金较远之市镇及工厂则另设保险处或保险代表负责经管。保险人数在 500 至 2,000 之市镇及工厂可设保险处，500 人以下者则设保险代表。中级机关为各省各部及各共和国之基金。其主要任务为监督并指导地方基金之一般活动，基金亦组织经理委员会及审核委员会经管之。上级机关则为中央社会保险局，保险局设于联邦人民委员会内，由中央社会保险指导员一人主持之，其主要责任为指导并监督中级机关之活动。在各加盟共和国亦各设指导员一人。每个指导员之下，设有一个社会保险会为其顾问机关。社会保险会由劳动人民委员部代表，各工会中央委员会代表及其他有关各人民委员部代表组织之。

此种制度之特点有三：（一）为保险之普遍化，（二）为雇主不得参加保险行政，（三）社会保险之管理与各级工会发生密切关系。

　　（乙）第二期。第一次五年计划实行后，以区域为组织基础之社会保险制度成为各界批评之中心。攻击的最大理由认为在此种制度下，对于被保险人一视同仁，殊无刺激生产，增加劳动生产力的效果。

　　1931 年工会中央联合会第五次全体大会接受了各方批评，决议设立支付处（Pay Centres）及职业基金，使社会保险与和被保险发生更密切之连系。至 1931 年 6 月 23 日苏联中央执行委员会及人民委员会下令设立各经济部门的特殊保险基金，将社会保险机构的管理，置于国家经济设计机关之下。① 1931 年 6 月新法，虽只实行两年，但成绩颇佳，其主要特色为地方基金及职业基金并存，同时在各工厂普设支付处。

　　设立独立的职业基金之职业只有钢铁业，机械业，煤业，矿业，基本化学工业，铁路运输业及水道运输业。每业设有社会保险基金，以加盟共和国为单位。各个加盟共和国基金设立一中央职业基金，由管理委员会保管之，委员会人选由各业工会大会选举。中央职业基金受联邦社会保险指导员之监视。

　　凡不属于上列七类之工人仍在联合地方基金保险。每个共和国成立一地方基金，直隶于联邦中央社会保险局，各个共和国之社会保险指导员及社会保险会一律取消。

　　人数在 1,000 人以上之工厂设立支付处，处长由工厂委员会任命。支付局直接受各加盟共和国地方基金或职业基金之管辖。支付局之任务为决定暂时无力工作者之救济费，规划工厂应出保险

---

　　①　详见：A. Abramson, *The Reorganization of Social Insurance Institutions in U. S. S. R.*, March 1935, pp. 368-380.

费数目及疾病单之收集,救济费年金之支付等事宜。

(丙)第三期。1933 年 6 月 23 日苏联中央执行委员会,人民委员会及工会中央联合会下令取消劳动人民委员部,及地方社会保险基金将其任务统归工会中央联合会及工会各级机关管理后,苏联社会保险制度踏上第三阶段。其改组之原因,以地方基金不能适应各业工人之特殊需要,对于各业工人之情况有相当隔膜,不如由工会直接管理之。

在工会中央联合会第三届全体大会(1933 年 6 月 25 日—30日)决议取消中央保险局,关于社会保险之一切事宜概由工会中央联合会及各级工会管理。随后颁布工会及联合工会社会保险管理条例。自 1933 年 6 月至 1937 年苏联社会保险机构分为五级。

(子)工厂内之支付处

(丑)地方工会内之工会委员会

(寅)联合工会之中央委员会

(卯)各业工会之中央委员会

(辰)联邦工会中央联合会

(子)苏联工会之基本单位为工厂委员会。工厂委员会之下设立支付处以管理社会保险之行政。支付处主任为工厂委员会主席或其代理人,如工厂人数过多时可设代理员。其主要任务为决定暂时无力工作者之救济费,分娩给付及育婴给付的数目;监督工厂支付救济费;收集疾病证明书,检查各项年金申请书,管理病疾育婴之实物给付及草拟预算决算书等。

(丑)地方工会。地方工会并无特设机关管理社会保险,仅由地方工会委员会管理之。其主要职权为监督支付处之活动并批核工厂委员会所拟具之社会保险预算。

（寅）联合工会组织。各县及各城市之联合工会有权监视其所属区域内各级社会保险机关之活动,各省及各共和国之联合工会组织亦然。联合工会可与健康人民委员部各机关缔结关于被保险人诊治医药之协约,审核养老残废遗族年金及组织技术专家委员会与医务专家委员会判定残废之程度。

（卯）各个工会之中央委员会。其主要职权为监视其所属工会之活动,草拟该业社会保险总预算,审核所属各级之社会保险预算,颁布社会保险之补充条件及管理并修筑疗养院。

（辰）工会中央联合会。工会中央联合会为全苏社会保险机构之最高组织,其主要职权如下:(一)指导并监督全苏社会保险之活动;(二)草拟全苏社会保险总预算,呈送人民委员会审核;(三)建筑并管理休养所及疗养院;(四)颁布社会保险之条例及保险费率表;(五)颁发社会保险行政方面之规章;(六)与公共卫生机关合作决定医治被保险人之优待。

自1933年至1937年4年中,社会保险因行政机构之改革进展颇速。但亦有其缺点。第一为工人及薪俸人员不能尽量参加管理,第二为组织重复有叠床架屋之嫌。至1937年4月起,政府又颁布若干法令改革之。改进之点有三:

（一）废除联合工会组织。

（二）改组支付局,改设社会保险委员会(Social Insurance Council)及保险代理(Insurance Delegate)。

（三）在工会中央联合会内设立常设社会保险委员会(Permanent Social Insurance Council)为最高顾问机关。

上述三项改革除第一项已于本书第二篇中详述,于此不赘外,现将后两项分述之。

1937 年 4 月 28 日第七届工会中央联合会全体大会中即已决议废除支付局改设社会保险委员会。1937 年 9 月 19 日工会中央联合会下令设立社会保险委员会,继于 1938 年 8 月 23 日颁布修正法,除对社会保险委员会之职权加以扩充外,并设立保险代表加强社会保险机构。

1937 年法令规定凡有独立社会保险预算之工厂,在其工厂委员会内设立社会保险委员会以代替从前之支付局。委员会之责任为分配暂时无工作能力救济费,护送工人至休息所及疗养院,送工人子女至托儿所,幼稚园,少年先锋营,及监视免费医药治疗。如工厂人数甚多设有分店委员会或分厂委员会时于分店委员会或分厂委员会内亦可设立社会保险委员会。委员人数为 9 人至 35 人,视工厂工作人数而定,由工人全体大会选举之。[1]

1938 年补充法之要点为扩充社会保险委员会之组织及加强委员会职权。在以前要有独立社会保险预算之工厂方可设立,现则规定人数在 200 人以上之工厂均可成立。在以前,其职权仅以分配暂时无力工作者救济费及分娩补助费为限,现则允其决定分发伤害年金。该会可援助工人取得合法年金,与技术委员会决定伤废程度及监视年金之核发。此外该会每季须向工厂委员会报告工作情况一次,每月须召集保险代表会议一次。[2]

保险代表制在以前既已成立,其用意在健全社会保险组织及使工会热心分子能参加社会保险之管理,至 1938 年新法方予以确定地位。新法规定每一工会基本单位(如一班,一小队等)应选举

---

① I. L. I. 1. November 1937. p. 184.

② I. L. I. 14. Nov. 1938.

代表一人,参加社会保险之管理。其主要职责为协助患病及不能工作工人,减少疾病及预防失虞,改进工人生活及工作环境等事务。其活动颇广,如省视患病工人,考核医院诊治是否适当,检验疾病证明书及向工人解释社会保险法规,与自动劳动检查员取得密切联络,出席社会保险委员会会议及工厂委员会会议。代表为无俸职,其工作于正常工作时间外履行之。

政府为加强统制计,又于 1939 年 3 月于工会中央联合会社会保险部下设立常设社会保险委员会为全苏社会保险之最高顾问机关。委员人数共 35 人,包括工会,公共健康委员部,社会福利部,财政部及几个著名大工厂的工厂委员会代表。该会每月举行例会一次。其主要任务为参与保险法规之拟订,规章,章程之草拟及预算之编制等。同时并从事研究减少疾病,预防失虞及其他有关社会保险的重要问题。①

第二目　社会保险的范围

1922 年《俄罗斯劳动法典》第 175 条规定:

> "社会保险制度包括全国境内所有被雇者,不论企业的性质是私营,合作社或国营;不管劳动的性质,时间及工资的支付方法应一律参加社会保险。"②

1936 年新宪法第一百二十条亦规定:

---

①　I. L. I. 1. May 1939. p. 562.

②　I. L. O. *Legislative Series 1935*. U. S. S. R.

"苏联公民年老以及疾病或丧失工作能力时,均得有物质保障权。此项权利有国家出资所办工人职员社会保险之普遍发展,劳动者医药的免费及劳动者对广大温泉,疗养院的享用为之保证。"[1]

由上可知所有工资劳动者均强迫参加保险,极少数之季节工人及临时工人外,几完全参加。在 1937 年以前,薪俸人员无此种广泛的参与权。1937 年 7 月 31 日政府下令扩充年金保险至薪俸人员后,始得平等享受各项权利。参加社会保险人数日增,1929 年为 10,000,000 人,1933 年增为 22,000,000 人,1937 年为 28,000,000 人,至 1939 年竟达 30,000,000 人以上。[2]

第三目　经费来源

保险费的来源完全由工厂,企业及机关负担,工人对社会保险不负担任何费用,故工人不缴纳保险费,亦不能从工资中扣除之。因为工厂,企业和机关都是国家财产,由其负担缴纳保险费,无异即由政府负担。所以 1936 年《宪法》中说,由政府负担工人及薪俸人员的社会保险费。各工厂保险费的多少由工会根据工作的性质,危险的程度,及其他有关因素决定保险费率,以保险费率乘所雇工人工资即为该厂应付保险费总额。

正常保险费率表(Normal Scales)公布于 1922 年。该表决定之

---

[1]　见苏联《新宪法》。
[2]　I. L. O. *Year-Book 1938-1939.*

标准为各该企业之危险程度,工作性质,由此然后决定该业之保险费率。保险费自工资 17.2% 至 23.6%。此为一般工厂适用的。至 1923 至 1924 年间政府又颁布低保险费率表适用于煤业及金属工业,该表所规定之保险费率较低,自工资 10.75% 至 15%。1935 年后取消定额分配制,工资数目增高。政府为减少负担计,于 1935 年 1 月 1 日颁布新的保险费率表。一般工厂适用的改为工资 15.7% 至 21.6%,煤业及金属工业适用的为工资 9% 至 13.7%。此外尚有季节工人临时工人保险费率表。[①]

1937 年 3 月初,政府改革社会保险制度,将医药救济,住宅建筑及年金等项开支从社会保险预算中拨出,改由各级地方政府预算开支。于是保险费率亦随之而改变。

新的保险费率表所定保险费为工资 3.8% 至 10.7%,在此范围内再决定各业及各厂之各别保险费率表。如林业木材业为 3.8%,农业机械业及曳引机站工人为 4%,市政工程为 4.3%,制革业为 6.6%,被服业为 8.5%,钢铁业为 8.7%,农业为 9%,棉织业为 9.3%,化学工业为 10.7%。[②]

第四目　保险给付

保险给付的种类和数额政府时常变更以适应环境要求。1922 年定为八种。第一为医药补助,第二为失业救济,第三为养老年金,第四为分娩及育婴给付,第五为遗族年金及埋葬费,第六为暂

---

① 参看:*Social Insurance in U. S. S. R.*
② *Social Insurance in R. S. S. R. 1933—1937*, p. 231.

时无工作能力者救济费,第七为残废年金,第八为其他社会福利事业,如工人住宅之修筑,休息所及疗养院之设立等。[1] 至 1930 年因劳力需要增加,失业现象完全消灭,乃于 1930 年 10 月 9 日通令全国停发失业津贴,保险给付,仅余七种。

1937 年初政府鉴于社会保险给付有一部分与政府及其他机关发生重复现象。如医药补助一部分由公共健康机关开支,一部分由政府及地方预算支出,一部分又由社会保险支出;又如工人住宅的建筑,一部分由社会保险机关负责,一部分又由政府及地方预算开支。养老废痼遗族年金情形亦复如此。在此种"一国三公"之情形下,不仅预算不易确定,且职权不易划分。政府为廓清此种纷杂无章的现象计,乃于 1937 年 3 月 22 日改革社会保险之财政制度,重新确定各机关职权,及规划保险给付数目。

新法将医药救济,工人住宅之建筑及年金之一部分由社会保险中划出改归其他机关管理。上述各项费用概由政府及地方预算开支。行政方面之事务亦重新划分。医药救济由公共健康委员部及其所属各机关管理;工人住宅之修筑由政府及地方政府负责;非工人年金之给付由各加盟共和国社会救济委员部负责。工会中央联合会及各级工会得随时贡献意见及监督之。故自 1937 年后社会保险给付分为暂时无工作能力者救济费,分娩给付,育婴给付,休息所疗养院之修筑,工资劳动者之年金给付及特别补助六种。[2]

保险给付率亦数经修改,最重要之一次为 1938 年 12 月 28 日人民委员会共产党中央执行委员会及工会中央联合会联合颁布的

---

[1] *Labour Protection in Soviet Russia*, p. 102.
[2] I. L. O. *Year-Book 1938-1939*.

社会保险修正法。修改的动机在想以社会保险制度为鼓励生产及减少劳动流动率的手段。这点许涅维克说得很清楚。他说：

> "我们要使社会保险真正成为改良劳工物质生活增加劳动生产效率的重要武器。因此我们要唾弃官僚政治的精神及平等化的政策。社会保险政策的推行要使突击工人及长期在职工人得到特殊的利益。其主要目的在扫除工人不安定的现象。我们要以社会保险为武器去改良长期在职工人的待遇，去打击那班不负责任，托词逃避及虚伪欺诈的工人。"①

各项保险给付之规定如次：

（甲）暂时无工作能力者之救济费。在 1939 年以前救济费数目之决定因素为被救济者之工作性质及是否为工会会员，突击工人之救济费较多。救济费之最高额为工资全部。凡工会会员工作期限在 3 年以上，在同一工厂继续工作在两年以上者为领取工资额全部之救济费。非工会会员及工作时间较短者递减。1938 年年底新法改订救济费率如次：

苏联工会会员之救济费表

在同一工厂继续不断工作时间	救济费
6 年以上	工资之 100%
3 年至 6 年	工资之 80%
2 年至 3 年	工资之 60%
2 年以下	工资之 50%

18 岁以下之青年工人（为工会会员）在原工厂继续不断工作在

---

① *Social Insurance in U. S. S. R. 1933-1937*, pp. 231-232.

2 年以上者为工资 80%,在 2 年以下者为工资 60%。开掘煤矿及在矿洞从事准备工作之工人,在同一矿坑工作满 2 年以上,其救济费为工资的 100%,2 年以下者为工资的 60%。非工会会员工人之救济费为工会会员救济费数目之一半。工人非自动转厂,系由其所辖经济机关指派至他处工作者,其工作系视为有继续性。经企业工厂开除之员工或自动离职之员工,须在新工厂工作 6 个月以后,方有请求救济费之资格。①

（乙）分娩给付及育婴给付。1922 年规定凡从事体力劳动的工人如怀娠时,产前产后各给假 8 星期,从事精神劳动者则产前产后各给假 6 星期。在此时间中除领取全额工资外,并有分娩津贴,津贴额为工资的三分之一。小孩生产后于最初 9 个月给予育婴津贴,津贴额为平均工资的四分之一。

1936 年 6 月 27 日又颁布新法加强母性保护。分娩给付改为与暂时无工作能力者相等。1938 年年底新法除减缩短分娩给付时期为分娩前 35 日,分娩后 28 日外,同时限制女工在同一工厂至少工作满 7 个月时,方有津贴资格,津贴率则未变。育婴给付亦未改变。

（丙）休息所及疗养院之修筑及管理。社会保险预算中对休息所,疗养院及旅行社的支出占有相当位置。1938 年占总预算17.6%。1938 年计划发出旅行券 2,280,000 张,休息所券 1,630,000 张。1938 年年底对于工人至休息所休息有新的限制。凡在同一工厂服务满 2 年以上者方有优先权。

（丁）工资劳动者之养老,废癃及遗族年金。1937 年 3 月 23 日的法令并没有影响工资劳动者年金数目。凡工人因执行职务而致

---

① I. L. I. 23. January 1939.

残废时,不论其工作时间长短一律给予废痼年金;如工人因疾病或其他原因而致残废,其工作时间为 8 年(体力劳动者)或 12 年时(非体力劳动者)亦给予废痼年金;凡 20 岁以下工人如因故残废时,不论其残废原因及劳动时间长短亦一律予以废痼年金。区分残废之标准有六:(一)完全失却工作能力,须人扶持者;(二)虽不须人扶持,但丧失工作能力达 60% 至 100% 者;(三)丧失工作能力 45% 至 60% ,不能从事繁重工作者;(四)丧失工作能力 30% 至 45% 者;(五)丧失工作能力 15% 至 30% 者;(六)仅丧失工作能力 15% 以下,对于一切工作并无妨碍者。保险机关按伤害人残废程度给予津贴,最高额为平日工资的全部。

凡男性工人工作在 25 年以上,年满 60 岁者;女工工作在 20 年以上,年龄在 50 岁以上时可以退职领取老年年金。老年年金不得少于平日工资之一半。矿坑工作工人劳作在 20 年以上,其中至少有 10 年在矿坑中工作者,年满 50 岁时亦得领取老年年金。[①]

1938 年新法对养老年金,及废痼年金之请求与数额有新的规定。年金请求者之合格请求年限如下表:[②]

苏联合格请求年金年限表

申 请 时 年 龄	合　　　格　　　期　　　限		在矿坑及其他不良环境中工作者
	一　般　劳　动　者		
	男 工	女 工	
20—22 岁	3	2	2
20—25 岁	4	3	3
25—30 岁	6	4	4
30—35 岁	8	5	5

---

① *Soviet Worker*, pp. 510-211.

② I. L. I. 23. January 1939. p. 103.

35—40 岁	10	7	6
40—45 岁	12	9	7
45—50 岁	14	11	8
50—55 岁	16	13	10
55—60 岁	18	15	14
60 岁以上	20	15	14

20 岁以下工人因职务而发生残废情事者则无时间的限制。

废癃年金之数额亦有增加。增加率视伤害人所从事工作的性质及其在同一工厂继续不断工作时间之长短而定。如基本工业之工人在同一工厂继续不断工作满 4 年以上 8 年以下时,即增加年金 10%;满 8 年以上,在 12 年以下时增加 15%,在 12 年以上时则增加 20%。

老年年金之领取资格并无变更,年金数目则颇有变动,其数目视工作性质之不同而异。普通工人为其工资之一半;基本工业工人为其工资 55%,矿工及在不良环境下工作工人则为其工资的 60%。

凡工人执行职务死亡时,不论其工作时间长短,一律给予其遗族以遗族年金;凡工人因疾病或其他原因而死亡,死亡人生前曾从事工作 8 年以上(体力劳动者)或 12 年以上(非体力劳动者)时,给予其遗族以遗族年金。

受领年金者:(一)16 岁以下之子女弟妹,或 18 岁以下正在求学期中之子女弟妹;(二)父母或其配偶年老或因废癃而不能工作者(男子 60 岁以上,女子 55 岁以上)。遗族年金数目视死亡人应领年金数目而定,受领遗族年金者为 1 人时,不能低于死亡人年金

50%,受领年金者在 3 人以上时,则不得超过死亡人年金125%。

劳动者死亡时,给予其遗族以葬埋费,其数目视各地生活程度而定。

（戊）特别补助。特别补助系指社会保险机关对有肠胃病者餐馆之津贴及对互助基金之津贴而言。其数目不大,每年仅200,000,000 卢布上下。

第三章　家族津贴制

家族津贴制(Family Allowance System)为上次欧战中之产物,其主要目的在使劳动者的所得一方面能适应物价上涨的程度,一方面能达到"各取所需"的目的。[1] 大战发生后,物价高涨,大部分劳动者的工资赶不上物价上升的程度,雇主及政府为减轻人口较多的被雇者之负担起见,乃设立家族津贴制度,使人口较多的被雇者,在正常工资之外能得到若干家族津贴以维持其家庭成员之生活。大战停止后,在西欧一部分国家又继之以通货膨胀,经济秩序紊乱,劳动者的生活深感压迫。家族津贴制益为流行。但此时各国所实行之制度是无计划的,是由雇主或公共团体所自动组织的临时性组织。当经济稳定到正常状态后,家族津贴制度已失其重要性,在许多国家任其自生自灭。如斯坎的里维亚各国及意大利在大战结束后即很快的回复同工同酬制(The System of Equal Pay for Equal Work),捷克在 1921 年及 1922 年亦很快的停止家族津贴,奥国,波兰及德国在通货稳定后也马上放弃了此种制度。[2]

---

[1]　家族津贴制度虽是上次欧战中的产物,但其渊源颇早。以劳动者的报酬以其需要及根据之制度,在 19 世纪末及 20 世纪初,在欧美各国不乏前例。关于此点 Paul H. Douglas 在其 *Some Precedents for the Family Wage System* 一文中曾详细论及。详见:I. L. R. Vol. XI. No. 3. pp. 353-365.

[2]　关于奥国,波兰,德国,在欧战时之家族津贴制度可参阅:河田嗣郎《社会问题体系》第八卷第　编第二章第三及《独逸及奥大利の家》族手当制,第296—304页。及 J. H. Richardson, *A. Study on the Minimum Wage*, pp. 105-109.

在另一方面,有一部分国家却有意的将此种临时制度变为永久制度,使家庭津贴,成为长期的固定的收入。实行此制的国家有法国,比利时,荷兰,罗马尼亚等国。如法国在 1917 年即开始在政府雇员,私营企业及公共团体中实行家庭津贴制,大战结束后,此制不仅继续延续,且有发扬光大之趋势。[①] 比利时自 1922 年秋季后此制之发展极速,在私营企业中甚为盛行。在 1925 年全国享有此种利益之劳动者,在私人企业中达 300,000 以上,占此类全体工人人数五分之一以上。[②] 其他如荷兰,比利时亦然。不过在此时期中,此种制度为雇主或公共团体自动设立之制度,国家并未强制劳动者必须参加。[③]

强制的家族津贴制(Complusory Family Allowance)始于新西兰及新南威尔斯,前者于 1926 年颁布法令设立家族津贴制,后者于 1927 年开始实行。但在此两国系附属于最低工资制之内,严格言之,尚不能称为独立的强制的家族津贴制。至 1930 年 8 月 4 日比利时颁布法令设立全国强制性的家族津贴后,名副其实的强制性家族津贴制方告成立。随后法国于 1932 年,意大利于 1934 年,智利于 1937 年,匈牙利及西班牙于 1938 年均先后成立此种制度。

此种制度在法国,比利时勃兴的主要原因,是政府人口政策的

---

① 法国在 1926 年 5 月共有平均基金(Equalisation Funds)195 个,包括工厂 10,040所,工人 1,300,000 人。关于法国初期情形可参阅:Roger Picard, *Family Allowances in French Industry*;Vol No. 2. Feb. 1924.

② 此为比利时工业中央委员会(Conuté Central Industriel de Belgique)之统计数字。至 1926 年全国共成立基金 12 个,包括工厂 773 所,工人 1,500,000.

③ 关于初期家族津贴制之理论与实际可参阅:P. H. Douglas, *Wages and Family*. Chicago 1925; A. B. Piddington, *The Next Step*, *A Family Basic Income*,2nd Edition, 1922; E. F. Rathbone, *The Disinherited Family*, *A. Plea for Direct Provision for Costs of Child Meintenance Through Family Allowance*, London 1927; *The Remuneration of Labour According to Need*. I. L. O. Studies and Reports, Lanes D. No. 13; *The Family Allowance System*, I. L. R. Vol. XXI. No. 3. pp. 395-416.

改变。根据人口统计报告,欧洲各国的人口出生率增加甚少。从 1910—1935 年中欧洲人口仅增加 15%,而亚洲各国增加 32%,美洲各国增加 45%。平均言之,在此时期中全世界人口计增加 38%,较欧洲各国人口增加率约大两倍半。而在欧洲各国中又以法国,比利时人口增加率更为减低。[①] 政府目击此种现象,自不能不设法增加人口以维持人口增加之均衡。强制的家族津贴制即为增加人口武器之一。以政府补助人口较多之家庭以改善其经济生活,则人民自愿多育儿童增加出生率。

除法,比,意,西等国实行强制的家族津贴制外,在其他各国亦实行类似的政策。如德国,苏联亦于 1935 年以后实行大家庭津贴制,以奖励生育,以其非独立的组织,故在此不赘。且其办法在本书第五编及本编第二章中有比较详细的分析,读者可以参阅。至于英国,及其他个人主义国家所实行之自动家族津贴制,多由企业家主持,故不在本书讨论之内。

第一节　家族津贴制沿革

新西兰于 1926 年颁布《家族津贴法》(Family Allowance Act of 1926),该法自 1927 年 4 月 1 日实行。在该法中对于收入甚少而人口过多之家庭由政府予以津贴,劳动者自己并无任何负担。新西兰实行此制后,新南威尔斯继之。该州于 1927 年 4 月 11 日颁布法

---

① C. Hoffner, *Recent Developments in Compulsory Systems of Family Allowances.* I. L. R. Vol. XLI. No. 4. p. 333.

令,于最底工资制度下附设此制,每年于政府一般预算中拨付专款用以津贴收入在生活工资以下而人口较多之劳动者。生活工资额随时由工业委员会颁布,政府经费之来源以征税方法向雇主征集而来。①

比利时第一个家族津贴基金设立于 1922 年 Verviers 的雇主。其组织系根据法国之平均原则(Equalisation Principle)。随后各地雇主及雇主协会纷纷仿效,或以职业为组织单位,或以地域为组织单位。至 1924 年成立比利时《家族津贴协会》(Belgian Association of Family Allowances Funds)。截止 1929 年 12 月 31 日止全比共设立 44 个基金,包括工厂及公司 3,852 所,被雇者 581,600 人。② 但在 1929 年均为雇主自动组织,政府并未强制。

政府强制雇主组织或参加家族津贴基金之第一步为 1929 年 4 月 14 日之法令,该法规定凡承包州政府公共工程之雇主,应给予其被雇者以家族津贴。至 1930 年比利时工业劳动及社会福利部部长海孟(Henri Heyman)提议设立全国强制性的家族津贴,该项提议于 1930 年 8 月 4 日正式通过成为法律,强制各业雇主对于被雇者给予家族津贴。该法在 1937 年虽曾颁布《修正法》,但其主要原则并无大的变更。③ 至 1938 年又将其范围扩充于非工资人员。

强制家族津贴制的观念在法国流行颇早,当自动的家族津贴制流行时,此种思想即已萌芽。最初主张实行强制家族津贴制之

---

① 关于英国者可参阅:I. L. O. 出版 *Industrial Relations in Great Britain*,pp. 175-180. 及各年 I. L. O. 出版之 Year-Book.

② P. Goldschmidt, *Family Allowances in Belgium*,I. L. R. Vol. XXXIV. No. 2. p. 221.

③ 关于 1930 年法令全文可见 I. L. O. *Legislative Series 1930*. Belgium 9。其推行之实际情形可参阅:Claire Hoffner, *The Compulsory Payment of Family Allowances in Belgium*,*France and Italy*,I. L. R. Vol. XXXII. No. 4.

征象为1920年之Bokanowski提案。至1922年始正式通过法令强制承包公共工程之雇主一律加入劳动部批准之基金,按照规章给予其工人以家庭津贴。此法实行后并未遇到极难解决之困难问题,且成绩优良,甚为一班人士所赞许。1929年经济恐慌发生后,自动性的家族津贴制颇有衰退现象,政府深恐雇主逃避责任停止家族津贴,乃于1929年7月25日在议会提议主张全国各业实行强制家族津贴制。该项提议于两院通过后,至1932年3月12日始正式成为法律。[①]

1932年法律强制工业,商业自由职业及农业实行强制的家族津贴。此制在工商业及自由职业进行颇易,政府自1933年8月12日及1937年3月8日间曾经陆续颁布规章及条例执行之。在农业界推行时,所遇困难问题甚多,至1936年8月5日方开始实施。至1938年11月12日政府又颁布法令全盘修改家族津贴制。

意大利家族津贴制之最早渊源始于比那(Biella)羊毛业的团体协约,但纯为试验性质,并无大的影响。[②] 至1934年一方面因比,法各国实行该制,一方面因意国实行40小时工作周制,劳工收入减少,政府乃于1934年授令工业雇主联合会及工业劳工联合会订立团体协约推行家族津贴制。在该年10月1日团体协约第二条中规定设立全国工业劳工家族津贴基金。基金来源由劳资双方平均负担,基金由劳工及雇主联合会各派代表,业团部,社会福利部及法西斯党部各派代表组织管理委员会经营之。至12月1日雇主联合会及劳工联合会拟详细实施章程,定于1935年1月起实行。

1935年开始实行后,意大利政府及多数学者对此问题异常注

---

① 法国1932年法令全文可见 I. L. O. *Legislative Series 1932*. France 3. 其以后变动情形可见 C. Hoffner, *Recent Development in Compulsory Systems of Family Allowance*. I. L. R. Vol. XLI. No. 4.

② 该县羊毛业团体协约规定设立家庭津贴基金,基金由雇主负担,为工资的1%。

意,并力谋改善之策。其所注意之点有三:第一,为工业工人家族津贴范围之扩大;第二,为扩充家族津贴制度至其他产业部门;第三,为津贴及行政机构之改善。由于各方面之活动及申请,由于工业工人家族津贴实行的经验,政府乃于1936年8月21日颁布家族津贴法,改革旧有制度。新法改革之点有三:第一,将家族津贴制度与团体协约分开,给予它以法律上的根据;第二,改革津贴给付制度,使其不为工资减少之救济手段,而成为国家推行社会政策及人口政策的工具;第三,为尽可能的扩展至其他产业部门。根据该法凡经业团部长得司法部长及财政部长之同意后即可申请颁发敕令,扩展至其他产业部门。自后商业雇主联合会与商业劳工联合会订立团体协约,决定自1937年1月1日起实行家族津贴制,银行业,农业,及学术界均纷纷订立团体协约,推行此制。至1937年6月17日又颁布新法改革旧制,其组织与行政更趋完备。①

自比利时,法国,意大利实行此制后,一部分国家均起而仿行。在1937及1938年两年中有三国颁布法令设置家族津贴。智利于1937年2月5日曾颁布法令模仿意大利制度,强制工业雇主设立家族保险以改进劳工生活,至1939年公共福利部部长又提议全国各业设立强制家族津贴制,此案现尚未通过,然其重视此问题于此可见。② 匈牙利在1938年12月28日亦颁布法令,强制工业,矿业及商业设立家族津贴制。其对象仅以工人为限,其制度系以比利时为蓝本。③ 1938年7月18日西班牙亦颁布《家族津贴法》(Fami-

---

① 关于意大利家族津贴制之情形可参看下列各文。Claire Hoffner, *The Compulsory Payment of Family Allowance in Belgium*, *France and Italy*; Bruno Biagi, *Family Allowances in Italy*, I. L. R. Vol. XXXV, No. 4. pp. 457-487; C. Hoffner, *Recent Developments in Compulsory Systems of Family Allowances*.

② 见:I. L. O. Year-Book 1937-1938. p. 370. 1938-1939. p. 225.

③ 见:I. L. O. Year-Book 1937-1938. p. 370. 1938-1939. p. 228.

ly Allowances Act),该法定于 1939 年 3 月 1 日起实施。除此三国外,其他如阿根廷,荷兰,瑞典,挪威均特别注意此问题,或由政府设立委员会加以研究,或由热心人士多方鼓吹,在目前虽未通过法令推行此种制度,但就其各方面之活动观之,则可知其已引起一班人士之重视。[①]

第二节 家族津贴之意义及范围

家族津贴的意义因各国所行之制度而不同,迄无一定说法。就 1930 年比利时的制度,1932 年以前法国的制度及 1938 年匈牙利的制度而言,家族津贴则为工资之一部分,但其数额不随被雇者所提供劳力之大小而决定。因为在此种制度下,家族津贴的费用完全由雇主负担,受领津贴者,必为人口较多的被雇者,其多少视其不能独立之人数而定。所以法人 O. De Bréault 说:"家族贴津是雇主定期给予有家庭负担的工人之金钱给付。此种给付系根据工人的社会价值而来,与其能力及生产量无关;其数额系以其家庭负担而定——即根据 14 岁或 16 岁以下之子女人数而定。"[②]Paul Pic 在其《工业法论》(*Traité de Legislation Industrielle*)中也说:"家族津贴是工资的赠予部分,而不是工资的不可分部分。"[③]

此种意见从一部分国家的制度看来又不适合。在一部分国家家族津贴是人口政策的一部分,其主要目的在鼓励生育增加人口。

---

① 详见:*Recent Developments in Compulsory Systems of Family Allowances* 及 I. L. I. 1940 年各期。

② O. De Bréault, *From C. Dleude in Les Allocations Familiales.*

③ Paul Pic, *Traité de Legislation Industrielle.*

津贴既不由雇主支付,又根本和工资不发生关系。因为生育儿童是与整个民族及全体社会有密切关系之最高价值的社会劳役。因此对于人口过多者的津贴,不是一种恩惠,更不是一种救济,而是对于这种崇高之社会劳役的报酬。好比 1937 年比利时的制度,1939 年的法国制度就充分代表此种见解。因之有人说:"如家主对于社会的人口有很宝贵的贡献,而这种人口在将来由于体力或智力的活动可以发展国家财富及保卫国土时;则社会应假手于政府给予他以履行家庭职责的手段,作为其贡献的报酬。"[①]家族津贴就是使他能履行家庭职责的手段。

在意大利,智利,西班牙三国,家族津贴的意义则与上述两种说法不同。在此三国其制度与社会保险相似,家族津贴基金的来源由雇主被雇者及政府三方面而来,其组织与内容完全相同。所以自他们看来,其性质与社会保险相同。这点以意大利家族津贴专家 Renato Turchi 说得最明白。他说:"生育儿女是一种应当保险的危险,无疑义的,此处所谓危险系指广义的意义而言,而不是指狭义的'危险'而言。因为生育儿女对于工人家庭的经济压迫与其他社会保险事件如失虞,疾病,废痼等完全相似。因此在其家庭资产负债表中有一笔经济损失;更精确言之,是有一笔穷年累月的开支增加。既然生育儿女与其他社会保险事件相同,则其解决方法自应一样。"[②]

家族津贴之适用范围亦因各国制度不同而异。范围最广者为 1937 年比利时的法令及 1939 年法国的法令,不仅包括了工资劳动

---

① Ministerio De Hacienda, *Asignaciones Familiares*, p. 21.

② Renato Turchi, *Assegni Familiari*.

者和薪俸人员,甚至于独立的劳动者,雇主以及其他非体力劳动者均包括在内。我们可以说它几乎包括了全体国民。最狭者为智利,仅以薪俸人员为限。西班牙和意大利开始仅以工业劳动者为限,逐渐扩张结果,包括了各个主要的经济部门,但仅以工人为限,薪俸人员及雇主则不在内。在匈牙利则仅以工业及商业的劳动者为限。新南威尔斯及新西兰虽亦以各产业部门之各级人员为对象,但每年所得在一定数目之上者除外,故所包括之人数极少。[1]

第三节　基金之组织及机构

关于家族津贴基金之组织拟以法,比,意三国为例说明之。

（甲）法国。在 1939 年以前,法国家族津贴基金之组织是采自由组织制,而不是以全国为单位的。各个雇主可以以地域为中心,

---

[1]　就总的发展而言,家庭津贴之范围有日渐扩大的趋势。如法国最初仅在工业部门实行,1932 年法令虽规定凡工业,商业,农业及自由职业之雇主应一律加入经政府核准之家族津贴基金。但事实上系慢慢开展的。在 1938 年又将其范围扩大,包括所有公共机关服务者及各项公级人员。比利时及意大利之情亦大体相同。现将各国制度之影响人数表列于次:

家族津贴对各国影响人数表

国名		年代	领取津贴家庭数目	儿童数目	每年支付津贴额
比利时 {	1930 年法	1937	566,722	1,049,067	342,323,422 法郎
	1937 年法	1937	1,301,000	660,993	193,168,000 法郎
法国		1938	1,617,000	2,869,000	1,340,000,000 法郎
智利		1937	16,125	41,366	5,189,883 披索
匈牙利		1939	35,000	225,826	14,000,000 班各
意大利		1937	1,047,000	401	157,410,792 里拉
西班牙		1928	1,517,752	4,798	300,000,000 丕赛他
新西兰		1938	6,853	18,596	102,402 镑

或以产业为中心,组织不同的独立的基金,经营家族津贴事宜,在上面虽有一个家族津贴基金联合会(Comito des Allocations Familiales),但只是一个互通声气的机关,并没有指挥或管制的权力。基金费用的分配,系采公共均分制,故普通称之平均基金(Equalisation Fund)。所谓公共均分制,即费用的分摊,不是按照各个雇主之被雇者的实际家庭负担,而是按照工厂的大小比例来分配。如雇主所雇用人数,每年所支付工资总额等标准为分摊费用的准则,而不以其各厂实际支付家族津贴数目为标准。实行此制的优点有二:第一可以避免雇主解雇家庭人口甚多的被雇者;第二可以避免各企业间的不公平竞争。各个基金除此一点相同外,其他行政均由其自己决定,政府并无限制。如雇主款项的征集方法,津贴率的多少等等均由各个基金决定,政府并未予以限制。根据 1938 年 5 月 23 日第八届家族津贴年会报告,全国基金共达 228 个,包括被雇者人数 5,315,000 人。[1]各个基金由参加雇主组织管理委员会经营,其组织均有章程规定,并不一律。基金之成立,合并及解散须经劳动部核准。

1938 年改革后,有趋向统一的趋势。1938 年 12 月 12 日的法令设置了全国补偿基金,为各个基金再保险之用,同时全国基金重新改组。所有以前基金均分为三类,一为一般基金,一为职业基金,一为非工资劳动者基金,三者均为全国的组织。经此次改革后组织更为严密。

(乙)比利时。在 1932 年法令颁布以前,家族津贴为自动性的,基金之种类不一。如以其组织的基础为区分标准,则可分为地域基金,及职业基金;如以支付津贴的种类为标准,则可分为只单

---

① I. L. O. *Year-Book 1938-1939*, p. 372.

纯支付家族津贴的基金,及兼管其他利益之基金。政府对于各个基金并无补助,其内部组织及行政均由组织的雇主自由决定,政府并不干涉。1932年法令颁布后,除给予自动组织的基金以法律上的地位外,并设立三种新的基金。

第一,为特殊职业基金。凡工作性质比较特殊之职业如家内劳动者,船坞业工人,金刚钻业工人及在数个雇主下工作之工人等,政府乃命令其各设特殊基金以经营之。此种基金为全国性的,由比王以行政命令设立之,设立后由相关部会任命经营局保管之。凡某业成立此种基金后,全国所有该业雇主均为当然会员,一律参加。

第二,补助基金。凡既未加入经政府批准的平均基金又未加入特别基金之雇主一律强制补助基金,为其当然会员。补助基金全国只有一个。其组织与经营完全与特别基金相同。

第三,为公共机关工作人员之特别基金。

全国所有各种基金之缴费额及津贴数额均由政府规定,全国一律。为调剂全国各个基金之资金及谋把注流动之效计,乃设立第二次平均基金(Secondary Equalisation Fund)。根据1932年比王命令成立全国家族津贴平均基金(National Equalisation Fund for Family Allowances)为全国各种基金之调节机关。凡财政情形较好及有剩余之基金,每年须将其赢余之一半缴纳于全国基金,以供其补助经费不足的基金。如全国基金收集各个基金之赢余仍不能收支相符发生亏损时,乃由政府每年津贴30,000,000法郎,以资补助。最后如政府及全国基金之补助仍不能收支相抵时,乃由政府命令修改津贴额,减少家族给付数目。[1]

---

[1]　详见:*The Compulsory Payment of Family Allowances in Belgium, France and Italy*, p. 467; *Family Allowances in Belgium*, pp. 222-224.

1937 年 6 月 10 日政府下令将家族津贴扩充至非工资人员,于是一种新的基金出现。非工资人员之家族津贴基金与其他基金不同之点为前者系采互助形式,而后者则由雇主单独出资。故此种基金又称为互助基金(Mutual Family Allowances Funds)。互助基金之设立,合并及解散须经政府批准。在互助基金中于必要时须设立补助基金及特设平均基金。关于互助基金之争执问题由治安官解决之。在各个家族津贴互助基金之上设有全国家族津贴互助基金(National Mutual Fund for Family Allowances),为最高调节机关,主持各国各基金之调剂节制事宜。

(丙)意大利。意大利家族津贴之适用范围既包括工业,农业,商业,银行业四部门,故其基金亦分为工业,商业,农业,及银行业四种。关于四种基金的行政事宜,款项之收集,津贴之发给,申请及登记等等均委托法西斯社会福利社总社及各地分社办理。至于各个基金之经营则由各个基金之管理委员会管理。

工业劳工家族津贴基金管理委员会设于法西斯社会福利社内,由下列人选组织而成。(一)全国法西斯社会福利社社长,(二)业团部,财政部及法西斯党部代表;(三)工业雇主联合会及工业雇工联合会代表各二人;(四)业团部,劳动及业团司司长及各科科长,(五)社会福利局秘书长。其主要任务为提供关于家族津贴政策及人口政策之意见,基金预算及决算之通过,津贴上诉案件之解决及其他有关家族津贴之建议。商业劳工家族津贴基金亦设于社会福利局内,由管理委员会经营之。经营委营会人选如下:(一)社会福利局局长,(二)法西斯党部代表 1 人,(三)商业雇主联合会及商业雇工联合会代表 7 人,其中 1 人必为商业劳工疾病保险基金代表,3 人为雇主联合会代表,3 人为劳工联合会代表;(四)业团部劳工及业团司司长及该司各科科长,(五)社会福利局秘书长。其任务与工业基金管理委员会相同。除管理委员会外尚有审核局(Board of Auditors)的组织,以审核各项帐目。银行业家族津贴基金成立于1937年2月,亦设于社会福利局。根据银行业雇主联合会所属协会数目将基金分为若干组。基金则组织管理委员会负责经营。其内部组织与工业及商业基金相似。各个小组基金则由小组委员会(Sub-Committee)处理。小组委员会委员三人,一人为银行业雇主联合会代表,一人为被雇者联合会代表,一人为业团部代表。农业家族津贴基金之组织及经营与工业及商业基金相同,兹不赘。

在各个基金管理委员会之上设有全国家族津贴基金委员会,会址亦设于社会福利局内。委员会主席由社会福利局局长担任,局长缺席由该局副局长代理。委员会人选由各业雇主联合会及各业劳工联合会代表,法西斯党部代表,财政部,内政部代表,业团部有关各司司长,及社会福利局秘书长组织之。其主要任务为指导并监督全国家族津贴制度之运行。

第四节　基金之来源

家族津贴基金之来源视各国家族津贴制度而异。依其性质可以分为四种:

第一,基金的来源完全由雇主负担,实行此制者为法国,比利时及匈牙利关于工资劳动者之制度;

第二,所有费用由雇主及被雇者公共负担,其分配比例有为平

均负担者,有为雇主三分之二,被雇者三分之一者,实行此制者有意大利,西班牙及智利;

第三,基金费用完全由受领利益人自己负担,如比利时非工资劳动者之家族津贴制及法国1938年雇主及独立劳动者之家族津贴制;

第四,由国家一般预算开支,其经费来源,系由征税而来者,如新南威尔斯,新西兰及1939年7月29日总统行政命令颁布后之法国制度。

(甲)完全由雇主负担者。比利时,法国及匈牙利之工资劳动者的家族津贴基金完全由雇主负担。在法国费用之多少完全由各个基金根据各地环境及实际情形而决定,征费率及其所根据之标准均不一律。有以工资多寡为出费标准者,有以雇用工人多少为标准者,有以工作日多少为标准者,有以垦殖地方面积大小为标准者。其征费率有为固定者,有为变动者,在变动率之中有为累进率者,有为递减率者。在比利时,1936年法令则分别规定。凡雇主雇用男性被雇者一人,应缴纳基金费每日0.9法郎,或每月缴纳22.5法郎;女性被雇者一人则每日缴纳0.48法郎或每月12法郎。此种征费率一直沿用至经济部所公布之零售物价指数未超过700为止。如指数超过700时,则根据征费表递增,但虽经相关部会申请,由比王下令改变方为有效。当工业萧条时,征费率可以减低,其手续与上述相同,但减低程度不得为15%。①

(乙)由雇主及被雇者公共负担者。实行此制者有意大利,智

---

① 见:P. Goldschmidt, *Family Allowances in Belgium*, I. L. R. Vol. XXXIV. No. 2, p. 221.

利及西班牙。

在1934年意大利工业劳工联合会及雇主联合会所订之团体协约规定基金由劳资双方平均负担。1936年法令中略有变更。除雇主及劳工双方出费外,尚有政府津贴。劳工及雇主缴费之比例并非一半,雇主缴纳较多,而劳工较少。至1937年6月17日新法中又有若干变更。兹将双方缴费率表列于次:[①]

意大利家族津贴双方缴费表

基金名称	出费额	
	雇主	劳工
工业基金	工人工资3.5%	工资1%
农业基金	短期工人每日15里拉 长期工人每人每月9里拉	短期工人每日0.10里拉 长期工人每日0.5里拉
商业基金	工人工资3%	工资1%
银行业基金	未定	*每月5里拉

＊如年薪在3,000里拉以下者。

工人应缴费用由雇主在工资中扣除,于每月月底连同雇主应缴数额一并向社会福利局缴纳。

政府之补助每年一次,其数目根据各基金之该年前六个月收支情形而定。其最高额以每人每周6里拉为限。1937年对于工业及农业基金补助费为84,000,000里拉。[②]

智利亦规定由雇主完全负担基金费用,其征费率较高,为工资的2%。以其家族津贴制度系附设于社会保险制之内,且生育婚姻等津贴均包括在内,故征费较多。在其所缴基金中,有5%为行政费用,10%为设立准备基金(Reserve Fund)之用。准备基金之主要

① 本表系根据1937年7月17日新法令编制。
② 意大利出席国际家族津贴会议代表之报告。

用途为调节各个基金财政情形之用。①

西班牙则规定雇主出费三分之二,被雇者出费三分之一。

(丙)基金受利益人自己出资者。实行此制者有法国及比利时。比利时在1937年6月10日法令规定,凡手工业人员,独立劳动者,农业经营者,批发商及零售商,雇主及自由职业者应强制组织家族津贴基金。此种基金完全由受领利益人自己出资。每个人之出资额由其经济地位而定,经济情形好者出费较多,经济情形坏者,出费较少。在法令中将参加家族津贴人依其经济情形分为若干等级,最多者每年出费270法郎,最低者为36法郎。在1938年12月22日比王敕令中将征费额详细规定。征费表分为五种:第一种适用于雇主及一部分精神劳动者如医师,牙医,化学家,律师,会计师,建筑师等。其出资额半年为135法郎,但因特殊情形得减少之。第二种适用于宗教团体人员,出资额每半年自25法郎至135法郎不等。第三种适用于在比国担任职员及雇员之外国人,征费率自每年700法郎起至5,000法郎止。第四种适用于独立劳动者,征费率分为六级,自每半年18法郎至最高额135法郎为止。第五种则适用于雇主之妻及独立劳动者之妻。②

法国自1938年起规定雇主及独立劳动者,亦应加入家族津贴基金,其费用则完全由受益人自己负担。

(丁)完全由政府国库出支者。实行此制者为新南威尔斯,新西兰及1939年后法国制度。其经费来源完全由政府负担,政府则以征税方式征集基金。如1938年9月16日新西兰之《社会安全

---

① I. L. I. 15. May 1939. p. 637.

② I. L. O. *Year-Book 1938-1939*, pp. 224-225.

法》(Social Security Act of 1938)规定,凡居住新西兰满 1 年以上之人民,每年收入在 5 镑以下而有子女之累者,由政府予以津贴。

第五节　家族津贴之数额及条件

关于各国家族津贴之数额及给付条件,拟逐国分析之。

(甲)比利时。比利时规定不论工资劳动者或非工资劳动者,如已参加家族津贴时,生育第 1 个小孩后即可领取家庭津贴,一直至 14 岁为止,如小孩在求学期中及正在接受学徒训练时得延长至 18 岁。津贴数目则分别处理。如为工资劳动者,第 1 个小孩每月津贴 20.60 法郎,第 2 个津贴 35 法郎,第 3 个 58 法郎,第 4 个为 89 法郎,第 5 个及第 5 个以上每月为 124 法郎。薪俸人员则较低,其第 1 个小孩每月津贴 15 法郎,第 2 个每月为 30 法郎,第 3 个为 50 法郎,第 4 个为 85 法郎,第 5 个及第 5 个以上,每月为 120 法郎。津贴数目系以经济部所颁布之零售物价指数未超过 700 时适用,如超过 700 时得增加之。

(乙)法国。自 1932 年以来法国关于家族津贴之数目及条件变更颇多。在 1936 年以前规定凡强制参加家族津贴之工资劳动者及薪俸人员,在其生育第 1 个小孩后,即可领取家族津贴,一直至 13 岁为止,如小孩不能从事有报酬性工作或在学校读书时,得延长至 16 岁。1936 年提高离校年龄至 14 岁后,领取津贴年龄亦提高至 14 岁,如在校读书或只能从事有报酬性工作,或正接受学徒训练时得延长至 17 岁。领取津贴者不仅以其子女为限,其未成年之弟妹亦包括在内。在 1939 年以前生育第 1 个小孩后即可得到津贴。1939 年新法则规定,第 1 个小孩无津贴,第 2 个小孩开始方有津贴。

生育第1个小孩时改给一次补助费,补助费数目至少为2,000法郎。家族津贴数目依各县市平均工资而定,第2个小孩生育后,家族津贴数目为该县平均月工资额10%,第3个及第3个以后则为该县平均月工资额20%。在1939年7月29日行政命令中对于各县市之月平均工资率均有规定,如巴黎及塞姻(Seine)之月平均工资率订为1,500法郎。故在巴黎及塞姻家族津贴数目,第2个小孩为每月150法郎,第3个及第3个以后小孩每人每月为3,000法郎。①

（丙）意大利。1934年所缔结之团体协约中对于领取家族津贴者之资格限制甚严。凡工业工人减少工作时间至40小时,或40小时以下,而有14岁以下之未成年子女者方得领取。1936年新法废除第一项资格,凡工业工人有未满14岁之未成年子女时,即可领取家族津贴。随后农业,商业及银行业之家族津贴均如此规定。1937年新法颁布后,意大利对于工人及薪俸人员子女之年龄限制,略有不同。同时对于已满14岁之子女因其他关系不能工作者亦有津贴。详情如下表:

意大利家族津贴子女年龄限制表

类别 年龄限制	工人	薪俸人员
一般限制	14	18
子女仍在学校求学或正接受学校时训练	16	18
子女因身心关系不能工作时	16	18

家族津贴之数目,各类基金不一。1936年以前工业工人之家

---

① I. L. O. *Year-Book*, *1938-1939*, p. 226.

族津贴，每一个未成年子女每周为 4 里拉左右。1936 年颇有变更。各业基金每月津贴数目如次：

意大利各业基金每月津贴数目表

基金名称	1 个子女	2 个子女	2 个以上
工业基金			
劳工	15.60 里拉	20.80	26.00
薪俸人员	20.80 里拉	26.00	31.20
农业基金			
劳工	13.40 里拉	11.25	20.80
薪俸人员	20.80 里拉	26.00	31.20
商业基金			
每月收入在 600 里拉以上者	25.00 里拉	25.00	25.00
每月收入在 600 里拉以上者	20 里拉	20.00	20.00

银行业基金之家族津贴由各组自行规定，其数额依其收入多寡而分，每个子女每月津贴自 15 里拉至 40 里拉不等。

近年来各国对于家族津贴之给予不仅以未成年子女为限，凡家庭中不能独立之人员均包括在内。意大利亦然。如银行业家族津贴基金规定凡劳工之父母配偶及其他不能独立之亲戚均给予津贴。津贴数目每月均为 40 里拉左右。凡其父母亲戚之每月收入（包括工资及其他年金之收入）未超过 500 里拉时。方有领取津贴之资格，超过 500 里拉者则不视为不能独立之人员。如有兄弟数人同时申请赡养父母时，津贴给予其长子。1939 年 11 月 15 日工业雇主联合会及工业劳工联合会所缔结之团体协约对于工业薪俸人员及工业劳工之妻及亲戚亦规定可领取家族津贴。工业工人之妻不能独立时，每月津贴 31.20 里拉（每周 7.2 里拉），工业薪俸人员之妻每月津贴44.20里拉（每周10.20里拉）。工业工人不能独立之亲戚每人每月18.20里拉（每周4.20里拉）工业薪俸人员不能独立之亲戚每人每月28.60里拉（每周6.60里拉）。

（丁）西班牙。1938年7月18日之强制家族津贴法规定凡各级劳动者已缴纳家族津贴费在其第2个小孩出生后即可领取家族津贴，一直至儿童至14岁为止。津贴数目第2个，第3个，第4个小孩每人每月7.5丕赛他，第5，第6，第7个小孩每人每月为10丕赛他，第8，第9，第10个小孩每人每月为15丕赛他，11，12个小孩每人每月为20丕赛他，第13个以上，每人每月25个丕赛他。

（戊）新南威尔斯及新西兰。新西兰及新南威尔斯均规定凡在该处居住2年以上而其收入在一定数目以下，在第3个子女出生后可以领取家族津贴。子女之年龄限制，新南威尔斯定为14岁，如因身心关系不能从事工作时，得延长至16岁，新西兰则一律定为16岁，不得因其他原因延长之。津贴数目新南威尔斯定为每周5先令，每月21先令8辨士，新西兰则规定为每人每周4先令，每月17先令3辨士。

（己）匈牙利及智利。匈牙利规定凡强制参加家族津贴人员其第1个子女出生后即可领取津贴一直至14岁止。津贴数目无论小孩人数多少，每人每月一律25披索（Pesos）。智利对于薪俸人员及劳工系分别处理。薪俸人员参加家族津贴者其第1个小孩出生后即可领取津贴一直至18岁止，津贴额每年规定一次，其标准系根据下年应征费用及应付津贴数目而决定之。津贴数为一致的，不随子女多少而增减，每一个子女约为25披索上下。劳工方面则规定凡第1个小孩出生后即可领取津贴，但至14岁为止，如因身心关系不能工作时则继续津贴，并无时间限制。津贴额估计每人每月约为20披索。

第七编　劳工生活改进策

工业革命的结果,不仅使独立的手工业者,独立的农人和其他独立劳动者与生产手段脱离所有关系,变为工厂主的附庸,任其宰割;同时由于分工的细密和技术的专门化使其日常生活发生变化。劳动者在现代工厂中只是一个被指挥者,他被雇主安排从事简单的工作,每日如此,每月如此,每年也是如此。他穷年累月从事一种极简单而枯燥的工作,既对整个生产行程无法明了,他努力的成绩和成果也无法看到。他们的单调生活和昔日手工业者自己为生产指挥者的骄傲和自己欣赏其个人制成品的那种乐趣相较,真不可同日而语。同时机器的速率增加,工作的集约度(Intensity)加强,其生活时时刻刻在紧张中,而没有喘气的余地。总之,劳动者在工厂中已经失去了"人"性,只变成一副机器,变成整个工厂中的一个螺旋钉。

在这种枯燥,单调,紧张空气之下,有人性而被人漠视之劳动者自然会发生愤怒的情绪。于是误会,磨擦,不信任,懒惰,怠工,消极,甚至于积极的反对工头或厂主的指挥,妨碍工作进行,破坏工厂设备等现象在工厂流行。严格管理和强制在表面上虽可以弥补此种现象,但不是根本之策。故如何改进工人在工厂中的生活为现代劳动政策所应注意之点。在另一方面,大规模生产的进

① 从下面数字,我们就可看到现代工业劳动者集中的情形。

美、德、英雇用 500 人以上工厂工人人数所占全体工人百分比表

企业类别	美国	英国	德国
	1929 年	1930 年	1925 年
所有工业	37.7	38.8	33.6
一般机械业	28.0	49.7	33.6
棉纺业	57.7	25.3	39.9
毛织业	47.2	35.7	37.9
汽车制造业	86.3	71.2	66.5
钢铁业	86.2	75.8	74.7
铁路工厂	52.3	67.3	73.5

行,每个工厂雇用人数增加,劳动者群聚在一处,而为着原料或雇人的方便,同种类企业的集中使劳动者益为集中。大多数人群居在一起,其业余生活自应特别注意。自19世纪末叶以后,缩短工作时间运动盛行以来,劳动者的工作时间减少,休息和闲暇的时间增加,劳动者业余生活的改进和管理自日形重要。这是现代劳动政策之所以注意劳工生活改进的第二个原因。

旧的劳动政策只注意了工业革命对于劳动者的第一个影响——劳动者与生产生活脱离所有关系的影响——因此其所注意事项只是劳工经济生活的保障,如最低工资及劳动条件之规划,社会保险之实施,童工女工之保障及失业之扫除等,至于劳工与企业之关系,劳工在工作时间生活之改良,及劳工一般社会生活及业余生活之改善则未加以注意。20世纪开始后,尤其在上次大战结束后,劳工生活的改进方成为一班企业家和政府讨论的新课题。

19世纪末叶以来,在西欧各大工业国家就有许多企业家,私人团体注意劳工社会生活和业余生活,他们自动组织许多团体,或从事宣传,或实际设立业余消遣社,旅行团,教育会或其他类似团体,以谋劳工生活之改善。政府对于此类活动只立于第三者地位,并未积极参加。[①]最先注意此问题并由政府直接加以统制者为苏

			续表
电机制造业	68.6	73.9	61.2
化学工业	50.10	41.2	50.3

① 关于在1925年以前,各国工人业余生活改善运动之大概情形可参阅:Bertil Nyström: *The Use of Spare Time in Sweden*, *The Use of Sparetime in Czechoslovakia*, *Worker's leisure Committee in Belgium*, *The City Worker's Spare Time in the United States*, *Spare time in the Country: An English Experience in Organization*, 以上各文均见:I. L. R. Vol. IX. No. 6.

联。苏联自1917年以后对于工人的业余生活和文化生活完全由政府加以管制，休息所及"红色之家"（Red Corner）在各地纷纷成立，读书会，诗社，研究会亦遍设于各工厂。于是劳动者的日常生活和业余生活得到合理的指导。继苏联而起者为意大利。意大利于1923年在法西斯党部监督之下成立工人业余消遣局（Opera Dopolavoro）提倡并指导工人之业余生活。至1925年5月25日将其改组改名为全国劳工业余消遣社（Opera Nazionale Dopolavoro）为全国劳工业余组织之指导及管理机关。其主要活动为管制并改进劳工之日常生活。自苏，意两国政府直接参与劳工日常生活改进活动后，各国均纷纷仿效，虽其所采之方式不同，而其注意则一。

比利时亦为最早注意劳工日常生活及业余生活的国家之一。在1919年《八小时工作法》通过后，嘿诺省联合会之常设委员会（Standing Committee of the Provincial Council of Hasselt），即曾任命一委员会研究劳工业余生活之改进问题。至1919年12月巴拉邦（Brabant）省正式成立工人消遣委员会（Committee on Worker's Leisure），继之而起者有黑子省（Liége）该省亦于1920年7月成立特别消闲委员会（Special Leisure Committee）主持各省之劳工生活之改善及消遣事宜。各省委员会之成绩颇为卓著。至1936年又成立全国工人假日局（National Office for Worker's Holiday）为全国最高指导机关。其主要活动为协助各工会，合作社，企业，友谊社，妇女团体及青年团体所组织之业余消遣团体，而不直接干涉其行动。

英国在大战以后即已知工人生活改善对于劳动者个人及全体社会均有莫大之裨益。故1922年工商业委员会（Committee on Industry and Trade)报告书称:"对于劳动者一般生活之重视为大战期中最有价值之经验之一。对于劳动者社会生活之注意可以减少其操作的疲劳,增加其工作效率,增进工厂内和谐的空气。"[1]大战以后内政部颇注意此种运动之发展。在其提倡下,各企业及各工厂曾纷起影响,或推行种种方案改良企业设备,增进工人在厂内生活的方便,或组织业余娱乐组织以改进劳工业余生活。1926 年在英国实行工厂福利改进计划者达 1300 厂,[2]成立旅行社,俱乐部,音乐会者达一千之多。[3] 其组织系由企业,工厂自动组织,在全国虽有工业福利社(Industrial Welfare Society)为顾问及咨询机关,但政府未直接加以管制。

美国,法国,瑞典,波兰等国关于劳工生活改进的设施和比,英两国相同,均由工会,雇主协会,公共团体,私人团体,及企业家主持,政府并不直接干涉。其主要活动关于厂内者,如工厂设备之改良,工人居宅之改建,工人与企业关系之加强,工人工作生活改善;关于业余生活者则为运动,美术之提倡,音乐会,同乐会之举行,工人团图书馆之设立,博物馆及游艺会之参观等事项。其活动方式虽不相同,但大体相似,并无显明差异。

对于工人一般生活特别注意,而其设施又足为世界各国之冠者为 1933 年以后之德国。德国于 1933 年 11 月成立健乐局(Kraft durch Freude Association)为全国主持劳工生活管理机关,其组织虽仿意大利之业余消遣社形式,但机构,组织,及活动范围均较其广泛。该局不到 2 年即成立 32 省局,800 个县分局,18000 个区分局,

---

[1] *Survey of Industrial Relations*, p. 26.

[2] 同上,p. 191.

[3] *The Factoy and Recreation*.

参加者人数达 2000 万以上,其规模之庞大,于此可见[1]

综上以观,可知劳工生活改进运动的勃兴及其发展的过程,系由个别的私人活动,发展为全面的集体的组织,由零星的局部的设施扩大为有计划的全国的运动。不过在此种趋势中我们又看到个人主义国家和集权主义国家有许多地方截然不同。

第一,个人主义国家系由工会,私人,企业家或私人团体主持,而集权主义国家则由国家管理。这点在上面已经说明,在此不拟重赘,在此处不过指出这是两种典型国家的主要区别之点。

第二,就目的说,个人主义国家劳工生活改进策的目的在求劳动者个人人格之最高发展及其个人最高成就之获得,而在国家主义国家则首谋国家目的的完成,个人的福利系在第二位,在不违反国家目的之下,劳工个人利益方被保障。个人主义国家既以劳动者的个人福利为依归,故其活动与设施均以此点为中心。在国家主义国家则不然。其目的为双重的,第一为求劳工个人之福利,第二则求国家一般政策之完成。因为自他们看来,劳工生活之改良和管理只是达到国家政策的手段,而不是目的,故其设施应以国家利益为第一位,劳动者个人利益为第二位。

第三,就组织及机构言,在个人主义国家既是由私人或私人团体自动设立,则其内部组织及外部活动系受各个团体之历史渊源及经济环境的影响而各不相同。同时,各个团体之间既没有横的连络,又没有直的隶属关系,形成各自为政的现象。在集权主义国家则不然。如德国之健乐局,意大利之业余消遣社,均为全国性的组织,上面有总社为全国之管理及命令机关,在下层则分社满布各

---

[1]　I. L. O. *Year-Book 1937-1938*, p. 203.

地各业。其组织既极细密，其机构又甚灵活，成为一行动灵敏之有机体。即以苏联而论，其工人俱乐部或红色之家表面上虽由工会组织，但其工会系政府御用机关，故其组织亦有一致性。

第四，就劳工生活改良策之内容言，在个人主义国家则偏重消极的消遣与娱乐，很少积极的意义。在集权主义国家则除消极的养成劳工正当的习惯外，并含有积极的训练和教育的意义在内，因为在集权主义国家，都是一党专政，他们各有其特定的精神和国策，因此，他们希望在劳工的日常生活及业余生活中提高其国家观念，民族思想和忠党爱国的信仰，使其不知不觉中受着其党的主义之熏陶。这点将在后面分别提到。

个人主义国家的劳工生活改进策既系企业家工会或私人团体所主持，政府并未积极的管理或指导，则自不在本书讨论范围之内。现仅将集权主义国家政策分述之。

第一章　意大利之业余生活管制策

在欧战以前,意大利之劳工业余消遣组织即已萌芽。如意大利阿林屏俱乐部(Italian Alpinc Club)成立于 1883 年,意大利旅行会(Italian Touring Club)成立于 1894 年,意大利乡村旅行社(Italian Cross-Country Union)成立于 1910 年,意大利工人游历会(Italian Workser's Excursion Society)亦于该年成立。[①] 但组织散漫发展甚缓。1918 年后此种组织日形发达,人数日增。其他如音乐会体育会亦大量产生,在北意各大工业城市尤为发达。如意大利旅行会于 1910 年会员仅 83600 人,1920 年增至 16 万人。意大利工人游历会尤为发达,其总会设于梦扎(Monza)在北意各城市均设有支会。[②] 但当时此种自动组织均有下述三缺点:第一,各团体之活动无中心目标,其一切设施或行动大都偏重消极的娱乐没有积极的意义;第二,各个团体人数有限财力不足,许多有意义而需款较多之工作不能举办;第三,各个团体既没有纵的关系又没有横的连系,各自为政,不能收攻错之益。

法西斯当政后,深知劳工业余生活之重要,故在 1923 年由法西斯党部设立工人业余消遣部以指导工人业余活动。至 1925 年 5 月

---

① *Under the Axe of Fascism*, p. 362.

② 同上,p. 363.

25日下令设立全国劳工业余消遣社,以统制,管理并规划一切有关工人业余生活事宜。将以前工人,工人团体,企业家所自动组织之旅行社,俱乐部,歌咏队剧团等组织一律隶属于全国工人业余消遣社系统之下,并强制全体劳工参加。于是全国性的业余消遣组织方告成立,该社社长初为阿斯培公爵(Duke of Aosta)后改由法西斯党书记长杜乌伦提(Augusto Turati)担任。[1] 自1925年成立后,其内部组织虽于1937年及1939年有若干改革,但大体上其基本原则并无变更。

根据1925年《组织大纲》,全国工人业余消遣社分为三级,总社设于罗马,为最高的顾问及设计机关,内分为行政部及技术部两部,并设有专家委员会主持设计事宜。总社之下设有各省分社,每省一个,为业余消遣组织之中级机关,主持该省内监督及考核事宜。各省分社之下为地方分社及在企业,工厂内设立之企业分社或工厂分社。此为工人业余消遣社之基本单位,为实际活动机关。至1939年年底,法西斯中央党部书记长下令改革全意业余消遣社机构,对于总社及各省分社改革颇剧,对分社内部组织则无多变更。[2] 其总社由社长一人及中央指导员若干人组织之。社长由法西斯党部书记长得业团部长同意后呈请墨索里尼任命。中央指导员由法西斯各业雇主联合会,及法西斯各业劳工联合会主席,学术界联合会主席,各军事机关代表,有关政府各部会代表及合作社代表组织之。各省分社亦由社长一人及省指导员若干人组织之。分社社长由总社社长得各该省法西斯党省党部书记长之同意任命

---

[1] Carener Haid r: *Capital and Labour Under Fascism*, p. 13.

[2] I. L. I. 22. January 1940. pp. 66-68.

之。其任命手续普通多由各该省法西斯省党部书记长遴选三人呈送总社，由总社社长圈定一人。各省指导员人选为各业雇主联合会及劳工联合会主席，省政府代表一人，及省业团体联合会代表一人组织之。各地方分社及工厂分社则无大的变动。

业余消遣社就其性质言可以分为两种：一为各企业团体，公私机关及各工厂所组织者。此种消遣社之社员以该企业机关，团体或工厂之被雇者限，普通称之为特别消遣社或工厂，机关消遣社。一种系以地方为基础而组织者，凡未组织消遣社之企业，机关或工厂之薪俸人员及工人均可加入。其社员以该社所辖区域内之劳工及薪俸人员为限，并无职业的限制，普通多称之为普通消遣社，或地方消遣社。就业余消遣社之社员而论，亦分为两种，一为团体社员，一为个人社员。凡因团体资格加入业余消遣社者谓之团体社员。反之，如劳工或薪俸人员以个人资格加入者谓之个人社员，消遣社之发展甚速，尤以普通消遣社为最。根据官方统计，在 1926 年普通消遣社共 300 所，特别消遣社为 260 所，至 1932 年普通消遣社增为 9367 所，特别消遣社增为 2400 所。[1]

消遣社的社员包括所有精神劳动者及体力劳动者不仅以工业劳动者为限。如农业劳动者，商业雇员，银行业，交通业及其他公私机关团体之被雇者均可组织消遣社或加入普通消遣社。但就其发展历史言，则以工业劳动者及公共机关之使用人参加者最多。以其知识程度较高而人数集中易于组织，故参加或自动组织者较其他部门为多。如以 1932 年论，参加消遣社人员达 200 万上下，其

---

[1] F. Pitiglani, *The Italian Corporative State*, p. 236.

中工业劳动者约占 65 万人,公共机关使用人约 47 万人,农业劳动者约 36 万人,商业及银行雇员约 21 万人,交通业约 8 万人。[①]

特别消遣社系由组织此种消遣社之工厂,企业机关或团体负责,而普通消遣社则由县市之劳工协会会同法西斯党部组织之。每个消遣社的内部组织大体相同,除一般行政机构外普通多分为四大组(Sections)一为民族文化组;二为美化教育组;三为体育组;四为服务组。但组织较小,人数不多之消遣社,则仅有一组或二组。各社经费主要来源为各业雇主协会及各业劳工协会之津贴,其他如各级地方政府,公共机关,信用机关及慈善团体均有补助,但数目较小。会员则甚少,每月仅十里拉上下。至 1937 年 5 月曾由行政首长改订经费分配比例表,但其经费来源仍以各业雇主协会及劳工协会之补助为主。

前已言及,在集权主义国家劳工业余生活之管理,除有计划的调整其业余活动,使其有正当的消遣避免不正当的娱乐外,其主要目的是想从娱乐,运动及各种业余活动中灌输国家观念及民族思想,使其耳濡目染不知不觉中成立为某一党派之拥护者或某一种国策之支持者。这点意大利自然不能例外。所以法西斯党书记长兼全国业余消遣社社长杜乌伦提说:

> 我们要到民间去和民众混在一起,去教育他们,训练他们,使他们爱自己的土地,自己的国家,自己的家庭和自己的故乡。让他们到各处去旅行,使他们和无穷尽的自然之美相接触;带他们到高山,到海滨,到全国山川名胜险要屏障的区

---

① F. Pitiglani, *The Italian Corporative State*, p. 237.

域去参观,让他们认识祖国的真面目。使他们成为爬山和游泳的能手,以为将来执干戈卫社稷的准备。在愉快欢乐的运动竞赛中,使他们的体力得到健全的发展。我们要重新发扬现在各种风俗,歌曲,舞蹈等方面的光荣风俗和可宝贵的习惯,使他们对于祖国油然而生爱慕之念。……总之,我们要在音乐,歌咏,戏剧,绘画,舞蹈,雕刻,诗歌,工艺各方面启发他们,协助他们,使他们在生活的每个阶段中都可以得到幸福,同时要保证他们和他们的家庭在经济上和道德上的福祉之获得①。

消遣社的活动完全按照上述目的进行的,其活动可分为四组。现分述于次:

(甲)民族文化组。民族文化组之重要工作为民族主义之灌输,民间风俗之发扬,文化水准之提高及职业训练之倡导,对于民间有意义的风俗及习惯尽量提倡以加强人民爱乡土爱国家的观念,以增加民族的团结和人民的向心力。职业训练亦为该组主要活动范围之一。消遣社常与各级普通学校,职业学校及各业专家取得密切连络,随时举办各种训练班,演讲会,讲习班以增加社员的技能和知识。训练班内容甚庞杂,依当时当地环境决定,并无一定陈规可循。普通课程多为打字机之使用,速记之训练,外国语之补习,绘画诗歌之研究,以及政治,经济,法律,历史,地理,社会各种人文科学之介绍。该组并设立读书会,演讲会,图书馆,鼓励社员加入;常举行工作竞赛及物品展览会以提高其兴趣;按期的领导

---

① Herman Finer, *Mussolini's Italy*, pp. 486-487.

社员参观博物馆以增加其常识。此外并设有常设的补习学校,民众学校以补助正常的一般教育及职业教育之不足。兹将其自1926年至1934年间所设立之民众学校及补习学校数目列后:

意大利业余消遣社设立补习学校数目表①

年代	民众学校数目	补习学校数目
1926 年	87	——
1927 年	730	157
1928 年	1,178	341
1929 年	2,229	381
1930 年	4,709	546
1931 年	5,849	548
1932 年	6,190	527
1933 年	6,315	530
1934 年	6,390	——

(乙)美术教育组。该组之活动甚为广泛,收效亦宏。其主要活动为音乐,戏剧,舞蹈,广播,绘画,雕刻等美术教育之提倡。各消遣社在各地设有歌咏队,合唱团,唱歌班以训练社员,提高社员对于音乐之兴趣,并随时举行音乐大会免费使社员参加。乐器之购置,社员可得折扣之优待。音乐教材多由专家编撰,内容尽量大众化,尤其注意民间旧有歌谣之采纳及旧形式模仿。

话剧歌剧之提倡亦极为努力。大多数消遣社组织话剧社或歌剧社自行出演。剧本之选择多偏重民族主义之灌输及法西斯精神之提倡者。同时并鼓励社员自己写作剧本。总社设有戏剧奖金,提拔优秀的无名作家,剧本审查员由总社聘请国内名戏剧作家担

---

① *Spare time Organization for Agricultural Workers in Italy*, I. L. R. Feb. 1936. p. 231.

任。如无戏团及剧院之城市及市镇则总社备有戏剧列车(Cars of Tnespis)在此种城市巡回出演。车中载备演员,及演剧所必需之道具用品等,其所演出之剧本约为二个话剧,一个歌剧及其他杂耍,剧本每年变改。

对于智识程度较高之社员,则有其他高尚的娱乐如绘画,雕刻,摄影,集邮等之活动之提倡,诗歌文艺之写作及舞蹈之训练。各消遣社常举行美术展览社以提高其兴趣,并使其有切磋观摩之机会。对于欣赏能力较低者有电影及音乐广播供其消遣。消遣社或自己设立电影院轮流供社员观览,或与当地电影院订立合同,对消遣社社员予以特别折扣。收音机之设置极为普遍,尤以乡村为最。以收音机之费用不大,而收效极宏。兹将消遣社所组织之剧社音乐社之发展情形列表于次:

意大利业余消遣社之剧社、音乐社及歌咏队发展表[1]

年代	业余剧社数目	音乐社及歌咏队数目
1926 年	113	640
1927 年	460	1,628
1928 年	1,053	1,859
1929 年	1,095	2,468
1930 年	1,901	5,298
1931 年	1,994	6,243
1932 年	2,205	7,312
1933 年	2,226	7,342
1934 年	2,305	7,410

由上列数字即可知该组工厂发展之速。业余剧社在 9 年之内

---

[1] *Spare time Organization for Agricultural Workers in Italy*, I. L. R. Feb. 1936. p. 231.

增加 22 倍强,歌咏队及音乐社数目在增加十倍之上。

（丙）体育组。在业余消遣社工作中最为政府注意者为体育组。以体育组运动不仅可以用以锻炼国民体格,提高人民健康水准,同时可以利用之以为各种军事训练之基础,如爬山,骑马,射箭,团体操等均与军事训练有密切关系。故法西斯当政后对其提倡不遗余力。法西斯高级官吏 Singor Maravigila 说:"运动本身并无目的。故运动不能由个人选择。国民从事运动时不能依照个人的嗜好去组合,而应按照军事的要求去组织。从运动本质的变迁中我们可以看出法西斯主义最重要的一面来,尤其在需要人数很多的运动中,我们可以看出法西斯主义的精神。运动是军事训练及精神训练的准备。换言之,运动是意大利全国青年的军事训练。要使运动大众化,要使运动军事化,是意大利政府提倡运动的目的,也是他应该努力的方向。"①从这段话,我们就可知道法西斯对于运动的注意。同时,无疑义的,消遣社提倡运动的目标也是如此。

在消遣社指导下参加运动组的人数甚多。在 1927 年占全体社员的 36%,1929 年增为 35%,1933 年增为 60%,至近年来增加尤速,在 80% 以上。② 参加者年龄自 20 几岁起至 50 岁止。运动项目之选择不能由社员自由选定,要先经消遣社派人严格的检查体格后,再由该社派定,社员不能违反。其训练之目标,为体格之锻炼及带有军事训练性质之训练,注意各个社员体格之平均发展,而不重视选手之培养。总社及各省分社虽常举行比赛会及运动会,但

---

① *Under the Axe of Fascism*, p. 368.
② *Capital and Labour under Fascism*, p. 181.

772

其目的仅在提高社员兴趣,而不在养成第一级之运动员。最特别者,该社实行一种体育证书制度,使社员注意体格之一般训练。凡参加运动组之社员经过严格的检查及考试后由该社发给证书一张,在证书上详列持证人之身体现状及运动特长。推行此制之目的除鼓励社员对于体育发生兴趣外并有职业训导及劳力分配之价值。以职业局根据此种证书后对于持证人之身体状况及康健情形有比较详细的认识,因之对其工作能力,其所从事职业与其身体是否相合,及其可以担任之工作均可明了。该社自己有运动场,运动项目应有尽有,如团体操,各种球术,田径赛,游泳,搏击,剑术,自行车,划船,骑马,无不全备。尤其注重团体操及基本的军事训练。运动用具,概由该社供给。

由于政府之提倡,近年来运动之风极盛,尤其自法西斯星期六制(Fascist Saturday)实行后,星期六下午及星期日运动所更有人满之患。[1] 意大利工人参加运动者人数日增而其技术亦大有进步。如1936年全国各种运动会中工人参加者仅8000人,至1937年增至13000人;全省运动会中工人参加人数,在1936年为26000人,至1937年增加为45000人,一年之内人数增加几达一倍。女工对于运动兴趣,亦日趋浓厚,1937年内参加全国各种体育比赛之选手共2200人。[2]

(丁)服务组。该组之主要工作为给予社员以实际的援助及物质方面之利益。如设立各种食料,衣料,及家用品合作社供给工人以价廉物美之用品;或与商店成立协定,使消遣社社员购买货物

---

① 关于法西斯星期六制详见本书第五编。
② I. L. O. *Year-Book 1937-1938*, p. 205.

时可以得到特别折扣;或与照相馆,电影院,剧院成立协定,使社员得到半价或免费的待遇。有时并成立小规模之医院,社员可以得到免费诊治的优待,并常川聘请医生担任卫生顾问或医药顾问,社员生病时可以免费诊治,如病症较重时,可以请其至家诊治,社员家属亦可得到此种待遇。总社又与保险公司成立失虞保险协定,全体社员一律强制参加。社员因业余活动而受伤害者可以得到失虞给付及其他年金,如伤重致死时,则对其遗族予以埋葬费及遗族年金。[①]

在乡村及城市消遣社均设有廉价的餐馆及费用甚少之旅馆,以供劳工食宿,失业劳工寻找职业者可以得到免费待遇。总社及规模颇大之地方分社常建筑大批合乎卫生健康条件之平民住宅,取费极廉以供社员租赁。地方分社亦有设有价廉物美之家具公司以供劳工家庭之需要者。在乡村及农业城市之消遣社则设有花园及果圃以供社员采购各种花木。其他对于花园之布置,庭园之修饰,该社均可给予其社员以指导及帮助。

劳工旅行游历之倡导及协助亦为该组主要活动范围之一。当星期六,星期日及其他放假日时,该社组织各种徒步旅行团及郊游会等鼓励劳工参加。当工人放年假时,该社又组织远足旅行队或参观团至外埠或其他名胜区域游历,由政府添设廉价火车或轮船免费运送。1936 年后又与德国健乐局成立劳工游历交换协定,每年由总社选派若干人至德国游历。旅行及郊游之成绩甚佳,以1937 年而论,各种旅行团及远足队计在 2500 个以上,参加人数在200 万人上下。[②]

---

① *Spare time Oganization for Agricultural Workers in Italy*, p. 234.
② I. L. O. *Year-Book 1937-1938*, p. 206.

业余消遣社之活动已由上述，其成绩颇佳。故得斯米督（Gia-camo Dusmate）谓："由于消遣社发达之结果，赌博性质之游戏及酗酒已完全绝迹。在以前意大利农民多喜饮酒，现则已改变兴趣矣。"[1]此仅就消极之功效而言，至于积极的利益更难计算。

---

① *Spare time Organization for Agricultural Workers in Italy*, p. 232.

第二章　德国之劳工生活管制策

德国在大战以前即已注意劳工生活之改进,首先注意此问题者为 Richand Ehrenberg 教授。但其理论为一般人所漠视。至1921年由于 Joseph Winschuh 之努力,理论方面之研究方有新的发展。他反对政府将社会政策分为企业及其他方面两部分。工厂企业和国家的政策是一个不可分的整体。企业家或工厂主除执行政府所制成之社会政策外,并须根据本厂需要拟定若干社会福利政策以适应各厂或各企业之特殊环境。厂内福利政策的主要目标是提高劳动者在工厂内的地位,给予他以高尚重要的评价,使他不只是雇主的被雇者,机械的奴隶,而是一个有血有肉有感情有生命的人。①

Winschuh 著作正出现于德国劳动界多事之秋,劳动者不满现状的呼声遍于全国,因之其著作大受欢迎。同时有许多社会学家,工业家,心理学家,亦正在寻求产业秩序安定的方法,他们的眼光也注意了工人在企业内地位之改善及一般生活之改进。如 Willy Hellpach,Eugen Rosenstock,Bang,Gerhard Albrecht 和 Karl Vorwerk 等人对此问题均有相当贡献。1926年以后由于 Heinrich Lechtape 及 Karl C. Thalhein 教授努力,工人在企业内生活改善问题更为一班人所重视。由于 Karl

---

① Joseph Wimschuh 只是一个工业学校的学生,由于他在工厂中的实际经验在1921年发表了 Elements of a Practical Works Policy 主张改良工人在厂内生活。不久将此书扩充为 Practical Works Policy 一书,其理论更为细密,深为一班一人所注意。

C. Thalhein 教授之影响在柏林技艺大学成立了经营社会学研究所（Institut für Betriebssoziologie und Soziale Betriebslehre）专门研究企业内或工厂内工人地位之提高及生活之改良。因此"工厂社会政策"或"自动社会政策"在德国产业界极为流行。

在另一方面，实际上有许多人在进行此种工作。其中最重要组织为德国技艺改进会（Deutsche Institut für Technische Arbeitschulung），该会为某矿物公司工程师 Karl Arnhold 所组织。其主要活动为研究劳动工人生活之改善。该会认为有生产行程中人的因素占一重要地位，要人去役使机械，不要为机械所役使，同时劳动者要能真正享受有价值有意义的"人"的生活。因此工厂主要用种种方法使劳工对自己工作发生兴趣，对自己的地位要发生优越感，要知道其工作的价值及其与企业的关系。该会的活动过程可以分为三阶段。第一阶段为劳工生活之改进，如以运动游戏，旅行，音乐，演剧去调剂工人的生活，领导工人参观工厂，远足旅行及参观博物院以增进他们的生活；举行省亲会，以连络工人家庭；改革工厂的布置和外表使工人发生亲切有味的情绪；及运用心理学原则指导工人就业及选择职业以适合其个性。第二阶段为人的因素和机械合作之新认识。其主要活动为使生产行程的细密分工能与劳工的兴趣个性得到调和，使人性的差别与机械的高度使用能够得到平衡。换言之，人类要控制物质的生产要素，不要为物质的生产因素所役使。第三阶段为心理法则之广泛应用，使纯粹的技术方法解体。①

德国技艺改进会成立两年后，Adolf Friedrich 在 Suarbrücken 成

---

① Z. H. A. Geck, *New Trends in Social Policy in Germany*, I. L. R. Jnly. 1937, p. 25-31.

立劳动研究院(Anstalt für Arbeitskunde)以研究劳工生活之改善,其所用方法与技艺改进会虽不相同,但其目的则为一致。两者有互相补益之效。

由于在理论上或实际上有长期的研究及光辉的成绩,故1933年国社党当政后对此方面之设施极为完全,其成绩在各国之上。

国社党推行劳工生活改进策之总机关为劳动阵线。劳动阵线不仅为设计的机关,而且是推行考核各种政策之总动力。劳动阵线在国社党指挥之下推行种种可能的并有效的制度去改进劳动者的生活,引起他们的工作兴趣,提高他们的地位,增进他们的健康,涵养他们的优良品格使劳动者成为国社党的信徒,德国民族复兴的战士。主要负责部门为健乐局,业余娱乐部,公共卫生部,职业训导部。其他如妇女部,青年部及住宅部对此方面亦有种种策动。

健乐局为仿照意大利业余消遣社形式而组织的。该局成立于1933年11月为劳动阵线之一部。全国分为32省局,800个县分局,18000所区分局,8万个工厂代表。会员截至1939年年底止共达2000万人以上。其主要目的一方面在使劳动者由工作中得到快乐,由快乐中得到力量,以这种力量去努力建国及生产工作。一方面在改良劳工的业余生活,使其对于工作发生兴趣,并于不知不觉中培养其爱国精神。1937年10月举行第四次年会中劳动阵线指导者宣称,健乐局不仅为一有意义的业余生活组织,而且为建立新社会和新生活之机构。[①] 其重要性于此可见。健乐局分为工作美化部(Beauty in Work Department)运动部(Sport Department)旅行

① Herbert Steinwarz, *The Amenities of Industry and Labour in Germany*, I. L. R. Dec. 1936, p. 774.

及假日消遣部（Travel, Walks and Holidays Department）及大众文化部（German Popular Culture Department）。

工作美化部总部设于柏林，下分四科。一为经营科，二为建筑科，三为技术改良科，四为宣传科。在各县设有分部及研究委员会以推行各项工作。其主要活动分为两部分，一为美术及建筑方面，一为技术卫生方面，美术及建筑方面之工作为工厂外表之改良及美术化，工厂环境之改善，树木及花卉之培植，厂内公园之布置，工厂建筑之美化及工厂内部之布置及装饰等。技术及卫生方面之工作主要为工作场所及工作室之布置，光线及通风之改善，机器之改装，盥洗室，更衣室及休息室之改革。其重要改革为光线及避声两方面。"与声音作战"及"好的光线就是好的工作"为其过去两年之主要口号及中心工作。此外对于工人制服，座位，用具无不精心研究使其适合美术及健康条件。总之，该部尽可能的与厂主，美术家，建筑家，工作检查员合作，使劳动者在美丽而健康的环境下工作，以增加其工作能力及效率。在1937年该部全年费用约为5万万马克，1936年为6万万马克。

运动部之主要工作为添设运动场所，增设运动设备，并指导工人从事有益健康的户外运动，团体操，田径赛，爬山，击剑，划船，游泳及其他身体方面之训练。其主要目的与意大利业余消遣社相同，除锻炼工人体格以提高其健康水准外，并为军事训练之准备。至1938年该部草拟工人运动计划，强制各地工人参加各项运动，对于青年劳工尤为注意。故该部在1938年又与希特勒青年团缔结协定有系统的组织，并指导青年工人在运动方面之活动。至1939年在国社党指导下又成立德国体育联合会，为全德最高指导机关。参加运动者之人数甚众，在1938年参加运动活动之工人达

665 万人。

旅行及假日消遣部为德国工人最感兴趣之组织。其主要活动为使劳工在放假日能得到有俾身心及有意义之娱乐。其最主要之消遣为旅行。每星期六下午举行周末旅行,劳动者年假时则举行长途旅行。健乐局自己备有汽车,汽船及其他交通工具以备会员使用,该局又与国家火车局轮船局订有协定免费运送劳工至全国各处旅行。在 1936 年由健乐局组织之周末旅行队及长途旅行队在万队以上,参加人数达 500 万人。1937 年参加旅行队人数达 900 万人,其中 200 万人为周末旅行(Round Trip),18 万人为派至挪威,意大利及 Madeira 旅行者。至 1938 年特别注意国外旅行。在 1938 年 2 月与意大利业余消遣社订立协定每年交换运送参观团 6 万人,并组织德,意旅行营,由两国工人混合组成在德,意两国旅行。此外与法国,波兰,日本均有同样之规定。在 1937 年,1938 年及 1939 年各年均曾组织国际滑冰营,鼓励劳工参加。除旅行外,该部并有计划的轮流免费送工人至电影院,剧院,跳舞场,音乐会,合唱团及其他正当娱乐场所以消磨其放假日或休息日。为便利旅行队在外住宿计,在各地设有工人旅社,取费极廉以供劳工应用。旅馆床铺 1933 年为 8 万个,1937 年增至 25 万个。自 1933 年起健乐局开始建筑能容铺位 2 万个之大旅馆 339 个,其中 58 个已于 1937 年完成,有 19 个在 1938 年已开始使用,20 个正在建筑中。[1]

大众文化部之主要工作为提高劳工之文化水准,其主要工作为设立民众学校,补习学校,组织演讲会辩论会,举办各种演讲,巡回图书馆,美术展览会,音乐会,使劳工在业余之暇能参加比较高

---

[1]　I. L. O. *Year-Book 1937-1938*, p. 1935-1937.

级的文化活动。其成绩颇为圆满。在 1937 年末健乐局共设有民众学校 200 所，音乐训练班 220 班，剧团数 10 个，读书会之组织亦极普遍，公路工人参加读书会者达 11 万人。在 1938 年发展尤速，由各地分局主持之演讲会达 61000 次，参加听讲者 550 万人。乡村图书馆在该年成立者约 4000 所。至于其他辩论会，展览会，考察团及参观团之组织更多。

业余俱乐部为劳动阵线内一部，其活动范围为在企业或工厂内指导并管制劳动者之业余生活，如指导工人举行演讲会，音乐会，演剧，艺术展览及其他高尚娱乐事宜。其与大众文化部不同者，即后者注意一个区域内之劳工活动，而前者则以一个工厂或企业为范围。其主要目的在使每个劳工能够有意义的度其业余生活，永恒保持快乐而欢娱的心境。①

职业训导部在此方面也异常努力。部长为德国技艺改进会创始人 Karl Arnhold 所担任。其主要任务为应用心理学原则于职业指导及职业训练中，务使每个学徒，青年工人及成年工人对其工作发生浓厚兴趣，自动的增加其工作效率而达到人尽其材的目的。在 Arnhold 领导下，职业训导部曾设立数十个职业养成所，徒弟学校，非熟练工人训导所于全德各地以培植典型的现代工人使其努力参加建国工作。学徒制度及非熟练工人之训练在该部指导之下亦大有改进。该部为鼓励劳工增加效率提高技艺能力计，每年举行全国的职业竞赛以鼓励工人自动改革，对于竞赛优胜者除予以荣誉的奖赏外，并增加其工资。其他如就业之测验，职业之分配，劳工之分组，劳工工作之调剂，该部无不有专人负责作精确详密之研究，务使劳工能依其个性

---

① *The Evolution of German Labour Front.*

而分工,并提高工人在工作时之兴趣以减少昔日单调枯燥的空气。最近该部工作集中于不熟练工人之训练及几种与国防有关的技术工人之训练,对于青年工人之训练尤为注意。以德国自重整军备后劳工缺乏甚多,该部自不能不有系统的训练工人以应目前及将来之需要。

住宅部之主要工作为改良并修筑工人住宅,在1937年曾拟成全国劳工住宅改良计划,现已次第实行。公共卫生部除有计划的改善工厂环境外,并介绍工人免费诊治,1935年因该部介绍得免费诊治之工人达250万人,1936年则在300万人以上。妇女部则对于工厂内之更衣室,托儿所,育婴室,休息室,幼稚园之修筑及改革可随时向企业家建议。青年部则偏重青年工人之待遇与设备。

总之,劳工生活改善策就其内容言可以分为企业内生活之改善及一般生活之改善两部分,工人人性之重视,人与机械组合之注意,工人工作兴趣之提高,工厂设备之改良等项属于前者,而工人业余娱乐之倡导,工人业余生活之管制,工人文化水准之提高等等属于后者。就其种类言则可分为物质设备的改善及精神的鼓励两方面,后者无需多量的费用。现将1935年及1936年两年内德国关于工人生活改进方面的开支列表于次:

1935及1936年两年内德国工人生活改善费用表[①]　　单位:马克

（一）工厂外表改建费用	
（1）工厂外部结构	92,348,950
（2）厂内通行道路	2,581,223
（3）庭园花木	2,935,610

---

① Herbert Steinswarg, *The Amenities of Industry and Labour in Germany*, I. L. R. Dec. 1937. p. 774.

续表

(4)工厂广场	394,832
(二)工厂内部费用	
(1)工作室及工作场所之改良	94,103,812
(2)自然光线(开窗费用)	2,396,420
(3)人造光线	4,528,213
(4)通风	3,967,444
(5)去灰设备	2,449,000
(6)洗涤设备	20,976,872
(7)更衣室	10,246,472
(8)盥洗室	3,620,400
(9)脚踏车室	1,728,744
(三)社会教育设备	
(1)会议厅及娱乐场	9,737,428
(2)休息所	10,603,294
(3)俱乐部	19,183,020
(4)假日娱乐室	1,856,822
(5)屋顶花园及阳台	434,517
(6)儿童游戏场	79,100
(7)急救室(First-aid rooms)	510,224
(8)播音机设备	1,482,900
(9)工厂图书馆	454,228
(10)工人住宅	25,296,824
(四)运动设备	
(1)运动器具	1,328,745
(2)运动场所	520,346
(3)露天游泳池	1,428,776
(4)户内游泳池	40,328
(五)其他费用	48,786,252
合计	364,038,797

德国和意大利的劳工生活策在上面已经详细分析。有人以为这完全是表面的做作,实际上劳工并没有受到实惠。这点我们并

不完全同意。法西斯为着要备战,为着要增加生产力,自然要改善劳工生活,使他们的效率提高,工作奋发。"留得青山在,不怕没柴烧"的道理,他们是知道的。不过我们要指出,他们的目的,并不是为着劳工的福利,这种种措施,不过是达到"膨胀国力"的手段而已。同时,他们政策的本质是一种"动物园式"的,劳工是在政府严格的统制管理下生活着,他们并没有发表意志表现自我的自由。换言之,劳工生活的改进是由政府统制的,劳工没有选择的自由,他们既不能拒绝,也不能要求。政府认为这种设施对于"备战",对于"武力膨胀"是有利益时,就予以提倡,否则加以禁止。即使这种制度对于劳工有利,但对于国力的发扬无益时,也要加以拒绝。这是他们政策决定时的唯一标准,一切取舍,均以此决定。此外我们更须指出,德,意劳工生活改进的经费大都是出自劳动阵线或劳工协会,政府只有少数补助。工人自己的钱用在工人身上,政府不过加以有计划的运用而已。这种"羊毛出自羊身上"的作风,也是他们惯于运用的。

第三章　苏联之劳工生活改进策

苏联为工农专政的社会主义国家,其对劳工生活之改进,自不待言。同时,苏联为计划经济国家,劳工生活的改进系以该国生产力之发展为前提。根据该国每年生产的情形,从国库中拨付一笔费用有计划有系统去改良劳工生活。故其设施为有计划的,与其他各国不同。

1936 年新宪法第 119 条规定:

> "苏联公民均有休息权。休息权有绝对多数工人工作时间减至 7 小时,工人及职员每年带薪休假办法之确立,以及建立广大疗养院网,休息所网俱乐部为劳运者的服务等为之保证。"

在 1930 年苏联国家设计局曾召集全国设计专员为代表会讨论关于工人休养问题。该会决定各业工人之业余生活的休养应包括下列各方面。

(一)劳工日常生活之改进须包括各方面的工人。在生产的,在实习的,在换工之后的,在休息日的,在指定休假日的工人一律有参加休养娱乐及学习的机会。

(二)充分供给文化粮食于各地各业劳动者,使劳动群众能够尽量吸收科学的技术的政治的文化,于其马克斯列宁主义的灌输更为重要。同时,他们普遍的受到军事的技术的及政治的训练。

（三）保证劳动者能够享受各种运动,消遣以及戏剧,音乐,电影,舞蹈等高尚娱乐以提高其文化水准,使其集体的向前创造新的苏维埃艺术,特别要注意提拔群众自己的创作。

（四）组织并扩张休养机关使劳动者尽可能的能适合其个性的要求及各国劳动者的风味,于必要时还要适合各个劳动者的年龄,家庭状况等特殊情形。

（五）为青年工人更积极方式的休养和运动,如旅行,爬山,游泳,滑雪,骑马等,使劳动者可以在闲暇时可以从事打猎,捕鱼,骑马,击剑等运动。同时,鼓励劳工随时帮助自己工会组织,并展开劳工的生活改良运动。

苏联劳工一般生活和业余生活改进策的基本精神,在上面可以看到大概,现分别将其设施情形分述于次:

（甲）休息所及疗养院。在1919年苏联政府曾经颁布各种国有治疗地带和疗养区域的命令。不久以后,即将克里姆(krima)正式开放为劳动者治疗区。自后凡以前大地主资本家的别墅和住宅,以前沙皇,公爵,各级贵族的宫殿大都被利用为工人农人的疗养院和健康区。1921年5月政府颁布命令扩大工人及职员的休息所,在该会中规定:"组织休息所的目的是让工人和职员在他们的每年顺次休假时间中得到最适当最优良的条件下去恢复自己的力量和精力。……为着组织休息所第一步是利用城郊贵族的别墅,以前大地主的住宅村会及庙宇等。"①

---

①　Mexov:《苏联工人的休养》,《中苏半月刊》第二卷第三期,第8页。

自1921年起政府不仅利用以前宫殿,豪富住宅,别墅改为休养所及疗养院。同时,开始建筑新的疗养院及休息所。每年按照预算分别修筑新的院所。在第一次五年计划即支出20066百万卢布,第二次五年计划中达53270万卢布。修筑并保管休息所及疗养院的经费大部分由社会保险预算中支出,现将1933年起至1938年止社会保险预算中对于此项支出之数目及其在占总支出中之比例表列于次:①

苏联修筑休息所经费支出年表

年　　代	支出数目(单位:百万卢布)	所占百分比
1933 年	238.0	5.0
1934 年	303.0	5.5
1935 年	470.0	6.8
1936 年	672.0	7.3
1937 年	914.5	18.3
1938 年	1,034.2	

休息所及疗养院数据工会调查结果,1933年中全苏联共有休息所1,250所,疗养院94所,1937年休息所1,621所,疗养院共216所,1940年年底疗养院及休息所共达2,945所。

休息所和疗养院统由工会经营。休息所许可证之分配是如此的:每个机关或企业的工会团体按月收到一定数目之许可证后,将其通知至各个工厂或机关。而各个工厂或机关之工会负责人(大工厂为工厂委员会负责)应立即召集工会会员大会决定应得许可证人选,人选决定后由工会大会具备忘录呈交于各个企业之工会,再由其按照大会名单核发。领到许可证之工人即可至休息所休

---

① Mexov:《苏联工人的休养》,《中苏半月刊》第二卷第三期,第9页。

养。普通多按照工人工作努力程度及劳迹决定分配次序,故斯泰哈诺夫运动者,突击队队员,工会职员有优先分派的特权。疗养院之入院手续则由需要疗养之工人先至施诊所,医院或工厂医院之医师检验,经医师签具证明书认为需要疗养者方有入院疗养之资格。疗养地点及疗养时间则由卫生委员会根据医师证明书决定。据官方统计在 1937 年内所发出之休息所许可证达 228 万张,疗养院许可证达 308,000 张。①

(乙)工人业余娱乐。主持工人业余娱乐机关为工人俱乐部或称"红色之家",设于每个工厂,企业,矿山,机关之内。它和意大利之业余消遣社及德国健乐局之组织不同。在德,意两国,其业余娱乐组织为独立的全国性组织,在中央有最高的指导机关,在各省有中级机关,在最下级才是实际推行各种活动之消遣社。苏联的俱乐部系附于工厂委员会之内,由工人大会选举委员会组织俱乐部管理委员会(Club Management Committee)负责经营。它是工会组织之一部,并没有独立的系统和机构。俱乐部保管委员会委员人数视各厂所雇人数而定,并不一律。

工人俱乐部的活动甚广,普通分为若干小组,如艺术组,武术组,音乐组,电影组,戏剧组,舞蹈组等。其组织及规模视工厂的规模及雇用人数而定,大的俱乐部自己设有剧院,电影场,播音台等设备,小的俱乐部则比较简陋。如加里宁·弗勒哲尔工厂的俱乐部,在 1936 年 4 月一个月内曾映放六次电影,四次儿童电影,一次话剧,举行一次音乐会,二次儿童会及两次马戏。在该厂内有 40人组织的合唱团,有 30 人组织的武术会,有 23 人所组织的使用黄

---

① I. L. R. Aug. 1938. pp. 231-233.

铜乐器的音乐队,其规模之大于此可见。①

工厂的大小不一,俱乐部的组织设备往往发生极大的差异,为救济此种流弊计,在各个俱乐部之间也盛行协助制。人数较少设备简陋的俱乐部可以聘请设备优良俱乐部的剧社,舞蹈社,音乐队到他们工厂表演。此种协助制可以扩充至各个俱乐部范围之外。如某工厂工人俱乐部的文学组,可以和有名的文学家,文学团体订立协助协约,请其至工厂演讲并指导工人写作;又如戏剧组,可以和剧院订立协约,请剧院派人至工厂指导演剧。

工人业余娱乐活动可以分述如次:

(一)旅行及参观。在普通工人之中尤其是青年工人,政府常常提倡一种积极意义的娱乐如参观,旅行,爬山,登高等。因为这种娱乐所费不多而收效极大,普通工人均可参加,且在此种娱乐中一方面可以锻炼身体增加知识,一方面可以培养爱国家爱乡土的观念。

工人在假日组织旅行队和爬山队的人数日增,每年参加人数在 1000 万上下。工作努力成绩优良的突击队员和斯泰哈诺夫运动者,可以得到免费旅行外埠的机会,工会和其他国家工会团体常订立协约,交换工人游历,使本国工人有至外国参观的机会。

(二)体育活动。苏联对于体育异常注意,1923 年成立全苏联体育协会(All Unions Council of Physical Culture),由工会,共产党党部代表,教育人民委员部,健康人民委员部,国防人民委员部代表组织之,为全苏体育活动之最高领导机关。体育协会会员人数增

---

① 《苏联劳动者的文化生活及社会保险》,《苏联评论》第十一卷第五期,第 43 页。

加甚剧，1927 年为 200 万人，1931 年为 500 万人，1937 年竟达 2000 万人以上。

苏联工人大多数为体育协会会员，他们除可利用政府建筑的运动场所外，工人俱乐部自己也有球场，运动场，游泳池。运动项目甚多，如田径赛，各种球术，比剑，搏击，滑冰，游泳，越野赛等等无不应有尽有。运动器械一律由工人俱乐部购置，工人并不出费。

苏联运动之特色为运动与医药发生密切关系。从他们的口号："没有医药设备，没有体育""我们不仅要在经济基础之上改造社会，而且要在科学原则之上改造人种"中，我们就可知道他们的精神。他们成立许多有关体育运动的研究机关，如体育治疗所（Institute for Therapeutic Physical Culture）身体治疗及矫正所（Institute for Physical Therapy and Orthopedy）及社会卫生所（Institute for Social Hygiene）以研究体育的效用及其对身体之影响。在每个工厂内常川居有医生检查工人身体，如工人身体有毛病时即限制其运动或禁止其从事激烈运动。

（三）音乐及演剧：在苏联每一个工厂几乎都组织了歌咏队和合唱团，大的工厂还有使用黄铜乐器的音乐队。他们按期举行音乐会使本厂工人参加。在大城市中如有职业的音乐队举行表演时，该地工人均有参加机会，普通工人多轮流参加，而突击工人和斯泰哈诺夫运动者却有优先参加的特权。

广播事业亦为政府主要的宣传及传播文化的工具之一，全国广播电台 60 所以上。其中大部分由邮电人民委员部管理，但工会亦保有数个广播电台。广播节目由中央广播协会（Central Radio Council）审核，该会系由邮电委员部及无线电之友社（Society of Friends of the Radio）代表组织之。全国收音机在 200 万具以上，各工会俱乐部至少备有一具。

在1000人以上之大工厂,工厂俱乐部备有演台剧场及剧社,定期上演,使工人轮流出席参观。规模较小的工人俱乐部则无此种组织,但政府设有旅行剧团(Inviting Travelling Companies)轮流至各厂上演。工人除免费参观本厂话剧社之表演外,并可免费或持廉价券至政府设立之剧院,舞蹈会参观。此种免费券或廉价券由剧院分配于各工厂,由工厂工人俱乐部分配于工人。工人以轮流出席为原则,但工作优良之工人,突击工人及斯泰哈诺夫运动者有优先权。

(四)电影及其他。自1929年以后,政府特别重视电影,认为是提高工人文化水准的利器。各大工厂的工人俱乐部都自备有电影机及电影场,每星期开映数次,以供工人轮流参观。如以加里宁·弗勒哲尔工厂而论,1936年中,在工人105人内有12人看10次至14次,有45人看5次至9次,有37人看1次至4次,一次未看者仅6人。自无电影院之工厂工人可免费至城市电影院参观。工人俱乐部自己设立之电影场甚多,在1930年俄罗斯联邦共和国由工人俱乐部设立之电影场达1,997所之多。[1]

(丙)工人的文化生活。苏联政府对于工人文化生活的努力可从工人图书馆的扩充看出来。十月革命以前,专供工人阅读的图书馆可以说绝无仅有。到现在全国共有图书馆60000所,属于工会的图书馆有16000所,书本在1000万以上,阅读者人数亦日益增加。

由工会出版之报纸也作急激的上涨。在1918年以前,并无工

---

[1]　*Soviet Workers*, p. 324.

人自己出版之报纸,到 1925 年工会出版的报纸 22 种,杂志 83 种,在报纸中有 6 种是日报。其中日报一种杂志 9 种为工会中央联合会出版,有 45 种是加联共和国工会中央委员会出版,有 50 种为地方工会出版。至于各级工会所出版之公报,宣传品及其他出版品尚不在内。①

壁报是工人练习写作发表意见的工具,在各工厂,企业极为流行。壁报的编辑多由工厂委员会委任,编辑对工厂委员会负责。在壁报中工人除可练习写作外,对于工厂管理的改进,工作的改良,对于厂长及经理处,工会负责人的批评均可发表。壁报始于 1920 年,首先在战场上红军营房中出现,以后风行全国工厂,农场,企业,机关学校内,到 1931 年仅以工厂的壁报而论即达 25 万种之多。

十月革命不仅改变了文学的内容,而且改变了文学的创作者。这种改变以苏联一位作家李丁(Valdimir Lisin)说得最明白。他说:"代替旧式的人是一种新式的人。昨日的知识的农工变成今日新式生活的传述者。过去根基不厚的知识分子已为一种新式知识分子所代替。在工厂中的工人不仅是某种职业的工作者,而且是有政治思想完成国家当前要务的突击队员。我们文学要描写的正是这种人。我们文学的内容要受现在这种新社会关系,新学校新青年的影响。"②

为着使文学与工人发生密切关系,普罗文艺作家协会(Association of Proletarian Writers)与工会中央联合会于 1930 年 9 月曾举行

---

① *Soviet Year-Book 1930*, p.461.
② *Soviet Workers*, p.327.

联席会议,讨论具体的计划。当时决议成立文艺突击队(Literary Shock Brigides)吸收知识水准之工人集体讨论,集体创作。他们并不是职业的作家,他们是一面工作,一面写作。在此种号召之下,1931年3月莫斯科组织文艺突击队的工人达1500人,列宁格勒达1000人,乌拉区达400人。近数年内发展尤速,在20万人以上。

助长工人文学运动之另一助力为工人通讯运动(Workers Correspondent's Movement)。所谓工人通讯运动系指工人将工作实际情形及工厂内部状况向报纸发表。1932年共产党中央执行委员会下令改革工人通讯运动。以在第一期中工人通讯运动仅限于描写或报告工厂及工作实况,而现在却要使通讯运动者作进一步的观察,深入各种与生产有关的重要问题的核心。要发现现行工作的缺点要表现足以仿模的成功部分。工人通讯运动人数极多,在1932年竟达100万人以上。

在各工厂,企业农场中工人们都自动的组织了文艺研究会,读书会,诗社等,很热烈在研究并创作。他们经常的举行座谈会,聘请名人演讲,有时与著名作家订立协助公约,请其来厂指导各种活动。除文学外,其他艺术如雕刻,绘画,木刻等等均为其所注意。在工人俱乐部中多成立此种研究小组。他们常举行艺术展览,创作竞赛,诗歌朗诵会等以提高劳工研究兴趣。

1930年4月全苏科学研究工作设计会(All Union Conference for the Planning of Scientific Research Work)举行全国大会,决议要提高工人发明能力及鼓励劳工积极参加发明运动。因为工人对于工艺的改进占有极重要地位。在工厂工作在工场实习是与机械的发明,生产方法的改进是互相补益关系异常密切的。发明就是利用理论去解除工作中的困难问题,要在工作中才可以真正发现现行工作方法的缺点及其改进方法。

1930年10月共产党中央执行委员会接受了这种意见,并议决由最高经济院拟具详细办法实施。他们认为在现在社会主义建设猛烈进行劳动阶级创造力高涨之际,群众的发明实为重要,它是工人直接参加生产的社会主义合理化最主要形态之一。最高经济院接到此项命令后于11月下令凡雇用500人以上之工厂必需组织发明局(Invention Bureau),发明局由技师及普通工人组织之。其主要任务为协助有发明能力者工作,并负责解决工厂内急需解决之技术方面问题。局内备有重要图书及仪器以供会员使用。工厂经理部对于工人有任何发明时应予以试验及应用机会。如确有成绩时应酬以奖金并呈报于最高经济院。发明局随时鼓励工厂内及工厂间进行发明方面之社会主义竞赛。在最高经济院中备有发明工人卡片,登记证明工人之姓名及其所发明设计之物品。此种名单随时印发各厂,如某厂需要改良其生产技术时,可按照发明名单上记载申请最高经济院颁布详细说明书,以资改进。在此种制度下无一家企业可以将其发明保守秘密,垄断居奇,同时凡有一种发明,全国均可应用。

此法实行后,成效大著。在1931年1月内列宁格勒Elektroza-vod工厂技师及工人之新发明及新设计达2751件,Dynamo工厂达1200件,Electrosila工厂达4000件,Baltic工厂达2000件。又如1932年减少浪费竞赛中列宁格勒区域内150个工厂工人所发明之设计竟达60000件,数目之大,洵足惊人。

第八编　劳资协调策

劳资协调策可以分为两部分。第一为劳资合作策,第二为劳动争议解决策。前者为事先预防,其主要目的为谋劳资双方合作,避免劳动争议之发生。后者为事后补救,其主要目的为防止争议的扩大。现分别阐明之。

第一章　劳资合作策

　　劳资合作策有广狭两义。广义的劳资合作策系指有关劳资协议合作的一切设施而言。如以此义诠释,则其所包括之范围甚为广泛。就个人主义国家而言,则团体协约之缔订,劳动联合会及经济联合会之设立,工会与雇主之合作,工厂会议之设立等等均可包括在内。就国家主义国家而言,则其范围更为广泛。以国家主义国家之劳动政策在表面上系立脚于劳资合作基础之上,其一切政策及设施几以劳资协调为标榜,故自表面观之,其劳动政策之劳资协调性甚重。至于社会主义国家,无产阶级专政,劳资阶级的对立消灭。劳动者事务由劳动者自己解决,劳资合作策在此种国家并不存在。狭义的劳资合作策则指工厂内劳资双方共同负责管理及经营业务而言。此种合作政策在个人主义国家及国家主义国家颇为盛行,在社会主义国家亦甚发达,但意义略有不同。本编系指狭义的而言。

　　狭义的劳资合作策是随劳动者参加企业经营思想的抬头而兴起的。在以前一班劳动立法者认为劳动力只是一种性质比较特殊的商品,劳动政策的目的为确保劳力交易的公平及合理。企业家为企业的主体,事业的经营完全由其负责,法律上并未赋予劳动者以企业管理权。1914 年以后,此种思想打破。被雇者已脱离商品地位,他有其独立的人格,劳动关系已不是商品关系而是身份的人格的关系,劳动者和雇主同是生产的主体,企业的主体,其所不同者只是他们所担任的职务不同,前者为劳力的供给者,后者为资本的供给者。劳动者和雇主既然都是企业的主体,则对于企业的经营应由双方合作,双方决定。在此种理论下,不仅各国劳动运动深深受其影响,即各国的立法者也受了它的影响。狭义的劳资合作政策就是这种思潮的体现。

狭义的劳资合作策在 19 世纪中英,法,比,德等高度工业化国家即已萌芽。如企业家在工厂内设立常设会议由雇主指派工人代表参加,或于紧急事件时,由雇主会同工人代表公共讨论解决办法。但其性质不脱雇主御用机关色彩。工人代表由雇主指派,代表会所讨论的范围亦由雇主指定,代表会所决议的事项之执行与否,亦由雇主决定。换言之,这只是雇主缓和劳工仇恨的手段,而不是真正的劳资合作机关。大战结束后名符其实的劳资合作机构方在各国成立,劳工经营参与权方得到具体的保障。

1917 年俄国革命前夕,在俄国各大工厂纷纷成立工人苏维埃,要求工人管理工厂。十月革命后,为满足工人的愿望起见,于 11 月 1 日颁布《工人统制令》,由工人组织工厂委员会(Factory Committee)或统制委员会(Control Commissions)以统制工厂行政。劳工经营参与权一变而为工人统制经营。工厂的事务一概由工人自己经管。苏联工人革命的成功,给予其他各国劳动者以莫大鼓励与刺激。于是德国,奥国,捷克均于 1919 及 1920 年中颁布工厂会议法,意大利于 1920 年 9 月亦正式承认工人的工厂管理权。就是保守的英国也于 1916 年成立 Whitley Committee 研究劳资合作问题。委员会报告书也主张成立自动的常设联合产业评议会(Voluntary

Joint Standing Industrial Council)及工厂委员会(Works Committee)为劳资合作机关。自后各国均纷纷仿效。我国在十八年所颁布之《工厂法》第十章中即规定设立工厂会议为劳资双方合作机关,以便劳工执行其经营参与权。①

第一节 个人主义国家之劳资合作策

上面已经说到,个人主义国家之劳资合作系以工厂内之工厂会议(Works Council)或工厂委员会(Works Committee)为中心。工厂会议或工厂委员会为雇主及被雇者联系之纽带,为劳资双方共同合作解决企业内困难问题之机关。工厂会议或工厂委员会之组织各国不一,有由劳资双方选举代表组成者,有由劳方单独选派代表组成者。就其权力及任务言各国亦不一致。但大体言之,其主要任务为监督劳动法规之执行,雇主及被雇者良好关系之维持,劳资争议之解决及厂内卫生安全设备之筹划。而工厂会议之设立与否各国之规定不一,有强制必须设立者,有规定由各厂自由设立者。关于个人主义国家工厂会议之组织拟以英,德,奥及我国为例说明之。

第一目 英国之工厂会议

工厂会议制度,在英国工业界流行颇早。但多数为临时性质

---

① 关于我国工厂会议之规定,可参阅民国十八年(1929 年)颁布之《工厂法》及《工厂施行法》,在本文中亦有比较详细的分析。

并非有计划的普遍的设立。大概凡工会会员较多之工厂,工会委员会之设立较为普遍,成绩亦较优良。如煤矿业之 Pit Committees 即由于工厂职员运动(Shop Stewards Movement)的结果,而机械业工厂委员会之扩张亦为工会运动之成绩。在初期时,其主要特征为组织形式及职权行使方法绝不一致,开会时期并不正常,而权力有限,实不足担任劳资合作的重任。

在大战期中劳资合作运动发展极速。在许多工厂均选举工厂职员(Shop Steward)或工人委员会,以保障工人利益,甚至其权力扩展至工厂业务之管理。有一部分工人代表团体与工会发生密切关系,有一部分团体则为独立的团体与工会并无连络。雇主方面对于工厂之经营亦常征询工人代表意见。故有的工厂由雇主代表与工人代表举行联席会议讨论经营之管理,有的工厂则成立常设的联合委员会。这种运动的流行,引起了政府的注意。英国政府于1916年10月成立 Whitley Committee 研究劳资合作方案。委员会于1917年发表报告书主张由各产业部门成立自动的常设产业联合评议会以保证产业最大的最可能的发展及劳资双方的合作。工厂会议附设于联合评议会之内为其基层组织。对于工厂会议之组织及职能亦有若干建议。[1] 同时劳动部亦颁布报告书对于工厂会议及工厂委员之起源,组织,任务叙述綦详。[2] 至1919年又颁布《工厂会议模范组织大纲》,以供各业采纳。劳动部有时并可派职员指导各厂设立工厂会议。[3] 自后工厂会议之发达极速,自1918

---

[1]　Lord Askwith, *Industrial Problems and Disputes*, London 1920, pp. 455-458.

[2]　Industrial Reports No. 2. March 1918.

[3]　Industrial Reports No. 4. January 1919.

年至 1922 年,全国工厂成立工厂会议者达 1000 所之多。自 1922 以后则发展较缓,仅保持原状而已。[①]

英国政府对于工厂会议之成立,组织,及解散均采自由放任政策,政府并不强制之。对于内部组织,职权任务亦不干涉,由各企业自由决定,与德国之采干涉主义者不同。故英国工厂会议之组织及任务绝不一律。现分别将其实况分析于次:

(甲)组织。在开始时,工厂会议由被雇者代表组织而成,雇主不派代表参加。代表之选举,各厂不一。有以全厂工人为一单位而选举者,有分部或分班选举者,有以职业为单位而选举者,有以工会为单位而选举者,有由所有工会会员选举一定数目之代表者,有以该厂内各个工会为单位而选举者。1918 年以后英国鼓励设立联合评议会(Joint Councils),于是各厂中有成立由劳资双方合组之联合评议会者;亦有只成立工人委员会;遇有关劳资双方合作事件发生,乃由雇主方面成立小委员会,与工人委员会共同讨论者;亦有由有工人组织工人顾问委员会(Worker's Advisory Committee)为雇主之咨询机关者。劳动部所颁布之模范组织章程则主张由劳资双方代表组织而成。双方代表人数视各厂环境而定,双方代表亦不必相等。以工厂会议决议案不采大多数方式通过,以双方同意为原则,故双方代表人数不必相等。模范组织章程中规定企业经营方面代表以 3 人至 5 人为最适当,而劳方代表约 5 人,至 12 人视工厂规模大小而定。代表可以只代表某特定部门,或某特定职业出席会议。部门颇多之大工厂,其组织颇为宏大,代表人数有超过

[①] *Report on the Establishment and Progress of Joint Industrial Councils 1917-1923*, p. 81.

60 人者。资方代表通常由雇主指定，工人代表则由选举而来。模范章程中规定工人代表应为工会会员以加强工厂会议与工会之连系及使全国工业联合评议会之组织健全。事实上工厂会议代表非工会会员人数甚多，普通只规定在该厂服务若干年即有被选为代表资格，对于是否为工会会员，绝不注意。在工会会员人数甚多之工厂会议大多数为工会会员所把持。[①]

工人代表之分配，为一比较麻烦问题。《模范章程》中规定工人代表应由各部门分别选举，以期工厂会议能完全代表各部分意见。在大工厂中则通常由各部先成立分部委员会（Departmental Committees），再由各个分部委员会推选工厂会议代表。雇用男女工人及工人等级甚多之工厂则选举方法又不相同。普遍男工推举男性代表，女工推选女性代表。有的工厂则设立两个委员会，一个代表男工，一个代表女工。职业不同之工厂之选举多采职业选举制，不采分部制。有的工厂则使用人及技术人员独立的成立一委员会。

选举多采投票法。代表任期多为 1 年，亦有 2 年或 3 年者，得连选连任。有的工厂则采轮流退休制。会期不一，大工厂因召集困难，多为每季一次，但小组会议或小组委员会则举行次数较多。开会时间多在工作时间，代表出席时，不得扣除工资，如工厂规模较大，分厂较为多时，得由各工厂举行联席会议讨论有关问题。

工厂会议章程之拟订各工厂所采方法有二。有的先由雇主

[①] 详见：I. L. O. 出版 J. H. Richardson 著 *Industrial Relations in Great Britain*, pp. 141-144. 1913. Studies and Reports, Series No. 35.

拟好后再由工人通过实行者,有由劳资双方组织章程拟订委员会公同拟订者。普通多采后法。

(乙)职权。工厂会议之职权亦如其组织然,各厂不一。普遍多为顾问性质,对于各项事件之决定只有建议权并无执行权。在此大前提下,各厂仍不相同。有的工厂将其权力限于劳动争议之调解及工人安全卫生设备之建议,有的工厂则其权力颇大,超过《模范章程》所规定者。

《模范章程》对于工厂会议权力之规定系采总括法。在《章程》中说,工厂会议的目的是想提供劳资双方的合作方法,使劳工对于其所工作的处所发生很大的兴趣,对于其所担任的工作,愿负更大的责任,以及保证团体协约的执行,防止争议和误解的发生等任务。普通工厂会议讨论各项事务时以该业团体协约的条款为标准,工资率及工作时间等问题则不在讨论之列:

分析言之,工厂会议之主要任务如下:

(一)颁订及修改工厂规章;

(二)分配工作时间,休息时间,及时间纪录(Time-Recording);

(三)决定工资支付方法,支付方法之解释,计件工资与物价涨跌之调整,及工资之扣除等;

(四)争议之解决;

(五)放假日之排定;

(六)有关劳工福利问题之处理;

(七)有关劳工训练及劳工习惯之养成;

(八)工人雇佣条件之决定;

(九)学徒及未成年工人之训练;

（十）主持有关工业技术及社会问题之演讲；

（十一）工厂组织及工作方法改良之设计，及各设计之试验；

（十二）研究工厂及工作环境，以增加工人工作效率及减少劳资问题之磨擦；

（十三）俱乐部费用，慈善捐款及其他款项之收集；

（十四）工人娱乐及运动之主持；

（十五）筹办各种设施使工厂会议工作执行极为便利。

以上系就一般情形而言，事实上各厂规定，出入甚大。① 无论各厂所规定之广狭如何，工厂会议的决议案只是建议性质，并没有强制执行效力。此点劳动部之报告书中已再三言之。以工厂经营之执行权系操诸雇主之手，工厂会议不过为促进劳资合作，发扬工厂内和谐精神的方法之一，而实际上并无执行权力。②

1923 年以后，经济情形恢复到正常状态，劳动者对于经营参与权的要求亦形减退。工厂会议运动在英国亦告沉寂。在英国仅小部分产业实行工厂会议制，大多数企业则未采行此制。有一部分工厂当有重大事件发生时，始召集工人代表征询意见，有一部分工厂虽劳资双方定期的交换意见，但无固定组织存在。就设有工厂会议各厂而论，其权力亦大为削减，数目亦大为减少。③

---

① 　关于各大工厂工厂会议之组织及职权。可详细参阅：*Industrial Relations in Great Britain*，Appendix VI. pp. 243-251。在该附录中曾举 The Brad-ford Dyer's Association, Donlon Rubber Company, Imperial Chemical Industrial, Peek Broan and Company, Rowntree and Company 及 The Stanton Ironworks Company 为例说明之。

② 　Final Reports on the Establishment and Progress of Joint Industral Council.

③ 　E. M. Hugh-Jones, *The State and Industrial Order*, *Quarterly Journal of Economics*, Vol. LIII. No. 2. pp. 195-196.

第二目　德国之工厂委员会

德国工厂委员会(Betriebsrat)之存在颇早,在欧战期中始极发达。在1905年时,普鲁士所有雇用100人及100人以上之矿山均曾选举代表,组织工厂委员会。其他各业亦曾仿行。欧战爆发后,颁布《助役法》(Auxiliary Service Act)动员劳工从事国防工业之生产。为求劳资双方协作计,乃规定凡国防工业雇用人数在50人以上企业须成立工人委员会,委员会由工资劳动者及薪俸使用人选举代表组织而成。委员会之权力不大,为一备咨询机关。战事结束后,新政府于1918年12月23日颁布命令,规定凡雇用20人及20人以上之企业应组织工人委员会以监视团体协约之执行及谋产业和平之维持。而此时适苏联无产阶级革命成功,工人苏维埃及士兵苏维埃组织在德国亦极流行。故政府不得不颁布法令适应时代的要求。但政府正式颁布法律普遍设立工厂委员会制则始于1920年2月4日。①

德国工厂委员会与英国之工厂会议及美国之自动工厂委员会组织不同。在英,美各国,工厂会议及工厂委员会系由劳资双方各派代表组织而成,公共讨论企业经营问题,而德国系由被雇者单独的组织,雇主无出席会议权力,如讨论特殊事件经委员会邀请出席方得参加。工厂委员会之组织系采强制方式,凡企业人数在5人以上20人以下者应推选工厂代表(Betriebsobleute)一人,在20人

---

① 见:C. W. Galleband, *The Works Conncil: A. German Experiment in Industrial Decomcracy*, pp. 3-13. 该书附录(一)pp. 249-278,载有1920年2月4日法令全文。

及 20 人以上者应组织工厂委员会。工厂委员会委员人数视企业人数而定,自 3 人至 30 人不等。[①] 在工厂委员会中工资劳动者可组织工人委员会(Arbeiterrat),薪俸人员可以组织薪俸人员委员会(Angestelltenrat)。工厂委员会代表整个被雇者之利益,工人委员会及薪俸人员委员会则代表各个集团之特殊利益。在规模较大,设有分厂或分公司之企业各分厂可成立联合工厂委员会(Gesamt-

---

① 德国工厂委员会代表人数如下表

被雇佣者人数	委员会人数
20—49	3
50—99	5
100—199	6
200—399	7
400—599	8
600—799	9
800—999	10
1,000—1,499	11
1,500—1,999	12
2,000—2,499	13
2,500—2,999	14
3,000—3,499	15
3,500—3,999	16
4,000—4,499	17
4,500—4,999	18
5,000—5,499	19
5,500—5,999	20
6,000—6,999	21
7,000—7,999	22
8,000—8,999	23
9,000—9,999	24
10,000—10,999	25
11,000—11,999	26
12,000—12,999	27
13,000—13,999	28
14,000—14,999	29
15,000 及以上	30

betriebsrat)代表该企业所有劳动者之公共利益。联合工厂委员会之成立并不妨碍各分厂工厂委员会之存在,各厂委员会可以处理各个分厂之事业。但亦有例外,有时各工厂组织公共工厂委员会(Gemeinsamer Betriebsrat),为该企业被雇者之代表机关,公共工厂委员会成立后,各分厂委员会即告消减。

企业内之所有被雇者不论其性别,国籍,及雇佣时间长短,只要年满18岁即有投票资格。委员会候选人以年满24岁之德国人,在该厂工作6个月以上,在该业工作3年以上者为限。此外尚有完成其训练时期之限制,故学徒仅有选举权而无被选举权。工厂委员会之选举由退职委员会任命之选举委员会主持,委员为3人。选举系采直接不记名投票制,每年改选一次。委员为名誉职,工厂委员会费用一律由雇主负担。委员会不得以任何名义向工人募捐或征费,其经费来源完全依靠雇主。

工厂委员会设有主席一人,由委员票选之。主席可随时召集会议。如有四分之一以上委员申请召开会议时,主席不得拒绝。如主席认为雇主有出席必要得以书面通知参加,雇主出席会议,纯为列席性质,并无表决权。工厂委员会主席如认为有必要时,得召开全体工人大会,如经该厂有选举权工人四分之一以上要求召开全体大会时,主席不得拒绝。全体大会得讨论工厂委员会管辖范围内之一切事项。全体大会不得强迫工厂委员会执行其意见,或解散委员会。被雇者及雇主得以"疏忽职务"理由上诉工厂委员会于劳动法庭。

工厂委员会主要职权。可以归纳如次:(一)与雇主合作,提高生产率;(二)引用新的劳动方法;(三)维持企业内的产业和平,如与雇主发生争执,不能解决时,得上诉于调解局;(四)监视有关全体被雇者判决书之执行;(五)与雇主商量妥善后共同拟订工厂规则,如双方不能得到同意时得上诉于调解局,调解局之决定为最后之决定;(六)保障劳工之结社权;(七)解决被雇者间之争议;(八)与工厂检查员合作防止失虞及有碍健康事件之发生;(九)参加工厂福利行政;(十)企业之经营应与工厂委员会取得密切合作,但委员会不得擅自发表命令指挥行政,亦不得干涉雇主之行政。[①]

分部委员会(如工人委员会,薪俸人员委员会)之职权大体与工厂委员会相同。其所不同者,工厂委员会代表全厂被雇者,而分部委员会代表组成该部之被雇者。此外分部委员会有干涉被雇者解雇之权,而工厂委员会无之。凡被雇者被解雇时得向其所属分部委员会呈述理由要求平覆。分部委员会经过详细之调查及考核认为其请求得当时,得向雇主要求其复雇,如雇主拒绝时,得上诉于劳动法庭,委员会派人出席作证。法庭认为雇主之处置不合时,得强其复雇或命令其按照法庭法定罚则补偿被解雇人之损失。

为增强工厂委员会之行政权力计,工厂委员会享有下列权力。(一)工厂委员会得选举代表一人,于特殊情形下得选举二人,出席股份有限公司之管理局(Aufsichtsrat)[②]如该企业为私人经营而有管理局性质之组织时,亦得派代表参加。代表为无俸职,但有完全的表决权。(二)有关劳动契约及被雇者活动之企业方面的设施须向工厂委员会报告,如工资簿,工作时间记录册,及其他有关执行

---

① 详见:1920 年 2 月 4 日法令第 66 条至 90 条。

② 德国股份公司及企业之管理局(Aufsichtsrat)其性质与英,美及我国各公司之董事会相似,为公司或企业之最高执行机关,由股东大会所产生。其主要任务为执行并监督公司业务之进行及决定公司之重要事件。关于其职业,可见德国《商业法典》第 246 条规定。

团体协约之文件及记录,该委员会均有查核权。(三)雇主每季须向委员会作报告书一次,报告书中详列企业之现在地位,发展情形及该业之一般概状,该企业出品之多少及对于劳力之需要等项。(四)雇主欲大批解雇或雇用大批人员时,须先期通知工厂委员会;雇主大批解雇时,须先与该委员会讨论并妥商避免困难发生之良好方法。(五)在雇用300人以上之公司,工厂或企业(雇用薪俸人员50人以上者亦在内),须向该会呈述资产负债表及损益计算书,并须加以说明。

工厂委员会委员要能真正达到监督雇主以保障劳工利益之目的,对其地位须加以保障,否则将受雇主牵制,无法行使职权。故法律上规定,除少数特殊例外,工厂委员会委员之解雇须得该委员会之同意,如委员会拒绝雇主之请求时,雇主得上诉于劳动法庭,劳动法庭之决定为最后决定,对于双方均有拘束力。法庭判决雇主无理由时,雇主应无条件的停发其解雇通知,在提出上诉期间内,雇主不得解雇之。①

雇主与工厂委员会常常发生争执,关于各项争执之解决,政府按其性质而分别设立机关处理之。

争执按其性质可以分为六种:第一为行政性质之争执,如委员会之成立与组织,选举权与被选举权之剥夺,雇主经费之负担,及工厂代表与工厂委员会之选举等问题所发生之争议均属于此类。

---

① 关于德国工厂委员会之组织职权及其重要性。可参阅:M. Berthelot, *Works Councils in Germany*, I. L. O. Reports and Studies, Series B. No. 13. ; Eduark Bernstein, *The German Works Council Act and its Significance*, I. L. R. Vol I. No. 2. pp. 25-37;Herman Dersch, *The Legal Nature and Economic Significance of the German Works Councils*, I. L. R. Vol. XI. No. 2. pp. 169-179.

关于此类争执之解决法令上规定由区经济评议会解决,在评议会未成立前一部分由工厂检查员决定。至 1923 年 10 月 30 日新调解法颁布后改由劳动法院负责。第二种为关于几个工厂之公共工厂委员会之成立与解散之争执。第三为关于工人代表团体(Betriebsvertretung)①及工人代表强制退休之争执。上列两种争执,在法令上规定由区经济评议会解决,在评议会未成立前,改由法庭调解局负责。1923 年新调解法颁布后,亦改由劳动法院管辖,其决定为最后决定。第四为关于工人雇用及解雇及工厂委员会代表解雇所发生之争执。此类争执之解决,以前规定由调解局负责,现改为劳动法院负责。第五为关于工厂规则(Arbeitsordnung)之争执,此类争执由调解局处理。第六为关于工厂代表或工厂委员会因行使职权与雇主发生关于雇用条件方面之争议,此类争执由仲调局及仲裁局(Schiedsgerichten)解决之,但其决定为劝告性质并无拘束力,须经劳动部长宣告其有拘束力后,对于双方有强制执行的效力。②

1920 年法令颁布后,工厂委员会之组织普及于全国,其发展虽不如理想之顺利,但已蔚然成为一劳资合作之中心势力。在其初期,雇主对其态度不一。在德国东部此种组织不为雇主所欢迎,以德国东部工业化程度极深,共产党势力甚大,雇主对被雇者组织素立于敌对地位。在德国西部,劳资合作习惯在平日即已养成,故雇主对工厂委员会之组织,颇具好感。因之雇主对工厂委员会之态度大体可以分为三类:有一部雇主抱"息事宁人"态度,承认工厂委

①　Betriebsvertretung 一名辞含义甚广,包括了所有工人的代表团体,如工厂委员会,分部委员会,公共工厂委员会,联合工厂委员会,及分厂委员会均包括在内。

②　关于工厂委员会制度运用之实际情形。可详细参阅:C. W. Galleband 的 The Works Councils,在该书第五章(118页—207页)有极详细,极有价值之分析。

员会为被雇者之法定代表,事无论大小,均愿与之合作。在不减少经营效率大前提下,雇主亟愿与之妥协,使之真正的成为劳资合作的团体。第二类雇主之态度与前者恰恰相反。他们不断的采取仇视态度,事事干涉,使其不能顺利的执行职权。第三类雇主在原则上承认工厂委员会,但极力减少其工作效果及对被雇者之影响。有时故意加重其无关重要之责任,使其在他方面之活动减少,有时实行分化工作,以削弱其势力,有时使用种种方法以减低其在工人群众中之信任。无疑义的,在此时期中,劳资双方之争执甚为繁多。1925 年以后,其发展平平,一直至 1933 年为止,不论雇主之态度如何,但政府则始终认其为工人的代表团体而加以维护。

希特勒当政后,其劳动政策之出发点完全与《威玛宪法》时代相反,集权主义的思想代替了个人主义的思想,反阶级斗争的劳动政策代替了阶级斗争的劳动政策。因之,对于代表个人主义精神之工厂委员会制度不能不予以破坏。1933 年 4 月 4 日之《工人代表团体经济团体法》(Gesetz über Betriebsvertretungen und Wirtschaftliche Vereinigungen)中规定工人代表团体不足法定人数时,其补充方法,不用选举而由省最高官厅及受其指定之官厅任命。反国家的及反经济立场的代表,省最高官厅及受其指定之官厅得直接罢免之,停止其代表职权。工人代表团体代表之改选延期处分,及反国家的反经济立场代表罢免之处分,不适用工厂委员会法第 93 条之规定,即劳动法院对此种争议无管辖权,更精确言之,对于此类处分,被罢免代表无上诉权。经过此次修改后,工厂委员会的民主精神及自由精神完全消失,成为政府的御用机关。至 1934 年《国民劳动秩序法》颁布后,工厂委员会完全取消,代之而兴者为互信委员会(Vertrauensräte)。关于互信委员会之性质,组织,职权将在下节阐述,于此不赘。

第三目　奥国之工厂委员会

1919 年 5 月 15 日之《工厂委员会设立法》为奥国首先规制工厂委员会之法律。随后社会行政部又颁布命令以补充之。[①]其性质,组织,及职权大体与德国相似。

第一,工厂委员会为纯粹的被雇者组织,由被雇者推选代表组织而成,雇主不派代表参加。

第二,工厂委员会应由政府强制设立。该法第一条规定:"凡雇用劳工及薪俸使用人在20人以上之工厂,企业应一律设立工厂委员会。"凡追求利润之企业,矿山,农林业,银行,信用社,建筑业,合作社,政府独占公司等,均强制组织,与英,美及中国之采取自由制者不同。

其组织与任务兹分述于次:

(甲)组织。每个企业至少成立一个工厂委员会,如企业规模较大已成立分厂时得设立分厂委员会。在工厂委员会之中可成立工资劳工委员会及薪俸人员委员会,代表其特殊利益。如工厂分为若干部门,每个部门可以成立分部委员会。

工厂委员会委员由全体工人以不记名投票方式选举之。委员人数自 3 人在数 10 人不等,但至少为 3 人。凡年满 18 岁,在该厂工作已满一月,及其公民权未被剥夺之被雇者均有选举权。被选

① Emanuel Adler, *The Works Councils in Austria*, I. L. R. Vol. 5. No. 3, pp. 411-436.

813

举人资格则以年满 24 岁,在该厂工作已满 1 年者为限。委员人数在 4 人以上之工厂委员会,被雇者团体之行政委员会之委员可以当选,但其人选不得超过全体代表人数四分之一。此类代表不得兼任 2 个及 2 个以上工厂委员会委员。代表并无国籍的限制。代表之选举由选举委员会负责主持。委员任期为 1 年,但选举人得随时要求撤销之。

工厂委员会委员为名誉职,并无俸给。但因开会而请假时,不得扣除工资。如工作甚忙之工厂委员会,则雇主与工厂委员会恒订立协定允许一个或二个委员长期的从事行政工作,照常给付工资。工厂委员会之行政费用及一切杂支,法律上规定由工人负担,事实上雇主多自动的担负此笔费用。为使工厂委员会能自由的充分的行使其职权,法律上对工厂委员会委员之解雇,设有种种限制。雇主不得因被雇者执行工厂委员会职务,或因其为委员之一,而将其解雇。除其违反现行法规,有解雇之必要时,雇主在未得调解机关同意前不得假借其他任何理由擅自将其解雇。

法律上对于通知解雇及不通知解雇之区别规定甚详。凡委员因重大事故,如其行为不当,盗窃,欺瞒,舞弊,破坏雇主等,得不经过通知手续径行解雇。此种被解雇者亦得向调解机关提出上诉。至于其他原因则非经过通知手续不可。被解雇人如不服时,得向调解机关提出上诉,调解机关如认为雇主不当时,雇主应将解雇通知收回。

(乙)任务。在 1919 年法令第三条第一款规定:"工厂委员会之目的在保障及提倡企业内工人及被雇者之产业社会的及精神的福利。"分析言之,其主要任务有十一项:

(1)团体协约之缔结及执行:工厂委员会并不能代表某业全体工人与雇主或雇主协会订立团体协约,但在一般协约中已规定各厂得根据一般协约另订分厂协约时,工厂委员会方得订立之,但仍得相关工会同意为前提。故其缔约权之范围甚狭。至于关于团体协约之执行则有广泛的监督权。

（2）计件工资率之决定:实行计时率之工厂,工资率之决定并无技术上之困难,实行计件制,职业制,及协约工资制（Gedingelohn）之工厂,则困难问题较多,普通多由工厂委员会解决之。如工厂委员会与雇主不能得到结果时,可上诉于调解机关,由调解机关聘请专家二人决定。

（3）劳动保护法规定之执行。

（4）工厂规则之拟定:工厂规则之拟定,修改及废止须得工厂委员会之同意,否则无效。

（5）工厂罚则之执行。

（6）工资支付之监督。

（7）工厂福利工作之主持。

（8）雇用工人及解雇工人之干涉:工厂委员会干涉雇主解雇仅以下列四种情形:（a）因政治原因而解雇工人;（b）工人因参加工厂委员会活动而被解雇;（c）工人因参加或协助工会或其他工人团体而被解雇;（d）被解雇人为工厂委员会候选人。工厂委员会在上述四种情形之解雇得向调解机关提出上诉。

（9）推派代表参加董事会或统制局。

（10）检阅企业之资产负债表及损益计算书。

（11）协助雇主改良企业经营。

第四目　我国之工厂会议

民国 18 年 12 月 30 日公布之《工厂法》中对于工厂会议之组

织与职权颇有规定。根据该法规定。可知我国工厂会议之性质有三：

第一，工厂会议系由工人及雇主各派相等代表组织而成，与德奥之仅由被雇者代表组织而成者不同。

第二，其组织为强制的，而非自动的组织。

第三，工人代表之选举应由官署派员监督，政府握有相当的控制权。

（甲）组织。工厂会议由工厂代表及全厂工人选举同数代表组织之。代表各方以5人至9人为限，其确数由双方协议之。工厂代表以熟习工厂或劳工情形者为资格要件。工人代表由厂内全体工人大会选举之，选举人以年满18岁之劳工为限，其他并无限制。工厂各部分距离较远，或人数过多者得按各部分工人人数之多寡，分配代表人数，分区选举。工人代表之选举办法应于选举前三日于工厂显明处所公告。选举时应呈请主管官署派员监督。同时应选举同数候选代表，遇工人代表因故不能出席工厂会议时，由候补代表补充。被选举人资格有三：（一）《中华民国》人民；（二）年满24岁；（三）在该厂继续工作六个月以上。代表任期1年，得连选连任。工厂应将会议之双方代表名单呈报主管官署备案，其改派改选时亦同。工厂会议每月开会一次，于必要时，得召集临时会议，其主席由双方代表各推定一人，轮流担任。

（乙）职能与任务。《工厂法》第五十条列举工厂会议职务如下：

（一）研究工厂效率之增进；

（二）改善工厂与工人之关系，并调解其纠纷；

（三）协助工作协约及工厂规则之实行；

（四）协商延长工作时间之办法；

（五）改进厂中安全与卫生之设备；

（六）建议工厂或工场之改良；

（七）筹划工人福利事项。

上列各款事项，关于一工场者，先由该工场工人代表与工厂协商处理之。如不能解决或涉及两工场以上之事务时由工厂会议处理之。工厂会议不能解决者，依劳资争议处理法办理。

第二节　国家主义国家之劳资合作策

国家主义国家之全部劳动政策在理论上系以劳资合作为基础。如意大利《劳动宪章》第七条谓："在一般企业中生产的因素（劳力与资本）是合作的，其权利与义务是互惠的。被雇者不论其为精工，粗工，使用人均为经济事业中之积极合作者。企业的经营权则属于雇主，对于企业他负有此种义务。"在德国的法令中亦可看到此种精神。

在意大利其全部经济组织系以劳资团体之合作为骨干，但在一个工厂内劳资之合作则未设立具体的机构负责推行。在德国则有互信委员会为企业指导者及企业随从者的联络机关，为劳资双方合作团体。

互信委员会是代替从前工厂委员会的一种新组织。现根据1934年《国民劳动秩序法》，将其内容分析于次：

凡雇用人数在 20 人以上之企业应选出互信委员（Vertrauensmann）组织互信委员会，以各该企业之领导者为主席，为企业指导者之顾问机关。互信委员会之产生完全由企业领导及国社党操纵。企业指导者于每年3月在得该企业内国社党经营细胞主席同意后拟定互信委员及其候补人名单,再由随从者用秘密投票法决定。如企业领导者及经营细胞主席不能拟定名单,或其所拟订之名单为随从者所不赞同时,则由劳动专员指定该企业之互信委员及其候补人。互信委员任期为1年,得连选连任。

互信委员会主席为企业领导者,委员人数视企业所雇用人数多少而定。企业雇用人数为20人至49人时,互信委员为2人,雇用人数在50人至99人之企业为3人,100人以上至199人之企业为4人,200人到399人之企业为5人。以后每增300人,增加互信委员1人,但最高不得超过10人。此外应推选候补委员,候补委员人数与互信委员人数相等。互信委员及候补委员之当选资格限制颇严。(一)年满25岁;(二)在本企业内或本工厂内工作1年以上,在同种类企业或相关企业服务在2年以上;(三)有全部分的德国公民权;(四)劳动阵线会员;(五)具有模范的人格并表示随时尽忠于民族国家。互信委员为名誉职,其工资及薪金并不增加,但因履行职务时所需之特别费用可以支取。在每年5月1日,互信委员在随从者之前宣誓就职,表明其愿意屏绝私利,效忠企业及国家,以为随从者之模范。会期并无规定,企业指导者认为有召开之必要时得随时召集之,如有半数以上互信委员之请求,亦得召集之。

互信委员会之主要任务有二:

(一)互信委员会有促进经营协同体互相信赖的义务;

(二)互信委员会有建议增加效率,改良工作条件(尤其关于工厂规则之拟定),维持产业安全,健全并加紧企业内各份子间,及企业与企业间之连系及增进经营协同体内各份子福利之责任。在经营协同体内所发生之一切争议，亦由该委员会解决，在依工厂规则决定罚金时，委员会有被咨询的权利。

互信委员因离开企业，或自动辞职时，其职务方告终止。雇主不得解雇充当互信委员的雇工，但企业全部停闭，或部分停闭或具规章中所列举之解雇理由时，不在此限。劳动专员认为人地不适宜时，得撤互信委员之职。如名誉法院认为互信委员有触犯法规时亦得将其撤职。互信委员离职或撤职后由候补人按名次先后递减之，如候补人均已补职无其他候补人时，劳动专员得任命新的候补人。

互信委员会不得推翻领导者的决定，但如认为领导者之决定与企业之经济的社会的条件不适合时，经过多数议决后，得以书面向劳动专员控告。

不过，上面所说的只是从纸面上分析，事实上互信委员会不过是国社党欺骗劳工的工具，其人选几均由政府包办。企业家为其主宰者。其一切活动均受企业家的支配。意大利的情形亦复如是。所以墨索里尼说："近代的资本家是产业的领袖，是很有能力的组织者，彼等富有而且必需富有一种高度公民及经济的责任心。"[1]在德国也强调雇主或企业家的能力高于劳工。其所谓劳资合作是变相的要劳工受治于雇主，政府在表面打出"劳资合作"的幌子，实际上是要工人服从资方，要资方服从政府的命令。其所谓："合作原则""生产的共同经营原则"，无非要劳工服从资方的指挥而已。

---

[1]　*Capital and Labor under Fascism*, p. 56.

第二章　劳动争议解决策

劳动争议（Arbeitsstreitigkeiten，Labour Disputes）是指以劳动关系为中心所发生的争议。依争议的性质为分类的标准大体可以分为权利的争议（Rechtsstreitigkeit，Disputes on Right）及利益的争议（Interessenstreitigkeit，Disputes on Interest）两种。[①] 前者系指既存权利之执行，解释，及侵犯时所引起的争执而言，此种权利之获得系由于法律，团体协约之规定或私人契约之规制而来。因为此种争议多用司法的手段解决，故又谓之司法的争议（Justiciable Disputes），在德国则又谓之劳动裁判（Arbeitsgerichtsbarkeit）。后者系指新权利的要求或既存权利之修改所引起的争执而言。换言之，此种争议之原因不是既存权利之争论，而为经济利益之冲突。此种争执普通多用仲裁，调解，及强制仲裁等方法去解决而不用私法上审判的程序解决，故又谓之非司法的争议（Nonjusticiable Disputes）。

权利争议和利益争议两名辞的创立，始于斯坎的里维亚各国，

---

① 在以前英，美多用个人争议及团体争议两名辞来区别劳动争议。自国际劳工局所出版之《工业争议之调解与仲裁》（*Conciliation and Arbitration in Industrial Dispute*，Studies and Repots，Series A. No. 31.）引用利益争议及权利事议两名辞后，始为一般人所引用。如 John V. Spielmans 在《美国经济评论》（*American Economic Review*）中即沿用此名辞。见：A. E. R. Vol. XXIX. No. 2，pp. 219-312，*Labour Disputes on Rights and on Interests.*

二十世纪二十年代以后始为德国所沿用。在英,美等英国语国言家则喜用个别争议(Individual Disputes, Einzelstreitigkeit)和团体争议(Collective Disputes,Gesamtstreitigkeit)来区分。本来这种划分与上述划分有互相关联之处。因为权利争议的发生大都系因劳动者个人因既存权利被侵犯或被漠视而来,争议的主体为劳动者个人,争议的对象为私法权利,故个人争议即可视为权利争议。在另一方面,劳动条件之集体变更和新设权利的争取,是劳动阶级和雇主的经济利益冲突,其内容为阶级的利益,其主体为一群劳动者而非个别的劳动者。故利益争议与团体争议实可认为一件事体之两个名词。①

权力争议既是劳动者私人权利之争执,其解决方法大体相同。有的按照民事诉讼程序,由普通法院解决,有的设立特殊法院,施行特别诉讼程序。其所采方式虽不同,但以司法的手段,按照审判程序,根据既存法令来解决争议则一。至于利益争议的解决方法,各国所采之方法殊不一致。有的严禁利益争议的发生,有的用强制手段去解决利益争议,有的则用调解的方法从中斡旋,而不积极干涉。关于各国的现行制度将分别比较于次:

第一节 权利争议之解决

普通对于权利争议之解决,多采两种方式:第一种系依照民事

---

① 此种划分方法并不为一般人所完全同意。如美国 O. K. Frankel 将劳动争议分为特殊争议及一般争议两种("Specific" and "General" Disputes)即为一例。详见:O. K. Frankel, *The Legal Enforceability of Agreements to Arbitrate Labour Disputes Arbitration Journal.* Oct. 1937. p. 360.

诉讼程序,由普通法解决,其审判程序与普通私法上权利争议相同。我国及英国即实行此制。① 此种解决方法之程序及步骤视各国民事诉讼法及民法不同而异,在此不赘。第二种方法,系设立特殊法院处理此类事件。各国设立特殊法院,施行特别诉讼程序以审判劳动争议的原因。似有四点:

第一,劳动者大都收入低微,储蓄甚少,如依照普通民事诉讼法起诉,无法负担各种费用,结果有许多争议,被雇者虽遭受雇主的剥削,亦不愿起诉,事实上亦无此能力起诉。

第二,劳动者之权利争议所牵涉之金钱数目有限,劳动者即有充分胜诉把握亦不愿提出诉讼。因胜诉后所得报酬尚不足弥补印花费,律师费及其他费用,两者相权,不如忍受为好。

第三,普通法院,诉讼程序复杂,手续麻烦,一件案件往往迁延数月之久。而劳动者之争议尤其关于报酬请求权,非法解雇之抗告权等,若不能于短日内予以迅速解决,往往失却其所以争议之意义。故有设立特别法院单独处理之必要。

---

① 英国 1875 年 The Employers and Workmen Act,曾扩大 County Courts 关于劳动争议的管辖权。现将条文录后:In any county courts proceedings in relation to a dispute between an employer and workman arising out of the contract of service , the court may（1）set off claims of both parties the one against the other, whether the chaims are liquidated or unliquidated;（2）rescind the contract conditionally or absolutely;（3）accept security form the dependant in lien wholly or partly of awarding damages, if the plaintiff consents（Sect3）any court of eammary juridiction may decide a dispute. Under the act provided that,（1）the claim does not exceed 16;（2）the dependant is not required to provided security excending L. O.（Oct. 4.）a valid arbitration clause may effectively exclude the courts juridiction. The court has power to deal with the strict and technical claim which one side or the other makes in the disputes, but deal with all claim which in the course of the hearing it may turn out have been made by one side against the other.（Hanley v. Pease a. Partnero, Ltd 1915.）The court has the some powers in relation to any dispute between any apprentice and his master.

第四,劳动争议大多属于技术的性质,非对劳动问题有专门研究之专家参加,无法得到妥当公正之审判。普通法院显然有此缺点。

有此上述四个理由故各国所设立之劳动法院(Labour Courts)其特征亦有四点:

第一,劳动法院在审判案件时,除职业的法官外,尚有雇主及被雇者的代表参加,以昭公允。有时并聘请劳动问题专家参加。

第二,收费极廉,务使劳动者尽可能的将所有争执提出上诉,以保障劳工利益。因此,政府常豁免一切登记费,印花费及其他手续费,使劳工无经济上的困难。

第三,诉讼程序简单,务期迅速的解决各项争执。故有许多国家规定劳动法院应于收到控案后若干日内,应举行审问及判决,以免拖延。

第四,劳动法院为免争议扩大计,常于接到控案后,其第一步举行调停,以期和平解决,于万不得已时方正式审判。

劳动法院之起源,大都认为始于 1806 年法国里昂市所设立之劳务会议所(Conseil de Prud'hommes)。该所之主要任务为解决丝业之劳动争执。其主要特色为不收费用,同时有劳资双方代表出席。其实此种制度,在法国流行颇早。在十五世纪时,里昂市商人曾得路易十一(Louis XI)之特许由劳资双方代表解决争议,此制巴黎在十三世纪时,即已实行。但在法律上并无固定的地位,且无一种全国性制度。[1] 继法国而起者为意大利。1878 年末可玛(Como)县曾设立特殊劳动法庭,其内容与法国之劳务会议所相似。国家正式以法律设立之特殊法院,始于 1893 年 6 月 15 日之工商法院法

———————

① 详见:I. L. O. 出版 *Labour Courts*,*Studies and Reports Series*,No. 40. pp. 89-90.

(Probiviral Counts Act）。该法规定由司法，农林，商业部长建议由意皇在各地设立工商评议会（Probiviral Council），每个评议会内设调解委员会（Conciliation）及工商法院（Probiviral Count）各一所，以处理工业雇主与工业劳工间由于雇用契约及学徒契约所发生之争执。① 随后葡萄牙，比利时，普鲁士，奥国，瑞典，挪威各国均于 19 世纪末叶通过法令，设立特别法院。二十世纪以后随近代思潮之立法自治，行政自治及司法自治之发展，特别法院之设立更为普通矣。②

---

① 详见：同上 pp. 112-113 及 I. L. O. *Conciliation and Arbitration in Industrial Disputes*, p. 424。

② 各国关于劳动法院之主要立法，兹按国别排列于次（1937 年年底止）：Belgium：Act Respecting Probiviral Courts, Dated 9. July 1923.

Chile：Legislative Decree No. 178. to Ratify the Labour Code B. May 1931；Legislative Decree No. 207. Concerning the Competence, Seat and Staff of the Labour Courts. 捷克：Act Respecting Jurisdiction in Disputes Arising out of Employment Service or Apprenticeship (Labour Courts), Dated 4. July 1931. 丹麦：Notificaton No. 37. to Issue Act No. 526. of December 1921. Respecting Intervention in Labour Disputes, as Amended by the Act of 28. Feb. 1927. 法国：Act to Codily the Labor Laws(Book IV of the Code of Labour and Social Welfare), Dated 21. June 1924. Decrees Setting up. Agricultural Sections of Probiviral Courts. 德国：Labour Court Act, Dated 23. December 1928. Act for the Organization of National Labour, Dated 20. Jan 1934：Labour Courts Act, Dated 10. April 1934. 意大利：Royal Decree No. 471. Issuing Regulation for the Settlement of Individual Disputes Arising Out Employment, Dated 20. Feb. 1928. Royal Decree No. 1073. Regulations for the Settlement of Individual Disputes Arising Out of Employment, Dated 21. May 1934. 墨西哥：Federal Labour Act, Dated 18. August, 1931. 挪威：Act Respeating Labour Disputes, Dated 5. May 1927. 及 1932 年，1933 年《修正法》。波兰：Order of the President of the Republic Concerning Labour Courts, Dated 22. March 1923 及 1934 年、1935 年命令。葡萄牙：Legislative Decree on Labour Courts, Dated 15. August 1934. 罗马尼亚：Act Respecting the Institution and Organization of Labour Courts, Dated 14. February 1933. 西班牙：Royal Decree to Approveths Labour Code, Dated 21. August 192. 瑞典：Act Respecting the Labour Court, Dated 23. June 1923. 瑞士：La Suisse Economique er Sociale. 苏联：1922 年《劳动法典》实施令，及 1928 年 8 月 29 日命令。南斯拉夫：Industrial Act, Dated 5. Nov. 1931. 美国：Railway Labour Act. 20. May 1923 及 1935 年 7 月《国民劳动关系局设立法》。

关于各国劳动法院之组织内容,拟以意,德,苏,美四国为例说明之。

第一目　意大利之劳动法院

意大利现行个人劳动争议解决制度系以 1934 年 1 月 22 日《个别争议法》(Individual Disputes Act)及 1934 年 5 月 21 日之《修正勒令》(Royal Decree of 21 May 1934)为根据。该法内容完全包括了 1928 年之敕令,并有若干修正。其修正之点有二:第一为管辖权之扩张,凡私人与公共机关所发生关于劳动方面之争议及关于公共租赁关系(Sharetenany Relation)的争议均包括在内。第二,1928 年法律规定法律承认团体有自由解决个别争议权,但未经劳工协会或雇主团体调解之争议,仍可向法院提出诉讼。1934 年法律则规定所有争议非经法律承认团体调解无效后不得提交法院解决。

(甲)法院之组织。严格说来,意大利并无独立的法院去解决个别劳动争议,而由普通法院施行特别程序解决之。当有关劳动争议案件发生时,承审员(Magistrate)及第一级法院(Tribunal of Frist Instance)任命两个对劳动问题有研究之陪审员协助处理之,陪审员一为代表雇主,一为代表劳工。陪审员由各省经济评议会之劳动及社会福利部(Labour and Social Welfare Section of the Provincial Economic Council)所制就之名单中选任,其人选由法律承认之劳工团体及雇主团体推荐。陪审员资格为年满 25 岁之意大利公民,在该承审员法庭或该法院所辖区域内居住 3 年以上。在过去两年内曾受所属协会之处罚者,或曾担任经理责任而致破产者,或其道德,政治思想不正确者均不得担任。参加审判之陪审员有报酬,来往旅费亦归政府负担。如不尽职守时处以 500 里拉以下之罚金,对于此种处罚无上诉权。

在下列情形下,承审员或法院可以不需要陪审员而裁判案件:(一)无适当人选可以任命时,(二)争议性质特殊,可以不必任命陪审员时,(三)当事人愿意放弃此种权利时,(四)任命的陪审员不能胜任,而无新的人选代替时。

(乙)法院的管辖权。1934 年 5 月 21 日敕令第一条中对法院之管辖权规定颇详。

(一)关于雇佣关系所发生之个别争议,而此种雇佣关系已由团体协约或与团体协约有同等效力之其他规章所规定者。

(二)关于团体协约所规定之公共租赁关系之争议。

(三)关于 1926 年 4 月 23 日第五六三号法令第十条第五款所规定之雇主及被雇者对于其所属协会之民法义务所发生之争议。①

(四)任何公共机关被雇者所发生关于雇佣关系争执。

凡上列各种争执均由承审员(Pretori)或法院(Tribunal)在其司法权力范围内按照法定手续解决之。

(丙)当事人及其代表。在劳动争议进行中当事人可以亲自出席,或请律师,或请法律承认之协会秘书,或请代理人代表出席。上诉法庭方允用辩护士。为求争议之和平解决,必须给予代表以接受调解之权。于必要时,得指令当事人亲自出席。年满 15 岁之未成年人为争议之当事人时,有成年人之一切权利,于必要时得允

---

① 该法第十条第五款全文如下:Employers and workers who fail to observe the collective contracts and general rules to which they are subject shall be liable at civil law for such failure both to the association of employers and to the association of workers which conclude the contract.

其法定保护人协助。在特殊情形下,法院可以给予贫苦的当事人以一切官方的法律援助。

(丁)诉讼程序。其主要特色有三:

第一,凡属于第一条第一二两款之劳动争议须先由所属协会调解,调解无效后,由协会发给争议证明书,然后可以提出诉讼。诉讼提出后,协会可以随时提供意见并有干涉之权。在初审时,法院仍极力作友谊的调解,调解失效后,经当事人之联合请求开始审问。

第二,审判程序较普通民事诉讼简单,开审日期不得在证件搜集后二十日以后。审问完毕后,应宣布全部的或一部的判决书,如法院无管辖权时,亦可宣布无权管辖。判决后经当事人之请求,可颁布临时执行书。

第三,当事人如对于承审员或第一级法院之判决不服时,可向上诉法院的劳动法庭(Magistrature dol lavoro)提出上诉。上诉法院劳动法庭由推事三人及对于劳动问题有研究之专家二人组织之。上诉法院之管辖权为超过 2000 里拉之案件。对于上诉法院之判决如不服时,可向最高法院提出上诉。

第二目　德国之个别争议解决策

在现代德国政府以直接管理的方法控制劳工的生活条件,以防止利益争议的发生。故利益争议或团体争议在德国几不能发生。劳动争议仅以个别争议为限。关于个别争议之解决可以分为下列三类说明之:

甲　调解与仲裁　在企业内劳资间之个别争议普通多先采调解的方式去斡旋去调停,调停失效后方得向劳动法庭提出诉讼。

827

最重要之调停机关为劳动阵线之法律顾问部,该部在各地设立法律顾问处,随时答复雇主,使用人及工人方面之法律问题之谘询,并对各企业之个别劳动争议负有贡献意见及调解之责。如自 1934 年 10 月至 1935 年 4 月关于失业保险之争执,有 42,445 件由法律顾问处解决。其他如工业警察局,各地保险局亦有调解之责任。至 1934 年 4 月 10 日颁布《劳动法院修正法》(Bekanntmachung der Neunen Fassung der Arbeitsgerichtsgestzes vom 10. April 1934)后,对于各别劳动争议之仲裁与调解有特别规定。

(一)仲裁。凡由于劳动契约关系或学徒契约关系所发生之民事行为之争议,经劳动专员在超经营规章中认为须由仲裁方式解决者;或争议的当事人,被雇者年收入在 7200 马克以上,双方同意按照法定手续订立仲裁协定书者(Schiedsklausel),应交付仲裁。仲裁裁判所之组织通常由企业的雇主及被雇者会同公正的第三者组织之。剥夺公权,及剥夺企业领导者地位的雇主,被免职之互信委员,及非亚里安人均不得为仲裁员。仲裁员之拒绝可适用普通法官拒绝之条款。仲裁员之拒绝由该地劳动法院决定之。

在仲裁书公布前应举行审判,由当事人或其代表出席,代表出席时,须持有代表证明书。仲裁书除条款上另有规定外,由仲裁员多数票决之。仲裁书无强制执行权,须经对于发生争议工厂有管辖权之劳动法院院长申明强制执行后方有法律上的效力。院长在决定前须征询双方意见。如仲裁书无法执行,或仲裁书与现行法律条款相抵触时,或其他关系发生时,劳动法院得取消判决书。如仲裁书已执行法院决定取消时,应立即停止执行。对于劳动法院之裁决无上诉权。

（二）调解（Güteklausel）。凡属上述由仲裁方式解决之劳动争议亦可由调解方法解决之。调解机关之组织由调解规约中规定或应用仲裁判决所之规定。调解以双方当事人亲自出席并得双方同意后方可决定调解书之内容。至于调解书之执行，调解书之取消均按仲裁方面之规定手续办理。

（三）专家委员会对于仲裁之决定（Schiedsgutachtenklausel）。凡个别劳动争议应由仲裁方法解决，而其决定影响较大者应征询专家的意见。专家委员会之组织在法律上有比较详细的规定，其判决程序与仲裁相同。专家委员会的决定，可以拘束劳动法院的意见。

德国自上述条款颁布后，用调解或仲裁方法去解决个别劳动争议极为盛行。如以 1936 年而论，在该年全国提出之个别劳动争议共达 174476 件，由调解及仲裁方式解决者达 59664 件，由劳动法院审判者仅 24800 件，不及调解及仲裁方法解决之半，于此可见其效力之大。①

乙　社会荣誉法院（Soziale Ehrengerichtsbarkeit）　自国社党看来，企业的领导者和企业的随从者在企业中的活动不是为着个人利益，而有其特别的社会责任。企业的领导者和企业的随从者应努力履行其社会责任，各尽天职。换言之，他们的活动应与其社会地位相符合，不仅领导者要注重随从者的福利，随从者要对领导者表示忠诚，他们还要贡献其能力于企业的福利及社会一般福利之上。如他们的行动违反此原则时，政府应随时予以纠正。具体表现此种思想之组织为社会荣誉法院。所以国社党的高级官吏说：

---

① Labour Court, p. 110.

"社会荣誉法院是支配将来经济生活及国民劳动秩序法基本原则
之原动力,它是日耳曼民族荣誉心之具体表现。"①

社会荣誉法院系根据1934年《国民劳动秩序法》成立的,其主
要目的在受理审判企业内各份子违反社会荣誉之犯罪事件以达到
维持劳动和平,预防劳动争议,加强劳动管理,灌输国社主义的目
的。在《国民劳动秩序法》第36条规定,凡有下列情事之一者,即
为违反社会荣誉之罪犯。

(一)企业的所有主,企业的领导者或负有管理地位之人员滥
用其在企业内之权力恶意剥削其随从者之劳力或伤害其荣誉心;

(二)随从者恶意的鼓动其他随从者以危害企业内之产业和
平,尤其互信委员故意的非法的干涉企业行动或不断的恶意破坏
经营协同体之团结精神;

(三)经营协同体之成员屡次向劳动专员作轻率的不公平的申
请,或违反劳动专员之书面训令时;

(四)互信委员会委员未得主管人员许可擅自泄露其在履行职
务时所得到有关信任方面之消息及业务上或技术上的秘密时。

社会荣誉法院分为两级。第一级为社会荣誉裁判所(Soziale
Ehrengerichtsbarkit),设置于劳动专员之管辖区域内,每区设立一
所。第二级为联邦荣誉法院(Reichsehrengerichtshof)为社会荣誉法
院之最高级,全国只有一所,设于柏林。社会荣誉裁判所,由所长
一人及陪审员二人组织之。所长必为司法官由联邦司法部长得劳
动部长之同意后任命之。陪审员二人:一为企业的领导者,一为互
信委员会委员,由所长在劳动阵线所推荐之候选人名单中选任之。

---

① Bohnstedt, A. A. O., S. 34,108-109.

陪审员在就职时须向所长宣誓。联邦荣誉法院由五人组织之,二人为高级司法官,由司法部长得劳动部长之同意后任命之,其中一人为院长,一人为推事。其他三人,一人为企业的领导者,一人为互信委员会委员,一人为联邦政府推荐之代表,三人均为陪审员。企业领导者及互信委员之选任与社会荣誉裁判所陪审员之选任法相同。

凡企业中之领导人,职员及随从者有违反社会荣誉之事件发生时,原告可汇集证件以书面通知所辖劳动专员。劳动专员接到通知或知悉有重大的违反社会荣誉事件发生时,即开始调查,并决定应否向社会荣誉裁判所起诉。如决定起诉时,须将调查结果草成报告,连同起诉书送至裁判所。(第四十三条)

社会荣誉裁判所所长于必要时得传讯关系人作进一步之调查。裁判所所长认为申请不当时,得拒绝之,但劳动专员得于拒绝决定到达后一周内要求裁判所审判。如裁判所所长认为劳动专员之申请为正当时,即可作警告,申斥,或一百马克以下罚款之处罚。裁判所决定到达后一周内,被告及劳动专员均可以书面或口头反对裁判所决定。如有人提出反对时,裁判所应开审。如裁判所对于劳动专员之申请不作肯定的或否定的答复时,应指定日期开审。在裁判所所长未决定前,劳动专员可撤回其申请。社会荣誉裁判所有决定是否公开审判之权。开审时,可拒绝旁听。劳动专员可出席裁判所叙述案件。被告可请律师代理出席。如劳动专员对于判决不满时,可上诉于联邦荣誉法院。被告亦有上诉权,但以其处罚为罚金在一百马克以上及被剥夺企业指导者或互信委员之资格及停职者为限。

联邦荣誉法院可重新考虑社会荣誉裁判所之判决,不受其拘束。

劳动专员在接到裁判所交来之判决书后,如其处罚为罚金时,应立即执行。如其处罚为取消企业领导者或互信委员会委员之资格或停职时,劳动专员有监督判决书执行之权力。

社会荣誉法院可按犯罪者之情节斟酌情形处以下列五种处罚。

(一)警告;

(二)申斥或惩戒;

(三)一万马克以下之罚金;

(四)取消企业领导者或信任委员之资格;

(五)停职。

丙　劳动法院(Arbeitsgericht)　社会荣誉法院之主要目的在防止社会荣誉犯罪,维持产业和平,至于个别劳动争议之解决仅为其次要的附带的任务。德国真正的解决劳工权利争议之机关为劳动法院。

权利争议解决机关之成立,在19世纪初即已露端倪。1810年来茵兰(Rheinland)工业裁判所之成立为其滥觞。至1890年7月22日及1901年6月30日之《工业判决所法》(Gewerbegerichtsgesetz)通过后,组织完备之劳动裁判所方告成立。1926年12月23日又颁布《劳动法院法》(Arbeitsgerichtsgesetzes)建立现行劳动法院之基础。自国社党当政,国民劳动秩序法颁布后,政府授权司法部长及劳动部长修改1926年法律,以适应新的环境。至1934年4月10日颁布新的《劳动法院法》(Bekanntmachung der Neuen Fassung des Arbeitsgerichtsgesetzes),该法自同年5月1日起实施。①

---

① 该法全文见 I. L. O. *Legislative Series*, *1934. Germany 5.*

劳动法院分为三级。最下级为劳动法院,第二级为省劳动法院,第三级为联邦劳动法院。劳动法院由司法部长商得劳动部长之同意后设立之独立法院,其管辖权与普通地方法院相同,在特殊情形下,得由超经营规章扩充之。省劳动法院亦由司法部长得劳动部长之同意后于普通省法院(Landgericht)内设立之,为不独立的法院,但其开庭起点(Seat)不能与普通省法院相同。联邦劳动法院设立于普通联邦法院内,其院址与联邦法院相同。

劳动法院由主席,副主席各一人及陪审员若干人组织之。主席,副主席由司法部长商得劳动部长之同意后任命,其资格通常为职业司法官,如其经济地位既非雇主亦非雇员而其他条件相合者亦得任命之。任期为1年至9年。陪审员一半为雇主,一半为被雇者,由劳动部长商得普通省法院主席之同意任用之,任期为3年。陪审员之候选人名单由劳动阵线及其他民众团体按人数比例推荐。劳动阵线所推荐之候选人名单中,雇主及被雇者各占一半。

陪审员为年满25岁之德国公民,在该劳动法院区域内,曾为雇主或被雇者一年以上者即为合格。雇主陪审者不一定为雇主,私立公司或商店之代表,公司管理局委员及负经营企业之公务员均可,被雇者陪审员则以被雇者为限。陪审员并无性别的限制。

省劳动法院为中级上诉机关,受理关于劳动法院之上诉案件。省劳动法院由主席副主席各一人及陪审员若干人组织之。主席及副主席由司法部长得经济部长之同意后于普通省法院及省上诉法院(Oberlandesgericht)之判事中任命之。陪审员须年满30岁并曾任劳动司法机关之陪审员3年以上。陪审员一半为雇主,一半为被雇者,其推荐方法与劳动法院陪审员之推荐方法相同。于特殊情形下得组织陪审员委员会,由雇主陪审员及被雇者陪审员各三人组织之。

联邦劳动法院亦由主席副主席各一人及陪审员若干人组织之，为最高的上诉机关。主席由司法部长及劳动部长在联邦法院委员会主席中任命之，副主席则在联邦法院评议会主席或推事中选任。陪审员分为两种，一为司法陪审员，一为非司法陪审员。司法陪审员于联邦法院推事中选任，非司法陪审员选任手续与省劳动法院相同。任期均为3年。

劳动法院之管辖权据《劳动法院法》第二条之规定如次：

（一）凡被雇者与雇主之间，不论其有无雇佣契约或学徒契约的存在，由于雇佣关系或师徒关系所发生的一切民事行为；由于雇佣契约或学徒契约的磋商，或由于其效力问题而发生的民事行为；凡由于雇佣关系或学徒关系所发生的非法行为中之民事部分。

（二）被雇者彼此间由于雇佣关系或学徒关系而发生的民事行为及不法行为中的民事部分。

（三）凡控告企业主或被雇者，或企业主被雇者控告第三者，如其诉讼与上述民事行为有法律上关系或直接的经济关系，且该民事行为在劳动法院中尚悬而未决，普通法院不能解决此项诉讼时，则由劳动法院处理之。

至于诉讼程序，上诉手续，判决之执行等项，在此不拟详赘。

第三目　苏联个人利益争议解决制度

在苏联个人权利争议系指厂方对于法律的侵犯而引起之争执，例如厂长不执行法律上所规定的安全设置，或不给付解雇工人以正当工资，或不按时支付工资，或无故延长工作时间，或无故开除工人等等。至于被雇者互相间之争执多由劳动人民法庭处理。

解决个人权利争议机关及程序,在 1922 年《劳动法典》中有详细的规定。在该法第 168,169 两条中规定个人劳动争议发生时,应由工厂内之争议评定委员会及人民法院内之劳动法庭(Labour Sessions of People's Court)按照司法程序解决。至五年计划实行时改组劳动法庭为保护劳工及保障生产法庭(Sessions of the People's Courts for the Protection of the Labour and of Production),法庭正式名称为生产及劳动法庭(People's Courts for Cases Regarding Production and Labour)成立于人民法院内。改组工作始于1931 年初至1933 年始全部完成。改组后管辖权大为扩张,凡关于与生产,劳动有关之一切民刑事案件均可受理。至于争议评定委员会之组织无大变更。

在各个企业内劳动者既存权利之争执由争议评定委员会处理,关于劳动及生产方面之解决,则由劳动及生产法庭解决。当事人可以选择在上列两机关起诉,但普通均须先经过争议评定委员会。

各工厂企业均设立争议评定委员会,由经理处及工厂委员会推举同数代表组织,委员会主席由双方代表轮流担任。如经理处代表担任主席时,工会代表充当书记,反之亦然。提出争议委员会之案件须经双方代表意见完全一致时,调解方告成立。如委员会不能解决时,提交劳动及生产法庭。工厂企业规模甚大,有分厂及分店时,在分厂或分店内亦成立争议评定委员会,所有争执须经分厂委员会调解不能成功时,方提交总厂争议评定委员会解决。

生产及劳动法庭在工业城市中成立,为人民法庭之特别法庭,其任务为裁判有关劳动及生产之民刑事案件。法庭由庭长一人及陪审员二人组织之,陪审员人选视受理案件之性质在陪审员名单中选任。该项名单包括政府经济机关代表,工会代表,法律及技艺专家。如无劳动法庭之处则由普通人民法院受理之。

下列各项案件发生时,须先经过争议委员会解决,委员会解决无效时,方提交劳动法庭。

(1)工人工作之调遣问题及工资给付问题;

(2)未达到标准生产量工人工资争执问题;

(3)因工作惰怠及拒绝工作之解雇问题;

(4)工人工具之补充问题;

(5)工人工衣及特别食品之发给及工作时间增减之争议;

(6)从事不同工资表工作工人之报酬问题;

(7)工厂临时停工时,工资给付问题;

(8)计件工作未完成时,工资给付问题;

(9)不完全工作工资之给付及工人损坏工具机械赔偿问题之争执;

(10)工人不能工作时之津贴问题。

提交争议委员会案件时间限制于下:

(1)解雇及扣除工资案件于14日内提出之;

(2)延长工作报酬案件于30日内提出之;

(3)其他案件于3月内提出之。

提交劳动及生产法庭案件之时间限制如下:

(1)不属争议委员会解决之解雇案件于14日内提出之;

(2)其他不强制先在争议委员会调解之案件应于3月内提出之;

(3)提交争议委员会调解无结果之案件于14内日提出;

(4)经上级机关否认之争议委员会所判决之案件,于结果宣布后14日内提出之。

案件提交争议委员会后,应于 2 日内举行调解。其调解方法即举行会议命令双方当事人应到场申述理由。劳动法庭之诉讼程序完全按照各加盟共和国民事诉讼法之法庭程序办理。

工人可请第三者代表出席,代表出席时须有工会颁发之身份能力证明书。

劳动法庭收到起诉书五日内应立即开审。法庭判决后应于 3 日内将判决书送达双方当事人。

争议委员会的调解书及劳动法庭的判词有强制执行的效力。如其调解书不合理或难于执行时即由争议委员会之上级机关颁布特别证明书,暂时停止执行。颁布特别证明书之上级机关,在 1933 年以前为劳动人民委员部及其所属各机关,1933 年以后为其上级工会。劳动法庭之判词如赔偿工人金钱不超过其一月工资时,应立即执行,如超过时,一月工资以内之金钱应立即支付,其余部分俟法庭颁布特别指令后方执行之。

对于争议委员会之判决,如不满时可提出上诉,其上级机关亦得否认之。否认争议委员会判决之上级机关为其上级工会。接受关于争议委员会判决之上诉机关为县工会中央委员会之工厂监督,地方工会执行委员会,工会中央委员会之地方代表及各个工会中央委员会。换言之,关于争议委员会之决定可向工厂监督提出上诉,关于工厂监督之决定可向地方工会执行委员会提出上诉,关于地方工会之决定可向中央委员会地方代表提出上诉,关于中央委员会地方代表之决定可向各个工会中央委员会提出上诉。各个工会中央委员会决定为最后的决定。反对争议委员会及其他方面之决定应于 14 日内提出。法律上规定否决争议委员会决定之条件如次:

（一）争议委员会之决定与劳动法违反（不论程序法或实体法），（二）其决定实行的结果将发生显著之恶果，（三）争议委员会判决时所根据之文件及证据为伪造的。

反对生产及劳动法庭判决之上诉，应于 15 日内由利害关系人或检查官（Public Prosecutor）向地方法院或自治共和国之最高法院提出。第二级法院接到上诉书后应于七日内决定是否接受此项上诉，抑交还原来判决法庭重审。如不交还重审时，第二级法院应按照案情审判；如交还重审而原来法庭仍重犯错误时，第二级法院应颁布其判决书。如对第二级法院之判决仍不满意，或对劳动法庭第二次判决不满意时，可向最高司法机关提出上诉。上诉机关为各加盟共和国之司法人民委员部，联邦及各加盟共和国之最高法院主席及苏联首席检查官。上诉之提出无时间限制。上列机关接到上诉申请书后，即加以审判，其决定为最后之决定。

第四目　美国之个别劳动争议解决制

美国处理个别劳动争议之机关为普通法院。普通法院根据普通民事诉讼手续审判关于利益劳动争议之案件。1933 年联邦设有国民劳动局（National Labour Board）以处理一部分劳动争议，但与劳动法院的性质不同。国民劳动局 1934 年改组为国民劳动关系局（National Labour Relations Board）至 1935 年又将其改组，但其性质仍未变更，与普通所谓劳动法院之性质仍不相同。以劳动法院所受理之劳动争议为关于劳动条件之争执，而该局成立之主要目的为保障工人之团结权，禁止雇主或雇主团体危害或干涉工人之结社自由权，故其所受理之案件仅以违反公平劳动习惯之案件为限,而不涉及其他一般劳动条件之争执。故严格说来不得认为是劳动法院。① 1938 年《国际劳工局》所出版之《劳动法院》(Labour Courts)中将其视为劳动法院之一种。② 作者认为此种看法,颇有商榷余地。自作者看来,该局虽审判关于违反公平劳动习惯之案件,但其保辖范围,诉讼程序,审判手段及判决书的效力均与普通劳动法院不同,因之,该局只可视为一以半司法手续解决特殊劳动争议之机关,而不能与普通劳动法院相提并论。就性质言,该局虽非劳动法院,但亦为一解决权利争议之机关,故于此拟将其历史,组织及诉讼程序分析之。

　　1933 年《国民产业复兴法》通过后,总统于 1933 年 8 月下令成立国民劳动局。在开始时劳动局共为 7 人,劳工及雇主代表各 3 人,无利害关系之第三者 1 人为局长。随后改为 11 人,最后改为 13 人,劳工及雇主代表各五人,局长一人,副局长二人。所有人选均由总统任命劳工及雇主代表由产业复兴行政局之劳工顾问会(Labour Advisory Board)及产业顾问局(Industry Advisory Board)分别推荐。在各地并可成立分局以解决关于总统复雇协定(Presidents Reemployment Agreement)及公平竞争章程执行时所发生之争议。至 1934 年 6 月将其改组为国民劳动关系局,委员改为 3 人,均为对劳动问题有研究之无利害关系第三人。至 1935 年 10 月又将其改组并加强其权力,使其性质与州际商业委员会(Interstate Commerce Commission)及联邦贸易委员会(Federal Trade Commission)相似。

---

① 关于 1935 年国民劳动关系局之性质,制度及内容。可参阅:Rose M. Stein, *The National Labour Relations Board in V. S. U.*, Economic Journal. Dec, 1938, pp. 685- 694.

② I. L. O. *Labour Court*, pp. 198-199. Studies and Report Series A. No. 40.

改组后之国民劳动关系局负责人共为 3 人,均由总统任命。其中 1 人为局长,任期 5 年,均为有俸职。该局有 2 人出席时即符法定人数,可以执行一切职权。该局可视实际需要情形在各地成立区劳动局及地方分局,分局设指导员主持之。截至 1938 年止,成立区劳动局共达 21 所。

劳动局之管辖范围以影响州际商业之非公平劳动习惯为限,同时主持被雇者团体之选举,选举程序之监核,缔约及交涉单位之决定等事务。① 其决定为最后之决定。在劳动关系法中又规定:"所谓劳动争议系指雇佣之条款,保有及条件之争执而言,或指要求维持,修改,确定,或重订雇佣条件之缔约团体或缔约代表所发生之争议而言,不论此种争议之发生是否由于被雇者及雇主之接近关系发生。"铁路工人及雇主,州市政府其附属机关,农业雇主及工人,家内劳动者均不在内。当事人包括个人,股东,会社,法定代理人,托拉斯,清算托拉斯及监掌人(Receiver)。

当非公平劳动习惯事件发生后,被害人可按《国民劳动关系法》所定之程序向劳动局提出诉讼。劳动局或其分局接到诉状后,向被告发出通知,说明原委,嘱其在指定时间及指定地点内出席听审。被告接到通知后可提出书面报告并在指定时间指定地点出席辩护,如

---

① 《国民劳动关系》第二条谓:The term "Offecting Commerce" means in commerce or burdening or obstructing commerce or the free flow of commerce or having lead or tending to lead to a labour disputes burdening or obstructing commerce or the free flow of commerce;同条第六款谓:"The term "Commerce" means trade, traffic, commerce, transportation or communication among the several states, or between district of columbia or any territory of United States, and any state or other territory or between any foreign Columbia and any state territory or the District of Columbia, or within the District of Columbia or any territory or between points in the same state but through any other state and or terrtory or the District of Columbia or any foreign country."

被告拒绝出席或不提出反驳方书时,劳动局可按照原告文件审判。

劳动局之决定与普通法院判决书不同,无强制执行效力,仅为一执行命令,受普通法院之拘束与干涉。劳动局决定后将本案详情各项证明文件及判决书一并送交被告隶属之巡回法院或省法院。法院接到各项文件后根据证件予以审核,然后颁布命令强制执行。法院可否决劳动局判决书之一部或全部,但劳动局之判决与证件相符时,则不得否决之。对劳动局之判决不服时,可向其所属之联邦巡回上诉法院提出上诉。

第二节　利益争议处理策

劳动利益争议的发生为个人主义国家不可避免的现象。在个人主义国家劳动政策立脚于阶级斗争之上。政府鼓励劳动者团结一致以集体的力量和资本家及资本家阶级斗争,以争取劳动条件的改善。劳动者势力愈膨胀,劳动者要求劳动条件改善的要求愈急迫,要求改善的行动愈繁多,劳资间的利益争议自然发生。我们看本世纪末个人主义国家劳动争议的频繁,便可知道劳动利益冲突的白热化。① 在国家主义国家及社会主义国家,则劳动利益的发生可能性甚少。以在此类国家,劳动者的劳动条件,概由国家统制,雇佣条件的改善,劳工生活的改良不由劳动者自身去奋斗,而由政府

---

① 德国从1927—1932年5年中共发生劳动争议3587次,参加工人2,048,900人,损失工作时间37,871,790日。英国从1927年至1934年发生争议3100次,包括工人220万人,损失3000万工作日。美国在同年发生争议7,923次,参加工人3,783,026人,损失129,038,575工作日。

代为决定,故雇主与被雇者之间并无发生利益争议之可能。

在个人主义国家,劳动利益争议发生后,劳资双方使用种种手段以求获得胜利。其最普遍使用的手段,在资方为黑名单(Black list)、黄狗契约(Yellow Dog Contract)及停业,在劳方为罢工,拒货同盟(Boycott)及怠工等等。在19世纪末20世纪初,政府对于争议的调解纯采自动原则,政府不加以干涉。因为他们认为劳资斗争为劳动者改善生活条件的主要方法,如政府干涉劳动者的行动,抑制劳动者从事斗争,则集团主义劳动政策已失其最后根据。故政府对劳动争议发生时,应以不偏不袒的态度,从中调停,而不应强制其解决,政府更不应该越俎代庖代为决定。政府纯粹采取中立态度的结果,罢工停业事件迭出不穷。不仅劳动者资本家身受其害,国家产业因之破坏,社会秩序因而紊乱。于是政府态度,稍为变更,尤其对于对国计民生重要性极大之产业的利益争议,不能不采比较强制的态度。

在国家主义国家,虽无大规模的劳动利益争议发生,但劳资阶级之间也有发生利益冲突时的可能。政府对于利益争议的解决第一步是调解,调解无望时,乃由政府解决,严禁停业,怠工,罢工,拒货同盟,及黑表法种种武器的使用。以国家主义的劳动政策是谋劳动生产力之提高,如雇主与被雇者发生利害上的冲突,改用直接斗争的方式解决时,实有碍生产力的发展。故政府不得不禁止之。在社会主义国家,不仅利益争议的解决方法与个人主义国家不同,即其意义亦不相似。以在社会主义国家,阶级的对立消灭,自无发生阶级利害冲突之可能。而在计划经济之下,工人对一般劳动条件之改善,无置喙余地,其提高标准系由政府按照预定计划逐步执行,故劳动者无争执之必要。因之在苏联在此时期内之劳动利益争议,不是工人与雇主利益之争执,而为工厂由管理问题和政策问题的争执。所以斯隆说:"在……苏联工厂里,党的代表,厂长和工会构成'三角'。'三角'为一种机构,它代表国家,代表工人群众,并代表党的领导。……在事实上,因为有了工会代表参加,一切重要决定,都不得不与工人代表合作,可是构成'三角'的各方面人物可能有争执,工人和管理处间可能有不同意见发生。"

劳动利益争议之性质既明。在下列各节将分析各国情形于次:

第一目 个人主义国家利益争议解决策

前已屡次提到个人主义国家劳动利益争议之解决,以得双方同意为条件。最能代表此种精神者为英国 1917 年之 Whitley Committee 报告书。在该报告书中认为工业争议之发生尽可能的由劳资双方以调解或仲裁的方式解决,以"自动的"及"双方同意"为原则。因此其结论谓:"我们反对任何强制仲裁制度,主张扩大解决劳动争议自动机构的运用。因此我们不主张用任何强制方法禁止罢工或停业。我们的主张是:第一,设立中立调查制(Independent Inquiry)调查争议发生的原因和原委,调查完竣后,由负责调查机关,颁布权威的报告书。第二,设立常设仲裁局解决当事人双方同意交付仲裁的案件。"①在一部分国家则除用自动的调停制外,并行强制仲裁制。

个人主义国家之劳动争议调停制度(Schlichtungswesen)大体可

---

① Industrial Law.

分以为四种。第一为调解(Einigung,Conciliation),第二为自动仲裁(Voluntary Arbitration,Schiedsspruch),第三为强制调查(Compulsory Investigation),第四为强制仲裁(Compulsory Arbitration)。

甲　调解　所谓调解系指劳动争议后,为免其扩大计,由第三者出面从中斡旋,使争议得到和平解决。出面斡旋之第三者或为私人,或为官方人士,或为一团体,它纯以第三者态度出现,无强制的权力,其主要目的,只是缓冲双方争议,促现争议的和平解决。当双方意见接近后,调解人即行退出,其最后解决意见,由争议双方自由决定,调解人不得干涉,调解人对于解决方案虽可贡献意见,但不能强迫当事人接受。调解的方式又可分为团体协约规定之调解机关,及官方调解机关两种:

(子)团体协约规定设立之调解机关。在自由缔约国家,在团体协约中通常对于劳资双方发生关于劳动条件之误解及争执时的解决方法均有特别条款规定。如英,美两国在团体协约中均规定当争执发生时,应经过一定手续从事磋商,如当事人意见仍难接近时,再由高级工会及雇主代表继续磋商,以谋解决之道。双方参加之代表,资方由雇主,或雇主代理人,或雇主协会代表,工会代表则由工会代表担任之。实行此制最有成绩之国家有英,美,比利时,瑞典,瑞士等国。

此种制度系为自动的制度,其优点颇多,但不易仿行。实行此制之必要条件甚多。从法律方面观之,在该国雇主及劳工须有完全自由结社及自由缔约之自由,从事实观之,则其条件有三:第一,在该国内劳资双方之团体势力甚大,旗鼓相当,同时其团体有训练,有健全的组织。第二,双方能开诚布公,互相信任。第三,政府与工业团体间互相谅解,政府非至万不得已时,不干涉其活动。条件不充分之国家无法实行。

（丑）官方机关调停制。官方调停制又可分为自动调解制及强制调解制两种。自动调停制者，即争议发生后，争议当事人是否愿意邀请第三者调停，听其自便，政府不能干涉。而强制调解制者，劳动争议当事人有邀请第三者调停的义务。自动调停之机关可以分为两种，一为临时性质之机关，一为永久性质之机关。前者不以调解争议为其主要任务，要争议当事人双方或一方邀请时，方执行此种任务。此制初期在英，美，比各国颇为盛行，现已衰落，现仍实行此制者仅英国而已。由政府设立常设机关主持调停者有芬兰，荷兰，瑞典及美国。如美国 1913 年成立联邦劳动部时，其主要任务之一即为调停劳动争议。该部有调解委员 60 人，专门担任调解劳动争议之责。有许多州的劳动部或工业委员会亦成立与联邦劳动部相似之调解机关，如 Massachusetts 与 New York 两州之劳动争议调解所（Conciliation Agency）成立已达 50 年。有些州则指定劳动专员（Labour Commissioner）为调解人，有些州则由工业委员会指派调解主任委员（Chief Mediator）负斡旋之责。近数年内各大工业城市多成立调解局（Municipal Conciliation Board）。调查局人选为市劳动专员及富有声望之地方人士。

实行强制调解制之国家为智利，罗马尼亚及南斯拉夫。在此数国，由法律规定劳动争议发生后须由官方调解机关从中调停。如罗马尼亚及南斯拉夫规定劳动争议发生后须请劳动检查员从中调解，在此时期中其一切磋商及协议均由其从中协助，以期双方得到谅解。在智利则规定先由双方争议当事磋商，如不能得到结果时，即交付常设的调解局解决。调解局人选为劳资双方相等代表，劳动检查员为主席，但无表决权。在实行强制调停制国家，争议交付调解之先,禁止罢工与停业。

　　乙　自动仲裁制　争议发生后,双方不能自动解决其争执,或经第三者从中调解亦无法解决时,争议双方愿意交付一中立者裁决,此中立者或为个人或为一机关,此种方式谓之自动仲裁。自动仲裁之完全程序如次:第一,交付争议与第三者仲裁,第二,双方愿意提供全部材料交与仲裁者调查,第三,交付仲裁以后,至仲裁判决以前严禁罢工与停业,第四,仲裁者颁布仲裁判决书,第五,判决书之执行。自动仲裁制之主要精神为其自动性,争执之交付仲裁,调查之进行,及仲裁判决之执行均以得双方同意为主,如有一方不同意时则作罢论。实行此制之国家甚多,主要的有比利时,智利,芬兰,英国,荷兰,罗马尼亚,瑞典,瑞士,南非联邦,美国及南斯拉夫。

　　美国实行自动仲裁制者,达 36 州及其他殖民地。[①] 大多数州均设有常设的调停及仲裁局(Conciliation and Arbitration Board),由委员 3 人或 6 人组织之。如为 3 人制则雇主,被雇者及公共人士代表各 1 人,如为 6 人制则三方代表各 2 人。有的为非常设机关,由劳资双方联合组织之调解会,加一仲裁者,成为仲裁机关。仲裁者接受交付仲裁案件后,仲裁者根据争执事实判决是非拟定仲裁意见书,以供双方采纳。仲裁判决书之执行以双方同意为条件,如有一方不同意时,即停止执行。在美国有十余州规定如经双方代表

---

　　① 美国没有常设的或临时的仲裁局以解决劳动争议者有下列各州及殖民地。Alabama, Arizona, Arkansas, Colorado, Connecticut, Georgia, Illinois, Indiana, Iowa, Kansas, Louisiana, Maine, Maryland, Massachusetts, Michigan, Minnesota, Missouri, Montana, Nevada, New Hampshire, New Jersey, New York, Ohio, Oklahoma, Oregon, Pennsylvania, South Carolina, South Dakota, Texas, Utah, Verment, Washington, West Virginia, Wisconsin, Wyoming, Alaska, Philippine Islands 及 Puerto Rico。详见: United States Bureau of Labour Statistics: Labour Laws of United States Series, Bulletin 370. 403. 407. 528-590.

同意后,即有法律上的效力,应强制执行。①

英国1919年《工业法院法》(Industrial Court)规定,如争议当事人愿意交付仲裁时,应于下列三项方法中选择其一:第一,交付由劳动部长任命之仲裁者。第二,交付仲裁局(Arbitration Board)解决,仲裁局由双方推荐之同等数目之代表,及由劳动部任命之中立者1人组织之。中立之第三者为主席。第三,交付常设仲裁法庭解决。仲裁法庭人员均由劳动部长任命,其中必包括雇主及被雇者代表,中立第三者,妇女1人或多人,任期长短由劳动部长决定。法庭主席由劳动部长于中立人士中选任。上列三种方法之选择由劳动部长得争议当事人之同意后决定之。②

英国铁路业之仲裁机关为中央工资局(Central Wages Board)及全国工资局(National Wages Board)。所有关于铁路业被雇者与雇主间之工资,工作时间及其他工作条件之争执,概由上述两机关仲裁,中央工资局调解无效时,乃由全国工资局解决之。中央工资局人代表由被雇者代表8人及铁路公司代表8人组织之。被雇者代表有四人由 National Union of Railwaymen 任命,二人由 Associated

---

① 各州仲裁者之执行均以得双方同意为条件,但其执行方法并不相同。如Colorado,Kansas,Maryland,Nevada,Ohio,Taxes则规定一部分特殊条款由法院强制执行。Illinois则规定全部由法院强制执行。但当事人不履行时,法院可以予以警告或处以公然违犯法院判决罪,但不得处以徒刑。Iowa,Michigan,Missouri,Montana,及New Hampshire五州在法律中虽无特殊条款规定,但法院有强制执行权。违反者可以处以罚金或警告。详见:United States Bureau of Labour Statistics:Bulletino 370,403,470,528及590。

② 关于英国仲裁制度之一般情形。可参阅:河田嗣郎:《社会问题体系》第四卷,第七编《劳动争议调停制度》第二章《英吉利之调停制度》,第223—265。及E. M. Hugh-Jones,*The State and Industrial Order*:*The Quarterly Journal of Economics*, Vol, II-II. No. 2. Fed 193, pp. 213-337. 关于工业法庭之组织。可参阅:Sir William Mackenwies, *The British Industrial Court*, I. L. R. Vol. III. No. 1-2. pp. 41-50.

Society of Locomotive Enginers and Firemen 任命，两人由 Railway Clerks Association 任命。全国工资局由雇主及被雇者代表各六人，铁路使用人代表 4 人及劳动部任命之中立者 1 人组织之。中立第三者为主席，被雇者代表由上述三团体各推选二人。①

英国工业法庭完全为一独立机关不受任何政府之管理及影响。其组织除上述之代表外，尚有陪审员的设置。陪审员由双方推荐，由主席任命。其主要任务仅讨论或贡献技术之意见，对于仲裁书之决定并不负任何责任。工业法庭之仲裁纯粹以"自动"为基础。仲裁之交付，仲裁书之执行均以得双方同意为条件。

有一部分国家则不由政府机关设置主持仲裁的机关，法律上仅规定由争议当事人如自愿交付仲裁时，可自由选择仲裁者听其裁决。如比利时，芬兰仅规定调停人有协助争议当事人选择仲裁的责任，荷兰则规定当事人应选择仲裁人 1 人，其人选政府并不加以限制。智利及罗马尼亚则规定第一步由争议双方当事人公共选择仲裁者，如逾期而不能选出时，则由政府代为任命之。南斯拉夫则规定由双方各推荐 2 人为仲裁员，再由政府任命 1 人为主席组织仲裁局。②

在调解及仲裁进行中通常均禁止罢工停业以求争议之能和平的及迅速的解决，关于此方面最有名之法律为 1925 年 6 月 12 日加拿大所颁布者。加拿大规定，凡劳动者要求改进劳动条件时应于 30 日前提出通告，如因此而发生争议时，不得迳行罢工及停业，须交付调解及仲裁，调解及仲裁无效后方得采取直接行动。如违反此项规定时，处以极重罚金。

---

① 见：Railways Act. 1921. Sect. 62.

② 见：I. L. O. *Methods of Collaboration Between the Public Authorities，Workers Organization and Employers Organization*，pp. 177-178.

在调解或仲裁进行时,禁止罢工停业及其他直接冲突的方式又可分为两种:一种为有条件的禁止,一种为绝对的停止。实行前制者为斯坎的里维亚诸国,实行后制者有比利时,加拿大,南非联邦,美国,瑞士,等国。①

瑞典 1936 年 9 月 11 日法律规定政府在调解进行中得禁止雇主与被雇者间发生直接冲突,但以工人中央团体之请求为条件。工人中央团体之请求以得其所辖之工会及雇主协会之同意为条件。在丹麦及挪威仲裁者或调解者有直接干涉之权,但有相当限制。如丹麦规定其禁止罢工及停业不得超过一星期,挪威则规定凡直接冲突发生后对于公共利益有重大损失者,方得暂时禁止之。

丙 强制调查制 此制以英语国家实行颇广,首行实行者为加拿大。加拿大于 1907 年颁布《加拿大工业争议调查法》(Canadian Industrial Disputes Investigation Act of 1907),设立强制调查局。凡工业争议发生后,应一律强制交付该局调查,在调查期中严禁罢工与停业。调查完竣后,由该局颁布报告书,报告书并无强制执行效力。② 美国首先实行此制者为 Calorado 州。该州于 1915 年通过工业争议强制调查法,其内容大体以加拿大的法律为蓝本。然后各州仿行者截至 1936 年年底止,共有 22 州。③

实行强制调查制之各州,大都成立一强制调查局。该局由政

---

① 美国在下列十四州严禁在调解及仲裁进行中举行罢工或停业,违反者处以罚金。Alabama, Connecticut, Illinois, Indiana, Iowa, Louisiana, Maine, Massachusetts, Montana, New Hampshire, Ohio, New York, Vermont.

② 见:Canadian Industrial Disputes Investigation Act(1907), Sect 6-7.

③ 美国截止 1936 年年底止实行强制调查制者,有下列 22 州。Alabama, Colorado, Connecticut, Georgia, Illinois, Indiana, Iowa, Louisiana, Maine, Maryland, Massachusetts, Minnesota, Missouri, Montana, New Hampshire, New York, Ohio, Oklahoma, Oregon, South Dakota, Utah 及 Vermont.

府人员,劳动及工业专家,及劳资双方各派相等代表组织之。其主要任务为调查研究劳动争议之真象,调查完竣后,颁布报告书。在调查进行中,得向当事人双方及其他关系人索取证件,并得询问当事人,证人及其他关系人,当事人,证人及其他关系人不得拒绝答复或拒绝交纳证明文件。此种调查为强制的,劳动争议发生后,争议当事人之一方可以不得其他当事人同意,请求调查局调查,如双方当事人均未请求调查时,该局亦可自动发动要求争议当事人将争议交付调查,当事人不得拒绝。该局仅有调查及颁布调查报告书之权,其报告书建议并无强制执行效力,得双方当事人同意后方得执行之。在调查开始至调查报告书公布以前,严禁罢工与停业。

英国1919年《工业法庭法》规定劳动部长得组织调查局(Court of Inquiry)调查已发生及将发生之劳动争议,该局有权要求当事人,证人及其他关系人提供证件,并要求其出席讯问。对于各项文件得审核之,并要求当事人及证人宣誓证明。其报告书应由国会审查并由劳动部长公布。报告书并无强制执行效力。

丁　强制仲裁制　强制仲裁制之主要目的,在维持产业和平,严禁罢工停业。有一部分产业及职业对于国计民生关系甚巨,当其发生争议时,如政府不加干涉,则有碍害产业发展及破坏社会秩序之流弊。故政府对于此种争议恒采直接干涉政策。由政府设置仲裁机关主持仲裁事实。首先实行此制者为新西兰,随后澳洲联邦及各州,均仿行之。英国在战时曾一度实行,美国在Kansas州曾实行3年。此外保加利亚,希腊,墨西哥均曾实行之。

强制仲裁制与自动仲裁制性质完全不同:第一,在自愿仲裁制下,劳动者是否将其争议交付仲裁,由双方当事人自己决定之,如有一方不同意,可以不必交付仲裁。而在强制仲裁制下,则非将争议交付仲裁不可。第二,接受争议之机关,在自愿仲裁制下,或为政府设立之机关,或为工人自动组织之团体,仲裁人或由政府任命,或由双方推荐,但普通多由双方当事人自动选择。在强制仲裁制下,则由政府设立之机关,由政府任命之人员负责处理,争议当事人无置喙余地。第三,在自动仲裁制下,仲裁员所判决之判决书,无法律上的效力,是否执行,视双方当事人意见而定,如有一方不同意,即不实施,而在强制仲裁制下,则有强制执行的效力,对于双方均有拘束力。①

关于其制度详情,拟以新西兰,澳洲及美国为例说明之。

(子)新西兰。新西兰之最初强制仲裁法颁布于 1894 年。根据该法将全国分为 7 个产业区域,每区设调解局一所。调解局共为五人,雇主及被雇者代表各 2 人,及中立之主席 1 人。其主要任务为调解劳动争议,并未赋与仲裁权力。此外设有仲裁法院(Arbitration Court)一所,主持强制仲裁事宜。裁判法院由 3 人组织而成,均由政府任命,一人为所长,普通多由高等法院法官担任,其他二人由企业家及雇主推荐后任命之。此法颁布后曾经数度修改,至 1908 年又颁布新的《调解及仲裁法》(Industrial Conciliation and Arbitration Act)全盘修改劳动争议调停制度。

1908 年新法关于调解及仲裁之规定甚为綦详,现仅将其强制仲裁制度说明之。

新法规定仲裁裁决所之组织与 1894 年法律相似。全国设仲裁法院一所,由 3 人组织之,1 人为所长,1 人为雇主代表,1 人为被雇者代表,3 人均由总督任命。仲裁裁判所有传讯证人出席之权,有

---

① 关于劳动仲裁与强制仲裁之区别及其意义可详细参阅:E. Kuttig, *Problems of Conciliation and Arbitration*, I. L. R. Vol. XXVI. No. 5, pp. 649-676.

强制争议当事人,证人及关系人提供证明文件之权,仲裁法院判决后其所颁布之仲裁判决书有强制执行之权力。工厂调查员监视仲裁书之执行。对于怠工,罢工,停业及同盟拒货则严格禁止之。

1908 年以后,政府曾陆续颁布修正法随时改革强制仲裁制度。至 1932 年政府鉴于工资及工作条件之日趋下落乃改行集团劳动制度。主张由劳动者以集体的力量自动的要求雇佣条件之改善,将政府的干涉减至最小限度。于是于 1932 年颁布修正的《调停及仲裁法》。取消强制仲裁制度。仲裁法院之职权仅限于与女工有关之争议而其解决内容又须得双方同意为条件。[①] 强制仲裁制度取消后,成绩不佳,至 1936 年 6 月 8 日又颁布《工业调解及仲裁修正法》(Industrial Conciliation and Arbitration Amendment Act)恢复强制仲裁制度并扩大其职权。[②]

1936 年《工业调解及仲裁法》所讨论之问题主要分为四个:第一为基本工资之厘订,第二为工会之范围及会员,第三为仲裁法院之职权,第四为 40 小时工作制。

在该法第 13 条至第 16 条回复仲裁法院之职权,使其与 1932 年以前相同。凡一切工业争议经调解会(Conciliation Council)和解无效者,概经仲裁裁判所处理。关于工业争议之定义亦加以扩大,包括所有与工会及工会职员之特权,权利及责任有关之争议均包括在内。裁判所之职权亦大为扩张。在 23 条授权裁判所允其补充仲裁判决书之决定及将判决书扩展至同产业之工会,产业团体及雇主。同时

---

① 关于 1932 年法律内容及当时背景可详细参阅:E. J. Riches, *The Depression and Industrial Arbitration in New Zealand*. I. L. R. Vol. XXVIII. No. 5.

② 关于 1932 年,1936 年情形。可参阅:E. J. Riches, *The Restoration of Compulsory Arbitration in New Zealand*, I. L. R. Vol. XXXIV. No. 6, pp. 734-753.

将以前限制裁判所职权之副款(Proviso)撤消。[①] 仲裁所之判决书有强制执行效力。仲裁裁判所之组织则未变更。

(丑)澳洲。澳洲仲裁制之发展始于 1895 年。当时劳动党当政鉴于血汗工资制之流行及工业争议之频仍,乃通过法律设置强制仲裁制度,以政府力量保障劳工利益。联邦调解及仲裁法院(Commonwealth Court of Conciliation and Arbitration)成立于 1904 年。其主要任务在解决并防止超越一州范围以外之工业争议。除联邦仲裁法院外,各州有其特制的工业调解及仲裁法及仲裁机关,主持其本州内之争议,联邦对于属于一州范围以内之争执,不得干涉。根据 1929 年估计,受联邦仲裁书影响之工人约为 42 万人,受各州仲裁判决书影响者约为 158 万人。

联邦及各州主持强制仲裁之机构及组织并不一致,关于其内部组织及机构已于"最低工资政策"一节中详述,于此不赘。大体说来其主要职权如次:

第一,规定全澳各业各级工人工资;

第二,承认劳资双方缔结之团体协约,鼓励雇主与被雇者团体缔结团体协约,于必要时,宣布某项规定有一般拘束力;

第三,争议发生后如不能自动解决时,由裁判所实行强制仲裁。争议当事人应出席并提供证件。裁判所根据各项证件颁布仲裁判决书,判决书对于双方均有拘束力,如当事人不遵守时,依法处罚。

澳洲以强制仲裁方法解决劳动争议,成绩并不如理想之佳。如

---

① 经新法撤消之条款有二:(一)The proviso limiting the power to awards relating to a trade or manufacture of products of which enter into competition with those manufactured in another industrial district, and in which a majority of the employers and unions of workers are bound by the award;(二)the proviso to a provision that the court shall not extend an award to cover any employer unless a majority of the employers in the dictrict who are engaged in the industry to which at relates are already bound by it.

自 1916 年至 1935 年全国共发生罢工及停业 6829 次,参加工人共达 200 万人,损失工作时间 2900 万日。[1] 其制度最大缺点为鼓励当事人申辩及提出争议,致使诉讼延长,法院积案甚多,不能迅速解决。据联邦 Attorney-General 谓,在 1928 年仲裁法院接受之案件平均须八个月方能解决,其迟缓由此可见。[2] 联邦及各州仲裁法院有鉴于此,

[1]　澳洲罢工及停业统计表(1926—1935 年)

年代	罢工及停业次数	参加工人人数	损失工作日
1926	360	80,768	1,310
1927	441	157,581	1,713
1928	287	82,349	777
1929	259	88,793	4,461
1930	183	34,541	152
1931	134	28,329	246
1932	127	26,918	212
1933	90	46,962	112
1934	155	51,972	370
1935	183	44,813	495

澳洲劳动争议和平解决统计表(1926—1935 年)

年代	由仲裁方法解决者	由调解方法解决者
1926	438	154
1927	353	137
1928	289	128
1929	187	109
1930	185	110
1931	412	112
1932	218	53
1933	267	64
1934	239	66
1935	3□8	99

[2]　Lennous Raws, *Compulsory Arbitration in Australia*, Picture is World Economic Conditions, 1932. p. 25.

乃力谋改进之道。比较有成绩者为新南威尔斯。①

所有劳动争议交付强制仲裁后,及仲裁判决书颁布以后,严禁罢工与停业。如不服仲裁判决而擅行罢工者予以处罚。

(寅)美国。在美国曾实行强制仲裁者,以地域言仅 Kansas 一州。以职业言,仅铁路工人实行此制。前者为一短命制度,仅实行 3 年(1920—1923 年)即被否决;后者则历史悠久,年有改进。

(一)铁路工人争议强制仲裁制。政府对于铁路工人劳动争议之干涉由来已久。以铁路交通关系公共利益甚大,苟其争议不能和平解决因而引起罢工行动,则社会,政府与人民均蒙其害。故政府曾颁布若干法令设立政府机关处理此种争议。最初之命令为 1888 年所颁布者。该法规定铁路劳工发生利益争议时,应实行自动仲裁制度及强制调查制,以免争议扩大。但此仅为开始,强制仲裁制尚未实施。随后又于 1898 年,1913 年,1920 年颁布新的法令以补充之。现行法则以 1926 年法令为基础,该法在 1934 年曾有重大修改。②

新法认为下列两种争议有妨碍商业发展及影响铁路运输之可能,故此类争议发生时,应交付政府所设立之调解及仲裁机关处理。第一,规定铁路工人工作时间,工资及其他工作条件之团体协约在解释及实施时所发生之争议;第二,订立新约或修改旧约时所发生之争执。主持调解及仲裁之机关有二,一为全国铁路争议调整局(National Railroad Adjustment Board)一为全国和解局(National Mediation Board)。③

---

① 见:W. Rupert Maclaurin, *Recent Experience with Compulsory Arbitration in Australia*, American Economic Review, Vol. XXVII. No. 1. pp. 69-70.

② 条文见:U. S. State at Large 577(1926)U. S. State at Large 1185(1934)。

③ 关于其实际运用情形及成绩可见:First Annual Report to the National Mediation Board for the Year Ending June 30. 1935.

全国铁路争议调整局由雇主代表 19 人及工人代表 18 人组织之。内分四部,每部管理一类被雇者。如车上工作工人,车厂工人,车站工作人员各自分开,各属一部管辖。该局之管辖权为解决规定工资,工作时间及其他工作条件之团体协约在解释及执行时所发生之争执。在该局内一切行政及行动,纯以双方意见为主,外人不得干涉。政府之职责在执行其决定,而不能干涉其决定。当该局不能解决争议时,另加一仲裁人举行仲裁。仲裁人由双方当事人选举,如双方无适当人选时,则由全国调解局任命。

当劳资双方谈判设立新的团体协约或修改旧的团体协约,有濒于破裂无法缔约时,全国调解局有调停及仲裁的责任。调解局共 3 人,均由总统任命,其职权为周旋双方调解争议,无强制执行判决之权。调解如不成功,即强制交付仲裁。仲裁员由双方推荐,如双方不能选出适当人选时,则由调解局指派仲裁员。如当事人之一方拒绝接受仲裁判决书之决定时,由总统指派一紧急调查局(Emergency Board)调查争议真象,并颁布报告书。法律上虽未强制争议双方接受调查局报告书之建议,但报告书颁布后,真相大明,当事人如不遵照报告书之建议解决,将受社会上舆论制裁。在调解及仲裁进行中禁止罢工与停业,如在和平解决未绝望以前而迳行罢工时,此种罢工为非法行为。

铁路工人调解法实行后成效大著。政府乃于 1938 年之《海员法》(Merchant Marine Act of 1938)设立海员劳动局(Marine Labour Board)解决海员争议,其组织与权利大体与铁路全国调解局相似。但该局为临时性质,如不颁布法令延长时,则其活动仅以 1941 年 6 月底为限。①

---

　　①　*Collective Bargaining in the United States*, p. 437.

（二）Kansas 州强制仲裁制。1919 年美国全国煤矿工人举行大罢工后，公私方面受其影响甚大。Kansas 州州议会乃于该年召开特别会议通过法律授权政府允其以强制力量防止罢工，此即有名的 1920 年《Kansas 州工业关系法》（Kansas Industrial Relations Act）。此亦为美国名副其实，绝无仅有之强制仲裁法，虽为时甚短，实行未满 3 年因各方之反对而夭折，但其制度亦有可以取法之处。

该法规定设立工业关系法院（Court of Industrial Relation）由法官三人组织之，法官由州长任命，任期 3 年。凡食品制造业，成衣业，衣料业，被服业，矿业，燃料生产业，运输业，及其他普通法所规定之一切公用事业应由州政府监视及管理，以维持产业和平，保障公共健康，保证产业安全，防止罢工，停业，破坏秩序及其他无谓消耗。如上述产业发生争执时，工业关系法院可自动传讯双方当事人，调查争议真象而仲裁之。如该地有任何十个纳税人向法院告发时，法院必传讯双方当事人举行审判。法院所决定之工作条件为以后该业之标准。换言之，举凡工作时间，最低工资率及其他工作条件与雇佣条件，该法院均有权决定，该院决定后即成为该业以后订立团体协约之基础。该法承认劳工有团体协约权，但系和平纠察权，拒货同盟及其他一切激烈的斗争手段均在禁止之列。雇主亦不得停业，不得因工人要求法院询问，或出席作证而将其开除。

工业关系法颁布后，即遭各方反对。1923 年联邦最高法院判决该法违宪，以用强制仲裁方法决定工资率显然违反《宪法修正法》第十四条规定。[①] 至 1925 年 4 月又判决该法规定，制肉业应接

---

① Wolf Packing Co. v. Court of Industrial Relations, 262. U. S. 522. 42. Sup. Ct. 631 (1923).

受强制仲裁为违宪行为,同时认为以政府机关以强制手段决定劳动时间亦显然违反契约自由及人民财产权之原则。[①] 其实在联邦法院判决违宪以前,该院因无人支持即早已停止活动。在1922年尚执行仲裁争议的任务,1923年以后事实上已完全停顿。

第二目　国家主义国家利益争议解决策

前已屡次提到,国家主义国家对于劳动利益争议之处理与个人主义国家不同。其主要原则为第一步进行调解,和解无望时,由政府直接干涉,禁止直接发生冲突。因为罢工,怠工,停业等激烈手段之使用不但使生产机构停顿,使国民经济蒙受重大损失;而且足以紊乱社会秩序,酿成政治上的危机。与国家主义国家之一般政策及经济政策之精神完全违反。所以意大利司法部长罗科(Alfredo Rocco)说:"那些无限制的阶级自卫武器如怠工,罢工,拒货,闭厂,停业等之使用,势必引起无政府状态。此种行迳实无异于野蛮时代之个人自卫,为内乱发生的根源。因此法西斯主义企图放弃此种政策,而以另一种方法以维持阶级间的正义以适应现代生活的基本要求。"[②]

德国对于利益争议之解决甚为简单。如被雇者与雇主间发生利益争议时,首由劳动阵线负责调解,调解无效后乃交付劳动专员解决,劳动专员之解决有强制性,争议当事人不得违反,对于劳动专员之决定并无上诉权。至于怠工,罢工,停业,拒货等则在绝对

---

① Wolf Packing Co. v. Court of Industrial Relations, 255. U. S. 552. 45. Sup. Ct. 441 (1925).

② *The Italian Corporative State*, pp. 81-82.

禁止之列。

意大利之处理方法大体相同。第一步是调解,调解无望时,乃提交劳动法院(Labour Court)解决。罢工,停业,怠工,拒货同盟及黑表法种种武器之使用皆禁止之。

劳动利益争议发生时,先由所辖之协会或联合会先行调解,和调无望后,又提交业团调解。每个业团均设有调解局(Conciliation Board,Collegio di Conciliczione)其人员由业团主席根据争议之性质及当时情形任命之,人数并不固定,数额亦不一致。调解局调解无效后方强制提交劳动法庭审判。[①] 如案件特殊时,业团部或墨索里尼本人亦担任调停之责。如1927年4月银行业雇主协会与银行业被雇者协会发生关于工作时间之争执,即由墨索里尼担任仲裁者解决之。[②] 又据官方报告自1927年至1933年内由业团部担任调解者所解决之集体利益争议共达498件。[③] 但此为特殊情形之处理方法,普通均由调解局和解失效时,即提交劳动法院。

劳动法院设立之主要目的,据意大利司法部长罗科氏在下议院之报告如次:[④]

"国家劳动法院之设立系根据立法的基本精神而来。在一方面国家固然禁止各生产阶级为着他们的利益而直接采取行动;但在另一方面国家对于经济争执并非置之不理。相反

---

① 见:1934年所颁布之 Act No.163 Respecting the Constitution and Function of the Corporations;Sections 3. 全文见:I. L. O. Legislative Series 1934. Italy.

② 见:*Under the Axes of Fascism*, p.84.

③ Sindacato Corporations Feb.1934. p.293.

④ *Methods of Collaboration Between the Public Authorities Workers Organization and Employer's Organization*, p.63.

的,国家要采积极的行动,为各生产阶级间的调停者,以保障社会的公平。政府设立解决工业争议的常设法院是它的政治上和道德上的义务。同时它也是国家和社会公共利益的直接代表者。"

在议会通过 1926 年 4 月 3 日法令时,司令部致议会之备忘录之也说:"如果政府对于社会各阶级间的争执不能保持正义,那么政府也就不成为政府。"于此可知劳动法院的性质和任务。①

劳动法院系根据 1926 年 4 月 3 日《集体劳动关系法》成立的。在该法第 13 条至第 17 条中有详细规定。同年 7 月 1 日实施条例第 61 条至 91 条中有更细密之规定。现将其内容分析于次:

(一)法院之组织与构成。劳动法院设立于全国上诉法院内,其数目与现存上诉法院数目相等,全国共有 16 所。各个法院由五人组织之,院长 1 人,上诉法院之推事 2 人,及对于生产问题及劳动问题有研究之专家。在每年之初,由敕令任命劳动法院院长及推事,而专家则由各个法院所备之专家登记中选任。

专家顾问登记册由各省之省经济评议院(Provincial Council of Economy)制备之,在该册中详载该法院管辖区域内之专家姓名。专家之资格为年满 25 岁之意大利公民,有高尚的道德和政治的信仰,并有大学毕业或同等学校毕业之毕业证书者。如对于该项问题有特别见解时,或有特别研究则不必要大学毕业。专家之姓名按照各该区域内各种职业之情形分类排别。各省经济评议院将名册制好后呈送中央业团机关,如中央业团机关未成立时,则直接送

_____

① *Under the Axes of Fascism*, p. 85.

交相关之上诉法院。上诉法院首席庭长于每年之初得劳动法院院长之同意后在专家名册中选出若干人为本年度专家顾问。名单决定后在各省上诉法院及各县县政府门前公布 15 日。在此时间内各法律承认之劳资团体可对名单人选提出抗议。抗议之审查及判决由上诉法院在评议院(Coucil Chamber)组织连席会议解决。连席会议人选共 7 人,一为首席庭长,一为劳动法院院长,及判事 5 人,判事由首席庭长任命。对于连席会议之抗议可于 15 日内向大理院(Court of Cassation)抗议。大理院接到抗议后,即开会审核之,其决定为最后的决定。在此次决定中,尽可能的保证名单中人选适当,并使其能担任各种责任。

当劳动争议发生时,劳动法院院长可按照案件情形于名单中选任两人为专家顾问。于必要时劳动法院院长得于首席庭长名单之外选任,但不得在专家登记册之外选任。如得当事人之同意时,院长得于专家名册外选任。业经选派之专家顾问出庭时,每日报酬为 100 里拉,其他旅费膳宿费及杂项开支均由上诉法院供给。关于劳动法院推事及专家顾问之回避,适用民事诉讼之规定。

(二)劳动法院之管辖。劳动法院之主要任务可以分为两方面,一为集体利益争议之处理,一为关于个别权利争议之上诉案件之处理。后者在权利争议一节中已加述详,于此不赘。

1926 年 6 月 3 日《集体劳动关系法》第 13 条第一款上明白规定:"所有关于集体劳动关系的争议,不论其为已订团体协约或其他规章之执行或关于新的劳动关系之确定所引起之争论,均在劳动法院管辖之内。"[①]在 7 月 1 日的施行法第 11 条上也说:"因团体

---

① *The Corporative State*, Appendix A. p. 98.

协约或团体规章之履行而引起之劳动争议,因劳动关系新的规定所引起之劳动争议,及因劳动协约或劳动规章之修改而引起之劳动争议均在劳动法院管辖之内。"①由此可知关于团体协约及团体规章之修改,履行及改订所发生之劳动争议由劳动法院解决。此外,凡劳动争议之性质影响所属团体之一般利益者,亦在其管辖之内。此点在法律上虽无明文规定,但判决中屡有明示。②

(三)当事人。集体劳动争议之当事人为法律承认的团体。个人或未经法律承认之团体,协会,或社团均不得为集体劳动争议之当事人。法律承认之团体系代表其全体会员,故可为当事人。事实上存在而未经法律承认之团体既不能订立团体协约,又不能代表其所属之会员为团体争议之当事人。如在该处无法律承认之团体而仅有事实上存在的团体时,即由上诉法院指派一人为特别信托者,为该团体之法定代表。③特别信托者之选任尽可能的不为利害关系人,并须道德高尚政治思想正确。法律承认之团体由其书记,主席或其他代表出席。代表出席时可以聘请一个律师及专家顾问数人。

(四)诉讼程序。集体劳动争议发生经业团调解无效后,由原告协会向劳动法院起诉。起诉书中详列起诉协会名称,被告协会名称,起诉之事由及动机,及其他有关证明文件。劳动法院于接到起诉书后于 24 小时内决定开审日期。如劳动争议与公共利益有关时,公共事业部(Ministry of Public Works)亦可向劳动法院起诉,其说明书内容与协会起诉内容相同。法院接到起诉书后应立即

---

①　The Corporative State, Appendix B. p. 130.

②　International Survey of Legal Divisions on Labour Law.

③　D'Amelio Le Assicurazioni Socia'i Vol. 1. 1936. p. 4.

传知各当事人,并将文件内容在各省政府公报上摘要发表,如有全国性时则在中央公报上发表。

在初审时完全为准备询问性质,劳动法院院长静听双方意见后,极力作和解之斡旋。如和解成功应立即记录,并订立调停协定。如当事人不同意和解时,决定正式开审日期,日期不得迟于初审后 10 日,并订定法院记录员(Court Reporter)。初审后 3 日内,当事人应呈递书面申辩书。此种申辩书由法院汇集交各当事人及公共事业部传阅。

正式开审后如仍不能判决时,可举行第二次审讯,时间以迅速为主。普通多于第二次正式审问决案。主文原稿由院长及推事签字,存于法院内 15 日,外备 3 份交当事人及公共事业部,另备两份向省政府及业团部提交保存,并在官报上公布。

如法院所颁布之判决与该院以前对个别劳动争议之判词相冲突时,经公共事业部及当事人之请求后,作为无效。如判决内与以前法院判决相冲突或与团体协约之条款相冲突时,判词亦作为无效。判词作废后法院应立即颁布新的判决书。

当事人及公共事业部对法院之判决不服时,可向大理院上诉。大理院之决定为最后之决定。判决书之执行由各法律承认之协会负责。公共事业部或当事人在情势显著变更之情形下,得要求法院在执行前将判词内容修改。如此种要求被否决时,则处以 1 万里拉之罚金,以示限制。

劳动法院推事在审判案件时,系遵照法西斯主义之最高原则以国家利益及生产力之发展为其判案之主要标准,至于个人利益则不注重。故推事之行动极为自由,只要注意国家之利益和争议的经济性质,他可以不受法律条文的拘束而自由决定。因为自他们眼光看来,所谓公平无非由于个人或社会生活之需要而来,并无一确切不移之标准,是有历史性和地方性的,故其决定有极大的自由。①

意大利对于罢工及停业系采禁止政策。1926 年 4 月 3 日法律和 1926 年 7 月 1 日施行法上规定:凡雇主只为着其本身利益而毫无理由的停业以期达到强迫被雇者修改团体协约或劳动契约之目的者一律处以 1 万里拉至十万里拉之罚金;凡雇员或劳工 3 人以上协议罢工或企图破坏工作规章要挟雇主以达到修改劳动契约者一律处以 100 里拉至 1000 里拉之罚金,其他刑法上第 298 条以下之条款均可适用。如罢工怠工之规模较大,人数甚多时,领导者,煽动者,组织者除处以罚金外,并加处一年以上 2 年以下之徒刑。

对于公共事业或公益企业罢工之处罚尤严。参加罢工者处以 1 个月至 6 个月之徒刑,煽动者处以 6 个月至 2 年之徒刑。如公共事业公益事业无故停业时除处以 5000 里拉以上 10 万以下罚金外,并加处 6 个月至 1 年之徒刑。公共事业及公益事业之主管人员及劳工虽未参加罢工,而不能遏止罢工使争议消失时,亦处以 1 个月至 6 个月徒刑。公益事业之种类及名称由业团部制成名单公布。各市市长于每年 1 月 15 日将其所属市区内之公益企业名单公布,对于不应列入或遗漏之企业可以提出修正,但修正权在各省省长之手。省长决定后即在公报上公布。

第三目　社会主义国家之利益争议处理策

苏联处理利益争议之机关,自 1922 年至 1933 年为调解委员会

---

① *The Corporative State*, pp. 81-82.

（Conciliation Commission）及仲裁裁判所（Arbitration Court），至 1933 年第二次 5 年计划实行后，撤消调解委员会及仲裁裁判所组织，改由工会及工厂管理处之上级机关负责。①

调解委员会不是常设机关，遇工会与雇主间发生争议而双方一致请求劳动主管机关设立时，始由劳动主管机关就争议双方各指定代表 1 人，并由该机关指定主席 1 人组织之。其主要任务是解决关于团体协约之缔结，修改及解释所发生之争议，及关于劳动条件之协定，所发生之争议而为争议评定委员会所不能解决者。调解之成立以双方代表意见完全一致为条件。调解委员会主席无表决权，只能周旋双方代表之间从事调解。调解成立后，调解书经主席及双方代表签字后，方生效力。

仲裁裁判所之任务及设立手续与调解委员会相同。仲裁员 2 人由双方各推选代表一人担任，外由双方选举一仲裁长组织之。遇国营事业发生争执时，经争议当事人之任何一方之请求，即可设立仲裁裁判所，争议当事人之他方非参加不可。关于修改及废止未满期团体协约之争执不得组织之。工人个人利益争议不得直接要求组织调解委员会或仲裁裁判所，要经工会承认，并工会愿意为争议当事人及派代表出席时，方可请求成立。1926 年以后则规定仅以团体的利益争议为限，个人的利益争议不能呈请组织。

仲裁员之双方意见一致时，仲裁即可成立。双方代表意见不能一致则由仲裁长意见决定之。其决定有强制执行权，对于双方均有拘束力。

1933 年以后调解委员会及仲裁裁判所均被撤销。利益争议改

---

① *Labour Courts*，p. 188.

由工厂内争议评定委员会解决。评定委员会调解无效时,可由工会及党部代表可将此事呈诉于上级机关解决。如工厂内工厂委员会对工厂管理处之设施不满时可呈诉于地方工会委员会,地方工会委员会即与管理该厂之政府某部交涉。如地方工会委员会仍不能决时,即上诉于工会中央联合会。工会中央联合会之常务委员会为最高上诉机关,其决定为最后决定。①

苏联对于罢工之态度前后不一。在革命初期,革命政府鼓励并援助工会对于私营工厂举行罢工。到产业国有化渐渐实现时,政府当局及工会首领亦渐次改变态度。1922 年第十一次共产党大会中经过长期讨论后,认为罢工权虽不能完全取消,但罢工对于国家及工人阶级本身均有害无益,须于万不得已时,方使用之。其宣言如次:

> "在资本主义国家,罢工的最后目的,是在打倒政府,消灭统治阶级。反之,在我们这种过渡形态的无产阶级国家,无产阶级的活动应以拥护无产阶级国家,巩固无产阶级政权为职志。为达到此目的,凡遇政府官僚化,有错误,有缺点,或遇有隐匿的资本家,仍具有阶级的野心时,方可行使罢工权。
>
> 此后,凡遇工人团体与劳动国家的某一机关发生冲突或争执时,工会有从速调解圆满和解的义务。务使工人方面获得利益。因为工人利益与无产国家利益并不冲突。"

这是新经济政策时期中,政府对罢工问题的基本态度。凡发

---

① *Soviet Communism*, pp. 715-716.

生劳动争议时，工会应以正当合理解决之，愈快愈好。如因特殊情形，不能避免罢工时，须经工会许可，否则认为非法罢工，非法罢工政府一律禁止之。经工会许可之罢工亦应从速结束，以免扩大。工会须监视劳动法规及团体协约之执行，以防止罢工发生；并应随时指示宣传使工人明了罢工害处。如工会不能防止罢工发生时，工会负责人须受申斥或免职的处分。

　　五年计划实行后，严厉禁止罢工，罢工者一律处以徒刑。因为他们认为在今日苏联，全部生产工具为公共团体所有，为公共团体所利用，为公共团体所管理，在此种制度下如仍以罢工为改善劳动条件的手段，实为至愚之举。因为罢工要使生产减少，在今日苏联生产减少不仅对于国家有害，对于劳工本身亦有莫大害处。故应严厉禁止之。

第九编　结论

第一章　战后劳动政策新趋势

　　有人谓："第一次世界大战是资本主义崩溃的先声,而第二次世界大战却埋葬了资本主义。"这确是一针见血之谈。现代战争是全民战争,其发生也,系由于全民族生存受威胁,其胜负也,亦以全民族之努力以为断。同时,战争之技术变更,战争之本质蜕变,其范围几涉及人类全部活动,举凡政治,文化,社会,经济,教育等,均与其息息相关。战争之性质及范围既如此扩大,故对一国之社会组织,政治制度及经济机构之影响甚大,其中尤以后者为最。因之,一个国家在经过长时期之战争后,其经济的本质与内容,必发生惊异的变迁。战争影响战后经济组织之原因有三:第一,战争是一种严酷的考验,有极强烈的淘汰和选择作用。在战争进行之状态下,旧制度之流弊及毛病完全暴露,政府为加强战力争取胜利计,自当设法补正,使其适应其当时要求。在不断淘汰与改进下,战时经济组织与原则固改进不少,即战后经济,亦当接受此种教训。第二,战争是一种牺牲,全国人民均受其影响,战争愈延长,战事愈扩大,人民负担愈重,人民牺牲愈大。在战争时期中,人民为着争取胜利,对于目前痛苦,只得忍受,但对战后则抱有热烈的希望。政府为鼓励人民从事战争,对战后问题亦有若干诺言或计划,以改革经济制度,以增进人民生活。故战争结束后,政府自应有所改革或措施,以副人民之望。第三,战争是一种公平合理的牺牲,全国人民，无论贫富智愚，均要求公平的负担和合理分配，否则人民将生不平之念，使战争无法持久。故在战争进行中，政府恒实行种种政策，或禁止牟利营私，或课暴富者以重税，或均平人民收入，或缩短贫富阶级的距离，或保障平民生活，务使战时负担，平均的由全体国民担负。这种政策，在战时，既有稳固的基础，战后自当继续进行。劳动政策是经济政策的一部分，故劳动政策，自然也要受战争的影响。

在第一编总论中，作者曾举出第一次大战后劳动政策之新趋势有三：第一为劳动政策体系之纷歧，第二为劳工参加企业经营思想之抬头，第三为劳动政策本质之蜕变及其范围之扩大。这三者可以说都是战争的赐予。劳动政策体系的纷歧，是战争对经济体系破坏的后果。资本主义经济秩序在大战中露出了破绽，接着受了几次严重的经济恐慌，以自由竞争为基础之资本主义，经济制度自无法维持，在资本主义制度崩溃之前提下，才有五花八门的劳动政策体系，两者是息息相关的。苏联的社会主义劳动政策，德，意的国家主义劳动政策，以及美国的劳动政策，虽然各属一型，但在某一点上说都是对个人主义劳动政策的打击。就其第二个趋势来看，更属明显。苏联的工人苏维埃完全为工人自己的组织，在世界各国中自成一格，固不待言。英国工厂委员会，德国的工厂会议，以及意大利的工人统制，全都是战争的产物，它们虽有的由政府设立，有的由工人自己组织，但都是工人要求平等待遇及战争的刺激所致。战后工人要求企业经营参与运动的勃兴，都是战争期中行动的延长。至于第三个趋势，也深深的受了战争的影响，其理至明，无待赘述。

这次战争，无论从范围时间，所参加的人数来看，都是超过上一次大战的，因之其对战后经济制度和经济政策的影响，无疑的也要至深且巨。现根据各国战时设施及同盟国家朝野所发表有关经济改造的论著及计划，试预测战后劳动政策的新趋势。

第一，政府权力的膨胀。19世纪放任主义者认为最理想的经济制度，是"无为而治"的经济，政府的权力缩至最小。在"自由竞争"及"私有财产"的经济秩序下，才可以达到最大的生产和最公平的分配，个人生存由个人负责。这种理论，在近数十年的经济史实发展中已证明其谬误。私人和私人企业在摆脱政府的干涉和指导后，并未达到他们理想中的安定，相反的，还产生了贫富不均的分配和连绵不断的经济恐慌。19世纪是资本主义的黄金时代，也是资本主义流弊的总暴露时代。以第一次大战为转折点，各国的经济政策，渐渐由放任走上统制，由"无为而治"走上"计划经济"。战后苏联，德，意等国，均走上统制经济之途，英，美，法等个人主义国家，虽仍标榜自由经济，而政府之权力逐渐扩大，正统学派所支持的原则，多被修改。这种趋势在此次战后，一定会继续增长。

我们知道，经济计划或计划经济只是一种手段，其本身并没有"善""恶"的意义。但是纳粹德国和法西斯意大利的经济制度其主要特色在将经济政策视为准备战争的工具，而不计及人民的幸福，故结果"彼以力来，我以力往"，终至彼此冲突，酿成此次空前未有的战祸。如果政府以全体人民福利为目标，将全国货财之生产与分配妥为安排，人民经济活动受政府之指导与干涉，则又有何害。所以苏尔（George Soule）说："挽救经济不平衡的方法，不在再企图减削政府之权力，而在充分利用之。一方面弥补个人企业之缺乏，另一面建立一种便于运用之系统，不仅在消极上借关税条约以废除贸易障碍，并在国内外积极促使世界资源之合理开发，出品之合理分配。"①何况以此次战争规模之大,动员人数之众,影响之巨,战后复员问题何等复杂与麻烦。如经济复员无政府之计划与干涉,任私人企业自由行动,则上次战后经济恐慌之覆辙,又将重蹈。同时战后国际经济的合作,在战后必极盛行,(此点在下面将详加叙述)国与国经济关系的频繁,政府经济任务自必增加,如果由私人企业主持,结果会酿成种种流弊。所以各国经济学者均主张在战后实行统制经济或计划经济。在英国方面柯尔(G. D. H. Cole)的《战后世界中的英国》(Great Britain in the Post-War World)、波顿(C. B. Purdom)的《新秩序》(The New Order)、多休(Oswald Dutch)的《经济和平的目标》(Economic Peace Aims),均一致主张战后英国应实行计划经济。美国情形亦然,在美国官方的计划及经济学者的著述中,都充分的表示了这种意见。以最保守的学者而论他们虽不信仰任何社会主义的理论,他们虽反对苏联或德,意式的计划经济,但他们仍认为政府的干涉和监视实有必要。如《幸福杂志》(Fortune)1942 年 12 月号附册《国内经济》中就说:"如要重新恢复自由市场,个人主义者必须得政府权力之助。个人主义者一向受政府权力的束缚,因此本能的不信任政府的意向。因为在现在这时代里,工业本身的惰性使它走到了集体主义的路上,只有国家积极和有决心的干涉才能阻止它。而且在 30 年代经济平衡的力量已转到华盛顿,也许将来仍留在那里。"现在唯一的现实问题是:"这经济平衡的力量有什么用处呢? 我们要求政府利用这力量更激烈的监视自由市场。"②在赫理斯(Seymour E. Harris)所编辑的

---

① George Soule, *Peace-Making Has Begun*, New Republic 4. Jan. 1943.
② Fortune Dec. 1942.

《战后经济问题》(Post War Economic Problems)一书中,其所辖官方及非官方论文达10余篇,在此10余篇论文中,几乎均认为如私人企业不能维持高度就业水准及合理的生活水准时,政府干涉实为必要。[1] 再就苏联而论,其战后仍将实行计划经济,殆无可疑。我国战后亦必实行"民生"与"国防"合一之民生主义计划经济,此点总裁在《中国之命运》已有详细指示。[2] 由此观之,政府在战后经济活动之加强,已成为各国一致之趋势。

劳动为最重要经济因素。自生产方面观之,劳力为基本要素之一,国民经济的发展,生产水准之提高,全视劳力之合理运用以为断。自消费方面观之,劳工生活水准之提高,为政府社会政策及经济政策之中心,且劳工之消费力及有效购买力,往往足以影响整个经济行程。故在计划经济中,劳动为不可忽略之因素。故在战后各国之劳动政策,政府之干涉与领导,将日益扩大。政府权力的膨胀,对于劳动政策之影响颇大,现分为对本质及内容两方面评述之。

政府权力扩大,对于劳动政策本质的影响是双重的。一方面使劳动政策的社会政策色彩渐渐褪除,经济政策的色彩加浓。这点在总论中已有详细的叙述,于此不赘。一方面尤其是法西斯主义的消灭可以使各国劳动政策的分歧现象,加以扫除,而有走上同一道路的可能。我们知道,上次大战后劳动政策之所以分歧,主要原因系由于政府参加经济活动的程度不一,有的国家由政府按预定计划全盘统制经济,有的国家由政府强烈的管制人民的经济活

---

[1]　S. E. Harris, *Post-War Economic Problems Preface*, pp. 3-5.
[2]　详见,总载:《中国之命运》(增订本)。

动,有的国家,则人民的经济活动,由其自己负责,政府并不直接干涉。政府对人民经济活动的态度不一,劳动政策的体系很难一致。此次大战后如各国经济政策均走上干涉或统制之途,则劳动政策之性质可趋一致,劳动政策之体系亦不至如以前之纷歧。换言之,战后劳动政策的体系,将逐渐走上社会主义的体系,由自动性的政策趋向他动性的政策,由多元的活动走上一元的领导,个人主义的劳动政策和社会主义的劳动政策逐步蜕变。其时间或许较长,不至一蹴而就。但长期趋势是如此的。

其对劳动政策内容的影响也是很巨大的,归纳言之,有下列两点。

(甲)范围的扩大。随着经济统制的加强,劳动政策的范围亦将随而扩大。所谓范围的扩大,其意义有三种。第一,系指劳动政策的对象之扩大,在以前劳动政策之对象,仅限于从事产业劳动之劳工,至此次大战后,其对象将扩大至所有具有劳动能力之国民。第二,系指企业范围之扩大,在以前劳动政策实施之范围多为工厂,矿山,交通业,战后其范围将推广至商业,自由职业,及其他一切劳动部门。第三,系指地域的扩大,在此次大战以前,劳动政策虽在各国盛行,但其范围,仍以工业化程度较深之国家,若干经济落后地域并未实行。此次大战后,由于国际经济合作的加强和生产技术的进步,全球各地域均将沐受现代科学之洗礼,产业现代化之进展,既臻普遍,劳动政策之设施,亦自将遍及全世界各区域。

(乙)他动性劳动政策比重之加强。在总论中曾说明劳动政策可分为"自动性"及"他动性"两种,所谓"自动性"劳动政策者,系指政策之主要目的在增强劳动者本身之力量,使其自己担任改善劳动条件,处理劳动有关的事务。而"他动性"劳动政策则指以政府为主动去改善劳工生活,解决劳动问题的政策。在此次战争以前,"他动性"劳动政策虽日渐为一般人士所重视,为政府所采用,但在英,美等国,则仍以前者之比重较强。此次战后,政府之权力膨胀,政府之势力增大,"他动性"劳动政策的地位自将日增。我们所谓他动性劳动政策并非今日德,意所实行者,视劳工为奴隶,而剥削其一切自由。相反的,我们认为战后的"他动性"劳动政策,仍以保障劳工自由为主,但其活动行为,须受政府之监督与指导,而免"盲动""无计划的乱动"的流弊。其具体内容有三:

（子）雇佣自由权之限制。雇佣自由权为个人主义国家劳工基本权之一,在国家主义国家及社会主义国家,则此项权利多被限制。在战后,由于统制经济及计划经济之实施,劳工此项权利,将受若干限制。基主要原因,以就业水准之维持,为战后经济学家及政府亟应注意之课题,而就业水准之能维持,全视政府对劳工雇佣之指导成绩以为断。故战后政府将根据国家的需要。职业心理学的分析,劳工本人的意志,指导劳工就业及雇佣。其方法以教育为主,于必要时方实行强制性的手段,务使人尽其力,力尽其用,而达到完全就业的地步。

（丑）劳工自由结社之修正。劳工自由结社权在上次大战后,即有修正,在苏联,德,意等国固不必论,即英,美,法等国其工会之设立,解散,参加及活动,均受政府之干涉。此点在第二编中已有说明。此次大战后此种善意的干涉,仍将继续。以在统制经济制度下,工会不仅是改善劳动条件,改良劳工生活的团体,而且是管理自己,教育自己,协助政府推行法令的机构。要达到上述目的,自非组织散漫利害不同的许多小团体所能胜任。在此次战争期中,美国两大工会之合作,英国工会年会之与政府密切合作,及我国于 32 年(1943 年)11 月修改《工会法》,均可视为此种趋势之朕兆。

(寅)劳动条件之管理。劳动条件的管制,在战后劳动政策中,亦要占相当的地位。劳动条件的变动,一方面影响了生产量,一方面又影响了市场上的购买力。如果漫无统制,任其自由变动,不仅经济方面蒙受损失,同时彼此争衡的结果,将破坏社会秩序。个人主义国家罢工怠工之事不断发生,即为劳动条件任劳资双方自由以斗争方式决定的后果。在雇主方面,为求获得利润,故不惜增加工作时间,增加工作集约度及降低工资以压迫劳工;劳工方面,为求生活改良,故以罢工,怠工等方式要求增高工资,减少工作时间。双方各不相让,纷争无已。故现在各国关于战后问题之著作中,对于此点特别注意,而主张以政府力量从中干涉,使双方各得其平,避免斗争。其干涉目的,在使劳工生活能够得到保障,与法西斯国家之压迫欺骗劳工者不同。其手段亦为间接的,避免刚性手段之使用,在政府规划之大前提下,劳工仍有活动的自由。不过,不论其所采手段如何,战后各国政府,将对此方面,予以密切之注意及监视,则无可疑。

第二,国际合作之加强。上次大战结束后,一般人士基于现实的利益,忽略了远大的计划,未能以经济的设施充实宏大战后剧烈的政治改革,结果经济恐慌连续发生而酿成全球阢陧不安的局面。第二次大战之发生,经济局势之紊乱,实为其主要原因之一。[①] 如何加强国际经济合作以稳定战后经济,及进一步建立集

---

① Herbert Hoover and Hugh Gibson 在其所著 The Problems of Lasting Peace 郑重指出经济力为产生战争及和平之最主要原因之一。H. J. Laski 及 J. M. Kegnes 亦均认为经济原因为战争原因之一。

体安全经济秩序,实为战后重要问题之一,而为各国朝野人士所热烈讨论。

在国际经济合作声中,劳动问题之国际合作极为重要。世人之所以注意此问题者其故有三:第一 各国要想达到充分就业的目的,必需得到国际的合作。从上次大战后失业频仍的惨痛经验中,我们深知大规模的失业,实为促成战争之经济不安定事态之一。希特勒之当政,大半亦由此促成。而各国所采取的扫除失业的方策,如限制贸易,限制资金等,虽暂时有增加本国人民就业机会的效果,但此仅为一治标之法,结果饮鸩止渴,将来国际经济的关系愈不安定。我们知道,减少大规模失业工作,必需国际间合作进行,而不宜由各国各自从事。各国如为着本国工人获得工作,而施行种种不顾他国之利益及其正当需要之政策,或消极限制输入,禁止输入,或积极的大批制造货物向制造同种类货物的区域倾销,将来不仅危害他国经济,即对于本国产业,亦有衰萎的危险。因为国际间的经济关系,是立脚于"相互需要"(Mutual Demand)之上,增加进口税或限制进口的结果,均足减少国际贸易数量,变更国际分工范围,在短时期中,本国生产,或可膨胀,但自长时期观之,则总进口量减少,结果,总出口量亦必减少,对于本国失业,并无补救。故凯因斯谓:"减少进口,或可增加工作总数,然必减低工资总数。保护主义者,应证明彼不独已增加工作,且已增加一国收入。盖进口货系收入,而出口货系付出,如谓减少收入,而可以增加幸福,则宁有是理。"同时一个国家所得水准,常常受到与他国收支平衡的影响。当收入超过支出,国家所得势必上升,但在其他国家支出多于收入,其所得势须下降。由于此种关系,一个国家想单独以本身独立的行动,恢复工人职业,而不断绝与世界贸易的关系,实属困难。因为纯粹本国性的防止失业及消除失业政策所发生的效果,往往流溢于外国而加消灭。要使本国的政策有效,只有和有关国家密切合作,共策进行。[①]

二为劳工生活标准之调整与改进需要国际间的合作。各国间工人生活水准的悬殊,常足引起国际纠纷。标准高的国家每不欢迎标准低的国家之工人移入,以免本国工人的生活水准受其影响而降低。就是标准低的国家之制造品之输入,亦为标准高的国家所拒绝。因为生活水准低,工资亦同样的低,工资低,制造品的价格亦低。价格低落货物的输入,足使输入国的物价降低,从而工人生活水准亦将随而下降。日本货物之倾销,成为战前国际经济纠纷之一,即为明例。根据克拉克(Colin Clark)研究的结果,在1930年美国每周每一个工人平均工资为42元2角,而保加利亚仅为3元7角,爱斯顿尼仅为5元2角,相差竟达10余倍。而实际收入,不足以供生存之国家,其人口占世界人口半数以上。[②] 劳工生活标准既如此悬殊,战后自应由各国共同解决,以免纠纷。要解决此问题,其途径有二:第一,国际间的移民有相当的自由,以平均劳工生活水准;第二,是厘订国际劳动标准,如工作时间,工资,童工女工之限制,禁止奴役之订定,以均平各国劳工条件。而这两方面非各国合作无法奏效的。

三为从战后国际关系的频繁及空运的发达言,战后将发生许多新的国际劳动问题,需要各国共同合作。交通的发展,缩短了地面的距离,交通的便利,增加了国际间的相互关系。以战争期中空

---

① A. H. Hanser and C. P. Lindle Berger.

② Colin Clark, *The Conditions of Economic Progress*, Chap. II. *The Present Level of Economic Welfare in Different Countries*.

运的发达来预计,战后将成为空运时代。将来不仅爱丁堡与重庆之间,可以直接来往,毫无阻碍,即世界各地亦无不如是。新的关系的增加,将发生新的问题,而此种新的问题,亦必须由各国来共同解决。

战后劳动问题之国际关系,既如此繁复,各国间的关系既如此密切,故各国朝野人士,咸注意此问题,或提出原则,或提出具体方案。《大西洋宪章》(The Atlantic Charter)第五条,即特别标出:"两国(指英,美而言)希望可促成全世界各国间经济上之充分合作,以谋所有各国人民劳动标准之提高,经济之进步,与社会之安定。"英外相艾登1942年5月15日在爱丁堡演讲中谓:"今日之世界,倘不建立健全之经济制度,足使举世男女凡愿担任工作者悉有工作之机会,并获适当之报酬,则和平云者,绝难实现。更进一步言,倘若全世界任何地方尚有失业,营养不足,兽类生活水准,及穷困等现象之存在,则和平亦必岌岌可危。"①联合国救济总署署长李门在1944年2月14日之演说中亦称:"如果我们在这十年中,得到了一点学问,那么,这一点学问应该是:'我们虽然乐于获得安全,然而在一个几百万男女老幼因贫困疾病而相继死亡的世界中,我们不能得到安全的。让我们坦白的承诺,祛除极度的贫困,乃是任何长期和平最基本的条件;如果欲使世界具有长期的和平,稳定的经济,我们便必须倾心的合作,协助被解放的民族,使之尽速恢复其自己谋生的能力。'"②多休在《经济和平的目标》中,主张工作时间,或与国际标准符合,同时主张成立国际工作代办委员会,分为

---

① 李侠文编:《战后之世界》第192页。
② 详见:《大公报》33年(1944年)□月20日。

欧洲联邦英,美,南美,非洲,亚洲五部分,各部分下为地方委员会,县国家等组织以指导分配全世界工人工作。对于国际间移民及劳工移动亦主张完全自由,以使国际性的设计得以施行。① 苏尔则比较保守,仅主张设立国际劳动标准机关,其主要任务有三:一为建立国际性之工作标准工资及社会安全并执行之;二为根据国联过去之成绩,草拟国际条约,继续改善劳动标准;三为研究并提供改良卫生,营养,与住宅之方法。② 洛云(Lewis Z. Lorwin)则主张在战后则成立联合国经济发展机构(United Nations Development Authority),主持战后联合国经济复兴工作,对劳动标准及生活水准之提高等问题亦有指导之权。③ 我国如王宠惠氏主张扩充国际劳工局为国际社会处,④钱端升氏对战后国际劳工局之改革,全世界劳工生活的改进,移民问题,均有具体的建议。⑤

综合各方面的意见,我们知道战后各国对于劳动政策将采密切的合作。我们不敢和多休一样乐观,认为将有国际性的行政机构成立,主持并倡导工人工作。因为这种制度在最近二三十年是无法实现的。但我们相信,战后国际方面对于劳动问题方面的行动,将不断增加,而成为其本国劳动政策的一部分。劳动问题的国际共同解决将日渐加多,国际劳动问题的研究将增加,以及工人的工作条件,生活水准将受国际条约的拘束。将来国际间在此方面的合作将采下列各种方式。第一,由各国政府协商成立类似国际

---

① 详见:Oswald Dutch, *Economic Peace Aims*, Chaps 7-8.
② George Soule, *Peace-Making Has Begun*.
③ Lewis Z. Lorwin, *Blue-Print for a United Nations Development Authority*.
④ 见:1942 年 10 月王宠惠对"基督教科学箴言报"记者谈话。
⑤ 钱端升:《战后世界之改造》第 120 至 124 页。

劳工大会及国际劳工局的组织,以讨论劳工立法,研究劳动问题,设立国际劳工工作标准等问题。第二,各国政府对于某重要劳动问题发生,需要国际公共讨论时,则由主要国家临时召开国际大会研究解决之。第三,各国政府间对于有关劳动政策之设施及决策,随时取得联络。各国间得互相接受善意的建议。第四,其他工会,社会主义者及劳动运动者之国际组织之建议与研究。国际合作的内容则不外国际劳动标准之拟订,各国劳工生活水准之提高,各国劳动政策之合作与联系,及劳动问题之共同研究有关劳动问题情报资料之流通。

第三,劳工工作权及生活权之积极保障:1943 年 11 月 15 日《美国新闻》(The United States News)发表《一个美国改造世界的拟议》(An American Blueprint of a Changed World)一文,内称:"在美国心目中,战后还有其他两个目的:(一)凡欲寻求工作而又具有能力之人,均保证其获得职业之权;(二)任何个人如遇疾病,残废,一时失业及年老时,均得保险救济。"其实,这两个目的,不仅是美国追求的目标,而且是全世界各国追求的目标。

在此次战争中,杀人盈野,庐舍为墟,人民死伤之多,破坏之惨烈,为历史上未有。就后方之非战斗员之生活观之,其生活水准极度降低,工作时间过分延长。联合国人民之所以愿意忍受此种牺牲者,盖欲战后建立一永久和平之世界,在此世界中,人民均能享受富强康乐之生活。故罗斯福总统标出不虞匮乏的目由(Freedom From Want),为此次战争之目标,在《大西洋宪章》第五条中,亦有详细说明。盖欲维持永久和平,必需全世界人民均能丰衣足食,不虞匮乏。否则一地方一国家之极度贫乱,恒足使整个国际关系过于紧张,而有重开战祸的可能。此次世界大战之发生,失业问题之严重即为其主要原因之一。欲安定人民生活，必首先使有工作能力者能获得职业，及使所有劳动人员之最低生活能获得保障。换言之，所有人民均享有工作权，及不虞匮乏的自由。

在第一次大战以前，经济自己责任原则仍在各国盛行，人民之经济生活，由其自己解决，政府不负责任。社会保险制的实行，虽带来了社会公共责任的观念，但最低生活的保障，仍未成为人民的基本权利，各国政府并未认为系一种不可推脱的义务。上次大战后，一方面由于苏联的实行社会主义，一方面由于人民所受失业频仍的痛苦，人民最低生活的保障，逐渐成为政府社会政策和经济政策目标之一。战后社会保险制度之风行，家族津贴之提倡，及社会安全措施之实行，均为此种思潮下之产品。此次大战发生后，各国人士深感此问题之重要，故咸主张在战后实行国民分配制及工作权制。同时各国政府亦组织委员会研究此问题，以期达到"人人有工作""人人能生活"的目的。

柯鲁（G. D. H. Cole）在其《战后世界中的英国》在战后应实行社会安全方案（Social Security Programme），其主要内容为最低工资之保障，家族津贴制度之实行，失业工人，疾病及其他暂时无工作能力者合理所得之维持，失业伤害及废癃者生活之保障，养老年金之给付，及免费医疗之实施。[1] 波顿在《新秩序》中亦主张实行国民分配制，凡有国民资格者，均得享有此种权利，以保障其最低生活。[2] 其他学者专家对于此点亦无不提及。

英国于 1941 年 6 月成立社会保险及其相似业务委员会（Inter-

---

[1] G. D. H. Cole, *Great Britain in the Post-War World.*

[2] C. B. Burdom, *The New Order.*

departmental Committee on Social Insurance and allied Services)研究现行社会保险制度。至 1942 年 12 月颁布报告书,建议改革现行制度。以此委员会之主持人为卑维利支(Beveridge)故此报告书称为《卑维利支报告书》(Beveridge Report)。此报告书中对现行制度之流弊分析极为精到。其所建议之制度,亦极大胆而富于创造性。新制度之主要精神有三:第一为革命性,其所建议均富于创造性,充分利用过去经验而不为过去制度所拘束。第二视社会保险为综合性社会改良政策之一部分,其主要目的在保证最低限度的所得,避免匮乏。第三认为社会安定之获得在政府与个人之密切合作。政府仅保证最低生活水准,水准以上之生活,由人民自动努力求得之。根据此三大精神,新制度之基本原则有六:一为基本保险给付之划一,二为保险费之划一,三为行政机构之统一,四为保险给付之适当,五为富于综合性,六为分类之合宜。此方案之主要内容归纳于次:

(一)此方案之对象包括所有国民而无最高收入之限制,凡需要协助之人均包括之。其对象分为四类:一为被雇者,二为雇主,店主,独立手工业者,家庭妇女及其他达工作年龄从事非赚钱职业(Not Gainfully occupied)者,三为在工作年龄以下者,四为在工作年龄以上退休者。

(二)第三类人员由负担其生活费用者领取子女津贴,第四类工人则可领取养老年金,第一二两类人员则根据其情形加入保险。所有各类人员均免费治疗及领取埋葬费。

(三)凡参加保险者,其婚嫁,生育,守寡及死亡,均加以救济。失业救济费之数目及范围亦均扩大。失业救济费之领取,无需"无法谋生证明",即可付款。同时现行失业救济法规定,凡能凭借自己家庭中有职业者之帮助而生活之人,不在救济之列。此项限制,现亦废除。养老年金之发给则加以限制,其资格以有"无法谋生证明"者为限,凡能勉强维持老年生活者,均不在救济之列。

(四)其主要经费来源,系由被保险人及政府负担。每一个能赚钱的有职业的公民,不论为雇主或雇员,必定要每星期在雇用簿或职业卡片上用印花税的形式付捐款与政府。对于男性雇工,每星期的捐款率为7先令6辨士(雇工付4先令3辨士,雇主付3先令3辨士),女工付6先令(雇工付3先令6辨士,雇主付2先令6辨士)。此种捐款率,较现捐款率多两倍。政府之支出,据其计划在1965年将增至858,000,000镑。

(五)其行政机构主张由政府设立社会安全部(Ministry of Social Security)。现有的一切社会救济机构和私人保险公司所设之救济金及养老金制度,均统一在政府管理之下。免费治疗及免费施药,则由健康部组织全国健康机构供给之。

此计划颁布后,哄动一时,不仅英国报纸杂志议院均加以讨论,即全世界均加以讨论。故卑维利支谓此计划之实施,几等于英国之革命,其主要目的,在实行《大西洋宪章》初步。而美国,加拿大等国均主张其本国采取同样步骤。其重要性于此可见。此计划在英国虽未成为定案,仍为银行家,实业家及保守派人士所反对,但其影响之大,非可以言语形容。美国,加拿大均曾步其后尘,草拟相类似计划,其他各同盟国家亦均作此准备,其直接导火线,即此报告书之公布也。①

美国国家资源设计局(National Resources Planning Board)于

---

① 详见宣传部国际宣传处所编:Reader's Service, Supplement No. 1.

1943 年对美国战后经济建设曾提出九项原则。其中关于工作权及生活保障权者有五项之多。（一）在生产年龄内，从事于有实用性与创造的工作之权；（二）以劳作思想，及各种有社会价值的服务，换取足以供给生活上必要品的公平报酬之权；（三）获得适当的食，衣，住，及医药之权；（四）获得安全，而免除对于衰老，饥饿，倚赖，疾病，失业及伤害恐怖之权。[①] 关于战后社会保险方面者，拟有比较详细的计划，其内容较卑维利支计划更为广泛，更为健全。草拟此计划的有哈贝（William Haber）、亚力山大（W. Alexande）、吉尔（G. Gill）、哈士（M. Hass）、荷兰（F. Hohler）及贝恩斯（Exelive Burns）等人。其计划分为三部分，而具有三个目的。第一是使人人得业，如私人事业不能达到此目的时，则以政府公共事业计划保证之；第二是以社会保险方法使人人有不断的收入，即大规模推行残废保险，养老保险，死者家属生活保险；三为大规模的公共补助，如公共卫生及医药补助等。其经费由各州及联邦政府分担之。[②]

加拿大年金及国民健康部（Ministry of Pension and National Health）于 1943 年 3 月曾草拟战后社会安全计划报告。在报告书中，主张战后扩充失业保险，创设失业补助制，创办全国健康保险，设立伤害，失虡，遗族保险制度，扩大家族津贴、埋葬费及母性补助等项。该项计划之目的，即在保障人民之工作权及最低生活权，以消除"职业性危险"（Employment Risks）及一般性危险（Universal Risks）。疾病，失业及母性给付，则采保险给付制伤害，老年，及非工业性不能工作（Nonindustrial Disability）则采年金制。维持最低所

---

① 33 年 3 月 19 日《中央日报》。

② Max Lerner, *Chapter for a New American*, The New Republic, March 22. 1943.

得之保险给付采标准给付率,而废除以前之按工资所得缴纳保险费多寡,缴纳时间长短之计算方法。年金之数目亦采最低标准给付额,以期维持其最低生活费。此外对于行政机构经费等项,均有具体建议。[①]至于我国于 32 年亦曾颁布社会救济法,以改善战后之社会福利事宜。此外对于社会保险,亦拟于战时逐步实施。

从上述各国之方案及计划观之,可知工作权及生活保障权已从理论走上实践之阶段。在战后,此种理想,将在各国次第实现,殆无可疑。此种新的趋势,对于战后劳动政策之影响甚大。以此种计划之实现,不仅影响劳动政策之内容,使其内容更为复杂,使其范围益为扩大。更重要的为精神方面的变迁。在此次大战以前劳动政策之主要目标,在消极的避免剥削或减少剥削,使雇主对被雇者之压迫减少。而战后劳动政策之主要目的,为积极的改进人民生活,使人民生活逐渐达到某项水准以上。换言之,在大战以前,劳动精神为消极的,为保守的,只是一种防止剥削的政策;而战后则为积极的,进步的,以提高人民生活至一定水准,维持人民最低所得,安定社会秩序,平均社会财富为主要目的。两者区别之巨,于此可见。

---

①　*Monthly Labour Review*, July 1943, pp. 60-63.

第二章　三民主义劳动政策之
远景与近路[①]

在本书开始时,著者即已反覆说明劳动政策不是一成不变的,其本质和内容随各国产业发展情况,思想背景,历史渊源,及经济组织社会结构而不同。中国由于产业发展落后,劳动问题并未引起一班人士的重视,故其劳动政策只有粗枝大叶的轮廓,并没有成熟。此次战后,就不同了。由于战后产业的工业化,劳动政策的地位当然有其新评价。因此,在本章中,拟以最经济的篇幅分析三民主义劳动政策的基础,原则,功能和内容。除第一节系以现实为分析对象外,其他各节,则混杂有著者个人的理想和建议,并不完全以现行法令制度为范围。这一章可以视为著者对解决中国劳动问题所提供的一个比较具体的方案。见仁见智,各有不同。对于本章所提出的原则和方案,是极欢迎讨论和批评的。

第一节　三民主义劳动政策之经济基础

要设计或筹划一国的劳动政策,是不能忽视该国的经济基础

---

① 本章曾摘要发表于《新中华复刊》第二卷第四期。

的。它虽不是决定劳动政策的惟一的因素,但至少是最重要的因素。它决定该国劳动问题的性质和内容,同时也限制了解决这个问题的方法和途径。所以在我们讨论三民主义劳动政策的内容之先,必须对于中国经济基础有正确的了解。大体言之,决定中国劳动政策的经济事实有三:第一是中国产业发展情形,第二是中国产业资本构成情形,第三是中国劳动运动的发展情形。这三者决定了中国劳动政策的原则。现在逐项分析于次:

(甲)产业发展情形。所谓产业发展情形,即工业化程度的深浅,这是决定中国劳动政策之基本事实。普通测量一国工业化程度的尺度有三:第一是从基本工矿业本身生产量来测量;第二是从发电力,交通运输量来测量;第三是从资本累积额来测定。现在分析于次:

我国新式工业之创办虽有 80 年历史,但至民国 24 年(1935年)以前,始终在外国势力下挣扎,无法建立雄厚的工业基础。在1864 年至 1881 年间可以说是军用工业时期,这个时期虽是新工业尝试时期,但许多重工业却在此时创办,如萍乡煤矿,江南造船厂,汉阳炼钢厂,都在此时期成立。所惜者因为人事及组织关系,此时所创办工业,均旋盛旋灭,未能发展。自 1895 年《马关条约》订立后,外国势力加入中国工业的竞争,英,美,日,德等国,均纷纷在华设厂开矿,此为外资发展时期。民族工业不能抬头。1914 年以后至 1918 年,外国欧战正酣,列强无力东顾,本国资本也曾一度繁荣。不过在此时期内所发展的多为纺织,缫丝,面粉,烟草等轻工业,基本工业,并未为国人所注意。故自欧战结束后,外人重新加入竞争,无基础无资金之中国工业,自无法与外国争衡。此种情形,一直延长至民国 24 年。自民国 24 年,总裁在贵阳倡导国民经济建设运动后,举国上下始全力从事工业化工作的进行。自 24 年至七七抗战发生止,新式工业进展极速,大工厂纷纷创办,如中央机器厂,中央钢铁厂,永利铔厂,汽车制造公司,均于此时设立或创办,欣欣向荣,前途远大。不幸日寇发动侵略,沿海沿江一带均沦敌手。不仅国民经济建设运动遭受阻碍,即数年来辛苦建造之工业基础亦破坏无余。政府西迁后,在西南西北各地建设新工业,以应抗战建国需要。而一方面由于抗战发生后,对外交通路线断绝,外国机械,无法输入,一方面由西南西北各地煤铁缺乏及设备不全,政府虽尽其最大力量努力从事,但其成绩,并不如理想之佳。据经济部工矿调整处所编工业生产指数,生产用品发展情形如下:

工业生产指数[以民国 27 年(1938 年)各月平均数为基期][1]

项目	27 年	28 年	29 年	30 年	31 年
(1)电力	100.00	135.88	205.01	261.04	291.65
(2)煤	100.00	109.15	119.50	169.87	207.10
(3)白口铁	100.00	116.67	150.00	106.50	82.00
(4)灰口铁	100.00	118.75	648.63	1,299.75	3,134.25
(5)钢	100.00	212.11	350.56	875.00	2,214.44
(6)电铜	——	100.00	283.75	159.50	127.23
(7)工具机	100.00	204.52	296.39	367.47	340.66
(8)蒸汽机	——	100.00	492.32	747.25	581.15
(9)内燃机	100.00	151.09	529.09	706.36	715.09
(10)发电	100.00	71.18	1,217.47	1,809.61	1,747.16
(11)电动机	100.00	10,360.71	14,820.24	26,059.52	12,332.14
(12)变压机	100.00	81.78	127.31	236.60	351.16
(13)水泥	100.00	230.80	246.50	124.18	193.83
(14)纯碱	100.00	132.42	115.57	66.95	160.06
(15)炭酸	100.00	72.94	251.76	367.69	391.76
(16)盐酸	100.00	72.73	152.53	131.31	181.82

从数字观察,我国战后工业之发展颇速,但实际上后方工业仍

---

① 见:《经济建设季刊》第 1 卷第 4 期第 285—286 页。

极落后。如以钢铁而论,年产量不及 50,000 吨,其他各项基本工业,亦不及战前产量。战后东四省及台湾收回后,中国工业亦远不及英,美,德,日各国。现将 1936 年英,美,德,日,苏,法及我国基本工业生产量,发电量,商船总吨数,造船吨数,列表比较于次:[①]

基本工业生产量比较(1936 年)

项目	美	英	德	日	苏	中 ++
煤(千公吨)	448,432	460	184,513	46,000	122,579	29,000
铁矿(千公吨)	17,290	4,333	2,7□9	470	14,000	1,000
钢(千公吨)	48,534	11,974	18,756	5,223	16,244	344
水泥(千公吨)	19,523	6,700	11,689	5,456	5,845	187
电之生产量 (百万一时)	111,4□1	25,925	42,487	24,312	32,700	2,445
商船总吨数 * (千吨)	12,475	17,285	3,718	4,216	1,218	492
造船吨数 ** (千吨)	239	921	435	451	——	013

++ 包括东四省产量

* 百吨以下者不计算在内

** 1937 年数字

从上表可知中国工业之落后及工业化程度之薄弱。中国工业既如此落后,故战后劳动政策之中心任务,应为加紧经济建设,使中国以最快速度赶上欧美。我们又可以证明中国不是一个资本主义国家,其经济基础完全建筑在农业之上。

(乙)中国产业资本构成。中国虽是一个产业落后国家,但在现况之下,产业资本构成的成分如何,是否有资本集中的现象,劳资阶级对立的现象是否显著,这也是值得我们研究的。因为决定

---

① 本表数字系作者根据国联出版之 Statistical Year Book(1938-1939 edition),数字造成。

劳动政策内容的因素,不仅是一国的生产力量,该国分配情形,也是一个主要因素。本来劳工立法的兴起和发展都是以补救劳资对立及资本集中现象为主眼的。同时劳动政策的内容,也随各该国资本家势力大小而变迁。

在此次抗战以前,中国产业界大都握于外人之手。以矿业而论,外资总额达 128,000,000 美金(1931 年)日本占 87.5%,英国占 19.3,俄国占 2.1。分别言之,在中国本部 34 个煤公司中,外资产量达 62%,在东北 21 个公司中,外资公司占总产量 84.1%。[①]铁矿则为日本所操纵,日资支配之产量达 1,847,000 吨,占全国产量 85% 以上;生铁情形亦然,日本所支配者在 50% 左右。[②] 工业方面,在民国 20 年外资总额为 372,000,000 美金(1931 年)。铁路外人所有者虽仅 2,276 哩(23 年),但在国有 7,700 哩铁路中,有5,600 余哩有借款关系。航运业亦为日,英所操纵。在民国 24 年(1935 年)英轮在华出入吨数占 42%。日轮占 15%,美轮占 4%,本国仅占 29%。[③] 中国产业既为外人所支配,故中国劳动运动始终带有很浓厚的反对帝国主义性质,而很少对本国资本家的反抗。32 年(1943 年)1 月 11 日中英,中美平等新约订立后情形,变更,中国对外关系踏入新的阶段,民族工业在外资压迫下解放,故在战后我们计划劳动政策的时候,这个因素可以不必计算在内。

战前产业私人资本的势力,我们可从下面的数字中得到一个概念。

---

① 德业纪要(第五次)

② 铁矿及冶铁数字,均系 23 年者。

③ 丁洪范:《日英在华之经济斗争》,《东方杂志》三十四卷,十四号。

中国公司资本登记［民国 22 年（1933 年）］①

公司类别	数目	资本总数	平均资本数
有限公司	132	8,775,050（元）	66,462（元）
两合公司	33	572,700	17,354
股份有限公司	273	682,247,054	249,989
股份两合公司	6	240,010	40,000
商业	1,581	10,389,855	6,571

从上表中我们知道中国资本比较尚无集中趋势,股份有限公司平均资本额只有 249,000 元,和英,美等国相较,诚有"小巫见大巫"之感。在美国财富大都集中几十个财阀手中,②日本的三井,三菱,住友等财阀,完全操纵了全国的经济和政治。③ 在我国资本家尚无此种势力。就工厂而论,中国战前超过 1,000,000 元资本的工厂只有 34 个,其中大半为外资工厂。现将中国工厂资本额大小表列于次:④

中国工厂资本额表

资本额	厂数
500—1,000（元）	33
1,000—2,000	67
2,000—3,000	88
3,000—5,000	185
5,000—10,000	212
10,000—50,000	278
50,000—100,000	98

---

① 《中国经济年鉴》绪论
② 《美国六十家》
③ 郑学稼著:《日本财阀等》。
④ 《中国经济年鉴续编》

100,000—500,000	102
500,000—1,000,000	20
1,000,000 以上	34

抗战以后,由于政府的努力,公营事业,蒸蒸日上,在产业资本中占领导地位,私人势力日益低落。据经济部统计,在 31 年度中,水电工业公营占 89%,冶炼工业占 90%,机械制造业占 73%,电气制造业占 89%,化学工业占 75%。至于木材及建筑业,服饰业,饮食业,文化印刷业等,私人资本,虽占优势,但其资本额有限,不占重要地位。[①] 所以中国产业资本在战争期中私人资本微弱,财富也没有集中现象;私人资本并没有占领导或支配的地位。这是最可喜的现象。战后中国实行三民主义经济政策,在原则上要以"平均地权"及"限制资本"两法来防止财富集中及贫富悬殊。故我国战后劳动政策之拟订,应特别重视此事实。

(丙)劳工力量及其阶级意识。由于中国产业的不发达和私人资本的不集中,劳工力量并不强大,阶级意识不甚明显。这种现象可以从劳工数量之渺小及工会流动情形看出。根据中国《劳动年鉴统计》,民国 22 年(1933 年)在上海市,天津市,汉口市,青岛市,南京市,北平市,长沙市,武昌,汉阳,太原,兰州,及苏,浙,皖,赣,豫,鲁,冀,粤,陕,黔,滇,及青海 11 省中,工厂工人仅 2,256 万人,内男工 269,659 人,女工 421,805 人,性别不明者 1,246,961 人。[②] 又据实业部调查在 22 年矿业工人约 200,000 人,铁路从业员工约

---

① 经济部统计处:"31 年(1942 年)度后方工业概况统计"。

② 《中国劳动年鉴》,22 年(1933 年)版。

100,000人,邮政工人约26,000人。故战前现代工矿交通业工人未超过2,500,000人。全国人口以400,000,000计算,现代工矿工人不及一百五十分之一。全国工人数目之少,可以想见。工人数量太少,劳工运动自无稳固基础。

再从工会的发展和活动言之,中国劳动运动主要系受不正确的政党导诱,而不是工人有其自动的要求。当工会不是基于自己的利害关系,(向资本主义争取权利的)而组织只是作政党活动的工具时其发展是被动的,是起伏不定的。其势力随政治势力的升降和政党的操纵而上下。其活动也是政治性重于经济性。中国工会的发展如下:①

中国工会发展表

年次	工会数目	工会会员人数
民国 16 年	——	3,056,000
民国 17 年	——	1,773,998
民国 19 年	——	576,250
民国 20 年	——	364,012
民国 22 年	695	422,790
民国 24 年	823	469,240
民国 32 年	2,867	1,044,462

从上表我们可以看出中国工会的发展,是随政治演变而起伏。在民国16年时,由于共产党的"揠苗助长",人数达3,000,000人,但自16年清党以后:工会数目,始终维持800个左右,人数亦未超过500,000人。抗战以后,由于政府奖掖扶植结果,势力又形膨胀,人数在1,000,000人左右。工会之所以不能发展者,一方面系

---

① 24 年(1935 年)以前,见《世界年鉴》,32 年(1943 年)数字,见"社会部报告"。

由于中国工人团体,大都是一种地缘的或血缘的结合,帮会组织代替了工会,成为工人团结的中心;一方面由于劳资对立的现象没有形成,工人没有这种必要。换言之,工人组织不是以阶级为组织中心,其阶级意识并不显著。

总括言之,中国是一个产业落后工业化程度甚浅的国家,资本的累积不厚,私人资本亦极微弱而分散,民族工业虽已抬头,但势力亦少,不足与列强竞争。由于产业不发达的结果,劳资关系亦未达到对峙局面,劳工团体行动,尚在萌芽期中,工会没有成为工人团结中心,血缘的及地缘的组织,在各地有潜大的势力。这是三民主义劳动政策的经济背景。现在进一步讨论劳动政策的本身。

第二节 三民主义劳动政策的基本原则

前已言及,中国劳动政策系根据中国特殊环境而产生,与其他各国均不相同,其体系和理论都是自成一家。我们既不能抄袭英,美的制度,也不能步苏联的后尘,只有根据国父遗教和本国环境厘订政策,方能适用。三民主义劳动政策之主要原则有三:第一为民族利益超过阶级利益原则;第二为劳资协调原则:第三为社会民主化原则。

(甲)民族利益超过阶级利益原则。英,美等自由主义国家,其劳动政策,系以满足劳工个人需要为中心,其主要目的在求劳工最高成就之获得。因之其所有设施,均以个人利益为第一位,国家利益为第二位。国家之存在不过为谋人民福利之工具。苏联劳动政策则以无产阶级利益为中心,其所有力量,均朝此目标前进。德,意等法西斯主义国家则以个人属于国家,为国家之一员,无小我之

"我",只有大我之"我们",其劳动政策以充实国力,准备战争为中心,于必要时,可以牺牲劳工个人利益,劳工只是达到国家目的的工具。三民主义劳动政策则不然。

中国为次殖民地国家,此次抗战,虽将百年枷锁,全部打破,但国民经济迄无基础,重工业及民生必需工业远落人后。目前虽有四强之名,但实际上实力尚嫌空虚,徒有其表,距民族之真正独立自由还有相当距离,劳工要改进生活提高生活标准,必以中华民族之真正独立自由为前提。否则全民危殆,劳工阶级亦无法自存。故我国劳动政策之主要精神,不是以满足个人利益为目的之个人主义,也不是以阶级利益为中心之共产主义,更不是只注意本民族利益而忽略其他民族利益之国家主义。三民主义劳动政策之主要原则,是国家利益超过阶级利益,但最后仍以全民幸福为依归之民生主义。不过在目前为着国家自由平等之获得,国家利益站在第一位,个人利益站在第二位。在国家获得真正的自由平等后,方谈其他。这点,总理说得很明白。总理说:"诸君是工人,是国民一份子,要抬高工人地位,便先要抬高国家地位,如果专从一方面做,是做不通的,……诸君结成了大团体,要担任什么责任呢？就是要担任抬高国家地位的责任。如果不能担任这个责任,诸君要做外国的奴隶。若能够担任这个责任,把中国变成头一等强国,诸君便是世界上头一等工人和头一等国民。"①他又说:"我们本国资本家实在没有压迫工人的大能力。现在中国工人所受的最大痛苦:是由于外国的经济压迫。……工人既有了团体,要废除中外不平等条约,便可以做全国的领导,作国民的先锋,在最前的阵线上去奋斗。"②不过,中国的

---

① 总理民国13年(1924年)劳动纪念日,对各工团代表演说辞。
② 同上。

民族主义和德,意,日的法西斯主义是不同的,他们只注意本国利益,他们要侵略,压迫,榨取及牺牲弱小民族的自由。中国则不然,中国的最后目标,是全世界民族一律平等,要达到这个目的,第一步就要求中华民族的自由平等,否则侈谈世界主义,将来一无所得,完全落空,于人于己,均无利益。

(乙)劳资协调原则。在前面我们已经说明中国产业尚未集中,劳资阶级并无对立现象,劳工阶级的意识十分薄弱,因此中国劳动政策,应该避免欧美的缺点,依据三民主义节制资本保证社会正义,以消弭劳资对立,同时我们也不能效法苏联,主张无产阶级专政,我们更不能和德,意,日一样在表面上虽为劳资协调,但事实上系站在资本家立场压迫劳工。三民主义劳动政策是以预防劳资斗争的真正劳资协调原则。

国民革命为全民革命,其目的在谋全民幸福,成功与否,视全民努力之程度及全民份子间之合作程度以为断。资本与劳力为生产两大因素,经济建设之成功以此两大因素之密切合作配合运用为前提。资本家为资本之供给者,劳工为劳力之供给者,政府均一视同仁,不分轩轾。同时,总理曾再三揭示社会之所以有进化,是由于社会上大多数的经济利益相调和,不是由于大多数的经济利益相冲突。劳资阶级在整个社会组织中,形成一种和谐亲爱的关系,大家互相联系,互相协助,方能达到全民福利的目的。中国既以全民合作达到全民福利为目的,故其劳动政策是防患于未然,预防劳资阶级的对立和仇恨,预防资本家之剥削劳工,预防劳资阶级的对峙,预防资本主义之产生,而反对鼓励劳资斗争或无产阶级专政。

(丙)社会民主化原则。所谓社会民主化原则,就是指劳工的组织,行动及活动,应以发挥劳工的自由意志为依归,政府不应加以压迫或强制。不过,于必要时,政府可以加以善意的指导,但以不侵害劳工基本权益为原则。民主成为本世纪全世界思潮的主流,在 1933 年以后,虽曾一度遭受危机,但经过此次战争后,愈感民主精神之可贵及重要。我们于此更深佩,总理之目光如炬,见解深刻,以总理数十年来对于民主主义鼓吹不遗余力,虽受挫折,其志弥坚。我国战后劳动政策,应特别着重此点,否则经济建设将无法完成。就对外关系言之,民主是世界思潮的主流,英,美尤奉为圭臬,战后各国将均趋向此方。我国欲求加速度的工业化,必以得产业先进国家之合作与协助为前提,如我国不重视社会民主化原则,则英,美各国将有所怀疑而不愿全力协助。以中国一国力量欲于短期内赶上欧美,实不可能。故欲求国际之协助与合作,必先求国内之民主与自由。就对内关系言之,社会民主化为预防劳资对立,增加劳工效率之不二法门。劳工苟能自由发表其愿望,与雇主或政府讨论政府之执行及效果,则资本家不敢公然压迫劳工,而劳工亦将尊重其地位,以增加工作参加全民建设为荣。如劳工之希望有痛苦不能自由发表时,则劳工将纯为一般人指挥,无自主性之被动者,对其工作自不关心,在此种情形下,又何能提高其工作情绪,增强其工作效率。故我国劳动政策对此点应特别重视。

第三节　三民主义劳动政策之任务与目标

我们知道,在自由放任经济时代,劳动政策,只是单纯的社会政策,其主要任务,在谋劳工阶级生活之改善。到本世纪后,国家的经济活动逐渐扩大,劳动政策也含有经济政策的性质,其主要目的在配合国家经济建设,以求生产力之提高。苏联之"面向生产"及"技术决定一切"口号,是为着社会主义经济建设而发,德国之"加强生产"运动,其主要目的在于准备侵略。三民主义劳动政策之主要任务与此不同。因为中国是一个经济落后国家,工业化程度甚薄弱,其一切重工业及基本工业均无基础,故战后其经济方面主要任务,为实行民生主义计划经济,在短期内赶上欧美列强,建立一个现代化和工业化的国家。如果国家经济建设计划不能完成,不仅国民生产力不能提高,一切改良劳工生活计划均成泡影;即国家亦将远落人后,陷于万劫不复之地。所以总裁说:"现代国家就是有现代生产武装的国家。我们的国难虽是多方面的,但根本原因,实在由于经济落后。"①因之,我国劳动政策之主要任务为增加生产,巩固国家的经济基础,以谋三民主义之实现。关于此点,总裁亦有恳切指示。

"⋯⋯工人们不愿意走死路而愿意走生路,认清三民主义是救国救民的惟一主义,就要以极诚恳的态度接受本党的指挥,以阶级互助建设全民经济建设的基础;以严守法治建设全民政治的基础,全民族团结一致,刻苦奋斗,以求三民主义的实现。"②

三民主义劳动政策既以增加生产,完成总理实业计划为中心任务,其最后目标,则求三民主义之实现。分析言之,其主要目标如次:

(甲)充实国防建设。求中华民族之自由平等,并进而谋世界

① 总裁在全国生产会议训词。
② 总裁告武汉工友书。

大同之实现。这是三民主义劳动政策和法西斯劳动政策不同的重要一点。法西斯劳动政策之最终目标为求国家富强与国界之扩大,鼓励侵略,倡导战争。三民主义劳动政策则不然。它的最终目标,是求整个人类之幸福,谋世界大同之实现。但在目前,则重视国家利益。如何动员,训练劳工,以完成政府国防计划,使国家力量充实,确能独立自由,为劳动政策目前之主要目标。俟中国确能自主独立后,然后进一步谋世界大同之实现。

(乙)从工会组织劳工政治活动及团体活动中学习民主精神,以树立民权主义之基础。我国民智较低,一般人民智识水准不够。同时,中国又是农业社会,农民意识极重。所谓农民意识,即个人主义意识,安天乐命,自由不羁思想弥满全国,人民喜过一种无管束的生活,团体意识不强。又加之中国久居于专制政体之下,民主思想,虽已传播全国,但无稳固之社会基础,人民对民主精神既不珍视,政府亦未能加以合理保障。此种情形对于实行民权主义,阻碍颇大。故我国劳动政策之另一目标,为提倡劳工从事集体行动,在工会活动,业余团体生活,及工作竞赛中学习民主精神,以树立民权主义之基础。同时开放各级民意机构,使劳工多派代表参加,实际上行使四权,而培养社会民主化精神。这又和法西斯劳动政策不同。以彼等系行一党专政,由党控制一切活动,工人行动亦完全在其支配之下,而无发表自由意志的可能。我国则由本党善为倡导,使工人能确实运用四权,发表其个人意志,监督政府。

(丙)预防阶级斗争,提高工人生活水准,以谋劳工阶级的经济福利。中国虽是一个私人资本尚未发达,劳资阶级对峙局面尚未形成的国家,但在大规模工业化运动进行中,我们要采取防患未然的政策,以免蹈英,美等资本主义国家的覆辙。故民生主义是带有很浓厚的预防性，以求工业革命与社会革命同时解决。要达到这个目的，一方面要实行"平均地权""限制私人资本"及"发展国家资本"等政策，以避免私人资本的集中和财阀的形成，使劳资对立的现象无从发生；一方面就要实行有预防性的劳动政策，紧缩资本家权力，加强劳工保护，预防资本家剥削劳工，而消灭劳工仇恨心理和阶级意识。故三民主义劳动政策的另一目标，是加强劳工保障，提高劳工生活水准，以求劳工经济生活之充裕。不过，我们建设为全民建设，其目的在谋全民福利。故劳动政策不仅以改良劳工生活为已足，并进一步谋全民幸福，以达到"各取所需"的境地。

总之，三民主义劳动政策为整个国策之一部份，其主要设施，均以实行三民主义为依归。从民族方面言之，它是建设国家的一个主干，是动员，分配及训练劳力的工具；从民权方面言之，它是培养民主精神，稳固民权基础的手段；从民生方面言之，其主要作用在预防阶级斗争，协调劳资关系，平均社会所得，完成社会改造。其目标既定，在下节中就要讨论其内容。

第四节　三民主义劳动政策之内容

我国劳动政策，既以实行三民主义为最高任务，其内容之分类，亦自应以此为准绳。兹本此原则，三民主义劳动政策之内容，拟分列于次：

甲　关于实施民族主义者　20 世纪为民族大搏斗时期，由于现代战争技术的进步，战争不仅是沙场喋血，城池争夺而已，而是全民族物力体力和智力的总决斗。换言之，现代国防是科学和全国资源的结晶体,现代国防之建立有赖全国人力之总动员。我国虽为爱好和平国家,但不能不有现代国防以维持中华民族之真正独立自由,否则外敌来侵,不仅本国人民蒙受涂炭之苦,世界和平亦将受其影响。为全世界计,为东亚和平计,亦不能不有一强大之中国。此次日寇之敢于冒天下之大不韪于民国20年发动侵略者,即以中国积弱无法与之对抗为其主因。故欲求民族之独立及进一步求世界大同之实现,对于劳动政策之国防性,不能不特别重视。分别言之,其主要内容如次:

(子)加强政府之指导,以管理劳动市场完成国防计划。我国战后之经济建设为民主与国防合一之计划经济。① 此种计划经济之完成,自以人力之分配完善使用完善为条件。因之我国之劳工雇佣,自不能实行完全之雇佣自由制,对于劳工之就雇,解雇,就业,转业,均应事前作精密之计划,并予以统制,使人力之分配能配合经济建设之进行。不过我国社会意识和西方社会意识不同,其管制方法,以富于弹性为原则。其主要内容为设立职业指导所,颁布管制劳动市场法令,有计划的征调劳力及逐年移转农业人口为工业人口等,使国防建设所需之人力能得源源之供给。

(丑)增进劳工效率,提高劳工生产,以充实国防力量。战后国防建设人力之供应,不仅要"量"的方面供应不匮,并且在质的方面要"以一当十"。故劳动效率之提高,为国防建设成败之关键。我国因工业传统尚未确立,工业基础尚未确定,劳工效率甚低。以东四省而论,经倭寇之开发,工业发展较内地为高,但据日本杂志发表结果,东四省劳工效率不及日本之半,而日本工人之效率又不及

---

① 见总裁:《中国的经济学说》。

美国之一半。三民主义劳动政策对此自应重视。劳工效率及劳动生产品之提高,可从劳工教育,工作竞赛,及职业训导各方面促进之。其中以扩大劳工教育,培养工业干部,及奖励劳工增高生产为最重要。

(寅)加强国际劳工合作。中国不以本国之独立自由为已足,还要进一步扶助全世界弱小民族,以求世界大同之实现。故中国战后对于国际劳动立法运动,国际劳工运动,应积极参加,以加强国际合作,树立世界大同之始基。

乙 关于实现民权主义者 从劳动政策中培养民主精神,奠立宪政基础,实为我国战后应注意课题之一。其主要内容可分为下列三项:

(子)保障劳工权益,以确定工会法律地位。所谓劳工权益(The Foundamental Rights of Labour)系指劳工之团结权,团体交涉权及罢工权而言。关于各国对此种权益之态度,在本书中已有详细分析和比较,于此不赘。我国战后似应承认劳工有团结权及团体协约权,但劳工组织应一元化,其组织及行政应由政府指导辅助,以达到全国一个组织,各业一个系统之目的。团体交涉权虽为政府所承认,但团体协约之内容及工作条件,应以政府颁制之标准团体协约为准,以免发生纠纷及无谓争议,而扰乱产业界秩序。至于劳工之罢工权,在原则上应禁止之。国营事业及公用事业,绝对禁止罢工;私人企业及私人资本经营之事业,于万不得已时,方允罢工。同情罢工及总罢工,则在禁止之列。[①]

(丑)加强工会组织,发展工会势力,以奠定社会民主化基础。

---

① 参阅余长河:《战后我国劳工应否享有罢工权》,《经济评论》创刊号。

我国人民素乏团体活动,集团任动之习惯未能培养。工会组织发展后,既可补此缺陷。我国工会组织,应采民主集权制。组织由下而上,权力由上而下。组织由下而上,各级工会负责人员之任免,以会员自己选举罢免为原则,政府不必"越俎代庖";工会会务之处理,以工人自己管理自己负责为主。盖如此,则工会会员可以仅量发表意见,工会与会员之关系密切,会员对工会活动之兴趣浓厚,工会之基础,自然稳固。社会民主化的精神自可培养。权力由上而下,则行动可趋一致,步伐可以整齐;其行动不致越轨,而宪政基础亦可奠定。

(寅)鼓励并协助劳工积极参加国家立法行政及民意机构以行使四权。三民主义之最终目标在成立"民有民治民享"之国家,使人民能自由发表意见,行使选举,罢免,创制,复决等权,以监督政府。工人为国民一份子,自应享有此种权利。政府协助并训练劳工行使四权之方法,可分为直接及间接两种。直接的方法为鼓励工人以国民资格参加民意机关,直接监督政府。间接的方法则由政府在制定有关劳工法令时,邀请劳工代表出席发表意见。至于在劳动行政机构中设置劳资双方代表组织之顾问会,以供政府咨询,亦为间接方法之一。

丙　关于实行民生主义者　民生主义之最终目标为建设"各尽所能,各取所需"之大同社会。劳动政策为达到此目标之一。其主要着眼点,不外加强劳工保障,预防阶级斗争,及提高劳工生活水准,平均社会财富。其内容可概括为下列八项:

(子)切实施行劳工法,以保障劳工利益。国民政府成立后,对劳工保护,极为重视。《工厂法》中对童工妇工之保护,工作时间之限制,危险失虞之预防,及工厂卫生之讲求,均有详细规定。但以环境及其他关系,上述种种,未能切实施行。其实劳工保护,甚为重要,为限制资本家剥削劳工之重要方法。总理对此有恳切指示。故战后应切实实行,不得忽视。

(丑)确立工厂矿场检查制度。劳工保护之未能切实施行,主要由于厂矿检查制度未能确立,以致所有法令,几成一纸空文。年来社会部对此方面虽有所设施,并分批训练工厂检查员及矿场检查员,但限于重庆一隅,未能全面展开。厂矿检查制度大体分为中央集权制及地方集权制两种。我国宜采前者为宜。

(寅)奖励各厂实行分红制及倡导劳工入股制。劳资阶级之所以裂痕日深,主要系由于资本家为生产手段之所有者,及企业之所有者。企业家之利润可大可小,视其事实之繁荣而定。而劳工则除提供劳力得到一固定数目之工资外,其他一无所获。企业之荣枯,工厂之盛衰,与工人利益无直接关系。相反的,企业家之利润愈厚,收益愈多,劳工妒嫉不平之念愈炽。如何使劳工利益与企业前途结成一体,如何使劳工利益与雇主之利益打成一片,实为消灭劳资仇视,促成劳工生产之重要问题。解决此问题之方法有二:一为实行年终分红制。企业家于每年赢利中划分一部分为奖金,按工人劳绩及工资多寡分发之,企业之赢利愈多,年终分红之数目愈巨。二为员工入股制。此制之实行颇为复杂,在 19 世纪末期曾实行于法,英,比各国,现较衰落。其主要办法即强制员工于每年所得中扣除一部分为股本。入股之员工享有一切应得之权利。开股东大会时可以建议,可以当选为理事。员工入股后,使工人与企业前途发生关系。对于工厂或企业事务有发言权。此制各厂实行之方法不必尽同,可随事业规模大小而有繁简之别。

(卯)推广劳工保险及其他社会福利设施以保障劳工。自 19

世纪80年代,德国实行国营强制保险制度后,社会保险成为改善劳工生活之主要工具。在此次战争期中,英,美,加各国实倡行社会安全制度,希望战后劳工,"人人有工做,人人有饭吃。"住宅,医药,均由政府负责。"幼有所长,老有所终,鳏寡孤独废疾者皆有所养"的社会为其理想中的社会。我国战后,自应积极开展之。此外关于劳工住宅建筑,消费合作社之设置,劳工营养之改善,劳工福利所之设立,均应特别重视。

（辰）实施工厂会议制,以沟通劳资双方意见。在此次战前,各国均曾设立类似工厂会议制度之劳资合作机构,在本书第七编中已有详细叙述。此为沟通劳资意见,参加产业管理,消灭劳资仇视之主要方法。我国《工厂法》对此亦有规定,但未实施;战后应积极实行之。务使工厂会议,确能成为沟通劳资意见,参加产业管理之机构。

（巳）实行分区工资制。战后我国工资,应实行分区最低工资制,以保障劳工生活。以我国幅员广大,各地生活水准不一,如强行划一的最低工资制,必因事实上困难而无法实行。至于区域之划分,工资率之厘订,系一种技术性工作,在此不能详述。

（午）调整劳工业余生活。劳工业余之重视,为本世纪新趋势之一。在工作场所中,工人工作紧张,枯燥简单,几无喘气余地。故调剂劳工生活以恢复其疲劳并增加其工作兴趣,成为政府注意事项之一。我国战后亦应注意及此。惟我国不宜仿效英,美各国办法,全由劳工自动组织活动;亦不宜步德,意后尘采严格的管理制度,使劳工无自由行动可能。我国应采折中原则,有计划的有组织的计划劳工生活,使其沐受三民主义文化之薰陶,而使其智育,德育,体育各方面均有正常之发展。

（未）实行强制仲裁，以解决劳动争议。我国产业落后，战后应大规模的工业化。在工业化进行中，劳资争议极易发生。劳动争议发生后，如不由政府强制解决之，结果双方将使用"停厂""停业""罢工""怠工""拒货同盟"等激烈手段，而陷生产停顿经济破产的危险。故谋劳工本身福利计，为国家建设前途计，应设立强制仲裁制。当团体劳动争议经调解无效时，一律强制提交仲裁，不得举行罢工及停业。仲裁判决书有强制执行效力，对劳资双方均有拘束力，如违反者则处以罚金及徒刑等处分。至于个别劳动争议，则应由普通法庭实行简易诉讼程序，或设立简易劳动法庭以解决之。其手续务求简便，其讼费亦宜减少，以减轻劳工负担。

三民主义劳动政策之内容已略如上述，此仅为一种原则的说明，只要政府下最大的决心，社会加以督促则三民主义劳动政策必能逐步实现。

第三章　新希望与新途径

三民主义劳动政策的远景和近路已详述于前。如何实施此广博精微的劳动政策，以谋中华民族之自由解放，民权之确立发皇，民生之富强康乐，实为国人，尤其劳工及资本家今后努力之目标。但徒法不足以自行，此种政策的实施，必需得到劳资双方的热烈赞助及身体力行方能达到。同时，我们知道，在交通便利之今日，国际间之往来日趋密切，全球已形成一利害与共之有机体，战后国际劳动关系的复杂，更非今日所能想象。在战后不仅各国劳动政策有相辅相成之关系，即一国劳工或雇主之行动，亦足影响他国劳动政策之实施，故三民主义劳动政策之实行，亦需得到国际间的合作，方克有济。因此著者谨将个人对全世界及国内劳资双方之新希望缕述于次：

在第一次世界大战结束时，国父孙中山先生发表其国际共同发展中国实业计划，以期助长中国实业之发展及世界战后经济问题之解决。不幸国父计划不为世界人士及国人所了解，其伟大计划，未能实行。结果，在中国固失一速进之良机，而全世界亦陷于经济恐慌。第二次世界大战之发生，在当时即伏其潜因。吾人读国父之遗教时，未尝不感慨零涕。著者身受国父之耳提面命者达20余年，在此烽火连天，生民涂炭之际，更深感其眼光远大。其国际共同发展中国实业以解决世界战后经济之理想与计划，仍为救国救世良药。著者谨本孙先生遗训,以为世界人士告。

国父孙先生在其《实业计划》的序言中说:"将来各国欲恢复其战前经济之原状,尤非发展中国之富源,以补救各国之穷困不可也。然则中国富源之发展,已成为今日世界人类之最大问题,不独为中国之利害而已也。"[①]这几句话确是一针见血之谈,在现在看来犹有其不可磨灭之价值。一个富强繁荣中国的建立,不仅是远东的安定力,并且对于世界和平及人类幸福均有极大影响。如果让一个450,000,000人口的民族,长期陷于贫穷困乱之境,自非全人类之福。中国国民党的任务,是实行孙先生的主义,以促进世界大同为目的,三民主义劳动政策就是实行三民主义的一个方法。其主要目的也是富强中国,造福人群。此种政策的实施,不仅是中国繁荣与否的关键,并且也关系此次战后经济问题的解决。因此著者个人深感下列两点,是需要国际合作和各国政府热烈赞助。

第一 国际技术合作,以提高中国工人劳动效率 无可讳言的,一直到现在,中国仍是一个工业基础薄弱的国家。远在1862年,中国虽设立了第一个现代化的制炮局,但由于种种原因,80年的工业化运动停滞不前。1914至1918年纺织工业曾一度繁荣,大战停止后,又无法与外国比衡。至于影响国民经济的基本工业(Key Industries)更没有基础。国民政府成立后,努力于工业化的进行,以由于外力的阻碍,尤其日本帝国主义的破坏,中国工业仍停留于草创阶级。七七事变后,抗战建国,双管齐下,中国脱离了日本的压迫得以全力致力于民族工业的建立。但战争的破坏,交通

---

① 《建国方略》,中央宣传部版,第153页。

的阻碍,海口的封锁,又限制了工业化的进行。因此中国始终无法建立雄厚的工业基础。① 中国的产业工人尚不到 3,000,000 人,更充分说明了中国工业化的薄弱。② 在此种情形下,工业传统没有建立,工业技术无法增进,劳动效率也就低落不堪。战后工业化的进行,首先必需克服此重困难,否则将永无迎头赶上之一日。如何训练工人提高工作效率,虽然要靠中国政府的努力,但有些地方也要借助各国政府的合作。在本书内,我们自无法将合法的方法详细列出,现在只举出几条原则,以供参考。

(一)由中国政府有计划的遣派大批技工工头至外国工厂实习;

(二)由救济总署或其他国际机构组织一技术倡导团,协助中国工业技术之改进及劳动效率之提高;

(三)由中国政府与外国政府合作,仿照苏联的办法,利用外国战后剩余的熟练技师来华担任训练中国工人的工作;

(四)欢迎外国技术专门人才及技术工人来华工作,其待遇可以格外提高。

第二 协助中国政府提高劳工生活水准 一般说来,中国劳工生活水准是相当低落的。据克拉克(Colin Clark)研究结果,中国每人平均收入每年仅为 100 至 120 国际单位,而美国为 1,381,加拿大为 1,337,英国为 1,069,其相差之巨,可以想见。③ 我们要使中国能够真正成为远东的安定力,要使中国能够在将来维护世界

---

① 见本编第二章。
② 同上。
③ Colin Clarke, *The Present Level of Economic Welfare in Different Countries*, Chap. II.

和平,促进世界大同方面尽其最大努力,提高中国劳工生活水准,实为必要。其理由在本编第一章中已有详细说明,于此不赘。

提高中国劳工生活水准的方法有二:第一是颁布内容完善的劳工法,以切实保障劳工最低生活;第二是奖励移民,以减低国内人口密度。这两者都是国际问题,与各国政策息息相关。

就前一个问题来说,劳工工作条件的提高,不仅是各国的国内问题。同时,也是一个国际问题。要各国劳工的工作条件有统一的可能,各国劳工生活水准方可一致提高,否则标准高的国家,将受标准低的国家的影响。我们看国际劳工会议所通过的 67 国际劳工公约中,关于工作条件者达一半以上,及此届国际劳工会议《费城宪章》之成立,就可知道此一问题的国际性。中国是忠实遵守履行国际条约的国家,当中国批准一个国际劳工公约后,除已有该公约相符之法规外,均另颁布各种法令,以实施所批准的公约。民国 18 年颁布的《工厂法》,民国 23 年的《农会法》,均其显例。①不过,一国劳动条件的提高与该国工业发展程度有不可分离的关系。在中国工业未发展,国民经济基础没有稳固以前,要实行和英,美一样的工作条件,事实上既不可能,要勉强实行,也是一纸空文,无裨实际。过去国际劳工会议所通过的条约案或建议案,均以英,美等国为标准,故中国未能全部批准,其故即在于此。故战后

---

① 截至 1943 年止,中国批准的国际劳工公约,计有下列 13 种:(1)规定最低工资办法公约,(2)航运重大包裹标明重量公约,(3)工业工人之集会结社权公约,(4)外国人与本国工人灾害赔偿,应受同等待遇公约,(5)工业工人每周应有一日休息公约,(6)禁止女工于一切矿场地下工作公约,(7)遣送海员回国公约,(8)规定幼年就雇为船舶上扒炭伙夫之最低年龄公约,(9)船舶起卸工人灾害防护公约,(10)规定儿童就雇于海上最低年龄公约,(11)海员雇佣契约条款公约,(12)就雇于海上之儿童及幼年工应受强制体格检查公约,(13)规定儿童就雇手工业工作之最低年龄公约。

如何改善此种现象，使各国在其可能情形下，逐渐提高劳工工作条件，以达到全世界一致的水准，实为战后重要国际劳工问题之一，值得大家多多考虑。著者对此问题并没有具体建议，不过希望大家注意而已。

其次，关于中国国内劳动法规的实施，也需要各国在华公司及工厂的忠实遵行。我们不客气的说，过去中国劳工法规的无法顺利执行，各国政府之未能赞助，实为其主要原因之一。如民国12年(1923年)北京政府颁布"暂时工厂通则"，保护劳工，但上海租界当局竟加以阻拦，认为在租界内不能实施，使其无法实行。① 民国18年(1929年)国民政府根据国际劳工大会建议的标准颁布工厂法，但在华外厂均不遵行。最痛心的，民国22年(1933年)国民政府实业部，设立中央工厂检查处，以谋推进工厂检查，但上海租界内外资工厂竟拒绝检查。中国政府于1934年之国际劳工大会曾公布事实，要求国际组织的声援，结果仍无效果。② 中国政府的工厂检查计划，竟无法推进。往事斑斑，言之痛心。1943年1月12日中英，中美《平等新约》成立，旧约取消，主权完整，过去租界破坏中国劳动法规，阻挠劳动行政的事业，自不致重演。但劳动法规的实行，仍需要在华外商工厂的热烈赞助忠实遵行，万不宜虚与委蛇，或阳奉阴违，使中国保障劳工政策无法实施。

中国是一个人口密度较高国家。在表面看来，其平均密度为每方英里105.2人，远在比利时，荷兰，大不列颠之下。③ 但事实上

---

① 国际劳工局中国分局：《国际劳工组织与中国》，第32页。
② 南京实业部：《中国劳动年鉴》，民国22年版，第4编，第22—24页。
③ 比利时每方英里平均密度为702.7，占世界第一，次为荷兰，其人口密度为622.4，英国为508.1，日本本部为462.1，德国为365.2，意大利为355.9。

我国人口之分布极为畸形,平均人口密度之所以甚低,实由于大部分地区多沙漠,高原,山脉,容纳人口力甚少,①结果少数富腴之区,人口猥集,其人口密度超过 300 人以上。据翁文灏氏估计,在冀,鲁,豫,皖间之中原区,其人口约 80,000,000 人,密度每方英里 650人。扬子江的中下游平原共有人口 70,000,000 人,密度约每方英里 850 人,局部的多至 1000 人以上。第三为以上平原附近之邱陵地人口总数约 90,000,000 人,平均密度为每方英里 350 人。第四为闽,粤,浙三省为主的东南沿海区,人口为 70,000,000 人,平均密度与上同。第五为四川盆地平均密度约为每英里 600 人,成都平原竟多至 800 人至 1000 人。以上五区统计面积为 700,000 方英里,占全国 17% 弱,其人口则有 35,000 数百万,占全国 83% 强,密度总平均每方英里多至 300 人。由于人口的压迫,故我国劳工生活水准甚低,无法提高。因为一个国家人口过多,不能为其劳工市场所吸收时,结果贱工充斥,劳动条件低落,工人以糊口为已足,不能要求更高代价。要提高中国劳工生活水准,人口问题是一个基本问题。因此在战后著者深望美,加,澳,英,纽,及南洋当局,能放宽其限制移民政策,使中国劳工能大批移殖。当然在目前要无限制的开放门户,欢迎移民,事实上也不可能,不过各国欲完全维持现状,拒绝移民律之修改,也为不智。至少过去在各地的华侨有重返其本土之绝对自由。此次战争发生后,南洋各地华侨,或因参加盟国作战,或因不堪敌人压迫,或因重返祖国工作,纷纷离开南洋。但其财产,事业均在南洋,荷兰,渣华。此次战争结束后,华侨有重

---

① 中国边疆人口密度极低。如外蒙古每方英里人口为 0.61 人,青海为 1.31人,西康为 2.85 人,西藏为 3.73 人,新疆为 4.03 人。

返其原来居住地之绝对自由,实为合理之举。此点深望英,荷,法,葡当局予以赞同。至于放宽移民律问题,为将来和会中心重要议题之一,著者不拟举出具体的原则,不过只特别指出此一事实,以供各国政府参考。

其次,著者需要为全世界劳工告者亦有一点,即希望全世界工人能真正团结为世界和平而奋斗。保障和平,反对战争,为我全世界工人一贯之职志。1920年11月在伦敦举行之国际工会大会(Trade Union Congress)即通过议案申明劳动阶级需要一完全而澈底之国际间和平,反对战争。1922年国际劳工团体所举行之海牙世界和平会议(Hague World Peace Congress),亦主张世界劳工阶级应为反对战争及反对任何战争原因而战。又如1931年7月在维也纳(Vienna)举行之劳工及社会主义者国际大会(Congress of the Labour and Socialist International)之大会宣言中即宣称:"工会国际联合会(International Federation of Trade Unions)工会及社会主义者国际一再声明所有劳工之精神的及物质的力量及其所有行动均为和平而服务。"①著者在1929年参加国际劳工大会时,亦深感世界劳工拥护和平反对战争之热烈。所惜者国际工人组织薄弱,不能发挥力量,而各国工人组织亦多受政治势力之压迫,无法发挥其真正意志。此次德,意,日各国劳工未能及时制止其执政者之黩武野心,致使战祸重开,人民涂炭,即其一例。近闻此届国际劳工大会有组织世界劳工组织,团结全球劳工之企图,此举甚合需要,著者实深望其能早日成功。著者更深望此国际劳工组织及各国劳工团体能切实为世界和平而奋斗。使此次战争为世界最后一次战争。

---

① By Bjarne Brastoy, *Labour and War*, pp. 134-136.

凡某国政府有扩充军备作侵略他国之举动时,该国劳工应以各种方式表示反对,或提出抗议,或怠工,或同盟罢工,而各国劳工亦应广为声援,使穷兵黩武者之野心,因而中止,则世界战祸可弭于无形。中华民族为一爱好和平之民族,中国劳工受孙中山先生世界大同思想熏陶甚深,中国劳工自当与各国劳工携手前进,以维护世界和平,增进人类福利为其第一职志。

语云:"自求多福,在我而已";西谚亦云:"天助自助者"。此确为立国治身不磨之论。三民主义劳动政策之实施,虽然需要他国政府之热烈赞助与合作,但决定此政策之成败者仍在本国国民。苟吾人能恪遵政府法令,服从政府指导,一心一德,合力共行,自可排除困难,使三民主义劳动政策能宏扬于中国,雇主劳工,俱受其益。如国人仍狃于旧习,阳奉阴违,则虽有良美政策亦无裨实际。故希望本国雇主及劳工能注意下列数点。

(一)关于雇主方面者。

第一,要明白了解国家政策,切实奉行政府法令。中华民国为三民主义共和国,其一切政纲政策均系根据国父遗教及总裁训示而颁制者。三民主义劳动政策之主要精神,为推进经济建设,预防阶级斗争,其主要目标为同时完成中国之产业革命及社会革命。精微广博,态度公正,与只顾及某一阶级利益而忽视其他阶级利益者完全不同。故雇主对于此种政策之实施应切实奉行,万不可稍存玩忽之念。在过去政府虽颁布各种法令,但能切实奉行者实属不多。如《工厂法》,《工厂法施行条例》,《修正劳资争议处理法》,《团体协约法》,《工厂检查法》等法规,虽非尽善尽美者,但其厘订时,多参考各国进步之法律及国内之实际情形,苟雇主能切实奉行,则此种法规,自可发挥其效用。惜多数企业家及厂主为一时得失所蒙蔽,未能忠实履行,良法宏规,多废而未行,今日思之,犹觉痛心。我们知道,政府政策之实行,在开始时,雇主方面多感不便。如未成年工人工作之禁止,劳动时日之最高限制,女工工作时日之规定,与雇主之过去习惯均相违背。今一旦促其改革,麻烦自多。其他如工厂安全设备之讲求,工厂卫生之改善,劳工生活之改进,最低工资之规划,劳工教育之兴办,在在需款。自短时期观之,实为不经济之举。雇主从经费方面打算多不肯实行。至于若干惠而不费之举。如工厂会议之实行,劳工业余生活之指导,劳工之身体之检查,工厂规章之颁布,雇主亦有时视为多此一举,有时视为将引起纠纷,亦不肯实施。此种情形,不独中国如此,即英,美等产业先进国家亦有此现象。我国刚从手工业时代进入工业化时代,此种现象之发生自不足怪。不过,政府的法令,如果从长时期观察,都是有利无害的。在短时期内雇主的费用虽要增加,但结果是可以增加收益,使纯利增加。最明显的,劳动时间的缩减,劳工待遇的改善,可以增加劳动效率,减低劳动成本,对于资本家及企业家仍是有利益的。[①] 工厂环境的改善,劳工健康的保障,及其他保护劳工的措施,都有同样的效果。所以总理说:"像这样看来,资本家改良工人的生活,增加工人的生产力,工人有了大生产力,便为资本家多生产,在资本家一方面,可以多得生产,在工人方面,也可以多得工钱。这是资本家和工人利害相调和,不是相冲突。"[②]即使政

---

① 根据各国专家研究结果,各个工人之劳动强度,要受劳动报酬递减力的支配,即劳动时间愈长,其劳动强度经过一定时间便会渐渐的减退。英国 F. S. Kent 曾作实际研究,工人工作超过十小时以上时,其工作结果逐渐减少,如将十小时工作缩短16.5%,工作结果反可增加8%。

② 《三民主义》:中央宣传部版,第314页。

府若干政策在表面看来，是和雇主利益不相符合的，如女工童工的禁止，最低工资的规定等；但实际上，对于雇主亦有利益。因为此类性质法规之厘订，系以整个民族社会之利益为出发点的。要全体人民能够安居乐业，要使社会经济秩序能够顺利进行，政府必须顾及全体国民的利益，使全体国民能各得其所，健全发展。如果一部分国民陷于不安或痛苦的地步，必至扰乱社会安全，破坏经济秩序，而陷国民全体于不安，结果两败俱伤而陷民族于衰弱动乱之地。何况政策的主要目的，就是从全民族利益着眼的，在必要情形下，政府可以牺牲各个成员的利益。雇主必须明了此种情形，切实遵守政府法令，协助政府推行政策，则政府预期目的可以达到。三民主义新国家方可扬眉吐气于世界。著者1929年出席国际劳工大会时，看见欧洲许多国家人民的守法精神，颇为感动。著者深望全国雇主及企业家能效法此种精神，以复兴民族，促进世界大同为己任，遵守政府法令，从事伟大的经济建设工作。

第二，要充分了解劳资协调的真谛，爱护劳工，保障劳工利益。政府虽然厘订了种种保护劳工法规，以保障劳工利益，但其执行者为雇主，雇主的态度，足以影响法规的效力。不仅如此，政府的法规，只是原则或概括的规定，要真正达到政府预期的目标，还是要靠雇主的体贴周详加以补充。只有在雇主的自动爱护下，劳工利益方有切实的保障。无庸讳言的，劳资阶级的斗争，为西欧各工业化国家最重社会问题之一，而构成此种现象之原因，主要应由雇主负责。工业革命的结果，劳工与生产手段脱离所有关系，劳工除出卖劳力以外，并无其他谋生方法。工作的简单，枯燥，更增加了劳工的愤怒不平。最重要的，新式工厂兴起后，企业家或资本主义与劳工的距离增加，双方的亲和关系完全失掉。在此种情形下，倘雇主能明了劳工痛苦，予以优待或救济，则劳工不平之情，或可减少。不幸各国雇主昧于此义，相反的用种种方法剥削劳工，压迫劳工，故结局双方距离愈远，酿成生死不解之仇。互相斗争，不肯中止。我国要避免此种覆辙，只有雇主之从早觉悟，明白劳资一体之理，切实从保护劳工利益做起。在劳资阶级对峙情形尚未确立之我国，雇主之保护劳工行动有事半功倍之效。则阶级斗争之隐祸可消灭于无形。雇主必须知道，雇主和劳工只是所担任的工作不同，一个供给资本，一个供给劳力，在人格上及对国家社会方面的贡献完全相等。同时国家经济建设的推进，国民经济的发达，也只有在劳资调协的基础上方能圆满进行。何况我国社会道德素以救贫扶弱为人生乐事。总理理想中之大同世界，以"天下为公"为最终鹄的，雇主更宜培养发扬民胞物兴精神，以完成此种目的。雇主要真正能爱护劳工，必须要做到下列四事：

（甲）设置工厂会议，尽量容纳劳工意见，使劳资间意见能充分沟通，改良出品，增加工厂效率。工厂会议代表之选举及任期，雇主万不宜暗中操纵，务使其能真正代表劳工意见。

（乙）雇主要经常巡视工厂，工人宿舍，工人休息所，医院等，与劳工保持密切联系，并切实改革工厂安全卫生设备，改善工厂卫生环境，增加工人健康及音乐设备，以保障劳工生活。

（丙）注意劳工及其子女之教育，劝导并鼓励劳工入学，以增进其智识及工作能力，使劳工能由粗工或普通工人上升为技工及工程师。对于劳工之业余生活及家庭生活，亦应特别注意，使其全家均能安居乐业，在正轨中生活。

（丁）在工厂或企业内举行储金，劳工保险，家族津贴等制度，使劳工不虞匮乏，能够享受人生之乐。

（二）关于劳工方面者。

第一，要发挥自立自治的精神，自动争取社会地位。无疑义的，中国在过去社会上各阶级的权利或义务是不平等的。所谓士为四民之首，常常得到人的尊重；工为贱民之一，其社会地位比较低落。民国以后，此种观念颇有变更。劳工的地位渐渐提高，劳工神圣一名词常为人所称道。但社会上狃于过去数千年累积的旧习惯，尚无法完全打破此种观念。国民政府成立后，在法律上，政治上，教育上，都给予社会上各阶级以平等的地位，劳工的地位和其他阶级的地位完全一样。不过，由于社会上的旧习难移，劳工尚未得到他的应有的社会地位。其主要原因虽要由社会负责，但劳工本身也要负一部分责任。古人云："人必自重，然后人重之；人必自侮，然后人侮之。"这确是一句颠扑不破的话，倘我国劳工能自重，自治，恪守政治法律，遵从社会道德，发挥自主精神，在工厂内做一个好工人，在家庭做一个好子弟，在国家做一个好公民，则自然会受到社会人士的尊重，其社会地位自然提高。所不幸的，在过去有一部分工友行为不检，习惯恶劣，在社会中为非作歹，自甘堕落，这种行径，如何会得到社会人士的尊重呢？例如抗战以后，尤其在滇缅路通行以后，汽车司机的收入增加，骤然暴富，但大部分司机，并不将其储存，以供将来使用，相反的，花天酒地，狂嫖阔赌，在服务时徇私舞弊，卖黄鱼，偷汽油，在平时则气焰万丈，破坏社会优良习惯，这样习惯和行为又如何叫人敬重。所以以后我国工友要切实注意日常生活，自动的争取社会地位，从行为中去得到一般人的敬重，改变一般人的观念。要得到一般人的尊重只有从日常生活做起。如要讲求清洁卫生，衣服要整齐，不可污秽褴褛；说话要彬彬有礼，不可横暴任性，做事要规规矩矩，不可破坏法纪。一切坏习惯,坏行为,要澈底革除。换一句话说,以后工人要切切实实实行新生活运动,从小动作小习惯改革起。一人如此,人人如此,则不仅工人的恶习可以革除,社会人士的观感可以改变,工人的社会地位自然可以提高。著者在美国旅居多年,在少年时代也曾在美国做工人,及游历日本及欧洲各国,深感美国工人的习惯甚好,其社会地位之取得,并非偶然。每一个工人在工厂做工时常常穿着油污的工服,下班以后,换上清洁整齐的衣服,在社交场所交际应对。他们能够自重自治,所以能够得到人家的尊重。我国工人也要深深警惕,从这方面努力。

第二,要利用间暇努力学习增加自己的智识和技能。总理常常说人民要立志做大事不要做大官。如何能够做大事呢?我们必需有充分的智识和技能,才能发展才能,为社会服务。所以本党《党员守则》中说:"学问为济世之本"。因此我国工人要提高其社会地位,增加其服务能力,必须从利用余暇争取教育机会做起。其政治地位也自然提高,无须流血争取政权之惨剧。现在一班工人常常说:"我们一日要做工八小时至十小时,哪里有机会受教育呢?"其实这是自欺欺人之谈。以中国现在经济情形而论,要每个人都受大学教育是不可能的事。我们要穷则变,变则通。但我们要求政府严令雇主开设夜校,补习学校,夜间大学,使强迫工作的工人,亦有受教育的机会。工人在工作之余可以进夜校读书,接受同样的教育,同样得到学位,将来他的成就和从学校出身的一样,不过修业的时间比较长而已。这种情形,苏联更为普遍。在苏联一个普通工人,都可慢慢上升到技工,工头,及工程师的地位。其主要原因,就是工人不放弃补习教育机会,他的工作能力增进,他的地位自然上升。关于如何展开劳动教育的方法,著者在上章中有详细的建议。现在政府和社会也渐渐注意此问题。教育部和经济部曾一再颁布法令,强迫学校举办补习班,推广社会教育,工厂及公司亦有开设夜校及补习学校的义务。最近在重庆,东吴沪江联合学校曾举办夜间大学,招收有职业人士入学,成都四川大学也有此举。所以现在问题的中心,是在工人本身,如果工人愿意多受教育,其机会是不少的。著者很诚恳的希望各个工人,要自己鞭策自己,强迫自己,要把握受教育的机会,增加自己的能力和智识,为自己造福,为国家服务。

第三,要积极加入工会,发展工会组织。工人要改良工作生活,提高生活水准,争取教育机会,增进社会地位,不能靠旁人去推动,去协助,而应靠自己去努力。一个人的努力还是不够,而应靠工人全体之力量。只有工人在一个组织之下团结起来,才能够发生很大的力量。因为全国工友都能团结起来,一方面大家有切磋的机会,可以改正过去工人的毛病;一方面可以表现劳工团体的力量,使社会各界人士重视劳工的意见,间接的或直接的提高工人的政治地位和社会地位;一方面"众志成城"可以发动做出许多一个人力量所不能做的事情,来充实改善工人的生活。这真是一举数得。所以世界各国无不以健全劳工组织为改进劳工生活之不二法门。中国国民党和国民政府对于劳工运动及劳工组织亦极为重视。民国 17 年以后工会运动虽受清党之影响,颇有停顿。但此仅为权宜之计,实非得已。故当大局稍定,中央即着手工会之整理与改组。其主要用意在纳工会入于正轨,使其在本党领导之下,完成三民主义之经济建设,以谋工人福利之实现。故抗战以后,政府对工会运动,扶植不遗余力,其主要目的,即希望全国工人均能加入工会,健全并发展组织,使其能真正的为劳工福利而努力。不过我国因为社会环境和经济环境的不同,工会的组织和政策和其他各国颇有不同。这点全国工人应该完全明了。第一,中国的劳工政策应立脚于劳资协调之上,因此工会不是工人和雇主斗争的工具,而是工人和雇主共同为国家服务的机构。我们要在政府指导下和雇主合作。如雇主有压迫劳工剥削劳工情事发生,工人不应立刻用罢工,怠工等激烈手段与之冲突,而应由工会派人和雇主交涉,如雇主仍不理会时,即由工会向政府告发,由政府处罚雇主,纠正其错误。政府是爱护工人的,自不会有所偏袒。否则劳工直接行动,不仅减少生产,阻挠经济建设工作的进行;同时会扰乱社会秩序,影响社会安宁。第二,我国的工人应只在一个组织下团结起来,南南北北的工人,各地各业的工友都在同一系统同一组织的工会下为三民主义而奋斗。我们万不宜仿照英,美的办法,各立门户,一国三公,结果弄得门户分歧,所有力量,都在派别斗争中而消失。这种"自相残杀"的损失,是十分惊人的。著者在写"中国劳工运动史"时,即深感工会的分裂的可忧。因此著者十分诚恳的希望全国工人,应万众一心精诚团结,在一个工会系统之下,为全体工人的福利而努力,万不可派别分歧,自取灭亡。我国工业化程度不深,农民意识甚重,各个人都喜欢"自由自在"的过孤独生活,而不惯团体生活,又加之门户之见甚深,此争彼夺,党同伐异。为工业化急先锋之劳工应首先觉悟,以身作则,未加入工会的应加入工会,已加入工会的应鼓励未加入工会的工友加入,并积极发展推动及健全工会的工作。如果能够做到这点,不仅工人本身的组织能够健全,工人的利益能够保障,同时能树立一个模楷,使其他各界群起仿效,则可一洗"无组织国家"的耻辱,而奠立真正民治主义的基础。

　　第四,要奉行三民主义为实行三民主义劳动政策而奋斗。三民主义劳动政策之主要目的,为扶植劳工,改良劳工生活,此点在上章中已有详细说明,于此不赘。三民主义劳动政策既以维护劳工利益为中心,则我国劳工自应竭诚拥护,自不待言。所不幸者,在民国十五六年时,中国劳工受共产党之欺骗与宣传,误认阶级斗争为劳工之惟一出路,结果国力衰颓,民生凋敝,国民经济之无法抬头,此殆为其主因,而劳工团体之长期衰落,劳工力量之无法发挥,亦为其结果之一。惩前毖后,能不醒悟。近十年来,各地劳工,因受本党主义之熏陶及过去惨痛经验之教训,对于阶级斗争之谬论已加以废弃。抗战七年来,各工厂、矿山之和平无事,各工厂工人之劳而无怨,均足征劳工已有新的觉悟,劳工法规也有一部分可以实现。但战争结束后,建国工作开始,中国要于十年或二十年内,赶上产业先进国家之英、美与苏联,其艰难困苦,将千百倍于今日。深望全国劳工能本战时之吃苦精神,在本党之指导下,为建立三民主义新国家而努力,则三民主义自可宏扬于世界,而世界大同之理想亦可逐步实现矣。

新旧译名对照表

	新名	旧名	页
A			
Ashley	阿什利	亚胥黎	19;28
Alberta	阿尔伯达	亚路贝塔	232
Alaska	阿拉斯加	亚拉斯加	261;478
Abbott	阿博特	亚波第	312
Arnhold	阿恩霍尔德	亚贺得	315
Anderson	安德森	安得生	320
Aves	阿维斯	亚威斯	557
Alpina	阿尔皮纳	阿林屏	765
Aosta	奥斯塔	阿斯培	766
Augusto Turati	图拉蒂	杜乌伦提	766;768
Alexander	亚历山大	亚力山大	887
B			
Bolshevik	布尔什维克	波尔什维克	36;722;723
Brussels	布鲁塞尔	不鲁塞尔	47
Berne	伯尔尼	班尔尼	49
Bevin	贝文	贝文	53
Birkbeck	比尔克贝克	巴克匹克	319
Brookwood	布鲁克伍德	波克霍	326
Baltimore	巴尔的摩	毕庭木尔	476

Burns	伯恩斯	波郎斯/贝恩斯	578;887
Biella	比拉	比那	741
Brabant	布拉班特	巴拉邦	761
Baveridge	贝弗利奇	卑维利支	885;887
Buren	伯恩	标林	475

C

Cobleet	卡贝尔	柯贝特	28
Cartel	卡特尔	卡提尔	30
Chrysler	克莱斯勒	雪兰勒	188
Connecticut	康涅狄格	康奈的克脱	484
Calamani	卡拉马尼	喀拉玛尼	700
Como	科莫	可马	823
Cole	科尔	柯尔	874;884

D

Don	唐	顿	295
Dusmate	杜斯梅特	得斯米督	775

E

Engeles	恩格思	恩格斯	29
Emerson	埃默森	依姆孙	344

F

Frederick	腓特烈	菲特烈	69
Frarick Munck	弗兰克-芒克	佛兰芒克	70

G

Gohen	戈亨	高恒	1

L

Legrand	里格朗	勒格罗	47
Leipzig	莱比锡	里比西	48
Leeds	利兹	里子	49
Liege	列日	黑子	761
Lorwin	洛温	洛云	882

M

Montgomery	蒙戈马利	孟地哥孟	1
Mill	密尔	米尔(穆勒)	31;551
Marlborough	马尔伯勒	玛堡	253
Missouri	密苏里	米索瑞	461
Massachusetts	马萨诸塞	麻色居塞	461;464;478;557
Minnesota	明尼苏达	敏尼苏答	463
Manes	马内斯	玛来斯	621
Monza	蒙扎	梦扎	765
Manitoba	马尼托巴	孟里托贝	248

N

New South Wales	新南威尔士	新南威尔斯	184;738;740;745;750;752
Nürnberg	纽伦堡	明俾克	247
New Jersey	新泽西	新乔叟/新鸠塞	459;478
Nova Scotia	新斯科舍	罗维·斯科的亚	248

O

Owen	欧文	奥文	28;29
Oastler	奥斯特勒	阿斯勒	28

Oppenheim	奥本海姆	阿朋海	30
Ontario	安大略	阿塔阿	232
Ohlin	俄林	阿林	369
Ohio	俄亥俄	阿海阿	459;461;532

P

Philippovick	菲利普	菲里波维克	14;21
Place	普莱斯	柏莱斯	84
Pitts Burgh	匹斯堡	彼第堡	122
Perkins	铂金斯	俾根斯	260
Pigou	皮古	庇古	370
Pennsylvania	宾夕法尼亚	本薛文尼亚	459;478
Purdom	玻德姆	波顿	874;884

Q

| Queensland | 昆士兰 | 琼士兰得 | 184;232;507;508;510;513;552;556 |
| Quebec | 魁北克 | 琼俾克 | 248 |

R

Rousseau	卢梭	卢索	35
Rykov	雷科夫	列克夫	350
Rochester	罗切斯特	罗希特	435
Rheinland	莱茵兰	来茵兰	832

S

| Sadler | 萨德勒 | 沙得鲁 | 28 |
| Saint-Simon | 圣西门 | 圣西蒙 | 29 |

Schomoller	施莫勒	席摩勒	30
Selette	塞莱特	沙鲁第	69
Slichter	斯利克特	斯奈首特	191
Saskatchewan	萨斯喀彻温	沙克琪汶	232;247
Schaffle	舍夫勒	席扶拉	620
Seine	塞内	塞姻	754
Soule	索尔	苏尔	873

T

Trust	托拉斯	托辣斯	30;71;154;183; 201; 281; 337; 340;840
Taylor	泰勒	泰伦	344
Tomsky	托姆斯基	汤姆斯基	91

V

Villerme	维莱姆	威乐梅	47
Van Buren	凡-布伦	凡·标林	475

W

Wagner	瓦格纳	华格尔	30;260
Wagener	瓦戈纳	华格勒	235
Walter Citrine	沃尔特-西特林	席初林	76
Webb	韦布	韦伯	80;436
Wick Sellian	威克	威克散	368

Z

Zurich	苏黎世	楚利须	47
	伊丽莎白	伊利沙白	24

马超俊先生学术年表[*]

1886 年（光绪十二年）

生于广东台山，家族以种田经商为生，多读书人，为当地望族，自祖父时家道中落，不满周岁父亲去世，由母亲黄氏抚养。

1893 年（光绪十九年）

开蒙读书，因家境贫寒不得不半工半读贴补家用。

1895（光绪二十一年）

因生计艰难短暂退学，不久经兄长接济再入塾，读《大学》、《中庸》、《论语》、《孟子》等经义古籍，读书苦闷之际到台山县城做工。

1900 年（光绪二十六年）

参加秀才县试，以第 37 名录取，不久赴广州复试，名落孙山，遂下定决心，投笔从工。同年冬季赴港，工作于船坞，利用晚间补习英文。参加少年学社组织，接触到中外革命历史与革命理论，同时结识不少兴中会的革命党人。

1902 年（光绪二十八年）

赴美国旧金山，工作于机器制造厂。加入华人政治组织致公堂，兼任《世界报》（教会主办）与《大同报》（致公堂主办）访员。适

---

[*] 本学术年表由高媛编制，主要参考资料如下：马超俊、傅秉常口述、刘凤翰等整理：《马超俊、傅秉常口述自传》，中国大百科全书出版社 2009 年版。

933

逢孙中山到旧金山宣传革命,得致公堂领袖黄三德介绍,结识孙中山。

1905 年（光绪三十一年）

赴日本,考入明治大学政治经济系,经常听孙中山讲革命理论与救国理想,深受其感动,加入同盟会。

1907 年（光绪三十三年）

奉孙中山之命回国策动革命,担任基层领导人物,秘密发展工人作为革命主力。不久奉命入汉阳兵工厂当技工,在工人中间宣传革命真理。八个月后转入上海江南制造局,后赴广东石井头兵工厂,在沪、粤两地传播革命思想,建设革命组织。经常奔走于粤、港、澳等地,筹募捐款,偷运械弹,宣传造势。12月奉孙中山之命参加镇南关之役,以失败告终。

1908 年（光绪三十四年）

返港开办"中兴公司",掩护革命党人,联络集会秘密活动。

1911 年（宣统三年）

参加黄花岗起义,以失败告终,幸得脱险。参加武昌起义,率领海员一百余人,组织广东华侨敢死队,任总队长,由沪赴汉,转战汉口大智门,继而坚守汉阳兵工厂,与清军冯国璋部苦战八日八夜,弹尽援绝,才率残部撤回武昌。

1912 年

重理中兴公司,同时任都督府顾问。因参加密谋反对黎元洪的"铁血团"而被捕入狱八个月。

1914 年

受命到广州设立惠民制造公司,秘密进行倒袁运动,同时组织"暗杀队"。二次革命失败后,受命赴日本西京(京都)入琴瑟湖八日市中华革命党航空学校学习飞行。

1915 年

受命组织飞行队，会同华侨义勇军前往山东，五月飞往济南，率机轰炸山东将军府，声震全城。

1916 年

随中华革命军东北总司令居正领导航空工作，回国参加讨袁之役，袁死后，转赴北平筹设民间航空学校，为创办航空学校募集资金，后因张勋复辟，航空学校的筹办被迫终止。

1917 年

受孙中山电召南下赴粤，参加"护法运动"，从此离开航空界，专门负责全国工运。受命拟订"开展全国劳工运动计划"，提出工运工作八项原则，先创南洋烟草公司职工同志会，扩大广东机器研究工会，入会工人达十万之众。

1919 年

合组中国机器总会，工运工作在全国各处次第展开。五四运动爆发，中国机器总会热烈集合响应。

1920 年

参与援助香港机器工会大罢工。六月奉命回沪，担任广东东路第一路游击司令，驱逐桂系。担任广州市府特别助理，继任广州市政府委员。

1922 年

陈炯明叛变后，遂离粤奉命组织游击队讨陈。

1923 年

1 月率部参加光复广州之役，4 月任广东石井头兵工厂副厂长，后因护厂有功升为厂长。"二七惨案"后，在上海联合海员工会、机器工会、纺织工会、南洋烟草职工同志会等三十余个团体,发起组织上海工团联合会,会员三十余万人。

1924 年

跟随孙中山北上,负责民运工运事项。

1925 年

孙中山逝世于北京,任孙中山葬事筹备处总监工。

1926 年

奉派赴南北美洲考察工人运动,并联络海外华侨,吸收其参加革命工作。

1927 年

归国,国民政府迁都南京,任国民政府劳工局长兼《劳动法》起草委员会主任委员,负责劳动法的立法事宜。8 月国民政府颁布《劳工局组织法》。12 月因行政院拟改组,劳工局即被撤销,辞去劳工局长一职。

《中国劳工问题》一书由上海民智书局出版。全书共十章,介绍中国劳动者的种类,工作问题,女工与童工,失业问题,工人教育,工人团体,工人保险,工人储蓄等。

1928 年

1 月赴粤就任省委兼农工厅长,施政重点在于统一工会组织、改良农工生活、救济农工失业、推广农工教育。在农工厅内附设《劳动法》起草委员会,聘请史尚宽、黄元彬、戴时熙、高廷梓、王人麟为起草委员,积极从事《劳动法》之编纂。历经十一个月的时间起草完成《劳动法典草案》,包括劳动契约法、劳动协约法、劳动组织法、劳动诉讼法、劳动救济法、劳动保险法共七篇、二十一章、八百六十三条。

此法典草案完成后,即转送中央交新成立之立法院审议,遭立法院决议将该草案留备参考,而未能见诸实施。然此后立法院所研拟之劳工立法,其内容大多取材于此,可谓中国最早的完整劳工法案之蓝本。

后任广东省党部指导委员、广州市党部整理委员,兼宣传部长及民众训练委员会主任委员。7月广东省政府奉令撤销农工厅,继任建设厅长。

1929 年

任广州市党部执行委员,国民党第三届中央候补执委。5月赴瑞士日内瓦参加国际劳工大会,向大会提交四议案,涉及种族平等、华工同工同酬、取消包工制度、在上海设立劳工局分局,均获通过。会后访问意、德、比、法等国,考察各国的工会组织、劳工福利保障设施,曾访墨索里尼与兴登堡。

1930 年

赴天津任华北常务特派员,主持华北党务。组织民运工运,在华北各地进行反内战、反军阀、反扩大会议之宣传。年底返南京,接掌中央训练部民众训练处。

1931 年

当选中央执行委员、中央民众运动指导委员会副主任委员。任暨南大学常务校董。5月任欧美各国劳工考察专员。

1932 年

1月就任南京市市长。日军侵沪后,专心十九路军抗日之协助工作,发动民运工运弥补军队装备之劣势。南京市长由谷正伦代理。

1935 年

3月复任南京市长,兼国民政府委员。组训民众、训练青年学生、组织码头工人、普及教育、修建新路,将一切施政重点转向抗日。

1937 年

"七七事变"爆发。12 月日军攻陷南京,赴武汉。在武汉组织救济总会,任主任委员,收容各处难民与失散儿童。

1938 年

任国民党中央党部社会部副部长,后调任组织部副部长。

1939 年

国民党中央组织全国慰劳总会,分为南团北团,任南团团长,南下宣传慰劳前方军民,鼓舞民众士气,坚定抗战决心。

1942 年

《中国劳工运动史》一书由商务印书馆出版。全书为两编,叙述中国劳工运动发展原因及中国劳工组织发展阶段。

1945 年

日本投降,抗战胜利,8 月第三次出任南京市市长。

1946 年

12 月调任中央农工部长兼中央财务委员会委员,领导各省、市总工会及全国性铁、工、邮、盐、矿各业组建工会,成立全国总工会,同年当选国民党中央执行委员会常务委员,国民党代表大会代表。

与余长河合著《比较劳动政策》一书由上海商务印书馆出版,分两册共九编。

1948 年

当选为第一届国民大会代表。

1949 年

赴台湾。

1950 年

被聘为中华民国总统府国策顾问。后又历任光复大陆设计研究委员会委员、大陆救济总会常务理事、华侨协会总会理事长、广东同乡会理事长、国民党中央评议委员会委员、中央纪律委员会主任委员等职。

1965 年

在八十寿辰之际于中国文化大学（时称学院）成立劳工研究所，担任理事长。

1969 年

患脑血管栓塞症，长期卧病医院。

1977 年

9 月 19 日在台湾荣民总医院病逝，享年 92 岁，葬于台北近郊金山富贵墓园。

编　后　记

伴随清末社会转型,在中华法系死亡与如何再生的迷茫之中,近代意义的法学顺西学东渐的巨大潮流接踵而至,此时,比较法学①也传入中国。以西方近代法为思路进行比较研究的,首推清末法学大师沈家本,其《寄簃文存》是将西方法理学作为研究传统法学的先河之著述,其后有陈顾远的《中国法制史》,按照西方近代部门法理论研究中国法律制度的演变,都堪称为近代中国比较法研究的开创性作品。

20世纪前中期,在中国近代法学的成长中,比较法学恰逢一个较大发展的机遇,这一时期不仅出现了堪称中国比较法学院的东吴大学法学院,以英美法为教育蓝本与模范,汇集了一批法学精英,如盛振为(1900—1997)、吴经熊(1899—1986),担任法学院教务长、院长、教授。这批法学家运用比较法学的视野和方法,出版了一些部门法的比较法学著作,编辑了被誉为比较法论坛重点刊物的《法学杂志》(*China Law Review*)、《中国法学杂志》②。

民国时期比较法学的研究成果是中国法学发展不可替代的宝

---

① 即以法系为主研究各国法律传统与制度,它有别于明清之际出现的对于各朝律例的比较。

② 何勤华:《中国近代比较法的诞生及其成长》,载《外国法与比较法研究》第一卷,第10页,商务印书馆2006年10月。

贵思想源泉与文化遗产。现在读来也不乏新意，其中蕴涵的法律科学的常识与真意可以作为文明遗产传承。而且，那时的法学家，多有留学西方国家研习法政、经济的学术背景，具有宽广的学术眼界，国学基础扎实，有崇高信仰，也不乏拯救民族危亡的理想与抱负，著述具有中国近代问题意识与解决问题的针对性。

同时，民国时期学者普遍信仰三民主义，民主、民权、民生成为近代中国的法治建设的至高精神追求，保存、开发近代法律文化遗产，探寻中国复兴的文化源头，需要继承近代以来中国法律文化遗产，这是一项重大的出版工程，商务印书馆出版了《新译日本法规大全》《大清新法令》点校本，旨在保存经典，传播优秀法律文化，继而推出"民国·比较法文丛"，为这一出版工程增添新品种。

目前"民国·比较法文丛"，拟收入著作十一部，包括：《比较法学概要》《政治学与比较法学》《联邦政治》《各国地方政治制度法兰西篇》《不列颠自治领》《宪法历史及比较研究》《比较刑法纲要》《世界刑法保安处分比较学》《比较劳动政策》（上、下）《比较破产法》《比较票据法》。今后，"文丛"尚需扩大收书范围，将这一法律文化传播工作继续下去。

最后，特别需要说明的是华东政法大学校长何勤华教授在百忙中主持"文丛"的勘校整理工作，中国政法大学图书馆曾尔恕馆长提供全部原始版本，在此向两位值得尊敬的校长、馆长致以最诚挚的谢意。*

---

* 本文由王兰萍撰。